이극로

전집

IV

북한 편

지은이

이극로(李克魯, Yi, Geugno, 1893~1978)_ 호는 물불·고루·동정, 독일명은 Kolu Li. 경남 의령 출신 한글학자·독립운동가. 마산 창신학교에서 수학하다가 일제강점 후 도만하여 환인현 동창학교와 무송현 백산학교 교사를 지내고 상하이 동제대학을 졸업했다. 1922년 독일 베를린 프리드리히-빌헬름대학(지금의 훔볼트대학)에 입학해 1927년 「중국의 생사 공업」으로 박사 학위를 받았다. 같은 해 벨기에 세계피압박민족대회에 한국 대표로 참가했고, 영국·프랑스·미국·일본을 시찰한 뒤 귀국해 조선어학회 간사장을 지냈다. 1942년 조선어학회 사건으로 일경에 붙잡혀 6년형을 선고받고 옥고를 치렀다. 광복 후 『조선말 큰사전』 첫째 권을 간행하고서 1948년 남북연석회의에 조선건민회 대표로 참석, 평양에 잔류해 북한 국어학의 토대를 닦았고, 조국평화통일위원회 위원장 등을 역임했다. 묘소는 평양 애국렬사릉에 안장되어 있다. 저서에 『한국의 독립운동과 일본의 침략정책』(독일어), 『한국, 그리고 일제에 맞선 독립투쟁』(독일어), 『고투사십년』, 『조선어음성학』, 『국어학논총』, 『조선어 조 연구』가 있다.

엮은이

조준희(趙埈熙, Cho, Junhee)_ 평북 정주 출신 조현균 애국지사(광복회 평안도지부장·대한독립단 정주지단장)의 현손으로, 연세대학교를 졸업하고 국학인물연구소 소장으로 재임 중이다. 이극로의 독일명이 Kolu Li임을 최초로 찾고서 다년간 유럽(독일·프랑스·영국·이탈리아·체코·러시아·에스토니아)을 답사해 그의 친필 편지와 저술을 다수 발굴했고, 2010년 독립기념관에 이극로 거주지, 유덕고려학우회 건물터, 피압박민족대회 개최지 등 「유럽지역 독립운동사적지 제안서」를 올려 모두 선정되었다. 주요 저서에 『대통령이 들려주는 우리 역사』, 『지구를 한 바퀴 돈 한글운동가 이극로 자서전-고투사십년』, 『만주 무장투쟁의 맹장 김승학』, 『근대 단군 운동의 재발견』, 『백봉전집』(2018 우수학술도서)이 있다. intuitio@hanmail.net

이극로 전집 IV 북한 편

초판 인쇄 2019년 9월 25일 초판 발행 2019년 10월 7일
지은이 이극로 엮은이 조준희 펴낸이 박성모 펴낸곳 소명출판 출판등록 제13-522호
주소 서울시 서초구 서초중앙로6길 15, 1층
전화 02-585-7840 팩스 02-585-7848 전자우편 somyungbooks@daum.net 홈페이지 www.somyong.co.kr

ISBN 979-11-5905-419-8 94080
979-11-5905-415-0 (세트)

값 37,000원

조선어 문고 제2책

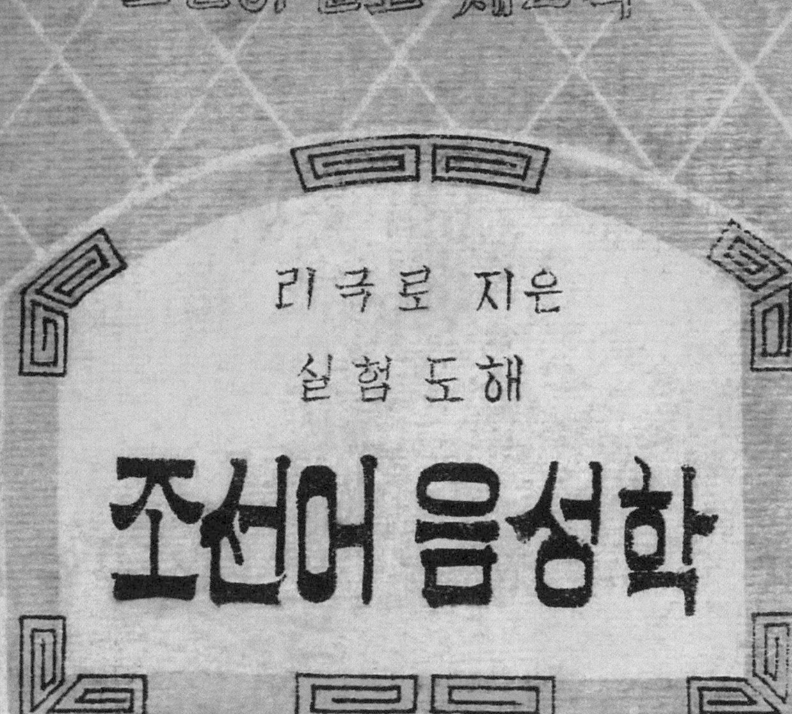
리극로 지은
실험 도해
조선어 음성학

1949

『실험도해 조선어 음성학』

실험 도해

(實驗 圖解)

조선어 음성학

(朝鮮語 音聲學)

리극로 지음

조선 어문 연구회

머 리 말

말소리의 생리적 (生理的) 관계 (關係) 와 물리적 (物理的) 관계 (關係) 와를 연구 (硏究) 하는 학문 (學問) 이 곧 음성학 (音聲學) 이다. 어학 (語學) 을 연구하려면 무엇보다도 먼저 음성학 (音聲學) 의 기초 (基礎) 지식 (知識) 을 가지지 않고는 그 목적 (目的) 을 완전 (完全) 히 이루기가 어려운 것이며, 또 국어 연구에 뜻하는 이는 반드시 조선어 음성학의 연구로부터 시작하여야 한다. 그리고 이것은 외국어 (外國語) 를 공부 하는 데도 상당한 도움이 될 것이다.

이 책을 쓰게 된 것은 내가 일찌기 베를린, 파리, 런던에서 여러 음성학자 (音聲學者) 로 더불어 조선어 음성 (音聲) 을 론 (論) 한 바 있었는데, 그 중에도 특히 파리 대학 ((大學) 음성학 (音聲學) 실험실 (實驗室)에서 1928년 3월에 한달 동안 스라메크 교수 (敎授) 의 요청 (要請) 으로 나는 조선어 음성 (音聲) 의 실험 (實驗) 대상 (對象) 이 되여서 매일 여섯 시간씩 실험실 (實驗室) 에 앉았던 일이 있다. 그 때에 쓰던 나의 만든 입천장 (人造口蓋) 으로 제 발음 (發音) 위치 (位置) 를 확정 (確定) 하는 재료 (材料) 와 또 카이모그라프 로 실험 (實驗) 한 재료를 얻었다. 그리고 1931년 1월에 조선어 학회(朝鮮語學會) 에서 외래어 표기법 통일안 (外來語表記法統一案) 을 작성하기 위하여 성한 위원회를 조직함에 있어서 그 위원 (委員) 의 한 사람이 되매, 더욱 조선 어음(語音)의 과학적(科學的) 근거(根據)를 세우기에 게으를 수가 없었다. 그러나 아직 우리 나라에는 음성학(音聲學) 실험실(實驗室)이 없어서 충분한 실험을 하지 못하였다. 다행히 이번 이 책을 쓰는데 있어서는 국립 영화 촬영소(國立映畵撮影所)의 록음기(錄音機)와 체신성(遞信省)의 "오씰로그라프" 기계를 음성(音聲)의 실험에 리용하게 되여 새로운 재료를 더 얻었다. 그리고 또 발음의 입모양 사진을 박는데 있어서 국립 예술 극장 예술인의 수고가 많았고, 또는 우리 말 악센트 실험에 있어서 작곡가 김 순남 선생의 수고가 많았다.

이상에 말씀한 여러 기관과 인사들의 협조에 대하여 깊이 감사의 뜻을 표하여 마지 아니한다.

끝으로 불완전하나마 이 조고마한 책이 국어 연구와 국어 교육에 다소라도 도움이 된다면 다행으로 생각하는 동시에, 앞으로 여러분의 도움을 얻어 더 완전한 것으로만들고자 하는 바이다.

1949년 10월

평양에서

지은이 씀

(실험 도해) 조선어 음성학

목 차

(끝)

삽도 (揷圖) 목 록

실험 도해

조선어 음성학

I 실험 음성학의 기초
(實驗 音聲學의 基礎)

1. 소리를 실험하는 방법

실험 음성학은 소리의 나는 자리, 고저(高低), 강약(强弱), 장단(長短), 청탁(淸濁), 됨(硬), 거셈(激), 또는 예사임(平) 들을, 곧 소리가 어디서 어떻게 나는가를 연구하는 자연과학이다. 그 실험 방법은, 간단한 만든 입천장(人造口蓋)을 리용하는 방법으로부터 복잡한 "카이모그라프"와 "오실로그라프" 같은 발달된 기계를 리용하여 알아보는 여러가지 길이 있다. 이러한 기구나 기계로 알아 내는 밖에, 소리나는 자리의 움직임을 눈으로 보거나, 소리를 귀로 듣거나, 또는 손을 대여 느끼어 보는 법들이 있다.

이제 간단히 누구나 할 수 있는 그 실험 방법의 몇가지를 들어 보면 다음과 같다.

(2)

(1) 소리의 맑고 흐림을 알아 보는 법.

우리가 소리의 청탁(淸濁), 곧 맑음과 흐림을 알아보려면, 소리낼 때에 손'가락 끝을 목청(聲帶) 결(불거진 뼈의 위쪽 오목한 자리)에 대보면 곧 알 수가 있으니, 맑은 소리이면 목청이 떨지 아니하므로 손'가락 끝에 떨리는 느낌이 조금도 없으나, 흐린 소리이면 손'가락 끝에 마치 전기(電氣)가 통하는 것과 같이 찌르르하는 떨리는 느낌이 있다. 목청에 손'가락 끝을 대고 "ㅅ"나 "ㅆ"를 소리내 보면, 손'가락 끝에 아무런 느낌도 없으나, "ㅏ, ㅓ"들의 모음이나 "ㅁ, ㄴ"를 소리내 보면, 찌르르하는 느낌이 있다. 이것은 목청이 떨기 때문이요, 앞의 것은 목청이 떨지 않기 때문이다. 목청이 떨리는 소리를 유성음(有聲音)이라 하고, 목청이 떨지 않는 소리를 무성음(無聲音)이라 한다.

이와 같이 목청이 떨고 안 떠는 것은 이마에 손을 대여 보거나, 또는 손'가락으로 귀'구멍을 막아 보아 떨리는 느낌이 있고 없음으로 쉽게 알아 볼 수가 있다.

(2) 거센소리(激音)의 센 정도를 알아 보는 법.

거센소리(激音)의 센 정도는, 소리를 낼 때에 얇은 종이를 입 앞에 가까이 대여보면, 그 나오는 기운에 종이가 날리는 정도를 보아 잘 알 수 있다.

(3)

(3) 만든 입천장(人造口蓋)을 리용하는 법.

만든 입천장(人造口蓋)은 치'과(齒科)에서 쉽게 만들 수 있다. 이 만든 입천장은 모음(母音)이나 자음(子音)이나, 그 나는 자리, 곧 혀와 입천장의 서로 닿는 자리를 시험하는 기구이다.

(제 1 도) 만든 입천장　　(제 2 도) 만든 입천장의 도장

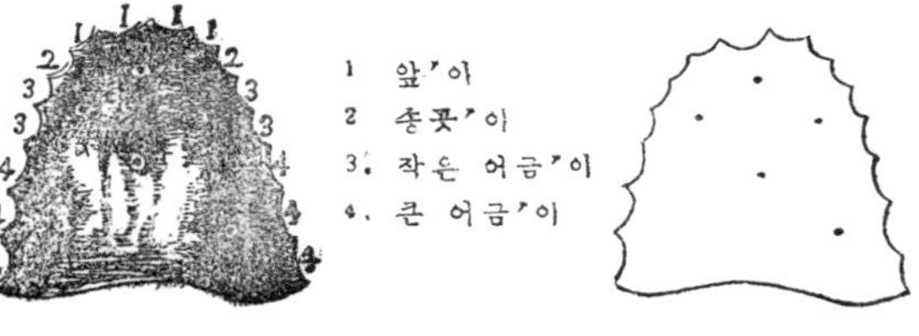

만든 입천장은 석고(石膏)로 위'입천장의 모형을 만들어, 그 위에 셀루로이드를 발라서 만든 물건인데, 그 면에 6 개의 구멍이 있다. 이것은 소리를 낼 때에 혀가 닿는 자리를 나타내기 위하여 그 표준점(標準點)을 정한 것이다. 맨 앞의 한 점은 앞'이 구멍(門齒孔)이요, 한가운데의 한 점은 센 입천장(硬口蓋)의 중심점인데, 곧 앞'이 구멍과 목젖뼈 끝과의 절반되는 자리이다. 왼쪽과 오른쪽과의 각각 두 점은 센 입천장과 이'몸과의 경계선에 있으되, 앞의 것은 두

(4)

작은 어금'이 사이에서 내리여 그은 수직선 (垂直線)과 교차 (交又)된 점이요, 뒤의 것은 위 덕뼈와 입천장뼈와 서로 물리여 기워진 줄(縫合線) 위에 있는 점이다. 이 만든 입천장을 본을 떠서 고무 도장을 새기여서 그것을 찍어 놓고, 그 위에 발음의 위치를 그린다.

실험하는 방법은 만든 입천장을 입천장에 붙인 뒤에 발음을 실험한다. 그때에 혀가 닿아서 침이 묻은 자리를 보고, 곧 만든 입천장 도장 자리에 그 위치를 그린다.

(4) 목안거울 (喉頭鏡) 을 비용하는 법.

목안거울은 이비 인후'과 (耳鼻咽喉科) 에서 진찰 기구로 쓰는 것과 같은 기구이니, 가는 대 끝에 작은 둥근 거울을 붙인 것이다. 이것을 목젖 위에 대고 반사경 (反射鏡) 을 비추어 보면 목청의 작용 (作用) 이 보인다.

(제 3 도) 목안거울 (喉頭鏡)

(5) 오셀로그라프를 리용하는 법

오셀로그라프는 광 (光) 소리 (音) 전기 (電氣) 등의 조건 진동 (振動) 의 파형 (波形) 을 분석 (分析) 하고 측정 (測定) 하는 기계인데, 싸운드 아다치멘트 (振動板) 반사경 (反射鏡) 뿌리즘 렌즈 조명경 (照明鏡) 진공관 (眞空管) 등을 가진 가장 복잡한 구조를 가지고 있는것이다. 이 기계에 마이크 (擴聲機) 를 달고, 마이크를 통하여 말을하면, 그 음파 (音波) 의 강약이 전류 (電流) 의 강약 (强弱) 으로 변하고, 전류의 강약은 진동판 (振動板) 을 진동 (振動) 시키고, 이에따라서 반사경 (反射鏡) 이 진동 (振動) 하여 전파 (電波) 를 광파 (光波) 로 변하고, 이 광파 (光波) 가 앞쪽에있는 조명경 (照明鏡) 에 나타나게된다.

이 광파 (光波) 에는 진동수 (振動數) 진폭 (振幅) 등이 나타나며 음 (音) 의 고저, 장단, 강약 (高低,長短,强弱) 이 완전히 나타나게 되며, 음색 (音色) 까지 나타나므로, 말하는 음파 (音波) 를 직접 눈 (眼) 으로 볼수 있는것이다. 그리고 이 조명경 (照明鏡) 에 나타나는 광파 (光波) 를 특수 (特殊) 한 장치로 된 사진기로 촬영할수 있는것이니, 음성학을 실험 (實驗) 하는 좋은 기계 이다.

그리고, 발성영화 (發聲映畵) 필림에 나타나는 음파 (音波) 도 이 오셀로 그라프와 같은 원리 (原理)이므로 이것도 음성학 실험 (實驗) 에 리용되는 기계다. (제4,5,6도참조)

(제 4 도) 오셀로 그라프 기계 전경

(제 5 도) 오셀로 그라프의 조명경(照明鏡)에 나타나는 광파(光波)

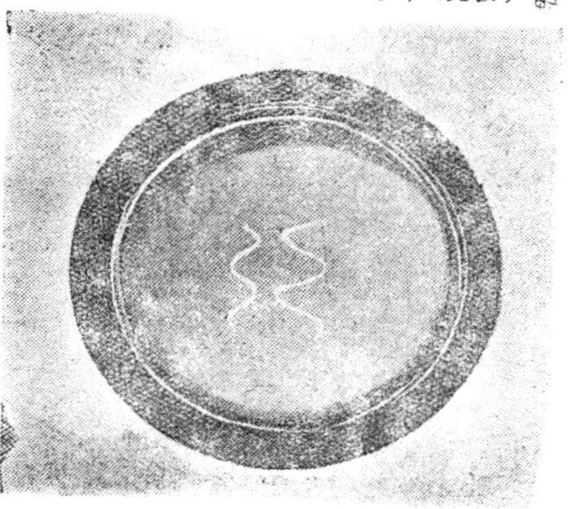

(제 6 도) 발성 영화에 나타나는 음파(音波)

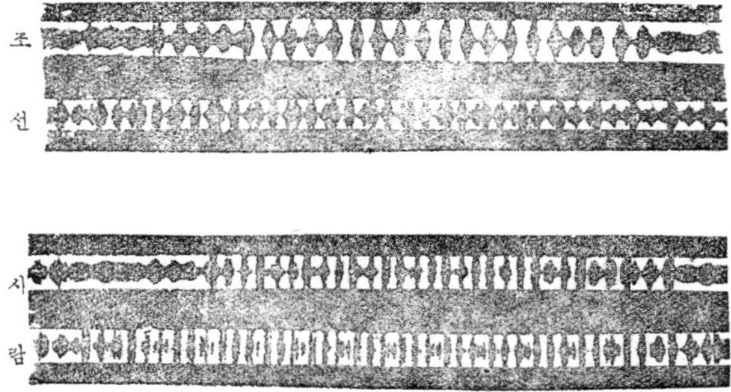

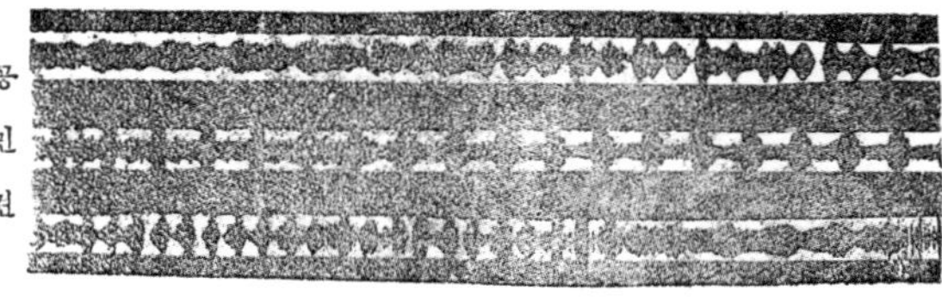

2. 소리의 생리(生理)

음성의 생리적 관계와 물리적 관계와를 연구하는 학문이 곧 음성학이다. 이 과학은 어학(語學), 악학(樂學), 또는 이런 방면에서 많이 응용하고 있다. 어학을 연구하려면 먼저 음성학의 기초를 가지지 아니하고는, 그 목적을 완전히 이루기가 어려운 것이다.

음성을 내는 기관은 다음과 같다.

(1) 숨쉬는 기관(呼吸器官)

(2) 소리 내는 기관(發音器官)과 소리 고루는 기관(調音器官)

(가) 울'대 머리(喉頭)
(나) 입안(口腔)
(다) 코안(鼻腔)

(1) 숨쉬는 기관(呼吸器官)

소리가 나려면 먼저 물체(物體)를 떨게 하는 힘이 있어야 한다. 사람의 음성을 내는 힘은 곧 우리의 날'숨(呼氣)이다.

가슴과 배의 사이를 가로 막은 횡격막(橫膈膜)은 가슴 쪽으로 불룩하게 내민 탄력(彈力)이 있는 근육판(筋肉板)이다. 이 가슴 속의 큰 부분은 숨쉬는 기관인 폐(肺)가 차지하고 있다. 왼쪽과 바른쪽 두 폐의 사이에는, 위로부터 울'대(氣管)가 내려 들어와서 좌우 두 기관지(氣管支)로 갈라지고, 그것이 다시 좌우 두 기관지로 갈라져서 폐로 들어가서 많은 잔 가지가 생기였다. 이 잔 가지 끝에는 기포(氣胞)가 달리였는데, 그 기포 안에서는 새로 들어온 공기의 산소(酸素)와, 피에서 놀리여 나갈 가스가 서로 바꾸어지게 된다. 이 탄력이 있는 섬유(纖維)는 폐로 하여금 썩 많은 풀무가 되게 한다. 이 풀무에는 가슴이 불러짐을 따라 공기가 찼다가 오무러짐을 따라 다시 밀리여 나가게 되나니, 이것이 곧 날'숨이다.

예사로 숨을 쉴 때에는, 한쪽으로는 횡격막(橫膈膜)을 눌러 평평하게 하고, 또 한쪽으로는 갈비'대를 벌린다. 그래서 가슴 안이 커지고, 공기가 기관(氣管)과 부하로 빨리여 들어가, 빈 가슴 안이 온전히 찬다. 날'숨에는 횡격막과 갈비'대가 본래 상태로 돌아간다. 숨을 들이쉬는 시간과 내쉬는 시간은 거의 같은데, 예사 때에는 다 코'구멍으로 쉰다.

말할 때에는 숨쉬는 상태가 좀 달리 된다. 숨쉬려고 근육을 특별히 쓰지 아니하고, 그 날'숨을 응용하여 음성을 내게 된다. 근육 작용으로써 숨을 빨리 들이쉬고, 또 숨을 내쉬기 전에 잠깐 쉬는 동안이 예사때보다 좀 길어진다. 요구에 따라 호흡(呼吸)의 강도(强度)를 조절한다. 목청 다음에 모든 발음의 작용을 맡은 입은 또 호흡의 길도 된다.

(제 7 도) 소리 내는 모든 기관

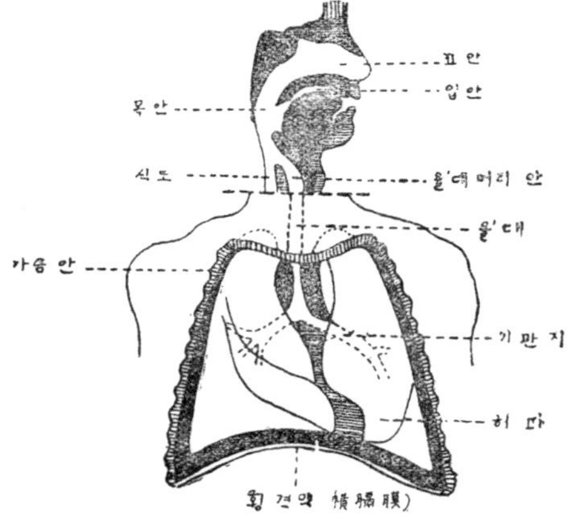

(2) 소리 내는 기관(發音器官)과 소리 고루는 기관 (調音器官)

(가) 울'대머리 (喉頭)

폐에서 나오는 공기의 힘으로 소리를 만드는 기관은, 곧 울'대(氣管)의 위쪽 끝에 붙은 울'대머리 (喉頭) 이다. 이 울'대머리는 방패모양 여린뼈(甲狀軟骨)와, 고리모양 여린뼈 (環狀軟骨) 와, 목청을 고루는데 쓰이는 고룸 여린뼈 (調整軟骨) 두낱을 둘러싼 근육으로 만들어진 공실 (空室) 인데,

그 안에, 곧 방패모양 여린뼈와 고룸 여린뼈 사이에 있는 두 질긴 띠 (靭帶) 를 목청 (聲帶) 이라 하고, 두 목청의 틈을 소리문 (聲門)이라 한다. 목청은 좌우로부터 두 쪽이 나와 있는데, 입술과 같이 서로 맞닿는다. 공기가 나올 때에 열리였다 닫히였다 하여, 두 쪽이 서로 떨리면, 소리 (有聲音) 가 되나, 저절로 열리여 있을 때에는 숨 (無聲音) 으로 나온다. 말 소리 (話音) 에는 이 둘이 다 쓰인다. 목청은 고룸 여린뼈의 작용 (作用) 으로 되여졌다 늦추어졌다 하고, 또 소리문은 목청의 늦춤과 됨을 따라 열리고 닫힌다.

본목청 위에 가목청 (假聲帶) 이 있고, 그 사이의 틈을 가성문 (假聲門) 이라고 한다. 가 목청의 좌우의 틈이 모르간 구멍이라 하는 주머니 모양의 구멍인데, 이 공지 (空地)가 있기 때문에 목청이 자유로 운동하게 된다.

울'대머리의 꼭대기에는 울'대막애(會厭)가 있어 무엇을 먹을 때에는, 울'대머리를 내려 닫아서 먹는 물건이 울'대머리를 넘어 식도 (食道)로 들어가게 되고, 또 숨쉴 때에는 곧 일어 열리여서 공기가 저절로 숨 구멍과 코'구멍으로 나들게 하고, 말할 때에는 그것이 열리여서 날"숨이 입으로나 혹은 코'구멍으로 나온다.

(제 8 도)
울'대머리 여린뼈

(제 9 도)
울'대머리 여린뼈의 앞쪽

1. 방패 모양 여린뼈
1. 고통 여린뼈
3. 목청
4. 고리 모양 여린뼈
5. 울'대막애

(제 10 도)
위에서 보는 울'대머리의 모양

(제 11 도)
울'대머리를 세로 벤 그림

1. 울'대의 칭고리
2 고리모양 여린뼈
3. 방패모양 여린뼈
4. 울'대막애 여린뼈
m. 질긴떠

우리가 예사로 숨쉴 때에는 소리문이 넓게 열리여 있기 때문에, 공기가 아무 거침 없이 그 틈으로 나들므로 아무 떨림이 일어나지 못하되, 한번 목청이 켕기여서 소리문이 적당하게 좁아져서 날'숨의 기운이 목청을 떨게 하면 악음 (樂音) 이 나나니, 이것을 음성학 (音聲學) 에서 "소리" (聲)

이라고 하여, "숨" 곧 열린 소리문을 통하여 나오는 공기와 구별한다. 말의 소리에는 목청의 작용 (作用) 이 있는 것도 있고, 또 없는 것도 있다. 목청의 작용은 세 가지가 있나니, 모음과 흐린 자음으로 가장 많은 작용은 떨림 (振動) 인데, 모두 그 "소리" 를 원료 (原料) 로 삼고 있으며, 그 다음에는 목청을 좁히여서 생기는 갈림 (摩擦) 이고, 또 하나는 목청을 닫았다가 터치여서 생기는 터침 (破障) 인데, 숨을 원료로 삼은 음을 청음 (淸音) 이라 하고, 소리 를 원료로 한 음을 탁음 (濁音) 이라고 부른다. 그러나 입이나 코의 작용으로 나는 많은 소리는 예사 숨쉴 때와 같고 아무 딴 작용은 없다.

(제 12 도)
울'대의 세로 벤쪽

울'대막애
가목청
본목청
울 대

소리 문은, 근육 소리문 (筋肉聲門) 과 여린뼈 소리문 (軟骨聲門) 의 두 가지가 있다. 앞의 것은 근육으로 된 목청 사이의 틈이요, 뒤의 것은 두 고룸 여린뼈(調整軟骨)의 사이에 생긴 틈이다.

소근거리는 소리 (耳語) 는, 높고 낮은 변동이 없는 소리

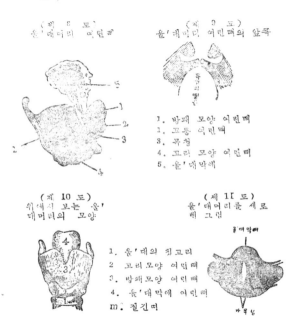

(噪音) 이다. 이것은 매우 좁힌 근육 소리문 (筋肉聲門) 으로나, 혹은 근육 소리문을 꽉 닫고 여린때 소리문으로 내미는 공기에서 생기는 소리이다.

(제 13 도)

(1) 숨쉴 때의 목청 (2) 소리낼 때의 목청

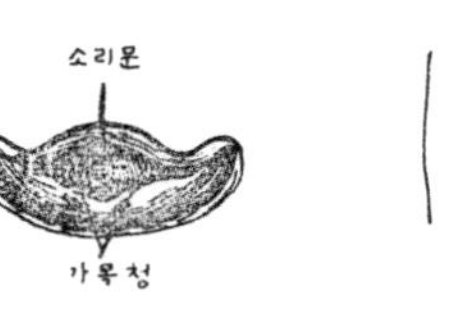

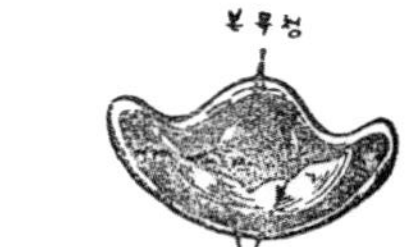

사람이 목청으로 낼 수 있는 소리의 고저 (高低) 의 표준은 대개 네 음계 (音階), 곧 E—ə3 의 범위에 든다. 그러나 개성을 따라서는 2개 —2 $\frac{1}{2}$개의 음계의 범위를 넘지 못하는 이도 있으며, 예사로 말할 때에는 1 $\frac{1}{2}$ 개의 음계에 지나지 아니한다. 소리의 고저는 일반으로 목청의 길이와 두께 (厚) 에 관계되는 것이다. 그런데 길고 두터운 목청을 가진 남자의 목소리는 낮은 소리이요, 짧고 엷은 목청을 가진 녀자나 아이의 목소리는 한 음계 쯤 높게 내는 높은 소리이다. 같은 목청으로 여러가지 고저를 내는 것은 목청을 켕기고(緊張), 또 숨'기운을 세게 히는 정도의 차이에 달리였다. 숨'기운의 강하고 약한 데서 소리의 강하고 약함이 생길 때에 같은 고저를 가지려면, 켕긴 목청을 한때에 되게 하

든지 늦추든지 하여야 된다.

목청이 떠는 것을 알아 보는 법은, 카이모그라프 (KymOgraPh — 旋回 運動 記錄計) 로써 실험하는 것이 가장 정확하다. 그러나 우리의 손으로만도 능히 알 수가 있다는 것은 앞에 이미 설명하여 두었다.

(제 14 도)

1. 위'입술 4. 앞 센입천장
2. 앞'이 5. 가운데 센입천장
ㅅ. 송곳'이 6. 뒤 센입천장
ㅈ. 작은 어금'이
ㅋ. 큰 어금'이 7. 앞 여린입천장
ㅌ. 코 8. 뒤 여린입천장
ㅍ. 편도선 9. 목젖
3. 이'몸

(나) 입안 (口腔)

목청이 떨리여서 생긴 소리는 한가지로되 여러가지 소리를 입밖에 내보내게 되는 것은, 곧 여러가지 울림통(共鳴腔)의 모양을 만들어 내는 입의 작용이다. 또 여러가지 소리 내는 기관을 떨거나 갈거나 터치거나 하여서 여러가지 자음 (子音) 를 낸다. 이 복잡한 소리들을 만들어 내는 입안을 다음과 같이 갈라 본다.

(ㄱ) 목안(咽頭)

이것은 울'대머리(喉頭) 위의 공간이니, 울'대(氣管)와 식도(食道)와 입과 코로 통하는 곳이다. 울'대와 식도의 사이에는 울'대막애(會厭)가 있고, 입과 코의 사이에는 목젖이 있다. 울'대막애는 음식물을 삼킬 때에 울'대의 덮개가 되는 것으로, 예사 때에는 일어서서 울'대의 숨'길을 열고 있다. 이 목안은 수동적 기능(受能的 機能)을 가질 뿐이요, 제 스스로 활동하지 못한다.

(ㄴ) 혀(舌)

이것은 매우 발달된 근육이라, 여러가지 모양과 자리와의 변동을 일으킬 수가 있어서, 입안(口腔)으로 하여금 여러가지 울림통(共鳴腔)이 되게 한다. 그 자리를 혀뿌리 혀'바닥, 혀끝으로 나누나니, 그 중에도 혀끝은 가장 많은 작용을 한다.

(ㄷ) 입 벽(口壁)

이것은 여섯 자리를 갈라 본다. 곧 목젖, 여린 입천장(軟口蓋), 센 입천장(硬口蓋), 이'몸, 이, 입술 들이다.

입천장의 딴딴한 곳은 센 입천장이고, 그 뒤쪽 연한 곳은 여린 입천장이고, 여린 입천장 뒤 끝이 목젖이다. 이 목젖과 여린 입천장은 아래 위로 움직일 수 있으며, 입안 소리를 낼 때에는 이것을 올리여서 코안으로 통하는 길을 막고, 코'

소리를 낼 때에는 이것을 드리워서 코안으로 소리가 통하게 된다. 여린 입천장과 센 입천장 사이의 경계는 손'가락으로 만져서 그 연하고 딴딴한 느낌으로써 가리여 볼 수가 있다.

(ㄷ) 코 안(鼻腔)

코안은 목안의 위 앞쪽에 있어, 뒤는 목안으로 통하고, 앞은 코'구멍으로 터지여 있다. 한 고정(固定)된 울림통으로, 소리낼 때에 목젖을 떼면 그리로 기운이 통하여 코'소리가 나게 된다. 코안으로 통하는 길은 코'소리가 아닌 소리를 낼 때에는 닫히여 있는 것이 보통이다

(제 15 도)
소리내는 기관의 모든 자리

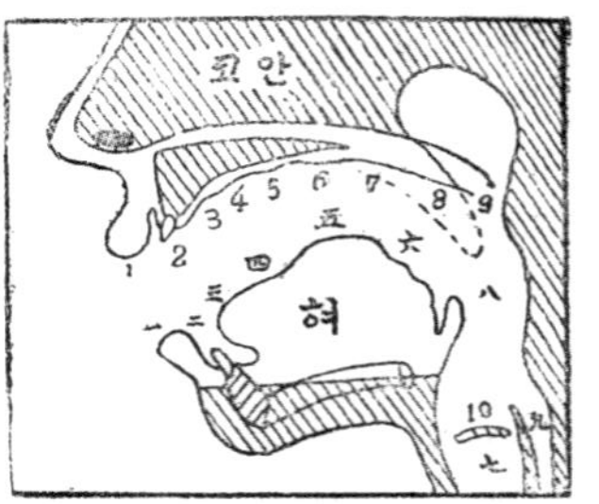

코안에는 그곳을 지나가는 공기를 막거나 가리우는 설비가 …기 때문에, 소리낼 때의 코안의 역할은 목청의 소리(유성음이나 무성음이나 다)를 울리는데 지나지 않는다.

예사로 숨쉴 때에는 숨이 코안으로부터 목을 통하여 울'대로 들어가서 폐에 이르고, 폐에서 다시 본래 오던 길을 거쳐서 밖으로 내보내는데, 이때에 입은 닫히여 있는 것이 보통이다.

1. 위'입술
2. 이
3. 이'몸
4. 앞 센입천장
5. 가운데 센입천장
6. 뒤 센 천장
7. 앞 여린입천장
8. 뒤 여린입천장
9. 목젖
10. 울'대머리 (목청)

一. 아래 입술
二. 앞 혀끝
三. 앞 혀'바닥
四. 가운데 혀'바닥
五. 뒤 혀'바닥
六. 맹공부(盲孔部)
七. 울'대
八. 울'대막애
九. 식도

3. 조선말의 악센트

이것은 음절(音節)과 음절과의 사이에 소리의 강약(强弱)과 고저(高低)의 관계를 이르는 것으로, 보통 악센트가 있다는 것은, 그 말의 악센트 가운데의 높은 것이나 혹은 강한 것만을 가리키는 말이다. 악센트에는 강약(强弱), 고저(高低), 혼합(混合—강약, 고저의 두 요소를 가진 것)의 세 가지가 있는데, 근세의 서양 말의 대부분은, 그 중에도 특수하게 독일말 같은 것은 순수한 강약 악센트를 가지였고, 일본말 같은 것은 대체로 고저 악센트를 가지였다고 본다.

또 악센트는 두 음절 이상으로 된 낱말(單語)에만 있는 것이 아니라, 한 음절로 된 낱말에도, 혹은 한 문장(文章)에도 있다. 한시(漢詩)의 평측(平仄)이나, 또는 시(詩)의 음률적 미(音律的 美)는 이것을 응용한 것이다. 특히 서양말 시에 그 현저한 경향을 볼 수 있다. 악센트 부호(符號)는 그릭(希臘)문법으로부터 나온 것인데, 올림소리 부호(揚音符)"ˊ", 내림 소리 부호(抑音符)"ˋ", 올림내림소리 부호(揚抑符)"^"의 세 가지가 있다.

1. 조선말의 악센트는 고저 강약(高低强弱)을 겸한 것이다.
2. 우리말의 악센트는 동해안 지역과 서해안 지역의 두 갈래로 구별된다.
3. 서해안 지역의 악센트는 끝으로 둘째 음절에 있다. 4음절과 5음절은 악센트가 두 곳에 있으

며, 뒤의 악센트가 앞의 것보다 강하다. 그러므로 악리적(樂理的)으로 고찰할 때에는 동해안 지역에 비하여 선률적(旋律的)이다.

4. 동해안 지역은 악센트가 언제나 첫 음절에 있다. 4음절과 5 음절 때에는 악센트가 두 곳에 있으되, 앞의 것이 뒤의 것보다 강하다 그러므로 서해안 지역에 비하여 다이나믹(DyNaMic)하다.

경기(京畿) 지방 말을 표준으로 한 우리말의 악센트는 다음과 같다.

2 음절

간 다

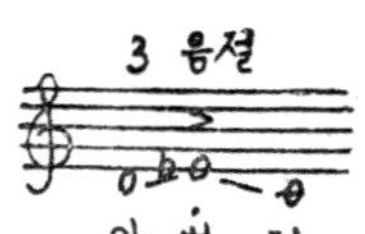

간다	대문	아버지	한마디
온다	강물	어머니	집으로
길다		경기도	
짧다		평안도	
바다		예술가	
다리		사랑방	
목숨		박서방	
서울		앞마을	

4 음절 5 음절

우 리 들 이 물 러 방 아 장 난 하 다 가

우리들이	물레방아	장난하다가
오라버님	왔다갔다	죽을찌언정
하라버지	오동나무	하느님께서
실오래기	팔도강산	말씀하시면
물방아간	빤짝빤짝	인민공화국

4 모음(母音)의 나는 리치(音理)

모음은 독청이 떨리여서 일어난 음파(音波)가 입안(口腔)곧 공명강(共鳴腔)의 공기에서 울리여, 같은 음률이 서로 응하는(同律相應) 물리적 현상으로 생긴 음률이다. 여러가지 모음은 곧 여러가지 공명강에서 울리는 소리들이다. 공명강의 형체(形體)가 여러가지로 변하게 되는 것은, 첫재 혀의 작용이다. 혀의 근육은 여러 방향으로 잘 움직이므로, 공간(空間)의 변형(變形)을 많이 일으킨다.

혀밖에 또 턱을 벌리는 악각(顎角)의 대소(大小)와 입술과 여닫 입천장(軟口蓋)들의 작용이, 공간의 변형을 일으키여 여러가지 모양의 공명강을 만드는 것이다.

아래에 모음의 공명강의 례를 보인다.

(제 16 도)　(제 17 도)　(제 18 도)

모음의 종류

단모음 (單母音)

조선말에는 "ㅏ ㅐ ㅔ ㅣ ㅓ ㅡ ㅗ ㅜ ㅚ ㅟ" 열 가지의 단모음이 있다. 이 소리들을 낼때의 혀의 자리를 보건대, "ㅏ"를 표준하여 혀의 앞이 높아가는 소리의 순서는, "ㅐ ㅔ ㅚ ㅣ ㅟ" 혀의 뒤가 높아가는 소리의 순서는 "ㅗㅜ", 혀의 가운데가 높아가는 소리의 순서는 "ㅓ ㅡ"로 된다.

그런데 이 모음들은 다 각각 그 보통의 길이보다는 긴 소리가 있다. 긴 소리의 혀의 위치는 보통 소리의 그것보다는 조금 높다. "ㅏ"도 앞"ㅏ"는 보통길이가 되고, 뒤"ㅏ"는 긴소리가 된다. 소리의 장단(長短)으로만 구별되는 것이 아니라, 상당한 정도의 위치의 차이가 있는 가운데 모음으로 ㅓ와 ㅡ의 중간에 자리를 둔 모음이, 서울을 중심한 중부 조선

말에 발전되고 있다. 그리고 제주도(濟州島) 사투리에는 이른바 아래 ㅏ라고 하는 "•" 소리가 훈민정음을 제정하던 당시의 음이 그대로 전하여, 이제도 잘 쓰이고 있으므로 이 "•"의 음'가 (音價)를 자세히 밝힌다.

여러가지 학설(學說)이 있는 한글의 "•"의 음가는, 여러 학자들이 조사와 연구를 거듭하던 중, 마침내 최근에 발견된 훈민정음의 진본(眞本)을 통하여 더욱 밝게 알 수 있게 되였다. (22페지의 그림을 참고하라)

이 문제에 대하여 나는 한글 제 5 권 8호에 한번 작은 론문을 쓴 일이 있다. 당시에 그 글을 쓴 동기는 제주도 사투리의 그 소리를 조사한 결과, 다른 곳에서 들을 수 없는 독특한 단모음(單母音)인 것을 알게 된 동시에, 또 예'말에 적힌 것을 재료로 삼아 음운 변천(音韻變遷)의 길을 살피여 본 바, 뒤ㅏ 소리의 혀자리와 ㅗ 소리보다 더 크게 벌린 둥근 입술소리인 단모음이라는 것으로 단안을 내릴자신을 가지였던 까닭이다. 그 뒤로는 별로 그럴만한 새로운 재료를 얻지 못하고 있던 가운데, 1940년에 경상북도 의성(義城)군의 어떤 고가(古家)에서 찾아낸 고문헌(古文獻) 훈민정음 진본(眞本)을 보게 되매, 거기에서 얻은 재료는 먼저'번에 쓴 그 작은 론문을 그냥 그대로 증명하고 말았다. 그래서 지금 제주도 사투리의 "ㆍ" 소리는 훈민정음을 지을 그때의 소리인 것을 의심하지 아니한다. "ㆍ" 소리를 더 정확하게 말

하면, 뒤 ㅏ보다 조금 더 높은 혀의 자리에, ㅗ보다 더 크게 벌린 둥근 입술로 내는 단모음이다 곧 만주 글의 끝의 홑소리 "ᠣ"의 소리와 같은 것이다

훈민정음 진본의 해례(解例) 제자해(制字解)에,

ㆍ 舌縮而聲深

ㅡ 舌小縮而聲不深不淺

ㅣ 舌不縮而聲淺

ㅗ 與ㆍ同而口蹙

ㅏ 與ㆍ同而口張

ㅜ 與ㅡ同而口蹙

ㅓ 與ㅡ同而口張

이렇게 모음의 음'가(音價)를 설명하였다 이것은 곧 ㆍ는 혀를 오그리여서 소리가 웅성깊으며, ㅡ는 혀를 조금 오그리여서 소리가 웅성깊지도 아니하고, 또 열지도 아니하며, ㅣ는 혀를 오그리지 아니하여서 소리가 열다고 한 말이다. ㅣ와 ㅡ의 음'가는 이제 우리가 널리 쓰고 있는 소리인 것만큼 그 음'가를 잘 알고 있는 바, 위에 설명한 예'말소리(古音) 그대로 틀림이 없다.

그런데 ㆍ의 음'가는 이제 제주도 사투리의 그 음'가와 꼭 같다. ㅏ는 ㆍ와 같은데 입만 벌리라고 하였으니, ㅏ보다는 입술을 좁힌 것이요, ㅗ는 ㆍ와 같은데 입을 오무리라 하였으니, ㅗ보다는 입술을 더 벌린 소리이다. ㅜ는 ㅡ와 같은

데 입을 오무리라 함과, ㅓ는 ㅡ 같은데 입을 벌리라는 음'가 설명을 가지고, 이제 우리가 발음하고 있는 그 음'가를 대조하여 볼 때에 조금도 틀림이 없다 그래서 우리는 소리의 혀의 위치와 입술 모양을 확정할 수 있다

모음의 음'가를 규정하는 네 가지 요소(要素)로써 볼때에 ㆍ는 뒤 혀의 위치, 낮은 혀의 자리요, 턱을 벌리는 각도(角度)는 큰 각도요, 입술은 둥글게 하여 내는 소리이다

다른 모음과의 관계를 밝히기 위하여 아래와 같은 도표(圖表)를 보임.

턱 벌림		혀 자리: 앞	혀 자리: 가운데	혀 자리: 뒤	혀 높이
턱 벌림	썩적음	ㅣ (ㅟ)	ㅡ ㅓ	ㅜ (ㅓ)	거의 닫음
	적 음	ㅔ (ㅚ)	ㅓ'	ㅗ (ㅚ)	반닫음
	예 사	ㅐ (ㆎ)	ㅓ	ㆍ (ㆎ)	반열음
	큼		ㅏ ㅏ'		다열음
	입술 모양	넓음	예사	둥글	

조선말의 중모음(重母音)은 이제는 없다고 볼 수도 있다 중모음이 차차 단모음(單母音)으로 변하여 온 것은 쉽게 증명할 수 있다. 례를 들면,

ㅏ ㅣ가 ㅐ로 변한 것

사이 (鳥, 間) → 새

가이 (犬) → 개

아이 (兒) → 애

ㅓㅣ가 ㅔ로 변한 것

거이 (蟹) → 게

ㅗ ㅣ가 ㅚ로 변한 것

오이 (瓜) → 외

ㅜ ㅣ가 ㅟ로 변한 것

수뷔 (易) → 쉬

ㅡ ㅣ가 ㅢ로 변한 것

그의 (其人) → 긔

로 된다

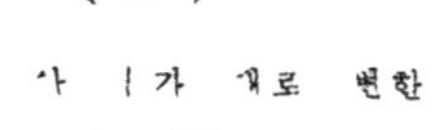

여기에서 우리는 "의"가 단모음으로 변하여 가는 과정에 있는 것을 알겠다 "의"는 "으"와 "이"의 중간 위치에서 나는 소리로 볼 수 있다. 곰 로어의 "bl" 소리에 가까운 것이다

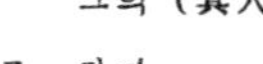

혀가 위이ㅅ몸에 닿는 모음
(만든 입천장을 대고 실험한 그림)

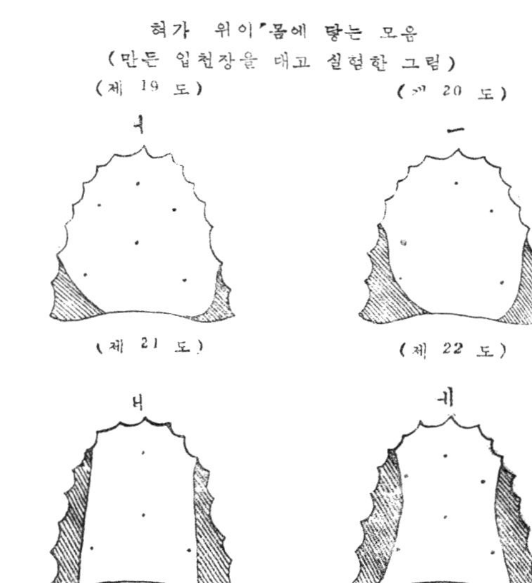

(제 19 도) (제 20 도) (제 21 도) (제 22 도)

【주의】 " ㅑ ㅕ ㅛ ㅠ " 는 반자음 ㅣ(i) 와 " ㅏ ㅓ ㅗ ㅜ " 가 합하여 된 한 음절 (音節) 이요, 중모음은 아니다.

5 자음 (子音) 의 나 리치

자음 (子音=닿소리) 은 발음 기관 곧 입술이나 혀나 목청이나 목젖을 붙이여서 터치거나, 좁히여서 갈거나 붙이였다가 떼였다가 하여 나는 소리이다. 그리하여 자음은 그 작용에 따라 터침소리 (破障音) 갈림소리 (摩擦音), 떨림소리 (顫動音) 터쳐갈림소리 (破擦音) 의 네 가지가 있고, 터치는 때에 코"구멍을 통하여 울리는 코"소리가 있고, 코소리를 뗀 자음 이외의 모든 자음은 목청을 떨지 아니하고 내는 맑은 소리 (淸音) 와, 목청을 떠는 음파가 따라 나오는 소리인 흐린 소리 (濁音) 가 있다

또 터침소리 (破障音) 와 갈림소리 (摩擦音) 와 터쳐 갈림소리 (破擦音) 에는 목청 터침소리(聲帶破障音 "ㅇ, ?") 가 따라 나오는 된소리 (硬音) 가 있고, 또 목청 갈림 소리 (聲帶摩擦音"ㅎ, h") 가 따라 나오는 거센 소리(激音)가 있고, 열어 놓은 목청에서 흘러 나오는 공기로 일으키는 예사소리 (平音) 가 있다.

(제 23 도) 자음이 나는 모든 자리

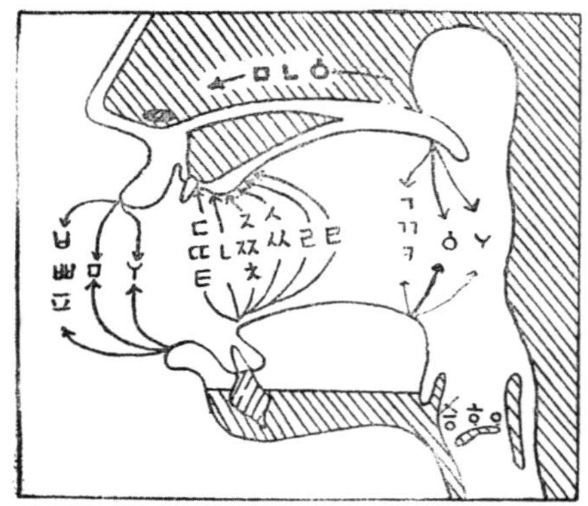

조선 말의 자음을 아래와 같이 설명한다.

(1) "ㅂ, ㅃ, ㅍ, ㅁ"는 모두 입술을 붙이였다가 터치는 소리들이다. 그러나 "ㅂ" 는 열린 목청에서 거침이 없이 나오는 공기로 입술을 터치는 예사소리 (平音) 이며, 맑은 소리 (淸音) 이요; "ㅃ" 는 닫힌 목청을 터치고 나오는 공기로 터치는 된소리 (硬音) 이며, 맑은 소리이요; "ㅍ" 는 좁힌 목청을 갈고 나오는 공기로 터치는 거센소리 (激音) 이며, 맑은 소리이요; "ㅁ"는 떠는 목청의 음파 (音波)를 받아

나오는 공기가 한쪽으로는 막힌 자리를 터치면서, 다른 한쪽으로는 목젖을 아래로 숙이여, 코ㅅ구멍을 통하는 공기가 그 안에 울리여 나는 코ㅅ소리이며, 흐린소리이다.

"ㅁ"는 울림소리(反響音)로 숨을 이여서 끌어갈 수가 있으나 "ㅂ, ㅃ, ㅍ"는 터침소리이므로 순간음(瞬間音)이다.

(제 24 도) (제 25 도) (제 26 도) (제 27 도)

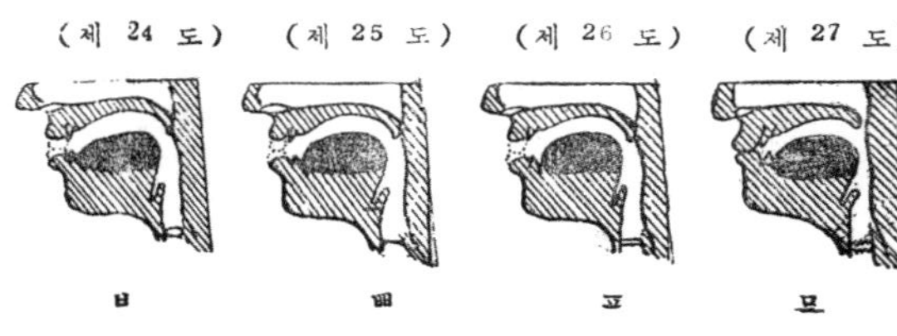

(2) ㄷ, ㄸ, ㅌ, ㄴ는 모두 위ㅅ이ㅅ몸에 붙인 혀끝을 터치는 소리이다.

ㄷ는 열린 목청에서 거침이 없이 나오는 공기로 터치는 예사소리이며, 맑은 소리이요; ㄸ는 닫힌 목청을 터치고 나오는 공기로 터치는 된소리이며, 맑은소리이요; ㅌ는 좁힌 목청을 갈고 나오는 공기로 터치는 거센소리이며, 맑은 소리이요; ㄴ는 떠는 목청의 음파를 받아 나오는 공기 , 한쪽으로는 막힌 자리를 터치면서 목젖을 아래로 숙이여 코ㅅ구멍을 통하는 공기가 그 안에 울리여 나는 코ㅅ 소리이며, 흐린 소리이다.

ㄴ는 울림소리이므로 오래 끌어나갈 수가 있으나, ㄷ, ㄸ,

ㅌ는 숨으로 터치여 내는 터침 소리이므로 순간음이다.

(제 28 도) (제 29 도) (제 30 도) (제 31 도)

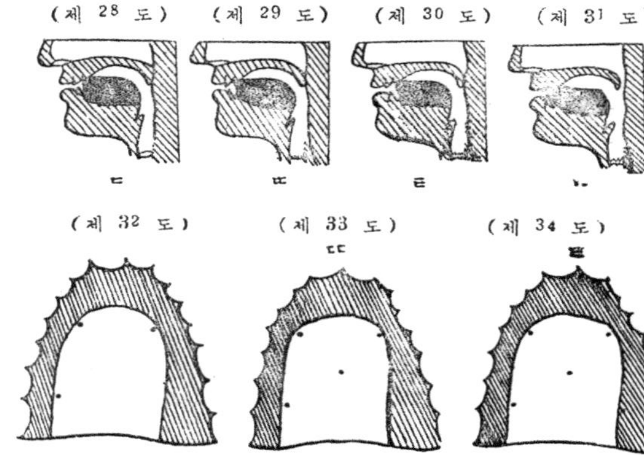

혀가 이ㅅ몸에 닿는 자리는 같으나, 목청의 작용이 다름을 보임.

(3) ㄱ, ㄲ, ㅋ, ㆁ는 모두 여린 입천장(軟口蓋) 안쪽에 붙인 혀뿌리(舌根)를 터치는 소리이다.

ㄱ는 열린 목청에서 거침이 없이 나오는 공기로 터치는 예사 소리이며, 맑은 소리이요; ㄲ는 닫힌 목청을 터치고 나오는 공기로 터치는 된소리이며. 맑은 소리이요; ㅋ는 좁힌 목청을 갈고 나오는 공기로 터치는 거센소리이며, 맑은소리이요; ㆁ는 목청의 음파를 받아 나오는 공기가 한 쪽으로는 막힌 자리를 터치면서 목젖을 아래로 숙이여 코ㅅ구멍을 통하여 공기를 내

(32)

보내는 코'소리이며, 흐린소리이다.

ㆁ는 울림소리이므로 오래 끌어낼 수 있으나, ㄱ, ㄲ, ㅋ는 터침소리이므로 순간음 (瞬間音) 이다.

(제 35 도) (제 36 도) (제 37 도) (제 38 도)

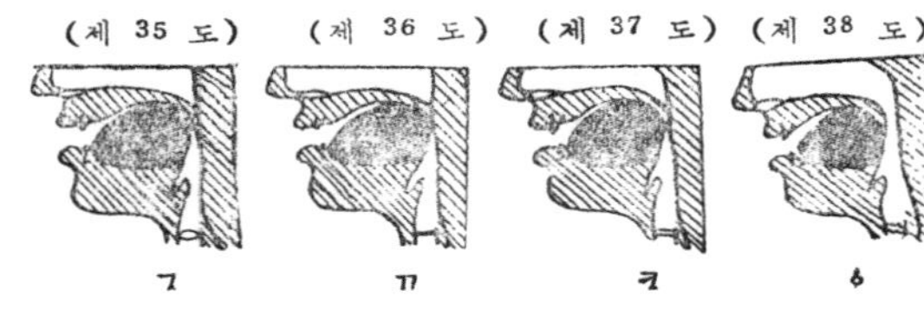

(4) ㅅ, ㅆ는 다 혀끝을 위'이'몸에 틈이 있도록 약간 대고 나오는 공기로 갈아 내는 소리들이다.

(제 39 도) (제 40 도)

ㅅ는 열린 목청에서 거침이 없이 나오는 공기로 갈아 내는 갈림 소리(摩擦音)이며, 예사 소리이며, 맑은소리이요; ㅆ는 닫힌 목청을 터치고 나오는 공기로 갈아 내는 갈림 소리이며, 된소리이며, 맑은 소리이다.

(33)

(제 41 도) (제 42 도)

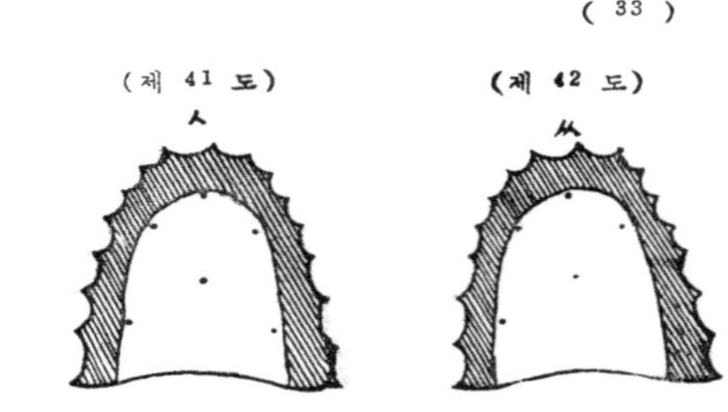

(혀가 이'몸에 갈리는 자리는 꼭 같음을 보임)

(5) ㅈ, ㅉ, ㅊ는 모두 혀끝을 위'이'몸에 붙이였다가 떼면서 갈아 내는 소리들이다.

ㅈ는 열린 목청에서 거침이 없이 나오는 공기로 터치면서 갈아 내는 터쳐 갈림소리 (破擦音) 인데, 예사 소리이며, 맑은 소리이요; ㅉ는 닫힌 목청을 터치고 나오는 공기로 막힌 자리를 터치면서 곧 갈아 내는 터쳐 갈림소리인데, 된소리이며, 맑은소리이요; ㅊ는 좁힌 목청을 갈아 나오는 공기로 터치면서 갈아 내는 터쳐 갈림 소리인데, 거센소리이며, 맑은 소리이다.

(제 43 도) (제 44 도) (제 45 도)

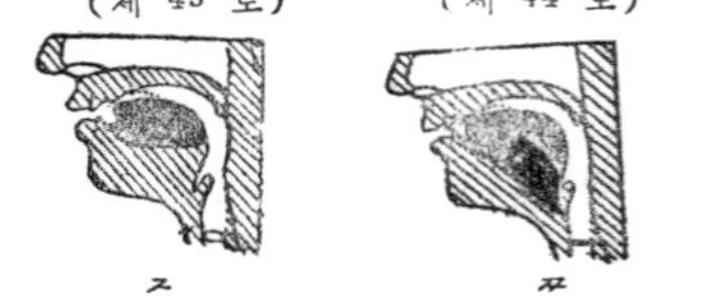
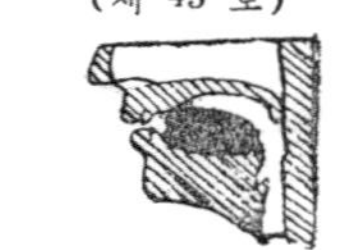

(혀가 이'몸에 닿는 자리와 작용은 같음을 보임)

(6) ㄹ (혀끝 떠는 소리—顫舌音) 는 혀끝을 위 "이" 몸에서 한번 떨어 움직이는 소리이다. 이 소리는 본래 조선 말에는 첫소리로 쓰이지 아니하였으나, 이제는 서양 외래어 (外來語) 의 영향을 입어, 교육을 받은 사람은 첫소리에도 잘 낸다. 이 소리는 예사 소리이며, 흐린 소리이다.

(7) ㄾ는 혀옆 갈이소리 (舌側摩擦音) 이다. 이 소리도 본래 조선 말에는 첫소리로는 쓰이지 아니한다. 그러나 이 소리도 ㄹ와 마찬가지로 교육을 받은 사람은 잘 낸다. 이소리는 예사 소리이며, 흐린 소리이다.

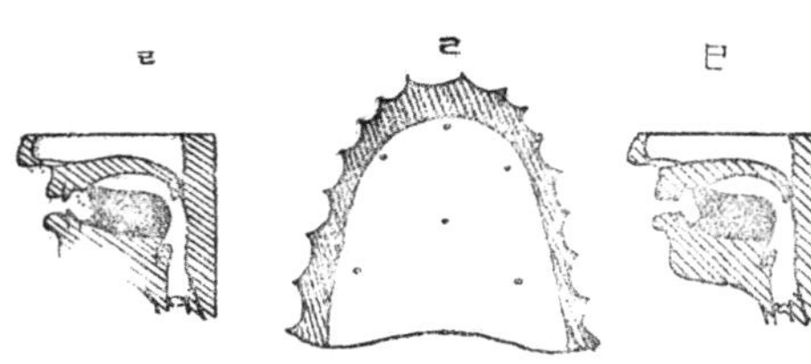

(제 46 도) (제 47 도) (제 48 도)

(8) ㆆ, ㅎ, ㅇ는 모두 목청 소리(聲帶音) 이다.

ㆆ는 꽉 막은 목청을 터치는 소리이니, 된소리이며, 맑은 소리이요; ㅎ는 좁힌 목청을 갈아 내는 소리이니, 거센 소리이며, 맑은 소리이요; ㅇ는 켕긴 목청을 떠는 소리이니, 예사 소리이며, 흐린 소리이다.

ㆆ는 이제 함경도와 경상도 사투리에 쓰인다. 례를 들면 하ㆆ니 (不), 허ㆆ제 (何), ㆆ이 (此)

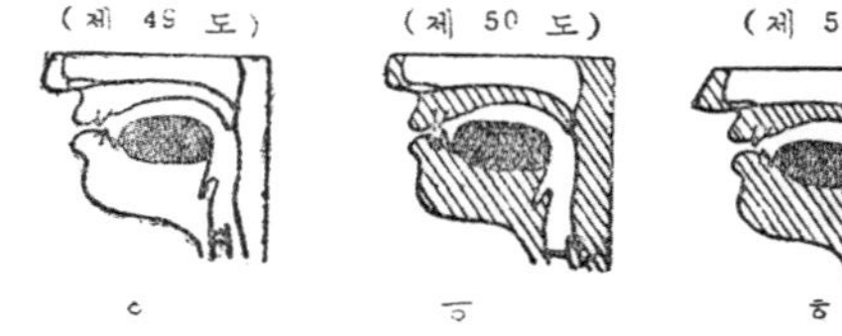

(제 49 도) (제 50 도) (제 51 도)

【주의】 ㆁ와 ㅇ는 글자 모양이 비슷하므로 이제 서로 통하여 쓰나, 마땅히 분간하여야 될 것이다.

(9) 조선 말소리의 받침은 서양 말소리의 그것과는 달라서, 같은 발음 위치의 터침소리 (破障音) 는 그 자리에서 준비 자세 (姿勢) 로 붙이고 만다. 이와 같이 그 위치의 갈림소리 (摩擦音) 는 터침소리의 받침과 같이 붙이고 만다. 이것은 곧 혀를 갈림소리의 안정하지 못한 자세의 위치에서 터침소리의 안정한 자세의 위치로 보낸 까닭이다. 그러므로 이제 조선 말 철자법에 쓰이는 ㄷ ㅌ ㅅ ㅆ ㅈ ㅊ 여섯 받침은 음편(音便)으로 자리를 옮기여 ㄷ자리에서 ㄷ받침 같이 되고 만다. 례를 들면 안 앝 앗 았 앚 앛 은 다 "안"으로 발음이 되고 만다. 이와 마찬가지로 다른 같은 계통의 자리에서 나는 소리도 같은 원리로 발음이 된다. 곧 ㄱ ㄲ ㅋ 받침들도 그 터침소리 위치에서 붙이고 말므로,

(36)

다 같이 ㄱ와 같고, ㅂ, ㅍ는 ㅂ와 같다.

이제 보기 쉽게 하기 위하여 일람표 (一覽表) 를 만들어 보면 다음과 같다.

發音	位置	聲帶振動 有無	氣流	音種
ㅂ	脣	無（淸）	聲帶開放	平音
ㅃ	〃	無（〃）	〃 破障	硬音
ㅍ	〃	無（〃）	〃 摩擦	激音
ㅁ	〃	有（濁）	〃 振動	鼻音
ㄷ	舌端	無（淸）	〃 開放	平音
ㄸ	〃	〃（〃）	〃 破障	硬音
ㅌ	〃	〃（〃）	〃 摩擦	激音
ㄴ	〃	有（濁）	〃 振動	鼻音
ㄱ	舌根	無（淸）	〃 開放	平音
ㄲ	〃	〃（〃）	〃 破障	硬音
ㅋ	〃	〃（〃）	〃 摩擦	激音
ㆁ	〃	有（濁）	〃 振動	鼻音
ㅅ	舌端	無（淸）	〃 開放	平音
ㅆ	〃	〃（〃）	〃 破障	硬音
ㅈ	〃	〃（〃）	〃 開放	平音
ㅉ	〃	〃（〃）	〃 破障	硬音
ㅊ	〃	〃（〃）	〃 摩擦	激音
ㄹ	舌端顫動	有（濁）	〃 振動	平音
ㄹ	舌側摩擦	有（〃）	〃 振動	平音
ㆆ	聲帶	無（淸）	〃 破障	硬音
ㅎ	〃	〃（〃）	〃 摩擦	激音
ㅇ	〃	有（濁）	〃 振動	平音

(37)

Ⅱ. 소리의 관련성 (關聯性)

여러 소리가 서로 이웃하여 관련되여서 날 때에는, 서로 주고 받는 영향에서 제 본래의 성질이 변하는 일이 적지 아니하다. 우리말에 있어서의 그 여러가지 경우를 들어 보면 다음과 같다.

1. 소리의 이음 (連音)

소리의 이음이라 함은, 앞의 음절의 받침이 바로 그 다음에 오는 모음으로 시작하는 음절에 내려와 붙어서, 새 음절을 이루는 동시에, 그 앞의 음절도 본래 받침을 잃었으므로 새 음절을 이루게 된다. 이것은 두가지 경우가 있다. 첫째는 주종적 (主從的) 관계로 된 말이요, 둘째는 한"자가 종합된 말이다.

음절에는 언어 음절 (言語音節) 과 발음 음절(發音音節) 이 있다. 앞의 것은 어원 (語源), 어근 (語根), 어간 (語幹), 어미 (語尾), 단어 (單語) 들을 밝히는 철자의 규정으로 된 기사법 (記寫法) 이요, 뒤의 것은 말할 때에 실제로 내는 발음법(發音法)이다. 이것은 발음 생리 (發音生理) 의 자연 법칙이다. 그러므로 어느 민족의 말에나 다 있는 현상이다.

(1) 주종(主從)관계로 된 말

	언어 음절	발음 음절	언어 음절	발음 음절	언어 음절	발음 음절
박(匏)	박이	바기	박은	바근	박에	바게
손(手)	손이	소니	손은	소는	손에	소네
달(月)	달이	다리	달은	다른	달에	다레
감(柿)	감이	가미	감은	가믄	감에	가메
밥(食)	밥이	바비	밥은	바븐	밥에	바베
옷(衣)	옷이	오시	옷은	오슨	옷에	오세
상(床)	상이	사ᅌ이	상은	사ᅌ은	상에	사ᅌ에
낮(晝)	낮이	나지	낮은	나즌	낮에	나제
꽃(花)	꽃이	꼬치	꽃은	꼬츤	꽃에	꼬체
녘(頃)	녘이	녀키	녘은	녀큰	녘에	녀케
밭(田)	밭이	바티	밭은	바튼	밭에	바테
앞(前)	앞이	아피	앞은	아픈	앞에	아페
넋(魂)	넋이	넉시	넋은	넉슨	넋에	넉세
돐(朞)	돐이	돌시	돐은	돌슨	돐에	돌세
낡(木)	낡이	남기	낡은	남근	낡에	남게
닭(鷄)	닭이	달기	닭은	달근	닭에	달게
먹(食)	먹이	머기	먹은	머근	먹어	머거
굳(固)	굳이	구디	굳은	구든	굳어	구더
줄(縮)	줄이다	주리다	줄은	주른	줄어	주러

감(捲)			감은	가믄	감아	가마
벗(脫)			벗은	버슨	벗어	버서
맺(結)			맺은	매즌	맺어	매저
좇(從)			좇은	조츤	좇아	조차
같(如)	같이	가티	같은	가튼	같아	가타
높(高)	높이	노피	높은	노픈	높아	노파
깎(削)	깎이다	까끼다	깎은	까끈	깎아	까까
앉(坐)			앉은	안즌	앉아	안자
핥(舐)	핥이다	할티다	핥은	할튼	핥아	할타
읊(詠)	읊이다	을피다	읊은	을픈	읊어	을퍼
없(無)	없이	업시	없은	업슨	없어	업서
맑(淸)			맑은	말근	맑아	말가
밟(踏)			밟은	발븐	밟아	발바

(2) 한"자가 종합된 말

언어 음절		발음 음절	발음 불통용
작인(作人)	=	자긴	작닌
각양(各樣)	=	가양	각냥
격일(隔日)	=	겨길	격닐

산양 (山羊)	=	사냥	산냥
간유 (肝油)	=	가뉴	간뉴
전연 (全然)	=	저년	전년
감영 (監營)	=	가명	감녕
담임 (担任)	=	다밈	담님
일인 (日人)	=	이린	일린
월요 (月曜)	=	워료	월료
절용 (節用)	=	저룡	절룡
갑일 (甲日)	=	가빌	갑닐
납입 (納入)	=	나빕	납닙
갑연 (甲宴)	=	가변	갑년
잡용 (雜用)	=	자봉	잡뇽
강유 (剛柔)	=	가유	강뉴
공일 (空日)	=	고일	공닐
강연 (講演)	=	가연	강년
상약 (相約)	=	사약	상냑
정인 (情人)	=	저인	정닌

2. 소리의 끊음(絕音)

독립한 품사들이 모이여서 종합 품사가 되거나, 혹은 두 딴 품사가 그냥 앞뒤에 있어 곧 잇달아 읽을 때에 각 품사가 제 울가를 변하지 아니하려고 애쓰므로 앞의 소리가 흐린

소리이면 (모든 모음과 ㅁㄴㆁㄹ) 그 소리를 갑자기 끊어서, 그 소리가 다음 소리에 영향을 주지 못하도록 하는 것을 소리의 끊음(絕音)이라 한다.

내는 소리를 갑자기 끊는 때에는 받침(子音終聲) 이면, 그 소리가 나는 자리를 힘써 막는 동시에 목청(聲帶)을 막고, 모음이면 목청을 막는 동시에, 또 편의를 좇아 그 다음에 날 자음의 영향을 받아서, 그 자음이 앞의 모음의 받침이 되여서 그 자리에서도 막아 끊게 된다.

이 소리의 끊음을 중간 ㅅ이라 하여 ㅅ으로써 중간에 적기도 하였고, 또는 ㅅ 받침을 쓰기도 하였고, 훈민정음에는 흐린 소리의 받침 밑에는 그 받침 소리와 같은 갈래의 음의 터침소리(破障音)를 썼다. 즉 ㆁ 밑에는 ㄱ, ㄴ 밑에는 ㄷ, ㅁ 밑에는 ㅂ, ㅇ 밑에는 ㆆ를 썼다. 예를 들면;

뽕ㄱ쭝 (洪ㄱ字)	군ㄷ쭝 (君ㄷ字)
땀ㅂ쭝 (覃ㅂ字)	끔ㅸ쭝 (虯ㅸ字)
쾡ㆆ쭝 (快ㆆ字)	

들이 곧 그것이다.

그러나 이상에 말한 여러가지 절음 표기법 (絕音表記法)은 합리적이라고 할 수 없다. 이 소리를 제대로 적으려면, 목청을 닫았다가 터뜨리여 내는 목청 터침소리 (聲門破障音) ㆆ를 쓰는 것이 옳다. 그러나 이것을 간단히 표기하기 위하여, 앞의 음절 오른쪽 어깨에 '표를 찍기로 조선 어문 연구회

에서는 작정하였다. 이것은 이 문제에 대한 가장 성공적인 해결로 된다.

이 절음(絕音)의 결과는 두가지 발음 변화를 가져오게 된다. 첫째로 음절 뒤에 오는 자음이 예사 소리(平音)이면 그것이 된소리(硬音)로 나고, 둘째로 ㅣ ㅑ ㅕ ㅛ ㅠ 이면 ㄹ 받침 밑에는 그것을 닮아서 구개음화(口蓋音化)한 설측음(舌側音) ㄹ이 덧나고, ㄹ밖의 모든 받침 밑에는 구개음화한 ㄴ이 덧나게 된다. 그 까닭은 다음과 같다.

위에서 이미 말한 바와 같이 소리를 끊을 때에는 목청을 닫는다. 그러므로 숨을 막은 다음에, 또 혀끝이 거의 센입천장에 닿을락말락한 좁은 자리에서 나는 소리 ㅣ ㅑ ㅕ ㅛ ㅠ를 내려하매, 숨을 입으로 잘 통하기가 어려워서 코ˊ구멍을 열게 되는 것은 생리의 자연이다. 그런데 혀의 위치가 구개음 ㄴ을 내는 자리에 있고, 또 ㄴ을 낼 때와 같이 코ˊ구멍이 열리였으니, 구개음화한 ㄴ이 날 것은 필연한 일이다.

례를 들면 다음과 같다.

속ˊ잎→속닢　　떡ˊ엿→떡녓　　편ˊ윷→편뉻
흰ˊ엿→흰녓　　담ˊ요→담뇨　　밤ˊ일→밤닐
집ˊ엿→집녓　　랍ˊ엿→랍녓　　갓ˊ양→갓냥
옷ˊ입다→옷ˊ닙다　　콩ˊ윷→콩뉻　　방ˊ엿→방녓
공ˊ일→공닐　　낫ˊ일→낫닐　　첫ˊ유종→첫뉴종
꽃ˊ잎→꽃잎　　옷ˊ엿→옷녓　　부엌ˊ엿→부엌녓

밥ˊ이랑→발니랑　　걸ˊ일→걸닐　　앞ˊ잎→앞닢
숲ˊ 엿→숲녓　　숭ˊ양→숭냥　　숭ˊ엽소→숭념소
물ˊ 약→물략　　불ˊ엿→불녓　　풀ˊ잎→풀립

내ˊ내 →낸내　　허ˊ 일→허ˊ닐　　머리ˊ말→머림말
갈비ˊ대→갈비때　　고추ˊ가루→고추까루　　가위ˊ밥→가위빱
배ˊ 살 →배쌀　　벼루ˊ집→벼루찝　　뒤ˊ 일→뒤ˊ닐
산ˊ 불 →산뿔　　손ˊ 독→손똑　　물ˊ 결→물껼
글ˊ 방 →글빵　　갈림ˊ길→갈림낄　　봄ˊ바람→봄빠람
상ˊ 밥 →상빱　　공ˊ 돈→공똔

3. 자음의 만나 바꾸임(子音接變)

두 자음이 만날 때에 서로 영향을 주고 받아 바꾸이는 소리를 이름이니, 그 갈래는 다음과 같다.

(1) 거센 소리가 됨 (激音化)

목청을 갈고 나오는 숨ˊ기운 곧 "ㅎ" 소리로써 내는 터침 소리를 거센소리(激音) 이라 한다. 그러므로 거센소리 ㅋ ㅌ ㅍ ㅊ 는 ㄱ ㄷ ㅂ ㅈ 소리에 ㅎ 소리가 섞인 것이다.

례를 들면 아래와 같다.

박히다→바키다　　　먹히다→머키다

닿 고 → 다 코	놓 고 → 노 코
닫히다 → 다티다	쏟히다 → 쏘티다
좋 다 → 조 타	빻 다 → 빠 타
밥하다 → 바파다	접히다 → 저피다
맞후다 → 마추다	멎추다 → 머추다
놓 자 → 노 차	좋 지 → 조 치

(2) 코'소리가 됨(鼻音化)

터침 소리로 나는 받침이 코' 소리가 첫 소리로 된 음절을 만나면, 그 터침소리가 같은 자리의 코'소리로 바꾸어 난다 그 까닭은 코' 소리가 빠진 밖에는 조건이 다 같으므로 이제 코'소리를 만나매 저절로 그 코'소리가 되는 것이다. ㄱ(대표음)은 ㅇ 으로, ㄷ (대표음)은 ㄴ으로, ㅂ(대표음은 ㅁ으로 변하여 난다.

례를 들면,

먹는다 → 멍는다	닦는다 → 당는다
위'녘놈 → 위'녕놈	한몫놓다 → 한몽놓다
받느냐 → 반느냐	맡는다 → 만는다
늦나다 → 는나다	꽃는다 → 꼰는다
있 니 → 인니	벗 네 → 번네
밥먹다 → 밤먹다	앞 날 → 암날
값났다 → 감났다	없 네 → 엄네

(3) ㄹ이 ㄴ이 됨

ㄹ이 ㄱ ㅁ ㅂ ㅇ 밑에서 ㄴ으로 변하는 것은 한'자말에만 있다. 본래 조선말에는 ㄹ 첫소리가 없으므로, 가장 가까운 소리 ㄴ으로 바꾸어 내는 것이다.

례를 들면;

백리(百里) → 뱅니	옥루(玉樓) → 옥누
감로(甘露) → 감노	삼라(森羅) → 삼나
압력(壓力) → 암녁	답례(答禮) → 답녜
정령(正領) → 정녕	종로(鐘路) → 종노

(4) ㄴ이 ㄹ이 됨

ㄴ이 ㄹ 위에서나 밑에서 설측음(舌側音) ㄹ이 된다. 이것은 발음 기관의 관계로 생긴 음편이다. 곧 코'소리를 먼저 내고, 이어서 혀끝 떼는 작용을 하는 수고를 덜고자 ㄴ의 혀 자리에 혀끝을 대여 둔 채 혀 옆으로 갈아 내는 것이다.

례를 들면;

만리(萬里) → 말리	선로(線路) → 설로
불 놀 음 → 불롤음	들 나 물 → 들라물
말년(末年) → 말 련	칠년(七年) → 칠련

4. 소리의 줄어짐과 죽어짐(約音과 默音)

언어 음절로부터 발음 음절로 바꾸일 때에, 흔히 음편을 조차 소리가 줄기도 하고 또는 죽어지기도 하되, 제 음'가

(音價)를 그대로 보존하지 아니하여도 괜찮을 종속적(從屬的) 관계를 가진 토나, 보조 어간(補助語幹) 따위와 어울릴 때에 있는 현상이다. 그 갈래는 다음과 같다.

(1) 같은 모음이 포개지면 하나는 죽어진다.

례를 들면:

가아서 → 가서　　가았다 → 갔다

서어서 → 서서　　서었다 → 섰다

보 오 → 보　　오 오 → 오　　쏘오 → 쏘

(2) —가 ㅓ 위에서 죽어진다.

례를 들면:

뜨었다 → 떴다　　뜨어라 → 떠라

쓰었다 → 썼다　　쓰어라 → 써라

크어서 → 커서　　크었다 → 컸다

트어야 → 터야　　트었다 → 텄다

(3) ㅐ, ㅔ 밑에 오는 ㅕ로 시작된 보조어간의 ㅕ는 죽어진다.

례를 들면:

개였다 → 갰다　　개여서 → 개서

내였다 → 냈다　　내여서 → 내서

대였다 → 댔다　　대여서 → 대서

매였다 → 맸다　　매여서 → 매서

배였다 → 뱄다　　배여서 → 배서

새였다 → 샜다　　새여서 → 새서

재였다 → 쟀다　　재여서 → 재서

채였다 → 챘다　　채여서 → 채서

캐였다 → 캤다　　캐여서 → 캐서

태였다 → 탰다　　태여서 → 태서

패였다 → 팼다　　패여서 → 패서

하였다 → 했다　　하여서 → 해서

메였다 → 멨다　　메여서 → 메서

베였다 → 벴다　　베여서 → 베서

세였다 → 셌다　　세여서 → 세서

떼였다 → 뗐다　　떼여서 → 떼서

헤였다 → 헸다　　헤여서 → 헤서

(4) ㅎ이 모음 사이에서 죽어짐.

례를 들면:

낳았다 → 나았다　　낳아서 → 나아서

닿았다 → 다았다　　닿아서 → 다아서

넣었다 → 너었다　　넣어서 → 너어서

놓았다 → 노았다　　놓아서 → 노아서

좋았다 → 조았다　　좋아서 → 조아서

찧었다 → 찌었다　　찧어서 → 찌어서

많았다 → 만았다　　많아서 → 만아서

옳았다 → 올았다　　옳아서 → 올아서

삸었다 → 실었다 　　　　 삸어서 → 실어서

(5) 겹받침의 한 소리가 죽어짐.

여러 자음이 한 때에 다 드러날 수가 없으므로, 겹받침이 그 아래에 자음이 첫소리로 된 음절을 만나면, 그중의 하나는 드러나지 아니하되, 갈림소리(摩擦音)나 흐름소리(流音)가 약한 관계로 죽어진다.

(가) ㄳ ㄵ ㅄ의 ㅅ이 죽는 것

례를 들면;

삯도 → 삭도	삯만 → 삭만
넋도 → 넉도	넋만 → 넉만
돐도 → 돌도	돐만 → 돌만
옰도 → 올도	옰만 → 올만
값도 → 갑도	값만 → 갑만
없다 → 업다	없게 → 업게

(나) ㄺ ㄼ ㄻ의 ㄹ이 거의 죽거나 또는 죽는것

례를 들면;

닭국 → 닥국	닭만 → 닥만	닭도 → 닥도
넓다 → 넙다	넓게 → 넙게	넓지 → 넙지
굶다 → 굼다	굶게 → 굼게	굶지 → 굼지
밝다 → 박다	밝게 → 박게	밝지 → 박지
밟다 → 밥다	밟게 → 밥게	밟지 → 밥지
젊다 → 점다	젊게 → 점게	젊지 → 점지

(6) 모음 ㅣ와 ㅗ ㅜ가 반모음이 됨

(가) ㅣ가 어를 만나서 반모음이 되여 한 음절이 줄어진다. (혀끝 모음ㅣ가, 제 자리에서 조금 더 센 입천장 쪽으로 혀끝 바닥을 밀어 올리여서 마찰성(摩擦性)을 가지는 그때에 반모음이라고 이른다).

례를 들면;

그리어서 → 그려서	그리어라 → 그려라
다니어서 → 다녀서	다니어라 → 다녀라
꾸미어서 → 꾸며서	꾸미어라 → 꾸며라
바치어서 → 바쳐서	바치어라 → 바쳐라
집히어서 → 집혀서	집히어라 → 집혀라
맡기어서 → 맡겨서	맡기어라 → 맡겨라
디디어서 → 디뎌서	디디어라 → 디뎌라
허비어서 → 허벼서	허비어라 → 허벼라
뭉키어서 → 뭉켜서	뭉키어라 → 뭉켜라

(나) ㅗ가 ㅏ를, ㅜ가 ㅓ를 만나서 반모음이 됨. (ㅗ와 ㅜ가 다 제 위치 곧 뒤 혀 바닥을 목젖에 가까운 여린입천장 쪽으로 밀어 올리여서, 거기에도 마찰성이 있으려니와, 그보다도 두 입술을 더 오무리여서 마찰성이 생기는 그 때에 반모음이라고 이른다).

례를 들면;

보아라→봐라 　　　　 보아도 → 봐도

오아서 → 와서　　　　오아도 → 와도

쏘아서 → 쏴서　　　　쏘아도 → 쏴도

두어라 → 둬라　　　　두어도 → 둬도

주어라 → 줘라　　　　주어도 → 줘도

부어라 → 붜라　　　　부어도 → 붜도

미루어라 → 미뤄라 → 미루어도 → 미뤄

5 우리말 받침법의 특징

조선 말소리의 받침법은 서양 말소리의 그것과는 달라서, 같은 발음 위치에는 터침 소리는 그 자리에서 준비 자세(姿勢)로 붙이고 만다. 이것은 곧 혀를 갈림 소리의 불안정한 자세의 위치에서, 터침소리의 안정한 자세의 위치로 보낸 까닭이다. 그러므로 이제 조선말 철자법에 쓰이는 ㄷ ㅌ ㅅ ㅆ ㅈ ㅊ의 여섯 받침과 또 목청 갈림소리 ㅎ과 목청 터침 소리 ㆆ은 음편으로 자리를 옮기여, ㄷ 위치에서 ㄷ 받침과 같이 내고 만다.

례를 들면:

"안 앋 앗 았 앚 앛 앟 앟"은 다 "안" 으로 발음이 되고 만다. 이와 마찬가지로, 다른 같은 계통의 위치에서 나는 소리도 같은 원리로 발음이 된다. 곧 ㄱ ㄲ ㅋ 받침들도 그 터침 소리의 위치에서 고착시키고 말므로, 다 같이 ㄱ과 같고, ㅂ ㅍ은 ㅂ과 같다.

조선말 소리의 일람표

나는 자리 / 내는 법				두입술	혀끝과 이'몸	혀'몸과 센입천장	혀뿌리와 여린입천장	목청
자음	다막음	터침 소리	맑은	ㅂ ㅃ ㅍ	ㄷ ㄸ ㅌ		ㄱ ㄲ ㅋ	ㆆ
		코 소리	흐린	ㅁ	ㄴ		ㆁ	
	덜막음	갈림 소리	맑은		ㅅ ㅆ			ㅎ
		터쳐갈림소리	맑은		ㅈ ㅉ ㅊ			
		흘러갈림소리	흐린		ㄹ (혀옆소리)			
		떨림 소리	흐린		ㄹ			ㅇ'
		반 모음	흐린	ㅜ		ㅣ	(ㅜ)	
				입술	혀			
모음	근폐(近閉) 모음		흐린	(ㅟ, ㅜ)				
	반폐(半閉) 모음			(ㅚ, ㅗ)				
	반개(半開) 모음							
	전개(全開) 모음							

(ㅓ') 서울을 중심할 중부 조선에서 쓰는 사투리 소리. 례: "없다"의 ㅓ.

(ㆍ) 제주도 사투리 소리. 례: "ᄆᆞ서"의 ㆍ

예사소리(平音), 된소리(硬音), 거센소리(激音)의 서로 다른점

내는 힘의 갈래 \ 나는 소리의 자리 \ 갈래	혀뿌리와 여린입천장의 막음	혀끝과 이몸의 꼭 막음	두입술의 꼭 막음	혀끝과 이몸이 꼭 막았다가 덜막음	혀끝과 이몸의 덜막음
예사 숨쉴 때에 나는 숨 / 예시소리	ㄱ	ㄷ	ㅂ	ㅈ	ㅅ
막은 목청을 터뜨리는 날숨 (ㆆ) / 된소리	ㄲ	ㄸ	ㅃ	ㅉ	ㅆ
좁힌 목청을 가는 날숨 (ㅎ) / 거센소리	ㅋ	ㅌ	ㅍ	ㅊ	

모 음 사 각 도 (母音四角圖)

• 점은 만국 음성 기호의 기본점

○ 표는 조선말 소리의 자리

모음 사각도는 모음의 위치를 정하는 기준인데, 혀가 상하 전 중 후로 움직이는 방향을 따라 제형(梯形) 사각을 이룬다.

ㅏ a, ɑ:	ㅠ ju, ju:	ㅒ jæ, jɛ:
ㅑ ja, jɑ:	ㅡ ɨ, ɨ:	ㅖ jə, jə:
ㅓ ə, ɜ:	ㅣ i, i:	ㅘ wa, wɑ:
ㅕ jə, jɜ:	ㅐ æ, ɛ:	ㅝ wə, wɜ:
ㅗ o, o:	ㅔ ɛ, e:	ㅙ wæ, wɛ:
ㅛ jo, jo:	ㅚ ø, ø:	ㅞ wɛ, we:
ㅜ u, u:	ㅟ y, y: Wi:	

자 음

ㄱ……g̊, ㄲ……g̊', ㅋ……kh } g̊

ㄷ……d̥, ㄸ……d̥', ㅌ……t̊h } d̥

ㅂ……b, ㅃ……b̥', ㅍ……Ph } b̥

ㅈ……ʒ, ㅉ……ʒ', ㅊ……ch } p̥

ㅅ……s, ㅆ……s' } d̥

ㄹ…{ ɾ, ʎ } 첫소리 ㄹ; l 받침 ㄹ

ㄴ…{ n; ɲ ㅣ앞에서 구개음화

ㅁ m

ㅇ…{ ŋ 받침 ㆁ; ŋ 모음 앞의 ㆁ; 모음 앞에는 죽어짐

ㅎ…… h

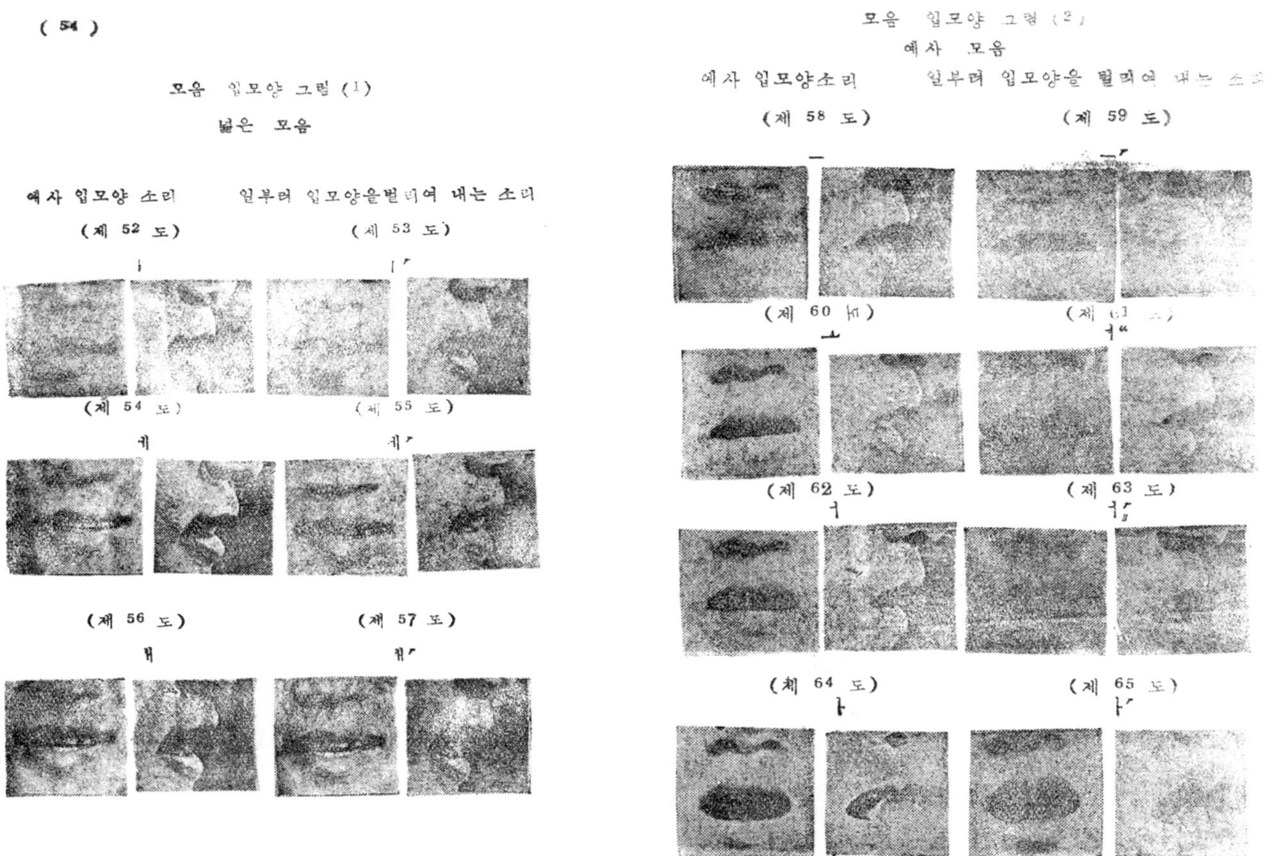
(54)
모음 입모양 그림 (1)
넓은 모음
예사 입모양 소리
일부러 입모양을벌리여 내는 소리
(제 52 도)
ㅣ
(제 53 도)
(제 54 도)
ㅔ
(제 55 도)
(제 56 도)
ㅐ
(제 57 도)
모음 입모양 그림 (2)
예사 모음
예사 입모양소리
일부러 입모양을 벌리여 내는 소리
(제 58 도)
ㅡ
(제 59 도)
(제 60 도)
ㅗ
(제 61 도)
(제 62 도)
ㅓ
(제 63 도)
(제 64 도)
ㅏ
(제 65 도)

(56)

모음 입모양 그림 (3)

둥근 모음 (ㄱ)

예사 입모양 소리   일부러 입모양을 벌리여 내는 소리

(제 66 도)
ㅜ

(제 67 도)
ㅜ'

(제 68 도)
ㅗ

(제 69 도)
ㅗ'

(제 70 도)

(제 71 도)
·'

(57)

모음 입모양 그림 (4)

둥근 모음 (ㄴ)

예사 입모양 소리   일부러 입모양을 벌리여 내는 소리

(제 72 도)
ㅟ

(제 73 도)
ㅟ'

(제 74 도)
ㅚ

(제 75 도)
ㅚ'

(제 76 도)
y

(제 77 도)
y'

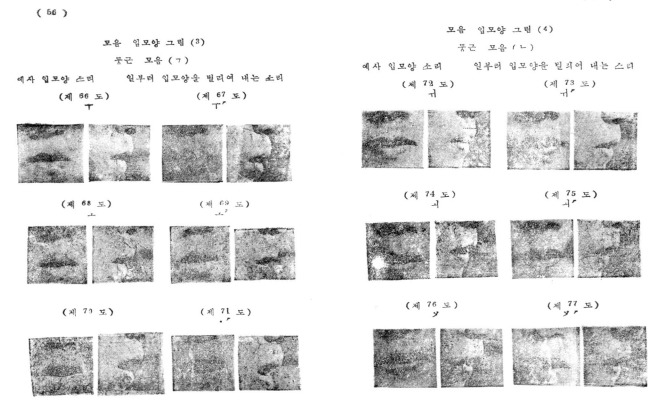

카이모그라프 (旋回運動記錄計)

(제 78 도)

(제 79 도)

(제 80 도)

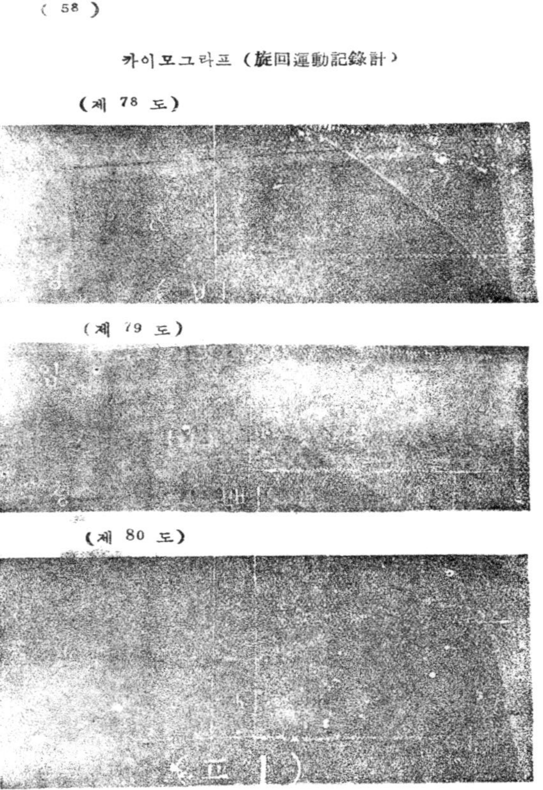

혀의 위치로 된 모음사각

(제 81 도)

(제 82 도)

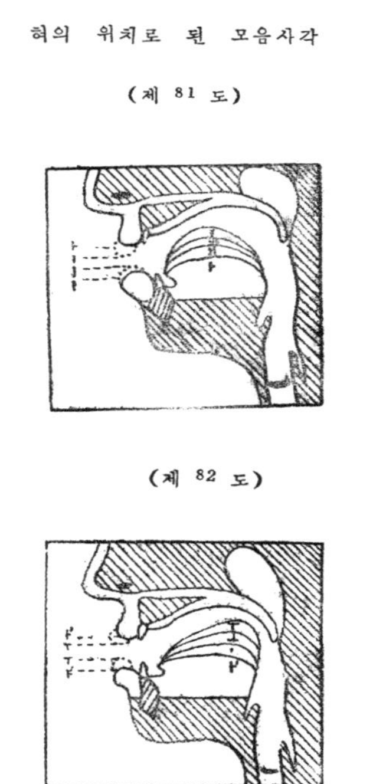

(제 83 도)

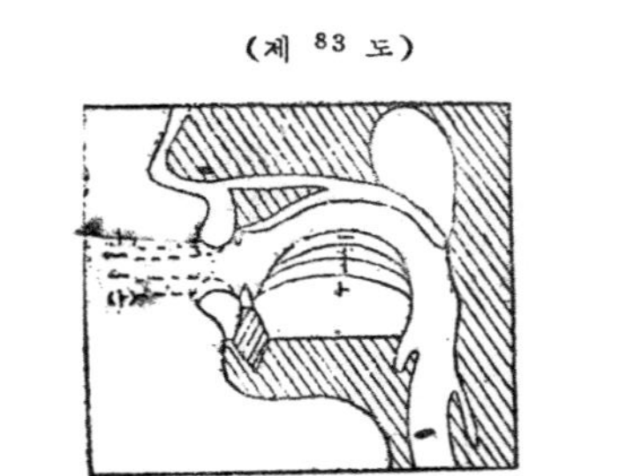

(제 84 도)

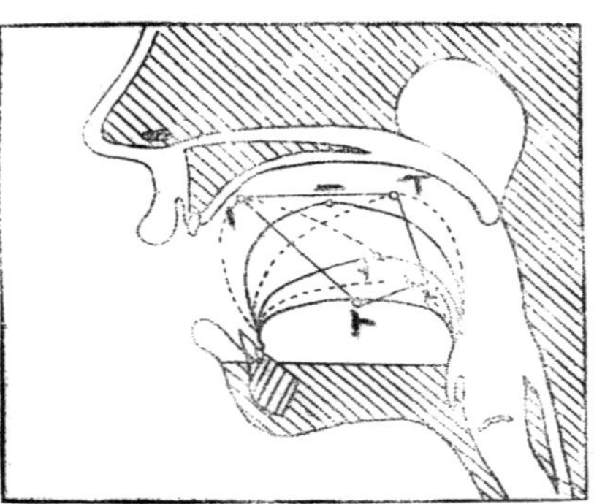

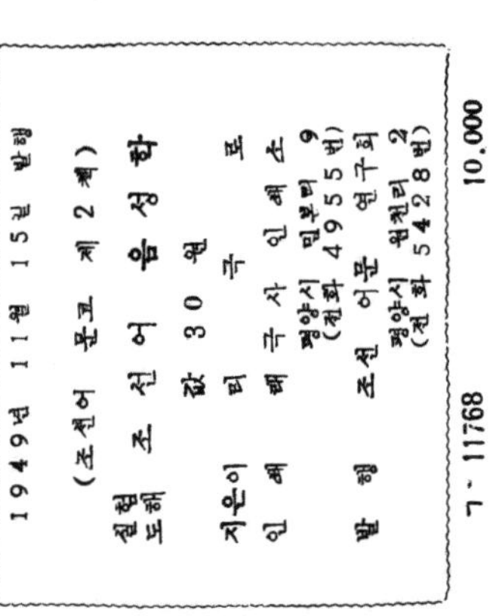
1949년 11월 15일 발행

(조선어 문고 제2책)

실험도해 조선어 음성학

값 30원

지은이 리극로

인쇄 태극사 인쇄소
평양시 민본리 9
(전화 4955번)

발행 조선 어문 연구회
평양시 원천리 2
(전화 5428번)

ㄱ-11768 10,000

조선 말 력점 연구

리 극 로

머리'말

우리 나라에서 우리 말의 력점 연구란 과학적 령역은 거의 처녀지 상태로 놓여 있다.

이 방면 연구의 애로는 선행한 업적과 직접적 분석 자료가 없는 데로부터 기인되고 있다. 이와 겸하여 현재 이 방면 연구 학자들의 과학적 준비 정도는 높지 못하며 성음학적 연구 실험 시설들도 충분치 못하다.

따라서 필자의 이 소 론제도 확고한 결론을 얻었다는 그 결과를 제시하려는 것은 아니다. 다만 그 사이 진첩된 사업들에서 얻은 불완전한 견해이나마 앞으로의 연구를 위한 자료로 우선 제기해 보자는 데 지나지 않는다.

조선 말 력점 연구는 앞으로 장구한 과학적 탐구의 축적후에야 확정적 결론을 얻을 수 있으리라 믿어지며 이 방면의 연구란 한 두 사람의 학자의 손으로 이루어지지는 못할 것이다. 인민적인 집체적 협조하에 광범한 자료가 수집되여야 할 것이고 다방면으로 되는 학구자들의 방조와 집체적 지혜의 발동이 요구된다.

그러나 이 사업은 우리들이 인내성 있게 추진해야 될 중요한 과학적 령역이다.

조선 말 력점 연구는 다음과 같은 몇 가지 목적을 설정한다.

1. 력점과 언어학 특수하게는 어법과의 관계 문제.
2. 인민들의 회화 력점 생활의 실정 및 현상에 대한 조사와 그의 전형성, 법칙성의 천명.
3. 이에 의한 인민들의 회화 력점 생활의 정화를 위한 교육적 가치.
4. 자매 과학 연구와의 호상 련관 및 그에 대한 기여—특히는 조선 시가 운률론, 조선 음악의 민족적 인또나찌야와의 호상 관계, 무대 연극 배우들의 대사 처리, 방송원들의 억양, 심리학과의 결부 등이 그

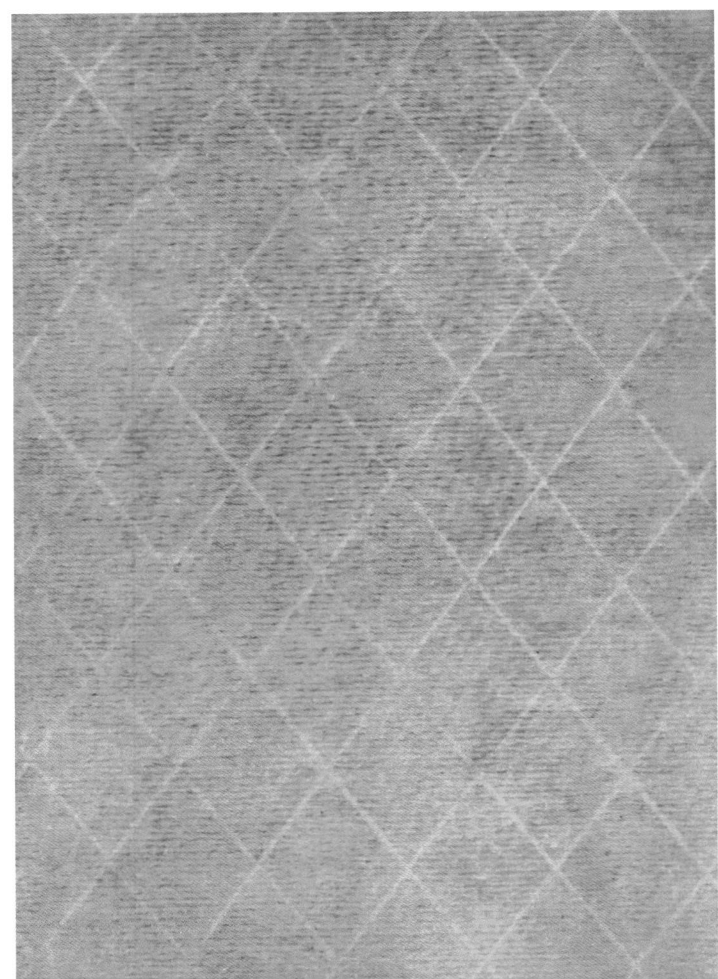

上 : 「조선 말 력점 연구」

것이다. 상기한 바와 같이 조선 말 력점의 연구는 앞으로 방대한 령역과 직접적이며 생활적인 교섭을 가지면서 자기의 목적을 수행하고 나가면서 사회적인 기능을 담당하게 될 것이다.

이 번 소 론제에서는 서술 순서상 《표준 력점》만에 국한하였다. 표준 력점과 지방 력점을 구별함은 전후자가 엄연한 차이를 가지고 있고 또 표준 력점의 기준하에 지방 력점의 차이 및 특징들을 대비하여 고찰할 수 있다.

여기서 연구 방법상의 경과를 간단히 말해 두어야 할 필요를 느낀다. 방법적 문제들에 대한 호상 방조, 호상 교류의 좋은 조언을 받기 위함이다.

연구 방법상 경과는 다음과 같다.

제 1 단계:

기간——1952~1954년

방향——(1) 지방 력점의 조사 연구

(2) 단어 단위로 발음시키고 강약, 고저, 장단 관계의 판정

방법——청각을 위주, 보조 수단으로 악기를 리용하였다.

실패의 원인——(1) 대상자 자신이 혼돈하기 쉬운 단어 단위로의 복창을 요구한 것

(2) 대상자 선택이 잘 못되였다. 143명에 달하는 대상자들이 주로 학교 교육을 받은 인테리층 특히는 예술 단체 성원들이 중심으로 된 데서 회화 력점의 순화성이 우심하였다.

제 2 단계:

기간——1955년

방향——(1) 지방 력점의 조사 연구

(2) 록음 적용에 대한 분석

(3) 대상자 선택에서 무학자, 지방 고착자의 탐색

(4) 목적 단어를 삽입한 회화 문장의 복창

방법——(1) 회화 문장의 복창을 테프에 록음하였다.

(2) 분석은 역시 청각적 방법에 위주하였다.

실패의 원인——(1) 복창에서 오는 력점 감응성을 고려 못한 것

(2) 문장 랑독적인 제약성을 고려 못한 것(사회적인 표준 력점에 접근되는 현상이 나타났다).

(3) 물리학적 실험 시설에 근거한 과학적 분석 방법을 적용 못

한 것이 결정적인 문제로 되였다.

성과——표준 력점과 지방 력점들의 일반적이며 개괄적인 실정을 료해할 수 있었고 자료가 축적되였다.

제 3 단계:

기간——1955~1956년

방향——(1) 지방 력점의 분석 연구

(2) 임의의 문장들을 자유로운 회화로 진행하여 이를 록음하고 그 중에서 가장 특징적인 대목을 레코드화하여 분석의 편리를 도모케 하는 것

(3) 과학적 분석 상에서 국제적 련계의 설정

(4) 단어들의 짜빠를 결정하고 분석하는 것

방법——(1) 임의의 자유로운 회화 문장들을 록음하고 그 중 주요한 대목들을 레코드화하였다.

(2) 이미 목적한 방향에서 포착된 일부 단어들을 끼예브와 북경으로 보내여 오쎌로그라프 또는 측정기 등에 의하여 측정해 줄 것을 위촉하고 그 분석 자료들을 입수하였다.

(3) 청각적 방법과 기술적 방법에 의한 자료들의 구체적 대조 연구를 적용하였다.

성과——약간의 과학적인 기초를 얻게 되였다.

4 단계:

기간——1957년 1~8월

방향——(1) 표문 력점 형태들의 분석을 추진하는 것

(2) 음절별, 품사 별로 되는 분석 일람표의 작성

(3) 지방 력점 자료의 보충

(4) 분석된 자료의 정리와 체계화

방법——일람표를 작성하고 리론적 체계화로 들어 섰다.

끝으로 말할 것은 말의 력점을 연구하는 데는 음악 전문 학자의 협력이 필요하다. 그런데 이 조선 말 력점 연구에는 음악 평론가 박 은용 선생의 진지한 로력이 많이 들었다. 이에 대하여 특별히 사의를 표하는 바이다.

1. 력점의 개념

사람들이 말을 할 때 발음하는 단어의 음절들 중 어떤 한 개 음절이 특출할 수 있다. 이 특출한 현상을 력점(ударение, akzent)이라 말한다.

음절의 때 계렬은 전혀 력점 없이도 발음할 수 있다. 말하자면 그들 중의 그 어느 것도 다른 것들로부터 특출함이 없이 발음할 수도 있는 것이다.

그러나 입말(口語)에서는 이러하지 않으며 단어 속의 음절들 중의 어느 하나가 이러저러한 형태로써 특출하다. 여기서 력점이 생기는 것이다. 이 력점은 여러 가지 형태들로써 표징된다.

력점은 발음법의 개념 안에 포괄되면서 력사적으로 형성된 하나의 규칙임과 동시에 일정한 표준이 되여서 입말 정형(定形)의 통일을 보장하였다.

력점의 통일적인 정형은 말뜻(어의)의 확정과 심리, 감정적 목적, 지향을 두렷이 함으로써 빠르고 쉽고 정확하게 의사를 전달하게 하며 알아 듣는 데 도움이 되게 한다.

해당 사회의 해당한 지역들에는 공통적인 력점 정형이 존재하는바 그의 불일치는 철자법이나 발음법의 불일치와 비슷한 정도로 의사 전달의 방해를 준다.

력점 정형의 표준은 사람들의 생활 교섭의 중요한 도구의 하나이다.

력점법은 발음법과 더불어 력사 상에서 민족 언어의 형성, 발전과 때를 같이 하였다. 민족 언어의 형성과 발전을 따라 력점법도 증장(增長) 하였던 것이다. 인민들의 언어 생활이 각이한 형식을 보충, 확대하고 광범한 발전의 단계에 이르렀을 때 즉 입말이 사회 생활에서 비중이 비할 바 없이 증가되였을 때 력점법도 각이한 형식으로 보충, 확대, 발전하였을 것이다.

이와 아울러 언어에는 지방 제약적인 방언과의 차이가 더욱 커지게 되고 동시에 지방 력점들의 차이도 점차 확대되였다.

그러나 사회 발전에 따르는 정치, 경제, 문화 생활의 일반적 양양은 언어 생활의 교섭을 잦게 하면서 통일적이며 전 민족적인 언어 표준 확립을 위한 정화를 중요하게 제기하고 나섰다. 력점법도 동일한 범주 안에 들어섰다.

물론 이러한 사정은 모든 나라에서 공통적일 것이며 우리 나라에서도

그러하였다.

19 세기 이전 시기의 우리 나라의 력사적 정황은 이 문제를 해결할 수 없었다. 강력하게 지배하고 있는 봉건적 폐쇄성과 자본주의적 발전의 완만성은 이 문제 해결의 능력을 사회 제도 자체가 지니고 있지 못하였다.

일제 시기에 들어 서서는 다른 종류의 제압이 강화되였다. 식민지 예속적인 자본주의의 기형성과 일제의 민족 문화 말살 정책은 생활 교섭의 중요한 도구의 하나인 력점의 표준 정형 확정 문제 등을 들고 보려고도 하지 않았다.

그러나 진지한 애국적 언어학자들의 집단에 의하여 20 세기 30년대에 이르러 민족 언어학상 귀중한 학술적 연구 사업들이 추진되였으며 일정한 초석을 세웠다. 그러나 조선 어학 상의 업적들 안에 력점법에 대한 연구는 제목조차 나타나지 않았던 것이다.

일제 시기를 통털어 조선의 력점 형편은 사회적 욕구를 해결함이 없이 지방 력점들의 군림이 의연히 지속되고 있었다.

이 당시 언어 전파의 대표적인 담당자들인 라지오와 영화, 극장 무대들은 력점도 전파하고 나섰으나 사회적 표준 력점으로가 아니라 국한된 서울 지방 력점에 완고히 서 있었다.

그러나 공화국 북반부에서 우리 시기에 들어 서자 사정은 달라졌다. 특히 조국 전쟁 과정을 통하여 인민들의 력점 생활은 급격한 변화를 수반하면서 사회적 표준 력점으로 통일되여 나가는 과정에 있다. 그것은 우리 사회 제도가 지닌 생활적 토대에서 세워진 것이다.

인민들의 정치, 경제, 문화 생활에 대한 적극적인 참여는 생활 용어 자체를 순화하면서 공통적이며 통일적인 사회적 표준에로의 접근을 표시하고 있으며 력점에 있어서도 동일한 현상이 나타나고 있다. 그것은 조국 전쟁 과정을 통하여 일층 적극화하였다.

조국 전쟁은 남북 조선의 애국적 인민을 북반부로 집결시키고 적과의 전투 마당을 통하여 그리고 집단적 공동 투쟁 생활을 통하여 력점 생활에다 공통적인 통일성을 급격히 찾고 나간 것이다.

이러한 현상을 민감하게 포착, 반영하면서 실천을 통하여 전파하고 나서고 있는 것이 극장 무대와 라지오, 영화 등이다. 바로 여기서 력점법에는 중대한 작용이 일어 나고 있다. 그것은 가장 순결한 력점법 전파에 힘 쓰고 있다. 이는 전 민족적 력점법 체계의 기초로 될 것이다.

보통 우리들은 이 현상에 대하여 자각적인 인식을 가지고 있지 않다.

실로 생활적이기 때문이다. 그러나 변화는 일어 나고 있으며, 순화 과정에 놓여 있다. 이 차이는 오늘날 남반부 방송국과 우리의 그것을 대비해 보게 되면 확연한 판단이 나서게 될 것이다.

력점의 형태

우리 나라 력점의 실태(實態)를 정확히 인식하기 위하여서는 일반적으로 규정하고 있는 력점의 형태들을·분류해 볼 필요성이 제기된다.

1. 단음절 력점

상대적 대비가 없는 단음절어에서 력점 현상은 단어 력점과 차이 날 수 있다. 단음절 력점이란 개념은 주어진 음절 내부에서의 강약의 변화 또는 음절 내부에서의 고저의 이동 즉 활음(滑音=schleifton)적으로 이동하는 것을 말한다. 다시 말하면 음절 내부의 조음절 부분(造音節 部分)의 변화로 인식하고 있다고 말한다. 자주 음의 강약과 고저 관계가 동시에 변하기도 하나 중국어에서는 그렇지 않고 주도적 역할을 고저 관계가 수행하면서 음운적 기초에 립각하고 있으며 러로브어에서는 강약 관계가 수행한다는 것이다.

마뚜세비치는 음절 력점을 다음과 같이 나누었다.

(1) 평란한 음 또는 힘이 음절 내에서 한 높이에서 유지되는 것(Ровное)—ā

(2) 음절 끝에 가서 서서히 높아지는 것(Восходящее)—á

(3) 음절 끝에 가서 낮아지는 것(Нисходящее)—à

(4) 처음에는 높아지고 다음에는 낮아지는 것(Восходящее-Нисходящее)—â

(5) 처음에는 낮게 다음에는 높아지는 것(Нисходящее-Восходящее)—ǎ

(마뚜세비치, 《일반 음성학 개론》, 1948년 로문판 70~71 페지)

물론 이 기본 형태 외의 다른 것들도 있을 수 있으며 또 있다.

단음절 력점의 각이한 형태는 여러 언어에서 차이난다.

2. 단어 력점

사람들이 말을 할 때 주어진 매 단어들의 음절 계렬 중 어느 것이 특출

된다. 이 특출은 어느 한 음절만이 아니고 더 많이도 나타날 수 있다(다음절 단어들에서). 즉 일반적으로 말하여 력점이 나타나는 것이다. 이것을 단어 력점이라 한다. 력점 음절은 력점이 없는 다른 음절에 비하여 세 가지의 기본 방법으로써 특출된다.

ㄱ. 강약(력학적) 력점

음절들 중 한 음절이 더 큰 강도로써 특출되는 것을 강약(력학적) 력점(динамическое ударение)이라고 부른다. 강약 력점 방법의 중심은 발음된 해당 음절의 강도에 있다. 때문에 비력점 음절에 비하여 더 강한 것이다.

강약 력점 형태는 언어들에서 흔히 보급되여 있는데 《때로는 음악적 력점을 배제하게 된다. 례를 들면 고대 희랍의 음악적 력점은 현대 희랍의 강약 력점에 의하여 배제되였다》(마뚜세비치, 《일반 음성학 개론》, 1948년 로문판, 71 페지).

ㄴ. 음악적 력점

음절 중 한 음절이 음의 높이로써 특출되는 것을 음악적 력점(монитеское ударение 또는 музыкальное)이라고 부른다. 강력 력점 방법의 중심은 발음된 해당 음절의 음정의 높이에 있다. 즉 비력점 음절에 비하여 음정이 더 높은 것이다.

이러한 형태의 단어 력점은 례를 들면 고대 희랍어, 현대 일본어, 기타 들에서 나타나고 있다.

ㄷ. 장단 력점

음절 중 한 음절이 모음의 길이로써 특출되는 것을 장단(량적) 력점(количественное ударение)이라고 부른다. 장단 력점 방법의 중심은 발음된 해당 음절의 길이에 있다. 즉 비력점 음절에 비하여 장단 관계에 있어서 더 긴 것이다.

*　　*

단어 력점은 많은 언어들에서 혼합 형태를 나타낸다.

상기한 세 가지 형태들이 이러저러하게 혼합되여서 나타나는 경우도 있다. 이것을 혼합 력점(смешанное ударение)이라고 부른다.

로어의 단어 력점은 일반적으로 강약 력점에 기초한다. 그러나 이 밖에 장단적 특성을 띠고 있다. 왜냐 하면 로어에서 력점 모음은 항상 류사한 위치에 있는 비력점 모음보다 약간 길기 때문이다.

독일어 단어 력점도 강약 력점에 기초하나 명확히 표시된 음악적 특성

도 겸한다. 력점 음절은 비력점 음절에 비하여 강하고 높은 것이다.

력점의 기본 형태들을 분류함에 장단 력점을 제외하고 그 대신 혼합 력점을 드는 사람도 있다. 부다고브의 분류법이 그것이다(부다고브, 《언어학 개요》, 1955년 조선문판 144 페지).

이 분류법은 조선말 력점에서는 부합되지 않는다. 조선말 력점에는 장단 력점이 존재하며 혼합 력점으로 될 때는 장단적 특성도 포함되기 때문이다.

력점의 종류

이미 설정된 력점 형태들에 준거하여 그 력점이 이러저러한 단어들의 어떤 위치에 놓이는가에 따라 력점 종류들이 구별된다.

력점 종류들에 대한 분류들은 사람에 따라 다소의 차이들이 있다.

오토 폰 에쎈(Otto von Essen)은 세 가지 종류로 갈랐다(에쎈, 《일반 응용 음성학》, 1953년 독문판, 118 페지).

1. 어원학적 력점

게르만어에서는 력점이 항상 어간에 놓이거나 혹은 한 단어의 중요한 생각 부분(복합어들에서)에 놓인다. 그래서 그것은 《한 론리적 문제를 리행하며 이는 단어의 발달사를 거쳐서 확정》되였다. 이러한 종류를 《어원학적 력점》(etymologischer akzent)이라 하였다.

2. 리듬적 력점

력점이 언제나 단어의 일정한 음절에 고정적이며 법칙적으로 놓이는 언어가 있다. 파란어에서는 기본적으로 끝으로부터 둘째 번 음절에, 불란서어에서는 마지막 음절에, 핀랜드어와 체코, 라트비아어들에서는 이 력점이 항상 단어의 첫음절에 놓인다.

이러한 종류를 《리듬적 력점》(rhythmischer akzent)이라고 하였다.

이는 《분명히 어휘의 력사적 경유로 된 것이 아니고 언어의 리듬적 요구나 혹은 한계 표시에 대한 필요의 조절》에서 형성한 것이다.

이런 종류의 력점을 부다고브는 력점이 일정한 음절에 고정되여 있기 때문에 《고정 력점》이라 칭하였고 마뚜세비치는 력점이 단어의 일정한 음절과 결합되여 있는 데로부터 《결합 력점》이라 칭하였다.

3. 문법적 력점

력점이 단어의 어법적 형태에 따라 여기에 붙었다가 저기에 붙었다가 하는 것이 있다. 그것은 이로써 《한 문법적 역할을 실현》하기 때문에 《문법적 력점》(gramatischer akzent)이라고 칭하였다.

로어에서 단수 소유격인 мóря는 복수 주격으로 될 때 морá로 력점이 이동함으로 하여 력점 위치에 따라 격 변화와 단수, 복수의 변화를 표시한다. 다른 수단에 의거함은 아니고 오직 력점의 이동으로써 문법적 역할을 담당하는 것이다.

마뚜세비치는 이러한 종류를 단어 형태의 변화에 따라 하나의 단어 내부에서 력점이 움직인다 하여 《동적 력점》이라 하였다. 그러면서 그는 다음과 같은 또 하나의 종류를 더하였다.

4. 자유 력점

로어에서 력점은 첫음절, 둘째 음절, 마지막 음절 등등에 즉 력점이 단어의 임의의 음절에 떨어지는 것도 있다. 이러한 종류를 《자유 력점》이라고 불렀다.

부다고브는 이러한 력점을 《이동 력점》이라 하였다.

문장 력점

단어 력점과 문장 력점은 구별된다.

이러저러한 개념을 전달하기 위하여 단어들은 문장 속에서 일정한 통일을 이루며 문장의 부분들인 개별적 단어들은 문장 체계 속에서 그의 총체에 종속된다.

통일된 개념을 표시하는 한 개 단위의 단어군에서는 단어 력점 중 하나가 자기 주위의 더 약한 력점 혹은 무력점 단어를 련합하면서 강화한다. 그러한 단어군을 《신따그마》(синтагма)라고 한다. 이 신따그마 중에서 더 강한 력점은 문장 력점이라고 한다.

신따그마는 자기의 력점을 보존하는 몇 개의 더 적은 개념 단위인 단어로 구성되였다. 매 신따그마로 들어 가는 몇 개의 단어는 자기의 력점을 상실하고 그와 리듬 그루빠를 형성하며 하나의 력점으로 통합되기도 한다.

력점 단어 앞에 놓여 있고 그에게 린접하는 비력점 단어들을 《전비 력점 단어 또는 전의어(前倚語)(проклитика)라고 부르며 력점 단어 다음에 놓여지는 비력점 단어를 《후비 력점 단어 또는 후의어(後倚語)》(энклитика)라고 부른다.

로어 문장에서 자기의 단어 력점을 상실하는 단어 범주에는 주로 전치사, 접속사, 계사, 조동사, 대명사 등과 같은 보조적 역할을 수행하는 짧은 단어가 속하게 된다. 그러나 이 범주는 여러 언어들에서 각이하다.

《한 개의 력점으로써 개념적 련결어로 통합되는 단어 그루빠로 즉 리듬 그루빠로 분할하는 것, 그리고 하나의 더 강한 력점으로 통합되는 더 큰 그루빠(신따그마)들은 문장에 일정한 률동을 부여한다》(마뚜세비치, 《일반 음성학 개론》, 로문판 74 페지). 그러나 여러 언어들에서 리듬은 각이하다.

론리적 력점

론리적 력점은 문장 력점과 구별되는 특수한 형태이다. 《단일한 력점 아래에 문장의 여러 단어들을 묶어 놓는 원칙 자체가 언어에 있어서의 문장 력점의 존재에 의하여 규정된다면 이 문장 력점의 각이한 실현은 말하는 사람의 론리적 목적에 의하여 예정된다》(부다고브, 《언어학 개요》, 조선문판 145 페지). 따라서 론리적 력점은 문장 력점과 전혀 합치되지 않는다.

론리적 력점이란 보통 문장 중에서 론리적, 개념적 면에서 중요하며 모든 주위가 집중되여야 할 단어를 구별하고 그 구별된 단어에 력점이 붙는 것을 말하는 것이다. 때문에 론리적 력점은 임의의 단어에 떨어질 수 있다. 즉 전비 력점(전의어) 단어에도 후비 력점(후의어) 단어에도 전치사에도 떨어질 수 있는 것이다.

론리적 력점의 도움으로 한 문장에서 일련의 개념적 특성을 나타낼 수 있다. 한 개 문장을 론리적 력점 없이 사실의 단순한 표현으로 표시할 수 있다. 그러나 이 문장을 매 단어마다 순번적으로 론리적 력점에 의하여 구별되는 단어에 따라서 특별한 개념적 특징을 띠게 된다.

론리적 력점의 결과로 주어진 단어의 력점에서 변화가 일어 날 수 있다. 《보통 력점과 다르게 그들의 정반대성을 강조하기 위한 목적으로 이 단어들의 첫음절에 추가 력점을 붙일 수 있다》.

여러 언어에서 론리적 력점의 표현 방법은 각이하다.

로어에서는 론리적 력점을 받게 되는 보통 력점 음절이 더 강하고 음정이 높아지는 현상으로 표현되며, 불란서어에서는 론리적으로 강조되는 단어의 첫모음은 약한 강도와 음정의 제고로써 발음되는 현상이 있다고 한다.

또 로어에서는 론리적 력점이 문장적 역할을 수행할 수 있다. 일반적으로 말하는 심리적 술어(객어)의 표현 수단으로 된다는 것이다. 론리적 력점이 문법적 주어에 주어졌을 때 이는 심리적 술어로 된다고 말한다.

불란서어에서는 심리적 술어를 표시하기 위하여 특별한 문장적 전환이 존재하며 론리적 력점은 이를 위어여 리용될 수 없다는 것이다.

선 률 성

말의 선률적 억양 상태 즉 멜로디적 굴곡선이 곧 말의 《선률성》(мелодика)이다. 말에서 선률성은 특수한 역할을 담당하고 있다.

첫째로는 문장적 역할이다. 사실의 단순한 표현으로 되는 문장에서 선률성의 도움에 의하여 확인, 의문, 감탄 등을 표시하게 된다. 같은 문장 구조를 가진 문장들도 그의 멜로디적 억양을 따라서 여러 가지 뜻을 가질 수 있다.

둘째로는 선률성에 따라서 정서적 표현이 달라진다. 분노, 미움, 야유, 기쁨 등은 각이한 선률적 억양의 도움으로써 얻게 된다. 이 정서적 표현에는 말의 선률적인 인또나찌야에서 뿐만 아니라 음색적인 뉴앙쓰도 크게 작용하면서 정적 표출을 적극화한다.

세째로는 어떤 같은 문장에서 선률적 억양 여하에 따라 전혀 다른 이의론(異義論)적 내용을 부여할 수도 있다. 《허허 이 놈 봐라!》 하였을 때 억양 상태 여하는 책망으로도 애칭으로도 될 수 있으며 《감사합니다》는 진정한 감사로도 비웃음으로도 될 수 있는 것이다.

네째로는 말 소리의 속도와 리듬 즉 어떤 보충적 력점의 발생 및 이러저러한 음절의 연장 단축 등도 큰 역할을 수행한다.

문장의 정서적 선률성은 각이한 나라에서 각이하다. 일반적으로 이 방면에 대한 연구는 그렇게 깊지 못하다고 말한다.

2. 조선 말의 표준 력점

조선 말의 표준 력점이라 함은 현 우리의 시대, 우리의 사회에서 사회적으로 작용하면서 사회적 기능을 담당하고 있으며 사회적, 전 민족적 공통성과 통일성에로 지향해 나아 가고 있는 사회적 력점의 가정이다. 가정이라 함은 이 표준 력점이 자기의 완결된 정형을 지금 곧 확립하였다고는 볼 수 없고 현재 변혁 과정에 있기 때문에 가정이라 설정한 것이다. 따라서 여기서 취급되는 표준 력점 그 자체가 순수한 표준 력점의 정형으로는 될 수 없다는 것은 당연한 일이며 이는 현재 나아 가고 있는 표준 력점의 어떤 방향에 불과하다.

지금 변혁 과정에 있는 사회적 력점은 인민들의 력점·생활과 투쟁 과정을 통하여 또한 과학적 탐구와 실천적 전파를 통하여 일층 정화되고 보충, 확대 또는 정돈되면서 앞으로 순수한 자기 정형을 확정하게 될 것이다.

1. 단음절 력점

여기서 단음절이란 개념은 조선어에서 단음절로써 독립적이며 단목적인 개념을 표시하는 단어를 두고 말한다.

단음절 단어로서는 명사, 대명사, 부사, 감탄사, 관형사들의 일부가 해당되나 나머지 품사들에는 존재하지 않는다.

조선 말 단음절 력점은 주어진 단음절 단어 음절 내부에서의 고저의 이동 즉 활음적 요소 뿐만이 아니라 장단 관계(평탄한 상태에서의)도 작용하고 있다. 강약 관계는 부차적 수단으로 약하게 작용하는 데 지나지 않으나, 지방 력점들에서는 차이 나면서 성격적인 특성을 강조하게 된다.

다른 나라들에서의 그것과는 달리 우리 말 단음절 력점이 강약의 변동보다 고저의 이동 및 장단의 길고 짧은 것으로 표시된다는 것은 매우 특징적이다.

단음절 력점에서 부사와 감탄사는 제외한다. 왜냐 하면 조선 말의 부사(단음절)와 감탄사는 대체로는 심리—정서적 표현 욕구성에 다방면적으로 지배되면서 다양한 변화를 나타내며 그것이 선률성과 결부되여 있고 또 어의의 각양한 표시와 전달에 강력하기 때문에 따로 설정되여야 할 범주에 속한다. 따라서 감탄사만은 단어 력점에서도 제외한다.

1. 단음절 력점 형태들

조선 말 표준 력점의 단음절 력점은 다음과 같은 다섯 가지 형태들로 분류된다.

ㄱ. 낮은 긴 소리

낮고 긴 소리가 처음에는 높아지고 다음에는 낮아지는 것은 《낮은 긴소

리》라 설정한다. 낮은 긴 소리는 다른 나라 어음의 восходящее-нисходящее와 공통된 범주 안에 들어 가나 우리의 그것은 장단 관계에서 더 길며, 중국 북경 사성(四聲)중의 상성(上聲)과도 차이 나는 것으로 추정된다. 왜냐하면 중국 상성의 기복선의 상행(上行) 음정 이동은 더 높게 설정되기 때문에 음 이동의 굴곡이 더욱 심한 것이다. 그러나 우리의 그것은 완전 4도 내외에서 움직이고 있다.

동시에 기복선의 이동 과정은 순활한 상태에서 수행되며 상성과 같이 포르타멘토(portamnto=음계의 순차적인 활음적 련결)적인 현상이 미세하다. 따라서 청각적 작용에는 보통 낮은 긴 소리로 또는 낮고 긴 하행음으로 들리기 쉽다.

이에 대한 측정 결과를 악보로써 례증하면 그림 1과 같다.

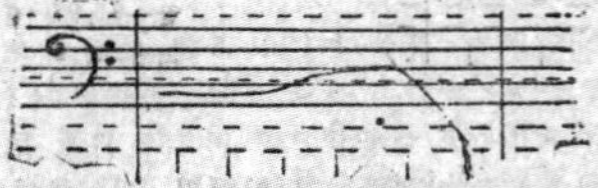

a - d - F

그림 1.

그림 1 말̂(瀧)에서 보는 바와 같이 이 단음절 단어의 억양은 그의 발음 시작은 108.75 진동이며 상행하는 기복선의 마루는 145.16 진동으로 높아졌다가 다시 하행하여 81.47 진동으로 낮아진다는 것을 보여 준다.

이 과정의 음정 관계는 A(라)→ d(레)→ F(파)로 된다. 상행선이 완전 4도라면 마루에서의 하행선은 장 6도 관계에서 하행한다. 시간적 길이는 13"이다.

상하행 력점의 례증들을 몇 가지 더 표시한다 (그림 2).

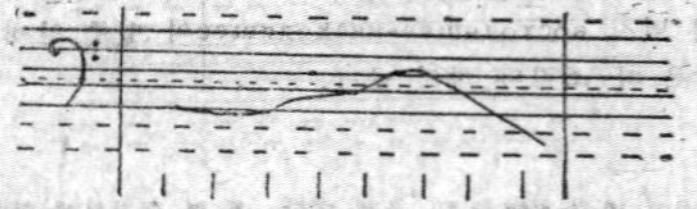

솔 (刷子)

a - e - D

그림 2.

솔̂(刷子); 시작—96.89 진동
마루—162.94 진동
끝—72.58 진동
시간—88"

눈(雪); 시작—122.07 진동
마루—172.63 진동
끝—96.89 진동
시간—71■

그림 3.

길(丈); 시작—122.07 진동
마루—145.16 진동
끝—81.97 진동
시간—71■

그림 4.

그림 2, 3, 4들에서 시작, 마루, 끝 진동들에서 일련의 차이들이 나타나고 있다. 이러한 미세한 차이들은 실험 대상자의 기준 음고의 설정 문제와 억양에서의 개성들에서 초래된 것으로 설명되며 류형(類型) 형태상의 차이에서 오는 것은 결코 아니다. 언어 행위란 특히 력점의 그것은 일정한 경형의 범주 내에서 허다한 자재성이 있기 때문이다. 여기서 개별적 인물들의 력점 행위의 개성적 측면들이 드러나는 것이다[주 1].

ㄴ. 보통 긴 소리

낮은 긴소리에 비하여 시발 음정 설정이 낮으며 처음에는 높아지고 다음에는 낮아지나 그것이 낮은 긴소리보다 기복이 평탄한 것을 보통 긴 소리라 설정한다. 보통 긴소리 역시 восходящее-нисходящее의 범주 안에 들어 가기는 하나 또 다시 낮은 긴 소리와 차이 난다.

[주 1] 악보로써 번환된 실험 배송 자료들은 북경 대학 류 렬 동지에게 위촉한 것들이다. 이하 같다.

돌(石) 감(柿)

그림 5. 그림 6.

상기한 예들은 낮은 긴 소리에 비하여 시발음이 한 3도 정도 높고 기복선은 약하고 따라서 끝 소리가 심하게 낮아지지 않으며 장단 관계에 있어서는 대체로 동일하거나 약간 짧다고 하는 것을 보여 준다.

ㄷ. 보통 짧은 소리

보통 높고 짧은 소리가 음절 끝에 가서 낮아지는 것을 《보통 짧은 소리》라 설정한다. 보통 짧은 소리는 《낮은 짧은 소리》, 《높은 짧은 소리》와 더불어 음의 이동이 하강한다는 뜻에서는 중국의 거성(去聲) 또는 нисходящее와 같은 범주 안에 포괄되나 역시 각자가 차이난다. 보통 짧은 소리는 음정 관계에서 낮은 짧은 소리 보다는 높고, 높은 짧은 소리보다는 낮으며, 장단 관계에서는 긴 소리 보다는 짧은 것이다.

보통 짧은 소리는 짧은 시간 내에서 음이 하강하기 때문에 일반 청자적 작용에는 보통 높은 짧은 소리로 들리기 쉽다.

이에 대한 측정 결과를 악보로써 례증하면 아래와 같다.

발(足); 시작—162.94 진동
마루—193.78 진동
끝—81.47 진동
시간—0.56■

그림 7

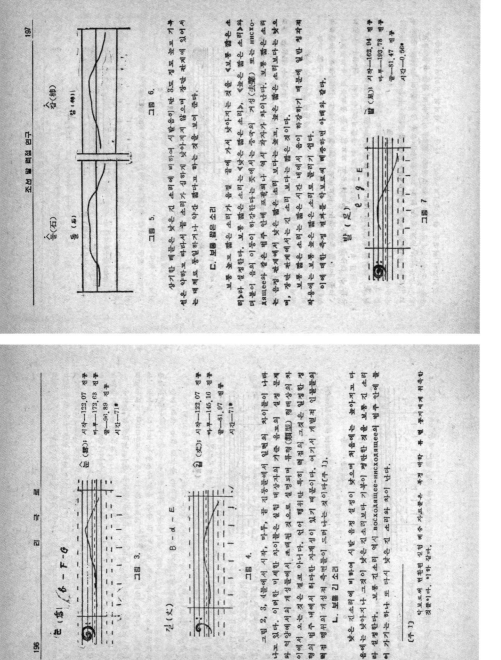

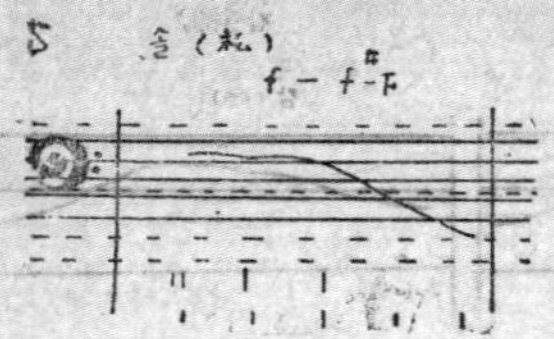

솔(松); 시작—172,63
마루—172,63
끝— 86,31
시간—0,54초

그림 8.

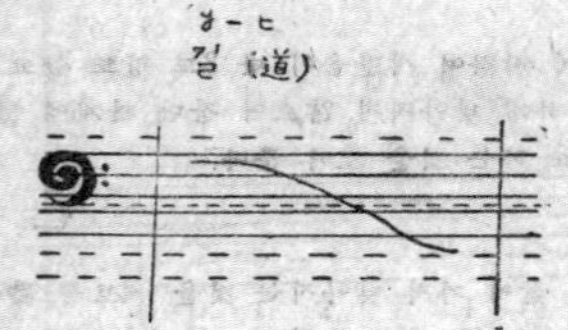

길(道); 시작—193,78
마루—
끝— 81,47
시간—0,48초

그림 9.

상기한 례증들에 준거하여 볼 때 보통 짧은 소리는 낮은 긴소리보다 시발 음정 설정이 높고 시간적으로 짧으며 기복선이 없이 그 대로 하강한다는 것을 확인할 수 있다.

ㄹ. 높은 짧은 소리

높고 짧은 소리가 음절 끝에 가서 낮아지는 것을 《높은 짧은 소리》라 설정한다. 높은 짧은 소리는 보통 짧은 소리보다 시발 음정 설정이 높다.

이제부터는 례증표를 들지 않고도 호상 대조에서 능히 판단할 수 있는 기준이 나선다.

보통 짧은 소리인 길(道)과 높은 짧은 소리인 말(馬)을 대조해 볼 때 명료해진다.

길이 좋다　　　말이 좋다.

의 두 개 문장에서 《길이 좋다》의 《길》보다 《말이 좋다》의 《말》이 더욱 높은 것이다. 이를 같은 문장내에 삽입해 보면 일층 드러난다.

말은 타고 길을 간다.　　길을 따라 말이 간다.

이와 마찬가지로 보통 짧은 소리인 내(我), 해(日) 등과 높은 짧은 소리인 배(梨), 꽃(花) 등과의 대조에서도 나타난다.

ㅁ. 낮은 짧은 소리

낮고 짧은 소리가 음절 끝에 가서 낮아지는 것을 《낮은 짧은 소리》라 설정한다. 낮은 짧은 소리는 보통 짧은 소리보다 시발 음정 설정이 낮은 것이다.

보통 짧은 소리인 내(我)와 낮은 짧은 소리인 내(嗅)는 음정 설정상 후자가 더 낮은 것이다.

내(我)가 간다.　　내(嗅)가 난다.

의 두 개 문장에서 내(嗅)는 내(我)보다 더 낮다.

이를 높은 짧은 소리와 대조하였을 때는 그 량자의 고저 관계가 일층 뚜렷하다. 즉 손(手)과 손(客)의 차이가 그것이다.

2. 단어 력점

조선 말 표준 력점에서의 단어 력점은 주어진 단어의 음절 계렬 중의 하나(다음절 단어에서는 둘로 되는 경우도 있다)가 소리의 높이와 길이로써 특출되면서 력점을 이룬다.

조선 말 표준 력점(단음절 력점까지를 포함)의 기초에는 엄연히 음정 관계, 장단 관계가 지배하면서 성격적 특성을 형성하였다. 이 때 음정 관계와 장단 관계는 대등한 비중을 차지하고 있기 때문에 둘이 다 주차적이다. 오직 강약 관계만은 부차적으로 작용하고 있다.

력점 방법상에서의 이러한 특성은 조선 말 표준 력점이 《음악—장단적 력점》이라는 특유한 정의를 준다.

이러한 정의의 기초는 음의 높이로써 특출되는 음절이 반드시 장단 관계에서 길이를 수반한다던가, 길이로써 특출되는 음절이 반드시 음의 높이를 수반한다던가 하지 않으며 량자가 독자적으로 작용하거나 호상 수반하여 작용하는 경우가 있기 때문에 주어지는 것이다.

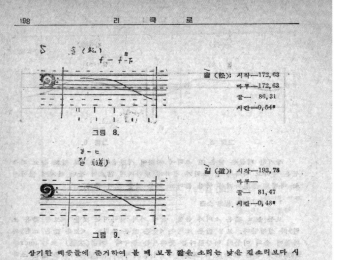

따라서 조선 말 표준 력점은 높이로써도 특출되며 길이로써도 특출되며 호상 수반하여 특출되기도 한다. 이로부터 조선 말 표준 력점이라는 개념은 특출되는 한 가지 방법에만 국한되지 않으며 높이로써 력점을 형성하기도 하고 길이로써 력점을 형성하기도 한다. 다만 그 단어의 어의의 인식을 전달합에 있어 어떠한 특출한 방법이 더 성격적으로 작용하는가에 달려 있는 것이다.

몇가지 례를 들어 보기로 하자.

우리들이 《가지》라고 하는 하나의 단어를 문'자로만 볼 때 이 말의 뜻에 대한 개념은 불명료하다. 이를 발음함에 있어 력점 여하에 따라 말 뜻의 개념은 달라지면서 목적 개념을 전달할 수 있다. 즉 첫음절을 보통 높고 길게(가지) 발음할 때에는 《가지(枝)》가 되며 첫음절을 높고 짧게(가지) 발음하게 되면 《가지(種類)》라는 뜻으로 변한다. 이는 같은 첫음절내에서의 고저, 장단 관계에서의 차이로만 어의를 확정할 수 있다는 것으로 설명된다.

이 때 력점 개념은 가지(枝)는 실상 음정상에서는 끝음절인 《지》가 더 높으나 길이는 짧다. 그러나 특출 방법은 길이로써 나타나기 때문에 《가》가 력점으로 인식되는 것이다.

가지(種類)는 음의 높이로써 특출되는 데 그 위치의 변동에 따라 또 다시 다른 어의로 전환된다. 즉 《가지》 하고 끝 음절을 높게 발음하였을 때는 《가지(茄子)》로 되는 것이다.

이러한 력점 원칙은 조선 말 표준 력점의 기초에 놓이면서 음악—장단적 력점의 특성을 규정한다.

이를 확인하기 위하여 몇 가지 실례를 더 들기로 한다.

걸음 (步), 감자 (馬鈴薯)
거름 (肥料) 가죽 (皮)
나리 (花名) 고양이 (猫)
나리 (上殿), 각시 (新婦) 고구마 (甘藷)
가마 (轎子), 갈비 (肋骨) 며느리 (子婦)
가마 (釜)

이미 보아 온 바와 같이 단음절에서의 어의의 표시, 전달이 고저, 장단관계에 위주하여(음의 이동을 수반하는) 각양한 차이를 나타낸다고 하는 것에서도 이는 확증되였다.

음악—장단적 력점의 특성을 더 선명하게 하기 위하여 오스씰로그라프에 의한 실험 도표를 제시하기로 한다.

다음에 오스씰로그라프에 의한 어음의 성음학적 분석법에 대한 약간의 설명을 한다.

오스씰로그라프는 음의 짧은 시간에 진행되는 변화를 필림에 기록할 수 있는 기계이며 이는 일찌기 외국 성음학 연구실들에서 기모그라프에 대신하여 더 정확한 어음의 성음학적 분석을 위하여 많이 리용되였다.

1. 오스씰로그라프에 의한 말의 기록

오스씰로그라프에 음파를 기록하게 되는 필림을(보통 5m 가량) 장입한 다음에 일정한 방법에 의하여 오스씰로그라프에 음파를 기록한다. 음파(파동)의 기록은 필림에 동시에 몇 개를 진행할 수 있으며, 우리의 경우 주로 입 앞에서의 음파와 목청의 진동을 기록하였다. 입 앞에서의 음파의 기록은 보통 마이크를 사용하여 진행하였으며, 목청의 진동은 소형 마이크(비행모 또는 땅크병모용의 마이크)를 사용하여 목청 아래 부분에서 취하였다. 따라서 현상된 필림에는 세 종류의 선이 있으니 : 우로부터 첫번째 선은 마이크, 즉 입 앞에서 취한 음파를 기록한 것이며, 둘째 선은 소형 마이크, 즉 목청의 진동을 기록한 선이며, 세째 톱니형으로 된 선들은 시간을 표시하는 시간척이다. 시간척의 매 돌기에서 돌기 사이의 간격은 1/500초의 시간에 해당된다. 이 시간척에 따라 기록된 두 종류의 음파가 분석된다.

2. 음파가 기록된 필림의 분석

우로부터 첫번째 기록선은 입 앞의 음파를 기록한 것이므로 모음은 물론이요 자음을 발음하기 위한 구강내의 모든 동작이 기록된다(마찰, 파렬 등이). 둘째 선은 목청의 진동을 기록한 선이므로 모음의 기초로 되는 소리의 진동수를 포함하여 시간적으로 어느 순간에 주어진 단어를 발음할 때 목청이 진동하기 시작하였는가를 분석할 수 있게끔 한다.

입 앞에서의 진동을 기록한 선들은 또한 일정한 조건(오스씰로그라프의)에서의 진폭으로써 음의 강약을 분석할 수 있는 가능을 준다.

례를 단어 《따다》에서 들어 보자. 필림에서 보는 바와 같이(첫줄) ㄸ의 준비 태세인 혀끝의 치근으로의 접근과 접촉은 다음 그림 부분에서 기록되여 있다. 이는 9/500초의 시간에 해당됨을 알 수 있다. 즉 《따다》의 단어가 발음되는 첫 9/500초 간에는 《ㄸ》의 준비 공작이 구강내에서 진행되였으며, 이 시간이 경과한 다음에 목청이 진동하기 시작하면서 모음 《ㅏ》가 발음 되였다. 목청의 진동은 《ㅏ》에 해당한 구강의 공명에 의하여 변형

되여 첫줄에서 기록된 것과 같은 파형을 이루게 된다. 이 파형의 진폭은 상기한 바와 같이 음의 강약을 의미하는 것이므로, 곧 이 파형의 정점들을 련결하는 방법으로 분석 부분의(아래 기록) 첫강약을 표시하는 선이 작도되였다. 이 선의 고저에 따라 우리는 어느 순간에 첫번째 《ㅏ》가 가장 강하며 어느 순간에 가장 약한가를 시간의 흐름에 따라 분석할 수 있게 된다. 이 선의 작도는 순수한 상대적 기하학적 표시에 불과하다.

둘째 분석선(아래 기록)은 각 발음 순간에서의 목청 진동수를 표시한 것으로 곡선이 높으면 높을수록 소리는 높고(즉 진동수가 많고) 낮으면 낮을수록 소리는 낮다. 각 구간은 한 진동의 길이에 해당하며(그림 참조) 이 구간 아래에는 그 구간에 존재하는 음파의 진동수를 수'자로 표시하였다. 즉 주어진 경우에 《ㅏ》 125, 129, 125, 121, 129, 121, 125, ……105,2. 이 수'자(진동수)를 볼 때 진동수의 변화가 일정한 한계내에서 동요하고 있는 사실을 볼 수 있다. 즉 125, 다음에는 129, 그러나 그 다음에는 또 다시 125…… 이러한 진동수의 변화는 다음과 같은 원인들에 기인된다.

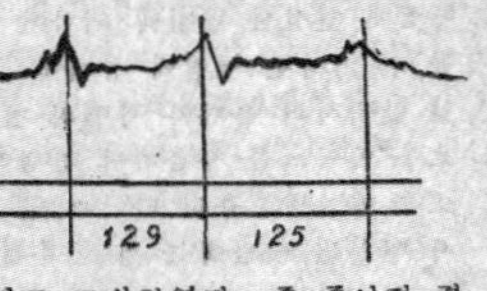

1) 한 파장과 다른 파장간의 거리를 측정하기 위하여 선을 작도할 때의 작도에서 오는 오차;

2) 작도된 선 사이의 거리를 측정함에 있어 1/4(또는 0,25) 밀리메타의 정밀도를 기하기 위한 측정에서 오는 오차 등이다.

그러나 비록 짧은 구간에서는 125, 129, 121과 같이 동요될 수 있으나 전체적으로 분석할 때 초기에는 125 또는 129에서 시작되여 끝에 가서는 105,2로 감소되는 것을, 즉 환언하여 진동수가 처음에는 많다가 서서히 시간의 경과에 따라 적어진다는 사실을 알 수 있다(이는 곡선의 높이가 서서히 낮아지는 것으로도 추측할 수 있다).

다음에 전체적으로 볼 때 어느 음절이 가장 길고 어느 음절이 가장 짧은가에 대하여 분석할 수 있다. 이를 위하여는 구태여 아래의 시간척을 계산할 필요는 없으며 시간척 대신에 기록된 음파군의 길이를 측정함으로써 대치할 수 있다. 즉 《따 다》에서 《따》에 해당한 길이를 센치메타로 표시하고 《다》에 해당한 길이를 역시 센치메타로 표시하여

$$\frac{《다》에\ 해당한\ 길이}{《따》에\ 해당한\ 길이}=\frac{C_M}{C_M}=\frac{1,12}{1}$$

인 것을 안다. 즉 1 : 1,12이다.

이러한 방법으로 매 자음, 모음에 대하여도 역시 그 음'가가 그 단어 발음에서 차지하는 시간을 상대적으로 표시할 수 있다. 즉

따ㅏ다ㅏ에서

시간은

1,5 : 15,5 : 1 : 21,1이다.

● 오스필로그라프에 의한 력점 실험 대상은 디 먹세에 의하여 수집되였으며 실험은 1955년 7월 1일~4일 사이 끼예브 종합 대학 실험 음성학 실험실에서 델. 게. 스깔라줍에 의하여 집행되였다.

매중 도표 1, 2 《따다》, 《타다》는 음의 높이로써 특출되는데 량자의 첫 음절 평균 기준 음고(약간의 굴곡은 제외하고)의 진동수는 125 내외이다. 이에 비하여 끝 음절의 그것은 95 내외로 떨어진다. 이 음정 관계는 단 3도 정도의 거리를 가졌다.

그러나 두 음절 간의 시간적 대비는 《따다》 1 : 1,12 또는 《타다》 1 : 1,1로 되여 아주 미세하다. 실지에 있어 이 량자는 시간상 동일한 범주에 속하고 있으나 나타나고 있는 차이는 실험자의 오차이거나 개성적 작용이다.

강약의 대비에서는 첫음절과 끝 음절 사이에서 거의 동등한 비례에서 작용하고 있는데 불과하다. 그 작용 역시 발음상 일반적으로 수반하는 강약 관계이지 력점적 특출 방법의 그것으로 작용할 정도의 강력한 것은 못된다. 이는 모두 마찬가지이다.

도표 3의 《아우》는 끝 음절이 높이와 길이를 동시에 작용하면서 력점을 형성하였다는 것을 알 수 있다.

첫음절인 《아》는 평균 기준 음고가 98진동(마루 129, 끝 123,5는 끝 음절로 상행하기 위한 준비 과정에 불과하다) 정도이라면 끝 음절 그것은 130 진동을 넘어 서고 있다. 이 음정 관계는 완전 4도 정도의 거리를 가진다.

이에 대한 시간적 대비는 1 : 1,36이라는 현저한 차이를 가지고 있다. 량음절 간의 이러한 차이들은 《아우》라는 단어의 력점은 끝 음절(아우)에 있고 력점 방법은 높이와 길이로써 특출된다는 것이 확정된다.

도표 3의 《작작》은 첫음절이 길이로써 특출되며 음의 높이를 수반하지 않으며 음정 관계는 오히려 끝 음절이 높은 것이다.

첫음절 《작》과 끝 음절 《작》과의 시간적 대비는 1,95 : 1로 되여 첫음

절이 현저하게 길다. 그러나 평균 기준, 음고상에서는 첫음절이 114 정도이라면 끝 음절은 130 내외로 높아 있다.

시발음에서의 143 진동은 실험 대상자가 단어를 단독 발음하는 데서 오는 발음 준비 관계의 오차일 것이다.

도표 5, 6, 7도 이와 같은 범위에서 확정을 준다.

조선 말 력점은 일련의 력사적 변혁 과정을 살필 수 있게 한다.

리조 시기의 조선 말 력점은 역시 음악—장단적 력점이였으나 특출 방법을 더 강조하는 데 차이가 있었다는 것으로 보여 진다. 긴 것은 더 길게, 높은 것은 더 높게 강조함으로 하여 억양의 굴곡은 오늘의 그것보다 더 심하였으며, 이에 따라 음절과 음절 간의 련결 및 단어와 단어와의 련결에서 활음적인 곡선들이 드러나고 전반적 템포는 극히 느리여 류창한 선률적 기복을 들려 주었다.

이러한 흔적들은 현재 판소리 광대들의 《아니리》의 억양 방법에 선명하게 반영되며, 극장 배우들의 력사극 대사에서도 나타난다.

극장 배우들은 현대극과 력사극과의 대사법에서 기본적 한계를 바로 이러한 력점법 및 어조(선률성=인또나찌야)에서 찾고 있는 것이다.

현재의 사회적 표준 력점은 리조 시기의 그것에 비하여 음악—장단 상의 그와 같은 더 심한 강조를 배제하면서 나아 가는 것을 보여 준다. 력점 음절의 높이는 좀 낮아지고 길이는 좀 짧아지면서 굴곡은 약화되였으며, 따라서 단어 하나 및 회화 문장 한 단위의 전반적 템포는 단축되였다.

현재의 사회적 표준 력점이 서울 지방 력점과 련결되여 있기는 하나, 그의 차이와 지향성 역시 심한 굴곡의 배제로 나아 가는 것이 기본적인 특징으로 나선다.

이러한 력점 생활의 력사적 과정들은 인민들의 생활에 대한 적극성과 의지력에서 초래한 것이라고도 해석할 수 있을 것이다.

단 지방 력점은 이와 차이나며, 특히 함경도(함경도 방언 구역) 력점과 경상도(경상도 방언 구역) 력점은 강약 관계를 특징적으로 강조한다.

단어 력점 형태들

단어 력점 형태들은 음절별로 구분하여 분류하기로 한다.

1). 2음절 력점

2음절 력점은 아래와 같은 여섯 가지로 분류할 수 있다. 이러한 분류는 력점 특출 방법의 차이 및 력점 음절 위치의 차이로써 호상 갈지 아니한 형태별의 그것이다.

ㄱ. 높고 짧은 앞 소리

2음절 단어들에서 첫음절이 높고 짧은 것을 《높고 짧은 앞 소리》라 설정한다.

첫음절이 높고 짧다면 끝 음절은 낮고 짧으며 량자의 길이의 대비는 비등한 것이다.

그림 10 그림 11.

그림 11의 《되다(成)》는 음정상에서 첫음절 《되》의 시발이 172,63 진동이며 마루는 193,78 진동까지 유지되여서 평균 기준 음정은 g(솔)에 해당된다. 첫음절에 비하여 끝 음절은 하강하면서 96,89 진동으로 떨어진다. 이의 평균 기준 음정은 한 오크타브 낮은 G(솔)까지 떨어진다. 량자의 시간적 대비는 1 : 1,15 정도로 거의 동등한 것으로 표시된다.

그림 10의 《열음》은 실험 대상자의 상태로부터 시발 기준음 설정이 낮게 되여 있으나 상대적 대비에서는 동일하다. 왜냐 하면 발음 음절이란 절대적 표준이 있는 것은 아니며 상대적 표준만이 설정되기 때문이다. 사람에 따라 말하는 때에 따라 이 표준은 일정하지 않다.

그림 10의 《열음》의 첫음절인 《열》은 122,07 진동으로 B음에 해당되며 끝 음절 《음》은 64,66 진동으로 C음까지 떨어진다. 량자간의 음정 관계는 단 7도의 거리를 가졌는데 이것은 《되다》의 그것보다 장 2도의 음정 거리의 차이가 있으나, 이 차이는 본질상 차이에서 오는 것이 아니라 발음상 약간

와 차이에서 초래된 데 불과하다.

높고 짧은 앞 소리는

가위 (鋏)	짜다 (간이 짜다)
나비 (蝶)	크다 (大)
마늘 (蒜)	가다 (行)
바닥 (底)	오다 (來)
사슬 (쇠사슬)	뛰다 (跳)
아들 (子)	

등 허다히 들 수 있다.

ㄴ. 높고 긴 앞 소리

2음절 단어들에서 첫음절이 높고 길며 끝 음절이 낮고 짧은 것은 《높고 긴 앞 소리》라 설정한다.

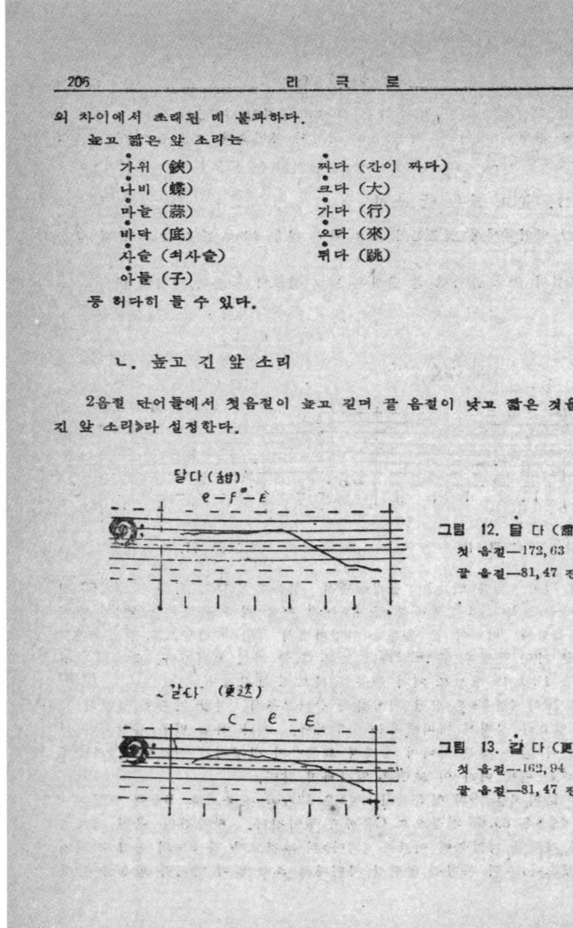

그림 12. 달다 (甜);
첫 음절—172,63 진동
끝 음절—81,47 진동

그림 13. 갈다 (更迭);
첫 음절—162,94 진동
끝 음절—81,47 진동

달다 (불 A)
d# – e – f

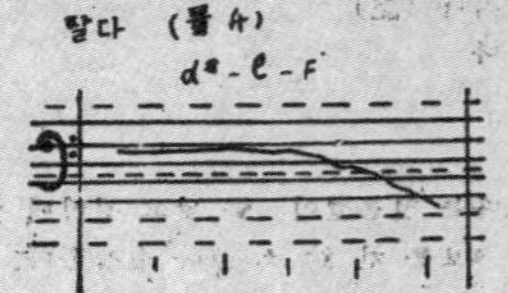

그림 14. 달다 (量升);
첫 음절—172,63 진동
끝 음절—86,31 진동

동복 (同腹)
f – f# – F

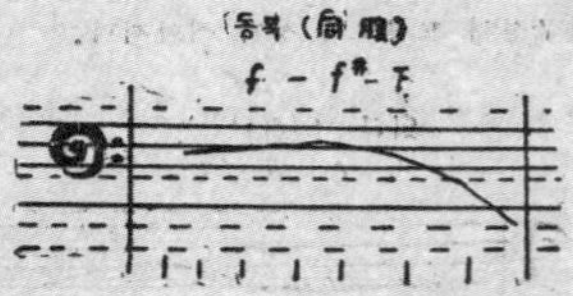

그림 15. 동복 (同腹);
첫 음절—172,63 진동
끝 음절—86,31 진동

강수 (降雨)
ㄱ ㄴ ㅇ ㅈ ㄱ

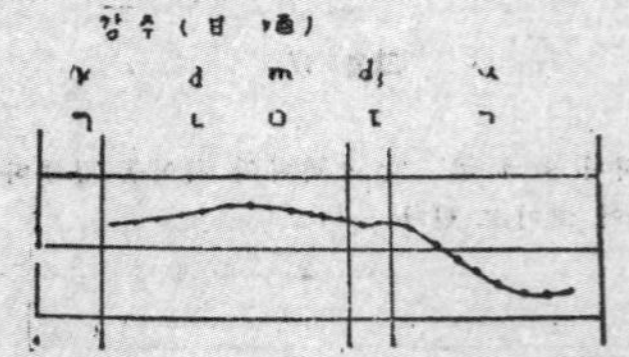

그림 16.

그림 13, 14, 15, 16 등의 실험 자료에 준거하면 첫음절과 끝 음절 사이의 음정 거리는 모두 대체로 오크타브 정도로 되여 있어 첫음절이 현저하게 높으며 길이의 대비에서는 1,35 : 1 정도의 비례로 차이 난다.

이와 같은 정형(定型)의 실례로는

각시 (新婦)	장판 (油紙席)
달래 (野生蒜)	장끼 (雄雉)
망치 (마치)	밉다 (憎)
선반 (掛板)	짧다 (短)

맵다 (辛)　　　　갚다 (報)

갖다 (持)　　　　적다 (記)

등 많은 단어들이 이에 해당한다

ㄷ. 보통 긴 앞 소리

높고 긴 앞 소리의 첫 음절 보다는 첫음절이 좀 낮고 길이에 있어서는 더 길고 끝 음절이 낮고 짧은 것을 《보통 긴 앞 소리》라 설정한다. 이 정형의 특징은 첫 음절의 기복선이 상행선으로 분명하게 나타나며 끝 음절은 하강하기 위한 운동 준비로 기복선 마루에서 발음되여 직강한다는 사실이다.

높고 긴 앞 소리에서의 약간의 기복선은 발음 준비 순간에서의 그것이라면 이는 음의 점차적 이동의 욕구성의 표시로써 성격 지어진다.

그림 17 《되다》 (稠)의 시발음은 108,75 진동이며 마루는 145,16 진동, 끝은 81,47 진동이다.

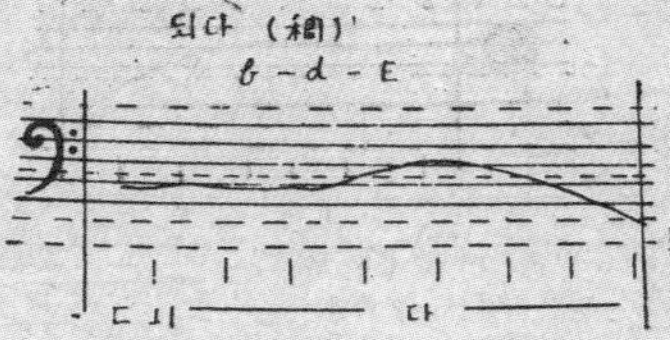

되다 (稠)

b - d - E

ㄷ 시 ——— 다 ———

그림 17.

청각적 작용에는 시발음고(始發音高)와 종결음이 드러나는데 이 음정 거리는 $d \rightarrow E$로써 중 4도(감 5도)로 된다. 시간적 대비에서는 5 : 3 정도로 나타나며, 기복선 마루는 장 3도 정도의 높이로 이동한다.

이러한 사실은 보통 긴 앞 소리와 높고 긴 앞 소리와의 차이를 분명하게 해 준다. 몇 가지 례증을 더 들어 보기로 한다.

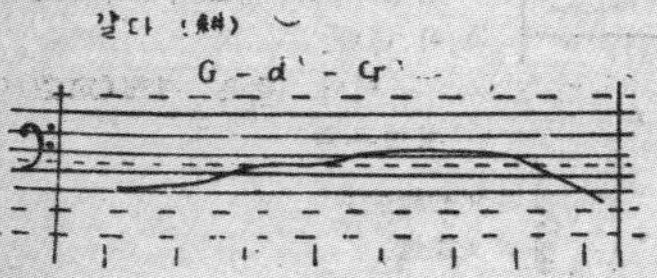

갈다 (耕)

G - d' - G

그림 18. 갈 다 (耕);
시작—96,89 진동
마루—145,16 진동
끝— 96,89 진동

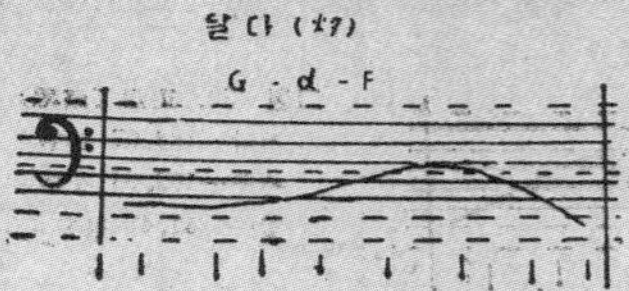

달다 (灼)

G - d - F

그림 19. 달 다 (灼);
시작—96,89 진동
마루—145,16 진동
끝— 86,31 진동

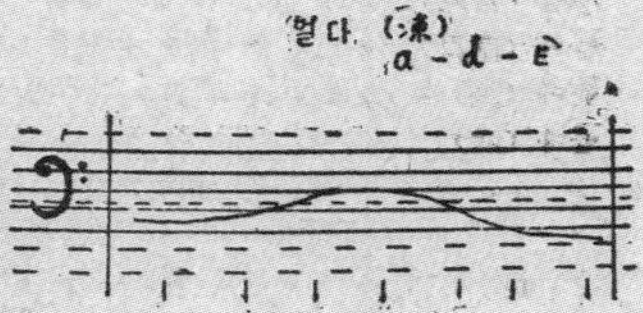

얼다 (凍)

a - d - E

그림 20. 얼 다 (凍);
시작—108,75 진동
마루—145,16 진동
끝— 81,47 진동

도복 (冬服)

a - d# - E

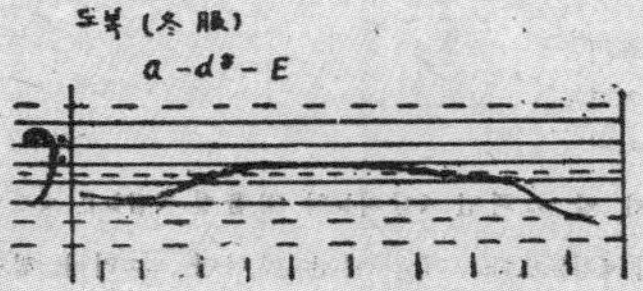

그림 21. 동 복 (冬服);
시작—108,75 진동
마루—145,16 진동
끝— 81,47 진동

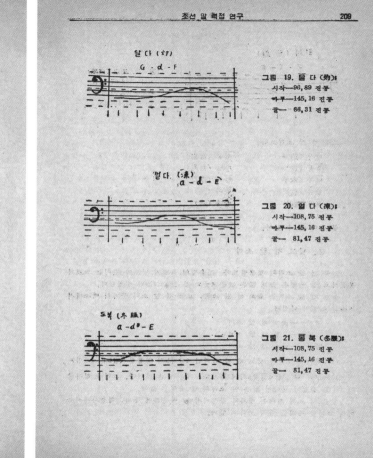

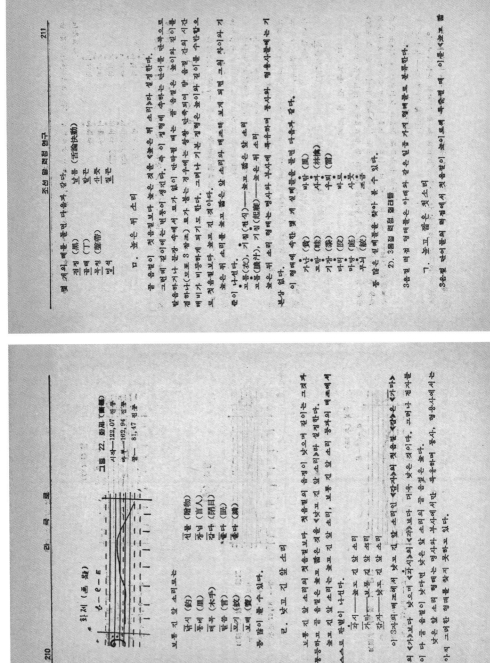

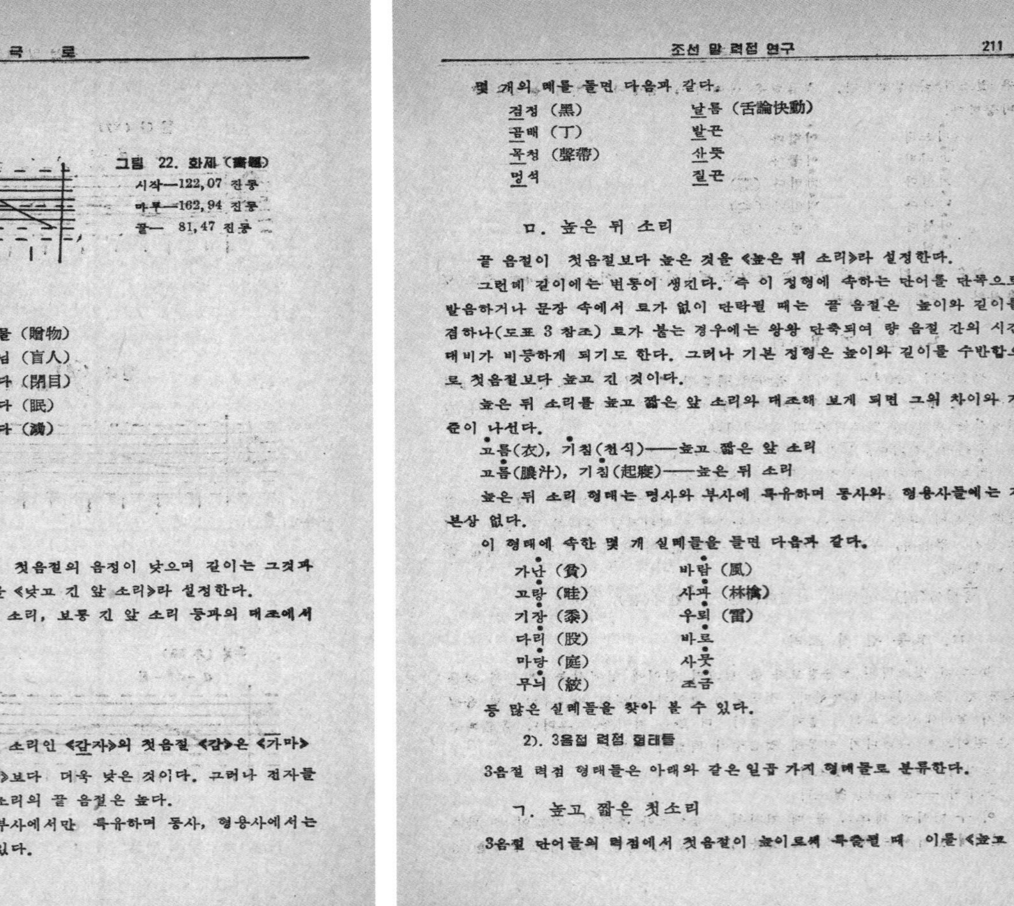

화제 (畫題)

그림 22. 화제 (畫題)
시작—122,07 진동
마루—162,94 진동
끝— 81,47 진동

보통 긴 앞 소리로는

낚시 (釣)	선물 (贈物)
동네 (里)	장님 (盲人)
태목 (木手)	감다 (閉目)
말씀 (言)	졸다 (眠)
모기 (蚊)	좋다 (滿)
보배 (寶)	

등 많이 들 수 있다.

ㄹ. 낮고 긴 앞 소리

보통 긴 앞 소리의 첫음절보다 첫음절의 음정이 낮으며 길이는 그것과 동등하고 끝 음절은 높고 짧은 것을 《낮고 긴 앞 소리》라 설정한다.

높고 긴 앞 소리는 높고 긴 앞 소리, 보통 긴 앞 소리 등과의 대조에서 스스로 판별이 나선다.

각시——높고 긴 앞 소리
가마——보통 긴 앞 소리
감자——낮고 긴 앞 소리

이 3자의 대조에서 낮고 긴 앞 소리인 《감자》의 첫음절 《감》은 《가마》의 《가》보다 낮으며 《각시》의 《각》보다 더욱 낮은 것이다. 그러나 전자들이 다 끝 음절이 낮다면 낮은 앞 소리의 끝 음절은 높다.

낮은 앞 소리 형태는 명사와 부사에서만 특유하며 동사, 형용사에서는 아직 그러한 형태를 찾지 못하고 있다.

몇 개의 례를 들면 다음과 같다.

검정 (黑)	날름 (舌論快動)
곰배 (丁)	발끈
목청 (聲帶)	산뜻
멍석	질끈

ㅁ. 높은 뒤 소리

끝 음절이 첫음절보다 높은 것을 《높은 뒤 소리》라 설정한다.

그런데 길이에는 변동이 생긴다. 즉 이 정형에 속하는 단어를 단독으로 발음하거나 문장 속에서 토가 없이 단락될 때는 끝 음절은 높이와 길이를 겸하나(도표 3 참조) 토가 붙는 경우에는 왕왕 단축되여 량 음절 간의 시간 대비가 비등하게 되기도 한다. 그러나 기본 정형은 높이와 길이를 수반함으로 첫음절보다 높고 긴 것이다.

높은 뒤 소리를 높고 짧은 앞 소리와 대조해 보게 되면 그의 차이와 기준이 나선다.

고름(衣), 기침(천식)——높고 짧은 앞 소리
고름(膿汁), 기침(起寢)——높은 뒤 소리

높은 뒤 소리 형태는 명사와 부사에 특유하며 동사와 형용사들에는 기본상 없다.

이 형태에 속한 몇 개 실례들을 들면 다음과 같다.

가난 (貧)	바람 (風)
고랑 (畦)	사과 (林檎)
기장 (黍)	우뢰 (雷)
다리 (股)	바로
마당 (庭)	사뭇
무늬 (紋)	조금

등 많은 실례들을 찾아 볼 수 있다.

2). 3음절 력점 실례들

3음절 력점 형태들은 아래와 같은 일곱 가지 형태들로 분류한다.

ㄱ. 높고 짧은 첫소리

3음절 단어들의 력점에서 첫음절이 높이로써 특출될 때 이를 《높고 짧은 첫소리》라 설정한다. 첫음절은 나머지 두 음절에 비하여 높으나 길이는 비등하다.

며느리	어렵다
오라비	어둡다
가렵다	가린다 (選)
비리다	먹인다 (食)
아쉽다	미친다 (狂)
야윈다	

높은 첫소리 형태에 속하는 단어는 명사에서는 아주 희귀하며 주로 형용사와 동사에 많이 있다.

ㄴ. 높고 긴 첫소리

첫음절이 높이와 길이를 겸하여 특출될 때 이를 《높고 긴 첫소리》라 설정한다. 높은 첫소리 첫음절과 대조할 때 높이에서는 량자가 대등하나 길이에서는 높고 긴 첫소리가 더 긴 것이다.

올빼미, 질기다, 물린다(延期)——높고 긴 첫소리
며느리, 구리다, 미친다(狂)——높은 첫소리

이러한 단어들의 대조에서 량자의 차이가 분명히 포착된다. 높고 긴 첫소리 형태에 속한 단어들은 역시 명사에서는 례외적인 실례가 몇 있을 뿐이고 동사, 형용사, 부사 등에서도 많지 못하다. 이 형태의 몇 가지 실례를 들기로 한다.

웅덩이(沼), 언짢다, 거친다(經), 잡힌다(否), 골고루.

ㄷ. 보통 긴 첫 소리

높고 긴 첫소리의 첫음절보다 좀 낮으며 길이에 있어서는 비등한 것을 《보통 긴 첫소리》라 설정한다. 첫음절의 높이가 보통인 때로부터 세 음절 내에서 높이에서는 오히려 둘째 음절이 더 높은 것이다. 그러나 특출되는 것은 길이로써 나타나기 때문에 첫음절에 력점이 놓인다.

웅덩이——높고 긴 첫소리
고구마——보통 긴 첫소리

이 두 단어를 대조해 볼 때 전자의 첫음절보다 후자의 그것이 좀 낮으며 길이에 있어서는 대등하다는 것을 알 수 있다. 만일 후자의 첫음절을 전

자와 같은 높이로 말하게 되면 보통 그 뜻이 잘 전달되지 않는 것으로도 그 차이를 인식할 수 있다.

특히 같은 어음 단어에서는 이러한 음정상의 차이를 설정하지 않았을 때 그 뜻은 전도된다.

물린다(延期)——높고 긴 첫소리
물린다(還換)——보통 긴 첫소리

이 두 단어의 어의 전달은 오직 첫음절의 음정 설정 정도만이 결정해준다. 이 형태에 속하는 단어들로는 명사에 가장 많고 다른 품사들에서는 특수한 례의 이외에는 없다.

이 형태에 대한 몇 개의 실례를 들기로 한다.

곤쟁이 (魚名)	미쟁이 (미장공)
골짜기 (谷)	갈잖다
궁둥이 (骨盤部)	용하다
도깨비	반하다(매혹되다)
마누라 (妻)	

ㄹ. 낮고 긴 첫소리

보통 긴 첫소리의 첫음절에 비하여 음정이 더 낮고 긴 것을 《낮고 긴 첫소리》라 설정한다. 첫음절이 가장 낮기 때문에 둘째 음절은 더 높다. 그러나 첫음절이 낮고 긴 것으로 특출된다.

고구마——보통 긴 첫소리
날쌩이——낮고 긴 첫소리

이 두 단어를 대조해 볼 때 후자의 첫음절은 전자의 그것보다 낮으며 길이에 있어서는 대등하다.

이를 같은 어음 단어들에서 대조해 보면 일층 선명하다.

물린다(延期)——높고 긴 첫소리
물린다(還換)——보통 긴 첫소리
물린다(咬)——낮고 긴 첫소리

삼자의 음정상 대비는 계단적으로 낮은 것이며 길이의 대비는 삼자가 다 비등하다. 단 한 가지 방법 즉 음정적 차이에 의하여 어의를 확정할 수 있는 것이다.

이 형태에 대한 실례들은 많이 있다. 주로는 명사에 있으며, 다른 품사들에서는 례외적으로 나타난다.

도르래　　　　진저리 (極厭)
둘레레　　　　엉긴다 (凝)
박대기 (杖)　　몰린다 (集結)
목구멍　　　　몰린다 (많이 먹고)
메뚜기 (蝗)　　갈츤다
번두리 (邊)　　얼거니 (失神態)
복숭아 (桃)

ㅁ. 높고 긴 중간 소리

3음절 단어의 중간 음절인 둘째 음절이 높이와 길이로써 특출되는 것을 《높고 긴 중간 소리》라 설정한다.

둘째 음절은 앞, 뒤 음절의 그것보다 높고 길다.

가운데 (中)　　부른다 (呼, 唱)
구김살 (摺線)　이렇다 (如此)
그림자 (影)　　미룬다 (延)
도리깨　　　　불연듯
비둘기　　　　살며시
모다불　　　　소곳이
가엾다 (可憐)　지그시
가늘다 (細)　　우당랑

이 형태는 3음절 려점 형태의 기본적인 것의 하나로 인정되며 매 품사들에 많은 실례들이 있다.

ㅂ. 높고 짧은 중간 소리

높고 긴 중간 소리의 둘째 음절보다 짧으며 높이에서는 비등한 것을 《높고 짧은 중간 소리》라 설정한다.

가운데 (中)——높고 긴 중간 소리
고무래 (丁)——높고 짧은 중간 소리

이 두 단어를 대조할 때 후자는 전자의 둘째 음절보다 짧으며 높이에서는 비등하다는 것을 확정할 수 있다. 그러나 이 형태는 실천상 사람들에 따라 불안정성을 보이고 있다. 흔히 어떤 사람들은 이 형태에 속하는 단어들을 높고 긴 중간 소리와 같이 높고 긴 려점을 설정하기로 한다. 특히 단어

가 단독으로 발음되거나 토가 없이 종결구에서 사용될 때 그러하다(《고사리》를 《고사리》로).

그러나 일반적으로 그러하지 않으며, 엄격히 구분하여 발하는 것이 기본으로 되여 있다.

이 형태의 실례로는

구더기　　　　바가지
개구리　　　　보시기 (小器)
노리개　　　　올가미 (佳項繩)
도라지　　　　오가리
마고자 (加衣)　장아찌

이 형태 역시 3음절 려점의 기본적인 형태의 하나로 매 품사들에서 광범하게 나타나고 있다. 단 동사 문어(文語)에서는 허다히 나타나나 입말(口語)에서는 나타나지 않는다.

즉 《마르다》(乾), 《오르다》(登) 등 문어에서는 허다히 있으나 이것이 《마른다》, 《오른다》 등 입말로 되였을 때는 높고 긴 중간 소리로 변하기 때문이다.

ㅅ. 높은 끝 소리

3음절 단어들에서 끝 음절이 길이와 높이로써 특출될 때 이를 《높은 끝 소리》라 설정한다.

높은 끝 소리는 3음절 단어 마지막 음절인 세째 음절이 앞에 있는 두 음절보다 더 높고 길다. 다만 길이에는 회화 행위의 어조(語調=선률성) 여하에 따라 다양한 변화를 수반한다. 어조에 따르는 길이의 변화는 대체로 높이의 변동도 수반하는 것이 통례이다. 이러한 사정은 높은 끝 소리가 부사에만 고유하다는 데에도 원인이 있다.

이 밖에 다른 형태들에서도 부사는 어조와 련관되면서 다양한 변화를 일으키군 한다. 그러나 그것은 려점 본질의 변화나 이동을 가져 오지는 않으며 그 특성의 한계 안에서 강조하고 적극화하는 방향에서의 다양화에 불과하다.

이러한 문제들은 뒤'장에서 따로 언급하겠기에 여기서는 기준형만을 취급하게 된다.

부사 《부스럭》(쥐가 부스럭거린다)의 끝 음절 《럭》은 높으며 대체로는

길게 발음한다. 따라서 력점은 끝 음절에 놓이는 것이다. 부사에서 이러한 형태는 많이 찾아 볼 수 있다.

구무럭　　부수수
다르르　　사르르
부드득　　조르륵

등이 이 형태에 해당되는 일부이다.

3). 다음절(多音節) 력점 형태

여기서 다음절이라 함은 4음절 이상의 단어들을 가리킨다. 4음절 이상의 단어들에서는 일정하게 동일한 력점법의 범주를 가지고 있기 때문에 다음절 력점이라는 개념 속에 포괄되는 것이다.

다음절어들은 순전히 성음학적 견지로 가장 특출한 음절과 약한 음절 사이의 일련의 등급 분류를 할 수 있다. 가장 특출한 음절 즉 력점 음절은 나머지 비력점 음절로부터 상호간 대치된다. 그러나 조선의 다음절어들은 가장 특출한 것 외에 두 번째로 명확히 특출한 음절이 나타난다.

이 때 주되는(главное) 즉 주차적 력점과 부차적(второстепенное) 력점이 나타나는 것이다.

독일어의 경우 주차적 력점은 단어의 첫부분에 있고 부차적 력점은 다음 부분에 있다. 즉 Wunder‖schön(매우 아름답다)이란 단어의 주차적 력점은 첫머리 > 기호를 우에 붙인 데 있고 부차적 력점은 다음 부분인 아래 붙은 데 있다.

그러나 조선어 다음절 력점은 이와는 차이 난다. 말하자면 주차적 력점이 앞에 오기도 하고 부차적 력점 다음에 오기도 하는 것이다.

다음절 력점 형태들 역시 음의 높이와 길이로써 특출하면서 다양한 형태들을 나타 낸다.

다음절 력점 형태들은 다음과 같은 여섯 가지로 분류된다.

ㄱ. 높고 짧은 첫째 소리

주차적 력점이 첫음절에 놓이며 그것이 높이로써 특출되나 길이가 짧은 것이며 부차적 력점은 끝 앞 음절에 놓이는 것을 《짧은 첫째 소리》라 설정 한다.

해바라기——명사　　우거지다——동사　　아니꼽다——형용사

상기한 세 개 단어들은 모두 첫음절이 가장 높고 짧게 특출되며 끝 앞 음절들은 다음 번으로 좀 약하게 특출된다. 따라서 주차적 력점은 첫음절에 붙었다.

이 형태에 속하는 단어들은 명사와 동사, 형용사들에 있고 부사에는 없다.

ㄴ. 높고 긴 첫째 소리

주차적 력점이 첫음절에 놓이나 높고 긴 것을 《높고 긴 첫소리》라 설정한다. 이 형태 역시 부차적 력점은 끝 앞 음절에 붙었다.

잡동-산이, 딱다구리 ＞ 명사
거리끼다, 사무친다 ＞ 동사
성가시다, 서투르다, 거북스럽다 —— 형용사

이 형태 역시 부사에서는 보이지 않는다. 그리고 이 형태를 높고 짧은 첫째 소리와 대조해 보게 되면 그 차이를 포착할 수 있다. 즉

아니꼽다——높고 짧은 첫째 소리
거리끼다——높고 긴 첫째 소리

의 대조에서 첫째 음절의 장단 관계는 명확히 차이 나게 발음한다. 후자는 누구나 더 길게 발음하는 것이다.

그러나 부차적 력점들인 끝 앞 음절은 동일하며 변동이 없는 것이다.

ㄷ. 낮고 긴 첫째 소리

높고 긴 첫째 소리의 첫음절보다 더 낮고 길며(길이에서는 동일하다), 부차적 력점은 동일한 위치에 놓인 것을 《낮고 긴 첫째 소리》라 설정한다.

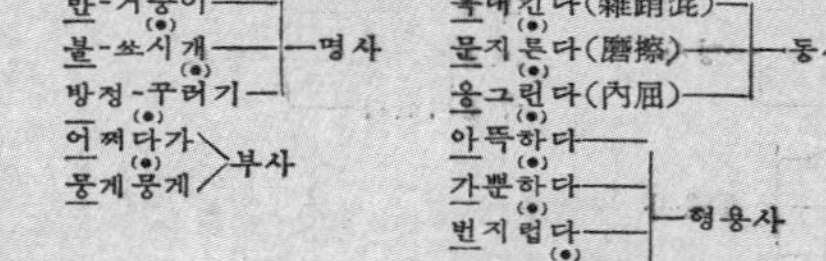

상기한 례들은 모두 이 형태에 속하는데 높고 긴 첫째 소리의 첫음절

과의 대조에서 명확히 차이 난다.

ㄹ. 짧은 끝 앞 소리

다음절 단어들에서 그것이 몇 음절이 되였건 끝 음절 앞에 있는 음절에 주차적 력점이 놓이며 그것이 높고 짧을 때 이것은 《짧은 끝 앞 소리》라 설정한다. 끝 앞 음절에 력점이 있는 것으로써 낮고 긴 형태는 없고 오직 높은 것만이며 그것이 짧은 것과 긴 것으로 륙출된다. 그러면서 이 형태의 일반적 특징으로는 부차적 력점이 주차적 력점 음절의 바로 앞 음절에 놓이는 데 이 부차적 력점에는 두 가지 형태로 차이 난다. 구체적으로는 짧은 것과 긴 것의 두 가지로 구별되며 음정상에서는 음절군 중 두 번째로 높다. 즉 주차적 력점보다 약간 낮으며 기타 음절들보다는 높은 것이다.

조무래기(小兒), 오무라비(落齒人), 고슴도치, 조막-손이(屈指病身) —명사

고스란이, 모름지기, 비죽하다 —부사

가리우다(蔽)*, 가리키다(指摘), 부러뜨리다, 부스러뜨리다, 무릅쓰다, 어물적하다 —동사

*(文語)

ㅁ. 긴 끝 앞 소리

짧은 끝 앞 소리와 매 한가지로 다음절 단어의 끝 음절 앞에 있는 음절에 주차적 력점이 놓이나, 그것이 짧지 않고 긴 것을 《긴 끝 앞 소리》라 설정한다. 부차적 력점에 있어서는 짧은 끝 앞 소리와 동일하다.

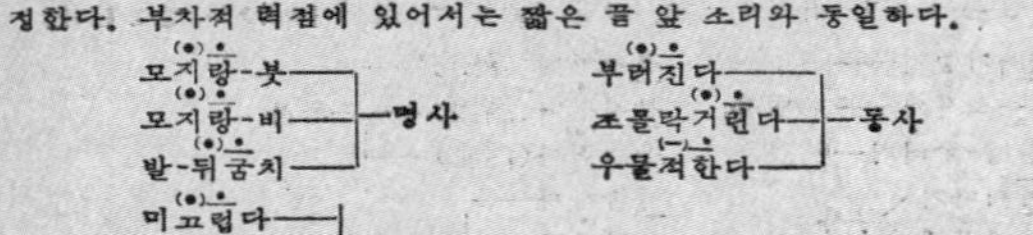

부사에서는 이 형태에 속하는 것이 보이지 않는다.

ㅂ. 끝 소리

다음절 단어에서 끝 음절에 주차적 력점이 있고 그것이 길고 높으며 부차적 력점이 둘째 음절에 놓이거나 주차적 력점 바로 앞 음절에 놓이는 것을 《끝 소리》라 설정한다.

부차적 력점 위치에 따르는 이 두 가지 형태는 청각적 작용에서 판이하게 차이 나며 또한 엄격히 구별하여 실천되고 있으나 《끝 소리》라는 력점 개념내에 포괄된다.

사뭍-사뭍　　오그르르
소곤-소곤　　버드르르
배글-배글　　빙그르르
술금-술금

이 형태는 주로 부사에만 고유한데 다만 정서, 심리와 결부되여 어조화되는 경우에는 다양한 변화나 력점의 과장, 적극화가 작용하게 된다. 그러나 이것은 역시 어조의 개념 안에서 별로 취급되는 성질의 것이다.

4). 조선 말 력점의 종류

이러저러한 단어들에서 력점이 어떤 위치에 놓이는가에 따라 력점 종류들을 구별할 수 있다.

이미 알려져 있는 바와 같이 조선 말 표준 력점에는 각양한 형태들이 있으며, 그 력점 위치도 각이하며, 즉 첫음절, 중간 음절, 끝 음절 등등에 놓인다. 심히 규칙적도 않이며 고정적도 않다. 각 음절별 단어군들에서 어떤 음절 단위에서도 단일한 형태로 단일한 위치에 또는 어간에만, 어법적 관계에서만 력점이 고착되여 있거나 법칙적으로만 놓여 있는 것이 없다. 력점 위치들이 법칙적으로 움직이는 것에는 매우 희소한 례들이 있다. 그것은 동사의 일부에서 문법적 관계와 결부된 문법적 력점이 있고 많은 경우 일부 단어들에서 받침 붙은 음절이 받침 소리의 음가를 선취(先取)하는 례로부터 그 음절에 력점이 붙기도 한다. 그러나 이것은 어음론적 관계이지 문법적 관계는 아니다. 이 같은 례는 력점 위치를 더욱 복잡하게 할망정 위치의 고정화 법칙은 세우지는 못한다.

조선 말 력점(지방 력점까지를 포함하여)을 총괄적으로 볼 때 이는 《자유 력점》이라는 종류의 명칭을 부여 받는다. 주되는 성격적 특징은 단어의 임의의 위치에 력점이 놓이기 때문이다. 한 개 단어의 개념에 따르는 력점

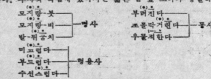

의 설정——이는 조선 말 력점이 력사적 언어 생활에서 얻어진 결과라는 것을 밝혀준다. 그것이 곧 력점 위치의 복잡성과 풍부성을 초래하면서 또 형태상의 다양성을 가져 왔다.

력점 행위에서의 섬세하고도 복잡한 《뉴앙쓰》는 이로부터 나타났으며 미묘한 형상성을 부여하게 되였다. 바로 여기에 조선 말 력점 행위의 특이성이 강조되며, 조선 말을 배우는 외국 사람들의 가장 심각한 고충도 여기에 있는 것이다.

5). 문장 력점

설정된 어떤 개념들을 전달하기 위하여 단어들은 문장 속에서 일정한 통일을 이루며 문장의 부분들인 개별적 단어들은 문장 체계 속에서 그의 총체에 종속된다는 것은 매개 언어들에서 공통적인 법칙이다. 그와 마찬가지로 매개의 단어들이 단일한 력점에 포괄되는 문장의 범위에 들어 가 매개의 단어들의 력점을 개별적으로 분할하지 않는 것도 같다.

당신은 좋은 사람이다.

하였을 때 력점 배합에 의한 리듬적 조직이 작용하면서 문장을 통일하고 나간다. 단순한 담화에서는 규정어인 《좋은》이 강화된다. 조선 말 문장 력점에서는 규정어인 《좋은》이라고 하는 한 개 단어가 강화됨에 있어 자체의 고유 력점을 보유한 채 단어 단위로 상승(上昇)된다.

이러한 강화 방법은 나머지 주위의 단어들을 상승선인 마루로 단합하면서 인력(引力) 작용을 논다. 여기서 하나의 력점으로 통합되는 리듬 그루빠를 형성하였다.

《당신은》, 《좋은》, 《사람이요》의 세 개 단어군은 중앙의 더 강화되는 《좋은》의 앞뒤의 단어들을 약화시킨다.

이 문장의 경우 앞뒤의 단어들이 자기 력점을 상실하는 것은 아니고 자기 력점 기준을 보유한 채 단어 단위로써 더 낮은 선으로 떨어졌다.

그러나 이 단일한 문장 력점의 원칙은 말하는 사람의 론

좋은
당신은
사람이요

그림 23.

리적 목적에 의하여 변동될 수 있다.

1)논발 전장 알뜰한데/ 2)신작로 나고/ 3)큰애기 잘 생긴건/ 4)팔려 간다/ 5)아리랑 아리랑 아라리요/ 6)아리랑 고개를 넘어 가세/

(신체 아리랑)

인용된 인민 구두 창작 시가에서 첫 두 행은 각기 두 개 신따그마로, 후렴 구절 두 행은 매행이 한 개 신따그마로 구분되였다.

신따그마 1)에서 단어 《알뜰한데》은 앞에 놓인 린접된 단어 즉 《전장》을 단합하면서 자체 력점을 강화한다. 여기서 문장 력점이 형성되였다.

이 때 앞에 놓인 명사 《전장》은 전의어(前倚語)로 된다.

신따그마 2)에서 《나고》 6)에서 《가세》는 모두 후의어(後倚語)들이다.

여기서 딴 현상을 볼 수 있다. 즉 신따그마 3)에서 문장 력점 단어인 《생긴건》의 전의어인 부사 《잘》은 비력점화되였다. 따라서 둘째 번 단어와 단일한 력점을 가지면서(잘생긴건) 력점 관계에서의 전일체를 형성한다.

조선 말 문장 력점에서 력점을 상실하는 범주에는 단음절 부사, 관형사의 일부 및 단음절 인칭 대명사 중에서 《내》들 뿐이다.

또 하나의 특징은 력점을 상실하는 이러한 단어들이 항상 전의어로 되는 경우에 국한된다. 따라서 후의어에서 비력점화 현상은 보이지 않는다.

새‿사람이　　　고‿좋구나
한‿식구가　　　조‿못쓸놈 좀 봐!
두‿마리가　　　내‿사랑
요‿망할놈!

력점을 상실하는 전의어들이 단독적 력점을 가지게 되였을 때 그것은 론리적 력점 또는 어조와 결부되고 만다.

형식이 정돈된 시가 형태들에서 흔히 문장 력점의 배합법은 중요하게 작용하면서 운률적 특성을 강화하는 데 도움을 준다. 시조는 그러한 형식의 하나다.

1)이 몸이 죽어 가서/ 2)무엇이 될고하니/ 3)봉래산 제일봉의/ 4)락락 장송 되였다가/ 5)백설이 만건곤할제/ 6)독야 청청하리라/

(성 삼문)

1)가노라 삼각산아/ 2)다시 보자 한강수야/ 3)고국 산천을/ 4)떠나

꼬자 하랴마는/[5]시절이 하‿수상하니/[5]올동 말동 하여라
(김 상헌)

인용된 시조들에서 문장 력점 배합에 대한 일련의 류형과 정칙을 찾아볼 수 있다.

시조에서 문장 력점은 한 개 신따그마 안의 단어수 또는 해당 단어들의 음절수에 지배됨이 없이 신따그마 순서로 매 신따그마 내의 력점 위치의 선후 배렬법의 여하에 따라 률동적 조화를 조직하였다. 즉 신따그마 내의 앞 부분 혹은 뒤부분에다 놓는 위치와 그것의 매 행에 따르는 규칙성에서 률동성이 얻어진 것이다. 그러나 이 문제는 문장 력점이 시가 형식에서 노는 역할에 관한 특수한 령역이다.

우리 말 문장 력점의 전면적 연구는 아직 시간을 기다려야 한다.

6). 론리적 력점

조선 말에서의 론리적 력점 역시 보통 문장 중에서 론리적, 개념적 면에서 중요하며 모든 주위가 집중되여야 할 단어를 구별하고 그 구별된 단어에 력점을 찍는다. 여기서 단일한 문장 력점의 원칙은 말하는 사람의 론리적, 개념적 목적에 따라 변화되는 것이다.

당신은 좋은 사람이다.

하였을 때 문장 력점은 《좋은》에 있다. 그러나 말하는 사람의 목적에 따라

당신은 좋은 사람이다.

라고도 할 수 있다. 이 때 력점이 첫단어로 변동됨으로 하여 얻어지는 결과는 이러저러한 사람들 중에서 《당신은》 좋은 사람이라는 뜻을 가지게 된다.

《사람》에 력점이 떨어질 경우는 단순히 사람과 관련되였다는 것을 강조하며

《좋은》에 놓일 때는 좋고 나쁜 사람에 대한 구별로 되는 것이다.

이로써 론리적 력점은 전체 문장의 의미를 규정한다.

조선 말에 있어서도 론리적 력점은 임의의 단어에 떨어진다. 여기서 문장 력점과의 차이가 드러 난다. 전의어에도 후의어에도 붙을 수 있는 것이다.

론리적 력점의 이러한 특성들은 문장의 개념적 특성을 규정하는 수단의

하나다.

당신은 매일 직장에 나오는가?

(당신이겠는지 혹은 다른 사람이겠는지?)

당신은 매일 직장에 나오는가?

(매일이겠는지 혹은 다른 날이겠는지?)

당신은 매일 직장에 나오는가?

(직장으로인지 혹은 다른데로인지?)

당신은 매일 직장에 나오는가?

(나오겠는지 안 나오겠는지?)

문장 력점에서는 비력점화하는 일부 단음절 단어들도 론리적 력점화할 수 있다.

우리들은 한‿식구다 (같이 사는 식구).

우리들은 한 식구다 (여러 식구들 중에서 한 개 식구).

전자가 동일성을 표시한다면, 비력점 전의어에 력점을 찍게 되였을 때 후자는 수량 단위를 표시하게 되는 것이다.

로어에서는 론리적 력점이 문장적 역할을 수행할 수 있다. 즉

Самолет летит (비행기는 난다).

에서 론리적 력점을 Самолет가 받게 되였을 때 이 단어는 문법적 주어로부터 심리적 술어(객어)로 전환된다. 그리하여 문장의 뜻은 《나는 것은 비행기다》라고 되였다.

그러나 조선 말에서는 론리적 력점이 문장적 역할을 수행할 수 없다. 심리적 술어(객어)를 표시하기 위하여 특별한 문장적 전환이 존재하며 론리적 력점이 이를 위하여 리용될 수 없다.

이미 포착할 수 있는 바와 같이

비행기는 난다.

에서의 문법적 주어가 심리적 술어로 되면서 문장적 전환을 가져 오기 위하여는

나는 것은 비행기다.

라는 문장적 전환이 없이는 해결되지 않는 것이다.

여러 언어에서 론리적 력점의 표현 방법은 각이하다. 례를 들어 로어에서는 론리적 력점을 받게 되는 단어에서 보통 력점 음절은 더 강하고 음정이 높게 된다.

그러나 조선 말의 론리적 력점 방법은 음정의 높이로써 특출되며 강도

는 보조적으로 작용하는 데 불과하다. 보통 력점보다 단 3도 내외 높아지는 것이 상례로 된다.

7). 어 조

선률성(Мелодика 또는 интонация)을 어조(語調)라 설정한다.

음성적 언어 행위 체계에 있어서 력점과 함께 억양(интонация)이 매우 중요한 요인으로 된다.

말을 할 때에 음성은 고저 관계를 변화시킴으로써 이러저러한 선률성을 부여한다. 이것은 언어 행위의 률동—선률적 화폭인데 이 언어 인또나찌야를 즉 어조를 통하여 언어 행위는 전달된다.

조선 말에서 역시 어조는 각이한 역할을 수행한다.

어조는 문장적 역할을 수행한다.

1) 그는 오지 않았다. (확인)
2) 그는 오지 않았다? (의문)
3) 그는 오지 않았다! (반박)
4) 그는 오지 않았다! (감탄)

인용문 1)은 사태에 대한 보통 확인인 서술문이다. 보통 확인의 어조는 매 단어의 고유 력점에 엄격히 준하여 행하여 진다.

2)는 의문문이다. 이 경우 고유 력점은 변화를 일으키는데 그것은 오직 한 개 단어 《않았다?》만에서 수행되며 끝 음절 《다》가 높고 길게 특출된다.

3)은 반박의 어조이다. 이 어조에 따라 문장은 《그는 오지 않았단 말이다》 즉 오지 않았는데 무얼 가지고 그리 야단질인가!라는 뜻을 가지게 된다. 이 때 《않았다》의 높고 긴 중간 소리가 더 강조된다.

4)는 감탄문이며 감탄의 어조는 《않았다》로 되여 끝 음절이 낮고 길게 특출된다. 여기서도 단어의 고유 력점은 변화되였다.

이 밖에 명령문에서의 명령의 어조가 나타난다.

1) 당신은 책을 보오. (서술)
2) 당신은 책을 보오? (의문)
4) 당신은 책을 보오! (명령)

3)의 명령의 어조에서는 《보오》로 되여 《보》가 강조된다. 그러나 고유 력점의 변화는 아니다.

물론 상술한 매종들은 어조가 문장적 역할을 수행할 때 드러 나는 특출

한 측면에만 언급한 것이고, 그 밖의 단어들에서도 미세한 억양상의 강조들이 나타나며, 특히 강조하게 되는 것은 어조에는 음색상의 미묘한 뉴앙쓰들이 수반된다는 사실이다.

따라서 우리들은 말의 뜻을 잘못 알아 듣는 경우에 있어서도 어조의 인또나찌야적 화폭과 음색상의 뉴앙쓰에 의하여 이상의 여러 각도들을 포착할 수 있는 것이다.

어조는 정서적 표현을 전달하는 강력한 수단이다. 언어 행위가 어조의 다양한 구사 없이 행하여졌을 때는 정서적 표현은 감촉하기 어렵다.

——정서적 내용의 표현——

1) 이 놈 그게 무슨 말인가! (분노)
2) 이 놈 그게 무슨 말인가! (미움)
3) 이 놈 그게 무슨 말인가! (호명)
4) 이 놈 그게 무슨 말인가! (애무)

5) 아이구 이게 웬 일이요! (슬픔)
6) 아이구 이게 웬 일이요! (기쁨)
7) 아이구 이게 웬 일이요! (놀램)
8) 아이구 이게 웬 일이요! (반가움)
9) 아이구 이게 웬 일이요! (당황)

——이의론(異義論)적 내용의 부여——

10) 야 그것 좋구나! (진정)
11) 야 그것 좋구나! (비웃음)

상기한 문장들의 어조의 선률적 굴곡 화폭을 상대적 선률선을 그려 보기로 하자.

그러면 여기서 각양의 선률적 기복선들과 속도상의 변화, 말의 리듬, 력점의 강조와 변화, 음절의 신축 등을 볼 수 있을 것이다. 이 령역에서는 일련의 교묘하고 정밀한 선률적 차이들이 존재하며 그의 도움으로써 우리들은 우리의 정서를 말로 전달하고 있다.

이 문제는 완전히 해명되지 않았기 때문에 본격적인 저촉은 할 수가 없다.

례 10), 11)에서 어조의 변화는 문장에다 이의론적 내용을 부여하게 되여 《좋구나!》가 10) 진정 좋구나로도 형편 없는 비웃음 11)으로도 되여 《나쁘다》라는 뜻으로 전환되기는 하나, 이것은 명백하게 일정한 환경에서

의 단어의 특수한 의미이며 어조에 의하여 한 규정을 가진 단어로부터 전연 다른 의미를 가진 단어로 변화시키는 언어의 일반적 속성은 아니다.

여기서 단어의 객관적 억양과 주관적 억양 관계가 나타났다.

형용사 《좋구나》(진정)는 자체에 고유한 객관적 억양을 가지고 있으나 말하는 사람이 이 억양에 자기의 보충적 억양을 첨가할 수 있기 때문에 《좋구나》가 《나쁘다》라는 뜻을 표시할 수 있는 성격적 억양을 첨부하여 주관적 억양화하였다.

3. 어조에서의 부사와 감탄사의 역할

조선어는 부사, 감탄사, 형용사가 지극히 발달된 언어에 속한다. 그것은 형상과 전달, 묘사와 정서의 정확하고 다양한 표현에 적극적으로 활용된다.

이와 마찬가지로 부사와 감탄사 및 일부 형용사들은 다양한 억양의 변화를 통하여 어조에서 중요한 역할을 담당한다. 특히 그 의의는 다른 품사들과 차이 나면서 특이하다.

기타의 단음절 품사들이 음의 이동, 장단의 비례를 가지면서 인또나찌야를 형성하나 자체의 고유한 범주를 가지고 있기 때문에 력점 개념 속에 포괄되였다. 그러나 단음절의 례로 볼 때 부사나 감탄사(단음절에만 한하지 않는다)는 상대적으로 중립적인 발음은 기준 세워지지 않으며 어느 한 문장적 정서적 표현 기능을 담당하면서 어조의 령역으로 들어 서고 만다. 이러한 작용은 문맥 내용에다 변화를 일으키게 하면서 그러한 인또나찌야에 따라 표현 목적을 이러저러하게 전달한다.

부분적인 문장들에서는 단지 부사(단음절)나 감탄사 하나의 억양 여하가 전체 어조의 방향을 결정하고 지배하면서 문장 내용, 정서적 내용도 규정하고 나간다.

어조에서 단음절 부사 인또나찌야가 문장적 역할을 수행하는 실례를 찾아 볼 수 있다.

1) 좀‿좋아?(조금 좋은가? 그렇지 않는가?)

2) 좀 좋아?(정말 좋지 않는가 응? 그렇지?)

1)의 《좀》은 억양 상태는 단일하며 장단 관계는 단축되나, 2)의 경우

는 길게 하행, 상행의 굴곡이 있다.

단음절 부사 하나의 인또나찌야가 문장 내용에다 이러한 차이를 전달하였다.

1) 참‿좋겠다!(감탄—정말 좋겠다)

2) 참 좋겠다!(야유—좋기는 무엇이 좋아!)

상기한 례들에서 단지 부사 하나의 인또나찌야 설정 여하가 전반적 어조 방향을 결정하였으며 문장 내용을 규정하는 데도 유력하다는 것을 알 수 있다.

만일 다음 단어의 인또나찌야를 본래의 상태로 고정화시킨다 해도 부사 하나의 인또나찌야로써 문장의 각이한 내용은 능히 전달될 수도 있는 것이다.

어조에서 부사 인또나찌야의 역할은 현상, 형용, 거리, 중량, 동작 등의 과정에 능동적으로 작용한다.

푹‿솟아 올랐다(갑자기 솟아 오른 것)
푹 솟아 올랐다(천천히 솟아 오른 것)

꽉‿쥐었다(힘을 많이 주어서 쥔 것, 그러나 짧은 시간을)
꽉 쥐었다(힘을 적게 주어서 쥔 것, 그러나 긴 시간을)

홱‿뿌리쳤다(갑자기 짧은 시간에 긴급한 동작으로 가까운 곳으로)
홱 뿌리쳤다(그러나 먼 곳으로)

쾅‿터졌다(바로 눈 앞에서 가히 크지 않은 소리로)
쾅터졌다(그러나 큰 소리로)

꾹‿참았다(애써서 짧은 시간을)
꾹 참았다(그러나 긴 시간을)

썩‿물러 서라!(빨리 가까운 곳으로)
썩 물러 서라!(그러나 먼 곳으로)

단음절 부사 인또나찌야의 과장 방법은 항상 음의 긴 하행성으로 나타난다는 법칙을 볼 수 있다.

쭉, 딱, 꽤, 떡, 뚝, 뚝, 뛰, 싹, 쏵, 쓱, 쎄, 석, 착, 처, 착, 채, 쌕, 쾅, 콱, 탁, 택, 다, 팍, 퍽, 피, 퍽, 하, 헤, 혹, 훅, 확, 쾌 등 모두 이러한 인또나찌야 범주로써 어조에 작용한다.

명사를 제외한 나머지 품사들의 다음절 단어들의 과장 방법은 력점 음절의 길이의 연장으로써 표시되면서 어조를 특징 지으며 표현을 강조하는 수단으로 된다.

사불사불 (더욱 사불사불)

붉으레레하다(더욱 붉으레레하다)

달랑달랑한다(더욱 달랑달랑한다)

이러한 례는 너무나 많다. 특히 단음절 부사와 더불어 감탄사 일반은 어조에서 중요한 역할을 수행하고 있다. 어조에서의 감탄사의 인또나찌야적 역할은 정서적 표현을 좌우하는 데 유력하다.

어조에서의 감탄사의 인또나찌야 방법은 세 가지 류형으로 대별되면서 문장의 정서적 표현을 돕는다.

첫째는 상행형(上行型)이다. 상행형이라하면 음절 수 여하에 상관 없이 (단어 력점으로서가 아니라) 한 개 단어의 음의 인또나찌야적 그림이 낮은 데로부터 높은 데로 상행하는 현상을 가진 것을 말한다.

허 허허 하하 하 히히 호호	좋구나!(기쁨=喜笑)
이키 이쿠 애꺄	되였다!

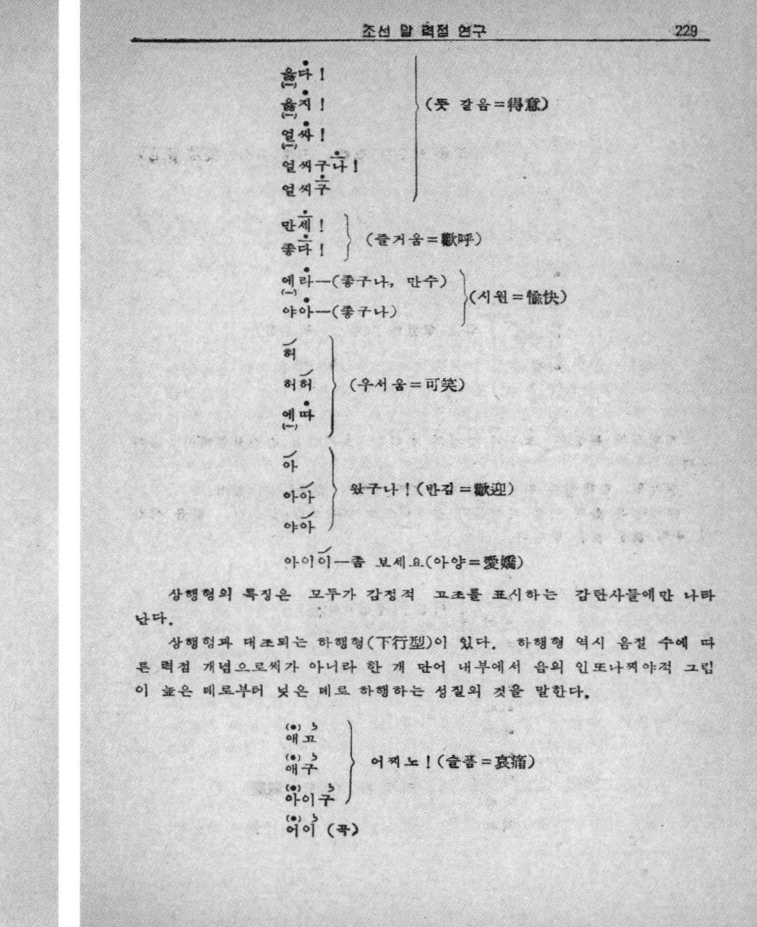

옳다! 옳지! 얼싸! 얼씨구나! 얼씨구	(뜻 같음=得意)
만세! 좋다!	(즐거움=歡呼)
에라—(좋구나, 만수) 야아—(좋구나)	(시원=愉快)
허 허허 에따	(우서움=可笑)
아 아아 야아	왔구나!(반김=歡迎)

아이이—좀 보세요.(아양=愛嬌)

상행형의 특징은 모두가 감정적 고조를 표시하는 감탄사들에만 나타난다.

상행형과 대조되는 하행형(下行型)이 있다. 하행형 역시 음절 수에 따른 력점 개념으로써가 아니라 한 개 단어 내부에서 음의 인또나찌야적 그림이 높은 데로부터 낮은 데로 하행하는 성질의 것을 말한다.

애고 애구 아이구	어찌노!(슬픔=哀痛)

어이 (곡)

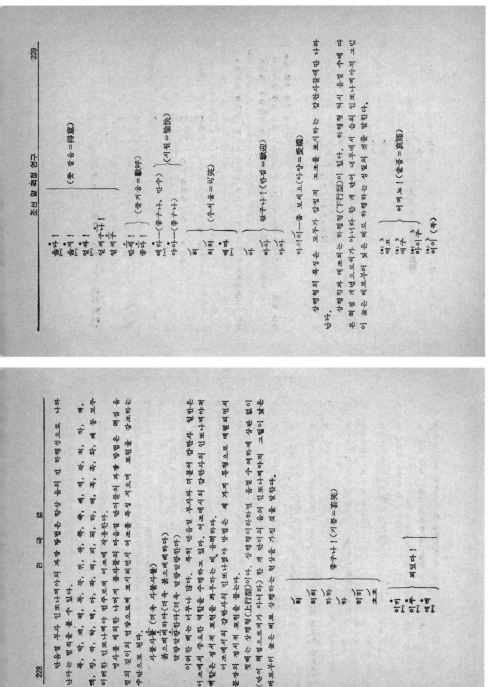

허 허허 하 하하. 후 호유	이 일을 어떻게 한탐!(걱정,한숨=憂愁,嘆息)
어 엉 아뿔사 어뿔사 아차	일은 글렀다!(락망, 뉘우침)

하행형의 특징은 모두가 감정의 침체를 표시하는 감탄사들에서 나타난다.

상행형, 하행형과 차이 나는 것으로써 단평형(短平型)이 있다.

단평형은 음의 이동 과정들이 성격적으로 특출되지 않으며, 발음 시간이 극히 짧은 것을 말한다.

에 엣 엑기 원	이놈!(성냄=叱怒)
아 아아 에구 에구머니 아이구 이끼 익고	저것 봐!(놀람=驚駭)

야야 아따 아이 저런	
이이 우우 에비 에비야	저게 뭐야!(두려움=危懼)
애개 애개개 애따	쳇!(깔봄=輕視)

단평형은 감정의 격동과 순간적 격화시의 감탄사들에서만 나타난다.

감탄사들이 가진 이러한 세 가지 류형들은 그의 인또나찌야적 차이에 의하여 문장의 서정적 방향을 결정하면서 어조의 방향도 제시하는 강력한 역할을 수행한다.

어조에서의 부사, 감탄사들의 역할이 특수한 위치를 점령하고 있다는 것은 조선 말 어조에서의 특징의 하나로 간주될 수 있다.

4. 력점의 변화 법칙

조선 말 력점 종류가 자유 력점에 속한다는 사실은 력점의 변화 법칙상에서도 규칙적인 법칙성이 작용하지 않는다고 하는 것도 말해 준다. 그러나 일부 단어들에서는 엄연히 변화 법칙 현상들을 찾아 볼 수 있다. 현재 알려진 력점 변화 법칙을 크게는 두 갈래로 대별할 수 있다.

어음적 변화 현상과 또 하나는 문법적 변화 현상이 그것이다.

어음적 력점 변화 현상을 또 다시 둘로 갈라 볼 수 있다. 첫째는 토(조사)와의 관계에서 일어 나는 력점 변화 현상을 찾게 된다.

1. 명사와 토와의 관계에서 력점 변화 현상

명사와 토와의 관계에서 력점 변화 현상은 단음절 명사 그것도 《짧은 높은 소리≫와 토와의 관계에서만 나타나고 있다는 것은 특징적이다.

2음절 이상의 단어 및 단음절에서 짧은 높은 소리를 제외한 나머지 단어들은 특수한 례외 외에는 토가 붙었을 경우 자체의 고유 력점을 변화하지 않는다.

다음의 례증들에서 변화하지 않는 사실을 확정할 수 있다.

1. 격 조사(格助詞)

ㄱ. 주격 조사(主格 助詞)

보통:

소-가 (牛)　　나라-에서

눈-이 (雪)

존경:

아버지-께서

수상님-께옵서

ㄴ. 관형격 조사(冠形格 助詞)

사람-의,　아버지-의　　집-의

각시-의,　형님-의　　나라-의

소-의

ㄷ. 부사적 격조사

≪처소격≫(락착점)

사물:

나라-에　　나라-에서

인물:

형님-에게　　형님-한테　　형님-더러

존경:

형님-께(처소격 출발점)

사물:

나라-에서　　나라-서

학교-에서　　학교-서

인물:

아버지-에게서,　　형님-에게서

아버지-한테서,　　형님-한테서

(처소격 방향)

사물:

학교로,　　집-으로

인물:

아버지-에게로,　　형님-에게로

아버지-한테로,　　형님-한테로

존경:

아버지-께로,　　형님-께로

≪기구격(器具格)≫

대(竹)-로,　　대로써

가위-로,　　가위-로써

말뚝-으로,　　말뚝-으로써

밤(栗)-으로,　　밤-으로써

≪비교격≫

형님-과, 사람-과, 밤-과,　말뚝-과

아버지-와, 학교-와, 가위-와, 대-와, 나라-와, 각시-와, 소와

형님-하고, 사람-하고, 아버지-하고, 밤-하고, 나라-하고, 각시-하고, 소-하고

형님-처럼, 사람-처럼, 아버지-처럼, 각시-처럼, 소-처럼

형님-같이, 아버지-같이, 각시-같이, 소-같이

형님-만큼, 아버지-만큼, 말뚝-만큼, 소-만큼

형님-만, 아버지-만, 각시-만, 밤-만, 소-만

형님-보다, 아버지-보다, 각시-보다, 밤-보다, 사람-보다, 학교-보다, 소-보다

2. 조사(助詞)

소-는, 아버지-는, 학교-는, 나라-는, 각시-는, 가위-는

순-은, 밥-은, 형님-은, 사람-은, 팔뚝-은

이 밖의 조사들인 도, 만, 마다, 부터, 까지, 야, 야말로, 이야, 이야말로, ㄴ들, 라도, 인들, 이라도, 나, 든지, 이라, 이든지, 나, 이나, 조차, 자, 나마, 이나마, 커녕, 로, 로서, 으로, 으로써, 치고, 가운데, 서껀 및 접속 조사(接續 助詞)와, 고, 며, 랑, 과, 이고, 이며, 이랑, 하고, 하며, 에, 시피 등 모두 이러한 조사가 붙었음으로 하여 명사의 력점은 변화되지 않는 것이다.

이제 변화되는 일부 국한된 단어들을 찾아 보게 되면 다음과 같다.

1. 격 조사

주격 조사

형(兄), 말(馬), 공(功), 술(酒), 손(客) } 이

배(梨), 기(旗), 뇌(腦) } 가

집-에서
밭-에서

등 주격 조사에서 《높은 짧은 소리》는 변화되지 않는다. 관형격 조사 《의》가 붙을 경우도 동일하다. 그러나 부사격 격 조사의 일부에서는 변화가 일어 난다.

부사적 격 조사

《처소격》(락착점)

사물:

밭(田), 집(家) } 에, 에서

처소격 락착점(落着點)의 사물을 표시하는 경우에서도 변동은 없다. 그러나 인물을 표시하는 경우에는 일부 단어들에서 변화가 일어 난다.

형(兄)-에게 ※ 형-한테 ※ 형-더러

즉《에게》의 경우에는 《형》이 높은 짧은 소리로 자체 력점을 그대로 보

유하고 있다면 《한테》, 《더러》로 되는 경우에는 보통 짧은 소리로 변화되고 조사 단어의 첫음절들이 더 높다.

처소격 출발점의 사물을 표시하는 경우에는 변동이 없으나 인물을 표시하는 경우에는 일부 단어들에서 변화가 일어난다.

집, 밭 } 에서 형-에게서 ※ 형-한테서

역시 처소격 방향의 사물을 표시하는 경우에는 변동이 없으나 인물을 표시하는 일부 단어들에서는 변동이 일어 난다.

집-으로 형-에게로 ※ 형-한테로

기구격에서는 변화가 없다. 즉 《로》,《로써》, 《으로》, 《으로써》 등의 조사가 붙었다 하여 기구격 높은 짧은 소리 단어들에서 변화가 일어 나지 않는다. 그러나 비교격에서는 많은 변화가 일어 난다.

《비교격》

말(馬)-과, 배(梨)-와
※ 말-하고 ※ 배-하고
※ 말-처럼 ※ 말-같이
※ 배-처럼 ※ 배-같이

말-만, 배-만
※ 말-만큼 ※ 배-만큼

말-에서, 배-에서
※ 말-보다 ※ 배-보다

형(兄), 집(家), 공(功), 술(酒), 섬(藁篓), 똥, 금(金), 낯(顔), 목(頸), 손(客), 뇌(腦), 등(背), 꽃(花), 밭(田), 나(我), 너(너, 나의, 너), 저(我), 그(彼) 등 단음절 높은 짧은 소리의 모두가 이와 동일하게 변화된다.

3. 보 조 사

배-는
말-은

배, 말 } 도

배, 말 } 만

이와 마찬가지로 야, 야말로, 이야, 이야말로, ㄴ들, 라도, 인들, 이라도, 나, 든지, 이나, 이든지, 나, 이나, 나마, 이나마, 로, 로써 등이 붙는 경우에도 명사 력점의 변화는 일어 나지 않는다.

그러나 보조사의 즉 《마다》, 《부터》, 《까지》, 《커녕》, 《치고》, 《가운데》, 《밖에》, 《서껀》 등이 붙을 때에는 높은 짧은 소리인 명사들의 일체가 보통 짧은 소리로 변한다.

/술(酒)/, /통/, /밭(田)/, /꽃(花)/ } 마다　　/배/, /말/ } 마다

/나(我)/, /저(我)/, /너/, /그(彼)/, /말/, /배/ } 부터　　/술(酒)/, /공(功)/, /집(家)/, /금(金)/, /나(我)/ } 커녕　　/배/, /말/, /술/, /집/, /손(客)/ } 치고

나머지 까지, 조차, 든지, 가운데, 밖에, 서껀 등이 붙었을 때에도 동일하게 변화된다는 것을 알 수 있다.

4. 접속 조사

일부 접속 조사가 붙었을 경우에도 변화가 일어 난다.

/배/, /말/, /술/, /밭/, /꽃/, /나/, /너/ } 하고, 하며

와, 고, 며, 랑, 과, 이고, 이며, 이랑, 에 등이 붙었을 경우에는 변화가 없으나 하고, 하며가 붙었을 때에는 명사 력점이 변화되는 것이다.

단음절 높은 짧은 소리가 변화되는 경우에 명확히 제시되는 두 가지 방향을 찾을 수 있다.

첫째로는 단음절로 된 토가 붙었을 경우에는 일체 변화가 일어나지 않는다는 사실이다. 이는 단음절 토가 자체의 고유 력점을 가지지 않으며

명사의 력점에 따라 설정된다는 데에 원인이 있다. 즉 명사가 높은 소리일 때는 낮은 소리로, 낮은 소리일 때는 높은 소리로 설정되는 것이다. 이로써 명사의 력점 성격, 특히는 상대적 비례가 없는 또는 대비가 없는 단음절일 경우에 이 현상은 당연하다.

둘째로는 2음절 이상으로 된 토가 붙었을 경우에만 변화 현상이 일어나는데 그러나 전체는 아니며 제한성을 띠고 있다. 이 현상은 2음절 이상의 토에서는 자체의 고유 력점을 설정하고 있는 데로부터 초래되였다.

2음절 이상의 토들에서 명사(단음절)의 력점 변화를 초래하지 않는 것으로는 께서, 께옵서, 에서, 에게, 로써, 으로, 으로써, 야말로, 라도, 인들, 이라도, 이든지, 나마, 이나마, 로서, 으로, 으로서, 이고, 이며, 이랑 등인데 전체가 다 첫음절에 높은 소리 력점이 없다.

이와 대조하여 명사의 력점 변화를 초래하는 토로는 아래와 같은 것들이다. 즉 한테, 더러, 한테서, 한테로, 처럼, 같이, 만큼, 보다, 마다, 부터, 까지, 커녕, 치고, 밖에, 가운데, 서껀, 하고, 하며 등이다. 그런데 이것들은 모두가 첫음절에 높은 소리 력점이 적혀 있다.

이러한 사실들은 단음절(상대적 대비가 없는) 높은 짧은 소리와 토의 (2음절 이상의) 첫음절 높은 소리와 련결되는 경우 두 음절을 련이어 높은 소리로 력점을 련타(連打)할 수 없는 데서 그 중 어느 하나가 변동되여 변화를 초래하게 되며 이 때 토보다 오히려 명사에서 변동을 가져 오게 되는 데로부터 변화가 일어 나는 것으로 볼 수 있다.

따라서 이 력점 변화 현상은 문법적인 개념에서가 아니라 어음적인 개념에서 이루어진 법칙이다. 동시에 이 현상의 지배적인 작용은 높은 소리와 낮은 소리 즉 음정 관계가 수행한다. 그러나 《가운데》 만은 특수한 실례이다.

이 밖에 특수한 례외로는 높은 짧은 소리 이외의 단음절 명사들의 극히 국한된 일부에는 변화가 있다. 그러한 례로는 발(足), 길(道), 손(手), 줄(絃), 담(墻), 눈(眼) 등의 단음절 명사들이 다른 토의 경우에는 변화가 없으나, 오로지 《에서》가 붙었을 경우에는 높은 짧은 소리로 변화된다.

발에서 피가 나서 발이 아프다.
길에서 만나서 같이 길을 갔다.
손에서 땀이 나서 손이 젖었다.

줄에서 소리가 잘 나면 좋은 줄이다.
담에서 뛰어 내렸는데 담이 높더라.
눈에서 눈물이 나서 눈을 닦았다.

인용된 례증들에서 이러한 변화가 명확히 확정되였다. 그러나 이 변화는 어음적인 데서 온 것은 아니며, 특수한 변형에 속한다.

5. 단어 력점의 어음적 변화 법칙과 어음적 특수성

명사와 토와의 관계에서 력점 변화 현상이 력점 방법상 음정 관계에서 이루어졌다면 단어 력점의 변화 현상은 주로 음정, 장단 관계를 겸하여 변화되는 일부 현상을 찾아 볼 수 있다. 이는 구두어(口頭語)와 문어(文語) 사이에서 특징적으로 드러난다.

문어 :	구두어 :
오다	온다
가다	간다
나다 (生)	난다
자다 (寢)	잔다
보다 (見)	본다
되다 (化)	된다
뛰다 (跳)	뛴다
서다 (立)	선다
지다 (負)	진다
가르다 (選)	가른다
지나다 (過)	지난다
가리다 (蔽)	가린다
가누다 (支)	가눈다

이러한 변화는 동사에서 나타나는데 그 례는 무수하다. 모든 동사들이 이 례에서 제외되지 않는다.

실지 이것 역시 문법적, 문장적 관계에서의 변화 법칙은 아니며 어음적인 개념에서 온 것이다.

구체적으로는 받침 붙은 음절로 력점 위치가 이동한다는 사실이다. 이동한 력점의 특출 방법은 길이와 높이로써 표시되기도 하고 길이로써(음정은 낮게) 표시되기도 한다. 이는 분명히 받침 소리의 음가까지 보유하려는 욕구성에서 초래된 것이다.

다음의 실례에서 이 사실은 더욱 선명하게 드러난다.

가다	가시었습니다
간다	가오!
가신다	가시오!
가셨다	가십시요!
가시었다	가시옵소서

그러나 어간에 받침이 붙었을 경우에는 력점 위치의 이동 관계는 이와 차이 난다.

먹다 (食)	먹었습니다
먹는다	먹소
먹습니다	먹었소
먹겠습니다,	먹겠소

즉 력점은 보조 어간에 놓이기도 하며 어미에 놓이기도 하나 역시 받침 붙은 소리에 떨어지는 것은 동일하다. 이 때 받침이 붙은 어간이 항상 자체 력점을 상실하고 들어 온다.

받침 음가를 택하려는 욕구성은 일부 단어 력점들에서 광범히 표시되고 있다.

2음절 단어들에서 높고 짧은 앞 소리의 전형성은 받침 없는 소리들—즉 가위, 가슴, 가시, 거미, 거북, 거울, 거위 등인데 이에 비하여 높고 긴 앞 소리인 각시, 갈비, 갈퀴, 감투, 전답, 망태, 보통 긴 앞소리인 걱정, 골치, 곶감, 낙지, 동네, 들죽, 낮고 긴 앞소리인 감자, 점정, 곰매, 김장, 목청, 멍석 등은 거의 대다수가 받침 붙은 소리들이다.

그러나 첫음절에 받침이 없고 뒤 음절에 받침이 붙었을 경우에는 력점은 받침 붙은 뒤 음절에 놓이여 높은 뒤소리로 되였다. 즉 가난, 가늠, 가방 기장, 고동, 고랑, 구들, 구덩, 개암, 기음, 나물 등이다.

이러한 현상은 기타 모든 음절들에서 보편적이다. 상기한 사실들에 준하여 력점의 변화 법칙이나 력점법 상에서 어음적 역할과 작용이 중요한 특징의 하나로 된다는 것을 알 수 있다.

6. 동사 활용상에서 력점 변화 법칙

동사가 자동, 타동, 피동, 사역형으로 활용될 때 엄격히 준수되는 규칙적 변화 법칙이 존재한다. 각 형들에서 력점의 변화에 따라 문법적 기능을 수행하며, 각 형들의 개념을 규정한다. 이러한 문법적 력점은 동사에서 특이하다.

—타 동 형—	—피 동 형—	—사 역 형—
자르다 (斷)	잘리다	잘리다
구르다 (打踏)	굴리다	굴리다
부르다 (唱,呼)	불리다	불리다
누르다 (壓)	눌리다	눌리다
바르다(종이를-)	발리다	발리다
돌다 (廻)	돌리다	돌리다
팔다 (賣)	팔리다	팔리다
헐다 (壞)	헐리다	헐리다
벗다 (脫)	벗기다	벗기다
감다 (沐)	감기다	감기다
묻다 (埋)	묻기다	묻기다
삼다 (삼을-)	삼기다	삼기다
업다 (아이를-)	업히다	업히다
먹다 (食)	먹히다	먹히다
보다 (見)	보이다	보이다
쓰다 (寫, 用)	쓰이다	씌우다

—자동형—	—타동형—	—피역형—	—사역형—
웃다 (笑)	웃기다	웃기다	웃기다

숨다 (隱)	숨기다	숨기다	숨기다
남다 (餘)	남기다	남기다	남기다
날다 (飛)	날리다	날리다	날리다
울다 (泣)	울리다	울리다	울리다

일체의 동사들이 이러한 형으로 활용될 때 력점 법칙에서 상기한 법칙을 벗어 나지 않는 것이다. 이 같은 력점 변화 현상은 어음적 개념에서 온 것이 아니며 문법적 개념에서 이루어진 것이라는 것은 분명하다.

참 고 문 헌

Sllgemeine und angewandte phonetik von prof. Dr. Otto von Essen 1953년, Skademie-Verlag, Berlin.

Koreanische Studien von Heinrich F. J. Funker 1955년, Skademie-Verlag, Berlin.

Zeitschrift für phonetik und allgemeine Spra-chwissenschaft, Akademie-Verlag GUBH. Berlin.

«ВВЕДЕНИЕ В ОБЩУЮ ФОНЕТИКУ» М. И. МАТУСЕВИЧ УЧПЕДГИЗ, 1948.

에르. 아. 부다고브, «언어학 개요», 조선문판, 1955.

게. 엘. 아브라모비치, «문학 개론», 조선문판, 1955.

«普通 語音學 綱要», 羅 常培 王 均 編著, 1957년, 科學 出版社, 北京.

«現代 俄羅斯 標準 語言中的 重音», 蘇聯 阿瓦涅索夫 著, 常 伯淳. 譯. 1956년, 時代 出版社, 北京.

«실험 도해 조선어 음성학», 리 극로 지음, 1949년, 조선 어문 연구회, 평양.

«조선어 문법», 조선 어문 연구회, 1949년, 평양.

«國語 及 朝鮮語 發音 槪說», 小倉 進平 著, 大正 12년, 近澤 印刷所 出版部, 京城.

«聲樂», 湯淺 永年 著, 昭和 14년, 淸敎社, 東京.

1. 단음절 력점 일람표

낮은 긴 소리	보통 긴 소리	낮은 짧은 소리	보통 짧은 소리	높은 짧은 소리
∧	∧̇	ˋ	ˋ	ˋ
∧	∧̇			
발(簾)	발( )		발(足)	
솔(刷子)			솔(松)	
길(丈)			길(道)	
골(郡)		골(谷)	골(腦)	
말(語)		말(斥)		말(馬)
간(肝)	간(間)		간(鹹)	
감(柿)	감(材料)			
눈(雪)	눈(眠)			
공(球)				공(功)
술(絲綢)				술(酒)
담(痰膽)			담(墻)	
동(銅)	동(洞)	동(東)		
밤(栗)		밤(夜)		
줄(쇠 파는연장)	줄(紋)			
	배(倍)	배(腹,舟)		배(梨)
	벌(蜂)	벌(罰)	벌(野)	
	해(害)	해(日)		
	섬(島)			섬(藁袋)
	내(川)	내(臭)	내(我)	
		이(虱)	이(齒)	통
		비(箒)	비(雨)	집(家)
		곱(리칠 통)	곱(肝脂)	곱(倍)
		결(木理)	결(怒氣)	
		궁(窮)		궁(宮)
		기(氣)		기(旗)
		금(隙)		금(金)
		남(藍)	남(他)	
		낫(鎌)	낮(晝)낱(個)	낯(顔)
		독(毒)		독(甕)
		손(手)		손(客)
			뉘(쌀의뉘)	뇌(腦)
			둥(盤)	등(背)
	베(너)			꽃(花)

낮은 긴 소리	보통 긴 소리	낮은 짧은 소리	보통 짧은 소리	높은 짧은 소리
	제(저 아이)			밭(田)
곰(熊)	굴(窟,貝)			나(我)
게	멍(打黑)			너(너,나의너)
계(契,蟹)	매(鷹)			저(我)
	밀(小麥)			그(彼)

2. 음절 력점 일람표

높고 짧은 앞 소리	높고 긴 앞소리	보통 긴 앞소리	낮고 긴 앞소리	높은 뒤'소리
•	—•—	——	——	•
(명사)	각시(新婦)	가마(轎子)	감자	가난(貧)
가위(鋏)	갈비(肋骨)	가지(枝)	검정(黑)	가늠(分界)
가슴(胸)	갈퀴(鉤)		곰배(丁)	가래(鍬)
가지(種)	갈피(區別)	거지(乞人)	김장(野菜漬)	가마(釜)
가시(棘)	감투	거짓(假)	목청(聲帶)	가방
가웃(半)	건달	걱정(憂)	물레	가죽(皮)
까탈(가탈)	걸레(掃布)	걸때(身長)	멍석	가물(旱)
갈이(耕事)	고삐(轡)	고뿔(감기)		가지(茄)
거미(蜘蛛)	달래(野生蒜)	곰보	받침	가을(秋)
거북(龜)	닷새(五日)	골목	발목(足首)	감탕(泥)
거품(泡) 거리(街)	덜미(脛後部)	골무	밥상(飯床)	거죽(外皮)
거울(面鏡)	동무	골치	밥술(十量飯)	거름(肥料)
거위(鵝)	둘레(周圍)	곶감(乾柹)	밭귀(田隅)	기장(衣長) 기장짤
걸음(步)	망치(마치)	구경(觀)	방정(妄)	기침(起寢)
겨를(隙)	망태(망태기)	계집(女)	부처(佛)	고동(신호)
겨레(族)	멀미(차멀미)	괭이(猫)	볼모(質)	고랑(畦)
겨울(冬)	밥풀	길쌈	빈대(蝎)	고래(鯨)
고기(魚)	밥쌀	낙지(海魚)	살림(活産)	고추
고개(嶺項後)	밭일(田事)	낚시(釣)	선비(士)	고을(郡)
고름(衣)	발굽(畦)	담배(煙草)	손목	구들(溫突)
고리(環要頂)	몸살(身困)	떡대(鱗埴)	순대	구멍(-멍이)
구리(銅)	목숨(命)	도미(魚名)	잔등(背)	개암(榛實)
구슬(珠)	목젖	동네(里)	밥웃(短衲)	개울(小溪)
기슭(山)	몽치(短棍)	쑥죽(植物名)	밤떡	고름(膿汁)
기침(吐疱聲)	부채(扇)	대목(木手)	짐승(獸)	게걸(貪食心)
길이(長)	산길(山路)	마마(國母)	안장(鞍)	기음(雜草)
나락(稻)	나리(上殿)	말씀(言)	언덕(岸)	나물(菜)
나리(花名)	나팔	말씨(語感)	용수(精滓器)	나루(津)
나발	삼치(海魚)	모기(蚊)	으뜸(元)	나무(木)
나비(蝶)	상추	모과(橾)	남비(鍋)	노루(獐)
나흘(四日)	선반(掛板)	몸매(맵시)	넉살(無恥)	노름
노새(騾)	설기(떡)	몽땅		

높고 짧은 앞 소리	높고 긴 앞소리	보통 긴 앞소리	낮고 긴 앞소리	높은 뒤'소리
노을(붉살)	손금(掌紋)		(부사)	다락(樓)
노래(歌)	수풀(林)	무당(巫女)	날름	다리(橋脚)
누룩(麴)	장판(油紙席)	밤낮	넝름	도랑(渠)
누에(蠶)	장끼(雄雉)	밤눈(夜盲)	늦추(늦게)	도막(斷片)
도마(俎)	정자(亭子)	밤잠	담뿍	두레(共作)
놀이(戲)	집게(鉗)	밤중(夜中)	먼저	대롱(竹管)
두께(厚)	짐작(料色)	밤일(夜勤)	발끈	나래(羽)
대구(魚名)	엿새(六日)	보배(寶)	발딱	나이(歲)
대중(標準)	말뚝	볼기(臀)	부쩍	마감
마개(栓)	(형용사)	방구	부썩	마당(庭)
마늘(蒜)	맑다(晴)	불씨(火種)	불떡	마디(節)
마치(小錐)	벌다	부채(負債)	불쑥	마루(廊)
머귀(植物食用)	짧다(短)	불질(射)	불뚝	마름(地主使人)
머리(頭)	달다(甘)	불꽃(火炎)	산뜻	마음(心)
모래(砂)	(부사)	불티	성큼	머루(山포도)
모습(面映)	절로	배추(白菜)	잔뜩	머슴
모이(鳥食)		베개(枕)	질끈	모시(苧)
무게(重)	(동사)	상투(髻)	아싹	모종(苗)
무덤(塚)	갈다更(迭)	서캐(虱卵)	암만	무늬(紋)
무렵(臨期)	갖다(持)	선물(贈物)	어찌	무릇
미련(鈍)	갚다(報)	송곳(錐)	언뜻	문어(海魚名)
미역(海草)	먹다(食)	잔치(宴)		민어(〃)
미끼(餌)	맺다(結)	장난(戲亂)		메밀
메주	적다(記)	장님(소경)		바람(風)
바다(海)	눕다(臥)	저자(장)		버들(柳)
바닥(底)	묻다(責)	조리(쌀이는)		버선(襪)
바둑(棊)	삭다(消)	조카(侄)		벼랑(崖)
방아(舂)	앉다(坐)	진지(飯)		보습
방울(鈴)	진다(負)	안개(霧)		부레(물고기의)
버릇(習慣)	풀다(깨문다)	야단(責)		부저(火鐵箸)
벼루(硯)	닫다(着)	억지(固執)		부엌(廚)
벼룩(蚤)	붙다(付)	오리		비계(豬脂)
벼슬(官)		올케(男兄妻)		비녀(父)
보름(十五日)		웅석(어리광)		비듬(皮粉)
부피(量)				비름(食用草)
비누(肥皂)		(접용사)		사과(林檎)
비늘(鱗)				사날(三四日)

높고 짧은 앞소리	높고 긴 앞 소리	보통 긴 앞소리	낮고 긴 앞소리	높은 뒤' 소리
비지(豆腐滓)		검다(黑)		사냥(狩)
비탈(傾斜地)		같다(同)		사슴(鹿)
사리(국수사리)		곱다(麗)		성에(霜花)
사슬(쇠사슬)		길다(長)		소금(塩)
사흘(三日)		설다(不熟)		소라(螺)
사이(間)		섧다(恨悲)		수선(亂言行)
서리(霜)		적다(小)		수수(秫)
소름(感寒小粒)		좋다(好)		저녁(夜)
소리(聲)		(부사)		조개(貝)
저울(衡)				조끼(背衣)
조기(海魚)		다만		지붕(屋蓋)
지게(負具)		멀리		아양(媚態)
지네(蜈蚣)		불때		아우(弟)
아들(子)		본디		요강(便器)
아름(抱)		살살		우뢰(雷)
아래(下)		송송		우무(海苔讀)
아욱(菜名)		작작		우엉(牛蒡)
어제(昨日)		적이		
오늘(今日)		졸졸		(부사)
우리(豚舍)		줄곧		
우물(井)		질질		바로
이레(七日)		(동사)		버적
이마				사뭇
이불(衾)		갈다(耕) (간)		서로
이슬(露)		감다(沐)(閉目)		조금
(형용사)		불다(吹) (분)		조기(彼處)
크다(大)		졸다(眠) (존)		
짜다		솔다(減力)		
나삐(나쁘게)		굴다(轉) (군)		
(부 사)		돌다(廻) (돈)		
마주		붐다(鹽)		
마저(最終)		살다(生) (산)		
미양,		울다(泣)		
미리				
다음				

높고 짧은 앞소리	높고 긴 앞소리	보통 긴 앞소리	낮고 긴 앞소리	높은 뒤' 소리
부러(故意)		웃다(笑)		
비록		묻다(債)		
자주		벤다(枕)		
지레(미리)		줄다(減) (준)		
아예				
아주		※입말(口語)		
오래		(동 사)		
이내				
(동 사)				
가다(行)	※입말(口語)	간다		
나다(生)	(동 사)	난다(生)		
되다(化)	된다(化)			
뛰다(跳)	뛴다(跳)			
서다(立)	선다(立)			
오다(來)		온다(來)		
지다(負)	진다(負)			
자다(寢)		잔자(寢)		
넘다(넘다)	넌다			

3. 음절 력점 일람표

높고 짧은 첫소리	높고 긴 첫소리	보통 긴 첫소리	낮고 긴 첫소리	높고 긴 중간 소리	높고짧은중간소리	높고 긴 끝소리
•	•	—	—	•	•	•
(명 사)	올배미	고구마(甘藷)	골짜기(谷)	가운데(中)	고등어(海魚名)	구무럭
며느리(子婦)	웅덩이(沼)	맹꽁이	남생이	구김살(摺線)	고무래(丁)	다르르
바늘쌈(針)	종아리	고갱이	도토리	그림자(映)	고사리(蕨)	바드득
서리'발(霜)	⟶	⟶	두꺼비	그저께(再昨日	고쟁이(好衣)	바르르
서까래(椽)		곤쟁이(魚名)	물러미	다래끼	고양이(猫)	부르르
오라비(男兄)	(동 사)	곰팽이	대싸리(비'감)	도리깨	구더기(蠅幼虫)	부스럭
	물리다(移退)(延期)	궁둥이(骨盤部)	막거리(濁酒)	무르팍(膝)	구멍이(坑)	부수수
(동 사)	거치다(經)	기지개(困張)	막대기(杖)	버선발	구렁이(蛇)	부지지
가리다(選)	시치다(疎縫)	도깨비	모찌기(모찌는일)	벼락불	개구리(蛙)	사르르
가지다(持)	삼가다(慎)	대마루	목걸이	부엉이	너구리	소르르
먹이다(食)	삼키다(呑)	마누라(妻)	목구멍	비둘기(鳩)	노리개(戱具)	조르르
미치다(狂)	받치다(支)	마상이(小舟)	목도리	시금치	도라지	오도독
지나다(過)	빌리다(借)	모퉁이(隅)	목사리(脛環)	아지씨	마고자(加衣)	우루루
버리다(棄)	적시다(沈濕)	몸부림	목소리	방아간(舂間)	마지기(斗落)	우두둑
우기다(固執)	축치다	몸뚱이	몽둥이	송아지	마지막(終末)	
이기다(勝)	부치다(부채를 부친다)	물맞이(藥水洗)	밭갈이(耕事)		머구리(蛙)	
부치다(논을 부친다)	안치다(밥을 안친다)	밥송이(粟粢)	발고랑(畦)	(동 사)	머저리(愚者)	
비비다(摩擦)	앉히다(坐)	밥장사(飯商)	밥주걱(飯杓)	※입말(口語)	모가지(脛)	
비우다(空)	올리다(登)	미쟁이(미장공)	미투리(麻履)	가린다(蔽)	모롱이(山隅)	
배우다(學)		본바닥(本地)	메뚜기(蝗)	가눈다(支)	무더기(推)	
		본사내(本夫)	방망이(椎)	가른다(分)	미나리(芹)	

높고 짧은 첫소리	높고 긴 첫소리	보통 긴 첫소리	낮고 긴 첫소리	높고 긴 중간 소리	높고짧은중간소리	높고 긴 끝소리
베끼다(謄)	움지다(搊)	사마귀(贅)	변두리(邊)	가둔다(囚)	밑자발(肛門)	
조지다(結)	눕히다(臥)	손잡이	보따리(包袱)	가신다(洗)	밭이랑(田項)	
지니다(持)		손재주(手功)	복숭아(桃)	거른다(精滓)	메아리(山反響)	
아끼다(惜)	(형용사)	엉덩이	손바닥	모인다(集)	바가지	
모으다(集)	질기다	엉터리	숟가락(匙)	미룬다(延)	벙어리	
	언짢다	옹배기(器)	쪽두리	보푼다(毛起)	보시기(小器)	
(형용사)		장도리	족지비	뒹군다(轉)	보자기(袱)	
구리다		장딴지	줄가리(枝)	보갠다(不消化)	부스럼(腫)	
거칠다		진달래	줄거리	부푼다(腫起)	사나이(男)	
무럽다(咬癢)		장아찌	진저리(極厭)	비긴다(相殺)	사다리(梯)	
시리다(感寒)		화롱이	지렁이	비친다(映)	소나기	
비리다			언구억	배긴다(固觸感)	소리개	
저리다(痲痺)		(동 사)	민들레(蒲公會)		소쿠리(筐)	
지리다(小便臭)		갈기다	살무사(毒蛇)	※입말(口語)	수세미(洗器物)	
아쉽다		뒤치다	설겆이(收拾)	(형용사)	시래기(枯菜)	
야윈다		모시다(侍)	본보기(見本)		아가리	
야리다		반하다(매혹)	부뚜막(厨竮)	가렵다	아궁이	
어렵다		물리다(還換)	북대기(藁屑)	가엽다(可憐)	아호레	
어둡다		비끼다(斜退)	산나물(山菜)	가늘다(細)	아우성	
	(부 사)		산기슭	그렇다	아버지	
(부 사)	골고루	(형용사)	잠자리	무덥다(暑)	어머니	
비로소		서럽다(悲慨)	시치미(-뚝떤다)	무른다(軟)	여드레(八日)	
여러이		용하다	올가미(結項繩)	무겁다(重)	오가리(무말린것)	
		묘하다(妙)		부럽다	우거지	
				부른다(飽)	우렁이(貝)	

높고 짧은 첫소리	높고 긴 첫소리	보통 긴 첫소리	낮고 긴 앞소리	높고 긴 중간 소리	높고짧은중간소리	높고 긴 끝 소리
		우습다(可笑) 갈잖다 비집다 비틀다 어질다(賢) (부　사) 서뿔리 잠자코 적어도 즐거이 아무리 일부러 많아도(多)	(동　사) 갈추다 뭉개다 목쉬다(聲帶炎) 목메다(喉塞) 뭉티다(集結) 뭉치다(合) 뭉치다(團) 물리다(咬) 물리다(많이먹고) 설레다(不安定) 엉기다(凝) (형용사) 부옇다(灰白) 고프다(飢) 비싸다(高價) 아프다 (부　사) 멀거니(失神態) 멀커덕 벙그레 벙그레	손설다 저뗑다 어질다(賢) 이뗑다 마른다(乾) 서린다(汽凝) 시든다(枯) 아문다(合瘡) 오른다(登) 사른다(燒) 바른다(塗) 바꾼다(換) 부른다(呼唱) 부린다(下馱) 부친다(힘에겹다) 버른다(마음먹다) 베푼다(設) 지른다 (불을지른다) (길을지른다) 아뢴다(上奏) 이른다(云) (부　사) 불연듯	자배기(器) 저고리(上衣) 주머니 (동　사) 가리다(蔽) 가누다(支) 가르다(分) 가두다(囚) 가시다(洗) 거르다(精滓) 뒤집다(反) 미루다(延) 보깨다(不消化) 비기다(相殺) 배기다(固觸感) (형용사) 무디다(鈍) 이르다(早) 무르다(軟) 마르다(乾) 서리다(汽凝) 오르다(登)	

높고 짧은 첫소리	높고 긴 첫소리	보통 긴 첫소리	낮고 긴 첫소리	높고 긴 중간 소리	높고짧은중간소리	높고 긴 끝소리
			짤그랑 구테여 모처럼 살살이(모조리) 어쩐지 상그레	살며시 소곳이 비슷이 지그시 우당탕	사르다(燒) 바르다(塗) 바꾸다(換) 부르다(呼唱) 부리다(下馱) 지르다(불을-)(길을-) 아뢰다(上奏) 이르다(云) (부　사) 그다지 그러나 도무지 모조지 지지리 오로지 이다지	

다음절 력점 일람표

높고 짧은 첫째소리	높고 긴 첫째소리	낮고 긴 첫째 소리	짧은 끝 앞 소리	긴 끝 앞 소리	끝 소리
•	ㅗ	—	•	ㅗ	•
(명 사)	(명 사)	(명 사)	(명 사)	(명 사)	(부 사)
해바라기	잡동-산이(雜物)	반-거충이	조무래기(小兒)	숨박곡질	사물사물
오라버니	본토-백이(本土人)	불-쏘시개	지스러기(均殘錢)	발-뒤'굼치	사박사박
무-사마귀	손-바느질	방정-꾸러기	태오라비(鷺)	모지랑-비(禿箒)	사뿐사뿐
	딱따구리		어루러기(斑點)	모지랑-붓(禿筆)	산뜰산뜰
벼락-감투	떠머구리	손-거스러미	고슴도치	버들-개지(柳葉)	서걱서걱
서미-바람			나부랑이(削片)	바느질-고리	선뜰선뜰
서울-뜨기			다모토리(한잔술)		설정설정
방울-집게 (집게의一種)		소태-나무	보푸라기(細毛)	(동 사)	소곤소곤
		귀뚜라미	부스러기(屑)	가다듬다	술근술근
(동 사)	(동 사)	미치광이(狂人態)	부지깽이	부르짖다(呼)	술금술금
		사타구니(股間)		무르녹다(茂盛)	
거느리다(率)	어지르다(亂雜)		부푸러기(起屑)	가리운다(蔽)	시뿔시뿔
거너린다					
물어넣다(代充入)	거리끼다(忌)	(동 사)	삭오랭이(삭은 물건)	가리킨다(數)	아싹아싹
물어내라(償)	모자라다(不足)		수수께끼	가르친다	야금야금
물어뜯다(咬裂)	불지르다	공글리다	아주머니	거스른다(돈을-)	바둥바둥
버무리다(混)	사무치다	북대기다(雜踏)	조막-손이(屈指瘠身)	고부린다	바록바록
우거지다(茂)	손-넘기다(失期)	건드리다(勵)		구푸린다	버걱버걱
저리맞다		문지르다(摩擦)	(동 사)	구부린다	배글배글

높고 짧은 첫째소리	높고 긴 첫째소리	낮고 긴 첫째소리	짧은 끝 앞 소리	긴 끝 앞 소리	끝 소리
		엎지르다(倒)		무릅쓴다	부득부득
붙어나다(潮大)	(형용사)	웅그리다(內屈)	가리우다(蔽)	부둥킨다	부석부석
벼락맞다		움츠리다(身縮)	가리키다(指摘)	부대낀다	부슬부슬
저지르다(誤事)	섬가시다	우쭐하다(滿意)	가르치다(敎)	지그린다(문을-)	비근비근
	어설프다	웅그리다 (얼굴을 찌푸리다)	거스르다(逆) (돈을—)	오므린다(向內縮)	비슬비슬
(형용사)	어지럽다	선뜰거리다	고부리다	머무른다(止)	비죽비죽
	어여쁘다	갈근거리다	구푸리다	부러진다(折)	비틀비틀
지나치다(過)	가날프다	갈실거리다	구부리다	시달린다	오그르르
지나친다	가량참다		무릅쓰다	바둥거린다	버드르르
아니꼽다	가소롭다	(형용사)	부둥키다	가물거린다	번드르르
각이하다	간고하다		지그리다(문을—)	거물거린다	빙그르르
	거북하다	아득하다	오므리다(向內縮)	미끈거린다	
(부사)	서루르다	가든하다	머무르다(止)	방실거린다	
	서뿌르다(不熟)	가뿐하다	부대끼다	버글거린다	
부리나케	반드럽다		부러지다(折)	볼록거린다	
	거북스럽다	몰랑하다	시달리다	비근거린다	
	거치장스럽다	미끈하다	바둥거리다	비죽거린다	
	밉살스럽다	발지럽다	가물거리다	비죽거린다	
		번지럽다	거물거리다	비틀거린다	
		선뜩하다	미끈거리다	빈둥거린다	
		징그럽다	방실거리다	사물거린다	
		알라깝다	버글거리다(露)	사걱거린다	
		바특하다	볼록거리다	설겅거린다	
		간드러지다	비근거리다	소곤거린다	

높고 짧은 첫째소리	높고 긴 첫째소리	낮고 긴 첫째 소리	짧은 끝 앞 소리	긴 끝 앞 소리	끝 소리
		삼드러지다	비죽거리다	수선거린다	
			비죽거리다	지절거린다	
		(부사)	비물거리다	아물거린다	
		뭉게뭉게	빈둥거리다	고스러진다	
		물씬물씬	사물거리다	구부러진다	
		어찌다가	사적거리다	미끄러진다	
			설겅거리다	부스러진다	
			소곤거리다	사그러진다	
			수선거리다	오그라진다	
			지절거리다	아우러진다	
			아물거리다	구부러뜨린다	
			고스래지다	우울적거린다	
			구부러지다	조물락거린다	
			문드러지다	어물적한다	
			미끄러지다	선물선물한다	
			부스러지다	옥신각신한다	
			사그러지다	조물락조물락한다	
			오그라지다	지부럭지부럭한다	
			아우러지다(并合)	구부러뜨린다	
			구부러뜨리다	어물적거린다	
			부스러뜨리다	조물락거린다	
			어물적거리다	거드럭거린다	
			조물락거리다	거치적거린다	
			어물적하다	바르작거린다	
			선물선물하다	사부랑거린다	

높고 짧은 첫째소리	높고 긴 첫째 소리	낮고 긴 첫째 소리	짧은 끝 앞 소리	긴 끝 앞 소리	끝 소리
			오글오글하다	시시덕거린다	
			옥신각신하다	장그랑거린다	
			조물락조물락하다	아기작거린다	
			지부럭지부럭하다	웅둥구러진다	
			구부러뜨리다	오르렁거린다	
			어물적거리다		
			조물락거리다	(형용사)	
			거드럭거리다		
			거치적거리다	미끄럽다	
			바르작거리다	부끄럽다	
			사부랑거리다	메스겁다	
			시시덕거리다	사느랗다	
			잘그랑거리다	서느렇다	
			아기작거리다	아름답다	
			웅둥구러지다	수서스럽다	
			오르렁거리다	구접스럽다	
			(형용사)	(부사)	
			서글프다	슬그머니	
			아뜩하다	뭉그러미	
			갸름하다	꼬스란이	
			무던하다		
			버근하다		
			볼록하다		

높고 짧은 첫째소리	높고 긴 첫째 소리	낮고 긴 첫째 소리	짧은 끝 앞 소리	긴 끝 앞 소리	끝 소리
			불긋하다		
			비슷하다		
			서운하다		
			번번하다		
			야릇하다		
			간간하다		
			구수하다		
			갑갑하다		
			뭉텅하다(一)•		
			갸우름하다		
			건드레하다		
			고부장하다		
			고부랑하다		
			구부정하다		
			미지근하다		
			버드름하다		
			부드드하다		
			버드름하다		
			부루루하다		
			불그죽하다 (不均紅)		
			비스름하다		
			사부랑하다		
			서부렁하다		
			소도록하다		

높고 짧은 첫째소리	높고 긴 첫째 소리	낮고 긴 첫째 소리	짧은 끝 앞 소리	긴 끝 앞 소리	끝 소리
			수더분하다		
			아리숭하다(昏迷)		
			아스스하다 (寒氣入)		
			어수선하다		
			어렴풋하다		
			엄부렁하다		
			엇비슷하다		
			가무스름하다		
			가느스럼하다		
			가무잡잡하다		
			간간지런하다		
			건건찝질하다		
			고랑지근하다 (腐臭)		
			고자누룩하다 (急熱鎭)		
			구리더분하다		
			꿈스그레하다		
			번주그레하다		
			번지르르하다		
			보유스름하다 (若干白)		
			불그무레하다		
			불그뎅뎅하다		
			불그데데하다		

끝 소리	
긴 끝 앞 소리	
짧은 끝 앞 소리	비리치근하다 자질구레하다 지질펀펀하다 야드르르하다 어슴푸레하다 오그르르하다 오슴푸레하다 비리척지근하다 가슬가슬하다 민숭민숭하다 부리부리하다 후리후리하다 서름서름하다 설겅설겅하다 지척지척하다 어룽어룽하다 어마어마하다 어슷비슷하다 어금버금하다 우글우글하다 (부사) 바야흐로 애오라지 모름지기
낮고 긴 첫째 소리	
높고 긴 첫째 소리	
높고 짧은 첫째소리	

과학원 창립 5주년 기념
론 문 집

1957년 11월 25일 인쇄
1957년 11월 30일 발행

발행소 과 학 원 출 판 사

인쇄소 로동 신문 출판 인쇄소

㉮—208 값 250 원 발행 부수 5,000부

후보 원사 리 극로 저

조선어 조 연구

사회 과학원 출판사

『조선어 조 연구—북청 방언을 중심으로』

후보 원사 리 극로 저

조선어 조 연구

—북청 방언을 중심으로—

사회 과학원 출판사

1966

머리'말

나는 우리 말의 조를 확립하기 위하여 오래 동안 연구를 계속하는 과정에서 과학원 창립 5주년 기념 론문집에 《조선말 력점 연구》라는 론문을 발표한 바 있다.

이번에 발표하는 《조선어 조 연구》는 과학원 창립 10 주년을 기념하여 1962년에 제출한 론문이다.

나는 이 론문을 집필하면서 새로운 방향과 방법으로 연구를 해 보려고 하였다. 그것은 조선어 5대 방언의 조를 비교 연구하여 조선어의 표준조를 세우려는 것이였다.

이 론문에서는 우선 북청 방언의 조와 필자가 설정한 《공통조》와를 대비 연구하였다. 그러나 조선어 조 연구에서 첫 시도인 만큼 결함과 부족점들이 없지 않을 것이다.

더우기 이 론문은 1964년 1월 3일 김 일성 동지의 강령적인 교시가 있기 전에 썼다. 그러므로 앞으로 더 토론하고 깊이하여야 할 문제들이 퍽 많으리라고 생각한다.

나는 이러한 문제들에 대하여 독자 여러 분들의 고귀한 의견과 비판이 있기를 바란다.

1965년 11월
리 극 로

차 례

서 론

이 론문에서는 북청 방언의 조 곧 단어의 음조와 문장의 어조를 인식하려고 하는 데 그 목적을 두었다.

어떤 방언의 조를 연구하기 위해서는 다른 방언과 또는 공통어의 조와 대비 연구하는 것도 방법의 하나로 된다. 이 론문에서는 공통어의 조와 대비하여 연구하였다.

오늘 우리의 생활은 활동의 지역적 제한성이 적어졌고 교육이 일반화되면서 사람들의 교제가 그 어느 때보다도 매우 긴밀하여졌다.

사람들이 자기의 생각을 정확히 전달하기 위하여 언어 선택이 제기되며 여기서 정확한 발음과 조를 요구하게 된다. 지난 시기 우리 언어학자들이 다른 부문에 비해서 이 문제에 비교적 덜 관심을 돌렸다. 앞으로 정확한 언어 생활을 위하여 더욱 이 문제에 관심을 돌려야겠다.

북청 방언조를 연구하는 데 이 론문에서는 조선어의 공통조를 대비하여 보았다. 이것은 방언조의 특성을 대비 과정에서 더 분명히 하고저 하는 데 있다.

이 론문에서는 고유 조선어와 한'자어와를 다 같이 취급하였다.

고유 조선어에는 한'자어가 섞인 것과 또는 어원이 분명하지 아니 한 말들도 취급하였다.

여기에서 공통조라 함은 다음과 같이 이루어진 것을 념두에 두었다.

각이한 지역적 방언을 소유하고 있는 사람들이 정치 경제 문화적 련계가 밀접하여 생활 상 련계가 강화됨에 따라 사상을 교환하며 리해를 달성하기 위하여 자기의 방언들에서 벗어져 나와 서로가 알 수 있는 말을 쓰기에 노력한다.

이 과정에 방언들의 수평화가 이루어진다. 여기서 조도 례외로 되지 않는다. 조는 각이한 방언들 간의 접촉 과정에서 서로 작용하고 호상 침투하면서 비록 더디기는 하지만 다른 언어적 요소들과 마찬가지로 수평화의 과정을 밟으며 이들에게 공통적인 조가 이루어진다.

필자는 이 때 새로 이루어진 조를 《공통조》라고 한다.

이 《공통조》를 얻기 위하여 이미 오래전에 자기의 전통적 방언에서 벗어져 나와 다른 방언들과 오래 동안 접촉한 사회 문화 분야에서 일하는 각지방 출신 동지들을 주로하여 실험을 진행하였다.

그러나 공통조를 확정한다는 것은 매우 어려운 문제이다. 공통조는 적지 않은 시일을 거쳐서 이루어지며 따라서 그 사이에는 여러가지 변종들이 병존할 수 있는 것이다. 그렇기 때문에 이 론문에 리용하는 공통조의 례들 가운데는 아직도 필자의 주관적 판단에 립각한 것들이 없지 않다고 생각한다. 그러므로 앞으로 실천을 통한 연구 과정에서 그것을 더욱 정밀화하여야 할 것이라고 생각한다.

2

조(調)의 체계

언어적으로 본 조

1. 음조(音調)
(사물의 개념으로 된 단어의 조)
ㄱ. 1음절어의 음조
ㄴ. 2음절어의 음조
ㄷ. 3음절어의 음조
ㄹ. 다(多)음절어의 음조

2. 어조(語調)
(단어로 구성된 문장 관계의 조)
ㄱ. 절(節)조
ㄴ. 구(句)조
ㄷ. 장(章)조
ㄹ. 편(編)조

음악적으로 본 조

1. 저조(낮은 소리)
2. 평조(편편한 소리)
3. 고조(높은 소리)

* 조는 소리의 진동 수를 대비하는 고저 밖에 시간의 길이를 대비하는 장단과 진폭의 넓이를 대비하는 강약의 관계를 다 가진다.

기호 설명

1) 1, 2, 3, 4는 낮은 데에서 높은 데로 올라 가는 음고의 계단들
2) —는 반장음
3) =는 전장음
4) >는 강음
5) ↗, ↘, ↝는 음조의 진행 방향들
6) ♭는 높이 설정된 소리를 길게 차차 올리다가 끝부분을 채여 올려서 아래로 떨어뜨리는 소리
7) ~는 모음의 코'소리

3

제 1 장

총 설

제 1 절 조의 개념과 그 처리

사람이 말할 때에 발음하는 단어들이나 문장들에는 고저 장단 강약의 이러저러한 변화가 있다. 각 언어는 다 자기의 특성을 가지고 있다. 그런데 인구어에는 악센트라고 하여 소리의 높이, 길이, 세기(강)의 그 어느 것이나 다 적극면만 들어서 말하여 그 음절만 무슨 부호를 붙이여서 나타낸다. 부호가 없는 음절들은 악센트가 없는 음절로 취급한다. 그리고 2음절이부터 악센트 부호를 붙이되 다음절어에는 흔히 제 1 악센트, 제 2 악센트를 붙이고 또는 장음표도 붙이여서 음조의 정확성을 보장한다. 인구어의 악센트는 대체로 강약 악센트로 되여 있다. 그러나 중국어에서는 인구어식인 악센트의 개념으로 된 것이 아니라 단어의 음조로 취급하였다. 중국어는 한'자어로서 고립어라고 하여 단음절로서 각각 뜻을 가지고 있다. 이 단음절어는 그 발음의 진행 과정에서 그 음고와 음장이 이러저러한 방향의 전환 곧 시발점과 중간점들과 종말점이 다른 조치(調値)를 가지고 음조를 이룬다. 북경 말의 4성도 음조를 말한 것이다. 중국어는 조치를 매긴 매자의 음조를 알고 또 변화 법칙을 알아서 그 대로 하여야 말의 뜻이 통하게 된다. 특히 중국어에서는 매 글'자의 정확한 음'가로써 발음하였다 하여도 그 음조가 틀리면 말의 뜻을 알아 듣지 못 한다. 이러한 특성을 가진 언어에 인구어의 악센트 표기법을 쓸 수가 없을 것은 명백한 일이다. 중국어에만 그런 것이 아니라 우리 조선어에도 이 음조 문제는 그 언어와 마찬가지의 성격이 있다. 그래서 인구어식 표기법을 가지고는 음조의 표기를 해결할 수 없다. 그 실례로 단음절어에 아무 표기가 없다면 어음은 같으나 음조가 달라서 뜻이 전혀 다른 말이 된 말(語) 1̄, 말(斗)2, 말(馬) 3̆들은 하나로 같이 들리고 말 것이다. 또 《비리척지근하다》의 음

4

조들은 1232321로 되였는데 여기에 인구어식으로 주악센트와 부악센트를 적기로 하면 3에 주악센트를 적고 2에 부악센트를 적어야 되겠는데 《3》음정들에 주악센트 부호를 적고 또 《2》음정 셋에 다 부악센트 부호를 적어야 되겠고, 나머지 《1》음정들에만 부호가 없게 된다. 흔히 하는 표기 대로 본다면 주악센트에는 굵은 점, 부악센트에는 가는 점을 혹은 주악센트에는 한 점, 부악센트에는 두 점을 표기한다. 이 방식 대로 한다면 점으로 장식되고 말 것이다. 그럴진대 차라리 음정 등급을 수'자로써 모든 음절에 다 표기하는 것이 더 구체적인 천명한 처리 방법이 될 것이다.

우리가 회화에 쓰는 단어 음조의 조치 곧 음정을 더 세분할 수도 있다. 그러나 실용의 가치가 없기 때문에 이 3 단계의 고저 차이만으로도 충분한 것이다. 물론 단어의 음조를 떠나서 문장의 어조에서는 때를 따라 3 단계보다 더 높은 음계들을 낼 단어도 있을 것이다. 그러나 이것은 단어의 음조를 규정하는 문제와는 다른 것이다.

언어에서 발음 음정이란 절대적 표준이 있는 것은 아니며 상대적 표준만이 설정된다. 사람에 따라 또는 말하는 자리와 때에 따라서 이 표준은 일정하지 않다. 그러므로 이 3 단계란 것은 1 단계에서 3 단계까지 올라 가는 상대적 음계를 표시하는 조치(調値)이지 음악적 절대 음정은 아니다. 그러나 대체로 do—Fa 4음계의 음역을 가지고 있다.

음계의 차이를 보기 위하여 례를 들어 본다.

말이(語) 〔1̄1〕,	말이(斗) 〔21〕,	말이(馬) 〔3̆1〕
배가(倍) 〔1̄1〕,	배가(船) 〔21〕,	배가(梨) 〔3̆1〕
손이(損) 〔1̄1〕,	손이(手) 〔21〕,	손이(客) 〔3̆1〕
눈이(雪) 〔1̄1〕,		눈이(眼) 〔3̆1〕
밤이(栗) 〔1̄1〕,		밤이(夜) 〔3̆1〕
갈다(耕) 〔1̄1〕,	갈다(磨) 〔21〕,	갈다(遞) 〔3̆1〕
달다(灼) 〔1̄1〕,	달다(懸) 〔21〕,	달다(甘) 〔3̆1〕
되다(勞) 〔1̄1〕,	되다(量) 〔21〕,	되다(化) 〔3̆1〕
배다(密) 〔1̄1〕,		배다(浸) 〔3̆1〕
살다(活) 〔1̄1〕,		살다(燒) 〔3̆1〕

이 례들에서 보는 바와 같이 수'자 1 우에는 장음표 《—》, 3 우에는 강음표 《◡》를 표기하였다. 이것은 음의 고저의 계단을 표시하는 수'자 1, 2, 3 밖에 장단과 강약을 표기한 것이다. 그리 하여 같은 음'가

5

에도 음조의 조치가 달라서 말의 뜻이 달라진 것을 보인 것이다.

제 2 절 북청 방언조와 공통조와의 동음이조어의 대비

이 론문 전체에서 음절들의 음정 대비의 기준을 다음과 같이 설정하였다. 즉 공통조의 고저의 기음에서 체언의 주어로 《가, 이》를 1로 용언의 원형토 《다》를 1로 잡았다.

공통조의 음조에서는 주어진 단음절 단어(용언의 어간도 포함시킴) 음절 내부에서 고저의 이동 곧 활음적(滑音的) 요소 뿐만 아니라 시간의 장단도 크게 작용한다. 우에서 이미 말한 음조의 3 단계설이 단음절어에도 해당되여야 한다. 그러 하자면 어디에 표준점을 두고 조치를 정할 것인가. 부사, 감탄사, 관형사들은 다음에 언급하기로 하고 여기에는 문장의 주어가 될 수 있는 명사, 대명사, 수사만 언급한다. 이 단음절어들 곧 명사, 대명사, 수사들에는 《가, 이》 주어토를 붙이여서 2음절 단어를 만들어 가지고 두 음절을 대비하여야 그 각 음절의 음조의 조치가 제각기 똑똑히 나타난다. 여기에 주어토를 기음으로 하여 붙이는 까닭은 그것이 가장 많이 쓰이는 주되는 말이기 때문에 사람들의 말하는 습관이 확실하여 표준을 잡을 만 한 조건이 되기 때문이다. 또 형용사나 동사의 어간에 《다》를 붙인 것은 이 품사들의 활용형이 아닌 원형 곧 미정형이나, 발음이 중성적인 평조이기 때문에 비교적 일정하므로 단어 음조의 표준을 잡을 만 한 조건이 된다.

아래에 든 례들은 단어들의 어음은 같으나 그 음조가 다르므로 뜻이 다른 말로 되였다. 이 말들의 음조를 대비하여 보면 같지 아니 하다.

		북청 방언조	공통조
갈다 〔타〕	遞	23	31
〔타〕	磨	31	21
〔타〕	耕	31	11
달다 〔형〕	甘	23	31
〔타〕	懸	31	21
〔자〕	灼	31	11

6

		북청 방언조	공통조
되다 〔자〕	成	31	31
〔타〕	升	31	21
〔형〕	固	31	11
골이 〔명〕	型	31	31
〔명〕	腦	3'1	21
〔명〕	谷	21	11
발이 〔명〕	足	31	31
〔명〕	丈	21	21
〔명〕	簾	2'1	11
배가 〔명〕	梨	2'1	31
〔명〕	腹, 船	31	21
〔명〕	倍	31	11
모가 〔명〕	苗	3'1	31
〔명〕	方	3'1	21
〔명〕	윷의 모	31	11
주가 〔명〕	株	23	31
〔명〕	酒	23	21
〔명〕	註	23	11
상이 〔명〕	床	3'1	31
〔명〕	相, 賞	31	21
〔명〕	上	31	11
새가 〔명〕	薪	31	31
〔명〕	間 사이가	321	21
〔명〕	鳥	31	11
재가 〔명〕	災	31	31
〔명〕	灰	31	21
〔명〕	再	23	11
암이 〔명〕	癌	23	31
〔명〕	雌	31	21
〔명〕	幼兒의 粥	31	11
배다 〔자, 타〕	浸, 受胎	21	31

7

			북청 방언조	공통조
떼다	[형]	密	3̄1	1̄1
살다	[타]	燒	3̄1	3̄1
	[자]	生	3̄1	1̄1
물다	[타]	咬	23	3̄1
	[자, 타]	賠償	3ʾ1	1̄1
벌다	[타]	儲	3̄1	3̄1
	[자]	裂	3̄1	1̄1
말다	[타]	捲	23	3̄1
	[타]	勿	3̄1	1̄1
산이	[명]	山	23	3̄ʾ1
	[명]	酸	23	1̄1
반이	[명]	班	23	3̄1
	[명]	半	2̄1	1̄1
도가	[명]	道(行政區)	3̄1	3̄1
	[명]	道(道德의)	3̄1	1̄1
수가	[명]	方法	2̄1	3̄1
	[명]	數	3̄1	1̄1
성이	[명]	城, 省	31	3̄1
	[명]	姓, 性	23	1̄1
장이	[명]	場(市)	23	3̄1
	[명]	醬	2̄1	1̄1
농이	[명]	籠(롱)	31	3̄1
농이	[명]	弄(롱)	3̄1	1̄1
내가	[대명]	我	3ʾ1	3̄1
	[명]	川	31	1̄1
회가	[명]	蛔, 灰	23	3̄1
	[명]	會	3ʾ1	1̄1
선이	[명]	線	23	3̄1
	[명]	善	3̄1	1̄1
공이	[명]	功	31	3̄1
	[명]	球	31	1̄1

			북청 방언조	공통조
대가	[명]	臺	31	3̄1
대가	[명]	竹	23	21
대가	[명]	代, 對	23	1̄1
동이	[명]	東, 銅	23	3̄1
	[명]	棟	2̄1	21
	[명]	洞	23	1̄1
동이	[명]	燈	31	3̄1
	[명]	背(등)	3̄1	3̄1
	[명]	藤	2ʾ1	1̄1
밀이	[명]	小麥	3ʾ1	3̄1
	[명]	蠅	3ʾ1	1̄1
만이	[명]	滿	31	3̄1
	[명]	萬	3̄1	1̄1
밤이	[명]	夜	23	3̄1
	[명]	栗	3̄1	1̄1
병이	[명]	瓶	23	3̄1
	[명]	病	3̄1	1̄1
분이	[명]	粉	23	3̄1
	[명]	忿, 憤	31	1̄1
시가	[명]	詩, 時	23	3̄1
	[명]	市	22	1̄1
실이	[명]	室, 實	31	3̄1
	[명]	絲	3̄1	1̄1
양이	[명]	羊, 陽	23	3̄1
	[명]	量(량)	3̄1	1̄1
연이	[명]	鉛, 蓮, 紙, 鳶	31	3̄1
	[명]	硯	31	1̄1
예가	[명]	禮(례)	3̄1	3̄1
	[명]	例(례)	31	1̄1
일이	[명]	一	31	3̄1
	[명]	事	3̄1	1̄1

			북청 방언조	공통조
원이	〔명〕	圓	31	3̃1
	〔명〕	怨	3̄1	1̄1
	〔명〕	願	2̄1	1̄1
제가	〔명〕	除	31	3̃1
	〔명〕	弟, 我	2̃1	1̄1
전이	〔명〕	前, 田	23	3̃1
	〔명〕	煎, 氈	31	1̄1
점이	〔명〕	占	3ʾ1	3̃1
	〔명〕	點	3ʾ1	21
점이	〔명〕	店	3̄1	1̄1
종이	〔명〕	鍾	31	3̃1
	〔명〕	奴	31	1̄1
중이	〔명〕	中	23	3̃1
	〔명〕	僧	3̄1	1̄1
진이	〔명〕	眞	3̄1	3̃1
	〔명〕	液汁	3̄1	1̄1
차가	〔명〕	差	22	3̃1
	〔명〕	借	22	1̄1
참이	〔명〕	眞	31	3̃1
참이	〔명〕	站	3̄1	1̄1
창이	〔명〕	窓, 槍	31	3̃1
	〔명〕	唱	2̄1	1̄1
채가	〔명〕	鞭	31	21
	〔명〕	菜	3̄1	1̄1
태가	〔명〕	胎	23	3̃1
	〔명〕	態	3̄1	1̄1
평이	〔명〕	坪	23	3̃1
	〔명〕	評	23	1̄1
호가	〔명〕	弧	21	3̃1
	〔명〕	號, 戶	31	1̄1
훈이	〔명〕	勳, 燻	31	3̃1

10

			북청 방언조	공통조
훈이	〔명〕	訓	21	1̄1
해가	〔명〕	年, 日	21	3̃1
	〔명〕	害	3̄1	1̄1
렴이	〔명〕	廉	21	3̃1
	〔명〕	斂	2̄1	1̄1
눈이	〔명〕	眼	3̄1	3̃1
	〔명〕	雪	31	1̄1
삼이	〔명〕	三	22	3̃1
	〔명〕	麻	3ʾ1	21
잠이	〔명〕	簪, 蔵	21	3̃1
	〔명〕	睡	3̄1	21
잔이	〔명〕	殘	21	3̃1
	〔명〕	盞	31	21
초가	〔명〕	醋	23	3̃1
	〔명〕	燭	31	21
감이	〔명〕	材料	2̄1	2̄1
	〔명〕	柿	21	1̄1
매가	〔명〕	梅	31	3̃1
	〔명〕	磨石	3̄1	21
	〔명〕	鷹	31	1̄1

제 3 절 끝숙이는 조(♭)

이 방언조의 특징의 하나로서 끝숙이는 조를 들 수 있다. 이 형태는 여러 경우 즉 고유 어휘에나 한'자어에나 단음절어, 다음절어 그리고 어떤 품사에나 어떤 어음에나 다 있다.

그러나 이 조는 규칙성이 있는 것이 아니라 다만 습관에서 온 독특한 형태로 나타난다. 이 음조가 다른 지방 방언에는 없고 오직 동북 지방 방언의 공통성으로 나타나는 것으로 보아 지리 력사적 관계에서 오는 것이 아닌가 추측된다.

11

이 조는 낮은 음계인 1 계단에는 없고 높은 음계인 3 또는 2 계단에만 있다.

이 끌숙이는 조의 성질은 음정이 높을 뿐만 아니라 길고 또 강하다. 이러한 성질로 하여 조의 끝에 가서는 갑자기 아래로 숙이여 떨어지게 된다. 이러한 것으로 보아 이 조는 특별히 강조할 어떤 말에서 그 때 그 때에 쓰던 것이 차차로 고착되여 한 형태를 이룬 것 같다.

이 형태들은 아래와 같다.

1. 단음절어 3' 형태

2. 2음절어

ㄱ. 끌숙이는 앞소리, ㄴ. 끌숙이는 뒤'소리

3. 3음절어

ㄱ. 끌숙이는 앞소리, ㄴ. 끌숙이는 뒤'소리

4. 다음절어 끝소리의 끌숙이는 조

5. 어간과 토와의 경우에 끌숙이는 조

1. 단음절어

단음절어에는 대체로 3' 형태로 되여 있다. 례를 들어 보면

땅 地	모 苗	물 水	베(벼)稻	빛 光	돈 錢
범 虎	병(병)病	질(길)道	논畓	상 床	영 永
죽 粥	불 火	쌀 米	소牛	돌 石	이 此
맛 味	자 尺	삼 麻	설新年	심(힘)力	말 語, 斗
엿 飴	발 足	나 年齡	공 球	배 梨	골 腦, 型
손 客	띠 帶	절 寺	할(활)弓	성(형)兄	회 會, 膾
손 手	다 皆	절 拜			

2. 2음절어

2음절어에는 끌숙이는 앞소리와 끌숙이는 뒤'소리 두 가지가 있다.

ㄱ. 끌숙이는 앞소리

끌숙이는 조가 첫음절에 있는 경우는 3'1 형태로 된다.

례를 들어 보면

말씀語	많이 多	모기 蚊	목수 木手	얘기 談話
직장 職場	무늬 紋	가다 行	나래 羽	걱정 憂
겨울(거울)	고뿔 感氣	곶감 乾柿	조국 祖國	사년 四年
조카 姪				

12

ㄴ. 끌숙이는 뒤'소리

끝음절에 끌숙이는 조가 올 때 23' 형태로 된다.

나발(나팔)	무덤 塚	국시(국수)	평야(평양)平壤
핵교(학교)	역냐 力量	가족 家族	이북(의복)衣服
허리 腰	초매(치마)	병저(병정)兵丁	공자(공장)工場
고자(고생)	인자 卽時	가새(가위)	지부 (지붕)
혼자 獨	벌기(벌레)		

3. 3음절어

3음절어에도 끌숙이는 앞소리와 끌숙이는 뒤'소리가 있다.

ㄱ. 끌숙이는 앞소리

첫음절에 끌숙이는 조가 오는 말들은 3'21 형태이다. 례들은 보면

가늘다 細 어질다 賢 우쁘다 可笑 모시다 侍 몸뻥이 體

머우리 菜名 반하다 惑

ㄴ. 끌숙이는 뒤'소리

끝음절에 끌숙이는 조가 오는 말들은 232', 223', 233', 323' 형태가 있다. 이 례들을 각각 들어 보면 다음과 같다.

1) 232' 형태

계집아 女兒 소나모 松 열하나 11 접시하 點時下

고리대 高利貸

2) 223' 형태

아홉방 九放 소환장 召喚狀 선스내 男兒 쉰다섯 55

3) 233' 형태

복숭아桃 랭상묘冷床苗

4) 323' 형태

하는거 作事 박람회 博覽會

4. 다음절어

네 음절 이상의 여러 음절로 된 말의 조의 형태들은 아래와 같다.

오십륙년도 23323' 56年度

최우등생 2323' 最優等生

5. 끌숙인 조의 토와 어간파의 관계

문장의 어조를 구절법과 종결법으로 나누어서 고찰하여 보면 다음과 같다.

13

1) 구절법

ㄱ. 한 문장의 구절에서 끝에 있는 토에 끝숙인 조가 오는 례들은 다음과 같다.

되지 23' 化, 爲　　불래 23' 欲見

나만 23' 惟我　　전에누 323' 前에는

때누 23' 時는　　들어무 323' 들으면

마사지구 3323' 破

ㄴ. 한 문장의 구절에서 끝에 있는 토 앞의 단어에 끝숙이는 조가 온다.

나두 3'1 我亦

2) 종결법

한 문장의 끝말의 어간에 끝숙이는 조가 온다. 그 례들은

날래 들오 31 3'1 (빨리 들어 오시오)

받으 갑세 31 3'1 耕

땀메 3'1(다릅니다)

쇠'대 엽니다 32 3'21 開鎖

바우나옵네 31 3'21 即出

맛이 답메? 31 3'23 味甘

6. 같은 소리와 같은 높이로 되면서 끝숙인 조와 끝숙이지 않는 조와의 대비

3'조	3조	3'조	3
회會	회回	츰舞	츰唾
회膾	회蛔	골腦	골型
절寺, 拜	절節, 箸		
띠帶	띠茅		
모苗	모母		
상床	상相		
손手	손客		

제 4 절 북청 방언의 어음론적 특성과 격토 《를, 을》의 ㄹ받침의 탈락

어떤 언어나 방언이나를 마론하고 그 말의 조를 알기 위해서는 먼저 그 말의 어음론적 특성을 리해하고 들어 가는 것이 필요하다.

이 론문에서도 북청 방언의 조를 연구하기 위해서 먼저 북청 방언의 어음론적 특성을 고찰하여 보기로 한다.

1. 모음 ㅣ의 역행 동화

모음 ㅣ가 그보다 앞에 있는 후모음과 중모음에 영향을 주어서 전모음화한다. 례를 들어 보면

ㅏ가 ㅐ로 되는 례:

박이→백이(瓠)　　잠이→잼이(睡)　　싹이→쌕이(芽)
닥이→댁이(鷄)　　감이→갬이(柿)　　맘이→맴이(心)
밤이→뱀이(夜)　　삼이→샘이(蔘)　　밥이→뱁이(飯)
탑이→탭이(塔)　　밖이→뱎이(外)　　합이→햅이(合)
악이→액이(惡)　　삭히다→색히다(消)　　낚이다→낶이다(釣)
닫기다→댇기다(閉)　　맡기다→맽기다(任)　　박히다→백히다(印)

ㅓ가 ㅔ로 되는 례:

접이→젭이(怯)　　법이→벱이(法)　　덕이→덱이(德)
업이→엡이(業)　　먹이→멕이(墨)　　턱이→텍이(層)
섞이다→섺이다(混)　　꺾이다→꿲이다(折)　　먹이다→멕이다(飼)
벗기다→벳기다(脫)

ㅗ가 ㅚ로 되는 례:

콕이→쾩이(甕)　　록이→뢱이(祿)　　목이→뫽이(項)
복이→뵉이(福)　　속이→쇡이(裡)　　옥이→왹이(玉)
혹이→홱이(瘤)　　곱이→굅이(倍)　　공이→굉이(杵)
통이→퇑이(桶)

ㅜ가 ㅟ로 되는 례:

국이→귁이(麴)　　둑이→뒥이(埠)　　묵이→뮉이
쑥이→쒹이(艾)　　죽이→쥑이(粥)　　축이→췩이(縮)
숭이→슁이(홍)　　풍이→퓡이(風)

2. 자음의 구개음화

북청 방언에서의 구개음화 현상은 아주 강하게 나타나며 이 방언의 특징의 하나로 된다. 례를 들면 아래와 같다.

겨→저 糟　　교장→조장 校長　　결→절 傍
효자→소자 孝子　　향→상 香　　효험→소험 效驗
형→성 兄　　규칙→주칙 規則　　흉→숭 凶
규모→주모 規模　　길→질 道　　경마잡다→정매잡다

3. ㄴ받침을 가진 명사는 주어토 《이》와 《이다》 앞에서 ㄴ이 탈락되고 그 앞에 오는 모음은 비모음화된다

그 례들은 아래와 같다.

산이→사̃이, 산이다→사̃이다 山
만이→마̃이, 만이다→마̃이다 萬
찬이→차̃이, 찬이다→차̃이다 饌
전반이→전바̃이, 전반이다→전바̃이다 全般
군이→구̃이, 군이다→구̃이다 郡
논이→노̃이, 논이다→노̃이다 畓
손이→소̃이, 손이다→소̃이다 手
진이→지̃이, 진이다→지̃이다 脂液

4. 격토 《를》과 《을》에서 《ㄹ》의 탈락

북청 방언에서 특징적으로 나타나는 것으로서 격토 《를, 을》에서 《ㄹ》 받침이 떨어지는 것이다.

례를 들면 아래와 같다.

밥을 먹소→밥으 먹소. 옷을 입소→옷으 입소.
글을 읽소→글으 읽소. 산을 넘소→산으 넘소.
소를 잡소→소르 잡소. 개를 보오→개르 보오.
대를 심소→대르 심소. 베를 짜오→베르 짜오.
군대를 보았다→군대르 보았다.
물을 주오→물으 주오.

제 5 절 한'자음의 고저와 동음이조어(同音異調語)

우리 나라에서 한'자를 사용하기 시작한 것은 오래 전부터이다. 이 한'자를 사용하는 과정에 우리들이 일상 사용하는 어휘 구성 속에는 일정한 한'자 어휘가 들어 오게 되였다.

그러므로 조를 연구하는 데 있어서 고유 어휘만 볼 것이 아니라 한'자 어휘의 조 연구도 동시에 진행하여야 한다고 본다. 또한 방언적 특징이 고유 어휘에만 있는 것이 아니라 한'자 어휘에도 조의 방언적 특징이 많이 나타난다.

그러므로 우리가 한'자음의 음조를 표준 발음으로 내기 위하여서는

한'자음의 고저 장단을 잘 알아야 한다.

조선 사람이 한문을 읽을 때에는 글'자마다 조선말로 먼저 새기고 그 끝에 한'자음을 붙이여 읽으면서 자기의 고저 장단에 맞도록 읽는다. 례를 들어 보면 《魚》는 고기《어》(3), 《語》는 말씀 《어》(1), 《寒》은 찰 《한》(3), 《旱》은 가물 《한》(1), 《陽》은 별 《양》(3), 《養》은 기를 《양》(1)으로 읽는다. 이 기본음의 고저 장단과 그 법칙을 모르는 데서 한'자어의 음조도 틀리는 것이다.

한'자 음조의 기본은 4성 즉 평성(平聲), 상성(上聲), 거성(去聲), 입성(入聲)이다. 이것을 조선어에서는 3 단계 음조에 의하여 낮은 것은 1 단계, 높은 것은 3 단계에 붙이여서 처리한다. 즉 낮고 긴 소리인 상성과 더 낮고 긴 소리인 거성은 1 단계에, 즉 높고 짧은 소리인 평성과 더 높고 짧은 소리인 ㄱ, ㅂ, ㄹ 받침을 가진 입성은 3 단계에 붙인다. 이 3 단계와 1 단계가 곧 한'자음의 고저의 두 음계이다. 이 1 음계와 3 음계가 이러저러하게 서로 만나서 발음될 때에는 변조가 생기여서 2 단계인 음계가 나오게 된다. 그러므로 결국에는 한'자음에도 고저의 3 단계의 음계가 있다.

한'자음의 입성은 다 높고 짧은 소리다. 곧 ㄱ, ㅂ, ㄹ 받침이 있는 한'자의 음들이다. 고유 조선어의 ㄹ 받침이 있는 말의 음절에는 낮은 소리와 높은 소리와의 음계가 다 있으나, 한'자음의 ㄹ 받침이 있는 음에는 높은 단계인 3 뿐이다. 이것은 한'자의 다른 입성과 같은 것이다. 이제 우리는 한'자음의 ㄹ 받침을 ㄹ 하나만 붙이지마는 훈민 정음에나 또 여러 가지 다른 책들의 한'자 음에는 ㅭ 두 자모의 받침을 붙이였다. 그 실례로 《一》은 《ᅙᅵᇙ》로, 《發》은 《ᄇᆚᇙ》로, 《舌》은 《ᄊᅽᇙ》로 쓴 것이다. 이것이 바로 다른 파렬음의 받침으로 된 입성에 속한 음의 성질과 같은 것이다. 그것은 ㆆ이 후두 파렬음인 까닭이다. 한'자 음의 ㅭ 받침이 차차로 고유 조선말의 ㄹ받침을 닮아 그 받침의 본음은 없어졌다. 이것은 조선 어음과 다른 모든 본래의 한'자 음들이 조선 어음화한 것과 같은 것이다. 그러면 이 ㅭ 받침의 본음은 무엇인가? 그것은 처음에는 ㄹ 설측음을 내다가 그 음을 길게 끌지 아니 하고 곧 후두 파렬음인 ㆆ로 넘어 가서 성문을 막아 소리를 끊어 버린다. 그래서 ㄹ 받침을 많이 쓰는 고유 조선말의 발음 습관을 따라 ㄹ 받침으로 변하게 된 것이다. 그러나 이 한'자의 본래 음이 중국의 광동 말에나 웰남 말에나 일본 말에서는 ㄷ 받침으로 변하였다. 그것들의 례를 들면, 《一》(일)의 자음을 광동 말에서는 얃(ya^{t}), 웰남 말에서는 냗(nha^{t}),

일본 말에서는 일(it) 또는 이찌(itsi)로 발음한다. 《八》(팔)의 자음을 광동 말에서는 밧(bat), 웰남 말에서는 밧(bǎt), 일본 말에서는 핫(hat) 또는 하찌(hatsi)로 발음한다. 곧 입성 받침이다. 입성은 다 높고 짧은 소리이다.

우리가 한'자음과 한'자어를 배울 때 마땅히 자음의 고저 장단과 또 그 법칙에 맞도록 발음하여야 말이 바로 된다. 만일 한'자어의 음조가 틀린다면 그 말의 뜻을 바로 알지 못 할 것은 물론이고 듣기에 거북할 것이 많다. 공통어의 동음이조어와 그 말에 대한 북청 방언의 음조를 대조하여 나타난 차이를 살피어 보면 공통어 음조는 대체로 운고(韻考)에 표준되여 일반이 공통으로 쓰는 표준이 서 있다. 그러나 북청 방언의 그것은 아주 문란하게 되였다. 이것은 첫째로 저러 력사적 조건에 기인된 것이오, 둘째로는 단음절 말에 낮은 음계인 1 단계가 없는 데에도 기인된 것으로 보인다. 이 말들의 실태는 아래에 보인 체계적 대비에서 잘 알 수 있다.

1. 한'자 단음절어의 동음이조어의 대비(*공-공통조, 북-북청 방언조)

간間	간肝,	금金	금禁,	주株	주註
공*3̆	1̄,	3̆	1̄,	3̆	1̄
북*2	3',	2	2̄,	2	2
파派	파破,	강鋼	강講,	상床	상上
공-3̆	1̄,	3̆	1̄,	3̆	1̄
북-3	3̄,	3	3̄,	3'	3
신神	신腎,	비碑	비比,	산山	산酸
공-3̆	1̄,	3̆	1̄,	3̆	1̄
북-2	2,	2	2,	2	2
반班	반半,	방旁	방傍,	성城	성姓
공-3̆	1̄,	3̆	1̄,	3̆	1̄
북-2	2̄,	2	2̄,	3	2
장場	장醬,	사私	사四,	롱籠	롱弄
공-3̆	1̄,	3	1̄,	3	1̄
북-2	2̄,	3	2̄,	3	3̄
회灰	회會,	선線	선善,	동東	동洞
공-3̆	1̄,	3̆	1̄,	3	1̄
북-2	3',	2	3̄,	2	2̄

18

대臺	대對,	만滿	만萬,	병甁	병病
공-3̆	1̄,	3̆	1̄,	3̆	1̄
북-3	2̄,	3̄	3̄,	2	3̄
보褓	보補,	분粉	분憤,	시詩	시市
공-3̆	1̄,	3̆	1̄,	3̆	1̄
북-3	2,	2	3,	2	2
안安(姓)	안案,	양羊	량量,	례禮	례例
공-3̆	1̄,	3̆	1̄,	3̆	1̄
북-3	3,	2	3̄,	3̄	3
오吳	오五,	원圓	원願,	제除	제弟
공-3̆	1̄,	3̆	1̄,	3̆	1̄
북-3	3,	3	2̄,	2	2̄
전田	전煎,	정丁	정鄭,	점占	점店
공-3̆	1̄,	3̆	1̄,	3̆	1̄
북-2	3̄,	3	3̄,	3'	3̄
초醋	초超,	질質	질秩,	차差	차借
공-3̆	1̄,	3̆	1̄,	3̆	1̄
북-2	3̄,	3̄	3,	2	2
창窓	창唱,	처妻	처處,	태胎	태態
공-3̆	1̄,	3̆	1̄,	3̆	1̄
북-3	2̄,	2	2,	2	3̄
평坪	평評,	한韓	한漢,	훈勳	훈訓
공-3̆	1̄,	3̆	1̄,	3̆	1̄
북-2	2,	3	3,	3	2
군軍	군郡,	우優	우右,	서西	서署
공-3̆	1̄,	3̆	1̄,	3̆	1̄
북-3	2̄,	2	3,	2	2

2. 한'자 2음절의 공통조에서 동음이조어의 등차적 형태와 이에 대한 북청 방언의 대비

공통조에서 기음을 생각하지 않고 인구어식으로 다만 한 단어 자체 안에서의 서로 음절 대비만 하여 그 중의 높은 음절에만 악센트 점을 찍는 것으로는 음조의 표시가 되지 못 한다. 례를 들어 유지(有志)는 1̄2 음정이고 유지(維持)는 23 음정이다. 앞의 단어나 뒤의 단어에 다 뒤음절에

19

악센트가 붙는다. 때문에 다만 뒤음절이 높다는 그것만으로는 그 말들의 음조를 바로 전달하여 그 말의 뜻을 알아 낼 수가 없다. 왜냐 하면 그 말들의 기음이 서로 다르기 때문이다. 이런 단어들을 북청 방언 음조와 대비하면 아래와 같다.

한'자어 동음이조어의 대비

한'자음	한'자	한'자 음의 음조	공통 조의 음조	북청 방언의 음조	한'자음	한'자	한'자 음의 음조	공통 조의 음조	북청 방언의 음조
정원	庭園	3, 3	23	23	안전	安全	3, 3	23	23
정원	定員	1, 3	12	31	안전	眼前	1, 3	12	23
영화	榮華	3, 3	23	23	전신	全身	3, 3	23	23
영화	映畫	1, 1	12	23	전신	電信	1, 1	12	31
연기	延期	3, 3	23	23	조선	朝鮮	3, 3	23	23
연기	演技	1, 1	12	23	조선	造船	1, 3	12	23
량식	糧食	3, 3	23	23	유지	維持	3, 3	23	23
양식	養殖	1, 3	12	23	유지	有志	1, 3	12	23
간장	肝腸	1, 1	23	23	건강	乾薑	3, 3	23	23
간장	肝臟	1, 1	12	23	건강	健康	1, 3	12	23
건재	乾材	3, 3	23	23	경사	傾斜	3, 3	23	23
건재	建材	1, 3	12	23	경사	慶事	1, 1	12	31
공명	功名	3, 3	23	23	공포	空砲	3, 3	23	23
공명	共鳴	1, 3	12	23	공포	恐怖	1, 3	12	23
구성	構成	3, 3	23	23	구조	構造	3, 1	23	23
구성	救星	1, 3	12	23	구조	救助	1, 1	12	23
근경	根莖	3, 3	23	23	개성	開城	3, 3	23	23
근경	近景	1, 3	12	23	개성	個性	1, 1	12	23
과정	課程	3, 3	23	23	사정	私情	3, 3	23	23
과정	過程	1, 3	12	31	사정	事情	1, 3	12	23
시가	詩歌	3, 3	23	23	전문	專門	3, 3	23	23
시가	市街	1, 3	12	23	전문	電文	1, 3	12	23
동기	同期	3, 3	23	23	성명	聲明	3, 3	23	31
동기	冬期	3, 3	12	23	성명	姓名	1, 3	12	31

20

思考 사고 3, 3 23 31 事故 사고 1, 1 12 31

조가 전도되는 2음절어의 한'자어들이 공통조에서는 그 음정들이 같은 것도 있고 다른 것도 있으나 음조의 전도만은 다 같은 것이다. 그러나 이런 한'자어들이 북청 방언의 음조에서는 아주 달리 되었다. 그 예들은 아래와 같다.

한'자음	한'자	한'자 음의 음조	공통 조의 음조	북청 방언의 음조	한'자음	한'자	한'자 음의 음조	공통 조의 음조	북청 방언의 음조
전자	前者	3, 3	31	31	전후	前後	3, 1	31	23
전자	電子	1, 3	12	31	전후	戰後	1, 1	12	31
전직	前職	3, 3	31	31	조회	朝會	3, 1	31	23
전직	轉職	1, 3	12	31	조회	照會	1, 1	12	23
화합	和合	3, 3	31	23	양식	樣式	3, 3	31	23
화합	化合	1, 3	12	23	양식	養殖	1, 3	12	23
염증	炎症	3, 1	31	23	우량	優良	3, 3	31	23
염증	厭症	1, 1	12	23	우량	雨量	1, 1	12	23
유지	油紙	3, 3	31	23	이전	移轉	3, 1	31	31
유지	有志	1, 3	12	23	이전	以前	1, 3	12	31
감상	鑑賞	3, 3	31	31	감정	鑑定	3, 1	31	23
감상	感想	1, 3	12	31	감정	感情	1, 3	12	23
강화	強化	3, 1	31	32	경각	頃刻	3, 3	31	23
강화	講話	1, 1	12	23	경각	警覺	1, 3	12	23
경비	經費	3, 1	31	23	고도	高度	3, 1	31	23
경비	警備	1, 1	12	31	고도	古都	1, 3	12	23
고목	枯木	3, 3	31	23	고사	考査	3, 1	31	23
고목	古木	1, 3	12	23	고사	故事	1, 1	12	23
고소	苦笑	3, 1	31	23	동상	銅像	3, 3	31	31
고소	告訴	1, 3	12	23	동상	凍傷	1, 3	12	31
동자	童子	3, 3	31	31	대장	隊長	3, 1	31	31
동자	瞳子	3, 3	12	31	대장	大將	1, 1	12	31
대지	垈地	3, 3	31	31	무기	無期	3, 3	31	31
대지	大地	1, 3	12	31	무기	武器	1, 3	12	31
반주	飯酒	3, 3	31	23	산수	山水	3, 3	31	23
반주	伴奏	1, 1	12	31	산수	算數	1, 1	12	31

21

한'자음	한'자	한'자 음의 음조	공통 조의 음조	북청 방언의 음조	한'자음	한'자	한'자 음의 음조	공통 조의 음조	북청 방언의 음조
산소	山所	3, I	31	23	시가	媤家	3, 3	31	31
산소	酸素	I, I	I2	31	시가	市街	I, 3	I2	23
조상	祖上	3, I	31	31	호수	戶數	I, I	I2	31
조상	吊喪	I, 3	I2	31	호수	湖水	3, 3	31	23
화기	和氣	3, 3	31	31	자료	飼料	3, I	31	23'
화기	火氣	I, 3	I2	31	자료	史料	I, I	I2	23'
구명	究明	3, 3	31	31					
구명	救命	I, I	I2	31					

북청 방언의 음조

—음조론(音調論)—

1. 고유 조선어의 음조

제 1 절 1음절어의 음조 형태

북청 방언의 단음절어에는 높이에서 두 계단이 있을 뿐이고, 공통조의 1 계단과 같이 낮은 소리는 없다. 그래서 음고의 2 계단과 3 계단은 공통조와 대체로 같다. 그런데 공통조의 단음절어에는 음고가 1, 2, 3 세 계단이 있고 그 중에도 1, 2 두 계단에는 각각 장음이 있으나 3 계단만은 짧은 소리 뿐이다.

북청 방언의 단음절 단어의 음조는 여섯 가지 즉 고저에서는 2 계단과 3 계단이나 이 두 가지 음계가 각각 짧은 소리, 긴소리, 끝숙이는 소리를 가지였기 때문에 음조로는 여섯 가지가 된다.

이 여섯 가지의 배렬을 들면 아래와 같다.

2 형태

2 형태		2 형태	2' 형태
곱〔명〕倍, 膿의	(3)	게〔명〕蟹 (I)	살〔명〕肉 (2)
꽃〔명〕花	(꽃3)	두〔수〕二 (I)	
낯〔명〕顔	(3)	메〔명〕山 (I)	
밑〔명〕底	(3)	걸〔명〕傍 (걸3)	
밤〔명〕夜	(3)	해〔명〕太陽(3)	
이〔명〕齒	(3)	우〔명〕上 (3)	

2 형태		2 형태		2' 형태
장〔명〕 市	(3)			
조〔명〕 粟	(3)			
앞〔명〕 前	(3)	쉬〔부〕 易	(1)	
줄〔명〕 絃	(3)	온〔관〕 全	(2)	
집〔명〕 家	(3)	올〔명〕 絲條	(1)	
치〔명〕 箕	(ㅋ3)	외〔명〕 瓜	(1)	
칸〔명〕 間	(간3)	잘〔부〕 好	(2)	
콩〔명〕 大豆	(3)	펙〔부〕叫聲	(3)	
태〔명〕 胎	(2)			
테〔명〕 圈線	(3)			
한〔관〕 一	(2)			
활〔명〕 弓	(활3)			
홉〔명〕 合	(3)			
꼭〔부〕	(3)			
딴〔관〕 別	(3)			
똑〔부〕	(3)			

3 형태

3 형태		3 형태		3' 형태	
값〔명〕 價	(3)	갈〔명〕 芦	(1)	골〔명〕 腦	(2)
겉〔명〕 表	(3)	잣〔명〕 菜名	(3)	난〔대〕	(2)
굽〔명〕 蹄	(3)	걸〔명〕 梱의	(걸2)	너〔수〕 四	(1)
글〔명〕 文	(3)	결〔명〕 憤	(3)	너〔대〕 汝	(3)
기〔명〕 耳	(귀3)	곧〔명〕 處	(2)	널〔명〕 板	(1)
개〔명〕 浦	(2)	곰〔명〕 熊	(1)	논〔명〕 畓	(3)
날〔명〕 經	(3)	금〔명〕 價	(2)	네〔수〕 四	(1)

---

* 괄호 안의 수'자는 공통조의 표시

24

3 형태		3 형태		3' 형태	
남〔대〕 他	(2)	개〔명〕 犬	(1)	달〔명〕 月	(3)
눈〔명〕 雪	(1)	날〔명〕 刄	(3)	돈〔명〕 錢	(1)
늪〔명〕 沼	(늪3)	납〔명〕 鉛	(3)	돌〔명〕 石	(1)
늬〔명〕 쌀의	(뉘3)	낫〔명〕 鎌	(3)	말〔명〕 語	(1)
닥〔명〕 楮	(3)	눈〔명〕 眼	(3)	맛〔명〕 味	(3)
둑〔명〕 防築	(3)	다〔부〕 皆	(1)	모〔명〕 方	(2)
대〔명〕 竹	(2)	덜〔부〕 不足	(1)	몸〔명〕 身	(3)
마〔명〕 薯	(3)	덤〔명〕 加給	(1)	물〔명〕水，染	(3)
밀〔명〕 小麥	(3)	둘〔수〕 二	(1)	밀〔명〕 蠟	(1)
매〔명〕 鷹	(1)	대〔명〕 莖	(2)	발〔명〕 足	(3)
석〔수관〕 三	(1)	되〔명〕 升	(2)	범〔명〕 虎	(1)
섬〔명〕石 (곡식의)	(3)	뒤〔명〕 後	(1)	병〔명〕 病	(1)
성〔명〕 兄	(형3)	맘〔명〕 心	(2)	베〔명〕 稻	(벼3)
솔〔명〕 松	(3)	모〔명〕 苗	(3)	불〔명〕 火	(2)
새〔명〕 鳥	(1)	묵〔명〕 메밀의	(3)	손〔명〕 手	(2)
셋〔수명〕 三	(1)	벗〔명〕 友	(벗1)	삼〔명〕 痲	(2)
엄〔명〕 芽	(1)	별〔명〕 星	(1)	성〔명〕	(1)
옴〔명〕 疥癬	(1)	볼〔명〕 頰	(3)	절〔명〕 拜，寺	(3)
이〔명〕 虱	(3)	봄〔명〕 春	(3)	중〔명〕 僧	(1)
잎〔명〕 葉	(3)	빗〔명〕 梳	(3)	질〔명〕 道	(길3)
애〔명〕 腸子	(1)	베〔명〕 麻布	(2)	춤〔명〕 舞	(3)
옛〔관〕 舊	(2)	솜〔명〕 棉	(1)	떡〔명〕 餠	(3)
웨〔부〕 何故	(왜2)	살〔명〕 矢，蜂針	(3)	빤〔명〕 木理	(결3)
자〔명〕 尺	(2)	신〔명〕 履	(3)	쌀〔명〕 米	(3)
접〔명〕 複	(겹2)	세〔명〕 舌	(혀3)		
재〔명〕 灰	(2)				

25

3 형태	3̄ 형태	3' 형태
쥐〔명〕 鼠 (3)	알〔명〕 卵, 粒(3)	
참〔명〕 眞 (3)	얼〔명〕 精神 (1̄)	
철〔명〕 節氣 (3)	엿〔명〕 飴 (2)	
촉〔명〕 苗술 (3)	요〔관〕 此 (2)	
춤〔명〕 葛 (3)	움〔명〕 土窟, 根芽(1̄)	
체〔명〕 篩 (체3)	일〔명〕 事 (1̄)	
코〔명〕숫고름의(고2)	임〔명〕 主人 (1̄)	
팔〔명〕 腕 (3)	입〔명〕 口 (3)	
품〔명〕 衣胴 (3)	잣〔명〕 栢實 (1̄)	
꿀〔명〕 蜜 (3)	절〔명〕 箸 (2)	
끝〔명〕 末 (3)	짐〔명〕 蒸氣 (김1̄)	
뜸〔명〕 灸 (3)	짐〔명〕 負荷 (3)	
	짓〔명〕 行動 (1̄)	
	깃〔명〕 羽, 襟(깃3)	
	천〔명〕 織物 (1̄)	
	칼〔명〕 刀 (3)	
	키〔명〕 身長 (3)	
	탈〔명〕 假面 (1̄)	
	톱〔명〕 鋸 (3)	
	파〔명〕 葱 (2)	
	끌〔명〕 鑿 (3)	
	떼〔명〕 筏 (3̄)	
	뺨〔명〕 頰 (뺨3)	
	뿔〔명〕 角 (3)	
	쑥〔명〕 艾 (3)	

제 2 절 2음절어의 음조 형태

2음절어의 음조 형태에는 기본적 형태로 고저에서 23, 31, 32 형태이고 여기에 부차적 형태로 긴소리와 끝숙이는 소리가 있다. 그리 하여 모두 열 한 가지의 음조 형태가 있다. 그것들은 다음과 같다.

ㄱ, 23, 2̄3, 23̄, 23'

ㄴ, 31, 3̄1, 3'1

ㄷ, 32, 3̄2, 3'2, 32'

ㄱ. 23 형태의 례들:

가매〔명〕 (가마31)	가슴〔명〕 胸 (31)	가시〔명〕 棘 (31)
각시〔명〕 新婦 (31)	갈퀴〔명〕農具의鉤(31)	거리〔명〕 (31)
걸리〔명〕 (걸레31)	걸음〔명〕 (31)	구리〔명〕 (31)
곰치〔명〕 (곰팡1̄3)	나빠〔부〕 卑 (32)	노래〔명〕 (31)
달다〔형〕 甘 (31)	달리〔명〕 (달래31)	두리〔명〕 (둘레31)
둘죽〔명〕 (31)	뛰다〔동〕 跳 (31)	망치〔명〕 (마치31)
마개〔명〕 栓 (31)	모리〔명〕 (모이31)	뭉치〔명〕 (31)
무기〔명〕 (무게31)	바닥〔명〕 底 (31)	버릇〔명〕 (31)
부채〔명〕 扇 (31)	비슬〔명〕 (벼슬31)	베리〔명〕 (벼루31)
사슬〔명〕 (31)	선비〔명〕 士 (31)	스풀〔명〕 (수풀31)
아들〔명〕 (31)	어지〔명〕 (어제31)	엿새〔명〕 六日(31)

2̄3 형태의 례들:

갈비〔명〕 肋骨 (31)	개미〔명〕 蟻 (3̄1)	마지〔부〕最終(마저23)
아주〔부〕 不返 (31)	잔뜩〔부〕 (1̄3)	졸졸〔부〕 (3̄1)

23̄ 형태의 례들

가지〔명〕 種類(31)	거기〔대〕 (31)	걸금〔명〕 (거름23)
괴기〔명〕 (고기31)	고래〔명〕 鯨 (23)	고리〔부〕 (골고루231)
공비〔명〕 (공부23)	국시〔명〕 (국수31)	그물〔명〕 網 (31)
나비〔명〕 蝶 (31)	누룩〔명〕 麴 (31)	느비〔명〕 (누에31)
냄비〔명〕 (남비23)	더품〔명〕 (거품31)	도매〔명〕 (도마31)
되삐〔부〕 (도루23)	마리〔명〕 (머리31)	모래〔명〕 (31)

23 형태의 례들:

무지〔명〕 (무더기231) 매레〔명〕 (감탕31) 무시〔대〕 (무엇23)
바우〔명〕 (바위31) 버덕〔명〕 (버덩23) 복사〔명〕 (복숭아231)
부끼〔명〕 梭(북3) 비눌〔명〕 鱗 (비늘31) 사침〔명〕 (사슴31)
성쉬〔명〕 興(신3) 손지〔명〕 (손자31) 수끼〔명〕 炭 (숯3)
안죽〔부〕 (아직31) 여름〔명〕 夏 (31) 용새〔명〕 (농사31)
이슬〔명〕 露(31) 점슴〔명〕 (점심12) 지츰〔명〕 (기침31)
질거〔부〕 (지레23) 짐치〔명〕 (김치31)

23' 형태의 례들:

거미〔명〕 蜘蛛 (31) 초매〔명〕 (치마23) 다숫〔수〕 五 (다섯31)
혼자〔부〕 (31) 마눌〔명〕 蒜 (31) 가새〔명〕 (가위31)
고상〔명〕 (고생31) 몸살〔명〕 (31) 메지〔명〕 (메주31)
지벙〔명〕 (지붕23) 허리〔명〕 (31)

ㄴ. 31 형태의 례들:

가지〔명〕	枝	(31)	골묵〔명〕		(23)
꼼배〔명〕	丁	(고무래231)	곱다〔형〕	麗	(T1)
귀레〔부〕		(구태여231)	누순〔명〕		(누두나물2312)
다만〔부〕	但	(12)	도깝〔명〕		(도깨비231)
드리〔명〕	豆腐粕	(비지31)	망돌〔명〕	磨石	(매2)
본디〔명〕	本來	(31)	부질〔명〕		(부저'가락3221)
샘치〔명〕	泉	(샘T)	아삭〔부〕		(T2)
이리〔부〕	此方	(31)	애끼〔명〕		(아우23)
옛말〔명〕	古談	(T1)	잔다〔동〕		(31)
장님〔명〕	盲人	(T1)	저기〔대〕	彼處	(31)
지니〔명〕		(지네31)	진장〔부〕	早速	(진작11)

31 형태의 례들:

가을〔명〕	旱	(31)	물다〔동〕	償	(T1)
갈다〔동〕	耕	(T1)	버리〔명〕	蜂	(벌T)
거줏〔명〕	假	(거짓T2)	불질〔명〕	射	(31)
달다〔동〕	懸	(21)	설음〔명〕	悲	(T2)
부러〔부〕	故意	(31)	야단〔명〕	責	(T2)

28

감지〔명〕		(감자23)	오리〔명〕		(31)
고름〔명〕	膿	(23)	옛날〔명〕		(T2)
날래〔부〕	急速	(31)	적구〔형〕	少	(적고T2)
메다〔형〕	固,成	(되다T1)	좋다〔형〕	好	(T1)
질다〔형〕		(길다T1)	새지〔명〕		(송아지231)
어뗀〔관〕		(T2)	염소〔명〕	羊	(31)
이태〔명〕	二年	(31)	장게〔명〕		(장가31)
준다〔동〕	減	(준다T1)	호박〔명〕	胡瓜	(23)

3'1 형태의 례들:

걱정〔명〕	憂	(31)	겨울〔명〕		(겨울31)
고리〔명〕	環	(31)	고뿔〔명〕		(감기T2)
골미〔명〕	骨田	(골무31)	곰보〔명〕	痘痕	(12)
곶감〔명〕	乾柿	(31)	낙지〔명〕	鰑	(31)
도미〔명〕	鯛	(T2)	마양〔부〕	每樣	(메양23)
많이〔부〕	多	(23)	목수〔명〕	木工	(31)
몽매〔명〕	姿勢	(몸매31)	무당〔명〕	巫女	(23)
뭉의〔명〕	紋	(무늬31)	미기〔명〕	藿	(미역31)
미리〔부〕	豫	(31)	밤일〔명〕	夜勤	(31)
방아〔명〕	舂	(23)	방울〔명〕	鈴	(31)
보배〔명〕	寶	(23)	비기〔명〕		(비계23)
서리〔명〕	霜	(21)	실기〔명〕	떡의 일종	(설기31)
아름〔명〕	抱	(31)	아래〔명〕	下	(31)
앙개〔명〕		(안개T2)	어째〔부〕	何故	(어찌T2)
억지〔명〕	固執	(31)	영석〔명〕		(응석31)
온다〔동〕	來	(31)	옵세〔동〕	來	(오시오321)
우물〔명〕	井	(31)	운다〔동〕	泣	(T1)
이마〔명〕	頂	(31)	이뤠〔명〕	七日	(이레31)
얘기〔명〕		(이야기231)	잔치〔명〕	宴	(31)
짜다〔형〕	鹹	(31)	저울〔명〕	衡	(31)
조카〔명〕	姪	(31)	질쌈〔명〕		(길쌈31)
춘티〔명〕		(23)	치배〔명〕	鱧鰛	(절배31)
헌디〔명〕		(헌데T2)			

29

ㄷ. 32 형태의 례들:

사람[명] (23) 사이[명] 間 (31)
아우[명] 弟 (31) 암만[부] (1̄2)

3̄2 형태의 례들:

가래[명] 鍬 (31) 개암[명] 榛實 (23)
갯물[명] (내'물12) 갱이[명] 浦 (개2)
너이[수] 四 (1̄2) 놀이[명] 戱 (31)
눈물[명] 雪水 (1̄2) 눈치[명] (31)

3'2 형태의 례들:

나래[명] 羽 (31) 나이[명] 才 (31)

제 3 절 3음절어의 음조 형태

3음절어의 음조 형태에는 기본 형태로 고저에서 123, 231, 232, 321 형태들이다. 여기에 부차적 형태로 긴소리와 끌숙이는 소리가 있어 모두 열 두 가지의 음조 형태가 된다.

ㄱ, 123
ㄴ, 231, 2̄31, 23̄1, 2'31, 2̄3̄1
ㄷ, 232, 232', 23̄2
ㄹ, 321, 3'21, 3̄21

ㄱ. 123 형태의 례들:

간지럼[명] 痒 (231) 골고루[부] 均等 (321)
그처럼[부] (321) 관지떼[명] (광대뼈231)
볼우물[명] 靨 (보조개213) 부르르[부] (123)
손어림[명] (231) 아무리[부] 雖 (123)
안사람[명] (321) 푸시시[부] (부수수123)
선보름[명] 上旬 (231) 그까짓[관] (231)
부지지[부] (123) 오도독[부] (123)

ㄴ. 231 형태의 례들:

가름매[명] (가리마231) 가마니[명] (321)
가지다[동] 持 (321) 간질다[형] (가날프다2321)
고사떼[명] (고사리231) 곰추다[동] (감추다231)
그제끼[명] (그저께321) 나들이[명] 外出 (321)
놀가지[명] (노루23) 눈동자[명] 瞳子 (321)
느브리[명] 夕照 (노을31) 달달이[부] (다달이212)
도무깨[명] (도리깨231) 마르다[동] 乾 (231)
막댕기[명] 棍 (막대기231) 먹이다[동] (먹이다321)
뫼았다[동] (모였다231) 비려서[부] (비로소321)
비리다[형] (231) 수루개[명] (소리개231)
자불다[동] (졸다31) 진달리[명] (진달래231)
채'다리[명] 篩台 (체'다리321) 푸성귀[명] 菜蔬 (321)
해치다[동] (321) 앓이다[동] (앓히다321)
어둡다[형] 暗 (321) 어렵다[형] (어렵다321)
여럿이[부] 衆 (321) 이르다[형] 早 (321)
위기다[동] (우기다321)

2̄31 형태의 례들:

눈석이 [명] 雪水 (눈석이1̄21) 내쫓다 [동] 追出 (231)
내키다 [동] 慾 (2̄31) 상기다 [동] (삼가다231)
서리다 [동] (2̄31) 주멍이 [명] (주머니231)

23̄1 형태의 례들:

내배다 [동] 滲透 (내배다23̄1)

2'31 형태의 례들:

망오래 [명] (보무라지2321)

2̄3̄1 형태의 례들:

가으내 [부] 秋中 (2̄3̄1) 고등애 [명] (고등어221)
구멩이 [명] (구덩이231) 모지다 [형] (사납다231)
비슷이 [부] (비슷이231) 살랑이 [부] (살며시121)
송고지 [명] (송곳12) 지긋이 [부] (2̄3̄1)

아망이 〔명〕 (할머니321) 아방이 〔명〕 (할아버지3221)
야듧재 〔수〕 (여덟째321) 언짢다 〔형〕 (언잖다231)
여비다 〔형〕 (여위다321) 오매마 〔명〕 (올매미321)
울리다 〔동〕 (321)

ㄷ. 232 형태의 례들:

구멩이〔명〕 (구멍이231)

232' 형태의 례들:

계집아 〔명〕 女兒 (계집애231) 소나모 〔명〕 (소나무231)
쉰다숫 〔수〕 (쉰 다섯231) 열하배 〔수〕 (열 하나231)

232 형태의 례들:

해푸름 〔명〕 (하품이321)

ㄹ. 321 형태의 례들:

가운데 〔명〕 中 (231) 가쁘다 〔형〕 過重 (231)
갑자기 〔부〕 急 (231) 전배기 〔명〕 (231)
걸치다 〔동〕 經 (321) 날가리 〔명〕 (231)
마누라 〔명〕 (231) 못하다 〔형〕 未及 (231)
제껌에 〔부〕 (제풀에231) 처지다 〔동〕 下垂 (231)
아호리 〔명〕 九日 (아흐래321) 오매비 〔명〕 (321)

321 형태의 례들:

거머리 〔명〕 水蛭 (231) 메롭다 〔형〕 (머럽다231)
답애두 〔부〕 (많아도231) 면히게 〔부〕 (멀거니121)
메누리 〔명〕 (며느리321) 서뿔기 〔부〕 (서뿔리132)
지그릇 〔명〕 (질그릇321) 지지기 〔명〕 (기지개231)
쪼곰만 〔부〕 (조곰만121)

3'21 형태의 례들:

가늘다 〔형〕 細 (321) 금보다 〔동〕 評價 (121)
모시다 〔동〕 侍 (231) 반하다 〔동〕 惑 (121)
어지다 〔형〕 賢 (321) 우쁘다 〔형〕 (우습다121)
깡그리 〔부〕 (고스란히1231)

제 4 절 다음절어의 음조 형태

1. 4음절어의 음조 형태

4음절어의 음조 형태에는 기본 형태로 고저에서 세 가지 곧 1231, 2321,3221 형태가 있고 여기에 부차적 형태로 긴소리와 글숙이는 소리가 합하여져 열 두 가지의 음조 형태가 된다. 즉 그것들은 다음과 같다.

ㄱ, 1231, 1231, 1231
ㄴ, 2321, 2321, 2321, 2321, 2'321, 23'21
ㄷ, 3221, 3221, 3221

ㄱ. 1231 형태의 례들:

가리우다 〔동〕 蔽 (1231) 모트박비 〔명〕 (모지랑비1231)
메스접다 〔형〕 (1231) 부스다지 〔명〕 (부지깽이1231)
부스러기 〔명〕 屑 (1231) 불쏘시개 〔명〕 (1231)
서거프다 〔형〕 (서글프다1231) 순질겁다 〔형〕 (수더분하다12321)
지새는달 〔명〕 殘月 (1231) 아주머니 〔명〕 (1231)

1231 형태의 례들:

지나재나 〔부〕 晝夜 (1231) 이만저만 〔부〕 (1231)

1231 형태의 례들:

몬드멋붓 〔명〕 禿筆 (모지랑붓1231) 보푸래기 〔명〕 起屑 (1231)
슬그망이 〔부〕 (슬그머니1231) 주먹손이 〔명〕 (조막손이1221)

ㄴ. 2321 형태의 례들:

가르치다 〔동〕 敎 (2321) 갈마드다 〔동〕 交替 (갈아드다3221)
갈팡질팡 〔부〕 (2321) 건드리다 〔동〕 (2321)
고수머리 〔명〕 (2321) 날카롭다 〔형〕 (2321)
너부랑이 〔명〕(나부랑이2321) 농지거리 〔명〕 (2321)
도르마리 〔명〕 織布具(2321) 미끈하다 〔형〕 (2321)
반드럽다 〔형〕 (2321) 발자르다 〔형〕 僅及 (바듯하다2321)

버릍개지 〔명〕	(2321)	볶이우다 〔동〕	(부대끼다2321)
부러지다 〔동〕	(2321)	붙음붙이 〔명〕	(붙임성231)
벤빈하다 〔형〕	(번번하다2321)	시집살이 〔명〕	(2321)
저지르다 〔동〕	(2321)	차지하다 〔동〕	(3221)
펄펄뛰다 〔동〕	(2321)	해바라기 〔명〕	(3221)
알뜰하다 〔형〕	(2321)	엎지르다 〔동〕	(2321)
오므리다 〔동〕	(2321)		

2321 형태의 례들:

가살쓰다 〔형〕	(간사하다3221)	게면적다 〔형〕	(미안적다1221)

2321 형태의 례들:

구수하다 〔형〕	(2321)	누누하다 〔형〕	(2321)
버젓하다 〔형〕	(2321)	본토백이 〔명〕	(2321)
북실개다 〔동〕	(북대기다2321)	부득부득 〔부〕	(2321)
불깃하다 〔형〕	(2321)	붉디붉다 〔형〕	(2321)
비슷하다 〔형〕	(2321)	서리바람 〔명〕	(2123)
서분하다 〔형〕	(서운하다2321)	소란하다 〔형〕	(2321)
잠잠하다 〔형〕	(2321)	자욱하다 〔형〕	(2321)
진득하다 〔형〕	(2321)	진펀하다 〔형〕	(2321)
최최하다 〔형〕	(초라하다3221)	트짓하다 〔형〕	(트적지근하다232321)
푸근하다 〔형〕	(2321)	호릿하다 〔형〕	(2321)

2321 형태의 례들:

동내어른 〔명〕	(동네어른2321)	미수가루 〔명〕	(3222)
시아방이 〔명〕	(시아버지 2321)	오라방이 〔명〕	(오라버니 2321)

2'321 형태의 례들:

사이좋다 〔형〕	(정답다 3221)	타이르다 〔동〕	(3221)

23'21 형태의 례들:

해매지다〔형〕	(헐떡하다 232)

34

ㄷ. 3221 형태의 례들:

가든하다 〔형〕	(2321)	그래서리 〔부〕	(그래서 231)
목불장군 〔명〕	(3231)	머처지다 〔동〕	(머무르다 2321)
성가시다 〔형〕	(2321)	치달리다 〔동〕	(시달리다 2321)
탐스럽다 〔형〕	(2321)		

3221 형태의 례들:

가다듬다 〔동〕	(2321)	물어뜯다 〔동〕	(3221)
모자라다 〔동〕	(2321)	부리나케 〔부〕	(3221)
세세보다 〔동〕	(세세히 보다 23121)	트러지다 〔동〕	(3221)
홀쭉하다 〔형〕	(2321)		

3221 형태의 례들:

차곡차곡 〔부〕 (1211)

2. 5음절어의 음조 형태

5음절어의 음조 형태에는 기본적으로 표저에서 12321, 23321, 32121 세 형태들이 있다. 여기에 또 부차적 형태로 긴소리와 끝숙이는 소리가 합하여 모두 아홉 가지의 음조 형태가 된다.

ㄱ, 12321, 12321

ㄴ, 23321, 23321

ㄷ, 32121, 32121

32121, 3'2121

ㄱ. 12321 형태의 례들:

덜머멍총각 〔명〕		(떠꺼머리 총각 2321)
미끄러지다 〔동〕	滑	(12321)
보잘것없다 〔형〕	弱小	(21321)
으슬개치다 〔형〕		(친저리치다 12331)

12321 형태의 례들:

꼬부장하다 〔형〕 曲 (12321)

35

미지근하다 〔형〕 微溫 (12321)
버드르하다 〔형〕 (버드름하다12321)
새무룩하다 〔형〕 (새무룻하다32321)
아스스하다 〔형〕 惡寒 (12321)

ㄴ. 23321 형태의 례들:

가물거리다 〔동〕 耿 (23231)
거들거리다 〔동〕 (거드럭거리다123231)
구불따리다 〔동〕 (구울뜨리다23321)
눈골사납다 〔형〕 不快感 (32231)
될성부르다 〔형〕 (32231)
미끈거리다 〔동〕 潤滑 (23231)
바둥거리다 〔동〕 (23231)
손거스러미 〔명〕 (23221)
수선스럽다 〔형〕 (23231)
오새꾸레기 〔명〕 輕佻人 (23231)

ㄷ. 32121 형태의 례들:

미끄러지다 〔동〕 滑 (23221) 버르장머리 〔명〕 (32121)
번갈아드다 〔동〕 交代 (12321) 술렁거리다 〔동〕 (23231)
심술부리다 〔동〕 (23321) 재재거리다 〔동〕 多辯 (23231)
욕심부리다 〔동〕 (23231)

32121 형태의 례들:

지지개친다 〔동〕 기지개편다 (23231) 홍정붙이다 〔동〕 (23231)

32Ī21 형태의 례들:

지저분하다 〔형〕 (22Ī21) 해말쑥하다 〔형〕 (21321)

3'2121 형태의 례들:

거북스럽다 〔형〕 (23231)

3. 6음절어의 음조 형태

6음절어의 음조 형태에는 기본 형태로서 고저에서 121221, 122321,

36

123123, 123321, 232321, 321231, 321321, 322321 형태들이다. 여기에 부차적 형태로 긴소리를 더하여 모두 열 네 가지의 음조 형태가 있다.

ㄱ. 앞낮은 소리: 121221, 122321, 122321, 123123, 123123, 123321, 123321

ㄴ. 앞판판한 소리: 232321, 232321, 232321

ㄷ. 앞높은 소리: 321221, 321321, 321321, 322321

ㄱ. 앞 낮은 소리

121221 형태의 례들:

서름서름하다 〔형〕 (121231) 오글오글하다 〔동〕 (121231)
선들선들하다 〔형〕 (121231) 전들전들하다 〔동〕 (121231)

122321(변종으로 122321) 형태의 례들:

가느스름하다 〔형〕 (122321) 가무잡잡하다 〔형〕 (122321)
불그스름하다 〔형〕 (122321) 불그레레하다 〔형〕 (122321)
누르퉁퉁하다 〔형〕 (122321)

123123(변종으로 123123) 형태의 례들:

부스럭부스럭 〔부〕 (123123) 덜크덕덜크덕 〔부〕 (123123)
서르렁서르렁 〔부〕 (123123)

123321 형태의 례들:

거치장스럽다 〔형〕 (123321) 거치적거리다 〔동〕 (123231)
걸잡지못하다 〔동〕 (123321) 바르작거리다 〔동〕 (123231)
발버둥질하다 〔동〕 (321221) 부스러뜨리다 〔동〕 (123231)
시시덕거리다 〔동〕 (123231) 장그랑거리다 〔동〕 (123231)

123321 형태의 례들:

번주그레하다 〔형〕 (123321) 보숙스름하다 〔형〕 (212321)
불구디디하다 〔형〕 (불그레레하다123321)

ㄴ. 앞 판판한 소리

232321 형태의 례들:

그만그만하다 〔형〕 (232331) 난다긴다하다 〔동〕 (232331)
사부랑거리다 〔동〕 (323231) 어금버금하다 〔형〕 (어금지금하다232331)

37

옥신각신하다 〔동〕 (232331)

232321 형태의 례들:

부리부리하다 〔형〕 (232331)　　붐스그레하다 〔형〕 (232331)
설경설경하다 〔형〕 (232331)　　후리후리하다 〔형〕 (232321)
어섬푸레하다 〔형〕 (122331)

232321 형태의 례들:

퍼정퍼정하다 〔형〕　　(뽀롱뽀롱하다232331)

ㄷ. 앞뜸은 소리

321221 형태의 례들:

구부러뜨리다 〔동〕 (123221)　시원섭섭하다 〔형〕 (322121)
희번덕거리다 〔동〕 (123231)　억실억실하다 〔형〕 (322331)
엉거주춤하다 〔형〕 (232331)　알랑알랑하다 〔동〕 (232331)
까마아득하다 〔형〕 (깜아득하다　22321)

4. 7~8 음절어의 음조 형태들

ㄱ. 거들머들거리다　〔동〕　(2123231)　해반드그러하다 〔형〕　(2232321)
허위적거리다　　　　(232231)　해반주구러하다　　　(3212331)

ㄴ. 조몰락조몰락하다 〔동〕 (12312321)
　　　　〃　　　　　　　(12312331)

제 5 절　공고한 단어 결합과 성구의 음조 형태와 그 법칙성

둘 이상의 명사들이 합하거나 만날 때 그 단어들이 대등적이거나 종속적이거나를 물론하고 본래의 음조를 그 대로 나타내지 못 한다. 즉 생리적, 심리적인 제약성 또는 습관성에 의해 이러저러하게 변하게 된다.

이러한 것을 몇 가지로 나누어 고찰하여 보면 다음과 같다.

1. 북청 방언에서는 단음절어의 1 계단이 없고 2와 3의 두 계단이 있는데

38

이 가운데에서도 2 계단은 적고 3 계단이 많다. 이 3 계단인 단음절 둘이 합할 때에는 대체로 앞의 음절의 음정이 한 계단 낮게 난다. 이것은 공통어의 음조와는 반대되는 현상이다. 례를 들어 보면 아래와 같다.

복합 명사의 음조 법칙

1) 1음절어 둘이 합한 단어

ㄱ. 대등적인 관계에서: * 북은—북청 방언조
　　　　　　　　　　　　공은—공통조

	각단어	합성어	각조	합성조	한'자
북.	물, 불	→ 물불	3', 3'	→ 23	水火
공.	〃, 〃	→ 〃 〃	3, 3	→ 31	
북.	말, 쇠	→ 마쇠	3, 3	→ 23	馬牛
공.	〃, 소	→ 마소	3, 3	→ 31	
북.	옷, 밥	→ 옷밥	3, 3	→ 23	衣食
공.	〃, 〃	→ 〃 〃	3, 3	→ 31	
북.	밤, 낮	→ 밤낮	3, 3	→ 32	夜晝
공.	〃, 〃	→ 〃 〃	3, 3	→ 31	
북.	눈, 코	→ 눈코	3, 3	→ 31	眼鼻
공.	〃, 〃	→ 〃 〃	3, 3	→ 31	
북.	총, 칼	→ 총칼	3, 3	→ 23	銃劍
공.	〃, 〃	→ 〃 〃	3, 3	→ 31	
북.	걸, 캐	→ 걸캐	3, 3	→ 23	栖의
공.	걸, 개	→ 걸개	3, 3	→ 31	
북.	모, 통	→ 모통	3, 3	→ 23	栖의
공.	〃, 도	→ 〃도	1, 1	→ 12	
북.	콩, 팥	→ 콩팥	3, 3	→ 23	
공.	〃, 〃	→ 〃 〃	3, 3	→ 23	
북.	엔, 늠	→ 엔늠	3, 3	→ 31	女男의비칭
공.	년, 놈	→ 년놈	3, 3	→ 31	

ㄴ. 종속적인 관계에서:

	각단어	합성어	각조	합성조	한'자
북.	감, 곶	→ 감곶	3, 3	→ 23	柿花
공.	〃, 꽃	→ 〃꽃	I, 3	→ 12	
북.	배, 곶	→ 배곶	3, 3	→ 23	梨花
공.	〃, 꽃	→ 〃꽃	3, 3	→ 31	

39

북. 대, 잎 → 대'잎 3, 3 → 23 竹葉
공. 〃, 〃 → 〃 〃 3, 3 → 31
북. 배, 씨 → 배씨 3, 3 → 23
공. 〃, 〃 → 〃 〃 3, 3 → 31
북. 솔, 씨 → 솔씨 3, 3 → 23 松實
공. 〃, 〃 → 〃 〃 3, 3 → 31
북. 새, 털 → 새털 3, 3 → 23
공. 〃, 〃 → 〃 〃 I, 3 → 12
북. 양, 털 → 양털 3, 3 → 23 羊毛
공. 〃, 〃 → 〃 〃 3, 3 → 31
북. 개, 뼈 → 개뼈 3, 2 → 32 狗骨
공. 〃, 뼈 → 〃뼈 I, 3 → 12
북. 말, 뼈 → 말뼈 3, 3 → 23 馬骨
공. 〃, 뼈 → 〃뼈 3, 3 → 31
북. 눈, 알 → 눈알 3, 3 → 23 眼球
공. 〃, 〃 → 〃 〃 3, 3 → 31
북. 귀, 창 → 귀창 3, 3 → 23 鼓膜
공. 〃, 청 → 〃청 3, 3 → 31
북. 국, 물 → 국물 3, 3 → 23 羹汁
공. 〃, 〃 → 〃 〃 3, 3 → 31
북. 손, 목 → 손목 3, 3 → 23 手腕
공. 〃, 〃 → 〃 〃 2, 3 → 21
북. 발, 목 → 발목 3, 3 → 23
공. 〃, 〃 → 〃 〃 3, 3 → 31
북. 손, 톡 → 손톡 3, 3 → 23 手甲
공. 〃, 〃 → 〃 〃 2, 3 → 21
북. 눈, 톡 → 눈톡 3, 3 → 31
공. 〃, 〃 → 〃 〃 3, 3 → 31
북. 밤, 알 → 밤알 3, 3 → 23 栗粒
공. 〃, 〃 → 〃 〃 I, 3 → 12
북. 콩, 알 → 콩알 3, 3 → 23
공. 〃, 〃 → 〃 〃 3, 3 → 31
북. 물, 때 → 물때 3',3 → 23
공. 〃, 〃 → 〃 〃 3, 3 → 31
북. 칼, 날 → 칼날 3',3 → 23 刃
공. 〃, 〃 → 〃 〃 3, 3 → 31

북. 벌, 십 → 벌십 3, 3 → 23
공. 〃, 〃 → 〃 〃 3, 3 → 31
북. 잣, 엿 → 잣엿 3, 3 → 23
공. 〃, 〃 → 〃 〃 I, 3 → 12
북. 집, 머 → 집머 3, 3 → 23
공. 〃, 〃 → 〃 〃 3, 3 → 31
북. 개, 물 → 개'물 3, 3 → 23 浦水
공. 〃, 〃 → 〃 〃 2, 3 → 21
북. 강, 가 → 강'가 3, 3 → 23 江邊
공. 〃, 〃 → 〃 〃 3, 1 → 31
북. 삼, 대 → 삼'대 3, 3 → 23 麻幹
공. 〃, 〃 → 〃 〃 3, 3 → 31
북. 일, 머 → 일머 3, 3 → 23
공. 〃, 〃 → 〃 〃 I, 3 → 21
북. 머, 밭 → 머'밭 3, 3 → 23
공. 〃, 〃 → 〃 〃 3, 3 → 31
북. 길, 가 → 길가 3, 3 → 23
공. 길, 〃 → 길〃 3, 1 → 31
북. 집, 뒤 → 집뒤 3, 3 → 23
공. 〃, 〃 → 〃 〃 3, 3 → 31
북. 집, 앞 → 집앞 3, 3 → 23
공. 〃, 〃 → 〃 〃 3, 3 → 31
북. 산, 밑 → 산밑 3, 3 → 23
공. 〃, 〃 → 〃 〃 3, 3 → 31
북. 산, 우 → 산우 3, 3 → 23
공. 〃, 〃 → 〃 〃 3, 3 → 31
북. 풀, 밭 → 풀밭 3, 3 → 23
공. 〃, 〃 → 〃 〃 3, 3 → 31
북. 못, 가 → 못가 3, 3 → 23 池邊
공. 〃, 〃 → 〃 〃 3, 1 → 31
북. 물, 개 → 물'개 3, 3 → 23 海狗
공. 〃, 〃 → 〃 〃 3, 1 → 31
북. 책, 보 → 책보 3, 3 → 23
공. 〃, 〃 → 〃 〃 3, 3 → 31

북. 책, 상 → 책상 3, 3 → 23
공. 〃, 〃 → 〃 〃 3, 3 → 31
북. 흙, 내 → 흙내 3, 3 → 23
공. 〃, 〃 → 〃 〃 3, 3 → 31
북. 베, 옷 → 베옷 3, 3 → 23
공. 〃, 〃 → 〃 〃 3, 3 → 31
북. 꽃, 신 → 꽃신 3, 3 → 23 花履
공. 꽃, 〃 → 꽃 〃 3, 3 → 31
북. 꿀, 벌 → 꿀벌 3, 3 → 23 蜜蜂
공. 〃, 〃 → 〃 〃 3, Ī → 31
북. 산, 불 → 산'불 3, 3 → 23 山火
공. 〃, 〃 → 〃 〃 3, 3 → 31
북. 봄, 비 → 봄'비 3, 3 → 23 春雨
공. 〃, 〃 → 〃 〃 3, 2 → 31
북. 해, 빛 → 해'빛 3, 3 → 23 日光
공. 〃, 〃 → 〃 〃 3, 3 → 31
북. 달, 빛 → 달'빛 3, 3 → 31 月光
공. 〃, 〃 → 〃 〃 3, 3 → 31
북. 별, 빛 → 별'빛 3, 3 → 31 星光
공. 〃, 〃 → 〃 〃 1, 3 → 12
북. 밥, 상 → 밥상 3, 3 → 23
공. 〃, 〃 → 〃 〃 3, 3 → 31
북. 장, 내 → 장내 3, 3 → 23
공. 〃, 〃 → 〃 〃 1, 3 → 12
북. 술, 내 → 술내 3, 3 → 23
공. 〃, 〃 → 〃 〃 3, 3 → 31
북. 깨, 알 → 깨알 3, 3 → 23
공. 〃, 〃 → 〃 〃 3, 3 → 31
북. 안, 방 → 안'방 3, 3 → 23
공. 〃, 〃 → 〃 〃 3, 3 → 31
북. 옆, 집 → 옆집 3, 3 → 23
공. 〃, 〃 → 〃 〃 3, 3 → 31
북. 먹, 통 → 먹통 3, 3 → 23
공. 〃, 〃 → 〃 〃 3, 3 → 31
북. 자, 대 → 자'대 3, 3 → 23 尺杆
공. 〃, 〃 → 〃 〃 3, 3 → 31

북. 붓, 대 → 붓대 3, 3 → 23
공. 〃, 〃 → 〃 〃 3, 3 → 31
북. 못, 끝 → 못끝 3, 3 → 23 釘尖
공. 〃, 〃 → 〃 〃 3, 3 → 31
북. 줄, 배 → 줄배 3, 3 → 31
공. 〃, 〃 → 〃 〃 3, 2 → 31
북. 돌, 문 → 돌문 3, 3 → 31
공. 〃, 〃 → 〃 〃 Ī, 3 → 12
북. 술, 잔 → 술잔 3, 3 → 23
공. 〃, 〃 → 〃 〃 3, 2 → 31
북. 벌, 통 → 벌통 3, 3 → 23
공. 〃, 〃 → 〃 〃 Ī, 3 → 12
북. 등, 뼤 → 등뼤 3, 3 → 23
공. 〃, 뼈 → 〃 뼈 3, 3 → 31
북. 흙, 손 → 흙손 3, 3 → 23
공. 〃, 〃 → 〃 〃 3, 3 → 31
북. 물, 통 → 물통 3, 3 → 23
공. 〃, 〃 → 〃 〃 3, 3 → 31

2. 1음절어와 2음절어가 합할 때에나 또는 2음절어와 1음절어가 합할 때 북청 방언에서는 어느 한 쪽이 다른 한 쪽의 영향을 받아서 높은 음이 한 계단 낮게 되거나 낮은 음이 한 계단 높게 된다. 이 두 가지는 다 3음절이 된다는 것으로 3음절어의 음조 법칙이 북청 방언조에서는 대체로 223 형태로 되고 공통조에서는 대체로 231 형태로 된다. 즉 북청 방언조에서는 끝 음절이 높으나 공통조에서는 끝 음절이 낮다.

1) 1음절어에 2음절어를 합한 단어

ㄱ. 대등적인 관계에서:

	각 단어	합성어	각 단어의 음조	합성어의 음조	한'자 주해
북.	밀, 보리 →	밀보리	3', 23 →	3'23	
공.	〃, 〃 →	〃 〃	3, 31 →	231	
북.	개, 돼지 →	개돼지	3, 23	323	
공.	〃, 〃 →	〃 〃	Ī, 31 →	231	
북.	팔, 다리 →	팔다리	3, 23	223	
공.	〃, 〃 →	〃 〃	3, 23 →	223	
북.	비, 바람 →	비'바람	2, 23 →	223	

공. 비, 바람 → 비'바람 2,23 → 221

ㄴ. 종속적인 관계에서:

각 단어	합성어	각 단어의 음조		합성어의 음조	한'자 주해
북. 곰, 가죽 →	곰가죽	3, 23	→	223	
공. 〃, 〃 →	〃 〃	3, 31	→	231	
북. 약, 봉지 →	약봉지	3', 23	→	223	
공. 〃, 〃 →	〃 〃	3, 31	→	231	
북. 대, 그릇 →	대그릇	3, 23	→	223	
공. 〃, 〃 →	〃 〃	3, 31	→	231	
북. 산, 언덕 →	산언덕	3, 23	→	223	
공. 〃, 〃 →	〃 〃	3, 31	→	231	
북. 배, 사공 →	배'사공	3, 23	→	223	
공. 〃, 〃 →	〃 〃	2, 31	→	231	
북. 손, 바닥 →	손바닥	3, 23	→	223	
공. 〃, 〃 →	〃 〃	2, 31	→	231	
북. 말, 버릇 →	말버릇	3, 23	→	321	
공. 〃, 〃 →	〃 〃	T, 31	→	231	
북. 옷, 맵시 →	옷맵시	3, 23	→	323	
공. 〃, 〃 →	〃 〃	3, 31	→	231	
북. 흙, 바닥 →	흙바닥	3, 23	→	223	
공. 〃, 〃 →	〃 〃	3, 31	→	231	
북. 밭, 고랑 →	밭고랑	3, 23	→	223	
공. 〃, 〃 →	〃 〃	3, 31	→	231	
북. 닭, 고기 →	닭고기	3, 23	→	323	
공. 〃, 〃 →	〃 〃	3, 23	→	323	
북. 방, 고래 →	방고래	3, 23'	→	223'	
공. 〃, 〃 →	〃 〃	3, 31	→	231	
북. 뽕, 나무 →	뽕나무	3, 23'	→	223'	
공. 〃, 〃 →	〃 〃	3, 31	→	231	
북. 봄, 바람 →	봄바람	3, 23	→	223	
공. 〃, 〃 →	〃 〃	3, 31	→	231	

2) 2음절어에 1음절어를 합한 단어

ㄱ) 종속적인 관계에서:

각 단어	합성어	각 단어의 음조		합성어의 음조	한'자 주해
북. 보리, 밭 →	보리밭	23, 3	→	231	
공. 〃, 〃 →	〃 〃	31, 3	→	231	

44

각 단어	합성어	각 단어의 음조		합성어의 음조	한'자 주해
북. 모래, 섬 →	모래섬	23, 2	→	231	
공. 〃, 〃 →	〃 〃	31, T	→	231	
북. 마늘, 장 →	마늘장	23, 2	→	231	
공. 〃, 〃 →	〃 〃	31, T	→	231	
북. 빈대, 약 →	빈대약	23, 3	→	232	
공. 〃, 〃	〃 〃	31, 3	→	231	
북. 단풍, 잎 →	단풍잎	23, 3	→	213	
공. 〃, 〃 →	〃 〃	23, 3	→	231	
북. 가재, 밥 →	가재밥	23, 3	→	231	
공. 가위, 〃 →	가위〃	31, 3	→	231	
북. 고기, 국 →	고기국	23, 3	→	212	
공. 〃, 〃 →	〃 〃	31, 3	→	231	
북. 자리, 옷 →	자리옷	23, 3	→	212	
공. 〃 〃 →	〃 〃	31, 3	→	231	
북. 가죽, 신 →	가죽신	23, 3	→	231	
공. 〃, 〃 →	〃 〃	31, 3	→	231	
북. 오리, 발 →	오리발	3'1, 3	→	212	
공. 〃, 〃 →	〃 〃	31, 3	→	321	
북. 비락, 불 →	비락불	23, 3	→	212	
공. 벼락, 〃 →	벼락〃	31, 3	→	231	
북. 두부, 모 →	두부모	23, 3'	→	213'	
공. 〃, 〃 →	〃 〃	31, 3	→	231	
북. 얼음, 판 →	얼음판	23, 3	→	213	
공. 〃, 〃 →	〃 〃	31, 3	→	231	
북. 편지, 갑 →	편지함	31, 3	→	213	
공. 〃, 〃 →	〃	31, T	→	231	
북. 부엌, 일 →	부엌'일	23, 3	→	213	
공. 〃, 〃 →	〃 〃	31, T	→	231	
북. 여름, 옷 →	여름옷	23, 3	→	231	
공. 〃, 〃 →	〃 〃	31, 3	→	231	
북. 사슴, 뿔 →	사슴뿔	23, 3	→	213	
공. 〃, 〃 →	〃 〃	31, 3	→	231	
북. 새우, 젓 →	새우젓	23, 3	→	231	
공. 〃, 〃 →	〃 〃	31, 3	→	231	

45

각 단어	합성어	각 단어의 음조	합성어의 음조	한'자 주해
북. 바늘, 쌈 →	바늘쌈	23, 3 →	213	
공. 〃, 〃 →	〃 〃	31, 3 →	231	
북. 거미, 줄 →	거미줄	23, 3 →	231	
공. 〃, 〃 →	〃 〃	31, 3 →	231	
북. 배리, 집 →	배리집	23, 3 →	213	
공. 벼루, 〃 →	벼루〃	31, 3 →	231	
북. 마당, 비 →	마당비	23, 3 →	213	
공. 〃, 〃 →	〃 〃	31, 2 →	231	

3) 2음절어 둘이 합한 단어

ㄱ) 대등적인 관계에서:

각 단어	합성어	각 단어의 음조	합성어의 음조	한'자 주해
북. 아들, 손자 →	아들손자	23, 23 →	2323	
공. 〃, 〃 →	〃 〃	31, 31 →	2331	
북. 처녀, 총각 →	처녀총각	31, 31 →	2331	
공. 〃, 〃 →	〃 〃	31, 31 →	2331	
북. 안개, 구름 →	안개구름	31, 23 →	2223	
공. 〃, 〃 →	〃 〃	23, 31 →	2331	
북. 까막, 까치 →	까막까치	23, 23 →	2323	
공. 〃, 〃 →	〃 〃	31, 31 →	2331	

ㄴ) 종속적인 관계에서:

각 단어	합성어	각 단어의 음조	합성어의 음조	한'자 주해
북. 오리, 고기 →	오리고기	31, 23 →	1223	
공. 〃, 〃 →	〃 〃	31, 31 →	2321	
북. 마루, 바닥 →	마루바닥	23, 23 →	1212	
공. 〃, 〃 →	〃 〃	31, 31 →	2321	
북. 시계, 바늘 →	시계바늘	23, 23 →	1232	
공. 〃, 〃 →	〃 〃	31, 31 →	2321	
북. 책상, 다리 →	책상다리	23, 23 →	1232	
공. 〃, 〃 →	〃 〃	31, 31 →	2321	
북. 머리, 지름 →	머리지름	23, 23 →	1232	
공. 〃, 기름 →	〃 기름	31, 31 →	2321	
북. 바지, 가래 →	바지가래	23, 23 →	1223	
공. 〃, 〃 →	〃 〃	31, 31 →	2321	
북. 도끼, 자루 →	도끼자루	31, 23 →	2323	

각 단어	합성어	각 단어의 음조	합성어의 음조	한'자 주해
공. 도끼, 자루 →	도끼자루	31, 31 →	2321	
북. 팔목, 시계 →	팔목시계	23, 23 →	2323	
공. 〃, 〃 →	〃 〃	31, 31 →	2321	
북. 바람, 맞이 →	바람맞이	23, 23 →	2123	
공. 〃, 〃 →	〃 〃	31, 31 →	2321	
북. 뫼밀, 국시 →	뫼밀국시	23, 23 →	2312	
공. 모밀, 국수 →	모밀국수	23, 31 →	2321	
북. 배추, 짐치 →	배추짐치	31, 23 →	1212	
공. 〃, 김치 →	〃 김치	31, 31 →	2321	
북. 칼치, 자반 →	칼치자반	31, 23 →	2312	
공. 〃, 〃 →	〃 〃	31, 31 →	3231	
북. 고기, 반찬 →	고기반찬	23, 23 →	2123	
공. 〃, 〃 →	〃 〃	31, 31 →	2321	
북. 치마, 허리 →	치마허리	23, 23 →	2312	
공. 〃, 〃 →	〃 〃	31, 31 →	2321	
북. 소매, 길이 →	소매길이	23, 23 →	2323	
공. 〃, 〃 →	〃 〃	31, 31 →	2321	
북. 나무, 그릇 →	나무그릇	23, 23 →	2323	
공. 〃, 〃 →	〃 〃	31, 31 →	2331	
북. 가지, 나물 →	가지나물	23, 23 →	2323	
공. 〃, 〃 →	〃 〃	31, 31 →	2331	
북. 매미, 소리 →	매미소리	23, 23 →	2223	
공. 〃, 〃 →	〃 〃	31, 31 →	3231	
북. 바다, 바람 →	바다바람	23, 23 →	2123	
공. 〃, 〃 →	〃 〃	31, 31 →	2331	
북. 들죽, 나무 →	들죽나무	23, 23 →	2223	
공. 〃, 〃 →	〃 〃	31, 31 →	3231	
북. 보리, 가루 →	보리가루	23, 23 →	2223	
공. 〃, 〃 →	〃 〃	23, 23 →	2331	

Ⅱ. 한'자어의 음조

한'자어에서 음조는 일반 어휘나 고유 명사를 물론하고 그 법칙이 적용된다.

(1) 한'자 일반 어휘의 음조

제 1 절 1음절어의 음조 형태

북청 방언의 1음절 한'자어에는 고저에서 2 계단과 3 계단과의 두 가지가 있고, 여기에 또 길이와 끌숙임을 더한 음조를 합하면 모두 여섯 가지의 음조 형태가 있다.

즉 2, $\bar{2}$, 2', 3, $\bar{3}$, 3'

1. 북청 방언의 1음절 한'자어에서 2 계단 음조가 공통조에서는 3 계단 음조로 되는 례들은 아래와 같다.

기旗 기氣 대隊 량良 방房 보保 복伏 부部 분盆 사私
비碑 삼三 서西 선線 수壽 시詩 위胃 잔盞 저箸 조組
종鐘 중中 진陣 처妻 초抄 추錘 침鍼 회姻 화[illegible] 경衆
교橋 남南 년年 도圖 람藍 략略 로爐 롱籠 마瑪 문文
청請

2. 북청 방언의 1음절 한'자어에서 2 계단 음조가 공통조에서는 I 계단 음조로 되는 례는 아래와 같다.

대大 배倍 검劍 구舊 군郡 동洞 모母 보補 분分 비比
사四 소所 수數 종種 주註 준準 제弟 좌左 창唱 처處
평評 [illegible] 하下 한恨 훈訓 회會 고故 단但 상上 성姓
손損 안案 원願 장醬 찬饌 촌寸 최最 흥興 회膾

3. 북청 방언의 1음절 한'자어에서 3 계단 음조가 공통조에서도 3 계단 음조로 되는 례들은 아래와 같다.

각角 각脚 갑匣 강江 겁怯 곡哭 공空 공功 국局 군軍
궁宮 극極 근斤 금金 급級 성城 원圓 자字 장場 전前
절節 차車 천千 층層 태胎

4. 북청 방언의 1음절 한'자어에서 3 계단 음조가 공통조에서는 I 계단 음조로 되는 례들은 아래와 같다.

감感 간肝 넌[illegible] 분忿, 憤 사[illegible] 산酸 수繡 죄罪 참站 체[illegible]
파破 함函 항項 호戶 호號 후後 화禍 량量 례例 롱弄
류類 리里 리利 랭冷 만萬 명命 모墓 변變 병病 촌村
탄炭 랄頭 탕湯 품品 폐弊 항港 향向 해害

제 2 절 2음절어의 음조 형태

북청 방언의 한'자 2음절어의 음조 형태에는 23, 31 형태가 있다. 그러고 여기에 길이와 끌숙임을 합해서 일곱가지로 된다. 그것은 다음과 같다.

23, $\bar{2}3$, $2\bar{3}$, 23'

31, $\bar{3}1$, 3'1

이것들에 대한 례들은 다음과 같다.

1. 북청 방언의 2음절 한'자어에서 23음조가 공통조에서 변하는 례들은 아래와 같다.

ㄱ. 31 음조로 되는 례:

가법 加法 각계 各界 감초 甘草 강토 疆土 경과 經過 곡식 穀食
공업 工業 교만 驕慢 교통 交通 구내 區內 구역 嘔逆 규율 規律
근본 根本 금액 金額 기계 機械 기본 基本 기억 記憶 개척 開拓
개학 開學 계란 鷄卵 과목 科目 과학 科學 관계 關係 권력 權力
남녀 男女 농부 農夫 단결 團結 단위 單位 도급 都給 도면 圖面
도화 圖畵 독보 讀報 동등 同等 두통 頭痛 란초 蘭草 로력 勞力
로임 勞賃 료리 料理 문화 文化 민족 民族 맹세 盟誓 반장 班長
반찬 飯饌 방법 方法 봉투 封套 부부 夫婦 부호 符號 부인 夫人, 婦人
자기 磁器 사료 飼料 사전 辭典 산수 山水 삼월 三月 상처 傷處
소주 燒酒 손자 孫子 수리 修理 시각 時刻 시계 時計 자격 資格
장수 長壽 장차 將次 전후 前後 절대 絶對 정도 程度 정부 政府
조류 鳥類 조문 條文 조사 調査 조회 朝會 중성 中性 집단 集團
재간 才幹 징조 徵兆 재목 材木 재판 裁判 재조 才操 차례 次例
차별 差別 차표 車票 창고 倉庫 추석 秋夕 추천 推薦 침범 侵犯
토의 討議 투표 投票 풍자 諷刺 학교 學校 학년 學年 형제 兄弟
휴식 休息 휴일 休日 화합 和合 안전 安全 양식 樣式 열대 熱帶

우둔 愚鈍　우량 優良　우편 郵便　유지 油紙　인물 人物　위산 胃酸
위신 威信　의복 衣服　의사 醫師　의자 椅子　완고 頑固　원가 原價
원만 圓滿　월말 月末

ㄴ. Ⅰ2로 되는 예:

가정 假定　가치 價値　경쟁 競爭　간단 簡單　경축 慶祝　기술 技術
고철 古鐵　간소 簡素　곤난 困難　공급 供給　거인 巨人　공통 共通
궤도 軌道　경계 警戒　구미 口味　난로 暖爐　모체 母体　반박 反駁
단문 短文　미술 美術　사료 史料　대답 對答　대항 對抗　병원 病院
수사 數詞　리발 理髮　반영 反映　승리 勝利　리질 痢疾　취소 取消
랭수 冷水　보통 普通　시초 始初　세수 洗手　종두 種痘　저금 貯金
주택 住宅　중요 重要　통계 統計　진출 進出　태도 態度　조화 造花
정리 整理　파지 破紙　조력 助力　평가 評價　조회 照會　외투 外套
현금 現金　우량 雨量　해명 解明　애교 愛嬌　화합 化合　영향 影響
안과 眼科　양식 養殖

ㄷ. 23으로 되는 예:

가두 街頭　공로 功勞　기차 汽車　가정 家庭　공민 公民　개화 開化
강남 江南　공부 工夫　과정 課程　곤충 昆虫　금년 今年　고상 高尙
구경 求景　고저 高底　고층 高層　로농 勞農　록두 綠豆　공개 公開
두부 豆腐　붕대 繃帶　년령 年齡　담당 擔當　명산 名山　사선 斜線
수건 手巾　단문 單文　시가 詩歌　맹장 盲腸　장단 長短　시문 詩文
심사 審査　매화 梅花　동서 東西　재료 材料　재래 在來　전문 前門
재능 才能　혼인 婚姻　조류 潮流　차이 差異　요구 要求　량식 糧食
제대 除隊　연기 延期　중간 中間　진렬 陳列　위생 衛生　중복 中伏
치료 治療　우두 牛痘　증명 證明　완성 完成

2. 북청 방언의 2음절 한'자어에서 23 음조가 공통조에서는 Ⅰ2, Ⅰ3과 23 음조로 되는바 그의 례는 다음과 같다.

ㄱ. Ⅰ2로 되는 예:

개혁 改革　계획 計劃　창립 創立　과실 果實　창작 創作　광부 鑛夫
채독 菜毒　도달 到達　동기 冬期　파괴 破壞　대학 大學

ㄴ. 23으로 되는 예:

동정 同情　대포 大砲

ㄷ. Ⅰ2로 되는 예:

암호 暗號

3. 북청 방언의 2음절 한'자어에서 23음조가 공통조에서 변하는 례는 다음과 같다.

ㄱ. 21로 되는 예:

삼리 三里

ㄴ. 22로 되는 예:

존비 尊卑

ㄷ. 23으로 되는 예:

고관 高官　공장 工場　초중 初中　친정 親庭

ㄹ. Ⅰ2로 되는 예:

계급 階級　동향 動向　괴뢰 傀儡　대대 大隊　리자 利子　반대 反對
비료 肥料　시험 試驗　제한 制限　채소 菜蔬　통일 統一　해방 解放
음식 飮食　이상 以上

ㅁ. 31로 되는 예:

가내 家內　가세 家勢　경험 經驗　고등 高等　군대 軍隊　규칙 規則
금비 金肥　관세 關稅　권리 權利　남자 男子　노예 奴隷　농사 農事
다수 多數　단오 端午　동갑 同甲　로동 勞動　명태 明太　부락 部落
빈농 貧農　사리 私利　산소 山所　선조 先祖　소식 消息　생산 生産
지방 地方　참석 參席　토대 土台　휴가 休暇　어망 魚網　인사 人事

4. 북청 방언의 2음절 한'자어에서 23'음조가 공통조에서 변하는 례는 다음과 같다.

ㄱ. Ⅰ2로 되는 예:

가망 可望　군색 窘塞　잠정 暫定

ㄴ. 31로 되는 예:

가족 家族　력량 力量　시간 時間　은행 銀行　평양 平壤

5. 북청 방언의 2음절 한'자어에서 31음조는 공통조에서 I2, 12, 23, 31과 32로 된다.

ㄱ. I2로 되는 례:

감법 減法 고대 古代 고향 故鄕 과세 過歲 도로 道路 려관 旅館
리기 利己 면상 面上 모성 母性 반개 半個 변색 變色 보도 報道
비용 費用 소출 所出 주문 注文 죄악 罪惡 처녀 處女

ㄴ. 12로 되는 례:

총화 總和 타도 打倒 탄광 炭鑛 퇴원 退院 품질 品質 폐물 廢物
하등 下等 한문 漢文 향상 向上 후방 後方 해독 害毒 회비 會費
환갑 還甲 안경 眼鏡 야간 夜間 연극 演劇 운전 運轉 이래 以來
임의 任意 예비 豫備 의병 義兵

ㄷ. 23으로 되는 례:

강변 江邊 고아 孤兒 동지 冬至 련방 聯邦 태산 泰山 포로 捕虜
향로 香爐 호자 蒙審 오일 五一 우기 雨期 우산 雨傘

ㄹ. 31로 되는 례:

각기 脚氣 고려 考慮 곡절 曲折 국어 國語 금수 禽獸 객지 客地
납세 納稅 년대 年代 농악 農樂 담임 擔任 렬사 烈士 론리 論理
말살 抹殺 박색 薄色 발견 發見 법령 法令 복무 服務 북극 北極
수사 修辭 신병 身病 작란 作亂 절제 節制 주인 主人 진정 陳情
착취 搾取 초소 哨所 축구 蹴球 출장 出張 탈곡 脫穀 특등 特等
태양 太陽 푼전 分錢 학문 學問 합창 合唱 협의 協議 휴회 休會
억제 抑制 인견 人絹 위문 慰問 월별 月別 각국 各國

6. 북청 방언의 2음절 한'자어에서 31 음조는 공통조에서 I2, 31, 23으로 된다. 례를 들면 다음과 같다.

ㄱ. I2로 되는 례:

가량 假量 간권 諫勸 감기 感氣 강습 講習 강의 講議 검사 檢査
고금 古今 교복 校服 근년 近年 개선 改善 계급 階級 과거 過去
광물 鑛物 농담 弄談 내과 內科 담대 膽大 도달 到達 동물 動物
동작 動作 대담 大膽 대우 待遇 려비 旅費 로인 老人 리과 理科

52

마부 馬夫 만일 萬一 면적 面積 문제 問題 미만 未滿 반동 反動
변색 變色 병석 病席 보석 寶石 부관 副官 부사 副詞 비겁 卑怯
사각 四角 사고 事故 사변 事變 산물 産物 선거 選擧 소감 所感
소포 小包 수량 數量 시민 市民 시제 試制 신용 信用 세월 歲月
자수 刺繡 잠시 暫時 장녀 長女 전구 電球 창건 創建 정의 正義
조산 助産 준비 準備 재발 再發 제작 製作 훈련 訓練 총회 總會
편지 片紙 피동 被動 하기 夏期 오후 午后 용장 勇將 해군 海軍
화석 化石 안검 按劍 야금 冶金 음료 飮料 왕래 往來 운동 運動

ㄴ. 31로 되는 례:

각각 各各 결심 決心 경지 耕地 고집 固執 공기 空氣 국가 國家
근면 勤勉 과업 課業 광선 光線 권위 權威 난국 難局 도표 圖表
대사 台詞 대지 垈地 락관 樂觀 론문 論文 래도 來到 명산 名山
무기 武器 숭고 崇高 법전 法典 복안 腹案 봉건 封建 분업 分業
선발 選拔 진영 陣營 자각 自覺 잡지 雜誌 전직 前職 절벽 絶壁
진단 診斷 학생 學生 집단 集團 차고 車庫 토굴 土窟 폭격 爆擊
필승 必勝 원로 遠路 혁명 革命 회고 懷顧 억권 抑權 열병 熱病

ㄷ. 23으로 되는 례:

간호 看護 감당 堪當 견장 肩章 고려 高麗 뇌염 腦炎 단장 丹粧
동산 東山 령감 令監 부자 父子 중풍 中風

7. 북청 방언의 2음절 한'자어에서 3'1 음조가 공통조에서 변하는 례는 다음과 같다.

ㄱ. I2로 되는 례:

가결 可決 면경 面鏡 사년 四年 사무 事務

ㄴ. 31로 되는 례:

각색 各色 곡조 曲調 국내 國內 국산 國産 극장 劇場 직장 職場
칠년 七年

53

제 3 절 3음절어의 음조 형태

북청 방언의 3음절어의 음조 형태는 표저에서 231, 232, 321, 형태가 있고 여기에 길이를 더하여 모두 다섯 가지로 된다. 즉

231, 231, 231,

321, 321이다.

이것들에 대한 례를 들어 보면 다음과 같다.

I. 북청 방언의 3음절 한'자어에서

231 음조가 공통조에서 변하는 례는 다음과 같다.

ㄱ. 231로 되는 례:

가급적 可及的　간호장 看護長　강습소 講習所
검열원 檢閱員　경각성 警覺性　경리부 經理部
공격전 攻擊戰　공산당 共產黨　교통로 交通路
균형적 均衡的　금년생 今年生　기능공 技能工
기생충 寄生虫　개별적 個別的　개인적 個人的
계통적 系統的　계획적 計劃的　귀금속 貴金屬
귀빈실 貴賓室　광물질 鑛物質　다방면 多方面
담당자 擔當者　동창생 同窓生　등산객 登山客
대립물 對立物　대부분 大部分　대표적 代表的
련대성 連帶性　로골적 露骨的　냉상묘 冷床苗
만년필 萬年筆　망원경 望遠鏡　무기고 武器庫
미성년 未成年　미술가 美術家　변증법 辨證法
보고서 報告書　봉선화 鳳仙花　부식물 副食物
분홍색 粉紅色　비교적 比較的　비망록 備忘錄
사각형 四角形　시험지 試驗紙　장학금 奬學金
전람회 展覽會　전형적 典型的　정당화 正當化
조선소 造船所　주사기 注射器　증명서 證明書
진동수 振動數　재고품 在庫品　재작년 再昨年
제작소 製作所　창시자 創始者　총결산 總決算
침대차 寢台車　취주악 吹奏樂　탄부절 炭夫節
포로병 捕虜兵　헌신성 獻身性　현물세 現物稅
해산물 海產物　화물차 貨物車　안내서 案內書

앙양기 昂揚期　양돈공 養豚工　연출가 演出家
영구성 永久性　오일절 五一節　용광로 鎔鑛爐
운동복 運動服　운전사 運轉士　의장단 議長團
이모작 二毛作　이중창 二重窓　인민군 人民軍
인민반 人民班　원동력 原動力　외랑식 外廊式

ㄴ. 221 음조로 되는 례:

면회일 面會日　부상자 負傷者　선거구 選擧區
선거자 選擧者　시운전 試運轉　신호탄 信號彈
신호총 信號銃　조립식 組立式　통계표 統計表
평정서 評定書　포고문 布告文　하반신 下半身
정반대 正反對

ㄷ. 321 음조로 되는 례:

감시병 監視兵　견직물 絹織物　경작지 耕作地
구매권 購買券　결단성 決斷性　국가법 國家法
군사학 軍事學　규칙적 規則的　급경사 急傾斜
과학성 科學性　관람권 觀覽券　권력자 權力者
독단적 獨斷的　두견화 杜鵑花　락화생 落花生
략탈자 掠奪者　련락소 連絡所　로력자 勞力者
료리법 料理法　민족성 民族性　매개물 媒介物
박격포 迫擊砲　발기인 發起人　복구대 復舊隊
본격적 本格的　부득불 不得不　비약적 飛躍的
백화점 百貨店　사양공 飼養工　선전실 宣傳室
자각성 自覺性　장갑차 裝甲車　주석단 主席團
지휘부 指揮部　직업적 職業的　집단화 集團化
참가증 參加證　축산학 畜產學　출생계 出生屆
출입구 出入口　침범자 侵犯者　천리마 千里馬
통학생 通學生　투표권 投票權　태양계 太陽系
평등권 平等權　열성적 熱誠的　위원장 委員長
익모초 益母草　인화지 印畵紙　완제품 完制品

2. 북청 방언의 3음절 한'자어에서 231 음조가 공통조에서 변하는 례는 다음과 같다.

ㄱ. 231로 되는 례:

감상문	感想文	강의실	講義室	거래세	去來稅
경계망	警戒網	고사포	高射砲	공민권	公民權
교차점	交叉點	근거지	根據地	금강석	金剛石
기사장	技師長	개량종	改良種	게시판	揭示板
계급적	階級的	과도기	過渡期	관리인	管理人
광고문	廣告文	남매간	男妹間	뇌빈혈	腦貧血
다년간	多年間	단백질	蛋白質	도서관	圖書館
령수증	領收證	리상적	理想的	랭장고	冷藏庫
장시간	長時間	장기적	長期的	치료법	治療法
열성자	熱誠者	유가족	遺家族	인형극	人形劇

ㄴ. 121 음조로 되는 례:

고대사	古代史	무용가	舞踊家	변호인	辯護人
소유자	所有者	배우자	配偶者	사무원	事務員
전자론	電子論	저기압	低氣壓	전기로	電氣爐
진료소	診療所	정기적	定期的	중공업	重工業
좌우간	左右間	진화론	進化論	제련소	製鍊所
현대식	現代式	창발성	創發性	총선거	總選擧
회의록	會議錄	호기심	好奇心	후계자	後繼者
영화관	映畵館	야시장	夜市場	양로원	養老院
애육원	愛育院				

3. 북청 방언의 3음절 한'자어에서 321음조가 공통조에서 변하는 례는 다음과 같다.

ㄱ. 231로 되는 례:

심지어	甚之於	세포학	細胞學	해방탑	解放塔
예산제	預算制				

ㄴ. 321로 되는 례:

발동기	發動機	발명가	發明家	집단화	集團化

3. 북청 방언의 3음절 한'자어에서 321 음조가 공통조에서 변하는 례는 다음과 같다.

56

ㄱ. 321로 되는 례:

가설비	架設備	매복조	埋伏組	자각적	自覺的
반대파	反對派	진범자	眞犯者	재생산	再生產
총파업	總罷業	연구비	硏究費	예술가	藝術家
원시안	遠視眼				

ㄴ. 231 음조로 되는 례:

간소화	簡素化	강습회	講習會	거수기	擧手機
근로자	勤勞者	근시안	近視眼	대명사	代名詞
대상자	對象者	대중성	大衆性	등의자	藤椅子
면직물	綿織物	반동력	反動力		

제 4 절 4 음절어의 음조 형태

북청 방언의 4음절어의 음조 형태는 고저에서 2331과 3231의 두 가지가 있고 여기에 길이와 끝숙임을 합하면 모두 9 가지다. 그것은 다음과 같다.

2331, 2331, 2331, 2331, 2331

3231, 3231, 3231, 3231

1. 북청 방언의 4음절 한'자어에서 2331 계단 음조가 공통조에서 변하는 례는 다음과 같다.

ㄱ. 2321로 되는 례:

경제주의	經濟主義	견인불발	堅忍不拔	국한문체	國漢文体
고생물학	古生物學	최우등생	最優等生	로농동맹	勞農同盟
리상주의	理想主義	리기주의	利己主義	인민군대	人民軍隊
이중영웅	二重英雄	인민경제	人民經濟	전문학교	專門學校
사무실적	事務室的	저공비행	低空飛行	초근목피	草根木皮
좌충우돌	左衝右突	최고학부	最高學府	포연탄우	砲烟彈雨
유무상통	有無相通	천신만고	千辛萬苦	호의호식	好衣好食
파렴치한	破廉恥漢	무기화학	無機化學	미적분학	微積分學
무단결근	無斷缺勤	무선방송	無線放送	류통자본	流通資本
미사려구	美辭麗句	혼비백산	魂飛魄散	만기작물	晩期作物
황당무계	荒唐無稽	매국행위	賣國行爲	림기응변	臨機應變
반제운동	反帝運動				

57

방수공사 防水工事　만장일치 滿場一致　사회교육 社會敎育
상부구조 上部構造　성인학교 成人學校　세기말적 世紀末的
공명정대 公明正大　권양장치 捲揚裝置

ㄴ. 3221로 되는 례:

로동계급 勞動階級　로동조합 勞動組合　로동학원 勞動學院
민족문제 民族問題　자본주의 資本主義　지하운동 地下運動
춘하추동 春夏秋冬　탁상전화 卓上電話　표음문자 表音文字
합법칙성 合法則性　형제자매 兄弟姉妹　해괴망측 駭怪罔測
림상의학 臨床醫學　말초신경 末梢神經　무산계급 無產階級
무의식중 無意識中　문화혁명 文化革命　물가인하 物價引下
민족문제 民族問題　북두칠성 北斗七星　복잡다단 複雜多端
부권사회 父權社會　백과사전 百科辭典　불요불굴 不撓不屈
비분강개 悲憤慷慨　삼각측량 三角測量　사법기관 司法機關
사적소유 私的所有　단어조성 單語造成　삼척동자 三尺童子
생산수단 生產手段　가내공업 家內工業　동화작용 同化作用
녀성동맹 女性同盟　기본건설 基本建設　고급군관 高級軍官
국기훈장 國旗勳章

ㄷ. 3112로 되는 례:

불상용적 不相容的　회전무대 廻轉舞台　휘황찬란 輝煌燦爛

ㄹ. 3321로 되는 례:

급행렬차 急行列車　형형색색 形形色色　열성분자 熱誠分子
신진대사 新陳代謝　단과대학 單科大學

2. 북청 방언의 4음절 한'자어에서 2331 음조는 공통조에서 2321로 되는 례는 다음과 같다.

관료주의 官僚主義　등기우편 登記郵便　무궁무진 無窮無盡

3. 북청 방언의 4음절 한'자어에서 2331 음조가 공통조에서 변하는 례는 다음과 같다.

ㄱ. 2331로 되는 례:

감언리설 甘言利說　구두계약 口頭契約　공명정대 公明正大
의무교육 義務敎育　인민전선 人民戰線　소작쟁의 小作爭議

쇄국주의 鎖國主義　유급휴가 有給休暇　유선전화 有線電話
인민항쟁 人民抗爭　완충지대 緩衝地帶

4. 북청 방언의 4음절 한'자어에서 3231 계단 음조가 공통조에서 변하는 례는 다음과 같다.

ㄱ. 2321로 되는 례:

등사원지 謄寫原紙　반사운동 反射運動　방한장치 防寒裝置

ㄴ. 1221로 되는 례:

감개무량 感慨無量　경거망동 輕擧妄動　과대망상 誇大妄想
대동소이 大同小異

5. 북청 방언의 4음절 한'자어에서 3231 계단 음조가 공통조에서는 1221로 되는 례는 다음과 같다.

도량형기 度量衡器　등차급수 等差級數　대경실색 大驚失色
미개간지 未開墾地　미완성품 未完成品

(2) 고유 명사의 음조 대비

제 1 절 지명

2음절

		북청 방언조	공통조			북청 방언조	공통조
금강	錦江	21	12	함흥	咸興	23	23
조선	朝鮮	23	23	개성	開城	23	23
평양	平壤	23	31	대구	大邱	23	31
부산	釜山	23	23	인천	仁川	31	23
북청	北靑	23	23	청진	清津	31	23
김책	金策	31	31	한강	漢江	31	12
려수	麗水	31	12	원산	元山	31	23
광주	廣州	31	12	광주	光州	31	31
해주	海州	31	12	경성	京城	31	31
경성	鏡城	31	12				

3음절

	북청 방언조	공통조		북청 방언조	공통조
금강산 金剛山	231	231	백두산 白頭山	231	231
대동강 大同江	231	121	오대산 五台山	231	231
강원도 江原道	231	231	청천강 淸川江	231	321
충청도 忠淸道	231	231	경기도 京畿道	231	231
장진호 長津湖	231	231	경상도 慶尙道	231	121
평안도 平安道	231	231	함경도 咸鏡道	231	321
림진강 臨津江	231	231	묘향산 妙香山	231	121
전라도 全羅道	231	231	량강도 兩江道	231	121
자강도 慈江道	231	231	아세아 亞細亞	231	231
보천보 普天堡	231	121	태평양 太平洋	231	231
제주도 濟州島	231	121	수풍호 水豐湖	231	321
강화도 江華島	321	231	한산도 閑山島	321	231
황해도 黃海道	321	321	신의주 新義州	321	321
락동강 洛東江	321	321	압록강 鴨綠江	321	321
구월산 九月山	321	231	거제도 巨濟島	321	121
두만강 豆滿江	321	321	지리산 智異山	321	321
태백산 太白山	321	321	독로강 禿魯江	321	321
한나산 漢拏山	321	231			

제 2 절 인명

2음절

		북청 방언조	공통조			북청 방언조	공통조
박연	朴堧	31	$\bar{1}$2	론개	論介	31	31
남이	南怡	31	23	성호	星湖	31	23
춘거	奉居	31	31	수륵	于勒	31	$\bar{1}$2

3음절

	북청 방언조	공통조		북청 방언조	공통조
김응서 金應瑞	231	321	강감찬 姜邯贊	231	231
김유신 金庾信	231	321	리순신 李舜臣	221	$\bar{1}$11
박지원 朴趾源	231	321	정다산 丁茶山	231	231
주시경 周時經	231	231	홍범도 洪範圖	231	321

고유 조선어의 북청 방언조와 공통조와의 음조 대비

제 1 절 1음절어

ㄱ 2 형태

	북청	방언조	공통조		북청	방언조	공통조
가 〔명〕	邊	2	가 2	감 〔명〕	材料	2	감 2
곧 〔부〕	即	2	곧 2	골 〔명〕	郡	2	골 2
곬 〔명〕	谷	2	골 2	곱 〔명〕	倍	2	곱 3
곱 〔명〕	腫의	2	곱 3	꽃 〔명〕	花	2	꽃 3
국 〔명〕	羹	2	국 3	군 〔두〕	군소리	2	군 $\bar{1}$
그 〔대〕	其	2	그 3	그 〔관〕	其	2	그 2
금 〔명〕	隙	2	금 2	게 〔명〕	蟹	2	게 $\bar{1}$

ㄴ 3 형태

간 〔명〕	鹹	3	간 2	갈 〔명〕	갈대芦	3	갈 $\bar{1}$
값 〔명〕	價	3	값 3	갖 〔부〕	가제	3	갓 2
갓 〔명〕	菜名	3	갓 3	갓 〔명〕	冠	3	갓 3
갓 〔불완명〕	禁林	3	갓 3	거 〔불완명〕	것	3	저 2
결 〔명〕	稛의	3	결 2	겉 〔명〕	表	3	겉 3
결 〔명〕	憤	3	결 3	곳 〔명〕	處	3	곳 2
골 〔명〕	腦	3'	골 2	꼴 〔명〕	型	3	꼴 3
골 〔명〕	怒	3	골 2	곰 〔명〕	熊	3	곰 $\bar{1}$
곰 〔명〕	고음	3	곰 $\bar{1}$	곱 〔명〕	脂	3	곱 3
공 〔명〕	球	3'	공 $\bar{1}$	굽 〔명〕	蹄	3	굽 3

북청		방언조	공통조	북청		방언조	공통조
글〔명〕	文	3	글 3	금〔명〕	價	3̄	금 2
기〔명〕	耳	3	귀 3	개〔명〕	犬	3̄	개 1̄
개〔명〕	浦	3	개 2				

ㄱ 2 형태

북청		방언조	공통조	북청		방언조	공통조
낫〔명〕	晝	2	낮 2	낯〔명〕	顔	2	낯 3
낮〔명〕	個	2	낱 1̄	녙〔명〕	傍	2	옆 3
노〔명〕	繩	2̄	노 3	늘〔부〕	常	2̄	늘 1̄
내〔부〕	常	2	내 1̄				

ㄴ 3 형태

북청		방언조	공통조	북청		방언조	공통조
나〔명〕	年齡	3'	나 3	나〔대〕	我	3	나 2
난〔대〕	나는	3'	난 2	날〔명〕	刄	3̄	날 3
날〔명〕	經	3	날 3	날〔명〕	日	3̄	날 3
남〔대〕	他	3	남 2	납〔명〕	鉛	3̄	납 3
낫〔명〕	鎌	3	낫 3	너〔대〕	汝	3'	너 3
넉〔명〕	魄	3	넋 3	널〔명〕	板	3'	널 1̄
녕〔명〕	邊	3	녘 3	녹〔명〕	鏽	3	녹 3
논〔명〕	畓	3'	논 3	눈〔명〕	雪	3	눈 1̄
눞〔명〕	沼	3	늪 3	늧〔명〕	柶	3	윷 3
내〔명〕	烟	3	내 3	내〔명〕	川	3	내 1̄
네〔수〕	四	3'	네 1̄	네〔대〕	汝	3'	네 1̄
뉘〔명〕	쌀의	3	뉘 3				

ㄱ 2 형태

북청		방언조	공통조	북청		방언조	공통조
담〔명〕	墻	2'	담 2	더〔부〕	加	2	더 2
덕〔명〕	架	2	덕 3	덥〔두〕	加外	2	덧 2
독〔명〕	甕	2	독 3	돋〔명〕	帆	2	돛 3
동〔명〕	結節	2	동 3	동〔명〕	銅	2	동 3
두〔수〕	二	2̄	두 1̄	둘〔수〕	二	2̄	둘 1̄
들〔명〕	野	2	들 1̄	대〔명〕	竹	2	대 2

ㄴ 3 형태

북청		방언조	공통조	북청		방언조	공통조
다〔부〕	皆	3'	다 1̄	닥〔명〕	楮	3	닥 3
단〔명〕	束	3	단 1̄	달〔명〕		3̄	달 1̄

62

북청		방언조	공통조	북청		방언조	공통조
닭〔명〕	雞	3	닭 3	닷〔수〕	五	3	닷 3
닿〔명〕	錨	3	닻 3	덜〔부〕	不足	3	덜 1̄
덫〔명〕	捕具	3̄	덫 3	돈〔명〕	錢	3'	돈 1̄
돌〔명〕	石	3'	돌 1̄	돐〔명〕	期	3	돐 3
둑〔명〕	防築	3	둑 3	등〔명〕	背	3̄	등 3
댓〔수〕	五	3̄	댓 2	되〔명〕	升	3̄	되 2
뒤〔명〕	後	3̄	뒤 1̄				

ㄱ 2 형태

북청		방언조	공통조	북청		방언조	공통조
막〔부〕	함부로	2	막 2	막〔부〕	방금	2	막 2
맏〔두〕	昆	2	맏 2	맞〔부〕	마주	2	맞 2
목〔명〕	脛	2	목 3	몫〔명〕	分	2	몫 3
및〔부〕	及	2	및 2	밑〔명〕	底	2	밑 3
매〔명〕	笞	2	매 2	맨〔관〕	全,皆	2	맨 2
맨〔관〕	最	2	맨 1̄	멀〔명〕	蕎麥	2	모밀 23
맴〔명〕	매암	2	맴 2	메〔명〕	山	2	메 1̄

ㄴ 3 형태

북청		방언조	공통조	북청		방언조	공통조
마〔명〕	薯	3	마 3	말〔명〕	斗	3	2
말〔명〕	語	3'	말 1̄	모〔명〕	苗	3'	모 3
모〔명〕	方	3'	모 2	모〔명〕	柶의	3̄	모 1̄
묵〔명〕		3̄	묵 2	뭇〔두〕	衆	3	뭇 2
밀〔명〕	蠟	3'	밀 1̄	밀〔명〕	小麥	3'	밀 3
매〔명〕	膽石	3̄	매 2	매〔명〕	鷹	3	매 1̄
메〔명〕	槌	3̄	메 3				

ㄱ 2 형태

북청		방언조	공통조	북청		방언조	공통조
바〔명〕	바'줄	2	바 2	발〔명〕	簾	2'	발 1̄
발〔명〕	丈	2	발 2	밤〔명〕	夜	2	밤 3
발〔명〕	田	2	밭 3	벌〔명〕	野	2	벌 3
벌〔불완명〕	옷의	2	벌 2	번〔명〕	결말	2	번 3
보〔명〕	樑	2	보 3	북〔명〕	根土	2	북 3

63

	북청	방언조	공통조		북청	방언조	공통조
비〔명〕	雨	2	비 2	빌〔명〕	債	2	빚 3
빙〔부〕	도는 모양	2	빙 2	빌〔명〕	色	2	빛 3
볟〔명〕	陽	2	볕 3				

ㄴ 3 형태

	북청	방언조	공통조		북청	방언조	공통조
받〔명〕	足	3'	발 3	받〔명〕	木理	3'	결 3
밤〔명〕	栗	3	밤 1	범〔명〕	虎	3'	범 1
벗〔명〕	友	3	벗 1	별〔명〕	星	3	별 1
병〔명〕	病	3	병 1	베〔명〕	稻	3'	벼 3
볼〔명〕	보선의—	3	볼 3	불〔명〕	頰	3	볼 3
봄〔명〕	春	3	봄 3	불〔명〕	火	3'	불 2
비〔명〕	箒	3	비 2	빗〔명〕	梳	3	빗 3
배〔명〕	腹舟	3	배 2	배〔명〕	梨	3'	배 3
베〔명〕	麻布	3	베 2				

ㄱ 2 형태

	북청	방언조	공통조		북청	방언조	공통조
살〔명〕	肉	2'	살 2	살〔불완명〕	年歲	2	살 2
삼〔명〕	蔘	2	삼 3	섬〔명〕	島	2	섬 1
섶〔명〕	衽	2	섶 3	속〔명〕	餠心	2	소 1
솔〔명〕	刷子	3	솔 1	숨〔명〕	命	2	숨 1
새〔명〕	필육의 經緯	2	새 3	셈〔명〕	計算	2	셈 1
쉬〔부〕	易	2	쉬 1	쉬〔명〕	蠅卵	2	쉬 1

ㄴ 3 형태

	북청	방언조	공통조		북청	방언조	공통조
살〔명〕	矢,蜂針	3	살 3	살〔명〕	扇杆窓의	3	살 3
삼〔명〕	麻	3'	삼 2	석〔수, 관〕	三	3	석 1
섬〔명〕	石,(곡식)	3	섬 3	성〔명〕	怒氣	3'	성 1
성〔명〕	兄,姉	3	형 3	손〔명〕	手	3'	손 2
손〔명〕	客	3	손 3	솔〔명〕	松	3	솔 3
솜〔명〕	棉	3	솜 1	술〔명〕	酒	3	술 3
술〔명〕	匙	3	술 3	숲〔명〕	林	3	숲 3
신〔명〕	履	3	신 2	실〔명〕	糸	3	실 1
새〔명〕	鳥	3	새 1	새〔관〕	新	3	새 2
세〔명〕	舌	3	혀 3	세〔수, 관〕	三	3	세 1
셋〔수,명〕	三	3	셋 1				

	북청	방언조	공통조		북청	방언조	공통조

ㄱ 2 형태

	북청	방언조	공통조		북청	방언조	공통조
아〔명〕	兒	2	애 3	앞〔명〕	前	2	앞 3
야〔감〕		2	야 1	옆〔명〕	側	2	옆 3
온〔관〕	全	2	온 2	우〔감〕		2	우 1
우〔명〕	上	2	우 3	이〔명〕	齒	2	이 3
외〔명〕	瓜	2	오이 1	외〔관〕	獨	2	외 2

ㄴ 3 형태

	북청	방언조	공통조		북청	방언조	공통조
알〔명〕	卵	3	알 3	알〔명〕	粒	3	알 3
얼〔명〕	精神	3	얼 1	엄〔명〕	芽	3	엄 1
엿〔명〕	飴	3'	엿 2				
옴〔명〕	疥癬	3	옴 1	올〔명〕	絲條	3	올 1
옷〔명〕	衣	3	옷 3	옻〔명〕	漆	3	옻 3
울〔명〕	籬	3	울 3	움〔명〕	土室	3	움 1
움〔명〕	根芽	3	움 1	일〔명〕	事	3	일 1
임〔명〕	主人	3	임 1	입〔명〕	口	3	입 3
잇〔명〕	枕衾包布	3	잇 1	잎〔명〕	葉	3	잎 3
애〔명〕	努	3	애 1	애〔명〕	膓子	3	애 1
옛〔관〕	舊	3	옛 2	웨〔부〕	何故	3	왜 2

ㄱ 2 형태

	북청	방언조	공통조		북청	방언조	공통조
자〔명〕	彼兒	2	재 2	잔〔부〕	小細	2	잔 2
잘〔부〕	好	2	잘 2	장〔명〕	市	2	장 3
정〔부〕	참의 뜻	2	정 1	절〔명〕	紡	2	결 3
조〔명〕	粟	2	조 3	좀〔부〕	小量	2'	좀 1
줄〔명〕	絃	2	줄 3	집〔명〕	家	2	집 3
죄〔부〕	皆	2	죄 2				

ㄴ 3 형태

	북청	방언조	공통조		북청	방언조	공통조
자〔명〕	尺	3'	자 2	잣〔명〕	松實	3	잣 1
저〔대〕	彼	3'	저 2	저〔대〕	我	3'	저 1
절〔명〕	拜	3'	절 3	절〔명〕	寺	3'	절 3
절〔명〕	箸	3	저 2	접〔명〕	果實의百개	3	접 3
접〔명〕	複	3	겹 2	정〔명〕	石工用具	3	정 1
젓〔명〕	乳	3	젖 3	좀〔명〕	蠹	3	좀 3
중〔명〕	農樂器(鉦)	3	징 3	질〔명〕	道	3'	길 3
질〔명〕	丈	3	길 1	짐〔명〕	蒸氣	3	김 1

어휘	뜻	북청 방언조	공통조	어휘	뜻	북청 방언조	공통조
짐〔명〕	負荷	3	짐 3	짓〔명〕	行動	3	짓 1̄
깃〔명〕	羽襟	3	깃 3	짚〔명〕	藁	3	짚 3
재〔명〕	灰	3	재 2	제〔명〕	糠	3	겨 3
제〔대〕	나의 비칭	3	저 1̄	쥐〔명〕	鼠	3	쥐 3

ㄱ 2 형태

어휘	뜻	북청 방언조	공통조	어휘	뜻	북청 방언조	공통조
창〔명〕	鞋底	2	창 3	치〔명〕	箕	2	키 3
채〔부〕	未及	2	채 2	취〔명〕	山菜	2	취 3

ㄴ 3 형태

어휘	뜻	북청 방언조	공통조	어휘	뜻	북청 방언조	공통조
참〔부〕	眞	3	참 3	천〔명〕	布木	3	천 1̄
철〔명〕	知能	3	철 3	철〔명〕	節氣	3	철 3
춤〔명〕	苗춤	3	춤 3	춤〔명〕	舞	3'	춤 3
춤〔명〕	葛	3	춤 3	치〔명〕	舵	3	치 3
채〔명〕	棟	3	채 3	채〔명〕	鞭	3	채 2
채〔명〕	細條	3	채 3				

ㄱ 2 형태

어휘	뜻	북청 방언조	공통조	어휘	뜻	북청 방언조	공통조
칸〔명〕	間	2	간 3	콩〔명〕	大豆	2	콩 3

ㄴ 3 형태

어휘	뜻	북청 방언조	공통조	어휘	뜻	북청 방언조	공통조
칼〔명〕	刀	3	칼 3	코〔명〕	鼻	3	코 3
콕〔부〕		3	콕 2	쿡〔부〕		3	쿡 2
키〔명〕	長	3	키 3				

ㄱ 2 형태

어휘	뜻	북청 방언조	공통조	어휘	뜻	북청 방언조	공통조
텅〔부〕	空虛	2	텅 2	태〔명〕	胎盤	2	태 2
태〔명〕	圈絲의	2	테 2	테〔명〕	圈線	2	테 3

ㄴ 3 형태

어휘	뜻	북청 방언조	공통조	어휘	뜻	북청 방언조	공통조
탁〔부〕		3	탁 3	탈〔명〕	假面	3	탈 1̄
터〔명〕	基地	3	터 2	토〔명〕	助詞	3	토 3
톱〔명〕	鋸	3	톱 3	툭〔부〕		3	툭 3
틀〔명〕	品備, 小機	3'	틀 3	틈〔명〕	隙	3	틈 3
티〔명〕	塵埃	3	티 3	턱〔명〕	頤	3	턱 3

어휘	뜻	북청 방언조	공통조	어휘	뜻	북청 방언조	공통조

3 형태

어휘	뜻	북청 방언조	공통조	어휘	뜻	북청 방언조	공통조
파〔명〕	葱	3'	파 2	팔〔명〕	腕	3	팔 3
퍼〔부〕	頻	3	퍽 3	퍽〔부〕		3	퍽 3
펄〔명〕	개펄	3	펄 3	펑〔부〕		3	펑 3
폭〔부〕	深度	3	푹 3	풀〔명〕	草糊	3	풀 3
품〔명〕	衣胴	3	품 3	품〔명〕	勞量	3	품 3
풋〔접두〕	未熟	3	풋 3	피〔명〕	稗	3	피 3
피〔명〕	血	3	피 3	픽〔부〕		3	픽 2
핑〔부〕		3	핑 3	팽〔부〕		3	팽 3

ㄱ 2 형태

어휘	뜻	북청 방언조	공통조	어휘	뜻	북청 방언조	공통조
하〔감〕		2	하 2	한〔관〕	一	2	한 2
홉〔명〕	合	2	홉 3	해〔명〕	太陽	2	해 3

ㄴ 3 형태

어휘	뜻	북청 방언조	공통조	어휘	뜻	북청 방언조	공통조
활〔명〕	弓	3'	활 3				

ㄱ 2 형태

어휘	뜻	북청 방언조	공통조	어휘	뜻	북청 방언조	공통조
꽉〔부〕	强執	2	꽉 3	꽥〔부〕	叫聲	2	꽥 3

ㄴ 3 형태

어휘	뜻	북청 방언조	공통조	어휘	뜻	북청 방언조	공통조
꿀〔명〕	蜜	3	꿀 3	꿈〔명〕	夢	3	꿈 3
끈〔명〕	繩	3	끈 3	끌〔명〕	鑿	3	끌 3
끝〔명〕	末	3	끝 3	깨〔명〕	荏	3	깨 3
꿩〔명〕	雉	3	꿩 3				

ㄱ 2 형태

어휘	뜻	북청 방언조	공통조	어휘	뜻	북청 방언조	공통조
딱〔부〕		2	딱 3	딴〔관〕	別	2	딴 3
똑〔부〕	折聲	2	똑 3				

ㄴ 3 형태

어휘	뜻	북청 방언조	공통조	어휘	뜻	북청 방언조	공통조
따〔명〕	地	3	따 3	딸〔명〕		3	딸 3
땀〔명〕	汗	3	땀 3	땅〔명〕	地	3	땅 3
떡〔부〕		3	떡 3	떡〔명〕	餠	3'	떡 3
똑〔부〕		3	똑 3	뜸〔명〕	縫目	3	뜸 3
뜸〔명〕	苫	3	뜸 3	띠〔명〕	帶	3'	띠 3

		북청 방언조	공통조			북청 방언조	공통조
떠 〔명〕	孝	3	떠 3	때 〔명〕	時	3	때 3
떱 〔명〕	鍮接	3	떱 3	떼 〔명〕	抗意	3	떼 3
떼 〔명〕	筏	3	떼 3	뛰 〔명〕	跳	3	뛰 3

ㄱ 2 형태

		북청 방언조	공통조			북청 방언조	공통조
삑 〔부〕	汽笛소리	2	삑 3	삥 〔부〕		2	삥 3

ㄴ 3 형태

		북청 방언조	공통조			북청 방언조	공통조
빨 〔명〕	木理	3ʼ	결 3	뺨 〔명〕	頰	3	뺨 3
뿔 〔명〕	角	3	뿔 3	뻥 〔부〕		3	뻥 3

ㄱ 2 형태

		북청 방언조	공통조
쌍 〔명〕	雙	2	쌍 3

ㄴ 3 형태

		북청 방언조	공통조			북청 방언조	공통조
싹 〔명〕	賃金	3	삯 3	쌀 〔명〕	米	3ʼ	쌀 3
썩 〔부〕		3	썩 3	쑥 〔부〕		3	쑥 3
쑥 〔명〕	艾	3	쑥 3	씨 〔명〕	種子	3	씨 3
씨 〔명〕	필육의 緯	3	씨 3	썩 〔부〕		3	썩 3

제 2 절 2음절어

ㄱ 23 형태

		북청 방언조	공통조				북청 방언조	공통조	
가난 〔명〕	貧	23		23	가달 〔명〕		23ʼ	까탈	31
가뜩 〔부〕		23	가뜩	ī3	가매 〔명〕		23	가마	31
가슴 〔명〕	胸	23		31	가술 〔명〕		23	가을	23
가시 〔명〕	棘	23		31	가새 〔명〕		23ʼ	가위	31
가지 〔명〕	茄	23		23	감청 〔명〕	黑	23		23
감지 〔명〕		23	막걸리	231	감때 〔명〕		23	감투	31
갈래 〔명〕	區別	23		31	갈비 〔명〕		23	갈비	31
갈퀴 〔명〕	농구의 일종	23		31	거기 〔대〕	其處	23		31
거리 〔명〕	市街	23		31	거미 〔명〕		23ʼ		31

68

		북청 방언조	공통조				북청 방언조	공통조	
거북 〔명〕		23ʼ		31	거죽 〔명〕	外皮	23		23
건달 〔명〕	乾達	23ʼ		31	걸름 〔명〕		23	거름	23
걸음 〔명〕	步	23		31	괴기 〔명〕		23	고기	31
고개 〔명〕	嶺	23		31	고뎅 〔명〕		23	고둥	23
고랑 〔명〕	畦	23		23	고래 〔명〕		23	고래	23
고름 〔명〕	옷의	23		31	고리 〔부〕		23	골고루	231
고앵 〔명〕		23	고양이	231	골뱅 〔명〕		23ʼ	소라	23
공비 〔명〕		23	공부	23	구리 〔명〕	銅	23		31
구슬 〔명〕	珠	23		31	근심 〔명〕	憂	23		23
개미 〔명〕	蟻	23		31	게삐 〔명〕		23	고삐	31

ㄴ 31 형태

		북청 방언조	공통조				북청 방언조	공통조	
가매 〔명〕		31	가마	23	가지 〔명〕	枝	31		31
가래 〔명〕	鍬	31		31	갈다 〔동〕	耕, 磨	31		Ī1,21
갈이 〔명〕	耕	31		31	감지 〔명〕		31	감자	23
거지 〔명〕	乞人	31		31	거즛 〔명〕		31	거짓	ī2
겨우 〔부〕	僅	31		31	겨울 〔명〕		3ʼ1	겨울	31
끄리 〔명〕	環	3ʼ1		31	고뿔 〔명〕	感氣	3ʼ1	감기	31
골미 〔명〕		3ʼ1	골무	31	골치 〔명〕	頭	3ʼ1		31
곪 〔명〕	畦, 洵	31	골	Ī	곰보 〔명〕	痘痕	3ʼ1		12
곰배 〔명〕		31	고무래	231	곱다 〔형〕	麗	31		ī1
곶감 〔명〕	乾柿	3ʼ1		31	구리 〔명〕		31	굴	3
그래 〔부〕		31	그래	31	개암 〔명〕	榛實	32		23
개ʼ물 〔명〕		31	내ʼ물	12	갱이 〔명〕	浦	32	개	2
계집 〔명〕	女	31		12	귀메 〔부〕		3ī	구메여	231

ㄱ 23 형태

		북청 방언조	공통조				북청 방언조	공통조	
나리 〔명〕	百合	23	나리	31	나물 〔명〕	菜	23		23
나을 〔명〕	四日	23	나흘	31	낚시 〔명〕		23		31
남성 〔명〕		23	남생이	231	넝큼 〔부〕		23	넝큼	ī3
노름 〔명〕	遊	23		23	노래 〔명〕	歌	23		31
노새 〔명〕	驢	23		31	누룩 〔명〕	麴	23		31

69

북청	방언조		공통조	북청	방언조		공통조
노비〔명〕	23	누에	31	벙기〔명〕木	23	나무	23
ㄴ 31 형태							
나리〔명〕上殿	31		31	나다〔동〕生	31		31
녹순〔명〕	31	녹두나물	2312	놀이〔명〕戲	32		
널래〔부〕	31	날래	31				
ㄱ 23 형태							
달다〔형〕甘	23		31	다락〔명〕樓	23		23
다리〔명〕股	23		23	다리〔명〕橋	23		23
다시〔부〕更	23'		31	달리〔부〕別途	23		31
담바〔명〕	23	담배	23	닷새〔명〕五日	23		31
덕대〔명〕架	23		31	도랑〔명〕	23	도랑	23
돌기〔명〕	23	켜	3	동네〔명〕	23	동리	12
동무〔명〕同志	23		31	둘기〔명〕	23	두레	23
두께〔명〕厚	23		23	두루〔부〕	23	그저	23
두리〔명〕	23	둘레	31	대기〔명〕	23	대구	31
데우〔부〕	23	되우, 매우	31	되비〔부〕	23	도루	23
뛰다〔동〕跳	23		31				
ㄴ 31 형태							
다만〔부〕但只	31		12	다음〔명〕次	3'1		32
달다〔동〕灼	31		ī1	도미〔명〕鯛	3'1		ī2
돌다〔동〕廻	31		ī1	두번〔명〕二次例	31		23
드리〔명〕豆腐粕	31	비지	31	되다〔형〕固, 成	31	되다	ī1
뒤밥〔명〕	31	고두밥	231	뗏다〔동〕	31	내뗏다	231
ㄱ 23 형태							
마감〔명〕終	23		23	마개〔명〕栓	23		31
무그〔명〕衣脇端	23	무	3	마눌〔명〕蒜	23'		31
마당〔명〕庭	23		23	마리〔명〕	23	마루	23
마디〔명〕節	23		23	마지〔부〕	23	마저	23
만저〔부〕	23	먼저	ī2	말뚝〔명〕	23		23
망치〔명〕小槌	23	마치	31	멀기〔명〕	23	머루	23
멸미〔명〕차멀미	23	멀미	31	모다〔부〕	23	모두	31

70

북청	방언조		공통조	북청	방언조		공통조
모리〔명〕	23	모이	31	모시〔명〕苧布	:3		23
모종〔명〕苗種	23		23	목숨〔명〕	23		31
몽치〔명〕短棍	23		31	몽탕〔부〕	23	몽땅	23
무기〔명〕	23	무게	31	무끼〔명〕	23	무우	23
무덤〔명〕塚	23'		31	무세〔명〕進	23	되게	23
무렴〔명〕膝	23	무릎	23	무지〔명〕堆	23	무더기	231
문이〔명〕文魚	23	문어	23	물다〔명〕咬	23	물다	31
물래〔명〕	23	물레	23	매태〔명〕	23	감탕	31
메지〔명〕	23'	메주	31	무시〔대〕	23	무엇	23
미끼〔명〕餌	23		31				
ㄴ 31 형태							
마양〔부〕每樣	3'1	매양	23	말씨〔명〕語	3'1		ī2
맑다〔형〕晴	31		31	먼이〔부〕	31	물고러미	2321
멀리〔부〕遠	31		Ī1	모기〔명〕蚊	3'1		31
목수〔명〕木工	3'1		31	몽매〔명〕	3'1	몸매	31
무기〔명〕	31	무게	31	무늬〔명〕紋	3'1	무늬	31
묻다〔동〕慣	3'1	묻다	ī1	문발〔명〕簾	3ī	발	ī
미기〔명〕	3'1	미역	31	미련〔명〕愚鈍	3'1		31
미리〔부〕豫	3'1		31	밑배〔명〕運草船	31	미역배	32
ㄱ 23 형태							
바다〔명〕海	23		31	바닥〔명〕底	23		31
바둑〔명〕	23	바둑	31	바람〔명〕風	23		23
바리〔부〕	23	바로	23	바우〔명〕	23	바위	31
바지〔명〕袴	23'		31	발목〔명〕足首	23		23
밥상〔명〕食床	23		23	밥풀〔명〕飯粒	23		31
발귀〔명〕田隅	23		31	버더〔명〕	23	버덩	23
버들〔명〕柳	23		23	버릇〔명〕習慣	23		31
벼'모〔명〕稻苗	23		23	보름〔명〕望	23'		31
보섭〔명〕	23	보습	23	복사〔명〕	23	복숭아	231
부끼〔명〕梭	23	북	3	부엉〔명〕	23		23

71

북청	방언조		공통조
부쩍 〔부〕 多	23		23
불꾹 〔부〕 怒兒	23	불끈	23
비눌 〔명〕	23	비늘	31
비내 〔명〕	23	비녀	23
비듬 〔명〕 覓	23	비틈	23
비술 〔명〕	23	벼슬	31
ㄴ 31 형태			
반달 〔명〕 半月	31		23
밤눈 〔명〕 夜眼	31		31
밤중 〔명〕 夜中	31		31
방울 〔명〕 鈴	3'1		31
벙이 〔명〕	31	부엉이	321
본디 〔명〕 本來	31		31
붗이 〔명〕	31	붓	3
비기 〔명〕	3'1	비게	23
ㄱ 23 형태			
사까 〔명〕	23		31
사심 〔명〕	23	사슴	31
산질 〔명〕	23	산'길	31
살살 〔부〕	23		T2
서리 〔명〕	23	성에	31
선반 〔명〕	23	선반	31
손목 〔명〕 手首	23		23
수설 〔명〕	23	수선	23
쉐수 〔명〕	23	세수	23
스츰 〔명〕 假縫	23	시치미	231
시자 〔부〕	23	지금	23
싫다 〔동〕	23	싣다	11
ㄴ 32 형태			
사람 〔명〕 人	32		23
살다 〔동〕	31	살다	T1
선물 〔명〕 贈物	31		T2
설음 〔명〕 悲	31		T2

북청	방언조		공통조
부채 〔명〕 扇	23		31
비개 〔명〕	23	벼개	31
비늘 〔명〕 皮粉	23		31
비랑 〔명〕	23	벼랑	31
비록 〔부〕 雖	23		31
베리 〔명〕	23	벼루	31
밤낮 〔명〕 晝夜	31		31
밤일 〔명〕 夜勤	3'1		31
방아 〔명〕 春	3'1		23
버리 〔명〕	31	벌	1
보배 〔명〕 寶	3'1		23
불다 〔동〕	31	불다	T1
불패 〔명〕	31	불티	31
배추 〔명〕	3'1		23
사날 〔명〕 三四日	23		31
사올 〔명〕	23	사흘	31
살림 〔명〕	23		23
삼치 〔명〕	23		31
서리 〔부〕	23	서로	23
성큼 〔부〕	23		12
수끼 〔명〕	23	숯	3
재치 〔명〕	23	재	3
스나 〔명〕	23	사나이	231
스풀 〔명〕	23	수풀	31
재여 〔명〕	23	사냥	23
심줄 〔명〕	23	힘줄	31
사이 〔명〕 間	32		31
서다 〔동〕	31	서다	31
섣달 〔명〕	31	섣달	T2
섧다 〔형〕	31	서럽다	231

72

북청	방언조		공통조
식끼 〔명〕	31	식구	31
생각 〔명〕 思	31		31
ㄱ 23 형태			
아들 〔명〕 子息	23		31
안죽 〔부〕	23	아직	31
언작 〔명〕	23	언덕	23
연꾸 〔명〕	23	서'가래	231
올개 〔명〕	23	올가미	231
우뚝 〔부〕	23	우뚝	12
이불 〔명〕 衾	23		31
인차 〔부〕	23'	곧시	31
ㄴ 32 형태			
아배 〔명〕	31'	아버지	231
아름 〔명〕 抱	3'1		31
악이 〔명〕 智齒	3'1	사랑이	231
앞작 〔부〕	31		T2
억지 〔명〕 固執	3'1		31
영석 〔명〕	3'1	응석	31
오눌 〔명〕	31	오늘	31
오쪽 〔명〕	31		23
외말 〔명〕	3'1		31
운다 〔동〕	3'1	운다	T1
이마 〔명〕 頂	3'1		31
이뤼 〔명〕 七日	3'1	이레	31
애끼 〔명〕 弟	31	아우	23
옛말 〔명〕 古談	31		T1
ㄱ 23 형태			
자꾸 〔부〕 繼續	23	자꾸	21
자리 〔명〕 席	23		31

북청	방언조		공통조
샘치 〔명〕	31	샘	T
쇄지 〔명〕	31	송아지	231
아주 〔부〕	23		31
어방 〔부〕	23	짐작	31
어지 〔명〕	23	어제	31
엿새 〔명〕	23		31
용재 〔명〕	23	농사	31
우티 〔명〕	23'		12
이슬 〔명〕 露	23		31
아이 〔부〕 當初	31	아예	31
아래 〔명〕 下	3'1		31
암만 〔부〕 雖	31		T2
앙개 〔명〕	3'1	안개	T2
없소 〔형〕 無	31		T1
염소 〔명〕	31		31
오리 〔명〕 鴨	31		31
온다 〔동〕	3'1	온다	31
우물 〔명〕	3'1	우물	31
이리 〔부〕 此方	31		31
이보 〔감〕	31	여보	23
이태 〔명〕 二年	31		31
얘기 〔명〕	3'1	이야기	231
자투 〔부〕 頻	23	자주	31
작작 〔부〕 大綱	23		31

73

북청	방언조		공통조	북청	방언조		공통조
잔뜩〔부〕大量	23		T3	장평〔명〕	23	장기	31
장창〔부〕恒	23	장	2	저를〔명〕暇	23	겨를	31
절루〔부〕	23	저절로	231	정슴〔명〕	23	점심	12
조개〔명〕貝	23		23	종이〔명〕紙	23		31
족배〔명〕	23	매상이	231	준준〔부〕	23		31
지기〔명〕	23	지게	31	지내〔부〕	23	너무	23
지녁〔명〕	23	저녁	23	지벙〔명〕	23'	지붕	23
지슴〔명〕雜草	23	지음	31	지슭〔명〕	23	기슭	23
지철〔명〕	23	진저리	231	질거〔부〕	23	지레	23
질시〔명〕	23	길이	31	집치〔명〕	23	김치	31
재우〔부〕	23	빨리	31				

ㄴ 31 형태

북청	방언조		공통조	북청	방언조		공통조
잔치〔명〕	3'1	잔치	31	장난〔명〕作亂	31		31
장님〔명〕盲人	31		T1	장사〔명〕商	31		31
장도〔명〕佩刀	31	장도	23	짜다〔형〕鹹	3'1		31
저울〔명〕衡	3'1		31	적구〔형〕少	31	적고	T2
적이〔부〕多少間	31		T1	적다〔형〕少	31	적다	T1
절루〔부〕	31	절로	31	정말〔명〕	31		T1
조리〔명〕笊籬	31		T1	조카〔명〕姪	3'1		31
좋다〔형〕好	31		T1	쪼끼〔명〕	31	조끼	31
준다〔동〕	31	준다	T1	지너〔명〕	31	지네	31
지리〔명〕	3'1	지렁이	321	진장〔명〕當場	31	진자리	231
진장〔부〕早速	31	진작	11	질다〔형〕	31	길다	T1
질쌈〔명〕紡績	3'1	길쌈	31	지푸〔명〕	31	짚	3
즐즐〔부〕	31	질질	T1				

ㄱ 23 형태

북청	방언조		공통조	북청	방언조		공통조
초매〔명〕	23'	치마	23	천천〔부〕	23'	천천이	231
칭에〔명〕軒	23	처마	31				

ㄴ 31 형태

북청	방언조		공통조	북청	방언조		공통조
재정〔명〕	31	문빗장	231	치대〔명〕鱧鰮	3'1	걸대	31
첩소〔형〕	31	촘소	31				

31 형태

북청	방언조		공통조	북청	방언조		공통조
크다〔형〕大	31		31				

23 형태

북청	방언조		공통조	북청	방언조		공통조
펴석〔명〕	23	멍석	23	토막〔명〕	23	토막	23

ㄱ 23 형태

북청	방언조		공통조	북청	방언조		공통조
펭풍〔명〕	23	병풍	23				

ㄴ 31 형태

북청	방언조		공통조	북청	방언조		공통조
파리〔명〕蠅	31	파리	31	패기〔명〕呃逆	31	딸꾹질	231

ㄱ 23 형태

북청	방언조		공통조	북청	방언조		공통조
할날〔명〕一日	23'	한날	31	허리〔명〕	23'		31
행님〔명〕	23		31	호미〔명〕	23	호미	31
호박〔명〕	31	호박	23	혼솔〔명〕縫線	31		23
홀딱〔부〕	23		23	헌디〔명〕腫處	3'1	헌데	T2

제 3 절 3음절어

ㄱ 123 형태

ㄱ 줄

북청	방언조	공통조	북청	방언조		공통조
간지럼〔명〕痒	123	231	강바람〔명〕乾風	123		223
골고루〔부〕均	123	321	그까짓〔관〕	123		231
그처럼〔부〕如其	123	321	관지뼈〔명〕	123	광대뼈	231

ㅂ 줄

북청	방언조	공통조	북청	방언조		공통조
바드득〔부〕	123	123	불우물〔명〕	123	보조개	213
부르르〔부〕	123	123				

ㅅ 줄

북청	방언조	공통조	북청	방언조		공통조
사르르〔부〕	123	123	선보름〔명〕	123		231
손어림〔명〕	123	231				

		북청 방언조		공통조
ㅍ 줄				
푸시시 〔부〕		123	부수수	123
ㅇ 줄				
아무리 〔부〕		123		123
안사람 〔명〕	妻	123		321
오도록 〔부〕		123		123

ㄴ 231 형태

ㄱ 줄				
가두다 〔동〕	囚	231		231
가리다 〔동〕	掩	231		231
가지다 〔동〕		231	가지다	321
갑갑증 〔명〕	鬱寂	231		231
고등애 〔명〕		231	고등어	321
골짜기 〔명〕	谷	231		231
구데기 〔명〕		231	구더기	231
구두질 〔명〕		231		231
군입질 〔명〕		231		321
그러나 〔부〕	然而	231		321
가르다 〔동〕	分	231		231
가으내 〔부〕	秋中	231		231
간질다 〔형〕		231	가날프다	2321
거북선 〔명〕	龜船	231		321
고사례 〔명〕		231	고사리	231
곰추다 〔동〕		231	감추다	231
구멩이 〔명〕		231	구멍이	231
구분다 〔동〕		231	굳다	31
그다지 〔부〕	如其	231		321

76

		북청 방언조		공통조
그렇다 〔형〕	然	231		321
그림자 〔명〕	影	231		231
그제끼 〔명〕		231	그저께	321
개구리 〔명〕	蛙	231		231
ㄴ 줄				
나들이 〔명〕	外出	231		321
나뿌다 〔형〕		231	나쁘다	231
나팔꽃 〔명〕		231		321
낙수질 〔명〕		231	낚시질	231
난장판 〔명〕		231		121
날세다 〔형〕		231	날쌔다	231
낯설다 〔형〕		231		321
너구리 〔명〕		231		231
넹구다 〔동〕	呑	231	삼키다	231
놀랍다 〔형〕	驚	231		231
눈동자 〔명〕	瞳子	231		321
눈섀이 〔명〕		231	눈썹이	121
눈요기 〔명〕		231		321
눈초리 〔명〕	眦	231		231
느브리 〔명〕		231	노을	31
내빼다 〔동〕	滲透	231	내배다	231
내쫓다 〔동〕	追出	231		231
네키다 〔동〕	慾	231		231
넙히다 〔동〕	臥	231	눕다	31
ㄷ 줄				
다리배 〔명〕	脛腹	231	장'단지	231
다리대 〔명〕	台	231	바침	31
다잡다 〔동〕		231		231
달말이 〔부〕		231	다말이	212
더펄이 〔명〕		231		231
도라지 〔명〕		231		231
도루깨 〔명〕		231	도리깨	231

77

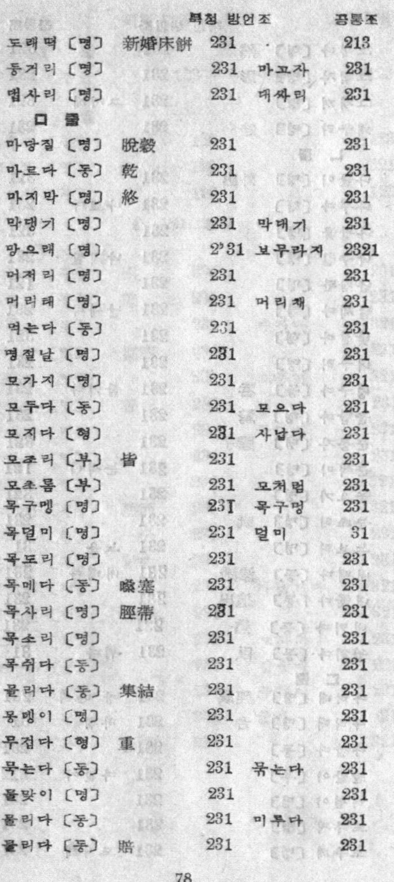

			북청 방언조		공통조
도래떡	〔명〕	新婚床餠	231	·	213
동거리	〔명〕		231	마고자	231
멥사리	〔명〕		231	메싸리	231
ㅁ 줄					
마당질	〔명〕	脫穀	231		231
마르다	〔동〕	乾	231		231
마지막	〔명〕	終	231		231
막댕기	〔명〕		231	막대기	231
망오래	〔명〕		2'31	보무라지	2321
머저리	〔명〕		231		231
머리래	〔명〕		231	머리채	231
먹는다	〔동〕		231		231
명절날	〔명〕		231		231
모가지	〔명〕		231		231
모두다	〔동〕		231	모으다	231
모지다	〔형〕		231	사납다	231
모주리	〔부〕	皆	231		231
모초롬	〔부〕		231	모처럼	231
목구멩	〔명〕		231	목구멍	231
목덜미	〔명〕		231	덜미	31
목도리	〔명〕		231		231
목메다	〔동〕	喉塞	231		231
목사리	〔명〕	脛帶	231		231
목소리	〔명〕		231		231
목쉬다	〔동〕		231		231
몰리다	〔동〕	集結	231		231
몽뎅이	〔명〕		231		231
무접다	〔형〕	重	231		231
묶는다	〔동〕		231	묶는다	231
물맞이	〔명〕		231		231
물리다	〔동〕		231	미루다	231
물리다	〔동〕	賠	231		231

78

			북청 방언조		공통조
뭉개다	〔동〕	踏步	231		231
뭉치다	〔동〕	團	231		231
미나베	〔명〕		231	미나리	231
미쟁이	〔명〕	塗工	231		231
매두기	〔명〕		231	메두기	231
맺는다	〔동〕	結	231		231
뫼왔다	〔동〕		231	모였다	231
ㅂ 줄					
바꾸다	〔동〕	換	231		231
바르다	〔동〕	塗	231		231
바빠서	〔부〕	奔走	231		231
바주기	〔명〕		231	밥주걱	231
받치다	〔동〕	支	231		231
밤송이	〔명〕		231		132
방아간	〔명〕		231		231
밭갈이	〔명〕		231		231
밭고랑	〔명〕		231		231
밟는다	〔동〕		231	거른다	231
발곱이	〔명〕		231	발곱	31
버리다	〔동〕	棄	231		321
번지다	〔동〕		231	뒤치다	231
변두리	〔명〕	邊	231		232
보시기	〔명〕		231		231
보따리	〔명〕	荷	231		231
보자기	〔명〕		231		231
본바닥	〔명〕	本地	231		231
부르다	〔형〕	飽	231		231
부른다	〔동〕	呼唱	231		231
부었다	〔동〕	注	231		231
불브다	〔형〕		231	부럽다	231
불연듯	〔부〕		231		231
붙었다	〔동〕	付	231		231
비락불	〔명〕		231	벼락불	231

79

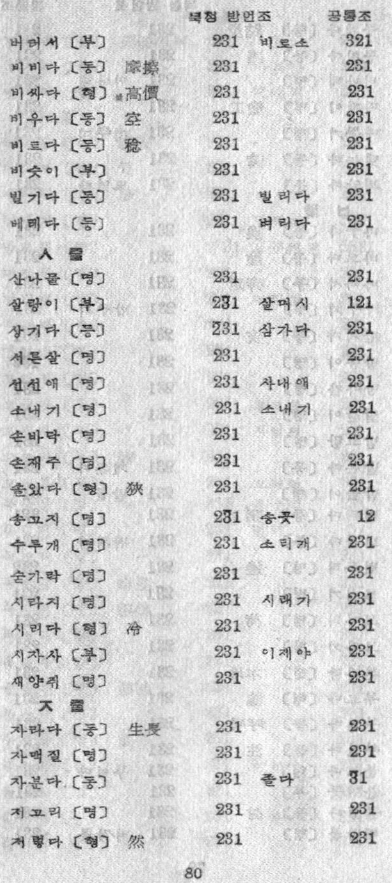

		북청	방언조	공통조
버머서 〔부〕		231	비로소	321
비비다 〔동〕	摩擦	231		231
비싸다 〔형〕	高價	231		231
비우다 〔동〕	空	231		231
비르다 〔동〕	穩	231		231
비슷이 〔부〕		231		231
빌기다 〔동〕		231	빌리다	231
베레다 〔동〕		231	버리다	231
ㅅ 줄				
산나물 〔명〕		231		231
살랑이 〔부〕		231	살며시	121
상기다 〔동〕		231	삼가다	231
서른살 〔명〕		231		231
선선애 〔명〕		231	사내애	231
소내기 〔명〕		231	소내기	231
손바닥 〔명〕		231		231
손재주 〔명〕		231		231
솔았다 〔형〕	狹	231		231
송고지 〔명〕		231	송곳	12
수루개 〔명〕		231	소리개	231
술가락 〔명〕		231		231
시라지 〔명〕		231	시래기	231
시리다 〔형〕	冷	231		231
시자사 〔부〕		231	이제야	231
새양쥐 〔명〕		231		231
ㅈ 줄				
자라다 〔동〕	生長	231		231
자맥질 〔명〕		231		231
자분다 〔동〕		231	졸다	31
지고리 〔명〕		231		231
저렇다 〔형〕	然	231		231

80

		북청	방언조	공통조
저린다 〔형〕	痲痺	231		231
져시다 〔동〕		231		231
져는다 〔동〕		231		231
지긋이 〔부〕		231		231
죽치다 〔동〕		231		231
주멍이 〔명〕		231	주머니	231
즌갈이 〔명〕	水耕	231	진갈이	231
지니다 〔동〕		231		231
지른다 〔동〕	點火	231		231
진말리 〔명〕		231	진달래	231
제구나 〔부〕		231	겨우	12
ㅊ 줄				
초두부 〔명〕		231	순두부	321
치우다 〔동〕	整頓	231		321
챗다리 〔명〕		231	챗다리	321
철철이 〔부〕	四時	231		321
ㅋ 줄				
콩다래 〔명〕		231	콩고무리	3221
콩대유 〔명〕	豆汁塗漆	231	코대압	231
ㅍ 줄				
품앗이 〔명〕		231		231
푸성귀 〔명〕		231		321
ㅎ 줄				
허벌떡 〔부〕		231	헐레벌떡	2321
허우대 〔명〕	体格	231		231
현불이 〔명〕		231	선머슴	T12
홰치다 〔동〕	鼓翼	231		321
ㅇ 줄				
아깝다 〔형〕	惜	231		231
아구리 〔명〕		231	아궁이	231
아재씨 〔명〕		231	아저씨	231
아프다 〔형〕	痛	231		231

81

			북청	방언조	공통조
알기다	〔동〕		231	알리다(他)	321
암글다	〔동자〕	癒	231		231
야듧재	〔명수〕		231	여덟째	321
앉이다	〔동〕		231	앉히다	321
애기씨	〔명〕		231	아가씨	231
애끼다	〔동〕	惜	231		321
애호박	〔명〕	幼胡瓜	231		321
어듭다	〔형〕	暗	231		321
어렵다	〔동〕		231	어렵다	321
어웠다	〔동〕	死別	231	여희다	231
언쨶다	〔형〕		231	언짢다	231
엉기다	〔동〕	凝結	231		231
엉덩이	〔명〕		231		321
엉더리	〔명〕		231		231
여비다	〔형〕		231	여위다	321
여럿이	〔부〕	衆	231		321
오가리	〔명〕	乾瓜類	231		321
오로지	〔부〕	專	231		231
올리다	〔동〕	登	231		321
우습다	〔형〕	可笑	231		231
우당탕	〔부〕		231		231
웅뎅이	〔명〕	沼	231		321
이기다	〔동〕	勝	231		321
이다지	〔부〕	甚	231		231
이렇다	〔형〕	如此	231		321
이르다	〔명〕	早	231		321
이른다	〔동〕	云	231		231
이애기	〔명〕		231	이야기	231
위기다	〔동〕		231	우기다	321

ㄷ 232 형태

ㄱ 줄

구렝이	〔명〕		232	구렁이	231

			북청	방언조	공통조
계집아	〔명〕		232ᄀ	계집애	231

ㅅ 줄

소나모	〔명〕	松	232'	소나무	231
쉰다숫	〔명〕		232'		231

ㅎ 줄

해푸름	〔명〕		232	화풀이	321

ㅇ 줄

열하네	〔명〕	11	232'	열하나	123

ㄹ 321 형태

ㄱ 줄

가늘다	〔형〕	細	3'21		321
가쁘다	〔형〕	過重	321		231
가운데	〔명〕	中	321		231
감는다	〔동〕	閉目	321		231
걸치다	〔동〕	經	321		321
검옇다	〔형〕	黑	321		321
기두리	〔명〕		321	귀뚜라미	2321
굼보다	〔동〕	許價	3'21		121

ㄴ 줄

낟가리	〔명〕		321		231
눈개비	〔명〕		321	진눈깨비	2231

ㄷ 줄

단대목	〔명〕	緊要	321		321
디리다	〔동〕	計算	321	치르다	231
데룹다	〔형〕		321	더럽다	231

ㅁ 줄

마우라	〔명〕		321		121
먼하게	〔부〕		321	멀거니	121
모시다	〔동〕	侍	3'21		231
몸뎅이	〔명〕		3'21		231
못하다	〔형〕		321		231

어휘	북청 방언조		공통조
머울이 〔명〕	3↑21	머귀	3̄1
뫼하다 〔형〕	3̄21	묘하다	1̄21
ㅂ 줄			
반하다 〔동〕 惑	3'21		1̄21
불젤두 〔부〕	321	불시로	321
배째기 〔명〕	321	길경이	231
배좁다 〔동〕	321	비좁다	231
ㅅ 줄			
사마귀 〔명〕	3̄21		1̄32
서름기 〔부〕	3̄21	서뿔리	1̄32
시리떡 〔명〕	321	시루떡	231
ㅈ 줄			
자무리 〔명〕 천의	3̄21		231
작아두 〔부〕 小	3̄21	적어도	1̄21
잠소리 〔명〕	321	잠고대	231
지그릇 〔명〕	3̄21	질그릇	321
지지기 〔명〕	3̄21	기지개	231
진하다 〔형〕 濃	321		3̄21
제낌에 〔부〕	321	제풀에	231
ㅊ 줄			
처지다 〔동〕 下垂	321		231
챙기다 〔동〕	321	차리다	231
체드다 〔동〕	3̄21	처드다	231
ㅋ 줄			
콘소리 〔명〕	321		321
ㅌ 줄			
태나다 〔동〕	3̄21	태여나다	2321
ㅍ 줄			
피렵다 〔동〕	321	야릇하다	2321
ㅎ 줄			
한고비 〔명〕 極致	321		321
햇무리 〔명〕 日暈	321		231
헤프다 〔형〕 浪費	321		

어휘	북청 방언조		공통조
환하다 〔형〕	3̄21	선하다	2̄31
ㅇ 줄			
아조리 〔명〕	321	아호래	321
암자다 〔형〕	321	다기차다	
야드리 〔명〕	321	여드래	231
얏보다 〔동〕	321	넘보다	3̄21
어지다 〔형〕	3'21	어지다	321
욕하다 〔동〕	321	나무라다	2321
용하다 〔형〕 巧妙	3̄21		1̄21
우쁘다 〔형〕	3'21	우습다	1̄21
우스리 〔명〕 殘錢	3̄21		231
일부러 〔부〕 故意	321		1̄21

3음절어(된소리)

ㄱ 123 형태

어휘	북청 방언조		공통조
ㄲ 줄			
끔찍이 〔부〕 至極	123		121

ㄴ 231 형태

어휘	북청 방언조		공통조
ㄲ 줄			
까시다 〔동〕 洗	231	가시다	231
꾀꼬리 〔명〕	231		231
ㄸ 줄			
따라치 〔명〕 瞼膜	231	다래끼	231
두끼비 〔명〕	231	두꺼비	231
뙤약별 〔명〕 直射光	231		232
ㅃ 줄			
뿔구다 〔동〕	231	불리다	231
삐루기 〔명〕	231	비물기	231
빼끼다 〔동〕	231	베끼다	231

북청 방언조					공통조
ㅆ 줄					
싹왔다	〔동〕	消	231	삭왔다	231
쏠리다	〔동〕		231		321
쓰치다	〔동〕		231	시치다	231
ㅉ 줄					
짜르다	〔동〕		231	짤다	31
쪽도리	〔명〕	簇頭里	231	족두리	231
쪽부테	〔명〕	浮囊	231	부테	23

ㄷ 321 형태

ㄲ 줄					
깡그리	〔부〕		3'21	고소란이	1231
ㄸ 줄					
떼먹다	〔동〕		321	잘라먹다	2321
ㅃ 줄					
뿔뿔이	〔부〕	各其	321		231
ㅉ 줄					
쩨불다	〔동〕		321	기울다	231
쬐끔만	〔부〕		321	조끔만	121

제 4 절 4음절어

ㄱ 1231 형태

북청 방언조			공통조		
ㅁ 줄					
메스겁다	〔형〕	1231	메스겁다	〔형〕	1221
ㅂ 줄					
반질팡이	〔명〕	1231	비느질고리	〔명〕	32231
부끄럽다	〔형〕	1231	부끄럽다	〔형〕	1231
부스러기	〔명〕	1231	부스러기	〔명〕	2231

북청 방언조					공통조
불쏘시개	〔명〕	1231		불쏘시개	2231
ㅅ 줄					
술그망이	〔부〕	1231		술그머니	2231
ㅈ 줄					
주먹손이	〔명〕	1231		조막손이	2331
지나새나	〔부〕	1231	晝夜不分	지나새나	1231
ㅇ 줄					
이만저만	〔부〕	1231		이만저만	1231

ㄴ 2321 형태

ㄱ 줄

우 북청 방언조 아래 공통어조			
가르치다	〔동〕	2321	敎
〃		2231	
가투보다	〔동〕	2321	
훌겨보다		2231	
가리키다	〔동〕	2321	指
〃		2231	
가뿐하다	〔형〕	2321	少輕
〃		2331	
가지각색	〔명〕	2321	
〃		2231	
간군하다	〔형〕	2321	
간고하다		2331	
갈라놓다	〔동〕	2321	分置
제쳐놓다		2331	
갈마드다	〔동〕	2321	遞入
갈아드다		2331	
갈팡질팡	〔부〕	2321	
〃		2331	
거리끼다	〔동〕	2321	支障
〃		2331	
거스리다	〔동〕	2321	
거스르다		2331	
거프시시	〔부〕	2321	
거프스스		2332	

		우 북청 방언조 아래 공통조	
건드리다	〔동〕	2321	觸
〃		2331	
고수머리	〔명〕	2321	
〃		2331	
고슴도치	〔명〕	2321	
〃		2231	
구부리다	〔동〕	2321	曲
〃		2321	
구수하다	〔형〕	2321	
〃		2231	
구프리다	〔동〕	2321	俯
〃		3221	
관자노리	〔명〕	2321	
관자'노리		2321	貫子
ㄴ 줄			
나무그루		2321	樹株
나무둥걸		2321	
날카롭다	〔형〕	2331	銳
〃		3231	
남남끼리	〔명〕	2321	
〃		2321	
내버리다	〔동〕	2321	
〃		2321	
너부랑이	〔명〕	2321	殘片
나부랑이		2321	
낮가리다	〔동〕	2321	
〃		2331	
너털우슴	〔명〕	2321	
〃		2322	
농지거리	〔명〕	2321	
〃		2321	
누누하다	〔형〕	2321	
〃		2321	
내다보다	〔동〕	2321	
〃		2231	

88

		우 북청 방언조 아래 공통조	
뉘엿뉘엿	〔부〕	2321	
〃		2321	
ㄷ 줄			
단물나다	〔동〕	2321	
〃		2331	
단방치기	〔명〕	2321	
〃		2321	
더군다나	〔부〕	2321	
〃		2321	
도로마리	〔명〕	2321	織機具
도투마리		2321	
동웃바람	〔명〕	2321	
〃		2321	
들구뛰다	〔동〕	2321	逃走
뺑소니치다		23231	
ㅁ 줄			
마수거리	〔명〕	2321	始賣
〃		1231	
말괄뱅이	〔명〕	1231	
말괄량이		2231	
머므르다	〔동〕	2321	留
〃		2331	
물쾅하다	〔형〕	2321	軟
〃		1231	
미주알고주알	〔부〕	123321	
〃		123321	
무던하다	〔형〕	2321	
〃		2331	
무드럿다	〔형〕	2321	鈍
무디다		231	
무릅쓰다	〔동〕	2321	蒙
〃		2331	
무슨들레	〔명〕	2321	
민들레		231	

89

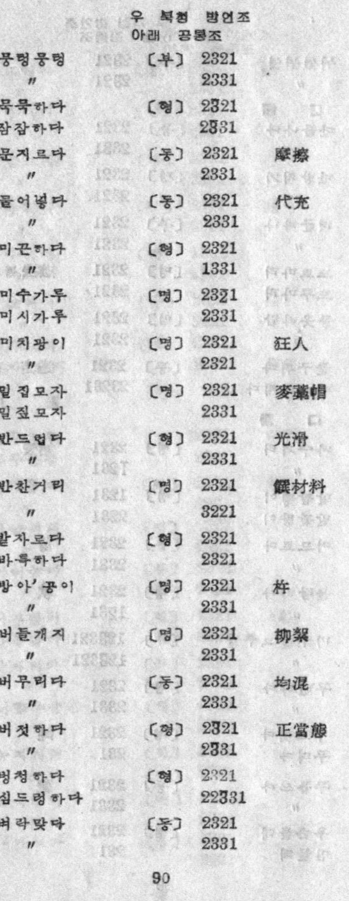

		우 북청 방언조 아래 공통조	
뭉텅뭉텅	〔부〕	2321	
〃		2331	
묵묵하다	〔형〕	2321	
잠잠하다		2331	
문지르다	〔동〕	2321	摩擦
〃		2331	
물어넣다	〔동〕	2321	代充
〃		2331	
미끈하다	〔형〕	2321	
〃		1331	
미수가루	〔명〕	2321	
미시가루		2331	
미치광이	〔명〕	2321	狂人
〃		2321	
밀집모자	〔명〕	2321	麥藁帽
밀짚모자		2331	
반드럽다	〔형〕	2321	光滑
〃		2331	
반찬거리	〔명〕	2321	饌材料
〃		3221	
발자르다	〔형〕	2321	
바투하다		2321	
방아'공이	〔명〕	2321	杵
〃		2331	
버들개지	〔명〕	2321	柳絮
〃		2331	
버무리다	〔동〕	2321	均混
〃		2331	
버젓하다	〔형〕	2321	正當態
〃		2331	
벙청하다	〔형〕	2321	
십드렁하다		22331	
벼락맞다	〔동〕	2321	
〃		2331	

90

		우 북청 방언조 아래 공통조	
별스럽다	〔형〕	2321	
유난스럽다		13231	
본토백이	〔명〕	2321	本土人
〃		2331	
복실개다	〔동〕	2321	
복대기다		2331	
볶이우다	〔동〕	2321	
부대끼다		1231	
부둑키다	〔동〕	2321	抱
부둥키다		2331	
부득부득	〔부〕	2321	固執
〃		2331	
부러우다	〔동〕	2321	
부리다		321	
불깃하다	〔형〕	2321	軟紅
불긋하다		2331	
부러지다	〔동〕	2321	折
〃		2331	
불룩하다	〔형〕	2321	脹
〃		2331	
붙잡이다	〔동〕	2321	燒坑
〃		3231	
붉디붉다	〔형〕	2321	
〃		1231	
비슷하다	〔형〕	2321	近似
〃		1231	
웃기좋다	〔형〕	2321	沒廉恥
비우좋다		1231	
벤빈하다	〔형〕	2321	
번번하다		2331	
뵈끼우다	〔동〕	2321	不消化
보깨다		321	

91

우 북청 방언조
아래 공통조

人 줄			
사이좋다	〔형〕	2'321	
정답다		121	
삼지사방	〔명〕	2321	散之四方
산지사방		1231	
시집사리	〔명〕	2321	
〃		2331	
서리맞다	〔동〕	2321	
〃		2231	
서리바람	〔명〕	2321	霜風
〃		2231	
서분하다	〔형〕	2321	
서운하다		2331	
설멍하다	〔형〕	2321	
〃		2331	悉旋
솔란하다	〔형〕	2321	騷亂
소란하다		2331	
수수적금	〔명〕	2321	
수수께끼		2231	
시달리다	〔동〕	2321	苦痛
〃		2331	
ㅈ 줄			
작은마마	〔명〕	2321	水痘
〃		2331	
잠잠하다	〔형〕	2321	
〃		2331	
저지르다	〔동〕	2321	事故
〃		3231	
자옥하다	〔형〕	2321	
자욱하다		2231	
조개껍지	〔명〕	2321	貝甲
조개비		231	
지긋하다	〔형〕	2321	
〃		2331	

우 북청 방언조
아래 공통조

지짓지짓	〔부〕	2321	
지긋지긋		2331	
지내치다	〔동〕	2321	過度
〃		3231	
지새는달	〔명〕	3221	曉月
〃		2231	
지트머기	〔명〕	2321	殘屑
지스러기		2331	
진득하다	〔형〕	2321	
〃		1231	
진땀나다	〔동〕	2321	汗出
〃		2331	
질러가다	〔동〕	2321	徑行
〃		2331	
질거먹다	〔동〕	2321	預食
질러먹다		2331	
질펀하다	〔형〕	2321	廣平
〃		2331	
징그럽다	〔형〕	2321	
〃		2331	
제면적다	〔형〕	2321	
미안적다		2331	
젠체하다	〔동〕	2321	
〃		2331	
쥐며느리	〔명〕	2321	
〃		2231	
쥐락펴락	〔부〕	2321	
〃		2331	
ㅊ 줄			
차지하다	〔동〕	2321	
〃		2331	
찬찬하다	〔형〕	2321	周密
〃		2331	

우 아래		북청 방언조 공통조	
처다보다	〔동〕	2321	
〃		2331	
천둥지기	〔명〕	2321	
〃		2321	
칙칙하다	〔형〕	2321	
초라하다		2331	
ㅋ 줄			
컬컬하다	〔형〕	2321	
〃		2331	
쿠렁쿠렁	〔부〕	2321	
〃		2331	
큰어머니	〔명〕	2321	祖母
할머니		321	
쾨쾨하다	〔형〕	2321	
〃		2331	
타래보선	〔명〕	2321	幼兒襪
〃		2331	
트짓하다	〔형〕	2321	
트적지근하다		232331	
퇴매하다	〔형〕	2321	
곽하다		331	
ㅍ 줄			
펄펄뛰다	〔동〕	2321	
길길이뛰다		22331	
푸근하다	〔형〕	2321	溫和
〃		1231	
ㅎ 줄			
허줄하다	〔형〕	2321	髣醜
허술하다		2331	
허청허청	〔부〕	2321	無氣力
허정허정		2323	
후'배앓이	〔명〕	2321	
〃		2331	

94

우 아래		북청 방언조 공통조	
흘리우다	〔동〕	2321	被惑
호리다		321	
호릿하다	〔형〕	2321	稍暗
〃		2331	
흐뭇하다	〔동〕	2321	豊足
〃		2331	
히미하다	〔형〕	2321	不明
어렴풋하다		22331	
히치하다	〔형〕	2321	飽感
느느지하다		2331	
해바라기	〔명〕	2321	
〃		2331	
헤배지다	〔형〕	23'21	
헐떡하다		2331	
희끗희끗	〔부〕	2321	半白
〃		2321	
희뭄지다	〔형〕	2321	
희맑다		231	
해오라비	〔명〕	2321	
해오라기		2231	
ㅇ 줄			
아름답다	〔형〕	2321	美麗
〃		2331	
알뜰하다	〔형〕	2321	
〃		1331	
어지럽다	〔형〕	2321	眩
얼떨하다		2331	
어련하다	〔형〕	2321	分明
〃		2331	
얼씬없다	〔형〕	2321	無顧
〃		1331	
엎지르다	〔동〕	2321	倒
〃		2331	

95

우 북청 방언조
아래 공통조

오라방이	〔명〕	2321	
오라버니		2331	
오므리다	〔동〕	2321	向內縮
오무리다		2331	
오망하다	〔동〕	2321	推測
헤아리다		2331	
우거지다	〔동〕	2321	茂
〃		2331	
우쭐하다	〔동〕	2321	得意
우쭐하다		2331	
움추리다	〔동〕	2321	縮
〃		2321	
애젊은이	〔명〕	2321	
〃		2321	
애티나다	〔형〕	2321	兒態
앳되다		231	
외께들다	〔동〕	2321	
지내들다		1231	
에딸펜베	〔명〕	2321	母女
어이딸		231	

ㄷ 3221 형태

ㄱ 줄

가뜬하다	〔형〕	3221	輕捷
홀가분하다		12331	
거느리다	〔동〕	3221	率
〃		3231	
거뿔어뜰	〔부〕	3221	不便
거북하다		2221	
골라내다	〔동〕	3221	選拔
〃		2321	
가다듬다	〔동〕	3221	勵
〃		2331	
가을갈이	〔명〕	3221	
〃		3231	

96

우 북청방언조
아래 공통조

그래서리	〔부〕	3221	
그래서		231	
깨끗하다	〔형〕	3221	淸潔
정갈하다		233	

ㄴ 줄

나타나다	〔동〕	3221	出現
〃		3231	

ㄷ 줄

다짜고짜	〔부〕	3221	
〃		2323	
독불장군	〔명〕	3221	
〃		2331	
물어뜯다	〔동〕	3221	咬裂
〃		3231	
뭉툭하다	〔형〕	3221	
뭉텅하다		2331	末鈍

ㅁ 줄

머처지다	〔동〕	3221	停
머무르다		3231	
모자라다	〔동〕	3221	
〃		3231	

ㅂ 줄

부리나케	〔부〕	3221	早速
〃		3223	
불쏘시개	〔명〕	3221	
〃		2231	

ㅅ 줄

사느랗다	〔형〕	3221	寒冷
〃		3221	
서틀겁다	〔형〕	3221	未熟
서투르다		2331	
선득하다	〔형〕	3221	冷感
〃		2331	
성가시다	〔형〕	3221	忌厭
〃		3221	

97

우 북청방언조
아래 공통조

재새보다	〔동〕	3221	審察
홉어보다		2331	
ㅈ 줄			
경매잡다	〔동〕	3221	
경마잡다		2321	牽馬
짚신감발	〔명〕	3221	
〃		3231	
ㅊ 줄			
차곡차곡	〔부〕	3221	整積
〃		2321	
치달리다	〔동〕	3221	
시달리다		2321	
침파하다	〔동〕	3221	瘦瘠
축지다		321	
칙칙하다	〔동〕	3221	暗色
칙칙하다		2231	
촘촘하다	〔형〕	3221	密
촘촘하다		2331	
ㅌ 줄			
탁탁하다	〔형〕	3221	密細
〃		2331	
탄탄하다	〔형〕	3221	緊固
〃		2331	
탐스럽다	〔형〕	3221	豐滿
탐스럽다		3231	
툭툭쏘다	〔동〕	3221	
〃		2231	
트러지다	〔동〕	3221	不成
〃		2331	
트집나다	〔동〕	3221	
〃		2331	
트집잡다	〔동〕	3221	
〃		3221	

98

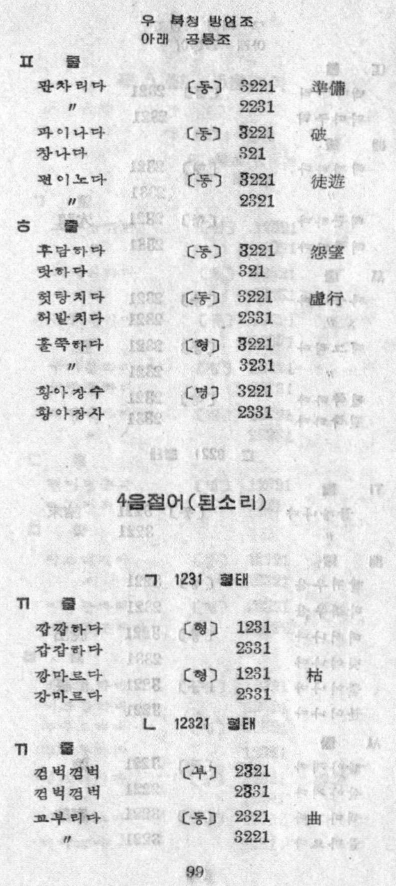

우 북청 방언조
아래 공통조

ㅍ 줄			
판차리다	〔동〕	3221	準備
〃		2231	
파이나다	〔동〕	3221	破
창나다		321	
펀이노다	〔동〕	3221	徒遊
〃		2321	
ㅎ 줄			
후담하다	〔동〕	3221	怨望
탓하다		321	
헛탕치다	〔동〕	3221	虛行
허밭치다		2331	
홀쭉하다	〔형〕	3221	
〃		3231	
황아장수	〔명〕	3221	
황아장사		2331	

4음절어(된소리)

ㄱ 1231 형태

ㄲ 줄			
깜깜하다	〔형〕	1231	
감감하다		2331	
깡마르다	〔형〕	1231	枯
강마르다		2331	

ㄴ 12321 형태

ㄲ 줄			
껌벅껌벅	〔부〕	2321	
껌벅껌벅		2331	
꼬부리다	〔동〕	2321	曲
〃		3221	

99

우 북청 방언조
아래 공통어

ㄸ 줄

떡따구티 〔명〕 2321
딱따구리 2321

ㅃ 줄

빠첫하다 〔형〕 2321
″ 2331
베끈하다 〔형〕 2321 穴開
빼곰하다 2331

ㅉ 줄

짜충내다 〔동〕 2321
″ 2321
찌그리다 〔동〕 2321 歪
″ 2321
쩔죽하다 〔형〕 2321
길죽하다 2331

ㄷ 3221 형태

ㄲ 줄

끝장나다 〔동〕 3221 結末
″ 3221

ㅃ 줄

빨쥐우산 〔명〕 3221
박쥐우산 2321
빠서나다 〔동〕 3221 脫出
벗어나다 2331
뿔어나다 〔동〕 3221 膨脹
불어나다 3221

ㅆ 줄

쌀아지다 〔동〕 3221 消
살아지다 2221
썩마르다 〔동〕 3221 腐乾
골마르다 3221

제 5 절 5음절어

ㄱ 12321 형태

우 북청 방언조
아래 공통조

ㄱ 줄

고부장하다 〔형〕 12321
″ 12321
고지식하다 〔형〕 12321
″ 33231
곤두박이다 〔동〕 12321 倒立
″ 22331
구저분하다 〔형〕 12321
구중중하다 22331
괴재재하다 〔형〕 12321
″ 22331

ㄷ 줄

덜머덩총각 〔명〕 12321
떠꺼머리총각 2321

ㅁ 줄

미끄러지다 〔동〕 12321 滑
″ 12321
미지근하다 〔형〕 12321 微溫
미적지근하다 122321

ㅂ 줄

버드르하다 〔형〕 12321
버드름하다 12321
부루트하다 〔형〕 12321
부루퉁하다 12321
부스러지다 〔동〕 12321 破碎
″ 12321
비트러꼬다 〔동〕 12321
비비꼬다 2231

우 북청 방언조
아래 공통조

ㅅ 줄

사그러지다	〔동〕	12321	消滅
〃		22331	
산드러지다	〔형〕	12321	輕快
〃		12331	
새무룩하다	〔형〕	12321	不合當
〃		12321	

ㅈ 줄

제빠무하다	〔형〕	12321	綫曲
벌버듬하다		12331	

ㅇ 줄

아스스하다	〔형〕	12321	惡寒氣
〃		12321	
얀드러지다	〔형〕	12321	嬌貌
간드러지다		12331	
어뜨개노리	〔명〕	12321	
숨박꼭질		1231	
어물쩍하다	〔동〕	12321	
〃		12321	
어스성하다	〔형〕	12321	散亂
어스선하다		12321	
으슬개치다	〔동〕	12321	
진저리치다		12331	

ㄴ 23321

ㄱ 줄

가툴거리다	〔동〕	23321	耿
〃		23231	
갈곤거리다	〔동〕	23321	貪
〃		23231	
감실거리다	〔동〕	23321	眩
감실거리다		23231	

102

우 북청 방언조
아래 공통조

거들거리다	〔동〕	23321	驕輕
거드럭거리다		123231	
거렁거리다	〔동〕	23321	
거드럭거리다		123221	
구정스럽다	〔형〕	23321	
〃		12331	
구불떠리다	〔동〕	23321	轉
구을뜨리다		23321	
구접스럽다	〔형〕	23321	卑陋
〃		23321	
굽슬거리다	〔동〕	23321	
〃		12331	
게정부리다	〔동〕	23321	
〃		12331	

ㄴ 줄

나팔거리다	〔동〕	23321	
〃		23231	
내며다보다	〔동〕	23321	
〃		23231	
눈꼴사납다	〔형〕	23321	
〃		32331	
눌림'가마리	〔명〕	23321	
〃		23231	

ㄷ 줄

도까비감투	〔명〕	23321	
벼락감투		2321	
될성부르다	〔형〕	23321	
〃		32231	

ㅁ 줄

미끈거리다	〔동〕	23321	
〃		23231	
밉살스럽다	〔형〕	23321	
〃		32231	

ㅂ 줄

바둥거리다	〔동〕	23321	四肢亂動
〃		23231	

103

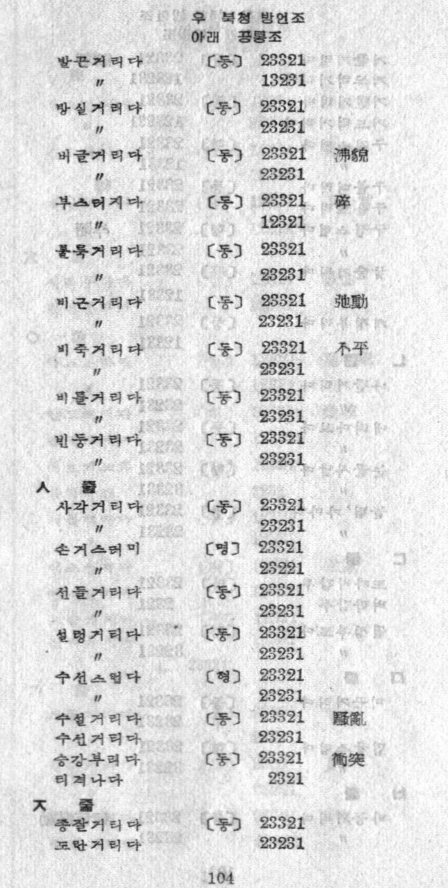

우 북청 방언조
아래 공통조

발끈거리다	〔동〕	23321	
〃		13231	
방실거리다	〔동〕	23321	
〃		23231	
비글거리다	〔동〕	23321	沸綿
〃		23231	
부스러지다	〔동〕	23321	碎
〃		12321	
불룩거리다	〔동〕	23321	
〃		23231	
비근거리다	〔동〕	23321	弛動
〃		23231	
비죽거리다	〔동〕	23321	不平
〃		23231	
비틀거리다	〔동〕	23321	
〃		23231	
빈둥거리다	〔동〕	23321	
〃		23231	
ㅅ 줄			
사각거리다	〔동〕	23321	
〃		23231	
손거스러미	〔명〕	23321	
〃		23221	
선들거리다	〔동〕	23321	
〃		23231	
설렁거리다	〔동〕	23321	
〃		23231	
수선스럽다	〔형〕	23321	
〃		23231	
수설거리다	〔동〕	23321	騷亂
수선거리다		23231	
승강부리다	〔동〕	23321	衝突
티격나다		2321	
ㅈ 줄			
종잘거리다	〔동〕	23321	
조잘거리다		23231	

104

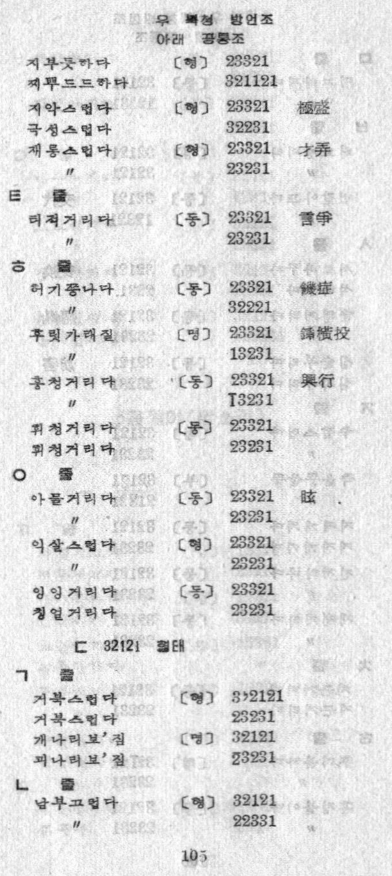

우 북청 방언조
아래 공통조

지부룻하다	〔형〕	23321	
찌푸드드하다		321121	
지악스럽다	〔형〕	23321	極盛
극성스럽다		32231	
재롱스럽다	〔형〕	23321	才弄
〃		23231	
ㅌ 줄			
티격거리다	〔동〕	23321	言爭
〃		23231	
ㅎ 줄			
허기풍나다	〔동〕	23321	饑症
〃		32221	
후뒷가래질	〔명〕	23321	縱橫投
〃		13231	
흥청거리다	〔동〕	23321	異行
〃		T3231	
휘청거리다	〔동〕	23321	
휘청거리다		23231	
ㅇ 줄			
아물거리다	〔동〕	23321	眩
〃		23231	
익살스럽다	〔형〕	23321	
〃		23231	
잉잉거리다	〔동〕	23321	
칭얼거리다		23231	

ㄷ 32121 형태

ㄱ 줄			
거북스럽다	〔형〕	3?2121	
거북스럽다		23231	
개나리보'짐	〔명〕	32121	
괴나리보'짐		23231	
ㄴ 줄			
남부끄럽다	〔형〕	32121	
〃		22331	

105

우 북청 방언조
아래 공통조

ㅁ 줄

미끄러지다 〔동〕 32121
〃 12331

ㅂ 줄

버르장머리 〔명〕 32121
〃 32121

번갈아드다 〔동〕 32121 交代
〃 12321

ㅅ 줄

서로바꾸다 〔동〕 32121 交換
석바꾸다 2231

술렁거리다 〔동〕 32121 騷亂
〃 23231

심술부리다 〔동〕 32121 妨害
심사부리다 23231

ㅈ 줄

주접스럽다 〔형〕 32121
〃 23231

죽을둥살둥 〔부〕 32121
〃 21321

지지개치다 〔동〕 32121
지지개키다 23231

진저리나다 〔동〕 32121
〃 23231

재재거리다 〔동〕 32121
〃 23231

ㅊ 줄

치근거리다 〔동〕 32121
지근거리다 23231

ㅎ 줄

후더분하다 〔형〕 32121
〃 23231

흥청불이다 〔동〕 32121
〃 23231

해말쑥하다 〔형〕 32121
〃 21321

확벌어지다 〔동〕 32121
〃 32331

ㅇ 줄

아우러지다 〔동〕 32121 合
〃 23231

오그러지다 〔동〕 32121
〃 23231

용심부리다 〔동〕 32121
〃 23231

을씨넌갈다 〔형〕 32121
을씨넌스럽다 223231

5음절어(된소리)

ㄱ 12321

ㄲ 줄

까치저고리 〔명〕 12321
색동저고리 23221

깜아득하다 〔형〕 12321
감감하다 3121

끄물쌩하다 〔형〕 12321
끄부랑하다 〃

꾸부러지다 〔동〕 12321 曲
〃 〃

꾸불텅하다 〔형〕 12321
구부정하다 〃

ㄸ 줄

뛰는양우루 〔부〕 12321
튀뚜루 321

우 북청 방언조
아래 공통조

ㅉ 줄

째불쌔하다	〔형〕	12321	傾
기웃하다		2321	

ㄴ 23321 형태

ㄲ 줄

꿈질거리다	〔동〕	23321	蠢動
꿈실거리다		23231	

ㅃ 줄

삐뚝거리다	〔동〕	23321	亂步
비뚝거리다		23231	
삐쭉거리다	〔동〕	23321	
비죽거리다		23231	

ㅆ 줄

싸물거리다	〔동〕	23321	
사물거리다		23231	
쓰근거리다	〔동〕	23321	
소근거리다		23231	

ㅉ 줄

쫄금거리다	〔동〕	23321	
질금거리다		23231	

ㄷ 32121 형태

ㄲ 줄

꾸부러지다	〔동〕	32121	
구부러지다		23231	

ㅆ 줄

쑤석거리다	〔동〕	32121	探索
〃		23231	

ㅉ 줄

쫄랑거리다	〔동〕	32121	輕妄
촐랑거리다		23231	

제 6 절 다(多)음절어

6음절어

ㄱ 121221 형태

우 북청 방언조
아래 공통조

ㅅ 줄

서름서름하다	〔형〕	121221	疎遠
〃		121231	
선들선들하다	〔형〕	121221	
〃		121231	
오글오글하다	〔형〕	121221	(형) 주름이 많다
〃	〔동〕	121231	(동)多集動

ㄴ 123123형태

부스럭부스럭		123321	
〃		〃	
꼰드레만드레		123123	
〃		〃	

ㄷ 122321 형태

가느스름하다	〔형〕	122321	
〃		123322	
거치장스럽다	〔형〕	123321	煩累
〃		123231	

ㄹ 123321 형태

거치적거리다	〔동〕	123231	煩勞
〃		123321	
걸잡지못하다	〔동〕	123321	
〃		〃	

우 북청 방언조
아래 표준조

구러머분하다 〔형〕 123321
〃 212321

ㄷ 줄

두리번두리번 〔부〕 123321
〃 123321

ㅂ 줄

바르작거리다 〔동〕 123321
〃 123231

발버둥질하다 〔동〕 123321
〃 321221

번주그레하다 〔형〕 123321 潤澤
〃 212331

번지르르하다 〔형〕 123321 潤光
〃 212321

보유스름하다 〔형〕 123321
〃 212321

부스러뜨리다 〔동〕 123321 粉碎
〃 123231

비지찝찌하다 〔형〕 123321 生鮮臭
비리척지근하다 1232321

불구디디하다 〔형〕 123321
불구데데하다 122321

불그무레하다 〔형〕 123321
〃 212321

ㅅ 줄

시시덕거리다 〔동〕 123321
〃 123231

ㅈ 줄

장그랑거리다 〔동〕 123321
〃 123231

조르사리들다 〔동〕 123321 萎縮
주접들다 1231

조몰락거리다 〔동〕 123321
〃 123231

110

우 북청 방언조
아래 표준조

지질펀펀하다 〔형〕 123321 廣濶
〃 212331

질번질번하다 〔형〕 123321
〃 212331

ㅇ 줄

아기장거리다 〔동〕 123321
〃 123231

앙기작거리다 〔동〕 123321
〃 123231

어리광부리다 〔동〕 123321
〃 223231

ㅁ 232321 형태

ㄱ 줄

고만고만하다 〔형〕 232321 相似
〃 121221

고분고분하다 〔형〕 232321 溫順
〃 121221

그머그머하다 〔형〕 232321 均等
쌀쌀하다 2331

가슬가슬하다 〔형〕 232321 不順
〃 232331

나긋나긋하다 〔형〕 232321 軟柔
〃 232321

난다긴다하다 〔동〕 232321
〃 232321

날쌍날쌍하다 〔형〕 232321 疎織
〃 232321

ㅁ 줄

문저문저하다 〔동〕 232321
는지는저하다 〃

민숭민숭하다 〔형〕 232321
〃 232331

111

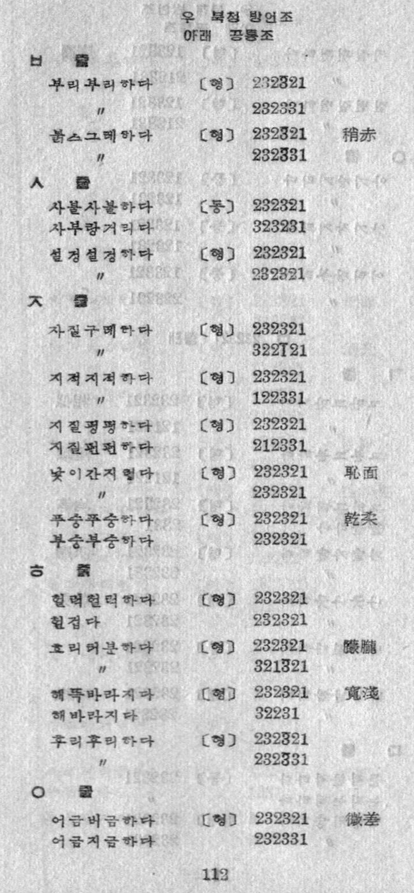

우 북청 방언조
아래 공통조

ㅂ 줄

부리부리하다	〔형〕	232321	
〃		232331	
붉스그레하다	〔형〕	232321	稍赤
〃		232331	

ㅅ 줄

사불사불하다	〔동〕	232321	
사부랑거리다		323231	
설경설경하다	〔형〕	232321	
〃		232321	

ㅈ 줄

자질구레하다	〔형〕	232321	
〃		322T21	
지저지저하다	〔형〕	232321	
〃		122331	
지질펑펑하다	〔형〕	232321	
지질펀펀하다		212331	
낯이간지럽다	〔형〕	232321	恥面
〃		232321	
푸승푸승하다	〔형〕	232321	乾柔
부승부승하다		232321	

ㅎ 줄

헐떡헐떡하다	〔형〕	232321	
헐겁다		232321	
흐리머분하다	〔형〕	232321	朦朧
〃		321321	
해뚝바라지다	〔형〕	232321	寬淺
해바라지다		32231	
후리후리하다	〔형〕	232321	
〃		232331	

ㅇ 줄

어금버금하다	〔형〕	232321	微差
어금지금하다		232331	

112

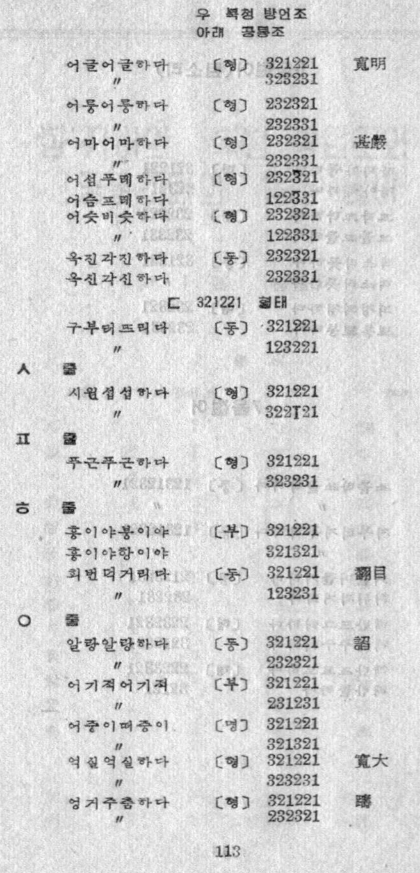

우 북청 방언조
아래 공통조

어글어글하다	〔형〕	321221	寬明
〃		323231	
어둥어둥하다	〔형〕	232321	
〃		232331	
어마어마하다	〔형〕	232321	嵩嚴
〃		232331	
어섭푸레하다	〔형〕	232321	
어슴프레하다		122331	
어숫비숫하다	〔형〕	232321	
〃		122331	
옥진각진하다	〔동〕	232321	
옥신각신하다		232331	

ㄷ 321221 형태

구부터프리다	〔동〕	321221	
〃		123221	

ㅅ 줄

시원섭섭하다	〔형〕	321221	
〃		322T21	

ㅍ 줄

푸근푸근하다	〔형〕	321221	
〃		323231	

ㅎ 줄

홍이야붕이야	〔부〕	321221	
홍이야항이야		321321	
희번덕거리다	〔동〕	321221	翻目
〃		123231	

ㅇ 줄

알랑알랑하다	〔동〕	321221	諂
〃		232321	
어기적어기적	〔부〕	321221	
〃		231231	
어중이떠중이	〔명〕	321221	
〃		321321	
억실억실하다	〔형〕	321221	寬大
〃		323231	
엉거주춤하다	〔형〕	321221	躊
〃		232321	

113

6음절어(된소리)

까마아득하다	〔형〕	321221
깜아득하다		22$\bar{3}$21
꼬다꼬다하다	〔형〕	232321
꼬들꼬들하다		232331
찍소리못하다	〔동〕	321221
찍소리못하다		〃
꾀정꾀정하다	〔형〕	232321
꾀롱꾀롱하다		232331

7음절어

초클락초클락하다	〔동〕	12312321
〃		〃
지부러지부러하다	〔동〕	12312321
〃		〃
거들머들거리다	〔동〕	2123231
허위저거리다		232231
해반드그러하다	〔형〕	2232$\bar{3}$21
해반주구러하다		3212331
해반즈르르하다	〔형〕	2223$\bar{3}$21
해반들하다		32121

제 4 장

한'자어의 북청 방언조와 공통조와의 음조 대비

제 1 절 1음절어

2 형 태

		북청 방언조	공통조			북청 방언조	공통조
가	可	2	I	간	間	2	3
감	減	$\bar{2}$	I	건	巾	$\bar{2}$	3
건	件	$\bar{2}$	3	겸	頡	$\bar{2}$	I
겸	兼	$\bar{2}$	3	고	高	2	3
고	故	$\bar{2}$	I	공	空	3	3
교	敎	2	I	교	驕	2	3
구	舊	2	I	군	郡	$\bar{2}$	I
귤	橘	$\bar{2}$	3	근	根	2	3
근	斤	2	3	금	金	2	3
기	旗	2	3	계	契	2	I
귀	貴	2	I	관	冠	2	3
광	廣	$\bar{2}$	I	궤	饋	$\bar{2}$	I
권	卷	$\bar{2}$	I	권	權	2	3

3 형 태

		북청 방언조	공통조			북청 방언조	공통조
가	加	3	3	각	角	3	3
각	脚	3	3	간	肝	3	I

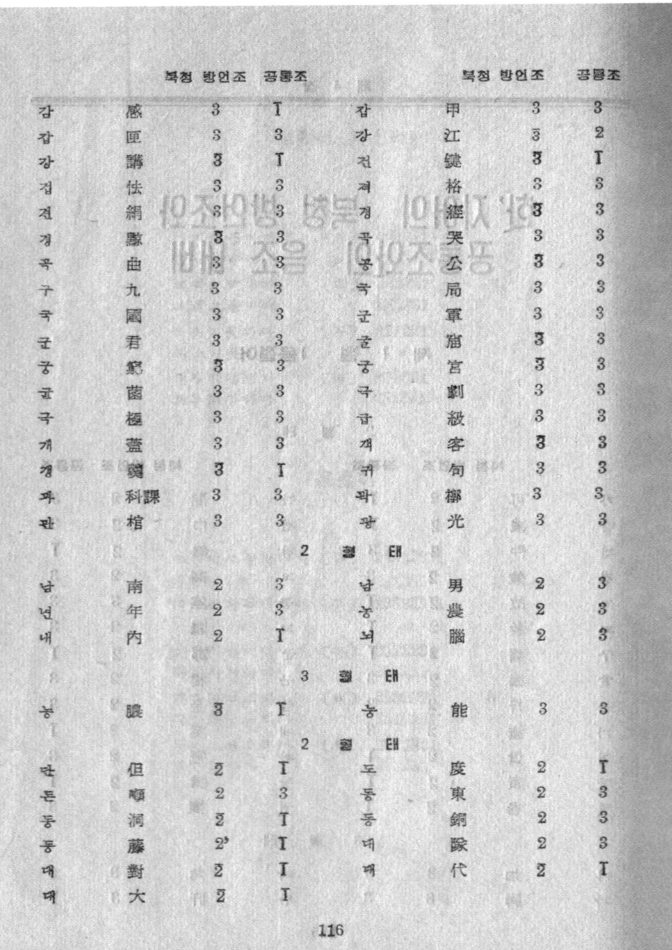

	북청	방언조	공통조		북청	방언조	공통조
감	感	3	I	갑	甲	3	3
갑	匣	3	3	강	江	3	2
강	講	3	I	건	鍵	3	I
겁	怯	3	3	격	格	3	3
견	絹	3	3	경	經	3	3
경	鯨	3	3	곡	哭	3	3
곡	曲	3	3	공	公	3	3
구	九	3	3	국	局	3	3
국	國	3	3	군	軍	3	3
군	君	3	3	굴	窟	3	3
궁	窮	3	3	궁	宮	3	3
균	菌	3	3	극	劇	3	3
극	極	3	3	급	級	3	3
개	蓋	3	3	객	客	3	3
갱	羹	3	I	귀	句	3	3
과	科課	3	3	곽	槨	3	3
관	棺	3	3	광	光	3	3

2 형 태

남	南	2	3	남	男	2	3
년	年	2	3	농	農	2	3
내	內	2	I	뇌	腦	2	3

3 형 태

농	膿	3	I	능	能	3	3

2 형 태

단	但	2	I	도	度	2	I
돈	頓	2	3	동	東	2	3
동	洞	2	I	동	銅	2	3
등	藤	2'	I	대	隊	2	3
대	對	2	I	대	代	2	I
대	大	2	I				

116

3 형 태

	북청	방언조	공통조		북청	방언조	공통조
단	單	3	3	단	壇	3	3
단	段	3	3	단	端	3	3
담	痰	3'	I	담	膽	3	I
답	答	3	3	답	沓	3	3
당	唐	3	2	당	堂	3	3
당	黨	3	3	덕	德	3	3
도	道(도덕의)	3	I	독	毒	3	3
득	得	3	3	등	燈	3	3
대	台	3	3	택	宅	3	3

2 형 태

략	畧	2	3	량	良	2	3
량	兩	2	I	렴	簾	2	3
령	靈	2	3	로	爐	2	3
루	樓	2	3	릉	陵	2	3
린	隣	2	3				

3 형 태

락	樂	3	3	란	欄	3	3
란	亂	3	I	람	藍	3	3
량	量	3	I	로	櫓	3	3
록	祿	3	3	루	累	3	I
류	類	3	I	륜	輪	3	3
륙	六	3	3	롱	弄	3	I
롱	籠	3	3	료	料	3	I
리	里	3	I	렬	烈	3	3
령	零	3	3	령	令	3	3
류	類	3	I	률	律	3	3
률	率	3	3	리	利	3	I
리	理	3	I	랭	冷	3	I
례	例	3	I	례	禮	3	3

117

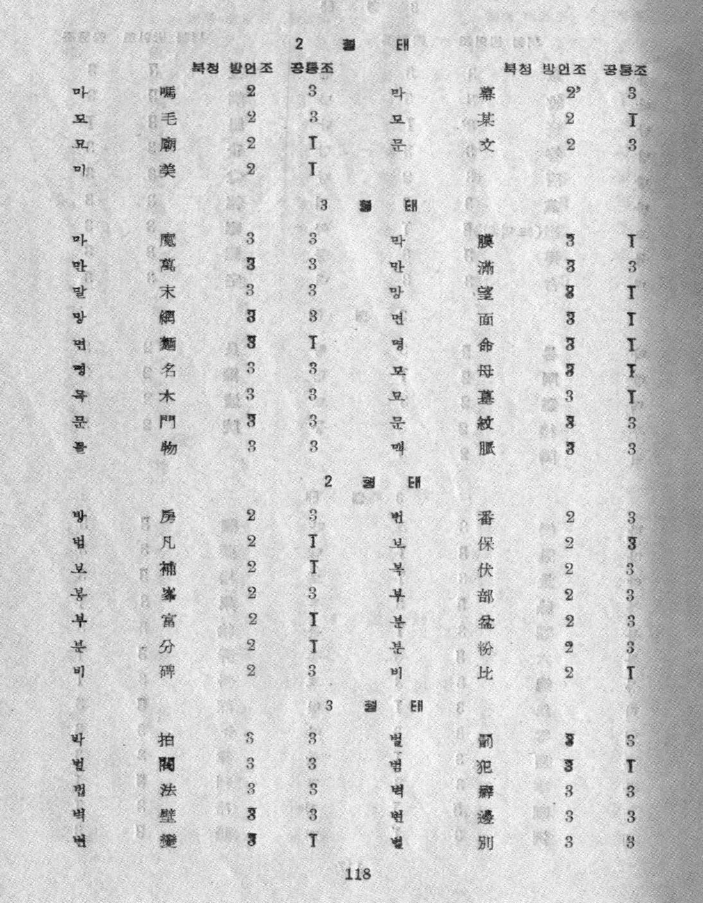

2 형 태

		북청 방언조	공통조			북청 방언조	공통조
마	嗎	2	3	막	幕	2'	3
모	毛	2	3	모	某	2	1
묘	廟	2	1	문	文	2	3
미	美	2	1				

3 형 태

		북청 방언조	공통조			북청 방언조	공통조
마	魔	3	3	막	膜	3	1
만	萬	3	3	만	滿	3	3
말	末	3	3	망	望	3	1
망	網	3	3	면	面	3	1
면	麵	3	1	명	命	3	1
명	名	3	3	모	母	3	1
목	木	3	3	묘	墓	3	1
문	門	3	3	문	紋	3	3
물	物	3	3	맥	脈	3	3

2 형 태

		북청 방언조	공통조			북청 방언조	공통조
방	房	2	3	번	番	2	3
범	凡	2	1	보	保	2	3
보	補	2	1	복	伏	2	3
봉	峯	2	3	부	部	2	3
부	富	2	1	분	盆	2	3
분	分	2	1	분	粉	2	3
비	碑	2	3	비	比	2	1

3 형 태

		북청 방언조	공통조			북청 방언조	공통조
박	拍	3	3	벌	罰	3	3
벌	閥	3	3	범	犯	3	1
법	法	3	3	벽	霹	3	3
벽	壁	3	3	변	邊	3	3
변	變	3	1	별	別	3	3

118

		북청 방언조	공통조			북청 방언조	공통조
보	褓	3	3	복	福	3	3
복	服	3	3	본	本	3	3
봉	鳳	3	1	부	賦	3	1
부	否	3	3	북	北	3	3
분	忿(憤)	3	1	분	分(格)	3	3
배	倍	3	1	백	白	3	3

2 형 태

		북청 방언조	공통조			북청 방언조	공통조
사	社	2	1	사	紗	2	3
사	四	2	1	산	山	2	3
산	酸	2	1	삼	三	2	3
삼	蔘	2	3	상	上	2	1
서	西	2	3	선	線	2	3
성	姓	2	1	성	性	2	1
소	所	2	1	소	沼	2	1
손	孫	2	1	손	損	2	1
송	頌	2	1	수	壽	?	3
수	首	2	3	순	純	2	3
시	市	2	1	시	時	2	3
시	詩	2	3	신	新	2	3
심	心	2	3	세	稅	2	1
세	勢	2	1				

3 형 태

		북청 방언조	공통조			북청 방언조	공통조
사	詞	3	3	사	赦	3	1
사	死	3	1	사	私	3	3
사	邪	3	3	상	床	3'	3
상	上	3	1	서	序	3	1
석	石	3	3	선	善	3	1
성	城	3	3	속	俗	3	3
수	數	3	1	수	繡	3	1
술	術	3	3	승	僧	3	3

119

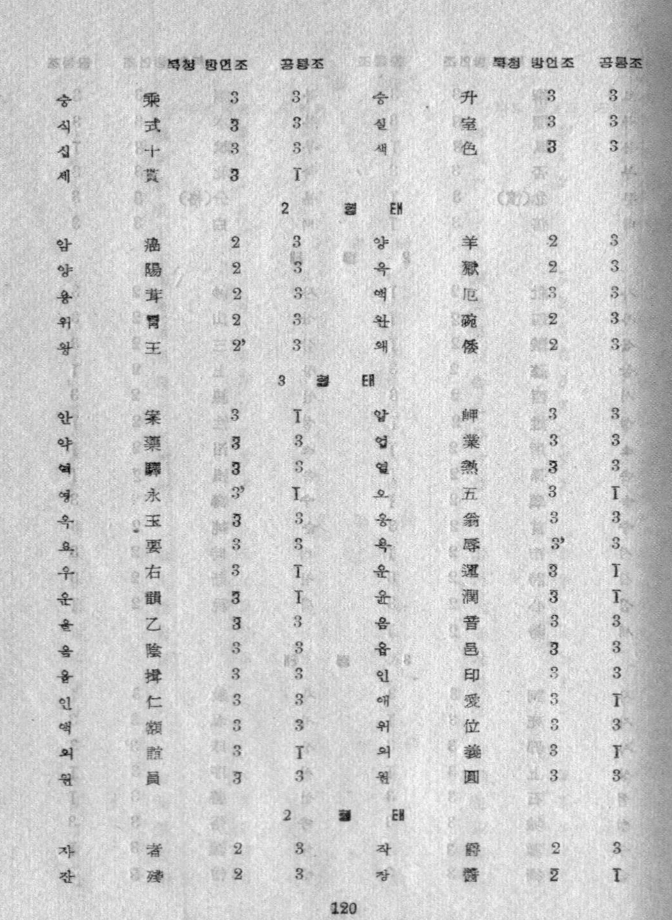

	북청	방언조	공통조
승	乘	3	3
식	式	3	3
십	十	3	3
세	貰	3	I

2 형태

	북청	방언조	공통조
암	癌	2	3
양	陽	2	3
용	茸	2	3
위	胃	2	3
왕	王	2'	3

3 형태

	북청	방언조	공통조
안	案	3	I
약	藥	3	3
역	譯	3	3
영	永	3'	I
옥	玉	3	3
요	要	3	3
우	右	3	I
운	韻	3	I
을	乙	3	3
음	陰	3	3
읍	揖	3	3
인	仁	3	3
액	額	3	3
의	誼	3	I
원	員	3	3

2 형태

	북청	방언조	공통조
자	者	2	3
잔	殘	2	3

	북청	방언조	공통조
승	升	3	3
실	室	3	3
색	色	3	3
양	羊	2	3
옥	獄	2	3
액	厄	3	3
완	碗	2	3
왜	倭	2	3
압	押	3	3
업	業	3	3
열	熱	3	3
오	五	3	I
옹	翁	3	3
욕	辱	3'	3
운	運	3	I
윤	潤	3	I
음	音	3	3
읍	邑	3	3
인	印	3	3
애	愛	3	I
위	位	3	3
의	義	3	I
원	圓	3	3
작	爵	2	3
장	醬	2	I

120

	북청	방언조	공통조
장	章	2	3
전	全	2	3
전	箋	2	I
저	箸	2	3
조	條	2	3
종	鍾	2	3
종	縱	2	3
주	呪	2	I
중	重	2	I
집	集	2	3
제	除	2	3
제	諸	2	3
좌	左	2	I

3 형태

	북청	방언조	공통조
자	字	3	3
작	勺	3	3
잔	盞	3	2
장	墻	3	3
적	積	3	3
전	煎	3	I
점	店	3	I
접	接	3	3
전	前	3	3
졸	卒	3	3
주	周	3	3
준	準	3	I
진	陣	3	3
질	質	3	3
죄	罪	3	I

	북청	방언조	공통조
저	著	2	I
전	前	2	3
정	情	2	3
조	組	2	3
조	兆	2	3
종	種	2	I
주	註	2	I
중	中	2	3
진	陣	2	3
재	在	2	I
제	第	2	I
제	弟	2	I
자	子	3	3
작	作	3	3
장	臟	3	3
장	張	3	3
전	傳	3	3
전	奠	3	I
점	點	3'	3
절	節	3	3
족	足	3	3
주	主	3	3
죽	粥	3'	3
직	職	3	3
질	秩	3	I
집	汁	3	3
좌	坐	3	I

121

	북청	방언조	공통조			북청 방언조	공통조
			2 형 태				
차	茶	2	3	차	車	2	3
차	差	2	3	창	唱	2	1
처	妻	2	3	처	處	2	1
청	請	2'	3	초	初	2	3
초	抄	2	3	촌	寸	2	1
추	錘	2	3	충	虫	2	3
층	層	2	3	친	親	2	3
침	鍼	2	3	침	針	2	3
최	最	2	1				
			3 형 태				
찬	饌	3	1	창	瘡	3	3
창	窓	3	3	천	千	3	3
철	鐵	3	3	첩	妾	3	3
청	靑	3	3	청	廳	3	3
초	草(書)	3	3	촉	鏃	3	3
촌	村	3	1	총	銃	3	3
축	軸	3	3	촉	觸	3	3
축	縮	3	3	측	側	3	3
칠	七	3	3	칠	漆	3	3
채	菜	3	1	책	責	3	3
책	冊	3	3	체	體	3	3
			2 형 태				
탐	貪	2	3	투	套	2	3
태	胎	2	3	퇴	退	2	1
			3 형 태				
타	他	3	3	탄	炭	3	1
탑	塔	3	3	탈	頉	3	1
탕	湯	3	1	통	筒	3	3

122

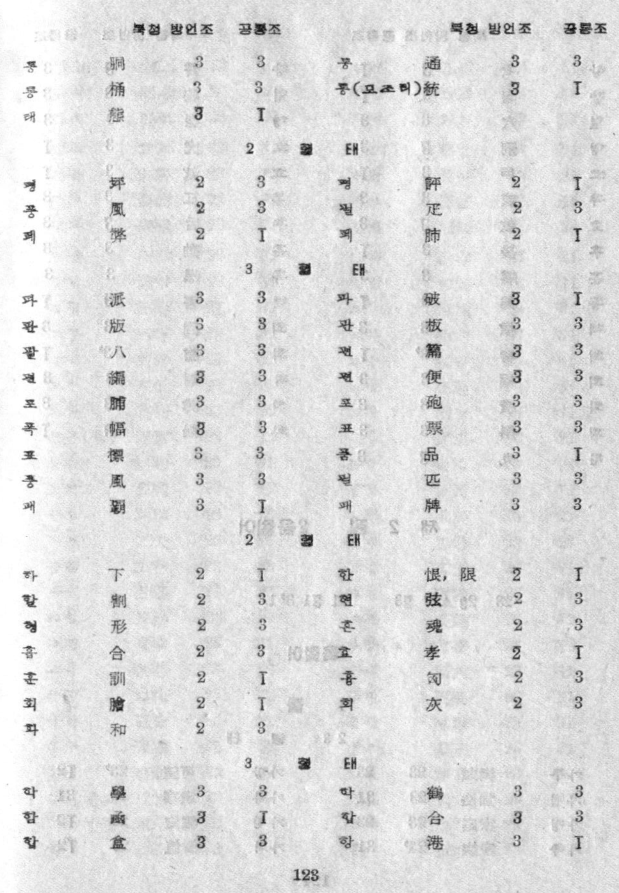

	북청	방언조	공통조			북청 방언조	공통조
통	胴	3	3	통	通	3	3
통	桶	3	3	통(모조리)	統	3	1
태	態	3	1				
			2 형 태				
평	坪	2	3	평	評	2	1
풍	風	2	3	필	疋	2	3
폐	弊	2	1	폐	肺	2	1
			3 형 태				
파	派	3	3	파	破	3	1
판	版	3	3	판	板	3	3
팔	八	3	3	편	篇	3	3
편	編	3	3	편	便	3	3
포	脯	3	3	포	砲	3	3
폭	幅	3	3	표	票	3	3
표	標	3	3	품	品	3	1
풍	風	3	3	필	匹	3	3
패	覇	3	1	패	牌	3	3
			2 형 태				
하	下	2	1	한	恨, 限	2	1
할	割	2	3	현	弦	2	3
형	形	2	3	혼	魂	2	3
합	合	2	3	효	孝	2	1
훈	訓	2	1	흉	匈	2	3
회	膾	2	1	회	灰	2	3
화	和	2	3				
			3 형 태				
학	學	3	3	학	鶴	3	3
함	函	3	1	합	合	3	3
합	盒	3	3	항	港	3	1

123

		북청 방언조	공통조			북청 방언조	공통조
항	項	3	I	향	香	3	3
향	向	3	I	협	峽	3	3
혈	穴	3	3	형	型	3	3
형	刑	3	3	호	虎	3	I
호	戶	3	I	호	號	3	I
혹	或	3	3	홍	紅	3	3
효	效	3	3	후	后	3	3
후	後	3	I	훈	勳	3	3
훈	燻	3	3	흑	黑	3	3
흥	興	3	I	해	害	3	I
핵	核	3	3	회	回	3	3
회	會	3'	I	회	膾	3'	I
회	蛔	3	3	획	劃	3	3
횡	橫	3	3	휘	諱	3	3
휘	斛	3	3	화	禍	3	I
환	丸	3	3				

제 2 절 2음절어

23 23 23' 23 31 31 3'1

2음절어

ㄱ 줄

23 형 태

가두	街頭	23	23	가망	可望	23'	I2
가법	加法	23	31	가사	家事	23	31
가정	家庭	23	23	가정	假定	23	I2
가족	家族	23'	31	가치	價値	23	I2

		북청 방언조	공통조			북청 방언조	공통조
가입	加入	23	31	각계	各界	23	31
간격	間隔	23	31	간단	簡單	23	I2
간소	簡素	23	I2	간악	奸惡	23	31
감초	甘草	23	31	강토	疆土	23	31
거만	倨慢	23	I2	건답	乾畓	23	31
견고	堅固	23	31	경계	警戒	23	I2
경과	經過	23	31	경사	傾斜	23	23
경솔	輕率	23	31	경작	耕作	23	31
경쟁	競爭	23	I2	경향	傾向	23	31
경험	經驗	2I	31	고'간	庫間	23	31
고등	高等	23	31	고목	枯木	23	31
고상	高尙	23	23	고수	固守	23	31
고저	高低	23	23	고층	高層	23	23
고통	苦痛	23	22	고유	固有	23	31
곤난(골)	困難	23	I2	곤충	昆虫	23	23
공간	空間	23	31	공급	供給	23	I2
공개	公開	23	23	공동	共同	23	I2
공로	功勞	23	23	공민	公民	23	23
공부	工夫	23	23	공장	工場	23	23
공정	工程	23	23	공업	工業	23	31
공원	公園	23	23	교만	驕慢	23	31
교섭	交涉	23	31	교통	交通	23	31
교환	交換	23	31	교양(고)	敎養	23	I2
교육	敎育	23	I2	구내	區內	23	31
구미	口味	23	I2	구별	區別	23	31
구분	區分	23	31	군대	軍隊	23	31
군색	窘塞	23	I2	궁리	窮理	23	31
궁상	窮狀	23	31	규률	規律	23	31
(큐)규모	規模	23	23	규정	規定	23	31
(큐)규칙	規則	23	31	규약	規約	23	31
근처	近處	23	I2	금고	金庫	23	31

	북청	방언조	공통조		북청	방언조	공통조
금년	今年	23	23	금후	今後	23	31
기계	機械	23	31	기관	機關	23	31
기념	記念	23	31	기록	記錄	23	31
기본	基本	23	31	기술	技術	23	T2
기자	記者	23	31	기차	汽車	23	23
기초	基礎	23	31	기한	期限	23	31
기회	機會	23	31	기억	記憶	23	31
긴급	緊急	23	31	개수	箇數	23	31
개척	開拓	23	31	개통	開通	23	31
개학	開學	23	31	개혁	改革	23	T2
개회	開會	23	31	개화	開化	23	23
개요	槪要	23	T2	개인	個人	23	T2
계급	階級	23	T2	계단	階段	23	23
계란	鷄卵	23	31	계획(혹)	計劃	23	T2
괴뢰	傀儡	23	T2	과거	科擧	23	31
과목	科目	23	31	과목	果木	23	T2
과실	果實	23	T2	과정	課程	23	23
과학	科學	23	31	관계	關係	23	31
관련	關聯	23	23	관리(간)	管理	23	T2
관장	館長	23	31	관절	關節	23	31
관중	觀衆	23	31	관제	官制	23	31
관청	官廳	23	23	관할	管轄	23	23
광부	鑛夫	23	T2	광채	光彩	23	23
권력	權力	23	31	권리	權利	23	31
권수	卷數	23	31	권한	權限	23	31
궐기	蹶起	23	31	궤도	軌道	23	T2

3 1 형 태

가결	可決	3'1	T2	가사	假死	31	T2
가명	假名	31	T2	가책	苛責	31	T2
각각	各各	31	31	각국	各國	31	31

126

	북청	방언조	공통조		북청	방언조	공통조
각기	脚氣	31	31	각색	各色	3'1	31
각자	各自	31	31	각지	各地	31	31
각처	各處	31	31	간첩	間諜	31	T1
간호	看護	31	23	간유	肝油	31	T2
감기	感氣	31	T2	감당	堪當	31	23
감동	感動	31	12	감법	減法	31	12
강연	講演	31	T2	강의	講議	31	T2
거리	距離	31	T2	거수	擧手	31	T2
거주	居住	31	21	검정	檢定	31	T2
격차	隔差	31	31	견습	見習	31	T2
견장	肩章	31	23	견학	見學	31	T2
견해	見解	31	T2	결근	缺勤	31	31
결심	決心	31	31	결점	缺点	31	31
결정	決定	31	31	겸손	謙遜	31	31
경계	警戒	31	T2	경마	競馬	31	12
경비	警備	31	T2	경사	慶事	31	T2
경지	耕地	31	31	경치	景致	31	31
경연	競演	31	T2	고국	故國	31	T2
고금	古今	31	T2	고대	古代	31	T2
고려	考慮	31	31	고려	高麗	31	23
고모	姑母	31	31	고문	古文	31	T2
고문	顧問	31	31	고심	苦心	31	31
고장	故章	31	T2	고적	古跡	31	T2
고전	古典	31	T2	고정	固定	31	31
고집	固執	31	31	고향	故鄕	31	T2
고아	孤兒	31	23	고어	古語	31	T2
고열	高熱	31	31	고태	古態	31	T2
고풍	古風	31	T2	곡조	曲調	3'1	31
공기	空氣	31	31	공정	公正	31	31
공해	公海	31	31	교복	校服	31	T2
교원	敎員	31	12	구월	九月	31	31

127

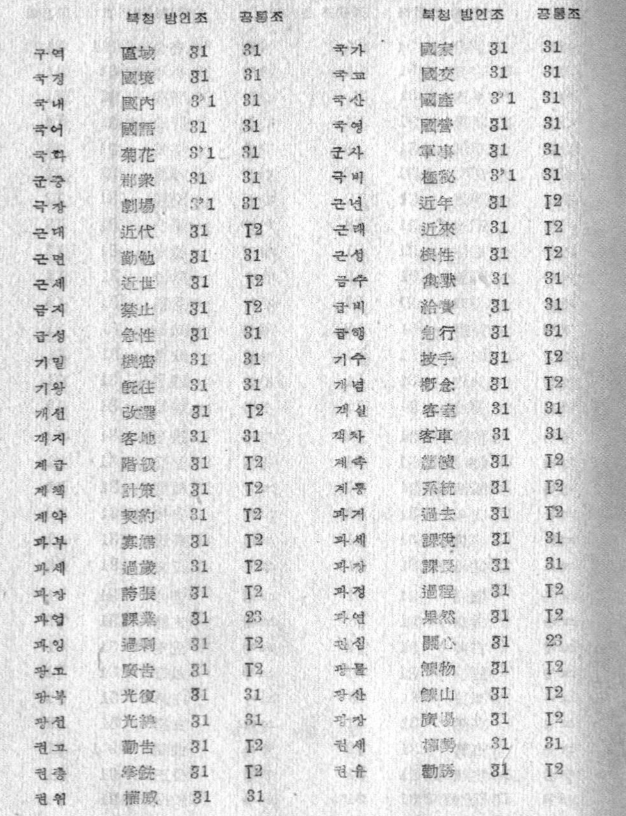

	북청 방언조		공통조		북청 방언조		공통조
구역	區域	31	31	국가	國家	31	31
국경	國境	31	31	국교	國交	31	31
국내	國內	3'1	31	국산	國産	3'1	31
국어	國語	31	31	국영	國營	31	31
국화	菊花	3'1	31	군사	軍事	31	31
군중	群衆	31	31	극비	極秘	3'1	31
극장	劇場	3'1	31	근년	近年	31	T2
근대	近代	31	T2	근래	近來	31	T2
근면	勤勉	31	31	근성	根性	31	T2
근세	近世	31	T2	금수	禽獸	31	31
금지	禁止	31	T2	급비	給費	31	31
급성	急性	31	31	급행	急行	31	31
기밀	機密	31	31	기수	旗手	31	T2
기왕	旣往	31	31	개념	槪念	31	T2
개선	改選	31	T2	객실	客室	31	31
객지	客地	31	31	객차	客車	31	31
계급	階級	31	T2	계속	繼續	31	T2
계책	計策	31	T2	계통	系統	31	T2
계약	契約	31	T2	과거	過去	31	T2
과부	寡婦	31	T2	과세	課稅	31	31
과세	過歲	31	T2	과장	課長	31	31
과장	誇張	31	T2	과정	過程	31	T2
과업	課業	31	23	과연	果然	31	T2
과잉	過剩	31	T2	관심	關心	31	23
광고	廣告	31	T2	광물	鑛物	31	T2
광복	光復	31	31	광산	鑛山	31	T2
광선	光線	31	31	광장	廣場	31	T2
권고	勸告	31	T2	권세	權勢	31	31
권총	拳銃	31	T2	권유	勸誘	31	T2
권위	權威	31	31				

128

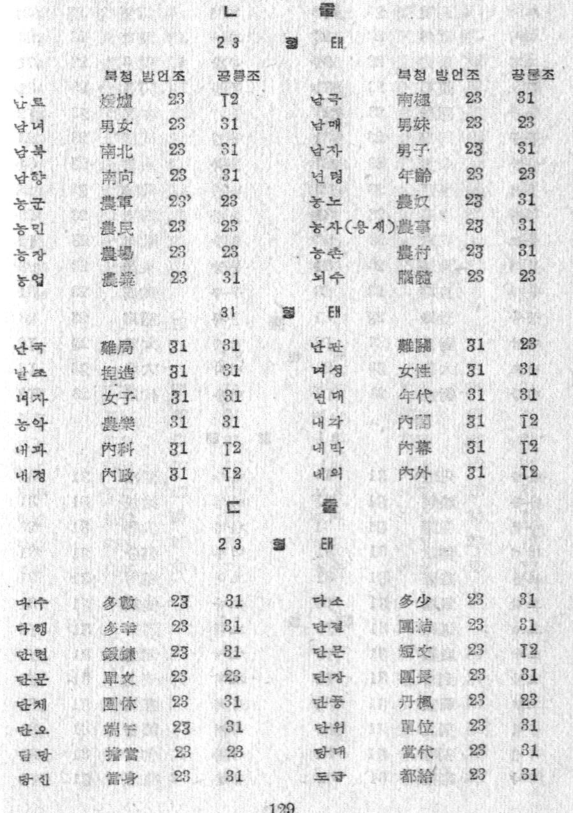

ㄴ 줄

23 형 태

	북청 방언조		공통조		북청 방언조		공통조
난로	煖爐	23	T2	남극	南極	23	31
남녀	男女	23	31	남매	男妹	23	23
남북	南北	23	31	남자	男子	23	31
남향	南向	23	31	년령	年齡	23	23
농군	農軍	23'	23	농노	農奴	23	31
농민	農民	23	23	농사(용세)	農事	23	31
농장	農場	23	23	농촌	農村	23	31
농업	農業	23	31	뇌수	腦髓	23	23

31 형 태

난국	難局	31	31	난관	難關	31	23
날조	捏造	31	31	녀성	女性	31	31
녀자	女子	31	31	년대	年代	31	31
농악	農樂	31	31	내각	內閣	31	T2
내과	內科	31	T2	내막	內幕	31	T2
내정	內政	31	T2	내외	內外	31	T2

ㄷ 줄

23 형 태

다수	多數	23	31	다소	多少	23	31
다행	多幸	23	31	단결	團結	23	31
단련	鍛鍊	23	31	단문	短文	23	T2
단문	單文	23	23	단장	團長	23	31
단체	團體	23	31	단풍	丹楓	23	23
단오	端午	23	31	단위	單位	23	31
담당	擔當	23	23	당대	當代	23	31
당신	當身	23	31	도급	都給	23	31

129

		북청 방언조	공통조			북청 방언조	공통조
도달	到達	23	T2	도면	圖面	23	31
도서	圖書	23	23	도장	圖章	23	23
도화	圖畵	23	31	독방	獨房	23	31
독보	讀報	23	31	독창	獨唱	23	31
동거	同居	23	23	동기	冬期	23	T2
동등	同等	23	31	동맹	同盟	23	23
동방	東方	23	23	동북	東北	23	31
동서	東西	23	23	동시	同時	23	23
동지	冬至	23	31	동창	同窓	23	23
동포	同胞	23	23	동향	動向	23	T2
동해	東海	23	31	동양	東洋	23	23
두부	豆腐	23	23	두통	頭痛	23	31
등록	登錄	23	31	등사	謄寫	23	23
대답	對答	23	T2	대대	大隊	23	T2
대포	大砲	23	23	대학	大學	23	T2
대항	對抗	23	T2	대용	代用	23	T2

3 1 형 태

		북청 방언조	공통조			북청 방언조	공통조
단장	丹粧	31	23	단야	鍛冶	31	31
담판	談判	31	31	담임	擔任	31	31
당선	當選	31	31	당장	當場	31	23
덕기	德氣	31	31	덕분	德分	31	31
도난	盜難	31	31	도내	道內	31	31
도달	到達	31	T2	도당	徒黨	31	31
도로	道路	31	T2	도래	到來	31	T2
도수	度數	31	T2	도저	到底	31	T2
도착	到着	31	T2	도처	到處	31	T2
도표	圖表	31	31	독기	毒氣	31	31
독립	獨立	31	31	독서	讀書	31	31
독신	獨身	31	31	독촉	督促	31	31
독약	毒藥	31	31	동결	凍結	31	T2

130

		북청 방언조	공통조			북청 방언조	공통조
동물	動物	31	T2	동상	銅像	31	T2
동작	動作	31	T2	동지	同志	31	23
동요	童謠	31	T2	동원	動員	31	T2
대리	代理	31	T2	대립	對立	31	T2
대변	代辯	31	T2	대비	對比	31	T2
대사	大事	31	T2	대사	台詞	31	31
대상	對象	31	T2	대신	代身	31	T2
대장	大將	31	T2	대중	大衆	31	T2
대지	垈地	31	31	대지	大地	31	T2
대표	代表	31	T2	대한	大寒	31	T2
대회	大會	31	T2	대우	待遇	31	T2

ㄹ 줄

2 3 형 태

		북청 방언조	공통조			북청 방언조	공통조
란초	蘭草	23	31	력량	力量	23›	31
령도	領導	23	31	령수	領收	23	31
로농	勞農	23	31	로동	勞動	23	31
로선	路線	23	T2	로임	勞賃	23	31
록두	綠豆	23	23	료리	料理	23	31
리발	理髮	23	T2	리자	利子	23	T2
리질	痢疾	23	T2	리해	利害	23	T2
리익	利益	23	T2	랭수	冷水	23	T2

3 1 형 태

		북청 방언조	공통조			북청 방언조	공통조
락관	樂觀	31	31	락망	落望	31	31
락화	落花	31	31	란세	亂世	31	T1
란필	亂筆	31	T2	랑비	浪費	31	T1
략탈	掠奪	31	31	량심	良心	31	31
려관	旅舘	31	T2	려행	旅行	31	T2
력사	歷史	31	31	련락	連絡	31	31

131

북청		방언조	공통조		북청	방언조	공통조
련방	聯邦	31	23	련습	練習	31	12
렬사	烈士	31	31	로소	老少	31	12
로장(쟁)	老長	31	12	로친	老親	31	12
로안	老眼	31	12	로인	老人	31	12
로임	勞賃	31	31	론리	論理	31	31
론문	論文	31	31	론설	論說	31	31
루차	累次	31	12	륙군	陸軍	31	31
륙로	陸路	31	31	륙지	陸地	31	31
리기	利己	31	12	리과	理科	31	12
리용	利用	31	12	리윤	利潤	31	12
래도	來到	31	31	례사	例事	31	12
례식	禮式	31	12	례외	例外	31	12

ㅁ 줄

2 3 형 태

명절	名節	23	23	명태	明太	23	31
모체	母体	23	12	모욕	侮辱	23	12
문화	文化	23	31	미술	美術	23	12
미풍	美風	23	12	미혼	未婚	23	12
민심	民心	23	23	민족	民族	23	31
매매	賣買	23	31	매점	賣店	23	12
매화	梅花	23	23	맹세	盟誓	23	31
맹장	盲腸	23	23	마부	馬夫	31	12
마비	痲痺	31	12	마차	馬車	31	12
만군	萬軍	31	12	만일(망)	萬一	31	12
말살	抹殺	31	31	망발	妄發	31	12
망상	妄想	31	12	면도	面刀	31	12
면목	面目	31	12	면적	面積	31	12
면상	面上	31	12	면회	面會	31	12
면화	棉花	31	12	명령	命令	31	31

132

북청		방언조	공통조		북청	방언조	공통조
명산	名山	31	31	모국	母國	31	12
모성	母性	31	12	모친	母親	31	12
목선	木船	31	23	무기	武器	31	12
무기	無期	31	31	무장	武裝	31	12
무역	貿易	31	12	무용	舞踊	31	12
무용	武勇	31	12	문제	問題	31	12
문의	問議	31	12	문안	問安	31	12
물자	物資	31	31	미결	未決	31	12
미관	美觀	31	12	미납	未納	31	12
미만	未滿	31	12	미신	迷信	31	12
미정	未定	31	12	미학	美學	31	12
매개	每個	31	12	매일	每日	31	12
매사	每事	31	12				

ㅂ 줄

2 3 형 태

반감	反感	23	12	반대	反對	23	12
반박	反駁	23	12	반성	反省	23	12
반장	班長	23	31	반찬	飯饌	23	31
반항	反抗	23	12	반환	反還	23	12
반역	反逆	23	12	반영	反映	23	12
방법	方法	23	31	방학	放學	23	12
방해	妨害	23	31	범인	犯人	23	12
범위	範圍	23	12	병정	兵丁	23'	31
병원	病院	23	12	보증	保證	23	12
보통	普通	23	12	봉투	封套	23	31
부근	附近	23	12	부락	部落	23	31
부문	部門	23	31	부조	扶助	23	31
부친	父親	23	31	부호	符號	23	31
부인	夫人、婦人	23	31	붕대	繃帶	23	23

133

	북청	방언조	공통조			방언조	공통조
비료	肥料	23	12	비례	比例	23	12
비밀	祕密	23	12	비서	祕書	23	12
비준	批准	23	12	비판	批判	23	12
비평	批評	23	12	비유	比喩	23	12
빈농	貧農	23	31	배급	配給	23	12
배낭	背囊	23	12	배달	配達	23	12
배치	配置	23	12	배합	配合	23	12
배우	配偶	23	12	백리	百里	23'	31

3 1 형 태

박수	拍手	32	31	박색	薄色	31	31
반기	半期	31	12	반년	半年	31	12
반동	反動	31	12	반반	半半	31	12
반수	半數	31	12	반숙	半熟	31	12
반절	半折	31	12	반주	伴奏	31	12
반액	半額	31	12	발각	發覺	31	31
발견	發見	31	31	발기	發起	31	31
발달	發達	31	31	발동	發動	31	31
발명	發明	31	31	발생	發生	31	31
발전	發展	31	31	발행	發行	31	31
발언	發言	31	31	발육	發育	31	31
방송	放送	31	12	방조	幇助	31	31
법령	法令	31	31	법전	法典	31	31
법제	法制	31	31	변명	辯明	31	12
변색	變色	31	12	변통	變通	31	12
변화	變化	31	12	병균	病菌	31	12
병객	病客	31	12	병립	並立	31	12
병사	兵士	31	31	병사	病死	31	12
병석	病席	31	12	병세	病勢	31	12
병합	倂合	31	12	(병)병행	並行	31	12
보고	報告	31	12	보급	普及	31	12

134

	북청	방언조	공통조			방언조	공통조
보관	保管	31	12	보도	報道	31	12
보모	保母	31	12	보석	寶石	31	12
보조	補助	31	12	보충	補充	31	12
보호	保護	31	12	복무	服務	31	31
복종	服從	31	31	본격	本格	31	31
본능	本能	31	31	본래	本來	31	31
본색	本色	31	31	본적	本籍	31	31
본인	本人	31	31	봉건	封建	31	31
봉변	逢變	31	31	봉사	奉仕	31	12
부관	副官	31	12	부농	富農	31	12
부담	負擔	31	31	부본	副本	31	12
부사	副詞	31	12	부상	負傷	31	12
부자	富者	31	12	부자	父子	31	23
부족	不足	31	31	부업	副業	31	12
부인	否認	31	12	북극	北極	31	31
북도	北道	31	31	분업	分業	31	31
불편	不便	31	31	불평	不平	31	31
비교	比較	31	12	비겁	卑怯	31	12
비근	卑近	31	12	비루	卑陋	31	12
비속	卑俗	31	12	비천	卑賤	31	12
비품	備品	31	12	비용	備用	31	12
빈농	貧農	31	31	배경	背景	31	12
배속	配屬	31	12	백오	百五	31	31

ㅅ 음

2 3 형 태

사기	砂器	23	31	사료	飼料	23	31
사료	史料	23	12	사리	事理	23	31
사선	斜線	23	23	사자	獅子	23	31
사전	辭典	23	31	사정	私情	23	23

135

		북청 방언조	공통조			북청 방언조	공통조
사회	社會	23	T2	산수	山水	23	31
삼월	三月	23	31	상반	相半	23	31
상처	傷處	23	31	서명	署名	23	T2
서정	叙情	23	T2	서약	誓約	23	T2
선조	先祖	23	31	성격	性格	23	T2
소수	小數	23	T2	소식	消息	23	31
소주	燒酒	23	31	소행	所行	23	T2
소유	所有	23	T2	손녀	孫女	23	31
손자	孫子	23	31	수리	修理	23	31
수사	數詞	23	T2	수치	羞恥	23	31
승리	勝利	23	T2	시가	詩歌	23	23
시가	市街	23	T2	시각	時刻	23	31
시각	視覺	23	T2	시간	時間	23'	31
시계	時計	23	31	시문	詩文	23	23
시사	時事	23	31	시설	施設	23	T2
시찰	視察	23	T2	시초	始初	23	T2
시험	試驗	23	T2	시인	詩人	23	31
시내	市內	23	T2	심사	審査	23	23
생산	生産	23	31	생활	生活	23	31
세계	世界	23	T2				

31 형태

사각	四角	31	T2	사고	思考	31	23
사고	事故	31	T2	사과	謝過	31	T2
사년	四年	3'1	T2	사무	事務	3'1	T2
사물	事物	31	T2	사방	四方	31	T2
사변	事變	31	T2	사상	思想	31	31
사실	事實	31	T2	사시	四時	31	T2
사지	四肢	31	T2	사업	事業	31	T2
사월	四月	31	T2	산물	産物	31	T2
산모	産母	31	T2	산소	酸素	31	T2

		북청 방언조	공통조			북청 방언조	공통조
산수	算數	31	T2	산아	産兒	31	T2
상관	上官	31	T2	상석	上席	31	T2
상전	桑田	31	23	상처	喪妻	31	23
서무	庶務	31	T2	선거	選擧	31	T2
선발	先發	31	31	선수	選手	31	T2
선택	選擇	31	T2	선의	善意	31	T2
성격	性格	23	T2	성명	聲明	31	23
성질	性質	31	T2	소감	所感	31	T2
소년	少年	31	T2	소량	小量	31	T2
소설	小說	31	T2	소시	少時	31	T2
소장	少將	31	T2	소질	素質	31	T2
소출	所出	31	T2	소포	小包	31	T2
소위	所謂	31	T2	소위	所爲	31	T2
소원	所願	31	T2	송금	送金	31	T2
수년	數年	31	T2	수량	數量	31	T2
수민	睡眠	31	T2	수면	水面	31	31
수사	修辭	31	31	수신	受信	31	31
수자	數字	31	T2	순번	順番	31	T2
순서	順序	31	T2	숭고	崇高	31	31
승리	勝利	31	T2	승패	勝敗	31	T2
시민	市民	31	T2	시비	是非	31	T2
시장	市場	31	T2	시위	示威	31	T2
시월	十月	31	31	신망	信望	31	T2
신중	愼重	31	T2	신호	信號	31	T2
신용	信用	31	T2	실내	室內	31	31
실수	失手	31	31	십년	十年	31	31
십오	十五	31	31	십이	十二	31	31
세간	世間	31	T2	세금	稅金	31	T2
세계	世界	31	T2	세관	稅關	31	T2
세대	世代	31	T2	세력	勢力	31	T2
세월	歲月	31	T2				

ㅈ 줄

2 3 형 태

	북청 방언조		공통조		북청 방언조		공통조
자격	資格	23	31	장단	長短(音)	23	23
장단	長短(尺)	23	31	장차	將次	23	31
저금	貯金	23	12	전문	前門, 專門	23	23
전문	電文	23	12	전반	全般	23	23
절대	絕對	23	31	절세	絕世	31	31
정도	程度	23	31	정리	整理	23	12
정신	精神	23	23	정원	庭園	23	23
조력	助力	23	12	조류	潮流	23	23
조문	條文	23	31	조사	調査	23	31
조선	造船	23	12	조회	照會	23	12
조화	造花	23	12	종두	種痘	23	12
주사	朱砂紬絲	23	23	주자	鑄字	23	12
주택	住宅	23	12	중복	中伏	23	23
중요	重要	23	12	중위	中尉	23	31
증명	證明	23	23	지방	地方	23	31
진렬	陳列	23	23	집단	集團	23	31
진출	進出	23	12	재능	才能	23	23
재료	材料	23	23	재목	材木	23	31
재조	才操	23	31	재판	裁判	23	31
제대	除隊	23	23	제복	制服	23	12
제약	製藥	23	12				

3 1 형 태

	북청 방언조		공통조		북청 방언조		공통조
자각	自覺	31	31	자식	子息	31	31
자수	刺繡	31	12	자수	自首	31	31
자제	自制	31	31	잠시	暫時	31	12
잡담	雜談	31	31	잡지	雜誌	31	31
잡채	雜菜	31	31	잡탕	雜湯	31	31
장갑	掌甲	31	12	장남	長男	31	12
장녀	長女	31	12	장례	葬禮	31	12
장모	丈母	31	12	전공	戰功	31	12
전구	電球	31	12	전망	展望	31	12
전보	電報	31	12	전승	戰勝	31	12
전술	戰術	31	12	전지	電池	31	12
전직	轉職	31	12	전직	前職	31	31
전투	戰鬪	31	12	전학	轉學	31	12
전형	典型	31	12	전화	電話	31	12
절경	絕景	31	31	절벽	絕壁	31	31
절색	絕色	31	31	절제	節制	31	31
절차	節次	31	31	절충	折衝	31	31
절약	節約	31	31	접수	接受	31	31
정각	正刻	31	12	정기	定期	31	12
정돈	整頓	31	12	정리	整理	31	12
정문	正門	31	12	정식	正式	31	12
정세	情勢	31	31	정원	定員	31	12
정의	定義	31	12	조사	弔詞	31	12
조상	祖上	31	31	조상	弔喪	31	12
조수	助手	31	12	조수	潮水	31	31
주도	周到	31	31	주동	主動	31	31
주문	注文	31	12	주소	住所	31	12
주인	主人	31	31	주의	注意	31	12
준비	準備	31	12	중병	重病	31	12
중풍	中風	31	23	증세	症勢	31	12
증인	證人	31	12	지망	志望	31	31
지질	地質	31	31	지휘	指揮	31	31
지원	志願	31	31	직장	職場	3'1	31
직업	職業	31	31	진보	進步	31	12
진상	眞相	31	31	진화	進化	31	12
진영	陣營	31	31	질서	秩序	31	31

북청		방언조	공통조	북청		방언조	공통조
질소	窒素	31	31	질문	質問	31	31
집권	執權	31	31	집단	集團	31	31
집중	集中	31	31	집행	執行	31	31
징병	徵兵	31	23	재발	再發	31	12
재청	再請	31	12	제기	提起	31	31
제도	制度	31	12	제대	除隊	31	31
제자	弟子	31	12	제작	製作	31	12
제정	制定	31	12	제한	制限	31	12
좌담	座談	31	12	좌석	座席	31	12
좌우	左右	31	12	좌익	左翼	31	12

ㅊ 줄

23 형태

북청		방언조	공통조	북청		방언조	공통조
차관	茶罐	23	31	차관	借款	23	12
차례	次例	23	31	차별	差別	23	31
차표	車票	23	31	차이	差異	23	23
참가	參加	23	31	참석	參席	23	31
창고	倉庫	23	31	창극	唱劇	23	12
창립	創立	23	12	창시	創始	23	12
창작	創作	23	12	추석	秋夕	23	31
추천	推薦	23	31	치료	治療	23	23
친척	親戚	23'	31	침구	針灸	23	23
침대	寢台	23	12	침범	侵犯	23	31
채소	菜蔬	23	12	취소	取消	23	12

31 형태

북청		방언조	공통조	북청		방언조	공통조
차고	車庫	31	31	착수	着手	31	31
찬성	贊成	31	12	창건	創建	31	12
창설	創設	31	12	창작	創作	31	12
창조	創造	31	12	처녀	處女	31	12

북청		방언조	공통조	북청		방언조	공통조
처단	處斷	31	12	처리	處理	31	12
처방	處方	31	12	처지	處地	31	12
천대	賤待	31	12	청강	聽講	31	31
초소	哨所	31	31	총각	總角	31	12
총계	總計	31	12	총장	總長	31	12
총회	總會	31	12	축구	蹴球	31	31
축력	畜力	31	31	축배	祝盃	31	31
축사	祝辭	31	31	축산	畜産	31	31
축적	蓄積	31	31	출구	出口	31	31
출근	出勤	31	31	출석	出席	31	31
출신	出身	31	31	출생	出生	31	31
출장	出張	31	31	출입	出入	31	31
측량	測量	31	31	칠년	七年	3'1	31
칠십	七十	31	31	최대	最大	31	12

ㅌ 줄

23 형태

북청		방언조	공통조	북청		방언조	공통조
탄압	彈壓	23	12	토대	土台	23	31
토의	討議	23	31	통계	統計	23	12
통일	統一	23	12	태도	態度	23	12

31 형태

북청		방언조	공통조	북청		방언조	공통조
타도	打倒	31	12	타령	打令	31	12
탄광	炭鑛	31	12	탈곡	脫穀	31	31
토굴	土窟	31	31	토지	土地	31	31
특등	特等	31	31	태고	太古	31	31
태반	太半	31	31	태산	泰山	31	23
태양	太陽	31	31	퇴거	退去	31	12
퇴근	退勤	31	12	퇴장	退場	31	12
퇴원	退院	31	12				

ㅍ 줄

23 형태

	북청	방언조	공통조		북청	방언조	공통조
파괴	破壞	23	12	파지	破紙	23	12
평가	評價	23	12	평양	平壤	23'	31
풍자	諷刺	23	31				

31 형태

	북청	방언조	공통조		북청	방언조	공통조
편지	便紙	31	12	폭격	爆擊	31	31
품질	品質	31	12				
품행	品行	31	12	피동	被動	31	12
피차	彼此	31	12	필승	必勝	31	31
패가	敗家	31	12	폐물	廢物	31	12
폐지	廢止	31	12	폐회	閉會	31	12

ㅎ 줄

23 형태 23

	북청	방언조	공통조		북청	방언조	공통조
하권	下卷	23	12	학교	學校	23'	31
학년	學年	23	31	항쟁	抗爭	23	12
현금	現金	23	12	현대	現代	23	12
현장	現場	23	12	현재	現在	23	12
형제	兄弟	23	31	형편	形便	23	23
혼인	婚姻	23	23	휴가	休暇	23	31
휴식	休息	23	31	(슈)휴업	休業	23	31
(슈)휴일	休日	23	31	(숭)흉년	凶年	23	23
해결	解決	23	12	해명	解明	23	12
해방	解放	23	12	해설	解說	23	12
학교	學校	23	31	행복	幸福	23	12
회의	會議	23	12	화학	化學	23	12

	북청	방언조	공통조		북청	방언조	공통조
화합	化合	23	12	화합	和合	23	31

31 형태

	북청	방언조	공통조		북청	방언조	공통조
하기	夏期	31	12	하지	夏至	31	12
하층	下層	31	12	학문	學問	31	31
학생	學生	31	31	한동	寒凍	31	31
한문	漢文	31	12	한방	漢方	31	12
함정	陷穽	31	12	합격	合格	31	31
합리	合理	31	31	합법	合法	31	31
합선	合線	31	31	합창	合唱	31	31
합의	合議	31	31	항상	恒常	31	12
향상	向上	31	12	혁명	革命	31	31
협동	協同	31	31	협의	協議	31	31
형세	形勢	31	31	호령	號令	31	12
호사	豪奢	31	23	호수	戶數	31	12
혼작	混作	31	12	효도	孝道	31	12
효성	孝誠	31	12	효자	孝子	31	12
후방	後方	31	12	훈련	訓練	31	12
훈장	勳章	32	23	휴회	休會	31	31
휴양	休養	31	31	흥미	興味	31	12
해군	海軍	31	12	해독	害毒	31	12
행동	行動	31	31	혜택	惠澤	31	12
회고	回顧	31	31	회고	懷古	31	31
회관	會館	31	12	회비	會費	31	12
회화	會話	31	12	화구	火口	31	12
화기	和氣	31	31	화석	化石	31	12
화신	化身	31	12	화전	火田	31	12
화약	火藥	31	12	환자	患者	31	12

ㅇ 줄

23 형태

		북청 방언조	공통조			북청 방언조	공통조
안과	眼科	23	12	안전	安全	23	31
암호	暗號	23	13	양식	樣式	23	31
양식	糧食	23	23	양식	養殖	23	12
양주	釀酒	23	12	어망	魚網	23	31
어장	魚場	23	31	어혈	瘀血	23	12
연구	研究	23	12	영광	榮光	23	23
영향	影響	23	12	영화	映畵	23	12
영화	榮華	23	23	오물	汚物	23	12
오산	誤算	23	12	오전	午前	23	12
오해	誤解	23	12	오유	誤謬	23	12
요구	要求	23	23	용감	勇敢	23	12
용도	用途	23	12	우두	牛痘	23	23
우둔	愚鈍	23	31	우량	雨量	23	12
우량	優良	23	31	우정	友情	23	12
우차	牛車	23	31	우편	郵便	23	31
웅담(능)	熊膽	23	31	유골	遺骨	23	31
유리	琉璃	23	23	유적	遺蹟	23	23
유지	油紙	23	31	유지	維持	23	23
유지	遺志	23	31	유지	有志	23	12
은행(항)	銀行	23	31	음식	飮食	23	12
응급	應急	23	12	이상(생)	以上	23	12
이색	異色	23	12	이후	以後	23	12
인물	人物	23	31	인민	人民	23	23
인삼	人蔘	23	23	인형	人形	23	23
애교	愛嬌	23	12	외가	外家	23	12
외국	外國	23	12	외과	外科	23	12
외투	外套	23	12	위산	胃酸	23	31
위신	威信	23	31	위생	衛生	23	23

		북청 방언조	공통조			북청 방언조	공통조
위장	胃腸	23	23	의복	衣服	23	31
의자	椅子	23	31	완고	頑固	23	31
완성	完成	23	23	완장	腕章	23	12
완행	緩行	23	12	원가	原價	23	31
원고	原稿	23	23	원만	圓滿	23	31
원인	原因	23	23	월말	月末	23	31

31 형태

		북청 방언조	공통조			북청 방언조	공통조
안건	案件	31	12	안검	按劍	31	12
안경	眼鏡	31	12	안내	案內	31	12
안목	眼目	31	12	안질	眼疾	31	12
암산	暗算	31	12	야간	夜間	31	12
야금	冶金	31	12	야만	野蠻	31	12
야색	夜色	31	12	야시	夜市	31	12
야학	夜學	31	12	야영	野營	31	12
양계	養鷄	31	12	양로	養老	31	12
양보	讓步	31	12	양잠	養蠶	31	12
양어	養魚	31	12	억제	抑制	31	31
언문	諺文	31	12	연구	研究	31	12
연극	演劇	31	12	연설	演說	31	12
연회	宴會	31	12	열성	熱誠	31	31
영영	永永	31	12	영구	永久	31	12
오곡	五穀	31	12	오찬	午餐	31	12
오침	午寢	31	12	오한	惡寒	31	12
오일	五日	31	23	욕심	慾心	31	
용기	勇氣	31	12	우기	雨期	31	23
우산	雨傘	31	23	우승	優勝	31	31
우주	宇宙	31	12	우연	偶然	31	12
운동	運動	31	12	운반	運搬	31	12
운전	運轉	31	12	웅변	雄辯	31	31
윤'기	潤氣	31	12	윤색	潤色	31	12

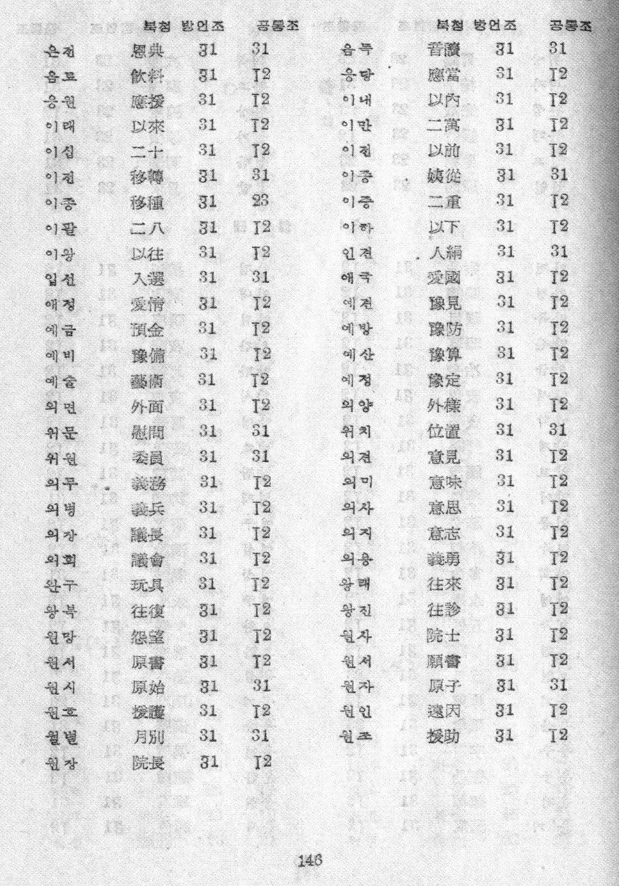

	북청	방언조	공통조		북청	방언조	공통조
은전	恩典	31	31	음독	音讀	31	31
음료	飲料	31	12	응당	應當	31	12
응원	應援	31	12	이내	以內	31	12
이래	以來	31	12	이만	二萬	31	12
이십	二十	31	12	이전	以前	31	12
이전	移轉	31	31	이종	姨從	31	31
이종	移種	31	23	이중	二重	31	12
이팔	二八	31	12	이하	以下	31	12
이왕	以往	31	12	인견	人絹	31	31
입선	入選	31	31	애국	愛國	31	12
애정	愛情	31	12	예견	豫見	31	12
예금	預金	31	12	예방	豫防	31	12
예비	豫備	31	12	예산	豫算	31	12
예술	藝術	31	12	예정	豫定	31	12
외면	外面	31	12	외양	外樣	31	12
위문	慰問	31	31	위치	位置	31	31
위원	委員	31	31	의견	意見	31	12
의무	義務	31	12	의미	意味	31	12
의병	義兵	31	12	의사	意思	31	12
의장	議長	31	12	의지	意志	31	12
의회	議會	31	12	의용	義勇	31	12
완구	玩具	31	12	왕래	往來	31	12
왕복	往復	31	12	왕진	往診	31	12
원망	怨望	31	12	원사	院士	31	12
원서	原書	31	12	원서	願書	31	12
원시	原始	31	31	원자	原子	31	31
원호	援護	31	12	원인	遠因	31	12
월별	月別	31	31	원조	援助	31	12
원장	院長	31	12				

146

제 3 절 3음절어

ㄱ 줄

231 형태

	북청	방언조	공통조		북청	방언조	공통조
가급적	可及的	231	231	가야금	伽倻琴	231	231
간호장	看護長	231	231	간호원	看護員	231	231
감상문	感想文	231	231	감시병	監視兵	231	321
강습생	講習生	231	231	강의실	講義室	231	231
건축학	建築學	231	231	검열원	檢閱員	231	231
견직물	絹織物	231	231	결단성	決斷性	231	231
결승전	決勝戰	231	321	결정서	決定書	231	321
결의문	決議文	231	321	결의안	決議權	231	321
결의안	決議案	231	321	경각성	警覺性	231	231
경기장	競技場	231	231	경계망	警戒網	231	231
경계선	警戒線	231	231	경리부	經理部	231	321
경비대	警備隊	231	231	경작지	耕作地	231	321
경제적	經濟的	231	231	고대사	古代史	231	121
고사포	高射砲	231	231	고전악	古典樂	231	231
고용농	雇傭農	231	321	고용병	雇傭兵	231	321
공격전	攻擊戰	231	231	공문서	公文書	231	231
공민권	公民權	231	231	공식적	公式的	231	321
공작원	工作員	231	321	공휴일	公休日	231	231
공업화	工業化	231	321	공예품	工藝品	231	231
교과서	教科書	231	231	교차점	交叉点	231	231
교통로	交通路	231	231	구축함	驅逐艦	231	321
구체적	具体的	231	321	국가법	國家法	231	321
국방력	國防力	231	321	국산품	國産品	231	321

147

		북청 방언조	공통조			북청 방언조	공통조
국제법	國際法	231	321	국유화	國有化	231	321
군사학	軍事學	231	321	규칙적	規則的	231	321
균형적	均衡的	231	231	극작가	劇作家	231	321
근거지	根據地	231	231	금강석	金剛石	231	231
금요일	金曜日	231	321	급경사	急傾斜	231	321
급비생	給費生	231	321	급행권	急行券	231	321
기계학	機械學	231	321	기관차	機關車	231	321
기념품	記念品	231	321	기능공	技能工	231	231
기본금	基本金	231	321	기사장	技師長	231	231
기상대	氣象台	231	321	기성복	旣成服	231	321
기숙사	寄宿舍	231	321	기술자	技術者	231	231
기중기	起重機	231	321	기억력	記憶力	231	321
개량종	改良種	231	231	개회사	開會辭	231	321
개인적	個人的	231	231	객관적	客觀的	231	321
게시판	揭示板	231	231	계급성	階級性	231	231
계량기	計量器	231	231	계산서	計算書	231	231
계통적	系統的	231	231	계획성	計劃性	231	231
계획화	計劃化	231	231	귀빈실	貴賓室	231	231
귀중품	貴重品	231	231	과학자	科學者	231	321
과학원	科學院	231	321	관광단	觀光團	231	321
관념론	觀念論	231	321	관람자	觀覽者	231	321
관리인	管理人	231	231	관절염	關節炎	231	321
광물질	鑛物質	231	321				

3 2 1 형 태

가동률	可動率	321	121	가설비	架設費	321	321
간소화	簡素化	321	231	거주지	居住地	321	231
결사적	決死的	321	321	골동품	骨董品	321	321
공동체	共同体	321	231	근로자	勤勞者	321	231
근시안	近視眼	321	231				

148

ㄴ 줄

2 3 1 형 태

		북청 방언조	공통조			북청 방언조	공통조
남대문	南大門	231	321	녀교원	女敎員	231	231
녀학생	女學生	231	321	년장자	年長者	231	321
년하장	年賀狀	231	321	농부가	農夫歌	231	321
농산물	農産物	231	321	뇌빈혈	腦貧血	231	231
뇌막염	腦膜炎	231	321				

ㄷ 줄

2 3 1 형 태

다과회	茶果會	231	321	다방면	多方面	231	231
단백질	蛋白質	231	231	담당자	擔當者	231	231
도서관	圖書館	231	231	도자기	陶磁器	231	231
도회지	都會地	231	321	독보회	讀報會	231	321
돌격대	突擊隊	231	321	동물원	動物園	231	231
동북풍	東北風	231	321	동성명	同姓名	231	321
동지애	同志愛	231	231	동창생	同窓生	231	231
두견화	杜鵑花	231	321	등산객	登山客	231	231
대규모	大規模	231	231	대대장	大隊長	231	231
대리석	大理石	231	231	대립물	對立物	231	231
대부분	大部分	231	231	대표적	代表的	231	231
대표단	代表團	231	231	대학생	大學生	231	231
대합실	待合室	231	231	대의원	代議員	231	231

3 2 1 형 태

대명사	代名詞	321	231	대상자	對象者	321	231
대중성	大衆性	321	231				

149

ㄹ 줄

231 형태

	북청	방언조	공통조		북청	방언조	공통조
락천가	樂天家	231	321	락화생	落花生	231	321
략탈자	掠奪者	231	321	력사학	歷史學	231	321
련대성	連帶性	231	231	련락소	連絡所	231	321
령도권	領導權	231	321	령도자	領導者	231	321
령사관	領事館	231	221	령수증	領收證	231	231
로골적	露骨的	231	231	로동력	勞動力	231	321
로동자	勞働者	231	321	로동일	勞働日	231	321
로무자	勞務者	231	321	론리학	論理學	231	321
료리법	料理法	231	321	료리사	料理師	231	321
료양소	療養所	231	321	리상적	理想的	231	231
리해력	理解力	231	221	리윤률	利潤率	231	221
랭상묘	冷床苗	231	231	랭장고	冷藏庫	231	231

ㅁ 줄

231 형태

만년필	萬年筆	231	231	만찬회	晩餐會	231	231
망원경	望遠鏡	231	231	모자차	母子車	231	231
무기고	武器庫	231	231	무용가	舞踊家	231	231
미술가	美術家	231	231	미완성	未完成	231	231
민족성	民族性	231	321	매개물	媒介物	231	321
맹훈련	猛訓練	231	12				

321 형태

면직물	綿織物	321	231	매복조	埋伏組	321	321

ㅂ 줄

231 형태

	북청	방언조	공통조		북청	방언조	공통조
박물관	博物館	231	321	박하유	薄荷油	231	321
반역자	反逆者	231	231	발행소	發行所	231	321
방송국	放送局	231	231	변증법	辯證法	231	231
보고서	報告書	231	231	보병총	步兵銃	231	231
보호자	保護者	231	231	복막염	腹膜炎	231	321
본격적	本格的	231	321	본적지	本籍地	231	321
봉선화	鳳仙花	231	231	부교수	副敎授	231	221
부득불	不得不	231	321	부산물	副産物	231	221
부상자	負傷者	231	221	부식물	副食物	231	231
분홍색	粉紅色	231	231	불상사	不祥事	231	321
비교적	比較的	231	231	비망록	備忘錄	231	231
비약적	飛躍的	231	321	배우자	配偶者	231	231
백화점	百貨店	231	321	백일해	百日咳	231	321

321 형태

반동적	反動的	321	231	반대자	反對者	321	231
반비례	反比例	321	231	발동기	發動機	321	321
발명가	發明家	321	321	발전성	發展性	321	321
발전소	發電所	321	321	변절자	變節者	321	231
보병대	步兵隊	321	231				

ㅅ 줄

231 형태

사각형	四角形	231	231	사무소	事務所	231	231
사업소	事業所	231	231	사양공	飼養工	231	321
서사시	敍事詩	231	221	선거구	選擧區	231	221

	복청	방언조	공통조		복청	방언조	공통조
선거자	選擧者	231	221	선거법	選擧法	231	221
성질상	性質上	231	231	소년단	少年團	231	231
소재지	所在地	231	231	소아과	小兒科	231	231
시신경	視神經	231	231	시험지	試驗紙	231	231
시험장	試驗場	231	231	시운전	試運轉	231	221
신호탄	信號彈	231	221	세계관	世界觀	231	231
세대주	世帶主	231	231				

3 2 1 형태

심지어	甚至於	321	231	세포학	細胞學	321	231

ㅈ 音

2 3 1 형태

자각성	自覺性	231	321	장갑차	裝甲車	231	321
장기적	長期的	231	231	장학금	獎學金	231	231
저기압	低氣壓	231	231	저수지	貯水池	231	231
저항력	抵抗力	231	231	전기로	電氣爐	231	231
전기화	電氣化	231	231	전람회	展覽會	231	231
전문가	專門家	231	231	전자론	電子論	231	231
전주곡	前奏曲	231	321	전형적	典型的	231	231
전화선	電話線	231	231	전환점	轉換点	231	231
정기적	定期的	231	231	정당화	正當化	231	231
정반대	正反對	231	221	정상적	正常的	231	231
정신적	精神的	231	221	정양소	靜養所	231	321
조립식	組立式	231	221	조산원	助産員	231	221
조선소	造船所	231	231	주석단	主席團	231	321
준공식	竣工式	231	231	중공업	重工業	231	231
중요성	重要性	231	231	증명서	證明書	231	231
지휘부	指揮部	231	321	직업적	職業的	231	321
진동수	振動數	231	231	진렬기	陳列機	231	231

152

	복청	방언조	공통조		복청	방언조	공통조
진료소	診療所	231	231	진정제	鎭靜劑	231	231
진화론	進化論	231	231	집단화	集團化	231	321
집체성	集體性	231	321	집행부	執行部	231	321
재고품	在庫品	231	231	재래종	在來種	231	231
재판소	裁判所	231	321	재판관	裁判官	231	321
쟁탈전	爭奪戰	231	321	제련소	製鍊所	231	231
제분소	製粉所	231	231	제작소	製作所	231	231

3 2 1 형태

자각적	自覺的	321	321	접두사	接頭辭	321	321
중환자	重患者	321	231	집단화	集團化	321	321
재생산	再生産	321	231				

ㅊ 音

2 3 1 형태

참가증	參加證	231	321	참고서	參考書	231	321
창발성	創發性	231	231	창시자	創始者	231	231
총공격	總攻擊	231	231	총결산	總決算	231	231
총출동	總出動	231	231	추천서	推薦書	231	321
축산업	畜産業	231	321	축전기	蓄電器	231	321
축하문	祝賀文	231	321	출생증	出生證	231	321
출판물	出版物	231	321	출입구	出入口	231	321
치명적	致命的	231	321	치료법	治療法	231	231
침대차	寢台車	231	231	침엽수	針葉樹	231	321
취주악	吹奏樂	231	231				

3 2 1 형태

창조적	創造的	321	231	총파업	總罷業	321	231
천리마	千里馬	321	321				

153

ㅌ 줄

231 형태

북청		방언조	공통조	북청		방언조	공통조
타액선	唾液腺	231	231	타원형	楕円形	231	231
탄부절	炭夫節	231	231	탈의실	脫衣室	231	321
탐사대	探査隊	231	321	토요일	土曜日	231	321
통계표	統計表	231	221	투표권	投票權	231	321
투표함	投票函	231	321	태양계	太陽系	231	321

ㅍ 줄

231 형태

파종기	播種期	231	321	평론가	評論家	231	231
평정서	評定書	231	221	평등권	平等權	231	221
포고문	布告文	231	221				

ㅎ 줄

231 형태

하수도	下水道	231	221	학습반	學習班	231	321
항공대	航空隊	231	231	항공술	航空術	231	231
향도적	嚮導的	231	231	헌신성	獻身性	231	231
현대식	現代式	231	231	현주소	現住所	231	231
호기심	好奇心	231	231	흥분제	興奮劑	231	231
해산물	海産物	231	231	해수욕	海水浴	231	231
해열제	解熱劑	231	231	회의록	會議錄	231	231
휘발유	揮發油	231	321	화물차	貨物車	231	231
화요일	火曜日	231	231				

321 형태

혁신자	革新者	321	321

154

ㅇ 줄

231 형태

북청		방언조	공통조	북청		방언조	공통조
안내서	案內書	231	231	앙양기	昂揚期	231	231
야만성	野蠻性	231	231	야유회	野遊會	231	231
양계장	養鷄場	231	231	양돈공	養豚工	231	231
양로원	養老院	231	231	언어학	言語學	231	321
연출가	演出家	231	231	열성적	熱誠的	231	321
영사기	映寫機	231	231	영화관	映畫館	231	231
오일절	五一節	231	231	용감성	勇敢性	231	231
용광로	鎔鑛爐	231	231	우편국	郵便局	231	321
우월성	優越性	231	321	운동복	運動服	231	231
운동회	運動會	231	231	운전사	運轉士	231	231
유가족	遺家族	231	231	유격대	遊擊隊	231	321
유물론	唯物論	231	321	음료수	飮料水	231	231
응원자	應援者	231	231	이모작	二毛作	231	231
이중창	二重窓	231	231	이원론	二元論	231	231
인민군	人民軍	231	231	인민반	人民班	231	231
인형극	人形劇	231	231	인쇄지	印刷紙	231	321
애육원	愛育院	231	231	예언자	豫言者	231	231
외랑식	外廊式	231	231	위원장	委員長	231	321
위원회	委員會	231	321	위장병	胃腸病	231	231
의식주	衣食住	231	321	완제품	完製品	231	321
원고지	原稿紙	231	321	원동력	原動力	231	231
월요일	月曜日	231	321				

321 형태

연구비	研究費	321	231	예속국	隷屬國	321	231
예술가	藝術家	321	231	예산제	預算制	321	231

155

제 4 절 4음절어

2331 형 태

ㄱ 줄

	북청	방언조	공통조			북청	방언조	공통조
견인불발	堅忍不拔	2331	2321		경기관총	輕機關銃	2331	3321
고유명사	固有名詞	2331	3221		국한문체	國漢文体	2331	3221
군국주의	軍國主義	2331	3221		개량주의	改良主義	2331	2321
관개시설	灌漑施設	2331	3212		관료주의	官僚主義	2331	2321
구두계약	口頭契約	2331	2321		금수강산	錦繡江山	2331	2221
급행렬차	急行列車	2331	3321		고생물학	古生物學	2331	2321
고전주의	古典主義	2331	2221		공명정대	公明正大	2331	2321

ㄷ 줄

동방학자	東方學者	2331	2321		등기우편	登記郵便	2331	2321

ㄹ 줄

락후분자	落後分子	2331	3221		로농동맹	勞農同盟	2331	2321
량면작전	兩面作戰	2331	2321		리기주의	利己主義	2331	2321
로동계급	勞働階級	2331	3221		리상주의	理想主義	2331	2321
로력훈장	勞力勳章	2331	3221					

ㅁ 줄

무단정치	武斷政治	2331	2321		민족문제	民族問題	2331	2321
맹아학교	盲啞學校	2331	2321					

ㅂ 줄

	북청	방언조	공통조			북청	방언조	공통조
발성영화	發聲映畫	2331	3212		발음장치	發音裝置	2331	2312
불상용적	不相容的	2331	3212		비밀투표	秘密投票	2331	2321
비현실적	非現實的	2331	3231					

ㅅ 줄

소수민족	小數民族	2331	2321		사무실적	事務室的	2331	2321
소작쟁의	小作爭議	2331	2321		시종일관	始終一貫	2331	2321
세기말적	世紀末的	2331	2321		세계시장	世界市場	2331	2321
쇄국주의	鎖國主義	2331	2321					

ㅈ 줄

자수성가	自手成家	2331	3221		전문학교	專門學校	2331	2321
조기작물	早期作物	2331	2121		중구난방	衆口難防	2331	2331

ㅊ 줄

층암절벽	層岩絕壁	2331	2321		최고학부	最高學府	2331	2321
천만다행	千萬多幸	2331	3221					

ㅌ 줄

탄탄대로	坦坦大路	2331	3321		통신교수	通信敎授	2331	3212

ㅍ 줄

폐물리용	廢物利用	2331	2312					

ㅎ 줄

		북청	방언조	공통조			북청	방언조	공통조
합법칙성	合法則性	2331	3321		협동조합	協同組合	2331	3321	
형형색색	形形色色	2331	3321		형이상학	形而上學	2331	3221	
호의호식	好衣好食	2331	2321		화학비료	化學肥料	2331	2312	

ㅇ 줄

암행어사	暗行御使	2331	2321	언어도단	言語道斷	2331	3221
열성분자	熱誠分子	2331	3321	유급휴가	有給休假	2331	2321
유개화차	有蓋貨車	2331	2321	유선전화	有線電話	2331	2321
유선방송	有線放送	2331	2312	이부합창	二部合唱	2331	2321
이목구비	耳目口鼻	2331	2331	인민경제	人民經濟	2331	2321
이중영웅	二重英雄	2331	2321	인민투표	人民投票	2331	2321
인민군대	人民軍隊	2331	2321	인민학교	人民學校	2331	2321
인민재판	人民裁判	2331	2321	인산인해	人山人海	2331	2321
인민항쟁	人民抗爭	2331	2321	잉여가치	剩余價值	2331	2312
일구이언	一口二言	2331	3212	위생교육	衛生敎育	2331	2312

3231 형태

ㄱ 줄

감개무량	感慨無量	3231	2321	경거망동	輕擧妄動	3231	2321
과대망상	誇大妄想	3231	2321	권력행위	權力行爲	3231	3221

ㄷ 줄

다수가결	多數可決	3231	3221	도량형기	度量衡器	3231	2321
독선주의	獨善主義	3231	3221	등사원지	謄寫原紙	3231	2321
대경실색	大驚失色	3231	2321				

158

ㄹ 줄

		북청	방언조	공통조		북청	방언조	공통조
락관주의	樂觀主義	3231	2321	련락군관	連絡軍官	3231	3221
륙해공군	陸海空軍	3231	3221				

ㅁ 줄

미개간지	未開墾地	3231	2321	미완성품	未完成品	3231	2321

ㅂ 줄

박사론문	博士論文	3231	3212	반대운동	反對運動	3231	2312
반사운동	反射運動	3231	2312	반신반의	半信半疑	3231	2221
방한장치	防寒裝置	3231	2321	보통교육	普通敎育	3231	2312
본신사업	本身事業	3231	3212	봉건시대	封建時代	3231	3221
불가지론	不可知論	3231	3221	불균등성	不均等性	3231	3321
비일비재	非一非再	3231	3221	백발백중	百發百中	3231	3221
배외사상	排外思想	3231	3221	백전백승	百戰百勝	3231	3221

ㅅ 줄

사분오렬	四分五裂	3231	2321	사범교육	師範敎育		3212
사사오입	四捨五入		1212	산전수전	山戰水戰		2221

ㅈ 줄

정사각형	正四角形	3231	2222	정사면체	正四面体	3231	1222
중언부언	重言復言	3231	2312				

ㅊ 줄

천만의외	千萬意外	3231	3221	청량음료	清凉飮料	3231	2321

159

	북청 방언조		공통조			북청 방언조	공통조
종사령관	總司令官	3231	2321	춘하추동	春夏秋冬	3231	3221
출신성분	出身成分	3231	3212				

ㅌ 줄

토지개혁	土地改革	3231	3221	토지분배	土地分配	3231	3221
태연자약	泰然自若	3231	2321				

ㅎ 줄

형사소송	刑事訴訟	3231	2221	형사재판	刑事裁判	3231	2221
핵물리학	核物理學	3231	3321	화기애애	和氣靄靄	3231	3222

ㅇ 줄

운수기관	運輸機關	3231	1221	유물사관	唯物史觀	3231	3212
유사이래	有史以來	3231	1212	외교사절	外交使節	3231	1212
원고용지	原稿用紙	3221	2321				

제 5 절 다(多)음절어

ㄱ. 5음절어

12231 형태

우 북청 방언조
아래 공통조

농업집단화	農業集團化	1 2 2 3 1 / 3 2 3 2 1	다기대운동	多機台運動	1 2 2 3 1 / 2 3 2 2 1

우 북청 방언조
아래 공통조

립체기하학	立體幾何學	1 2 2 3 1 / 3 2 2 3 1	민족주의자	民族主義者	1 2 2 3 1 / 3 2 2 2 1
분과위원회	分科委員會	1 2 2 3 1 / 2 3 3 2 1	사실주의적	寫實主義的	1 2 2 3 1 / 1 2 2 3 1
사전편찬학	辭典編纂學	1 2 2 3 1 / 3 2 2 3 1	인민군용사	人民軍勇士	1 2 2 3 1 / 2 3 2 2 1

1 2 3 3 1 형태

다기대작업	多機台作業	1 2 3 3 1 / 2 3 2 3 1	비합법운동	非合法運動	1 2 3 3 1 / 3 2 3 2 1
비무장지대	非武裝地帶	1 2 3 3 1 / 3 2 2 3 1	산업국유화	産業國有化	1 2 3 3 1 / 1 2 3 2 1
산업예비군	産業豫備軍	1 2 3 3 1 / 1 2 1 2 1	자립적단어	自立的單語	1 2 3 3 1 / 3 2 2 3 1
합법적투쟁	合法的鬪爭	1 2 3 3 1 / 3 2 2 2 1	가맹공화국	加盟共和國	2 3 2 3 1 / 2 3 2 3 1
고사기관총	高射機關銃	2 3 2 3 1 / 2 3 3 2 1	금속압력계	金屬壓力計	2 3 2 3 1 / 3 2 3 2 1
기술교환회	技術交換會	2 3 2 3 1 / 3 2 3 2 1	민족자결권	民族自決權	2 3 2 3 1 / 3 2 2 2 1
산소부화법	酸素孵化法	2 3 2 3 1 / 1 2 3 2 1	산성산화물	酸性酸化物	2 3 2 3 1 / 1 2 1 2 1

우 복점 방언조
아래 공통조

선전선동부	宣傳煽動部	석유지질학	石油地質學
	2 3 2 3 1		2 3 2 3 1
	3 2 3 2 1		3 2 3 2 1
소인수분해	素因數分解	신분등록소	身分登錄所
	2 3 2 3 1		2 3 2 3 1
	2 3 2 3 1		3 2 3 2 1
정기간행물	定期刊行物	집행위원회	執行委員會
	2 3 2 3 1		2 3 2 3 1
			3 2 3 2 1
탁상전화기	卓上電話器	평화리사회	平和理事會
	2 3 2 3 1		2 3 2 3 1
	3 2 2 3 1		2 3 2 3 1
유물변증법	唯物辨證法	인민위원회	人民委員會
	2 3 2 3 1		2 3 2 3 1
	3 2 2 3 1		2 3 3 2 1

3 2 2 2 1 형 태

기계화부대	機械化部隊	독점자본가	獨占資本家
	3 2 2 2 1		3 2 2 2 1
	2 2 3 2 1		3 2 2 3 1
락하산부대	落下傘部隊	학부형총회	學父兄總會
	3 2 2 2 1		3 2 2 2 1
	3 2 2 1 1		3 2 2 2 1

ㄴ. 6음절어

1 2 3 1 2 1 형 태

력사적유물론	歷史的唯物論
	1 2 3 1 2 1
	3 2 2 3 2 1

우 복점 방언조
아래 공통조

1 2 2 3 3 1 형 태

민족생활관습	民族生活慣習	반일무장투쟁	反日武裝鬪爭
	1 2 2 3 3 1		T 2 2 3 3 1
	3 2 3 2 2 1		2 3 2 3 2 1
사회주의혁명	社會主義革命	사회주의경쟁	社會主義競爭
	T 2 2 3 3 1		T 2 2 3 3 1
	1 2 2 1 3 1		
최고인민회의	最高人民會議	인민민주주의	人民民主主義
	T 2 2 3 3 1		1 2 2 3 3 1
	1 2 2 3 2 1		2 3 3 2 2 1

2 3 2 3 3 1 형 태

국가졸업시험	國家卒業試驗	개인영웅주의	個人英雄主義
	2 3 2 3 3 1		2 3 2 3 3 1
	3 2 3 2 1 2		2 3 2 3 2 1

ㄷ. 7음절어

1 2 1 2 2 3 1 형 태

노예소유자사회	奴隸所有者社會	광산식굴진방법	鑛山式掘進方法
	1 2 1 2 2 3 1		1 2 1 2 2 3 1
	3 2 1 2 2 2 1		1 2 3 3 2 3 1
반제반봉건투쟁	反帝反封建鬪爭	사회경제구성체	社會經濟構成體
	T 2 T 2 2 3 1		1 2 1 2 2 3 1
	T 2 T 2 2 3 1		1 2 1 2 1 2 1

1 2 3 T 2 2 1 형 태

비판적사실주의	批判的事實主義
	1 2 3 T 2 2 1
	1 2 2 1 2 2 1

우 북청 방언조
아래 공통조

		1 2 3 2 2 3 1	형 태
반제국주의운동	反帝國主義運動	2 T 2 3 2 2 3 1	
		T 2 2 3 2 1 2 1	

		2 1 3 2 2 3 1	형 태
국제어음학기호	國際語音學記號	2 1 3 2 2 3 1	
		3 2 1 2 2 3 1	
소상품경제형태	小商品經濟形態	2 1 3 2 3 3 1	
		2 3 2 2 3 3 1	

		1 2 2 3 2 3 1	형 태
관념론적력사관	觀念論的歷史觀	1 2 2 3 2 3 1	
		3 2 1 2 3 2 1	

9음절어

사회주의적인도주의	社會主義的人道主義	1 2 1 2 3 2 3 3 1
		1 2 1 2 3 3 2 2 1

10음절어

조국통일민주주의전선	祖國統一民主主義戰線	1 2 1 2 1 2 2 3 3 1
		3 2 1 2 3 2 1 2 2 1

164

각 품사의 음조 형태들

제 1 절 명사의 음조 형태

고유 조선어 명사의 음조에는 단음절에서 다음절까지 여러 가지 형태가 있다. 즉 높이의 계단 별로는 2와 3과의 두 가지 계단이 있으며 길이에서는 기준음 밖에 그보다 긴 소리와 또 길고 끌속이는 소리들의 형태가 있다.

1. 단음절어의 형태들

명사의 단음절어에는 2, 2̄, 2ʾ, 3, 3̄, 3ʾ의 여섯 가지가 있다.

북청 방언과 공통어의 음조를 대비하여 보면 북청 방언 음조에는 단음절어에서 낮은 계단인 1형태가 없다.

또한 2형태에서는 세 가지 형태로 갈려있는바, 기준 길이인 짧은 소리와 기준 길이보다 긴 소리와 끌속이는 소리가 그것이다. 그런데 이 세 가지 형태의 수를 서로 대비하여 보면 기준 길이인 짧은 소리가 긴 소리보다 많으며 끌속이는 소리는 긴 소리보다도 그 수가 적다(참고: 가] 제 1 절 단음절어 음조 형태들).

이 명사 음조를 잘 알기 위하여 공통조의 음조를 대조하여 본다.

		북청 방언조	공통조			북청방언조	공통조
골	谷	2谷	T	곱	倍	2	3
국	麴	2	3	가	邊	2̄	2̄
게	蟹	2̄	T	발	簾	2ʾ	2̄
밤	栗	2	T	밭	田	2	3

165

	북청	방언조	공통조		북청	방언조	공통조
섶	柝	2	3	솔	刷子	2	1
손	客	2'	3	살	肉	2'	2
앞	前	2	3	외	瓜	2	오이21
우	上	2	우3	장	市	2	3
집	家	2	3	곁	傍	2	곁3
활	弓	2	활3	해	太陽	2	3
금	隙	2	2	말	斗	2'	2
배	梨	2'	3				

3형태는 세 가지 형태 즉 짧은, 진, 끌숙이는 소리로 나누어진다. 그런데 이 세 가지 형태에서 그 수의 비례를 보면 진 소리가 짧은 소리보다 많으며, 끌숙이는 소리는 상당한 수를 차지한다(참고 : 제 1 절 단음절어 음조 형태들). 이 끌숙이는 소리는 원칙적으로 3계단인 높은 소리로 난다. 그러나 2계단의 높은 소리에도 그 수가 적지 않다.

례를 들면

	북청	방언조	공통조		북청	방언조	공통조
공	球	3	1	개	浦	3	2
간	醎	3	2	갈	蘆	3	1
골	腦	3'	2	날	經	3	3
넉	魂	3	넋3	날	刄	3	3
널	板	3'	1	논	沓	3'	3
달	植物名	3	1	달	月	3'	3
돈	錢	3'	1	돌	石	3'	1
대	竹	3	2	뒤	後	3	1
마	薯	3	3	맘	心	3	2
모	苗	3	3	모	方	3'	2
몸	身	3'	3	밀	蠟	3'	1
물	水, 色	3'	1	비	箒	3	2
배	腹, 船	3	2	벗	友	3	1
베	麻布	3	2	범	虎	3'	1
베	稻	3'	2	불	火	3'	2

	북청	방언조	공통조		북청	방언조	공통조
섬	(곡식)石	3	3	새	鳥	3	1
살	矢 蜂針, 杆(扇窓들의)	3	3	솜	棉	3	1
세	舌	3	혀3	삼	麻	3'	2
손	手	3'	2	움	土室, 根芽	3	1
일	事	3	1	애	勞	3	1
엿	飴	3	2	자	尺	3	2
잣	柏實	3	1	짐	蒸氣	3	김1
절	拜	3'	3	질	道	3'	길3
춤	葛	3	3	재	棟	3	3
춤	舞	3'	3	칼	刀	3	3
키	長	3	3	토	吐	3	3
틈	隙	3	3	탈	假面	3	1
머	蓋	3	2	톱	鋸	3	3
틀	小機	3'	3	팔	腕	3	3
품	衣胴	3	3	풀	草, 糊	3	3
품	勞量	3	3	파	葱	3'	2
꿀	蜜	3	3	끝	末	3	3
끌	鑿	3	3	딸	女息	3	3
뜸	灸	3	3	띠	茅	3	3
띠	帶	3'	3	떡	餠	3'	3
뺨	頰	3	뺨3	싹	賃金	3	3
씨	種子	3	3	쑥	艾	3	3
쌀	米	3'	3				

2. 2음절어의 형태들

ㅏ 23

구리	銅	23	31	게삐		23	고삐31
낭기		23	나무23	다리	橋, 股	23	23
두리	周圍	23	둘레31	마당	庭	23	23
몽치	短棍	23	31	무기		23	무게31

	북청	방언조	공통조			북청	방언조	공통조
바득		23	바둑31		방정	輕妄	23	23
버릇	習慣	23	31		비슬	官職	23	벼슬31
베리	硯	23	벼루31		사흘	三日	23	31
살림	治産	23	23		아들	子息	23	31
이불	衾	23	31		장판	油紙席	23	31
조개	貝	23	23		지넉		23	저녁23
지슭	山麓	23	기슭23					

ㅑ 23

가지	種類	23	31		감저		23	막걸리31
걸금		23	거름22		꾀기		23	고기31
고래	鯨	23	23		고애		23	고양이231
구실		23	구슬31		근심	憂	23	23
나비	蝶	23	31		누룩	麴	23	31
느비		23	누에31		담바		23	담배23
더품		23	거품31		더대	架	23	31
도랑	渠	23	23		도매		23	도마31
동네		23	동리23		마리		23	머리31
멀기		23	머루23		멀미		23	31
몰개		23	모래31		모시	苧布	23	23
바다	海	23	31		바우		23	바위31
방치	椎	23	방망이231		버더		23	23
복사		23	복숭아231		부억		23	부엌23
비개		23	벼개31		비눌		23	비누31
비늘	皮粉	23	31		바랑		23	벼랑31
사심		23	사슴31		선반	掛板	23	23
손지		23	손자31		숫기		23	숯 3
스나		23	사나이231		스츰	假縫	23	시침23
올개		23	올가미231		용새		23	농사31
이슬	露	23	31		점슴		23	점심23

168

	북청	방언조	공통조			북청	방언조	공통조
지슴	雜草	23	기음31		지츰		23	기침31
짐치		23	김치31					

ㅓ 23'

가랄		23'	까랄	31	가새		23'	가위	31
거미	蜘蛛	23'		31	전달		23'		31
고상		23'	고생	31	골뱅	螺	23'	소라	23
무덤	塚	23'		31	메지		23'	메주	31
방지	袴	23'	바지	31	보름		23'		31
지벙		23'	지붕	23					

31 형태

이 31 형태 안에는 3 가지 형태가 있다. 곧 31, 31, 3'1 형태가 그것이다. 그 실례들은 아래와 같다.

ㅏ 31

가지	枝	31		31	곰배		31	고무래	231
드리	豆腐粕	31	비지	31	망돌		31	매	3
밤눈	夜眼	31		31	본대		31	본디	31
사람		31		23	소리	聲	31		31
아우	弟	31		23	장난	作亂	31		23
쪼끼		31	조끼	31	지너		31	지네	31
처음	初	31		31					

ㅑ 31

가매	轎子	31	가마	12	거줓	假	31	거짓	12
고름	膿汁	31		23	개암		31	개암	23
놀이	戲	31		31	눈치		31		31
버리	蜂	31	벌	T	벙이		31	부엉이	321
쇄지		31	송아지	231	야단	責	31		23

169

북청		방언조		공통조	북청		방언조		공통조
애비	父	31		31	옛날		31		23
조리	旅	31		23	호박	南瓜	31		23
혼술	醮際	31		23					

ㅓ 3'1

북청		방언조		공통조	북청		방언조		공통조
겨울		3'1	거울	31	고리	環	3'1		31
고뿔		3'1	감기	23	곰보	痘痕	3'1		23
골미		3'1	골무	31	나래	羽	3'1		31
나음	次	3'1		31	도미		3'1		12
말씀		3'1		12	모기		3'1		31
무당		3'1		12	뭉의		3'1	무니	31
밤일	夜勤	3'1		31	보배		3'1		12
비기		3'1	비개	23	서리	霜	3'1		21
앙개		3'1	안개	12	억지		3'1		31
엉석		3'1	응석	23	우믄		3'1		31
이마	頂	3'1		31	이뤠	七日	3'1	이레	31
애기		3'1	이야기	231	잔치		3'1		31
저울	衡	3'1		31	질쌈	紡績	3'1		31
촌티	村態	3'1		23					

3. 3음절어의 형태들

명사의 3음절어에는 고저에서 세 가지가 있고 또 그 안에서 각각 짧은, 진, 끌숙이는 소리가 있어서 모두 9가지 형태가 있다. 231 231 231
232 232' 232
321 32'1 321

그 실례들을 아래에 들어 본다.

ㅏ 231 형태

북청	방언조		공통조	북청	방언조		공통조
개구리	231		231	너구리	231		231
도루깨	231	도리깨	231	따라치	231	다래끼	231
두께비	231	두꺼비	231	고사메	231	고사리	231

170

북청	방언조		공통조	북청	방언조		공통조
골짜기	231		231	곰패기	231	곰팡이	231
막뎅이	231	막대기	231	머저리	231		231
모가지	231		231	목소리	231		231
메나메	231	미나리	231	바가지	231		231
발갈이	231		231	버버리	231	벙어리	231
보시기	231		231	삐두기	231	비둘기	231
수두개	231	소리개	231	오뻬미	231	올빼미	231
웅뎅이	231	웅덩이	132	주멍이	231	주머니	231
진탈리	231	진달래	231				

ㅑ 232 형태

북청	방언조		공통조	북청	방언조		공통조
제집아	232'	계집애	231	구렁이	232	구렁이	231
소나모	232'	소나무	231	열메기	232	어루머기	2321

ㅓ 321 형태

북청	방언조		공통조	북청	방언조		공통조
가운데	321		231	기뚜리	321	귀뜨라미	2321
마누라	321		132	몸뎅이	3'21	몸뚱이	231
배째기	321	질경이	231	아호리	321	아호레	231
야드리	321	여드레	231	오래비	321	오라비	231
우뎅이	321		231				

4. 4음절어의 형태들

이 4음절어 형태는 고저에서 1231, 2321, 3221이 있고 이 세 형태 내부에서 짧은 소리, 진 소리, 끌숙이는 소리로 나누인다.

그 실례들은 아래와 같다.

1231, 1231,
2321, 2321, 2321, 2321, 2321,
3221, 3221

ㅏ 1231 형태

북청	방언조	북청	방언조
문드럭궂	1231	반질광이	1231
모지랑붓	1231	바느질고리	12331

171

보푸래기	1231	부스다지	1231	火杖
보푸래기	1321	부지깽이	1231	
주먹손이	1231			
조막손이	1231			

ㅑ 2321 형태

고슴도치	2321	너부랑이	2321
고슴도치	2321	나부랑이	2321
동네어른	2321	미치광이	2321
동네어른	2321	미치광이	2321
버들개지	2321	본토백이	2321
버들개지	2321	본토백이	2321
시아바이	2321	서리바람	2321
시아버지	2321	서리바람	3212
지트머기	2321	해바라기	2321
지스러기	2321	해바라기	2321
불쏘시개	3221	울치시미	3221
불쏘시개	2321	울케	31

1음절어 명사와 주어토와의 음절 대비

이 대비에서 아래와 같은 법칙을 알 수 있다.

곧 명사에 높은 계단인 3이 나면 그 다음에 오는 주어토에는 낮은 계단인 1이 나게 된다. 이와는 반대로 중간 계단인 2가 명사에 나면 그 다음에 오는 주어토에는 원칙적으로 높은 계단인 3이 난다.

북청 방언의 특징의 하나로는 명사의 1음절어에 낮은 계단인 1이 없고 중간 계단인 2가 있다. 또한 길이에서도 기준 음장인 짧은 소리만 있다. 그리고 높은 계단인 3이 지배적인바 길고 강하고, 굽숙이기도 하는 여러 가지 음고가 있다. 이것들이 이 방언의 특징적인 음조이며 어조이다.

아래의 례들은 명사에 주어토를 붙인 것이다.

토가 높은 말들로 23 형태:

밑이	23	底	치가(키가)	23	箕
말이	23	馬	벨이(별)	23	腸

옆이	23	側	들이	23	野
줄이	23	絃	국이	23	麴
메가	23	筥	골이	23	谷
콩이	23	大豆	곱이	23	倍
조가	23	粟	꽃이(꽃)	23	花
집이	23	家	절이(곁)	23	傍

토가 낮은 말들로 31 형태:

세가(혀)	31	舌	솜이	31	棉
살이	31	矸	몸이	3'1	身
물이	3'1	水	파이	3'1	蔥
모이	31	苗	풀이	31	草
뫼이	31	墓	칼이	3'1	刀
코가	31	鼻	알이	31	粒
엿이	31	飴	옷이	31	衣
일이	31	事	입이	31	口
잎이	31	葉	자가	31	尺
갓이	31	褶	절이	3'1	拜,寺

제 2 절 대명사의 음조 형태

인칭, 미정—의문, 지시 대명사의 북청 방언표와 공통표와의 대비는 아래의 일람표와 같다.

인칭 대명사의 북청 방언조와 공통조와의 대비

인칭	수	웃사람에게			대등한 사람에게			아래'사람에게		
			공통조	북청 방언조		공통조	북청 방언조		공통조	북청 방언조
1	단수	저(제)	1	3'	나(내)	2(3)	3(3')	나(내)	2(3)	3(3')
1	복수	저희 저희들	23 231	3'1 3'21	우리 우리들	12 121	23' 23'1	우리 우리들	12 121	23' 23'1
2	단수	당신	23	23'	자네 그대	23 23	3'2 3'2	너(네)	2	3'
2	복수	당신들	231	23'1	자네들 그대들	231 231	3'21 3'21	너희 너희들	23 231	3'1 3'21
3	단수	이(공: 2, 북: 3'), 그(공: 2, 북: 3'), 저(공: 2, 북: 3')								
3	복수	이들(공: 23, 북: 3'1), 그들(공: 23, 북: 3'1), 저들(공: 23, 북: 3'1)								

미정-의문 대명사의 북청 방언조와 공통조와의 대비

대상	의문의 뜻으로			미정의 뜻으로		
		공통조	북청 방언조		공통조	북청 방언조
인물	누구(누)	31	뉘기 3'1	누구(누) 아무	31 23	뉘기 3'1 아무개 123
사물	무엇	31	무시기 23'1	무엇	31	무시기 23'1
수량	얼마 몇	23 3	얼매, 멫 3'1, 3'	얼마 몇	23 3	얼매, 멫 3'1, 3'
장소	어디	31	어디메 23'1	어디	31	어디메 23'1
시간	언제	23	3'1	언제	23	3'1

지시 대명사의 북청 방언조와 공통조와의 대비

대상	이야기하는 사람에게 가까움			이야기 듣는 사람에게 가까움			두 사람에게서 모두 떨어졌음		
		공통조	북청 방언조		공통조	북청 방언조		공통조	북청 방언조
사물	이	2	3'	그	2	3'	저	2	3'
장소	여기	31	23	거기	31	23	저기	31	23
방향	이리	31	일러루 231	그리	31	글러루 231	저리	31	절러루 231

인칭 대명사와 미정-의문 대명사는 문장에서 명사가 어조로 변하는 법칙과 대개는 같으나 지시 대명사는 어조에서 음조에서보다 거의 한 음정이 떨어진다.

그 례들은 아래와 같다.

	이	개가	그	개가	저	개가
북	2	3'1	2	3'1	2	3'1
공	2	31	2	31	2	31
	이	소가	그	소가	저	소가
북	2	3'1	2	3'1	2	3'1
공	2	31	2	31	2	31
	이	배가	그	배가	저	배가
북	2	3'1	2	3'1	2	3'1
공	2	31	2	31	2	31
	이	방이	그	방이	저	방이
북	2	2'1	2	2'1	2	2'1
공	2	31	2	31	2	31

	이것이	그것이	저것이
북	3'1	12'	3'1
공	231	231	231

	이	사람	그	사람	저	사람
북	3	23	1	23	3	23
중	2	31	2	31	2	31
	이	분이	그	분이	저	분이
북	3	23	1	21	3	21
중	2	31	2	31	2	31

제 3 절 수사의 음조 형태

1. 수사의 음조

고유 조선말의 수사의 음조는 아래와 같다.

	북청	방언조	공통조		북청	방언조	공통조
하나	一	23	31	둘	二	2	T
서이	三	31	21	셋	三	3	T
(서	三	3')	21	너이	四	31	T
(너.		3')		넷	四	3	T
다슷	五	23	다섯 31	여슷	六	23	여섯 31
일굽	七	23	일곱 31	야듧	八	23	여덟 31
아웁	九	23	아홉 31	열	十	2	2
열하나	十一	23	21	열둘	十二	23	31
스믈	二十	32	31	설은	三十	32	서른 31
마은	四十	32	마흔 31	예순	六十	23	31
일은	七十	23	일흔 31	야든	八十	23	여든 31
아은	九十	23	아흔 31	백	百	3	3
천	千	3	3	만	萬	2	T
억	億	3	3	조	兆	3	3

2. 관수사의 음조

한	一	3	3	두	二	2	T
세	三	3'	T	서	三	3	T

	북청	방언조	공통어조		북청	방언조	공통어조
세	三	3	T	너	四	3'	T
너	四	3	T	네	四	3'	3
닷	五	3	3	대	五	3	3
댓	五(략)	3	2	엿	六	3	3
예	六	3	3	스무	二十	32	38

이 관수사는 고유 조선어에서 하나에서 여섯까지 있고 스무(20)가 있다. 그리고 합성수사도 제 본래의 어음과 음조를 보존한다.

례:

열한 23, 열두 22, 열석 23, 열네 23', 스물닷 323, 서른엿 323, 마은댓 323, 천세 23, 백스무 332, 천너 33', 만한 23.

3. 한'자 수사의 음조

한'자 수사의 음조 대비는 아래와 같다.

	북청	방언조	공통조		북청	방언조	공통조
일	一	3	3	이	二	3	T
삼	三	2	3	사	四	3	T
오	五	2	T	륙	六	3	3
칠	七	3	3	팔	八	3	3
구	九	3	3	십	十	3	3
십일	十一	31	31	십이	十二	23	31
십오	十五	23	31	십륙	十六	23	3T
십칠	十七	23	31	십팔	十八	23	3T
십구	十九	23	31				
백	百	3	3	천	千	3	3
이십	二十	31	12	십삼	十三	23	31
십사	十四	23	31	만	萬	2	T
억	億	3	3	조	兆	2	3

제 4 절 형용사의 음조 형태

북청 방언의 형용사 음조의 형태는 아래와 같다.

1. 2음절어

ㄱ, 23 형태

ㅏ 23, ㅑ 23

ㄴ, 31 형태

ㅏ 31, ㅑ 31, ㅓ 3'1

2. 3음절어

ㄱ, 231 형태

ㅏ 231, ㅑ 231, ㅓ 231

ㄴ, 321 형태

ㅏ 321, ㅑ 321, ㅓ 3'21

3. 4음절어

ㄱ, 1231 형태

ㄴ, 2321 형태

ㅏ 2321, ㅑ 2321

ㄷ, ㅏ 3231, ㅑ 3231

ㅓ 3231, ㅕ 3231

4. 5음절어

ㄱ, 12321 형태

ㅏ 12321, ㅑ 12321

ㄴ, 23321 형태

ㄷ, 32121 형태

ㅏ 32121, ㅑ 32121, ㅓ 3'2121

5. 6음절어

ㄱ, 121221 형태

ㄴ, 122321 형태

ㄷ, 123321 형태

ㄹ, 232321 형태 {ㅏ 232321 / ㅑ 232321}

ㅁ, 321221 형태

형용사에서 2음절어의 음조 형태는 고저에서 23, 31 형태가 있다. 이 가운데도 31형태가 절대 다수이며, 23 형태는 아주 드물다. 그리고 또

23 형태 안에서는 긴 소리를 더하여 23, 23 두 가지가 있는데, 23 형태는 아주 드물다. 그리고 또 31 형태에는 세 가지가 있는데, 그 중에는 31 형태가 절대 다수이며, 그 다음에는 31 형태이고, 3'1 형태는 아주 드물다.

이것들을 공통어의 음조와 대비한 례들은 다음과 같다.

23 형태

23 형태의 례

	북청	방언조	공통조			북청	방언조	공통조
달다	甘	23	31		낮다	低	23	31
붉다	紅	23	31		늦다	晩	23	31
높다	高	23	31		깊다	深	23	31
얕다	淺	23	31		좁다	狹	23	31
잦다	頻	23	31		밝다	明	23	31

31 형태

31 형태의 례

꼽다 31 곱다 31 쉽다 31 서럽다 231

크다 31 31 맵다 31 밉다 31

푼다 31 곧다 31 재다 速 31 31

31 형태의 례

같다 如 31 31 적다 少 31 11

좋다 好 31 11

3'1 형태의 례

짜다	鹹	3'1	31	많다	多	3'1	31
작다	小	3'1	31	히다	白	3'1	31
검다	黑	3'1	11	굵다	太	3'1	11
질다	長	3'1 길다 11					

형용사에서 3음절어의 음조 형태는 고저에서 231 형태와 321 형태가

있다.

231 형태의 례

북청		방언조		공통조	북청		방언조		공통조
가랍다		231	가렵다	231	그렇다	然	231		231
모질다	毒	231		231	무겁다	重	231		231
부르다	飽	231		231	불브다		231	부럽다	231
비리다	腥	231		231	손설다		231		231
술앞다	狹	231	솔았다	231	시리다	冷	231		231
어둡다	暗	231		231	어렵다		231	어렵다	231
어럽다		231	언짢다	231	여비다		231	여위다	321
이르다	早	231		321	저렇다	如彼	231		321
질기다	韌	231		321	가늘다	細	3'21		321
거츨다		321	거칠다	231	뫼하다		321	묘하다	T32
부엽다		321	부옇다	231	배좁다		321	비좁다	231
용하다	善	321		T31	어질다	賢	3'21		231
우쁘다		3'21	우습다	T32	에뿌다		3'21	예쁘다	231

4음절어 형용사

1231 형태

잠잠하다	1231		1231	메스겁다	1231		1231
부끄럽다	1231		1231	서거프다	1231	서글프다	1231

2321 형태

가당찮다	2321		2321	가뿐하다	2321		2321
구수하다	2321		2321	무던하다	2321		2321
무드렀다	2321	무디다	231	미끈하다	2321		231
볼록하다	2321		2321	비슷하다	2321		2321
매끈하다	2321	비근하다	2321	서분하다	2321	서운하다	2321

북청	방언조		공통조	북청	방언조		공통조
설명하다	2321		2321	술탄하다	2321	소탄하다	2321
아름답다	2321		2321	어지럽다	2321		2321
징그럽다	2321		2321	길쭉하다	2321	길죽하다	1321
거북하다	3221		2321	가뜬하다	3221		2321
서줄접다	3221	서투르다	2321	진득하다	3221		2321
성가시다	3221		3221	아득하다	3221		2321
아뜩하다	3221		2321	앙이곱다	3221	아니꼽다	3221

5 음절어 형용사에서 5음절어의 음조 형태는 12321, 23321, 32121 형태가 있다.

이 형태 가운데서 12321 형태에 접미사 《하다》가 오는 고유 조선어의 형용사들은 대부분 앞의 음절이 높고도 길다.

12321 형태

북청	방언조		공통조
고부장하다	12321		12321
고지식하다	12321		12321
구지분하다	12321	구중중하다	22331
미지근하다	12321	미적지근하다	122321
보잘것없다	12321		21321
부르르하다	12321	부루퉁하다	12321
사부령하다	12321		12331
산드머지다	12321		12331
새무룩하다	12321		32321
얀드머지다	12321	간드러지다	12331
어수성하다	12321	어수선하다	12321
구경스럽다			23231
구접스럽다			32231
누꿀사납다			32331
밉살스럽다			32231
지부듯하다		찌뿌드드하다	321121
지악스럽다		극성스럽다	32231

32121 형태

		북청 방언조	공통조
남부끄럽다	恥面	32121	22331
주접스럽다		32121	23231
지저분하다		32T21	22T21
후더분하다	溫和	32T21	23231
해말쑥하다	蒼白	32T21	21321

3½2121 형태

거북스럽다		32121	23231

6음절어 형용사

121221 형태

서름서름하다	踈遠	121221	121231
선들선들하다		121221	121231

122321 형태

가느스름하다		122321	
가무스름하다		122321	212321
가무감감하다		122321	212321

123321 형태

거치장스럽다	煩累		12321
구러머분하다	粗雜		212321
번주그레하다	潤澤		212321
번지르르하다	潤光		212321
불구디디하다		불그레레하다	212321
지질펀펀하다	廣濶		212331

232321 형태

		북청 방언조		공통조
고만고만하다	相似	232321		121221
고분고분하다	溫順	232321		121221
나긋나긋하다	軟柔	232321		232331
민숭민숭하다		232321		232331
부티부티하다		232321		232331
붉스그레하다	稍赤	232321		232331
설겅설겅하다		232321		232331
지질펑펑하다		232321	지질펀펀하다	212331
흐리머분하다	朦朧	232321		321321
어금비금하다	微差	232321	어금지금하다	232331
어섬주레하다		232321	어슴푸레하다	122331
어슷비슷하다	小差	232321		122331
시원섭섭하다		232321		322T21
푸근푸근하다		232321		323231
억실억실하다		232321		323231
어글어글하다		232321		323231
엉거주춤하다		232321		321231

제 5 절 동사의 음조 형태

1. 미정형 동사 음조의 형태는 아래와 같다.

2음절어 동사

23 형태의 례

	북청 방언조	공통조		북청 방언조	공통조
뛰다	23	31	같다	23	31

북청		방언조	공통조	북청		방언조	공통조
물다	咬	23	31	싫다	厭	23	싫다11
말다	捲	23	31				

31 형태

북청		방언조	공통조	북청		방언조	공통조
갈다	耕	31	T1	갈다	磨	31	21
나다	生	31	31	달다	灼	31	T1
달다	懸	31	21	돌다	廻	31	T1
물다	償	31	T1	불다	吹	31	T1
살다	生活	31	T1	오다	來	3'1	31
울다	泣	3'1	T1	자다		31	31

3음절어 동사

3음절어 동사의 음조에는 가운데 소리가 높은 것이 다수이다.

북청	방언조		공통조	북청	방언조		공통조
가르다	231		231	가린다	231		231
까시다	231	가시다	231	내좇다	2'1		231
가진다	231		321	내끼다	2'1		231
곰춘다	231	감춘다	231	마르다	231		231
목메다	231		231	들리다	231		231
몽치다	231		231	무르다	231		231
물기다	231	물리다	231	뭉치다	231		321
먹이다	231	먹이다	321	모이다	231	모으다	321
바르다	231		231	바꾸다	231		231
버린다	231		321	보풀다	231		321
부치다	231		321	부푼다	231		321
비기다	231		321	비비다	231		321
비우다	231		321	빌기다	231	빌리다	321
배기다	231		231	배우다	231		321
빼기다	231	베끼다	321	새리다	231		231
알기다	231	알리다	321	안치다	231	밥을—	321

북청	방언조		공통조	북청	방언조		공통조
앉히다	231		321	애끼다	231	아끼다	321
엉기다	231		321	오르다	231		321
울리다	231		321	위기다	231	우기다	321
이기다	231		321	이르다	231		321
적시다	231		321	지너다	231		321

321 형태

북청	방언조		공통조	북청	방언조		공통조
굶보다	3'21		T21	걸치다	321	거치다	231
모시다	3'21		231	처지다	321		231
탐하다	3'21		231	치우다	231		321

4음절어 동사

1231 형태

북청	방언조		공통조
가떠우다	1231		1231

2321 형태

북청	방언조		공통조	북청	방언조		공통조
가르치다	2321		2321	가리키다	2321		2321
거스리다	2321	거스르다	2321	건드리다	2321		2321
꼬부리다	2321		2321	구부리다	2321		2321
꾸부리다	2321		2321	머무르다	2321		2321
무릅쓰다	2321		2321	문지르다	2321		2321
버무리다	2321		2321	복쉽게다	2321	복대기다	2321
복기우다	2321	부대끼다	2321	부리우다	2321	부리다	231
부버지다	2321		2321	뵈끼우다	2321	보깨다	231
시달리다	2321		2321	엎지르다	2321		2321
오므리다	2321		2321	우거지다	2321		2321
우쭐하다	2321		2321	펄펄뛰다	2321		2321
울머대다	2321		2321	타이르다	2'321		3221

3221 형태

북청	방언조		공통조	북청	방언조		공통조
머처지다	3221	머무르다	3221	움추리다	2321	머무르다	3221

북청	방언조	공통조	북청	방언조	공통조
저지르다	2321	3221	지내치다	2321	3221
		3221	형태		
거느리다	3221	2321	가다듬다	3221	1231
어즈르다	3221	어지르다 2321	오므리다	3221	2321
모자라다	3221	1231	뭉어뜯다	3221	3221
토머지다	3221	3221			

5음절 동사의 례

12321 형태의 례

우 북청방언조
아래 공통조

곤두박이다	12321	미끄러지다	12321
〃	〃	〃	12321
사그러지다	12321		
〃	〃		

23321 형태의 례

가물거리다	23321	구불떠리다	23321
〃	23231	구은뜨리다	23321

23221 형태의 례

미끈거리다	23221	바둥거리다	23221
〃	23231	〃	23231

32121 형태의 례

번갈아드다	32121	슬렁거리다	32121
〃	12321	〃	23231
심술부리다	32121	용심부리다	32121
〃	23231	욕심부리다	23231

32121 형태의 례

지지개치다	32121	흥정붙이다	32121
지지개켜다	23231	〃	23231

186

6음절 동사의 례

121221 형태의 례

진득진득하다	121221
	121231

123321 형태의 례

거치적거리다	123321	걸잡지못하다	123321
〃	123231	〃	123331
바르작거리다	123321		
〃	123331		

232321 형태의 례

사부랑거리다	232321	옥신각신하다	232321
〃	323231	〃	232331

321221 형태의 례

구브러뜨리다	321221	희번덕거리다	321221
〃	123231	〃	123231
부스러뜨리다	321221	알랑알랑하다	321221
〃	123231	〃	232331
발버둥질하다	321221		
〃	321231		

12312321 형태의 례

그르렁그르렁하다	12312321
〃	12322331
지부럭지부럭하다	12312321
〃	12322331
부시럭부시럭하다	12312321
〃	12322331
철거덕철거덕하다	12312321
〃	12312321

187

우물쩍우물쩍하다	12312321
〃	12312321

2. 타동사의 사역형;

북청 방언 타동사의 사역형을 음절 별로 규칙적으로 라렬하여 보면 공통조에서 보다 그 변화가 심하다.

	공통조		북청 방언조		
보다	31	보이다	321	31	231
먹다	31	먹이다	321	31	231
업다	31	업히다	321	31	231
읽다	31	읽히다	321	31	231
맞다	31	맞히다	321	31	231
갈다	21	갈리다	321	31	231
말다	T1	말리다	321	31	231
알다	T1	알리다	321	31	231
안다	T1	안기다	321	31	231
벗다	31	벗기다	321	31	231
감다	T1	감기다	321	31	231
씻다	31	씻기다	321	31	231
넘다	T1	넘기다	321	31	231
쓰다	31	씌우다	321	31	231
끼다	31	끼우다	321	31	231
차다	31	채우다	321	31	231
타다	31	태우다	321	31	231

3. 타동사의 피동형;

싸다	31	싸이다	231	31	231
꼬다	31	꼬이다	231	31	231
쌓다	31	싸이다	231	31	231
놓다	31	놓이다	231	31	231
끊다	31	끊기다	231	31	231
덮다	31	덮이다	231	31	231

188

	공통조	북청	방언조		
나누다	231	나뉘다	231	231	2231
바꾸다	231	바뀌다	231	231	2231
쓰다	31	쓰이다	231	31	231
꺾다	31	꺾이다	231	31	231
낚다	31	낚이다	231	31	2231
묶다	31	묶이다	231	31	231
볶다	31	볶이다	231	31	231
섞다	31	섞이다	231	31	321
막다	31	막히다	231	31	231
잡다	31	잡히다	231	31	231
찍다	31	찍히다	231	31	231
닫다	31	닫히다	231	31	231
묻다	31	묻히다	231	31	231
맺다	31	맺히다	231	31	231
꽂다	31	꽂히다	231	31	231
뒤집다	231	뒤집히다	2231	231	2231
접다	31	접히다	231	31	231
좁다	31	좁히다	231	31	231
씹다	31	씹히다	231	31	231
업다	31	업히다	231	31	231
입다	31	입히다	231	31	231
밟다	T1	밟히다	121	31	231
얹다	31	얹히다	232	31	231
달다	21	달리다	231	31	231
팔다	31	팔리다	231	31	231
깔다	31	깔리다	231	31	231
걸다	T1	걸리다	121	31	231
털다	31	털리다	231	31	231
헐다	T1	헐리다	121	31	231
멜다	31	멜리다	231	31	231

189

공통조		북청 방언조			
열다	11	열리다	121	31	231
물다	11	물리다	121	31	231
물다	31	물리다	231	31	231
풀다	31	풀리다	231	31	231
들다	31	들리다	231	31	231
뒤틀다	231	뒤틀리다	2231	31	2231
휩쓸다	231	휩쓸리다	2231	31	2231
끌다	31	끌리다	231	31	2231
밀다	11	밀리다	121	31	231
뚫다	31	뚫리다	231	31	231
거스르다	2321	거슬리다	2321	31	231
누르다	321	눌리다	231	231	231
부르다	231	불리다	231	231	231
자르다	231	잘리다	231	231	231
조르다	231	졸리다	231	231	231
아우르다	2321	아울리다	2321	2231	2231
어우르다	2321	어울리다	2321	2231	2231
신다	21	신기다	231	31	231
데삶다	231	데삶기다	2231	221	2231
뜯다	231	뜯기다	231	31	231
씻다	31	씻기다	231	31	231
빼앗다	231	빼앗기다	2231	321	2231
찢다	31	찢기다	231	31	231
쫓다	31	쫓기다	231	31	231

4. 동사의 시간형;

동사의 원형이 여러 시간형으로 변할 때 북청 방언의 음조를 공통조의 음조와 대비하여 보면 장단과 굴숙입이 약간한 차이는 있으나 고저에서는 절대 다수가 같다.

북청 방언에는 선과거형(았 었, 었었)이 없다.

례:

우 북청 방언조 아래 공통조			
온다	3'1	오겠다	231
〃	31	〃	231
간다	31	가겠다	231
〃	31	〃	231
난다	31	나겠다	231
〃	31	〃	231
잔다	31	자겠다	231
〃	31	〃	231
본다	31	보겠다	231
〃	31	〃	231
된다	13	되겠다	231
〃	21	〃	231
뛴다	13	뛰겠다	231
〃	21	〃	231
선다	13	서겠다	231
〃	21	〃	231
진다	13	지겠다	231
〃	21	〃	231
왔다	31	왔겠다	321
〃	31	〃	321
잤다	31	잤겠다	321
〃	31	〃	321
났다	31	났겠다	321
〃	31	〃	321
봤다	31	봤겠다	321
〃	31	〃	321
뛨다	31	뛨겠다	321
〃	31	〃	321

우 북청 방언조
아래 공통조

뛰였다	231	뛰였겠다	2331
메였다	231	메였겠다	2321
〃	231	〃	2321
쳤다	31	쳤겠다	321
〃	31	〃	321
졌다	31	졌겠다	321
〃	31	〃	321
가른다	231	가르겠다	1231
〃	231	〃	1231
지난다	321	지나겠다	3221
〃	321	〃	3221
지났다	321	지났겠다	2321
〃	321	〃	3221
가리였다	2331	가리웠겠다	22331
〃	2321	가렸겠다	2321
막는다	231	막겠다	231
〃	321	〃	231
막았다	231	막았겠다	2331
〃	231	〃	2321
솟는다	231	솟겠다	231
〃	321	〃	231
솟았다	231	솟았겠다	2321
〃	231	〃	2321
놓는다	231	놓겠다	231
〃	321	〃	
누웠다	231	누웠겠다	2321
〃	231	〃	2321
신는다	321	신었겠다	2321
〃	231	〃	2321
맺는다	231	맺겠다	321
〃	231	〃	231

제 6 절 관형사의 음조 형태

북청 방언조에서 관형사의 음조는 공통조의 음조와 차이가 많다.

관형사의 종류

1) 성질 관형사

	막다른 생각,	별 말씀,	순금
북	322	3	23
공	231	3	3
	한다는 장정,	본 고장,	헌책
	321	3	22
	321	3	21
	오른 다리,	왼팔,	딴분
	23	32	32
	32	T	3
	옛 친구,	요까짓 바람,	웬 사람
	2	231	2
	T	231	T

2) 분량 관형사

각 학교,	근 삼십,	모든 일
2	2	321
3	T	32
전 인민,	여러 사람,	단 하나
2	23	2
3	32	3
	온갖 힘	
	23	
	T2	

제 7 절 부사의 음조 형태

부사는 문장에서 독자적인 기능을 놀지 못 하나 음조에서는 독자성을 가지며 문장의 내용에 따라 어조의 변화를 일으킨다.

1음절어 부사

북청		방언조		공통조	북청		방언조		공통조
곧	即	2		2	늘	常	2		2
다	皆	3		1	덜	不足	3		1
막		2		2	막	方今	2		2
맞	向	2		2	및	及	2		2
빙		2		2	쉬	易	2		1
암		2	아무머면	1	웨		3	왜	2
잘		2		2	좀		2'		1
정	正	2		1	참	眞	3		3
죄	皆	2		2	죽		3		2
쭉		3		2	탁		3		2
텅		2		2	푹		3		3
탁		3		3	퍼		3		3
툭		3		3	푹		3		3
퍼		3		3	퍽		3		2
푹		3		3	꾹		2		3
펑		3		3	떡		3		3
뚝		2		3	썩		3		3
또	又	3		3	썩		3		3
쑥		3		3					

2음절어 부사

북청	방언조		공통조	북청	방언조			공통조
기특	23		13	귀해	31	敢	구태여	231

북청	방언조		공통조	북청	방언조		공통조
나베	23	나뿌게	32	낼래	31	날래	31
넝금	23	넝금	13	다시	23'		31
두루	23	그저	23	되비	23	도루	22
다만	31		23	모다	23	모두	31
많이	3'2		21	먼이	31	몰끄머미	1231
멀리	31		11	부쩍	23		12
발딱	23		12	살살	23		11
비록	23		31	성금	23		13
서리	23	서로	11	아주	23		31
시자	23	이제	31	아이	31	아예	31
안죽	23	아직	31	어째	3'2	어찌	12
암만	32	아무리	12	자주	23	자주	31
이러	32		32	작작	23		12
자꾸	12		12	장창	23		23
잔뜩	23		13	좋줄	23		12
절루	23	절로	31	절루	31	절로	31
질거	23	지레	23	천천히	231		231
줄줄	31	질질	12	글내	31	끝내	31
혼자	23'		31				

3음절어 부사

123 형태

북청	방언조	공통조	북청	방언조	공통조
부르르	123	123	부지치	123	123
사르르	123	123	아무리	123	123

231 형태

북청	방언조		공통조	북청	방언조	공통조
오로지	231		231	수당당	231	231
지그시	231		231	그다지	231	231
도모지	231	도무지	231	바빠서	231	231

	북청 방언조		공통조		북청 방언조		공통조
그때서	321		231	볼셀두	321	볼시드	321
서툴기	321	서뿔리	T32	찍끔만	321	조끔만	T32

4음절어 부사

1231 형태

슬그마이 1231 슬그머니 1231

2321 형태

대군따나 2321 2321

3221 형태

부리나게 3221 불이낳게 3221 어찌마가 3221 2321

6음절어 부사

123123 형태

부스럭부스럭 123123 부스럭부스럭 123123

제 8 절 독립성이 없는 단어들의 음조 형태

보조적 단어는 단독으로 기능을 놀지 못 하고 다른 자립적 단어에 붙어서 비로소 기능을 놀게 된다.

이러한 것의 례는 다음과 같다.

1 접사

ㄱ 접두사

ㄴ 접미사

ㄷ 2 개 이상의 접사가 어울리는 경우

ㄹ 첨어

ㄱ. 접두사

명사 앞에 오는 접두사

갓

	갓스물,	갓서른,	갓이튼,	갓여든…
북	231	233	212	212
공	231	231	231	231

군

	군것,	군돈,	군말,	군불,	군소리,	군음식…
북	31	31	31	31	321	223
공	23	21	21	21	231	212

개

	개꿀,	개떡,	개꿈,	개살구,	개죽음…
북	31	31	31	231	223
공	12	12	12	122	121

맨

	맨대가리,	맨머리,	맨몸,	맨발,	맨손,
북	3221	321	31	31	31
공	2231	231	32	32	32

맨주먹,	맨입,	맨몸뚱이,	맨밥…
323	23	2231	23
223	32	3231	32

숫

	숫기,	숫보기,	숫처녀,	숫색시…
북	23	223	233'	223
공	23	231	231	231

시

	시고모,	시누이,	시부모,	시집…
북	321	321	321	31

공 2 3 1 2 2 3 2 3 1 2 3

잔

잔기침, 잔돈, 잔말, 잔소리, 잔피…

북 2 2 3 3 1 2 3 2 2 3 3 1

공 2 3 1 2 1 2 1 2 3 1 2 2

참

참기름, 참나무, 참대, 참새(새끼)…

북 2 3 1 2 3 1 3 1 2 2 3 2

공 2 3 1 2 2 3 2 2 2 1

가랑

가랑눈, 가랑머리, 가랑비, 가랑잎…

북 2 3 1 3 2 2 1 2 3 1 2 3 1

공 2 3 1 2 3 2 1 2 3 1 2 3 1

엄지

엄지가락, 엄지발'가락, 엄지손'가락…

북 3 2 3 1 3 1 1 3 1 3 1 1 3 1

공 2 2 2 2 2 2 2 3 1 2 2 2 3 1

날

날고기, 날김치, 날계란, 날강도, 날밤…

북 2 3 1 2 3 1 2 2 3 2 3 1 3 1

공 2 3 1 2 2 2 2 3 1 2 2 2 2 1

들

들배, 들삼, 들피…

북 3 1 2 3 2 3

공 2 3 2 2 2 3

한'자인 경우

전

전명대, 전포도, 전당추, 전대구

북 3 3 1 3 2 1 2 3 1 3 3 1

공 2 3 1 2 2 3 2 2 3 2 3 1

198

경

경공업, 경금속, 경기관총

북 3 2 1 2 3 1 2 2 3 1

공 2 3 1 2 3 1 2 2 3 1

구

구제도, 구식, 구질서, 구화폐…

북 3 2 1 2 3 3 2 3 2 2 3

공 1 2 1 1 2 2 3 1 1 1 2

녀

녀교원, 녀기자, 녀배우, 녀학생

북 3 2 1 3 2 1 3 2 1 2 3 1

공 3 2 1 2 3 1 2 3 1 3 2 1

대

대가정, 대가족, 대규모, 대부분…

북 2 2 3 2 3 1 2 2 3 2 2 3

공 2 3 1 2 3 1 2 3 1 2 3 1

무

무가치, 무감각, 무제도, 무능력…

북 2 2 3 2 3 1 2 3 1 2 2 3

공 2 2 3 2 2 2 2 2 2 2 3 1

수

수십, 수백, 수만…

북 3 1 3 1 3 1

공 1 2 1 2 1 1

최

최신식, 최전선, 최우등…

북 3 2 3 3 2 3 3 2 3

공 1 2 1 2 3 1 2 3 1

양

양배추, 양철, 양재'물…

북 3 2 3 3 1 2 3 1

공 3 2 1 3 1 3 2 3

199

동사 앞에 오는 접두사

덧

	덧나다,	덧붙다,	덧세다…
북	3 2 1	2 3 1	2 3 1
공	2 3 1	2 3 1	2 3 1

들

	들볶다,	들부시다,	들끓다…
북	2 3 1	2 2 3 1	2 3 1
공	2 3 1	2 2 3 1	2 3 1

되

	되넘기다,	되돌다,	되풀이하다,	되받다…
북	2 3 2 1	3 2 1	3 2 3 2 1	2 3 1
공	2 3 2 1	2 3 1	2 3 2 2 1	2 3 1

맞

	맞서다,	맞당기다,	맞붙다,	맞보다…
북	2 3 1	3 2 2 1	2 3 1	2 2 1
공	2 2 1	2 3 2 1	2 3 1	2 3 1

처

	처먹다,	처넣다,	처내다,	처박다…
북	3 2 1	3 2 1	3 2 1	3 2 1
공	2 3 1	2 3 1	3 2 1	2 3 1

헛

	헛듣다,	헛보다,	헛잡다,	헛디디다
북	2 3 1	3 2 1	3 2 1	3 2 3 1
공	2 3 1	2 3 1	2 3 1	2 3 2 1

형용사 앞에 오는 접두사

드

	드높다,	드넓다,	드세다…
북	2 3 1	3 2 1	2 3 1
공	2 3 1	2 3 1	2 3 1

200

얄

	얄궂다,	얄밉다…
북	2 3 1	2 3 1
공	2 3 1	2 3 1

ㄴ. 접 미 사

접미사의 조는 그 앞에 오는 말의 음절의 영향을 받지 않고 자기 조를 고존한다.

공통조에서의 접미사의 조와 북청 방언의 접미사의 조는 대개 같다. 다만 방언적 특성으로 인하여 접미사의 앞 부분이 공통조에서보다 높다.

명사 접미사

-군

	농(재자)'군,	사냥'군,	씨름'군,	일'군,	장난'군…
북	2 3 1	3 2 1	3 2 1	3 1	3 2 1
공	3 2 1	2 3 1	3 2 1	1 1	3 2 1

-보

	바보,	털보,	떼보,	뚱뚱보…
북	3 1	3 1	3 1	2 3 1
공	2 3	3 1	3 1	2 3 1

-치

	서울치,	시골치,	골치…
북	3 2 1	2 3 1	3 1
공	2 3 1	2 3 1	3 1

-이

	늙은이,	더퍼리,	못난이,	젊은이…
북	2 3 1	2 3 1	2 3 1	2 3 1
공	3 2 1	2 3 1	2 3 1	3 2 1

-뱅이

	앉은뱅이,	(거게)으름뱅(기이)…
북	2 2 3 1	3 2 2 2 1
공	2 3 2 1	2 3 3 2 1

201

-쟁이 대장쟁이, 멤쟁이, 요술쟁이…

북 3221 321 2331

공 2321 321 3321

-뜨기 사팔뜨기, 서울뜨기, 촌뜨기…

북 2321 3231 231

공 2321 2321 221

-구러기 잠난구러기, 욕심구러기…

북 22231 32231

공 23231 32231

-짜리 천량짜리, (한)되짜리

북 2331 2331

공 2321 (3)321

-어치(—아치)

(두)량아치, (10)전어치, (한)푼어치…

북 2221 2231 2231

공 2321 2321 2321

-때기

귀때기, 등때기, 팔때기…

북 321 231 231

공 231 231 231

한'자인 경우

-가

예술가, 미술가, 정치가, 운동가…

북 321 321 231 231

공 231 231 231 231

-공

기능공, 수리공, 직조공, 펌프공…

북 231 231 321 321

공 231 321 321 321

-사 료리사, 리발사, 비행사, 연구사…

북 231 231 231 231

공 321 231 231 231

-생

강습생, 실습생…

북 231 321

공 231 231

-자

공산주의자, 애국자, 기술자, 로동자…

북 22231 321 231 231

공 23231 231 231 321

-원

간호원, 통제원, 종업원

북 231 321 231

공 231 121 321

동사 접미사

-지다

멋지다, 살지다, 모지다, 전방지다,

북 321 321 321 3221

공 321 231 231 2321

바라지다, 여무지다, 구석지다, 그늘지다

3221 2321 2321 2321

2321 2321 2321 2321

-지

기름지다, 두드러지다, 삐뚜러지다

3221 23221 32221

3221 23221 23221

가파라지다

23221

1 2 3 2 1

-뜨리-

거꾸러뜨리다, 넘어뜨리다, 부러뜨리다

북 2 3 3 2 2 1 3 2 2 2 1 2 3 2 2 1

공 2 3 2 2 3 1 2 3 2 3 1 2 3 2 3 1

터뜨리다, 퍼뜨리다, 쓸어뜨리다…

3 2 2 1 3 2 2 1 3 2 2 2 1

2 2 3 1 2 2 3 1 3 2 2 3 1

-거리-

늠실거리다, 두근거리다, 기웃거리다

북 2 3 2 2 1 2 3 2 2 1 2 3 2 2 1

공 2 3 2 3 1 2 3 2 3 1 2 3 2 3 1

알랑거리다

2 3 2 2 1

2 3 2 3 1

-하-(첩어참조)

구깃구깃하다, 멀찍멀찍하다

북 2 3 2 3 2 1 2 3 2 3 2 1

공 2 3 2 3 3 1 2 3 2 3 3 1

-이-

노닥이다, 반짝이다, 지껄이다, 허덕이다

북 2 3 2 1 2 3 2 1 2 3 2 1 2 3 2 1

공 2 3 2 1 2 3 2 1 2 3 2 1 2 3 2 1

-치-

내리치다, 몰리치다, 밀치다, 뻗치다

북 3 2 2 1 2 3 2 1 2 3 1 2 3 1

공 3 2 2 1 2 3 2 1 1 2 1 3 2 1

형용사 접미사

-답-

사람답다, 학생답다, 아름답다, 어른답다

북 3 2 3 1 3 2 3 1 2 3 3 1 3 2 3 1

공 2 3 2 1 3 2 2 1 2 3 2 1 2 3 2 1

남자답다

2 3 3 1

3 2 2 1

- 롭 -

괴롭다, 리롭다, 새롭다, 해롭다, 외롭다.

북 3 2 1 3 2 1 3 2 1 3 2 1 3 2 1

공 3 2 1 I 2 1 3 2 1 I 2 1 3 2 1

(나)(카) (럽) (향그)

날카롭다, 순조롭다, 자유롭다, 향기롭다.

3 2 3 1 2 3 2 1 2 3 3 1 3 2 3 1

3 2 3 1 I 2 2 1 3 2 2 1 3 2 2 1

(드)

까다롭다, 위태롭다, 수고롭다.

2 3 3 1 2 3 2 1 2 3 2 1

3 2 2 1 2 3 2 1 2 3 2 1

-업- (-압-)

근지럽다, 미끄럽다, 반드럽다, 부드럽다.

2 3 2 1 2 3 2 1 2 3 2 1 2 3 2 1

2 3 2 1 2 3 2 1 2 3 2 1 2 3 2 1

부끄럽다, 시끄럽다, 징그럽다, 어지럽다.

2 3 2 1 2 3 2 1 2 3 2 1 2 2 3 1

2 3 2 1 2 3 2 1 2 3 2 1 2 3 2 1

- 적 -

미안적다, 괴이적다.

북 3 1 2 1 3 1 2 1

공 2 3 2 1 3 2 2 1

-앟- (얗)

까맣다, 노랗다, 말갛다, 발갛다, 보얗다.

북 3 2 1 3 2 1 3 2 1 3 2 1 3 2 1

공 2 3 1 2 3 1 2 3 1 2 3 1 2 3 1

(둥)

파랗다, 둥그렇다, 자그맣다, 널다랗다.

3 2 1 3 2 2 1 2 3 2 1 2 3 3 1

2 3 1 2 3 2 1 2 3 2 1 2 3 2 1

얇다랗다, 높다랗다,

2331 2331

2321 2321

- 하 -

불그레하다, 발그레하다, 노르므레하다,

복 23331 32231 322231

공 23321 23221 232321

발그므레하다, 푸르므레하다,

322231 322231

232321 232321

가므스레하다, 불그스레하다

322231 322231

232321 232321

기름하다, 삐뚜름하다, 굵직하다,

2331 32231 3231

2321 22321 2321

묵직하다, 높직하다, 멀끔하다, 희끔하다,

2321 2331 3221 2321

2321 2321 2321 2321

달큼하다, 시큼하다, 시큰하다,

2321 2321 2321

2321 2321 2321

껄쩍지근하다, 달짝지근하다,

322321 322331

232321 232321

비리척하다,

추접지근하다, 비리척지근하다,

322231 32331

232321 2232321

거무데데하다, 불그데데하다,

233321 233321

233321 233321

푸르데데하다, 까마잡잡하다,

232321 322321

232321 233321

누르퉁퉁하다,

232321

233321

찬란하다, 성대하다, 정밀하다,

2321 2221 3221

2321 1231 3231

확고하다, 가능하다, 무진장하다, 유명하다,

2321 2221 23321 3221

3231 1231 23231 1231

완전하다, 불완전하다, 불충실하다,

2321 32321 33221

2331 32331 33231

불철저하다, 곤난하다, 행복하다,

33221 2321 2321

33231 1231 1231

불행하다, 성실하다, 무관심하다,

2321 2321 23221

3231 3231 23231

용감하다, 흑독하다, 대담하다, 충분하다,

2321 2321 2321 2321

2231 3321 2231 3321

무성의하다, 간전하다, 고요하다,

23221 2321 2321

23231 1231 1221

담담하다, 무던하다, 반듯하다, 불쌍하다,

2321 2221 2321 2231

2231 2321 1231 3231

수북하다, 조촐하다, 투박하다, 꾸준하다,

2321 3221 3221 3221

1231 3231 3231 2321

깊숙하다, 이숙하다,

2321 2331

2321 2321

\- 되 -

멀되다, 막되다, 잡되다,. 찬되다,

공 2 2 1 2 3 1 2 3 1 3 2 1

북 3 2 1 2 3 1 2 3 1 3 2 1

어중되다; 잘되다,

2 3 2 1 2 3 1

3 2 2 1 3 2 1

\- 나 -

못나다, 엄청나다, 모나다,

공 3 2 1 2 3 2 1 3 2 1

북 3 2 1 2 3 2 1 3 2 1

\- 궂 -

심술궂다, 험상궂다,

공 3 2 3 1 2 3 2 1

북 2 3 2 1 2 3 2 1

\- 맞 -

방정맞다, 능청맞다,

공 2 3 3 1 2 3 2 1

북 2 3 3 1 2 3 2 1

\- 사납 -

모양사납다, 눈꼴사납다, 팔자납다,

공 3 2 2 3 1 2 3 2 3 1 2 3 3 1

북 2 3 2 3 1. 3 2 2 3 1 2 3 3 1

\- 잖 -

같잖다, 귀찮다, 괜찮다, 수월찮다,

공 2 3 1 2 3 1 2 3 1 2 3 2 1

북 2 3 1 2 3 1 2 3 1 2 3 3 1

시원찮다, 점잖다, 안심찮다,

2 3 2 1 2 2 1 2 3 2 1

2 3 2 1 3 2 1 3 2 3 1

\- 없 -

거침없다, 그지없다, 난데없다,

공 2 3 3 1 3 2 2 1 2 3 2 1

북 2 3 3 1 3 2 2 1 2 3 2 1

208

(드팀없다)

드리없다. 대중없다.

북 2 3 2 1 3 2 2 1

공 3 2 2 1 3 2 2 1

멋없다. 부질없다. 속절없다. 실없다.

북 3 2 1 2 3 2 1 3 2 2 1 2 3 1

공 3 2 1 3 2 3 1 3 2 3 1 2 3 1

지신없다. 허물없다. 영락없다.

북 3 2 2 1 3 2 2 1 2 3 2 1

공 3 2 2 1 3 2 2 1 3 2 2 1

— 기타 형태 —

남부끄럽다.

북 3 2 3 2 1

공 3 2 3 2 1

낯간지럽다. 낯설다. 낯익다. 눈부시다.

북 2 3 3 3 1 2 3 1 2 3 1 3 2 3 1

공 2 3 2 3 1 3 2 1 2 3 1 3 2 2 1

눈설다. 손익다. 힘차다. 빼져리다.

북 2 3 1 3 2 1 3 2 1 3 2 3 1

공 3 2 1 3 2 1 3 2 1 3 3 2 1

굳세다. 검푸르다. 채바르다. 음바르다.

북 2 3 1 2 3 2 1 3 2 3 1 2 2 3 1

공 3 2 1 2 3 2 1 2 2 3 1 2 2 3 1

\- 스럽 -

복스럽다. 거북스럽다. 고집스럽다.

북 3 2 3 1 3 2 2 3 1 3 2 2 3 1

공 3 2 3 1 2 3 2 3 1. 3 2 2 3 1

번더스럽다. 자랑스럽다. 시(씨)원스럽다.

3 2 2 3 1 2 3 2 3 1 2 3 2 3 1

2 3 2 3 1 2 3 2 3 1 2 3 2 3 1

재삼스럽다. 변덕스럽다. 영광스럽다.

2 3 2 3 1 2 3 2 3 1 2 3 2 3 1

2 3 2 3 1 2 3 2 3 1 2 3 2 3 1

209

이상스럽다.　　유감스럽다.
3 2 2 3 1　　2 3 2 3 1
2 3 2 3 1　　3 2 2 3 1

- 으름 -

	가므스름하다.	가느스름하다.
북	3 2 2 3 2 1	3 2 2 3 2 1
공	2 3 2 3 2 1	2 3 2 3 2 1

시그르
둥그스름하다.　　발그스름하다.
2 3 2 2 3 1　　2 3 2 2 3 1
2 3 2 3 2 1　　2 3 2 3 2 1

파르스름하다.
3 2 2 3 2 1
2 3 2 3 2 1

ㄷ. 두 개 이상의 접사가 어울리는 경우

ㄱ. 2 개 접두사의 어울림

만시누이.　말의숨손.　애호박…
2 2 3 1　2 2 3 1　2 3 1

ㄴ. 2 개 접미사의 어울림

지게질.　따님네.　경제학계…
3 2 1　3 2 1　2 3 2 1

ㄷ. 접두사 접미사의 어울림

명사:

덧붙이.　덧'이백이.　뒤뜰이.　헛손질.
2 3 1　2 3 2 1　2 3 1　3 2 1

중공업화.
2 3 2 1

형용사:

	시푸르뎅뎅하다.	시꺼멓다.
북	2 2 3 2 2 3 1	2 2 3 1
공	2 2 3 2 2 3 1	2 3 3 1

	시뻘겋다.	새하얗다.
북	2 3 3 1	2 3 3 1
공	2 3 3 1	2 3 3 1

2 첩 어

첩어는 대개 자연 현상을 의성 의태로 표현하면서 한 번은 부족함을 느끼여 반복하며 추상화한 말로서 음정이 다 따로다. 혹시 같은 음정을 가지고 있다 하더라도 장단 강약으로 구분된다.
그의 음정 형태는 문장의 감정에 따라 구구하다.
그 외에 조어법의 한 가지로 한 어근을 반복하여 이루어 진 첩어도 있다.

1 음절 첩어

		표준조	북청 방언조
가가호호〔명〕	(家家戶戶)	2332	1212
간간이〔부〕	間間	112	112
갑갑하다〔부〕		2321	깝깝하다2121
걸걸(…하다)〔부〕		T2	T2
겹겹이〔부〕	重疊	321	321
곰곰〔부〕(…생각하다)		12	곰곰 T2
깔깔하다〔형〕		3321	3321
넉넉하다〔형〕	裕	2321	2321
냉냉하다〔형〕		2321	2321
달달〔부〕(—떨다)		12	T2
담담하다〔형〕	淡淡	T121	2321
둘둘(…굴다)〔부〕	捲轉	T2	31
든든하다〔형〕	堅固	2321	3221
똑똑하다〔형〕	分明	3221	2321
뚱뚱하다〔형〕	肥大	2321	2321
만만하다〔형〕	軟	2321	2321
문문하다〔형〕	熟軟	2321	2321
반반하다〔형〕	平坦	2321	2321
방방곡곡〔명〕	方方曲曲	2323	2233
벌벌(—떨다)〔부〕		1221	23

		공통조	북청 방언조
뗑뗑(…돈다) 〔부〕	廻轉	11	32
빡빡(…얽다) 〔부〕	禿	33	32
뻔뻔하다 〔형〕		3321	2321
삼삼오오 〔부〕	三三五五	2323	2331
소소하다 〔형〕		2321	1221
솔솔(…분다) 〔부〕		12	12
심심하다 〔형〕		2321	1221
싱싱하다 〔형〕		2321	2121
씩씩하다 〔형〕		2321	2231
잔잔하다 〔형〕	平穩	2321	2231
잘잘(…끓다) 〔부〕		12	23
잠잠하다 〔형〕		2321	2321
질질(…끌다) 〔부〕		12 절절	23
정정당당하다 〔형〕	正正當當	122321	232221
졸졸(…흐른다) 〔부〕		12	23
층층첩첩 〔명〕		2323	2233
찬찬하다 〔형〕		3221	2231
첩첩이 〔부〕	疊疊	231	231
층층이 〔부〕	層層	231	231
축축하다 〔형〕	濕氣	2321	2321
침침하다 〔형〕	暗	2321	2321
탕탕(…친다) 〔부〕		31	32
펄펄(…뛴다) 〔부〕		31	23
풀풀(…난다) 〔부〕		31	23
형형색색 〔명〕	形形色色	2323	2323
활활(…탄다) 〔부〕		23	23
훨훨(…날다) 〔부〕		23	23

2 음절 첩어

가뭍가뭍하다 〔형〕	耿耿	232321	121221
감실감실 〔부〕		2331	1212

	공통조		북청 방언조
전뜰전뜰 〔부〕	2331		2323
진성진성 〔부〕	2321	대장대장	2222
고래고래 〔부〕	2332		2323
고슬고슬 〔부〕	1221		1212
끼리끼리 〔부〕	3232		2323
노글노글하다 〔형〕	122321		232321
농글농글하다 〔형〕	122321		232321
데굴데굴 〔부〕	2321		2323
떼굴떼굴 〔부〕	2321		2323
대굴대굴 〔부〕	2321		2323
때굴때굴 〔부〕	2321		2323

제 9 절 감탄사

감탄사는 다양한 억양의 변화를 통하여 어조에서 중요한 역할을 담당한다.

다른 단음절 품사들은 음의 이동 장단의 비례를 가지면서 조를 형성하나 자체의 고유한 범주를 가지고 있기 때문에 떠점 개념 속에 포괄된다.

그러나 단음절의 때로 볼 때 감탄사는 어느 한 문장적 표현 기능을 담당하면서 어조의 명역에 들어선다.

이러한 작용은 문맥에서 변화를 일으키게 하면서 목적에 따라 조가 구구하게 변한다.

감탄사의 례는 다음과 같다.

우 북청 방언조
아래 공통조

예,	추워	2	31	언	천만에	2	231
	〃	2	32	원	천만에	1	232

엑크	23	은	2
에구	31	〃	2
젠장	1̄2	아짜	1̂3
빈장	1̄3	아차	32
에라	1̄3	아뿔사	1̂21
〃	1̄3	〃	121
아이구	123̄	아하	12̄
〃	321	〃	12̄
얼시구 절시구	1̄23 1̄23	절시구 얼시구	1̄23 1̄23
〃 〃	132 321	〃 〃	132 321
지와자자 절시구!	1233 1̄23	아유	32
〃	1322 321	〃	31
이키	1̂3	아짜	1̂3
〃	13	아차	23
에그마	213̄	어나	2̄1
에그마니	3221	아나	21
아사다	231	엇다	3̄1
아서라	231	옛다	31
여보시요	3221	어이	31
여보세요	2231	〃	12
쉿	1	이댁	12̄
쉿	1	이더	23
어부바	21̄3	영차	1̄3
어부바	31̄2	〃	3̄1
어기여차	2112	옛다	12
〃	2312	〃	23
저 이더 쩌쩌	2̄ 23 22	아무렴	2̄13
〃 〃 〃	2̄ 23 22	아무렴	2̄13
오냐	2̄1	응 그래	2 21
〃	2̄1	〃 〃	2 21

제 6 장

북청 방언의 어조

—어조론(語調論)—

제 1 절 간단한 서술

북청 방언에서 부사, 감탄사, 형용사, 동사 등의 어조가 아주 발달된 조를 가지고 있다. 이것은 의성 의태어가 발달된 데서 오는 것이라고 보아진다.

우리가 말할 때에는 그 때의 환경에 따라 일정한 사상 감정을 나타낸다 그러므로 어조는 단순히 단어의 음조를 모아 놓은 그 대로가 아니라 이것은 사람이 단순한 데로부터 복잡한데까지 사상과 감정을 나타내는 고저, 장단, 강약으로 조직된 이러저러하게 변화를 일으키는 말소리의 진행 형태이다. 그러나 이것은 언제나 각 단어의 음조에 기초한 것이다.

어조의 본질과 성격을 고찰하여 본다면 음조는 사물의 개념을 나타내는 단어를 이룬 각 음절 소리의 진행 형태를 말한 것이다. 그러나 어조는 벌써 단어로 조직된 문장 성분으로부터 출발하게 된다. 그러므로 례를 들어 "물"이라는 말에는 그 음조가 비교적 평탄한 조로써 3계단으로 되여 있다. 그러나 이 말의 문장의 형식은 그 대로 두고도 어조로써 여러 가지의 문장 역할을 한다.
례를 들면 다음과 같다.

1, 물. 서술문의 어조는 그것이 높게 또 음조 보다는 좀 길게 $\overset{\frown}{3}$1로 된다.

2, 물? 이것은 《물을 달라고 했느냐》고 묻는 의문문의 어조인데 이 때

예는 그 어조가 좀 낮게 나다가 차차 세고 높아진다. 그 형태를 표시하여 보면 3⌒ 으로 된다.

3, 물! 이것은 물을 달라고 요구하는 뜻의 어조를 쓰는 때에는 그 어조가 처음에는 힘껏 높고 강하게 내다가 기운이 갈아져 약하게 내려가는 조로 변한다. 례를 들어 화자가 물을 찾을 때의 그 형태는 3⌒1로 표시된다.

4, 물! 이것은 물을 달라고 명령하는 어조이다. 이 조는 높고 짧고 세다. 이 때에는 그 형태가 3으로 표시된다.

5, 물!! 이것은 감동문의 어조이다. 느낌을 나타내는 어조는 높고 강하게 시작하여 내리고 오르고 변화 하면서 길게 끄는 조이다. 그 표시를 보면 3⌒2⌒1⌒2로 된다.

이렇게 한 단어가 여러 가지 어조 형태로 달리됨아 노는 기능이 달라진다. 곧 1은 서술문, 2는 의문문, 3은 희망문, 4는 명령문, 5는 감탄문들로 나타난다.

언어 행위에서 어조를 문장 구성론적으로 보아서 필자는 절(節), 구(句), 장(章), 편(編)으로 나누어서 문절조(文節調), 문구조(文句調) 문장조(文章調), 문편조(文編調)로 분류한다.

제 2 절 문절조

문절조는 문장의 한 성분의 조이다. 이것은 어조의 최저 단위로서 단어의 음조와 문장 어조와의 구별되는 첫 증명이다. 북청 방언 조에서 례를 들면 다음과 같다.

음조	어조	음조	어조
소나무	소나무가 섰다.	음직	음직을 먹는다.
132	1232 31	12	132 231
죽시	죽시가 맛있다	떡방	떡방이 있다.
23	132 231	31	132 21
명풍	명풍이 좋다	잔치	잔치 보다 가자
23	231 21	31	23 23 21

216

명사의 음조와 토의 음조와의 호상 관계에 대한 공통조와 북청 방언조와의 대비 일람표의 례

명사 \ 토 / 음조		-가(이) 공통조	1 북청 방언조	-를(을)	1	-의	2	-에	2	-에게	21	-에서	21	-로(으로)	2	-와(과)	2	-야(아)	2	-여(이여)	2
말(語)	1̄	1̄1	2♭1	1̄1	23	12	23	12	23			121	232	12	23	12	23				
솔(刷)	1̄	1̄1	2̄1	1̄1	21	12	23	12	23	121		121	231	121	23	12	12	12			
간(鹹)	2	21	3̄1	21	2̄3			22	23			221	321	221	321	22					
끝(末)	2	21	3♭1	21	32	22	23	22	23			221	231	22	23	22	23				
잠(睡)	2	21	3̄1	21	21	22	23	22	23			221	231	221	231	22	23				
저(箸)	2	21	3̄1	21	31	22	23	22	23			221	231	22	23	22	32				
태(胎盤)	3	31	23	31	31	32	23	32	31			321	231	31	23	32	23				
낫(鎌)	3	31	3♭1	31	31	32	23	32	23			321	231	321	123	32	23				
눈(眼)	3	31	31	31	31	32	23	32	23			321	233	321	223	32	23		23		
네(四)	3	31	31	31	23	32	23	32	23			321	123	32	23	32	23				
말(馬)	3	31	22	31	31	32	23	32	23	321	231	321	232	32	23	32	23	32	23		
바(紋)	3	31	23	31	23	32	23	32	23			321	123	31	23	32	23				
박(瓢)	3	31	31	31	23	32	31	32	23			321	123	321	123	32	23				
뵈(綿)	3	31	3♭1	31	3♭1	32	23	32	23			321	123	31	23	32	23				
빛(債)	3	31	23	31	23	32	23	32	23			321	323	321	321	32	23				
소(牛)	3	31	23	31	32	32	31	32	23	321	231	321	231	32	23	32	23	32	23		
주(주)	3	31	31	31	31	32	23	32	23			321	123	32	23	32	23				
톱(鋸)	3	31	31	31	31	32	23	32	23			321	323	321	323	32	23				
콩(大豆)	3	31	23	31	23	32	23	32	23			321	223	321	223	32	23	23			

217

공통조에서 단음절 명사의 음조는 어조에서도 그 조를 변하지 아니한다. 그러나 2음절 이상 다음절 명사의 음조는 어조에서 변한다.

토는 음조에서나 또는 단음절, 2음절 이상 다음절에서도 조는 대체로 변함이 없다.

북청 방언에서 볼 때에 공통조에서와 마찬가지로 대체로 같은 법칙을 가진다.

끝숙이는 조의 말이 토의 영향으로 대체로 음조가 변하지 아니 한다. 그리고 거기에 쓰이는 토의 관계는 다른 높은 음정의 말에 쓰이는 토의 음정과 대체로 같다.

제 3 절 문'구조

문'구조는 문장 성분을 갖추고도 끝맺는 토가 없을 때에나 또는 규정어나 상황어를 갖추는 등등의 말들로 조직되는 때에 진행되는 어조이다.

이 방언에서 문'구조의 특징은 한 개 회화 구절 끝음절을 좀 높게 설정하여 가지고 아래로 떨어뜨리는 현상을 말한다. 례를 들면 다음과 같다.

신문 같은 거, 우리 자는 매서누,
2 3 32 2' 1 2 2 3 1 2 3'

국시두 하구, 하다가나이, 싹 마자 지구.
2 3 2 1 2' 2 3 2 2 3' 3 3 3 2 3'
댕기는 사람우 기별 들어문
2 3 2 3 2 1 2 3 2 2 2'

그 전에는. 우리 자랄 때두 고자하다 나이
1 2 2 1, 2 3 2 2 2 3' 2 3' 2 2 12'.

제 4 절 문장조

문장조는 완전한 문장의 끝에서 설정되는 어조이다. 이 조는 두 가지 형태로 구분된다. 첫째는 끝 말의 첫 소리에 력점이 있는 것이요. 둘째는 끝 말의 다음 소리에 력점이 있는 것이다. 례를 들면 다음과 같다.

1. 그게 좋습메. 내 간다.
2 2 3 2 1 2 31
쟁이 컵디다. 못 들었습니다.
2 2 3 2 1 3 2 2 3 2 1

2. 지금우는 잘 하재입니다.
2 2 1 1 2 2 3 2 2 1
한 4배 이재입디다.
2 3 2 2 3 2 2 1
잘 됐다. 그럽디다.
2' 2 1 2 3 2 1

제 5 절 문편조

문편조는 곧 여러 가지의 문절조, 문구조로써 복잡하게 조직된 회화 어조와 담화 어조들이다.

여기에는 마치 노래와 같이 변화가 많은 사상과 감정의 표현이 있는 것이다. 그러므로 어조는 고저 장단 강약의 음역과 음폭의 차이가 큰 것이다. 우리가 단어 음조에서 제한된 표기법으로는 충분하게 어조를 나타내기 곤난하다. 그래서 이 어조에는 좀더 자세한 표기법이 필요하다.

이 회화 어조와 담화 어조들을 통하여 이 방언 어조의 특징들을 더욱 똑똑히 알게 될 것이다. 그 자료는 다음과 같다.

1. 대상자는 한 기학(남자 로인)

그러재임메? 잔치 보라 가자. 국시가 맛있다.
2 1 3' 2 3 2 3 2 3 2 1 1 3 2 2 1 3

쇠맥일라 간다. 논두렁이 문어졌다.
1 2 3 2 3 1 1 2 3 2 2 1 3 1

오늘 날씨가 좋소. 내가 바빠서 가겠소.
3 1 3 2 1 2 1 3 1 2 3 1 1 3 2

평양 건설이 참 빠르오. 인민들은 김 일성 원수께 감사를 드립니다.
1 2 2 3 2 1 2 3 1 1 2 3 1 2 2 3 2 1 3 2 3 2 2 3 2 1

밤새 어떠하오? 참 오래간만이오. 우리 같이 갑시다. 먼저 가오.
1 3' 2 1 3 2 3 2 1 2 3 2 1 3 2 3 1 3 2 1 1 2 3 2

난 뒤미처 가겠소.
3 1 2 3 2 3 1

저리 가거라. 야! 밥 먹어라. 너 함흥 가겠네? 난 갔다 왔소다. 조국
3 1 3 2 1 3 3 3 2 1 3 2 3 1 3 2 3 3 2 2 3 1 2 3

전쟁 때 너 군대 나갔더냐? 전 서울 해방 전투에 참가 했소. 미국놈
1 2 3 3 1 3 1 2 3 2 3 1 2 1 2 2 2 3 2 3 3 1 1 2 3

많이 죽였소.
3 1 2 3 1

2. 대상자는 전 롱명월(60 세 녀자)

밤 편안히 쉬였소? 오뎃만에 왔소. 아침 자셨소? 난 어제께 정거장에
2 2 3 2 1 4 3 2 3 2 1 3 2 2 1 4 2 2 3 2 3 1 2 3 3 2

갔다 왔습메. 생각 해 봅소. 동무 어드루 가오? 북청 사패 유명하게
3 2 3 2 1 2 3 3 4 1 3 1 2 4 3 2 1 2 3 3 2 4 3 2 1

맛있소. 난 집으루 가오(희망). 난 집으루 가오(실망). 집으루 가거
3 2 1 3 2 3 1 4 2 2 1 2 1 3 1 2 3 1 4 3

라(명령). 동무 집으루 가시오. 낼래 갈렴. 아부지 비껴 앉소.
2 2 3 1 2 1 4 3 2 3 2 1 4' 2 3 1 3 2 4 2

3. 대상자는 전 롱명월의 시모 (79 세 녀자)

이튼 아홉이요. 완지 오늘 나흘되오. 전람회두 가 귀경하구…대동강 역
2 3 4 3 2 1 3 2 3 1 4 3 2 1 2 3 4 2 3 1 2 3 2 2 2 3 4

220

도 귀경하구, 만경대 학원에도 갔습메. 서피양에두 가 보구, 모란봉에
2 1 2 3 2 1 2 3 4 3 2 1 3 2 1 1 3 4 3 1 2 2 1 2 3 4 3

두 올라 가 보구. 한집에서 육춘이 벌어 졌소. 군밀 나갔소. 구차하다
1 2 1 3 2 1 1 2 3 1 4 3 1 3 2 3 1 2 4' 3 2 1 2 3 2 1

나이까이 고뽕으 마이 받았소. 쉴쉬하는 것도 많소. 눈이 많이 오오.
2 3 4 2 2 4 3 4 2 1 3 2 1 2 3 2 2 1 4 2 3 1 4 2 3 1

논이 더 많소. 냉기 모지 귀하오. 신식에 노래 알겠습메? 막 두드려 놔
3 2 1 3 1 2 3 4 2 4 3 2 2 4 1 3 2 4 3 2 2 2 1 3 2 3

라. 참 잡구…, 오자구 하이…, 우리 벨귀경 다 했소. 그때 다 잘 됐지비.
1 3 3 1 2 3 2 4 2 1 3 1 2 3 4 3 1 2 3' 4' 2 3 2 1

　예, 나 먹으이까데, 언제게* 다시 이런 좋은 세월르 저네 보
　1 3 2 3 2 1 1 3 2 2 1 3 3 1 3 1 2 1 1 1 2 1

갰소. …
2 1

　죽두무 고사하메* 아이르 핵꾜* 여주 헐버스메서두 핵꾜 여주. 남
　2 4 3 3 2 2 2 1 2 1 1 2 2 1 3 2 2 2 1 2 1 2 2 1 1

오 쌕바료* 께 주구두 핵꾜 여주. 시자느 이런 좋은 세월르 만나서 막
2 1 2 1 2 1 2 1 1 2 1 1 1 2 2 2 1 3 1 2 1 1 1 2 1 1

막 조채임메, 시자. 머 이전 저승에 가(두) 이런 며 반네이* 없습메.
2 2 1 3 2 1 1 2 1 2 1 2 3 2 1 2 2 3 2 1 3 2 1

다 발머하게 대서*….
2 3 2 1 2 2 1

　집에서 아들 하내 오라구 해서 모때 좀 가자구 하눙게 어찌겠는지
　1 3 2 1 3 2 2 3 1 1 2 1 1 2 2 1 2 2 2 2 2 3 2 1 1 1

모르겠소.
1 2 1 1

　페양와 귀거하이* 당초에 그 어디메 이애기할 수가 없지비, 너무
　1 2 1 1 2 1 1 1 2 2 2 1 2 1 3 2 1 2 3 1 2 1 1 1 2

조으이까데.
3 2 2 1 1

---

* 언제게= 언제, 어느 때.
* 핵꾜= 학꾜
* 반네이= 반대가
* 귀거하이=구경하니
* 고사하메=고생하면서
* 쌕바료= 삯방아물
* 발머하게 대서= 발명하게 되여서

221

제 6 절 북청 방언조와 공통조의 음조와 어조의 대비

1, 불꽃 튀는 용광로 앞에서 땀흘리는

	불꽃	튀는	용광로	앞에서	땀흘리는
공. 음조	3 1	3,2	2 3 1	3,2 1	3 3 3,2
북.	3 1	3,2	2 3 1	3,2 1	3 3 3,2
북. 어조	3 2	3 1	2 3 2	2 3 1	3 3 2 1
공.	3 2	3 1	2 3 2	2 3 1	3 3 2 1

로동자들은	천리마의	기세로	오늘도
3 2 1 2,2	3 2 1,2	3 1,2	3 1,2
2 3 1 2,2	2 3 1,2	3 1,2	2 3,2
2 3 1 2 1	2 3 2 3	3 2 1	2 3 2
3 2 1 2 1	3 2 2 3	3 2 1	3 2 1

쇠'물을	뽑는다.
3 1,2	3 2 1
3 1,2	3'2 1
3 2 1	3'2 1
2 3 1	3 2 1

2, 들에서 트랙토르 논을(으) 갈고 있는

	들에서	트랙토르	논을(으)	갈고	있는
공. 음조	1,2 1	3 2 1,2	3,2	1,2	3,2
북.	2,3 1	2 3 2,2	3',2	2,2	2,2
북. 어조	2 2 1	2 3 2 1	3 1	3 1	2 2
공.	1 2 1	3 2 2 1	3 1	1 1	3 1

협동농장원들을(으)	위해서	빛이	매우
3 2 3 3 2 1 2,2	3,2 1	3,2	3 1
2 3 3 2 3 2,2	3,2 1	3',2	2 3
2 3 2 3,2 2 1	3 2 1	3 1	2 3
3 2 3 2 2 2 1	3 2 1	3 1	3 2

아름답고	소리가	색	곱은	꾀꼬리가
2 3 2,2	3 1,2	3	1,2	2 3 1, 2
2 3 2,2	2 3,2	3	3,2	2 3 1, 2
2 3 2 1	2 3 1	4	3 1	2 3 2 1
2 3 2 1	3 2 1	3	1 1	2 3 2 1

저	버드(들)나무에	앉아서	노래한다
2	23 2 3, 3	3, 2 1	3 1,2 1
3	23 3 2, 3	3, 3 1	2 3,3 1
3	23 3 2 1	2 3 1	2 3 3 1
2	23 2 3 1	3 2 1	3 2 2 1

3, 조선 로동당 시대의 우리 인민의 기상을(으)

	조선	로동당	시대의	우리	인민의	기상을(으)
공. 음조	2 3	3 2 1	3 1,2	1 2	2 3,2	3 1,2
북.	2 3	2 3 1	2 3,3	2 3	2 3,2	2 3,2
북. 어조	2 3	2 3 2	2 3 2	2 3	2 3 1	2 3 1
공.	2 3	3 2 2	3 2 1	1 2	2 3 1	3 2 1

상징한	천리마	동상이	평양시	모란봉
3 2 2	3 2 1	3 1,2	3 2,1	3 2 1
3 2 3	2 3 1	2 3,2	2 3,2	2 3 2
3 2 2	2 3 2	2 3 1	2 3 1	2 3 2
3 2 1	3 2 2	3 2 1	2 3 1	3 2 2

앞에	우뚝	서	있다.
3,2	1 2	3	2 1
3,3	2 3	3	3 1
3 2	2 3	3	3 1
3 1	1 3	3	2 1

우에서 보인 바와 같이 북청 방언 어조의 특징은 어조의 음역이 아주 넓고 한 문장에서 고저 장단 강약의 차이가 많은 바, 강하고 높고 긴 것이 동시에 오는 것이 특징이다. 서술 문장에서 문장의 끝은 아주 낮으며 짧다. 그러나 이와는 반대로 공통조의 어조의 특징은 음역이 비교적 좁고 굴곡이 적다. 문장에서 처음에는 굴곡이 있고 중간에는 그냥 평탄하게 나가다가 끝에서 굴곡이 심하다. 이런 대비로도 우리가 북청 방언 어조의 특징을 알 수 있다.

실험 자료

(가) 실험 분석 방법

조의 실험은 재래식 압력 공기식(입김) 끼모그라프와 과학원 언어 문학 연구소에서 그 연구를 위하여 창안 제작한 전자기 진동식 끼모그라프를 리용하여 진행 하였다.

압력 공기식(입김) 끼모그라프에서 얻은 끼모그람은 다음과 같다.

밟(足) 김 석 구

224

첫줄은 무청의 진동을 기록한것.

둘째줄은 입김의 진동을 기록한것.

세째줄은 발음 순간 순간의 평균 진동에 해당하는 진동수를 표시한 것이다.

례; 발〃(足)에서

첫줄과 둘째줄을 비교하면 첫줄의 진동이 시작하기 전에 둘째줄에서 진동이 시작된 것을 볼 수 있다.

이는 자음《ㅂ》이 발음된 다음에 모음《ㅏ》가 발음된다는 것을 보여준다.

모음을 발음하는 동안에 음의 진동수의 변화(고저 변화)는 끼모그람 아래에 있는 진동수—길이 도표에서 명백하다.

례컨대 발(足)에서 고저 변화는 140 진동/초에 시작하여 146 진동/초에서 최고점에 도달하며 다음에는 계속 하강하여 88 진동/초에서 끝나게 되는 것을 볼 수 있다.

즉《발》은 끝숙인조임을 알 수 있다.

전자기 진동식 끼모그라프에서 얻은 끼모그람은 다음과 같다.

첫줄은 입 앞에서의 소리를 증폭하여 기록한 것이며

둘째줄은 진폭을(강약) 표시하는 선이다.

방정구터기 정 용호

그 아래 수'자는 해당 음절의 상대적 길이 (장단)이며 세째줄에 있는 수'자들은 해당 발음 순간 순간의 진동수(고저)의 상대적 변화를 표시하였다.

225

※비고; 1. 구체적인 분석 방법은 과학원 창립 5주년 기념 론문집 《조선말 력점 연구》의 극로(과학원 출판사 1957년 201~208 페지) 참조
2. 측정 진동과 입김 진동을 도표에서 편이상 위치를 바꾸어 놓은 것도 있다.

실험 증명

전자기 진동식 끼모그라프에 의한 실험 자료로써 단어의 음조를 측정한 바 다음과 같은 실험 대상자들의 음조가 서로 차이 남을 알게 된다.

ㄱ. 기호 설명

1. 고저별: 1은 낮은 소리 기호(低音記號)
2는 판판한 소리 기호(平音記號)
3은 높은 소리 기호(高音記號)
2. 장단별: 수'자 우에 한줄을(—) 그은 것은 좀 긴소리표(半長音標)
수'자 우에 두 줄을(═) 그은 것은 썩 긴소리표(全長音標)
수'자 우에 아무 표도 없는 것은 상대적으로 짧은 소리로서 기본 음장을 잡음.
3. 강약별: 수'자의 바른 편 우에(') 표가 있는 것은 썩 센 소리표(大强標) 수'자 바른 편에 (') 표가 있는 것은 좀 센 소리표(小强標)

ㄴ. 실험 대상자

정 용호(남) 함경 북도 북청
김 석구(남) 함경도
리 극로(남) 경상 남도 의령
류 렬 (남) 경상 남도
정 렬모(남) 충청 북도

ㄷ. 실험 년 월일 1961년 6월

226

물(水)

김 석구

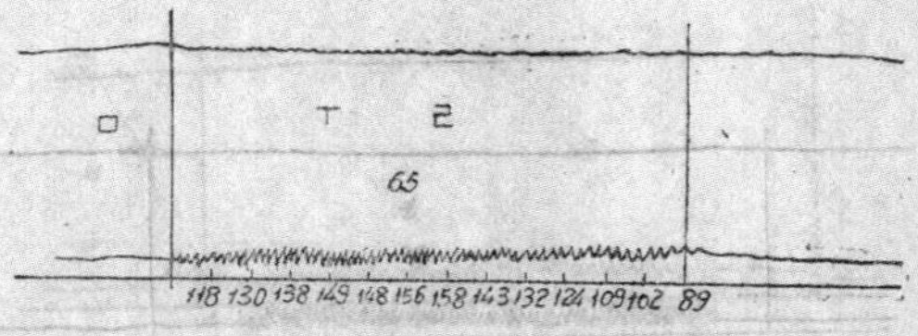

ㅁ ㅜ ㄹ
65
118 130 138 149 148 156 158 143 132 124 109 102 89

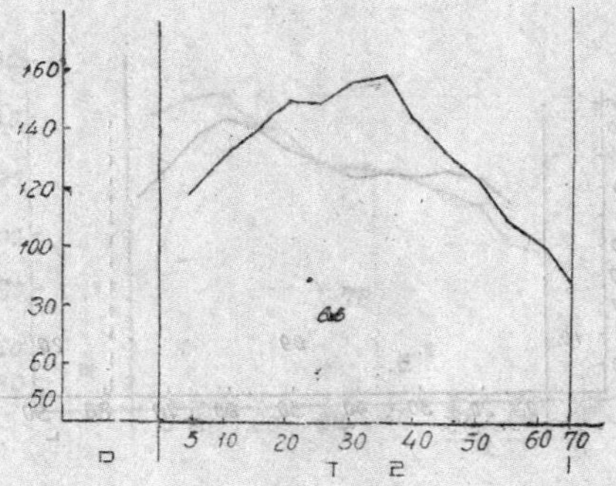

160 140 120 100 30 60 50
66
5 10 20 30 40 50 60 70
ㅁ ㅜ ㄹ

227

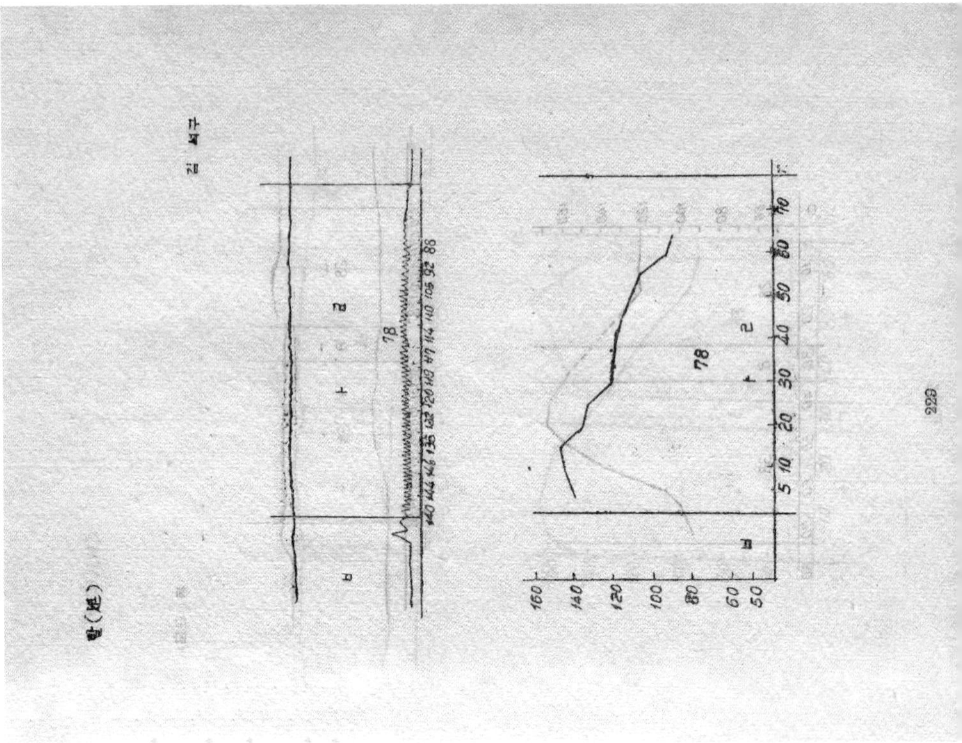

눈

김 석구

228

탈(脫)

김 석구

229

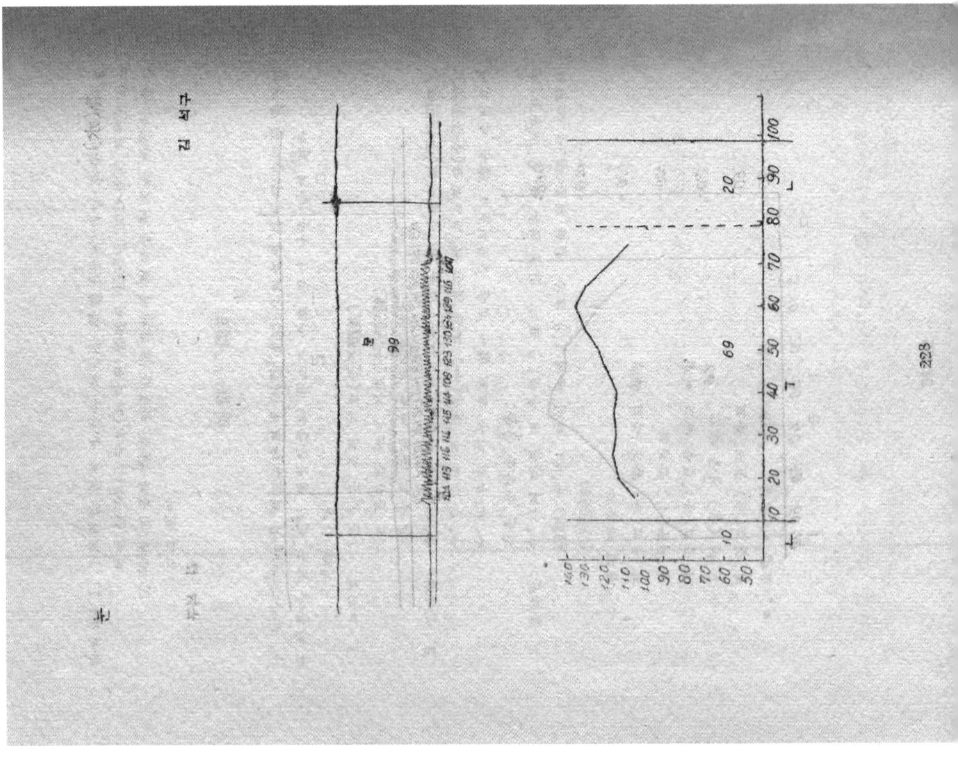

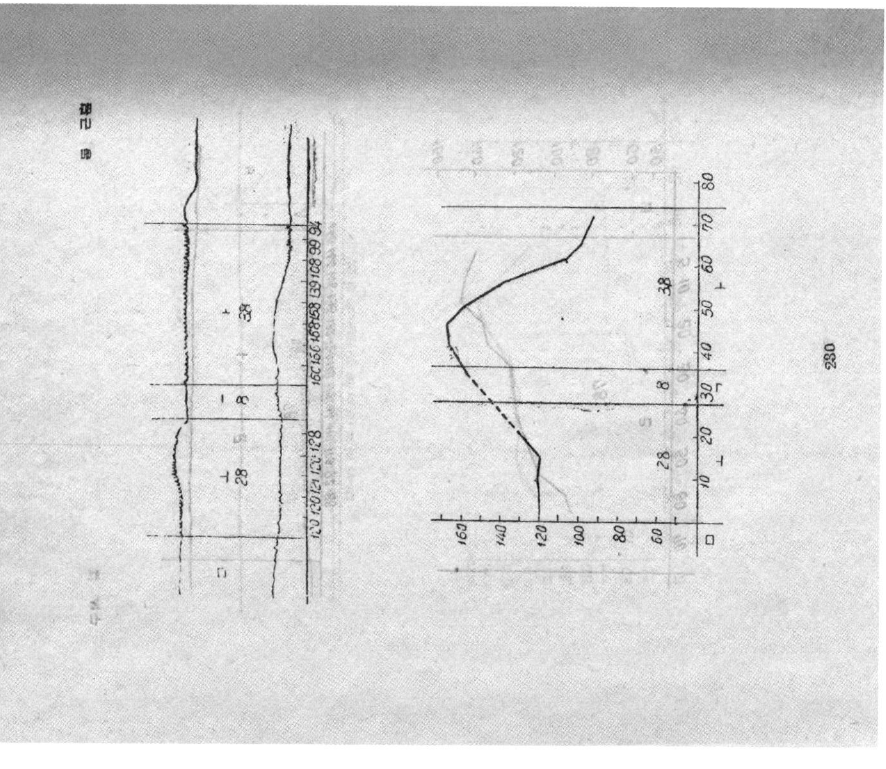

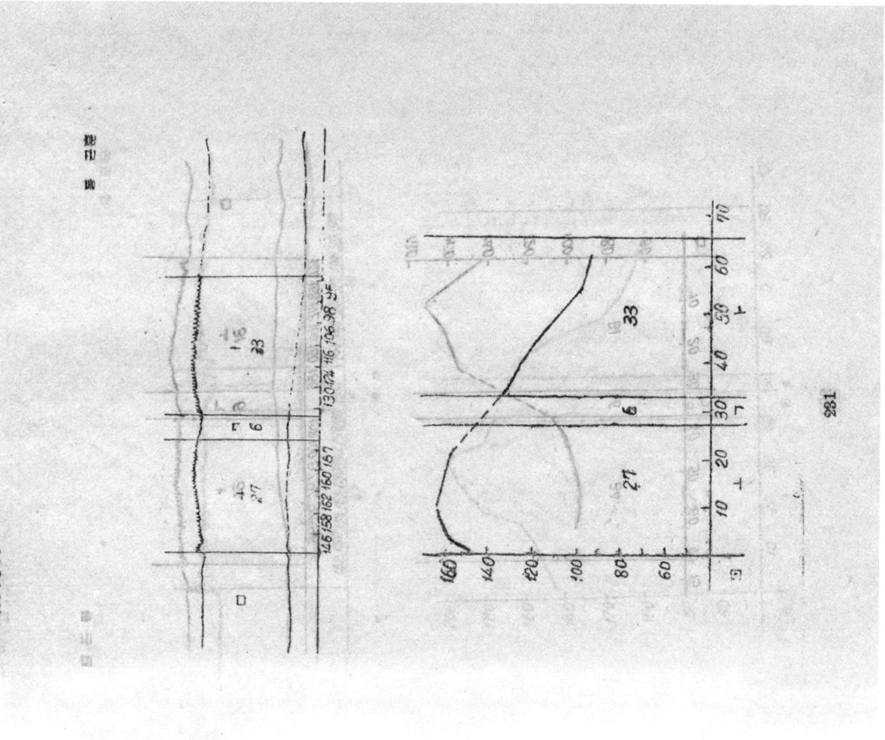

모가(苗)[명]

120 120 121 120 128 160 156 168 158 139 108 99 94

ㅗ 28 ㅡ 8 ㅏ 38

230

모가(方)[명]

146 158 162 160 167 130 124 116 106 98 95

ㅗ 27 ㄱ 6 ㅏ 33

231

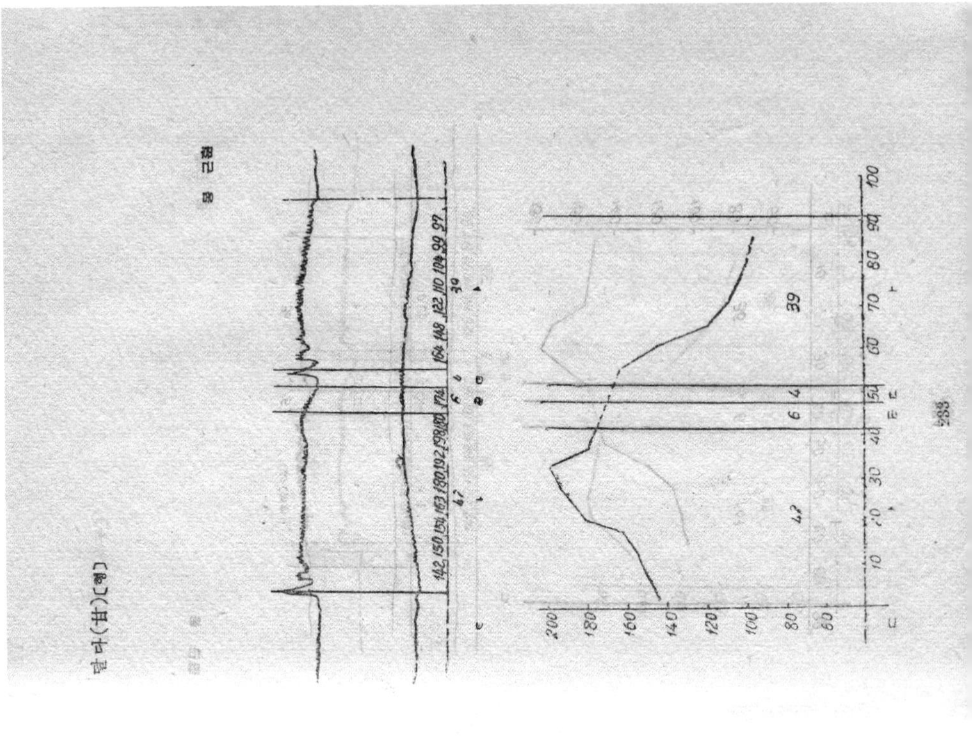

모가(옻의)[명]

144 158 172 164 160 156 108 100 97 94 94 96

282

달다(甘)[형]

142 150 154 163 180 192 198 180 174 164 148 122 110 104 99 97

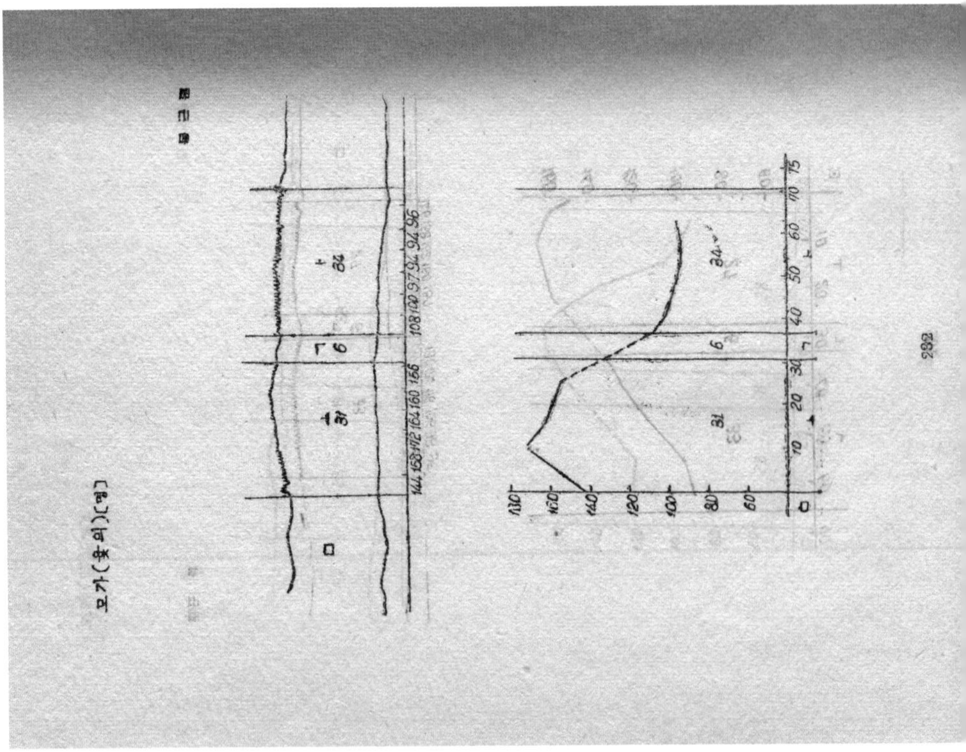

283

달다(懸)(타동)

룡 근호

36
6
41(mm)
ㄷ ㅏ ㄹ ㄷ ㅏ
120,152,153,155,171,177, 154 144,123,110,108,104,100,
0.26 0.03 0.04 0.3 초
180
160
140
120
100
80
60
36 4 6 41
10 20 30 40 50 60 70 80 90
ㄷ ㅏ ㄹ ㄷ ㅏ

234

달다(灼)(자동)

룡 근호

142,152,165,166,163,162,159 126,114,105,99,97,95,
35 7 3 38
ㄷ ㅏ ㄹ ㄷ ㅏ
160
140
120
100
80
60
35 7 3 38
10 20 30 40 50 60 70 80 85
ㄷ ㅏ ㄹ ㄷ ㅏ

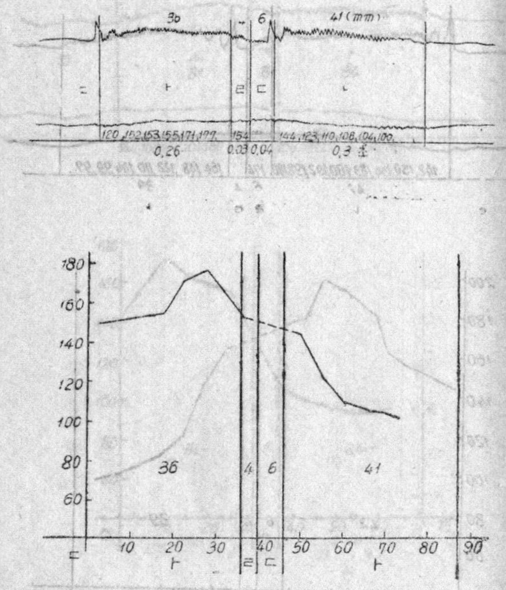

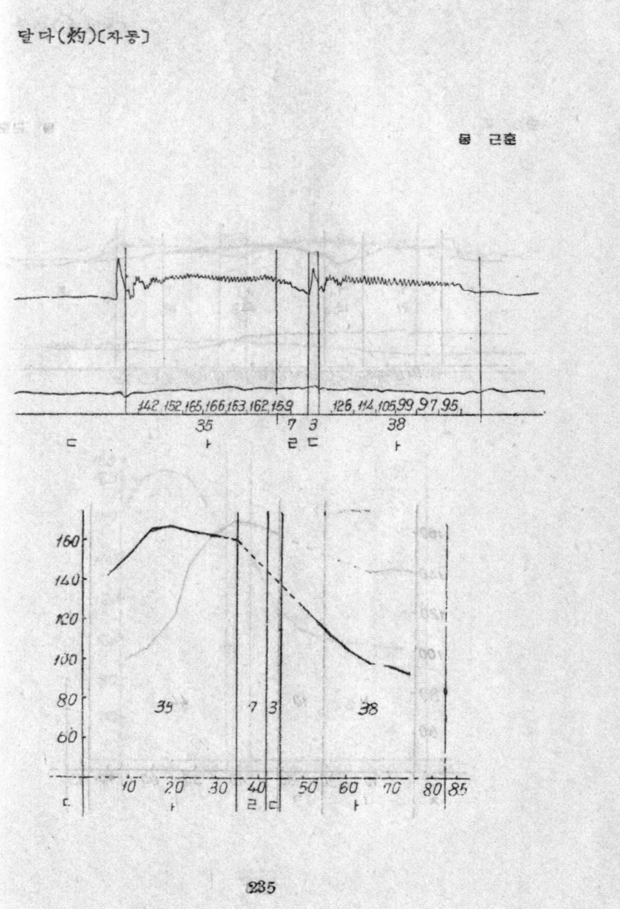

235

주가(株)[명]

봉 근훈

ㅈ ㅜ 21 ㄱ 10 ㅏ 44

140 141 140 144 160 164 166 160 146 118 102 97

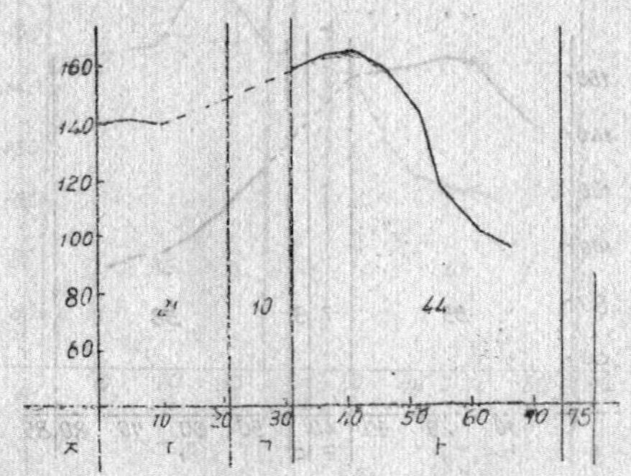

160 140 120 100 80 60

21 10 44

10 20 30 40 50 60 70 75

ㅈ ㅜ ㄱ ㅏ

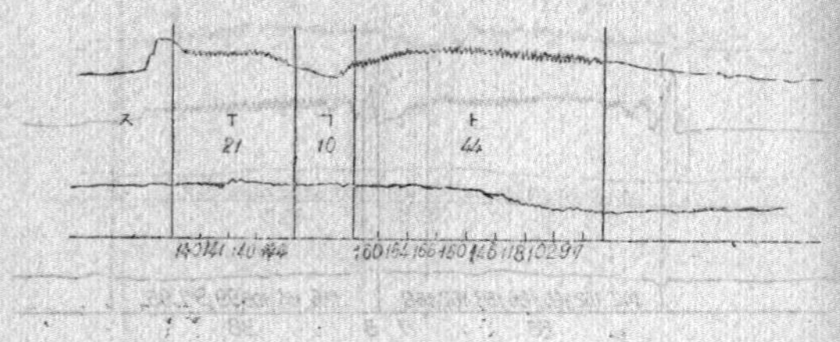

236

주가(主)[명]

봉 근훈

ㅈ ㅜ 24 ㄱ 6 ㅏ 40

164 180 184 102 155 142 119 105 101 98 98 96 95

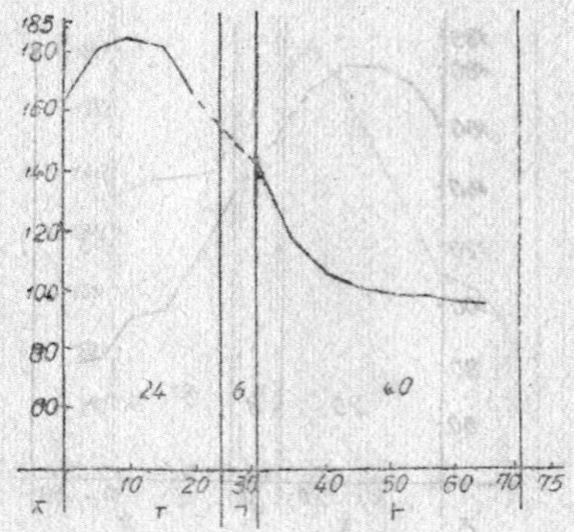

185 180 160 140 120 100 80 60

24 6 40

10 20 30 40 50 60 70 75

ㅈ ㅜ ㄱ ㅏ

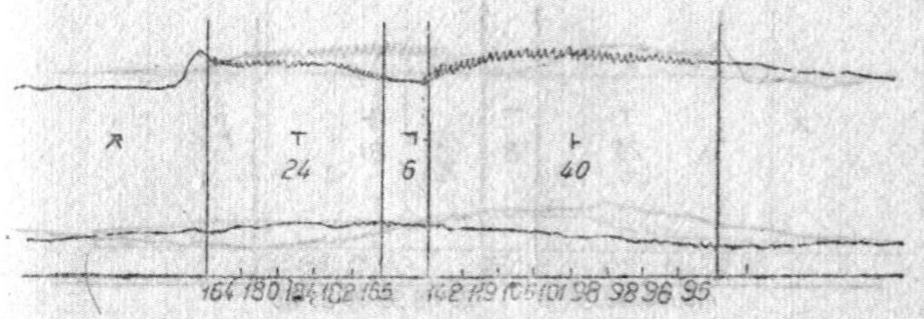

237

주가(註)〔명〕

동 근춘

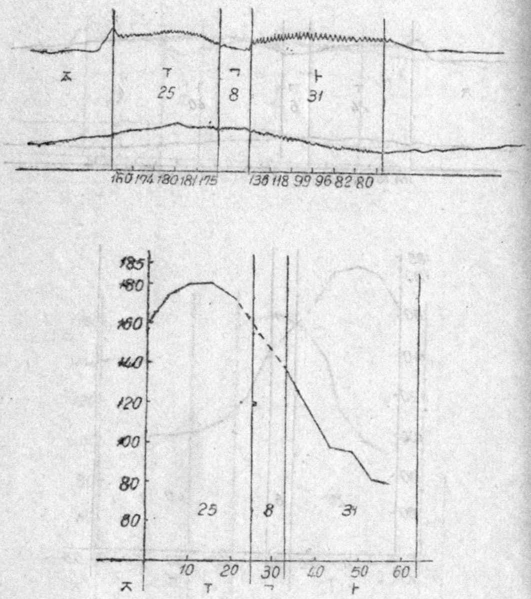

ㅈ ㅜ 25 ㄱ 8 ㅏ 31

160 174 180 181 175 138 118 99 96 82 80

185 180 160 140 120 100 80 60

25 8 31

10 20 30 40 50 60

ㅈ ㅜ ㄱ ㅏ

238

간이(間)〔명〕

동 근춘

ㄱ ㅏ 19 ㄴ 6 ㅣ 40

132 136 138 140 168 180 156 146 104 99 88

180 160 140 120 100 80 60

19 6 40

10 20 30 40 50 60

ㄱ ㅏ ㄴ ㅣ

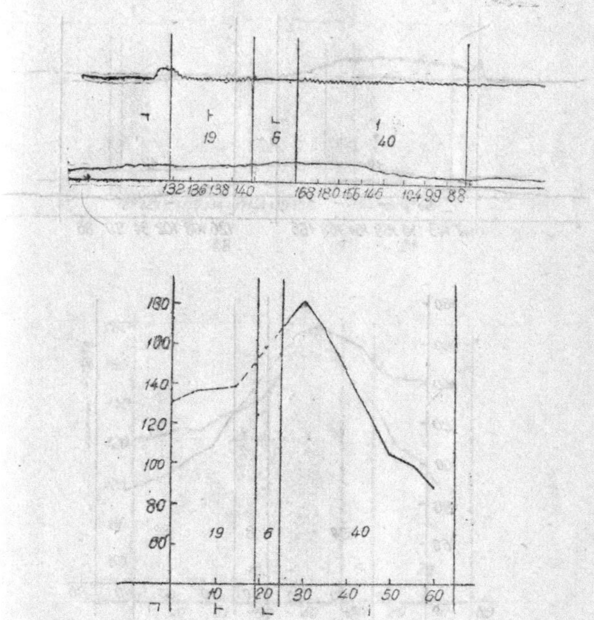

239

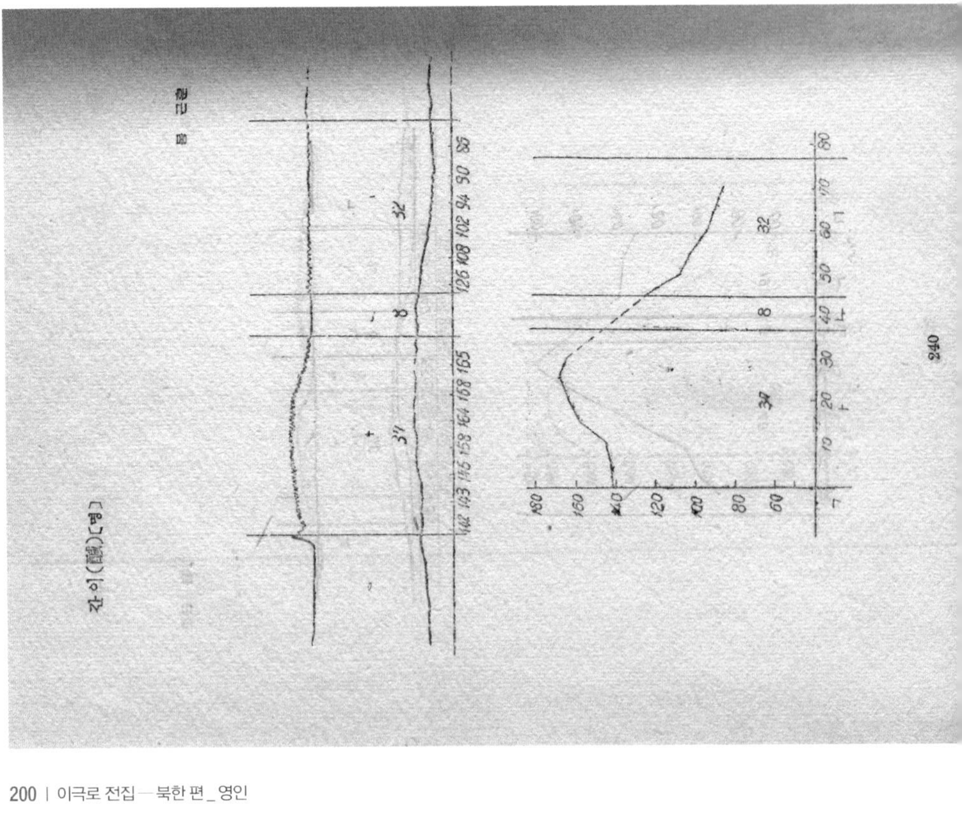

간이(醎)[명]

142 143 145 158 164 168 165 126 108 102 94 90 86

37 8 32

180 160 140 120 100 80 60

10 20 30 40 50 60 70 80

240

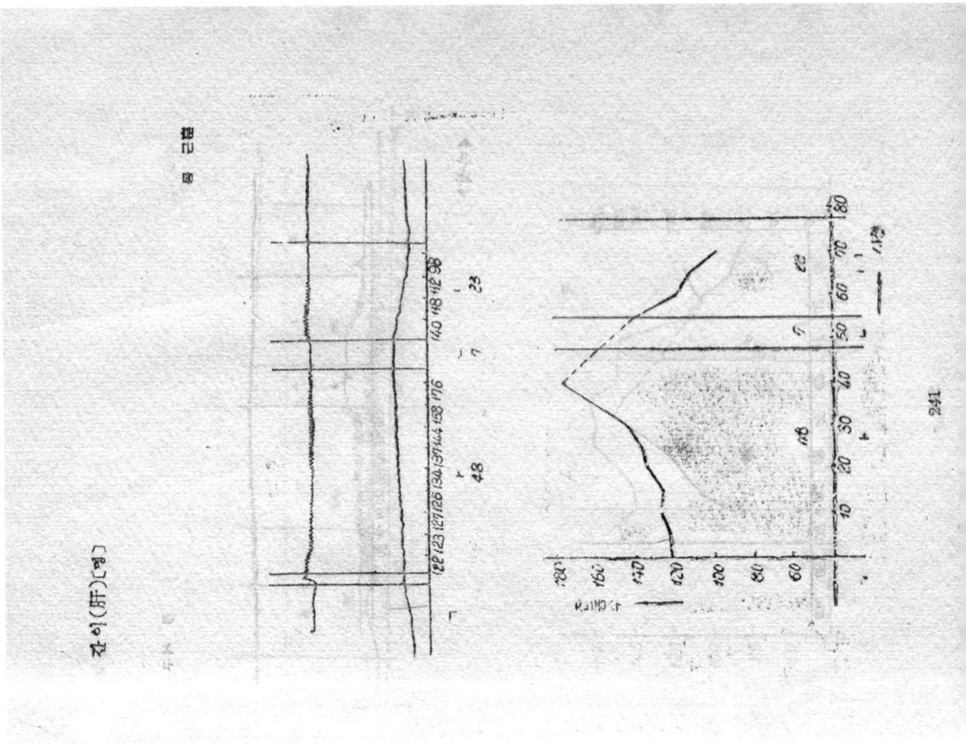

간이(肝)[명]

122 123 127 126 134 137 144 158 176 140 118 112 98

48 7 23

180 160 140 120 100 80 60

10 20 30 40 50 60 70 80

241

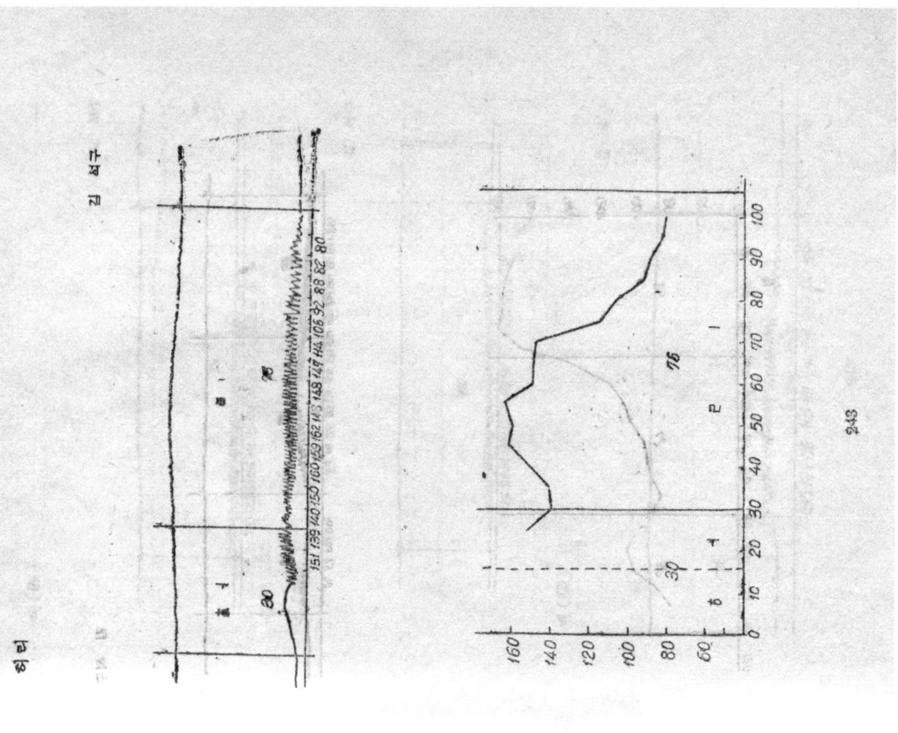

다섯

김 석구

112 108 102 136 146 162 136 120 111 101 80

《다섯》

허리

김 석구

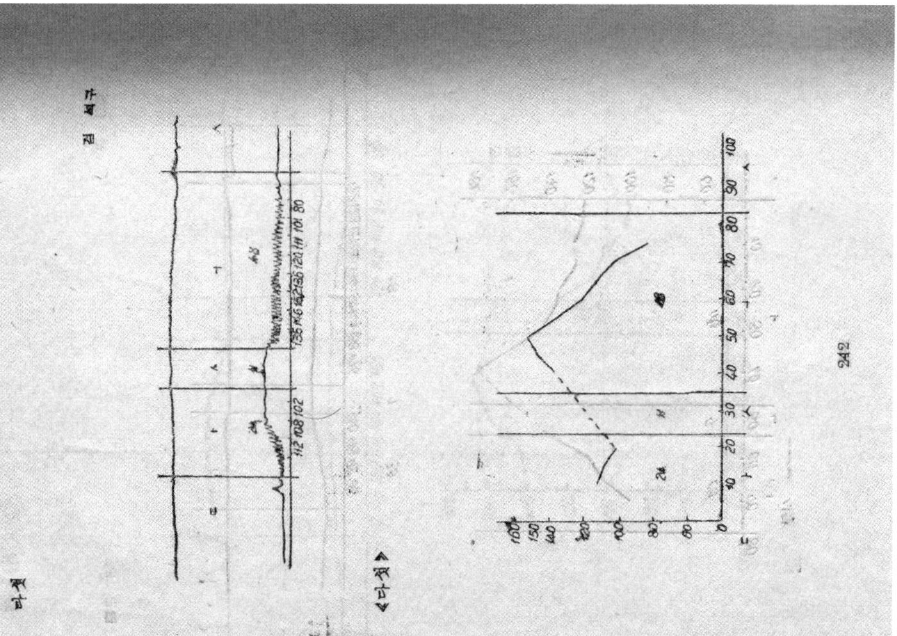

151 139 140 150 160 159 162 145 148 147 114 106 92 88 82 80

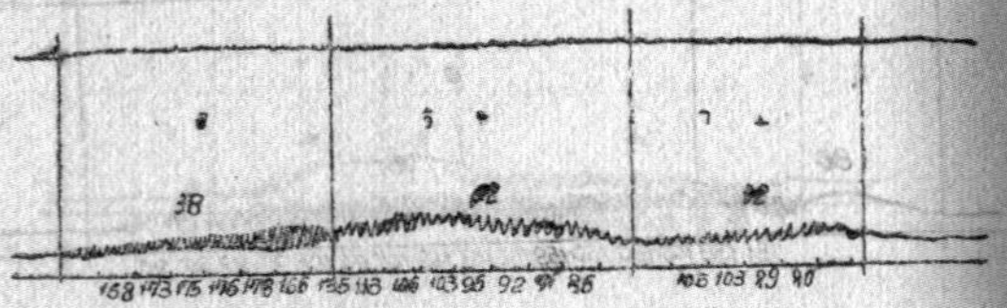

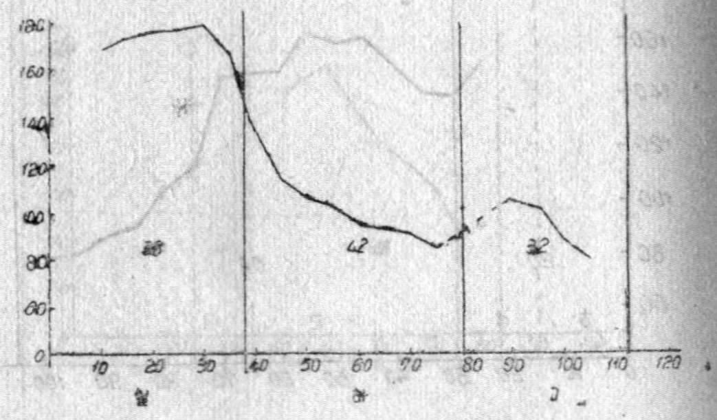

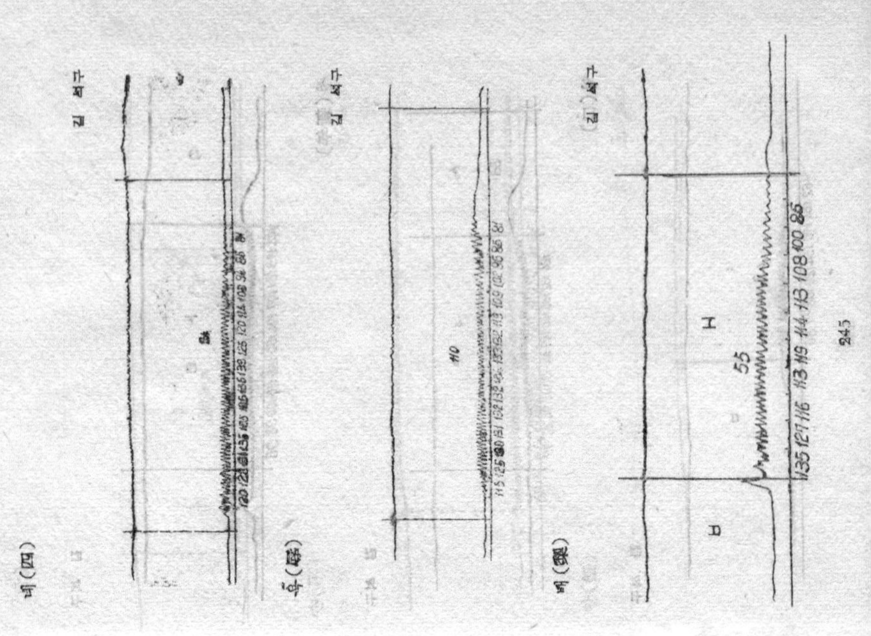

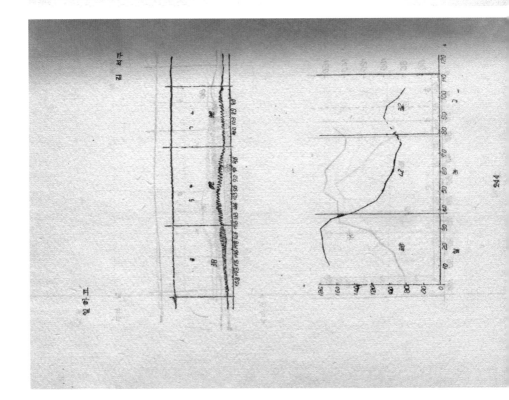

칼(刀)

김 석구

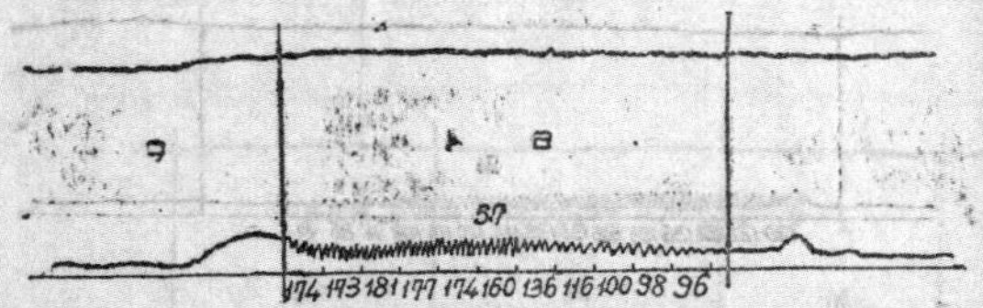
174 173 181 177 174 160 136 116 100 98 96

설(新年)

김 석구

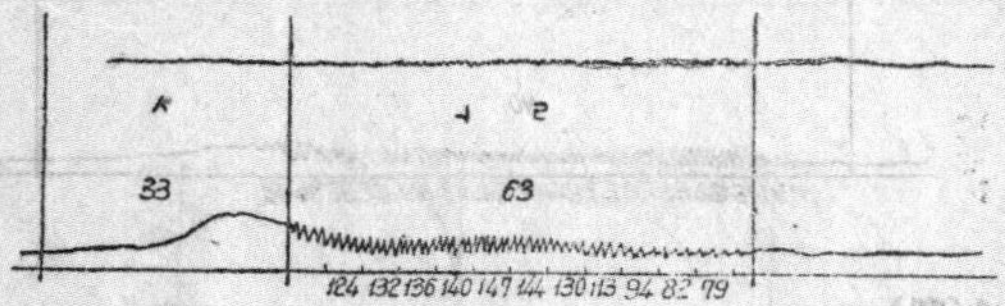
33
63
124 132 136 140 147 144 130 113 94 82 79

입(口)

김 석구

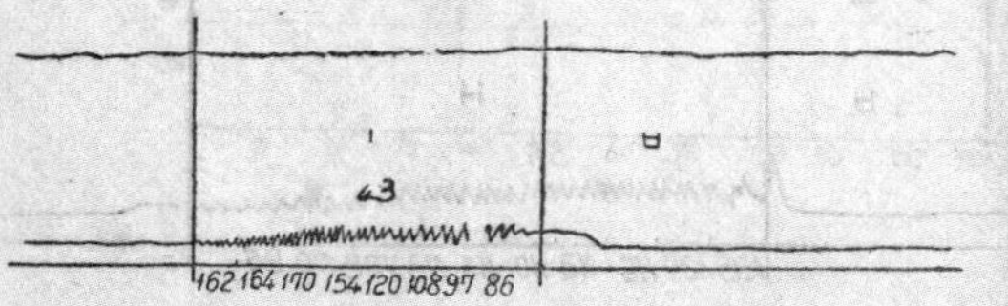
43
162 164 170 154 120 108 97 86

246

글(文)

김석구

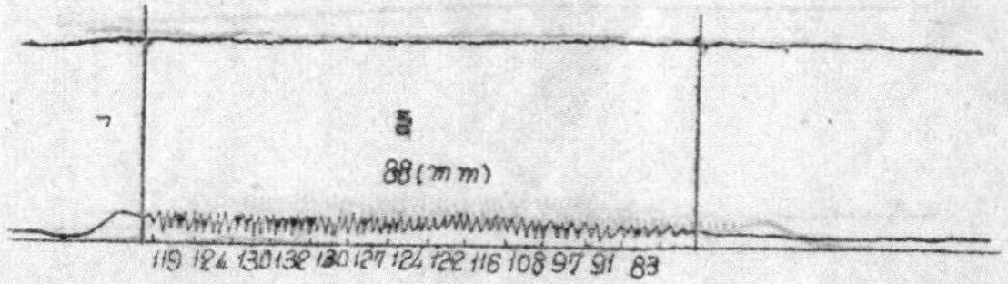
88 (mm)
119 124 130 132 130 127 124 122 116 108 97 91 83

손(手)

김 석구

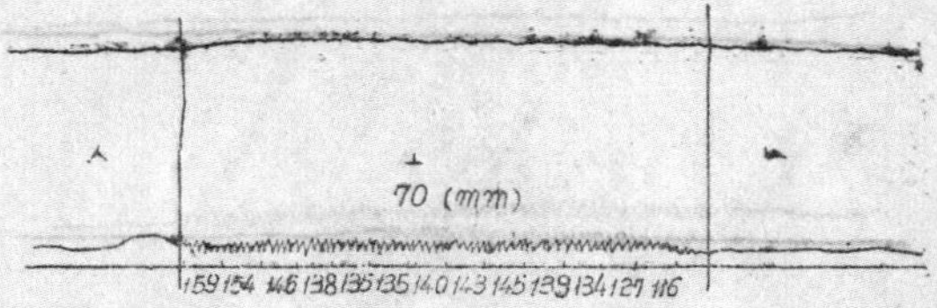
70 (mm)
159 154 146 138 136 135 140 143 145 139 134 127 116

밥(飯)

김 석구

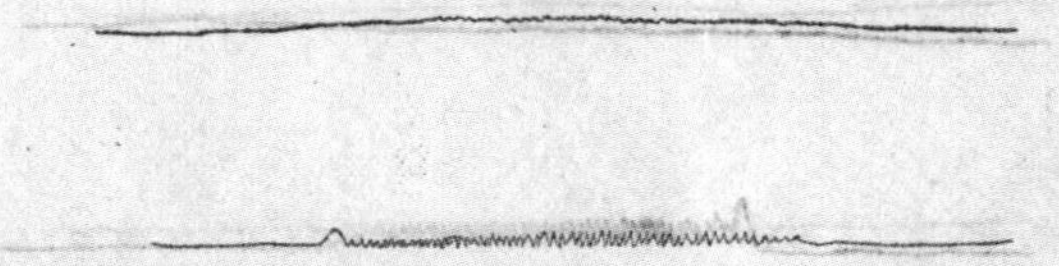

247

집(家)

김 석구

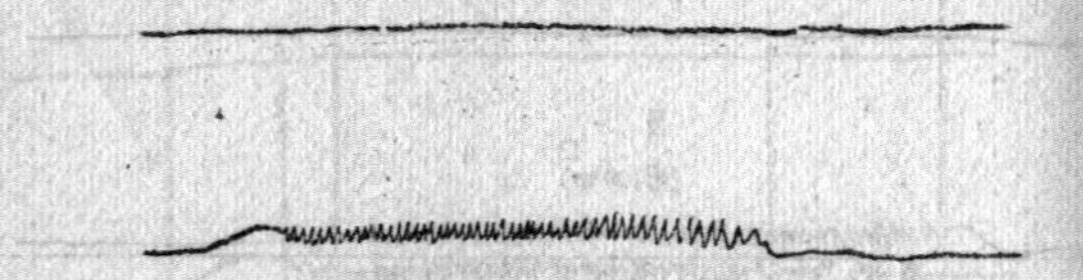

몸

김 석구

범(虎)

김 구석

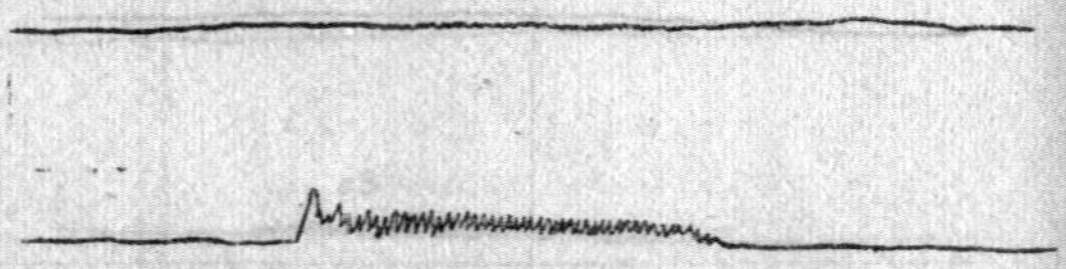

감(柿)

김 석구

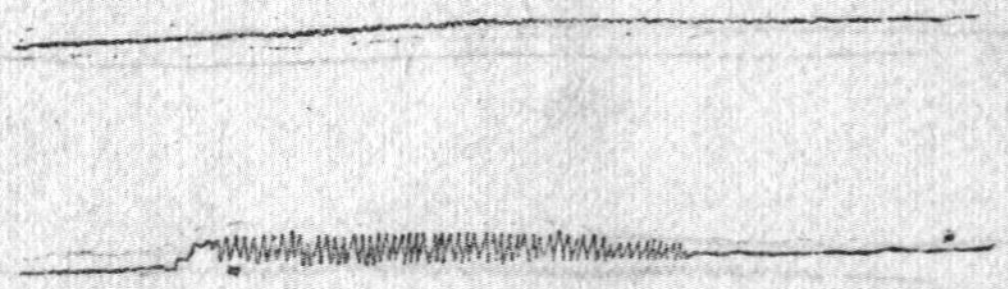

골(腦)

김 석구

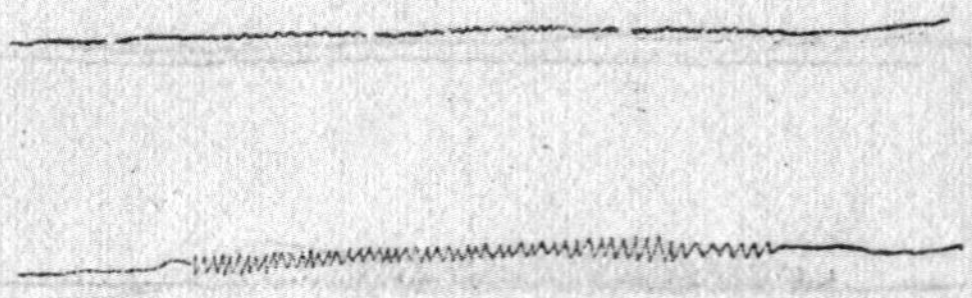

말(斗)

김 석구

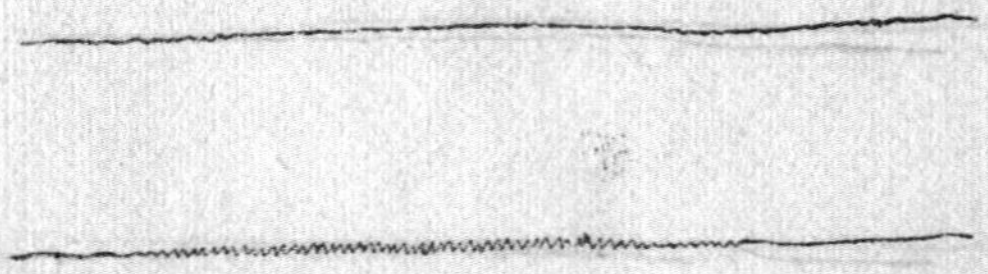

밀(蠟)

김 석구

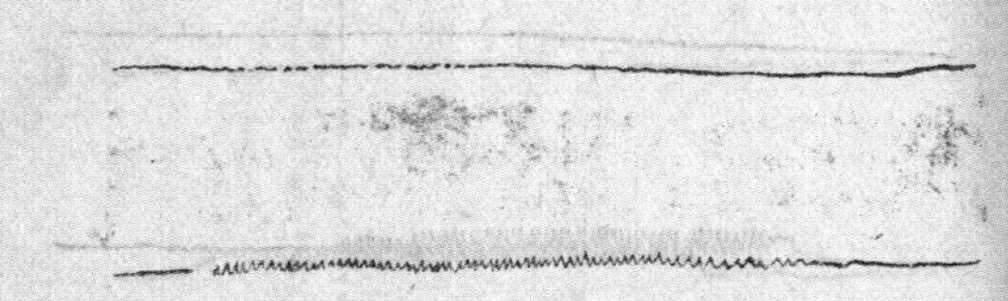

너(四)

김 석구

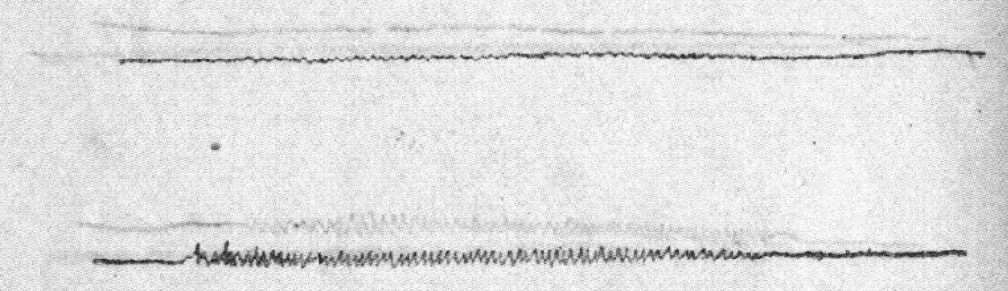

길(道)

김 석구

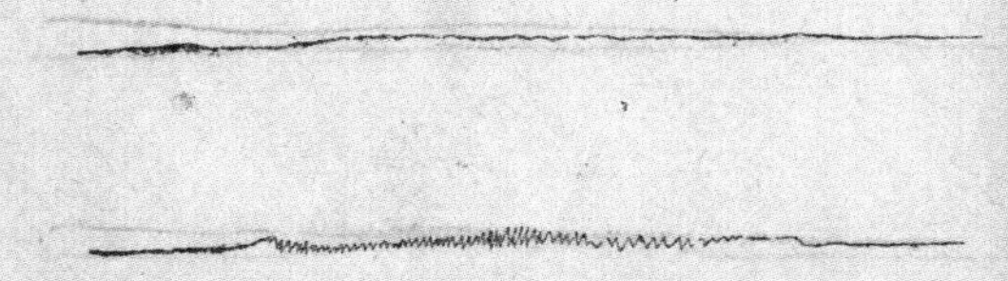

250

떡(餠)

김 석구

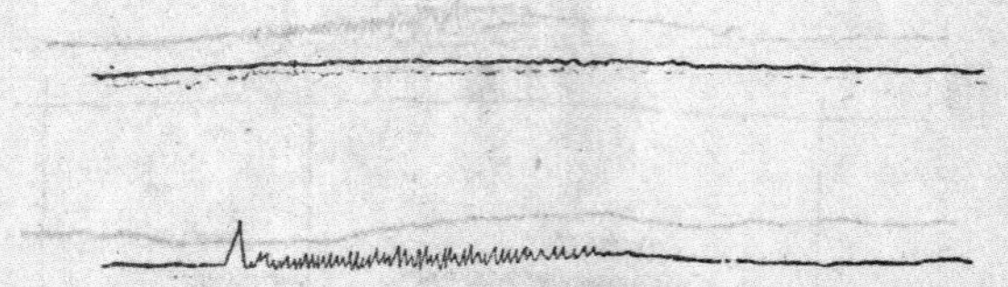

성(怒)

김 석구

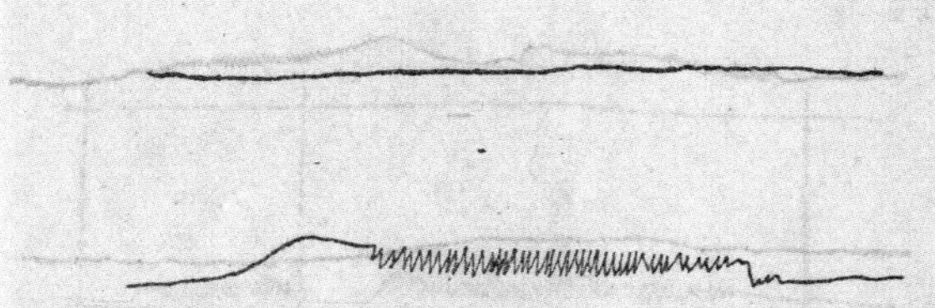

말(語)

김 석구

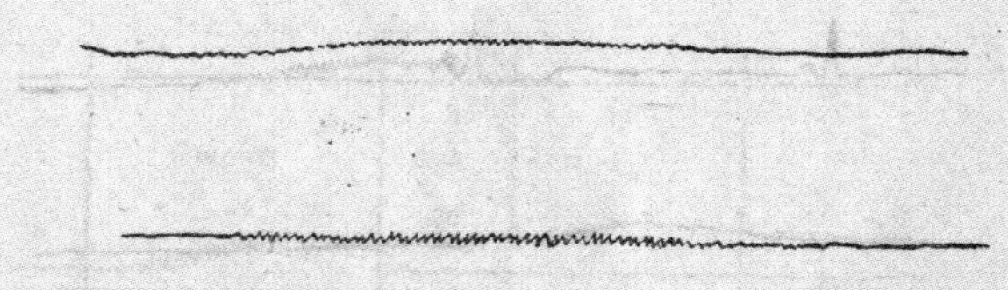

251

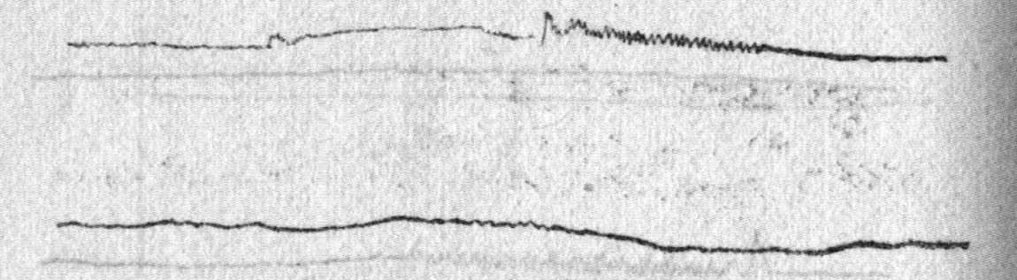

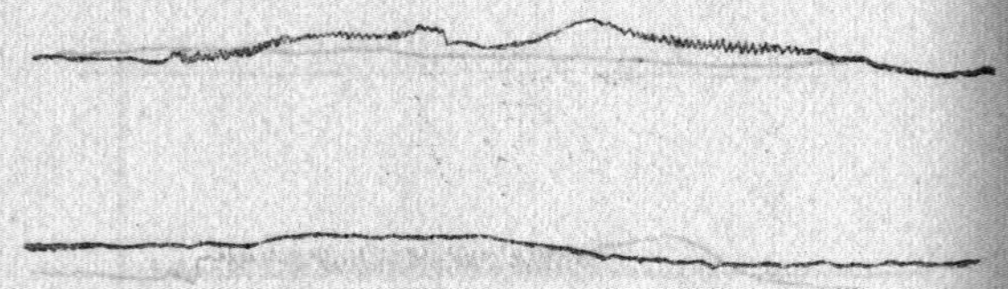

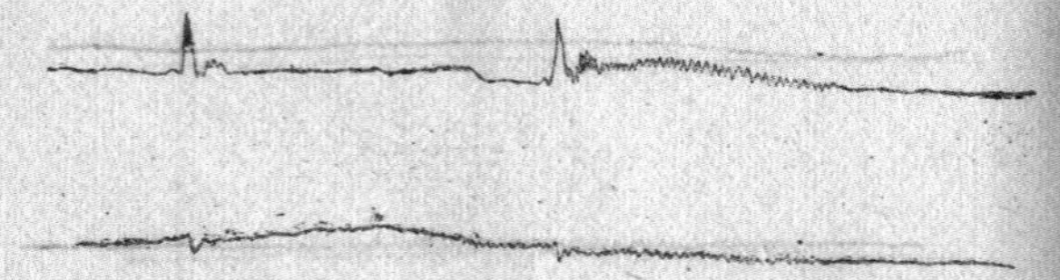

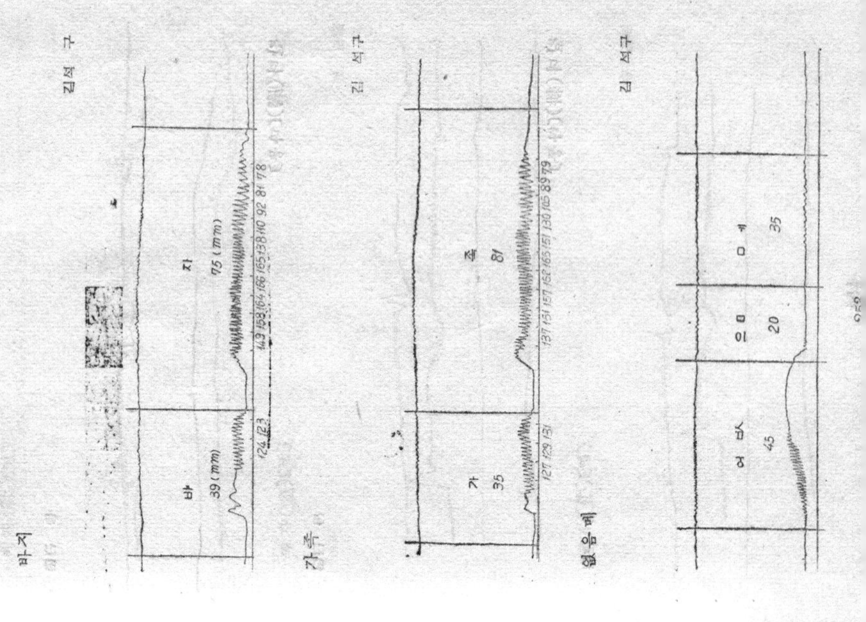

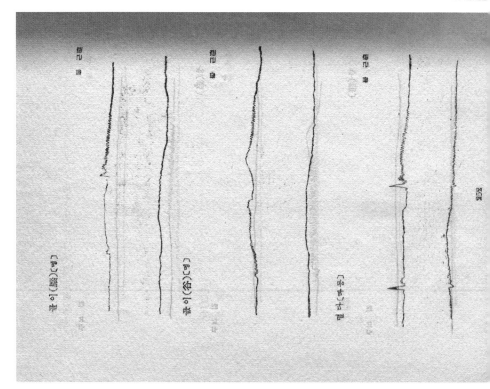

갈다(遞)[타동]

동 근흔

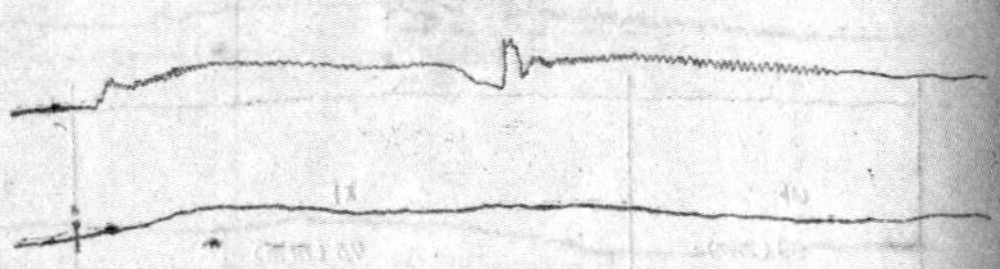

갈다(磨)[타동]

동 근흔

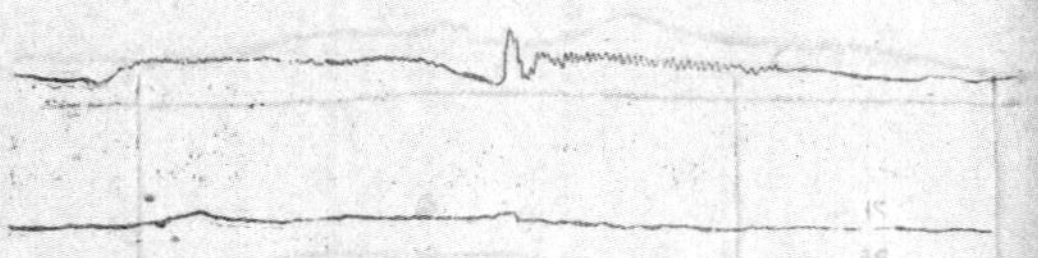

갈다(耕)[타동]

동 근흔

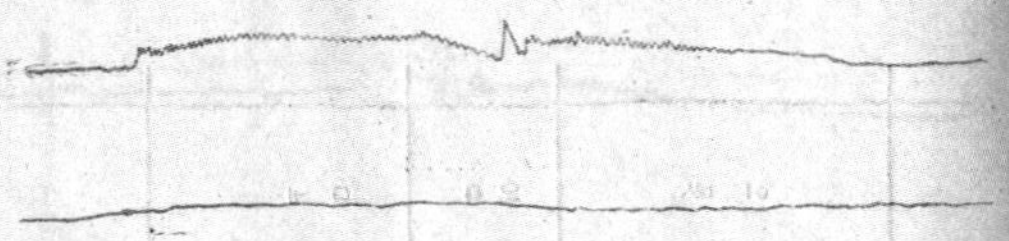

254

배 가(梨)[명]

동 근흔

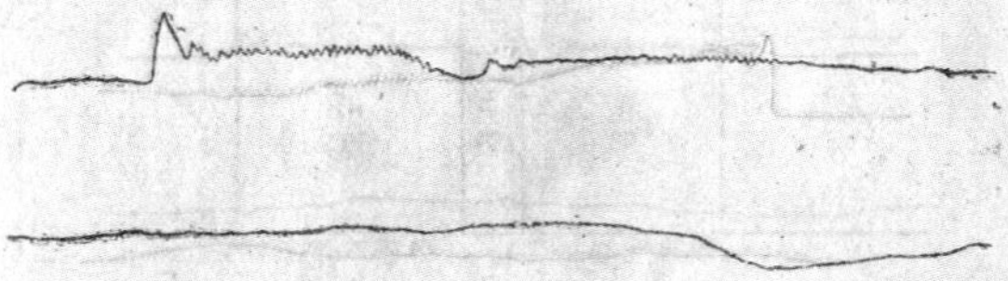

배 가(腹)[명]

동 근흔

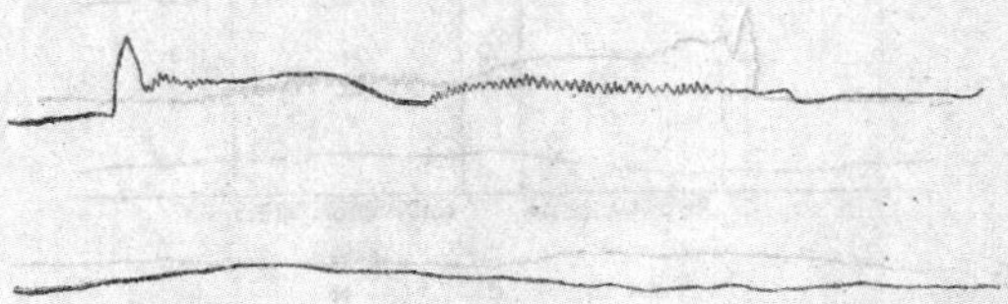

배 가(倍)[명]

동 근흔

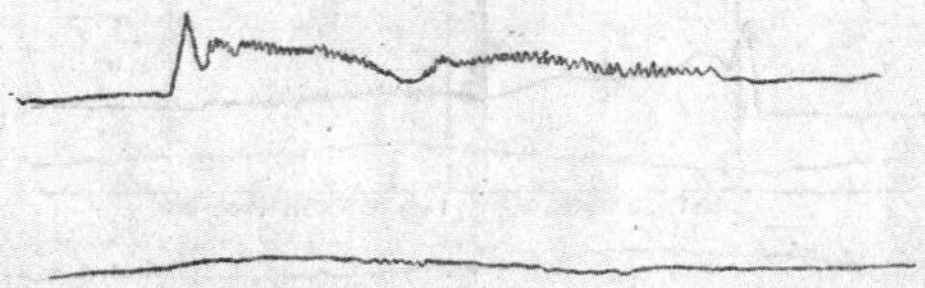

255

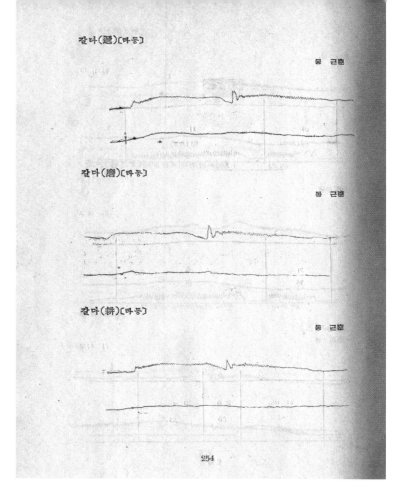

파가(派)[명]

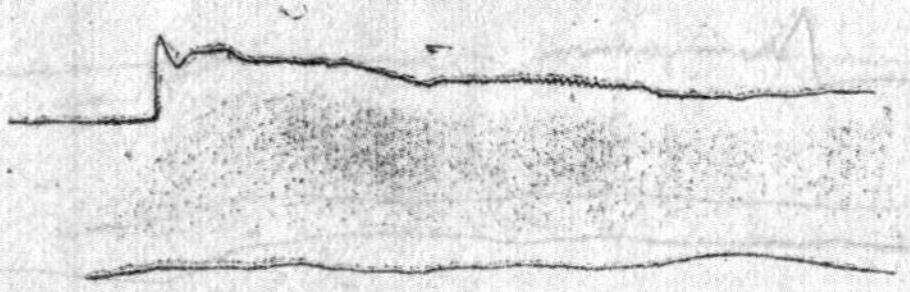

파가(葱)[명]

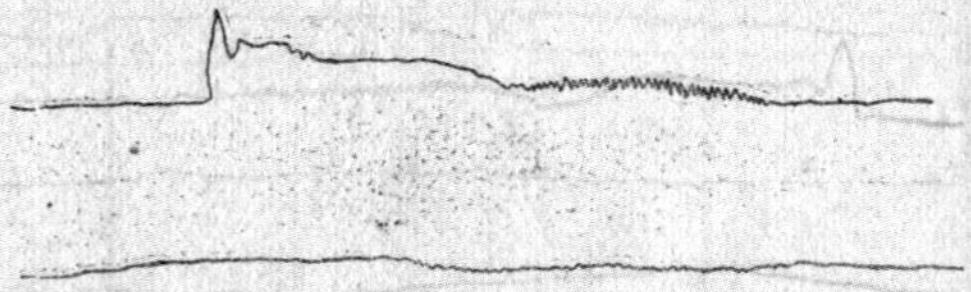

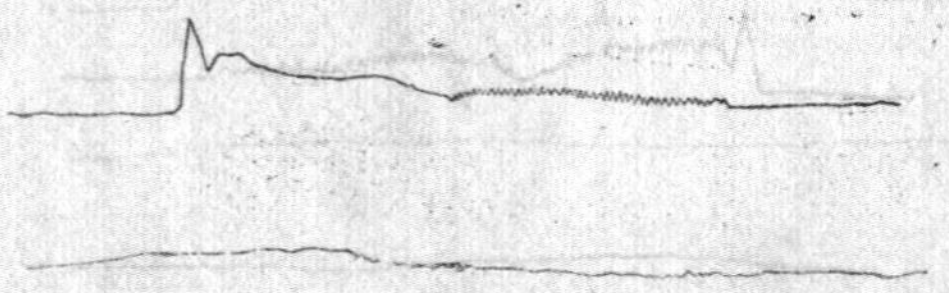

파가(破)[명]

256

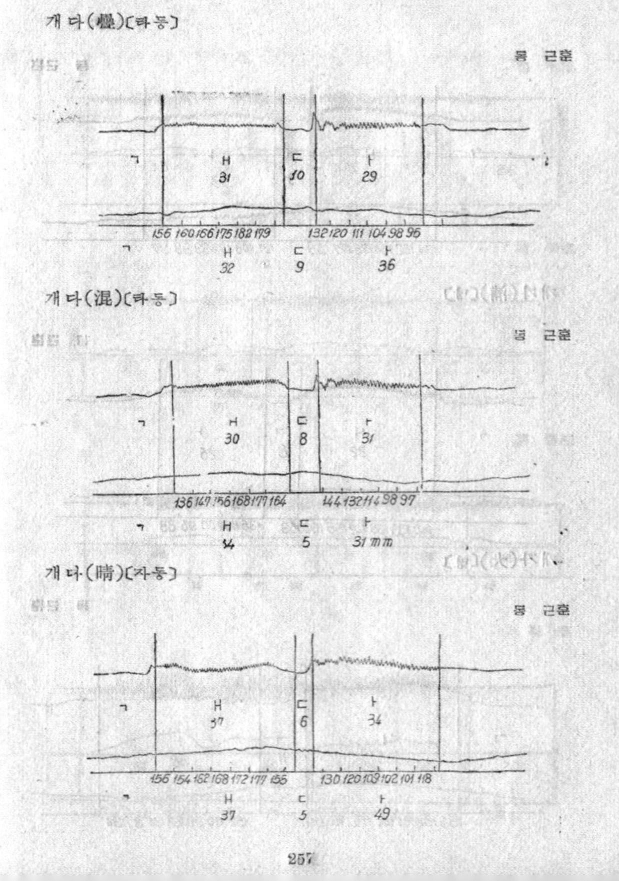

개가(윷의)[명]

동 근훈

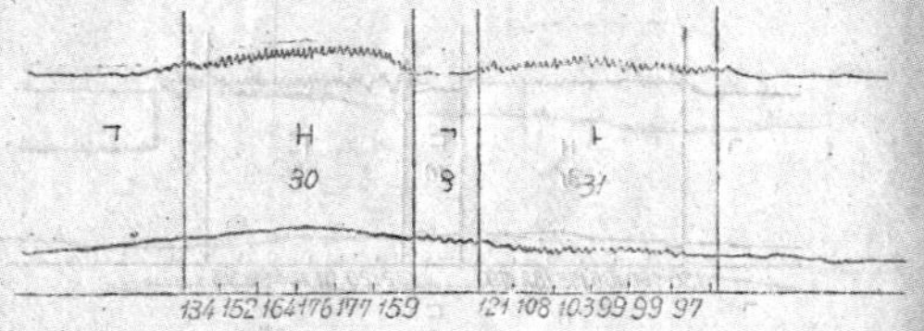

ㄱ
ㅐ
30
ㄱ
8
ㅏ
31
134 152 164 176 177 159
121 108 103 99 99 97

개가(浦)[명]

동 근훈

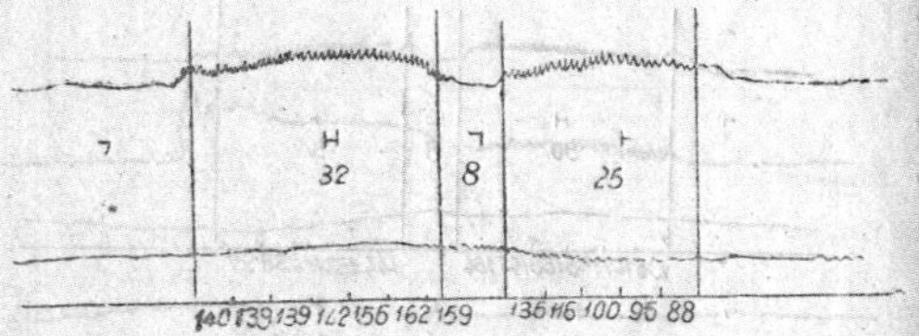

ㄱ
ㅐ
32
ㄱ
8
ㅏ
25
140 139 139 142 156 162 159
136 116 100 96 88

개가(犬)[명]

동 근훈

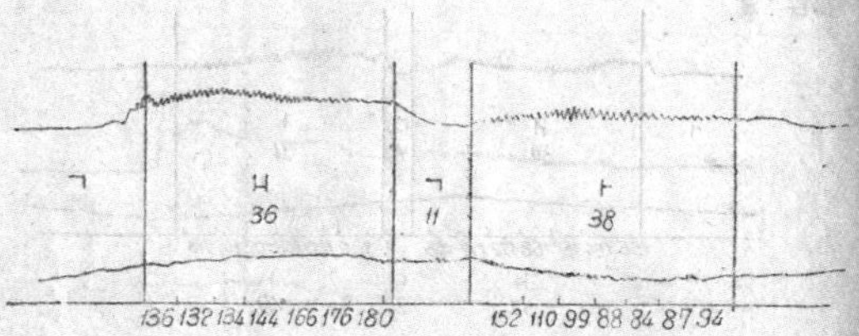

ㄱ
ㅐ
36
ㄱ
11
ㅏ
38
136 132 134 144 166 176 180
152 110 99 88 84 87 94

258

건들거리다

정 용호

33
22
15
15
26
18 17
20 20
30
22
17

리 극로

31
14
29
21
29
14 14 15 15 18 16 19 11

정 렬모

49
30
21
26
29
16
17 18
18
18
17 15

류 렬

31
24
15
22
20
12 12 11 13 12 13 13 15
12

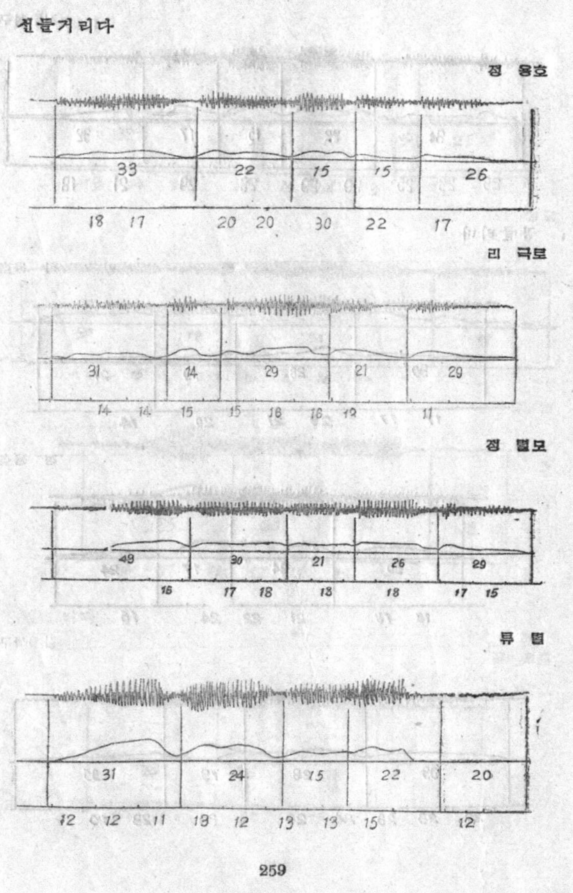

259

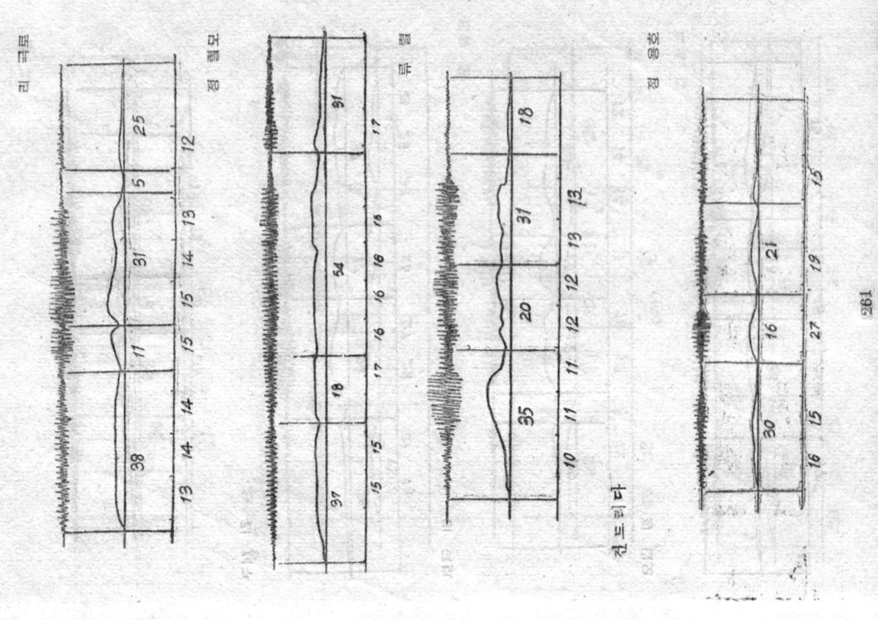

김 석구

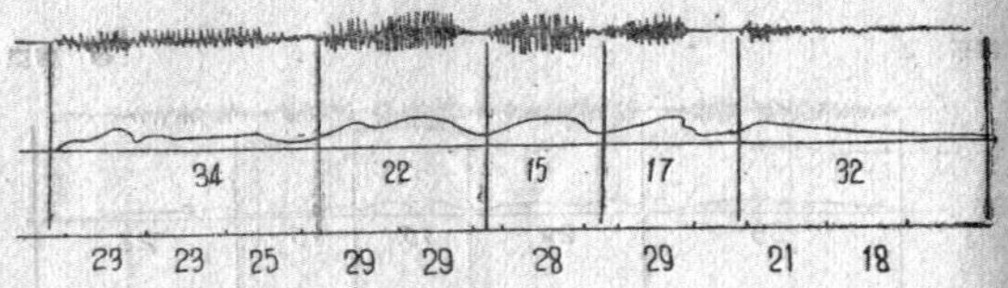

공글리다

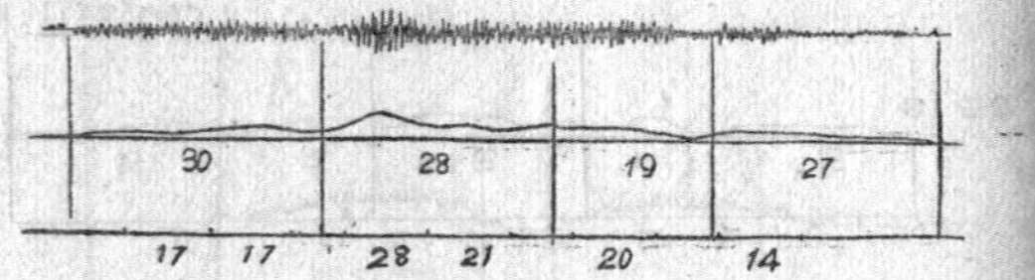

정 용호

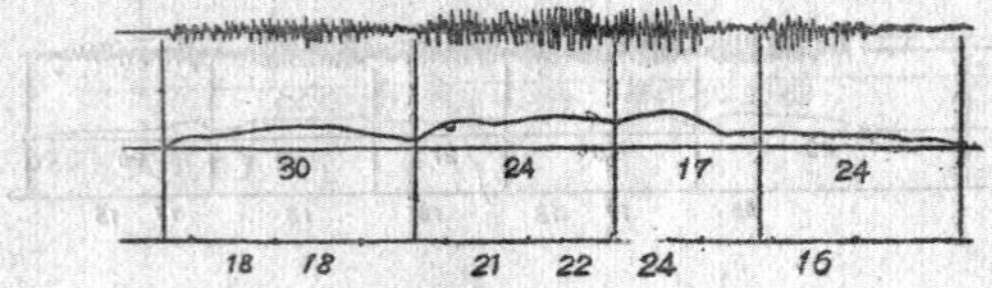

정 용호

김 석구

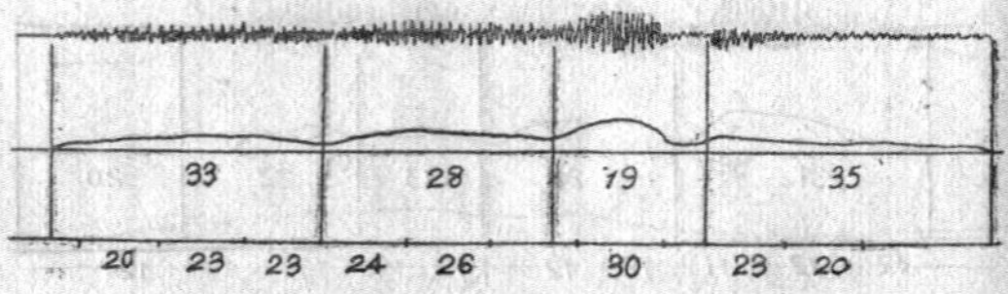

260

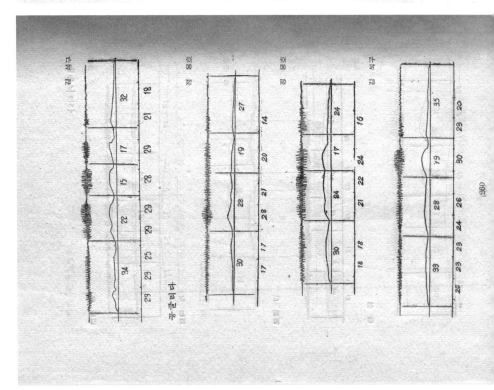

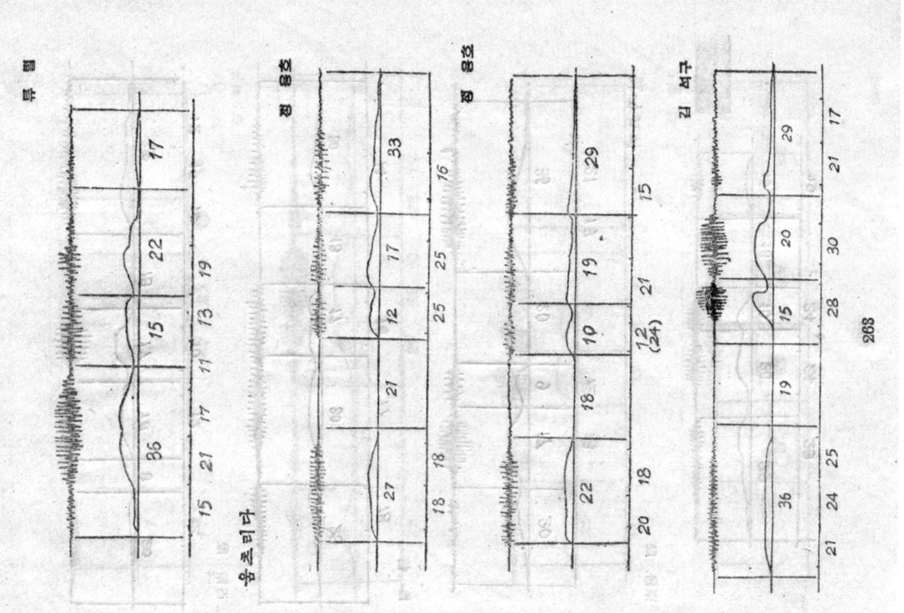

정 룡호

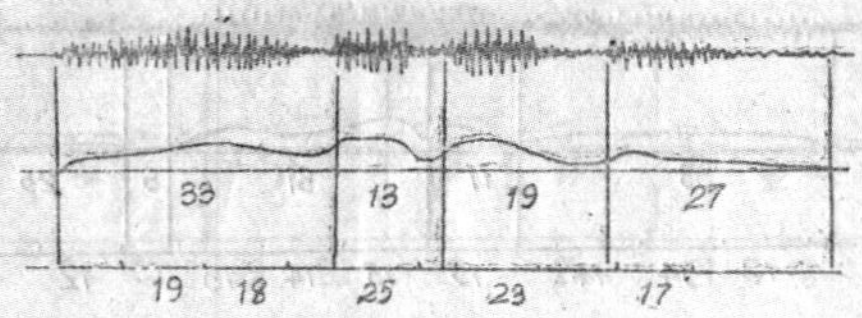

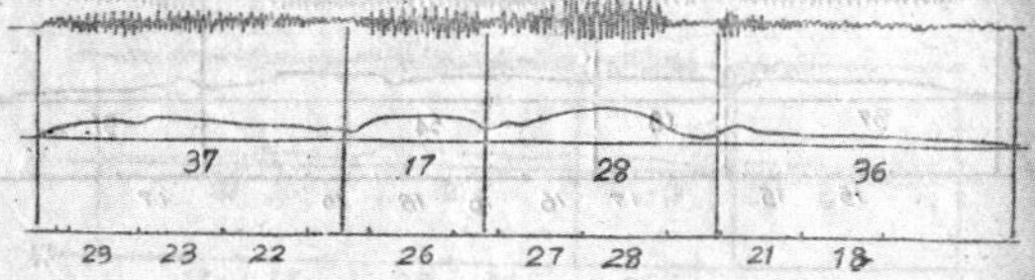

김 석구

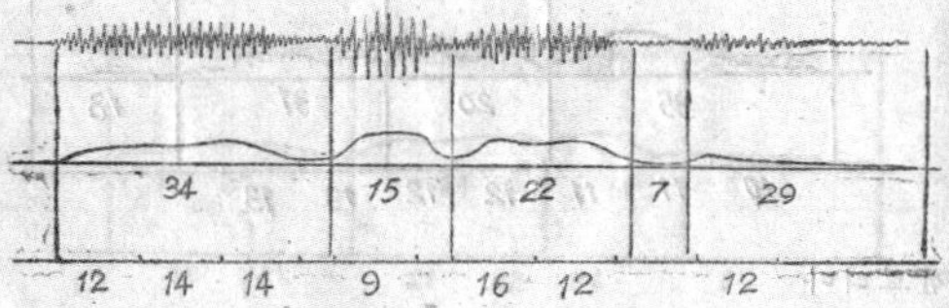

리 극로

정 렬모

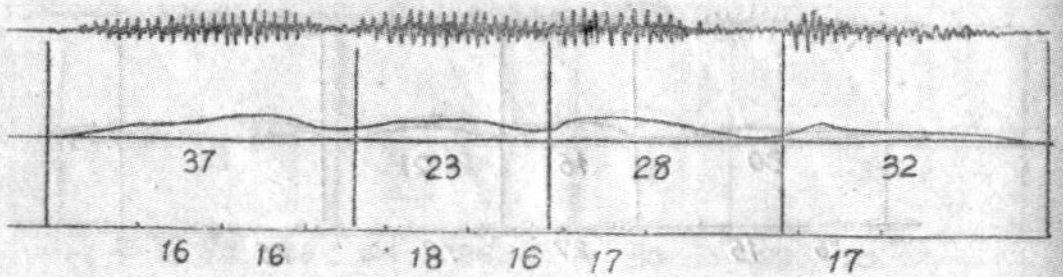

262

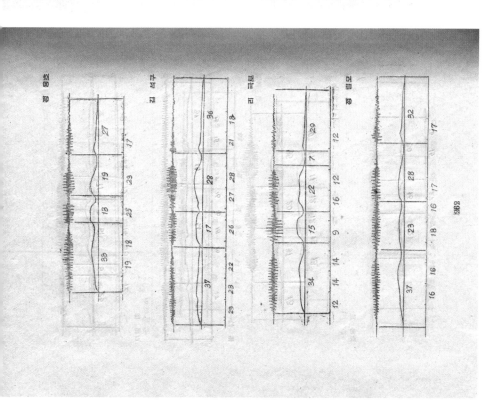

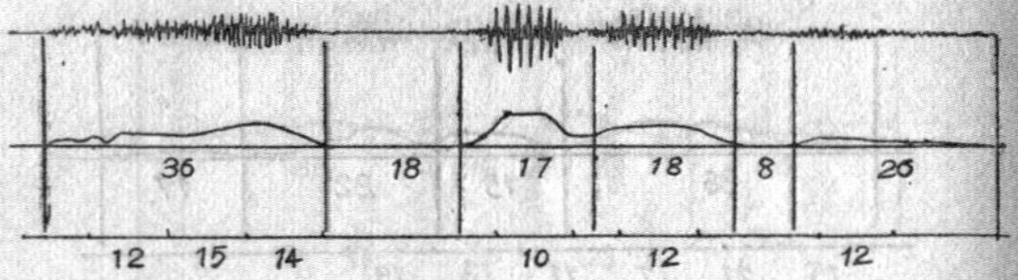

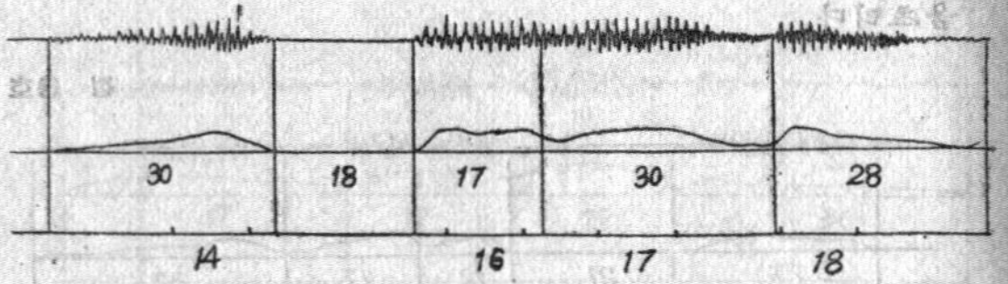

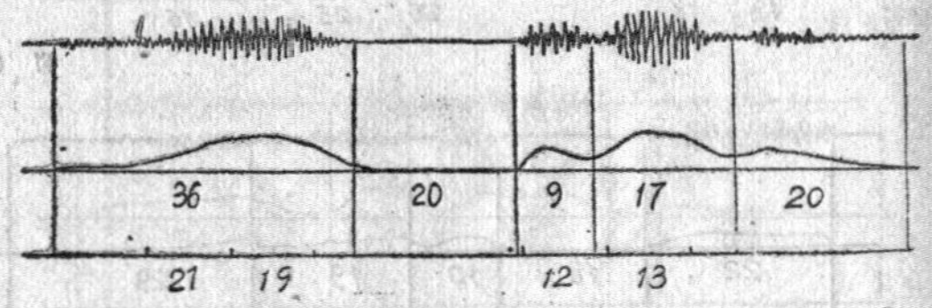

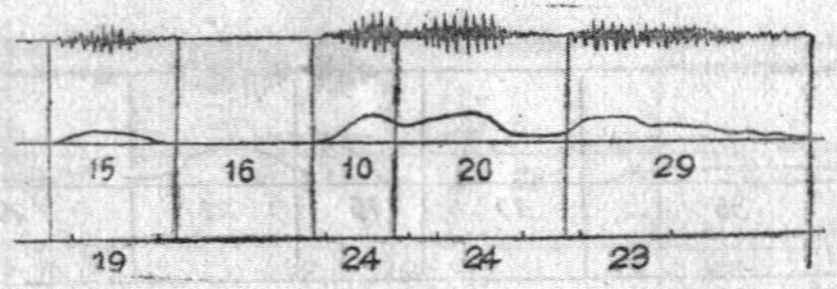

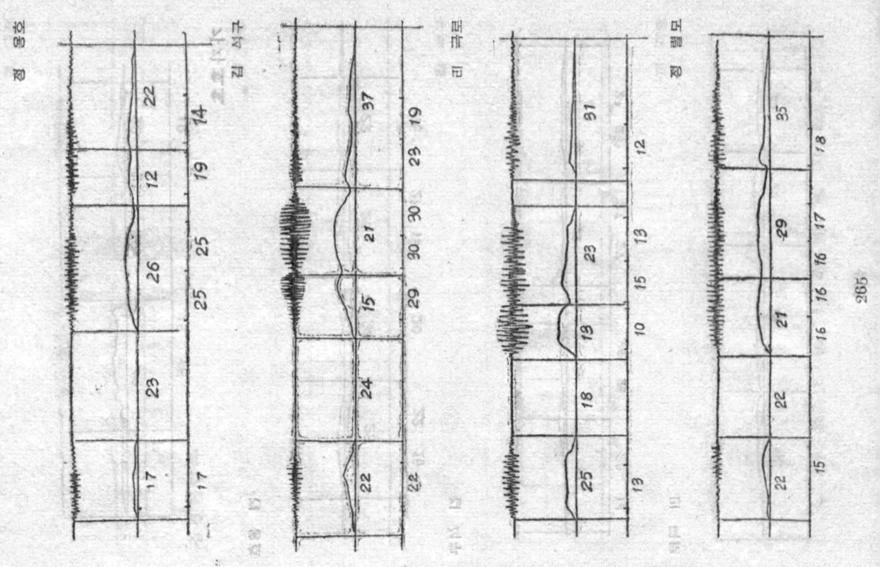

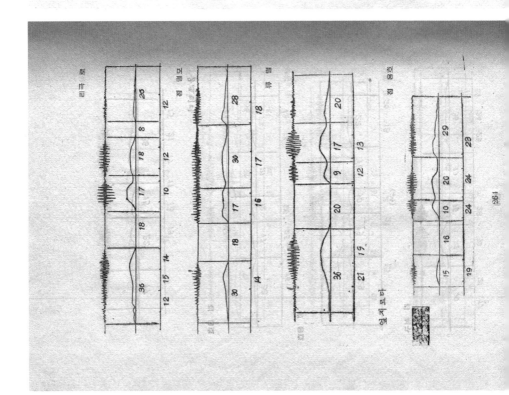

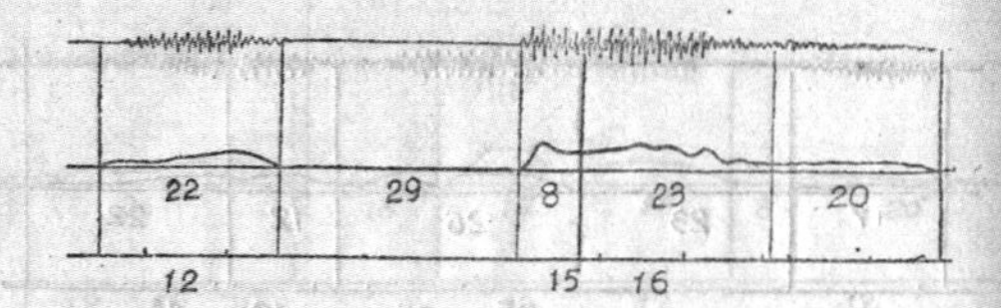

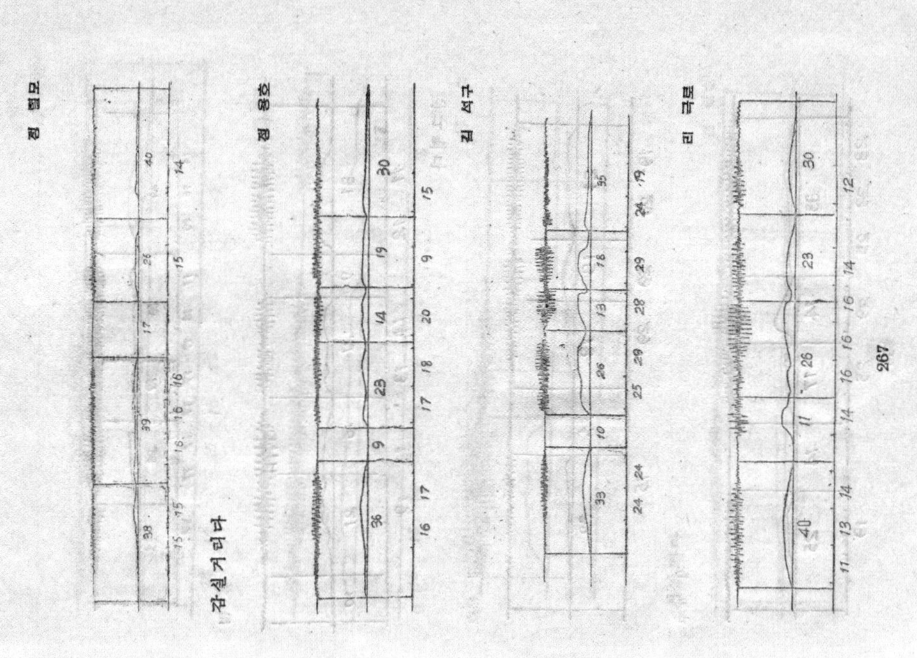

가가호호

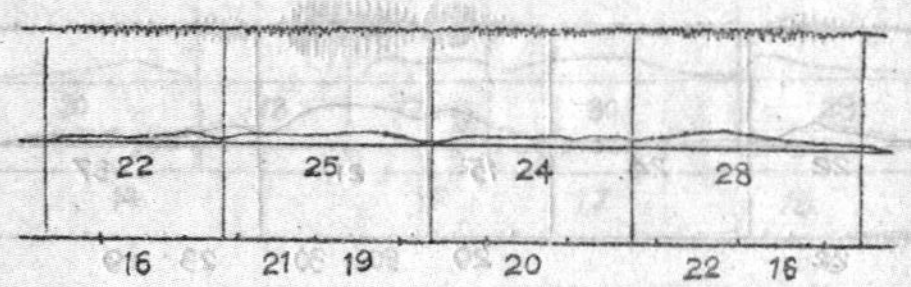

정 용호

김 석구

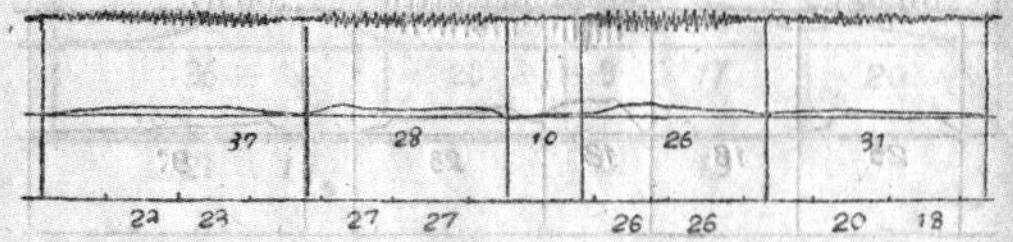

리 극로

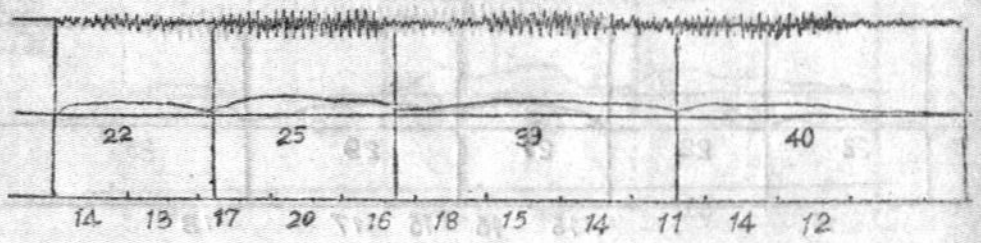

266

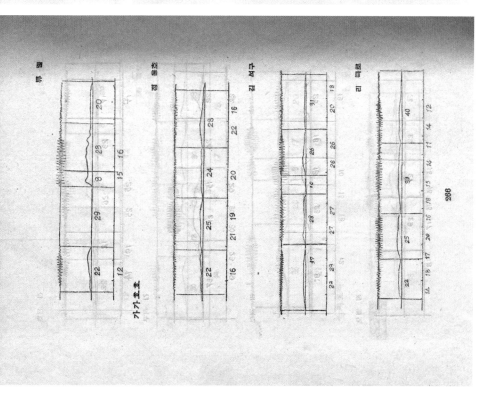

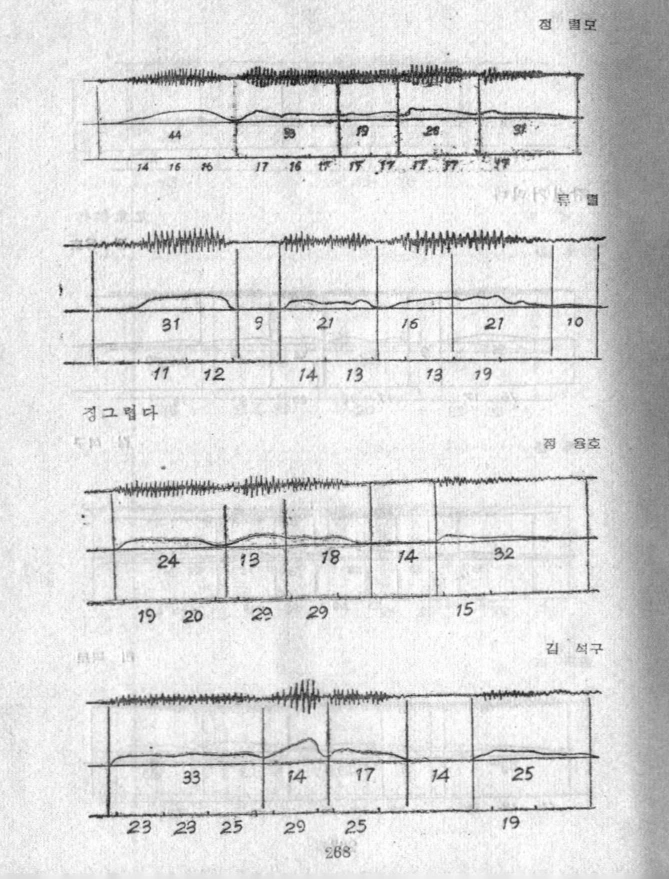
정 렬모
44
33
19
26
31
14 16 16 17 16 15 15 17 17 17 17
류 렬
31
9
21
16
21
10
11 12 14 13 13 19
경그럽다
정 용호
24
13
18
14
32
19 20 29 29 15
김 석구
33
14
17
14
25
23 23 25 29 25 19
268

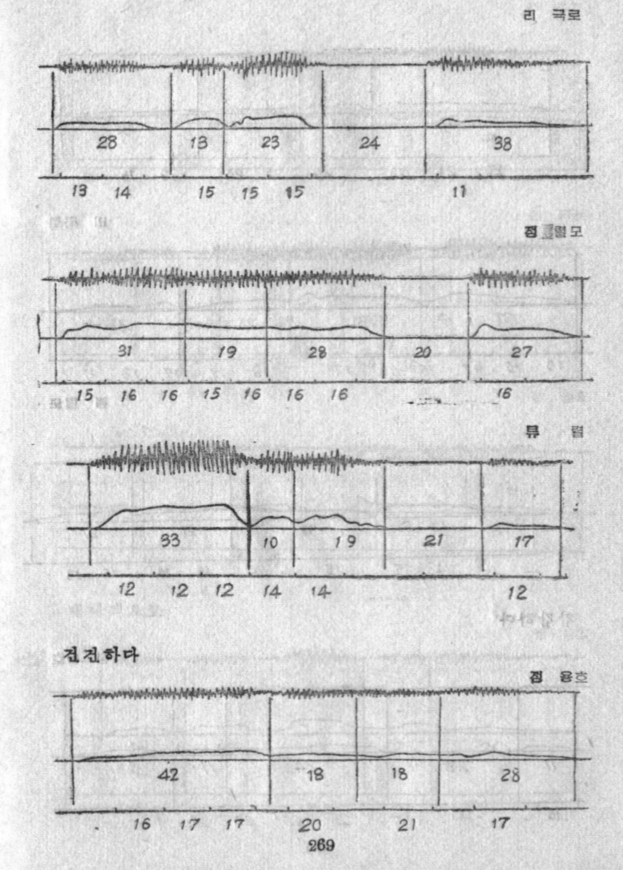
리 극로
28
13
23
24
38
13 14 15 15 15 11
정 렬모
31
19
28
20
27
15 16 16 15 16 16 16 16
류 렬
33
10
19
21
17
12 12 12 14 14 12
걸걸하다
정 용호
42
18
18
28
16 17 17 20 21 17
269

감각하다

김 석구

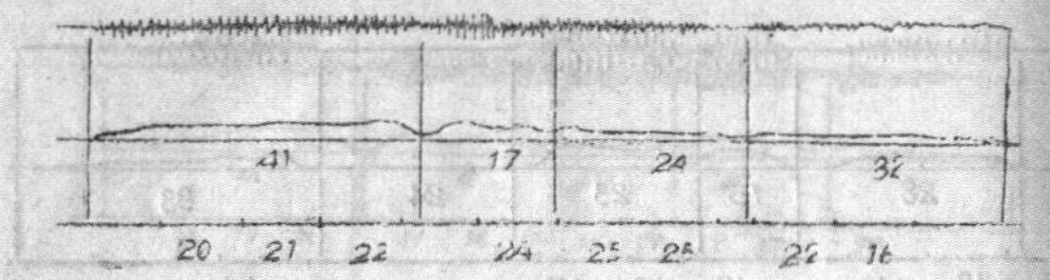

리 극로

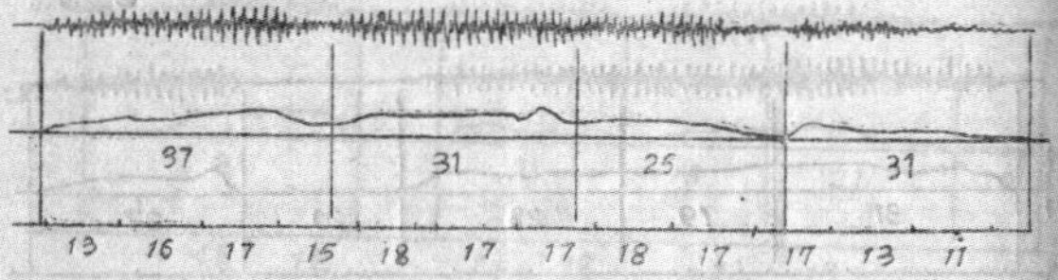

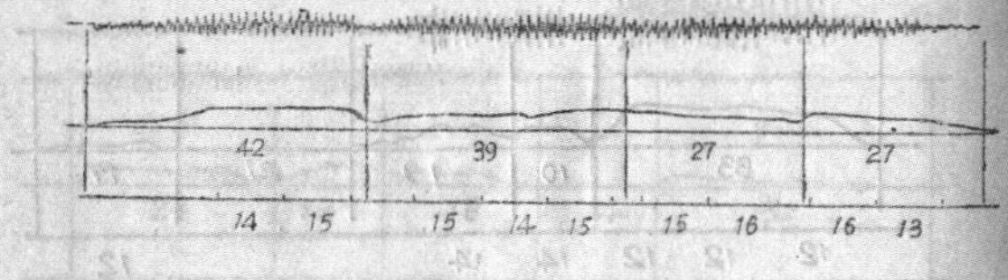

정 열모

정 용호

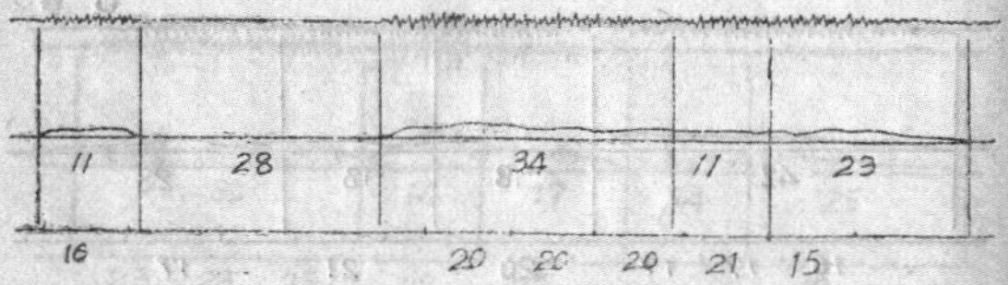

270

대대적으로

김 석구

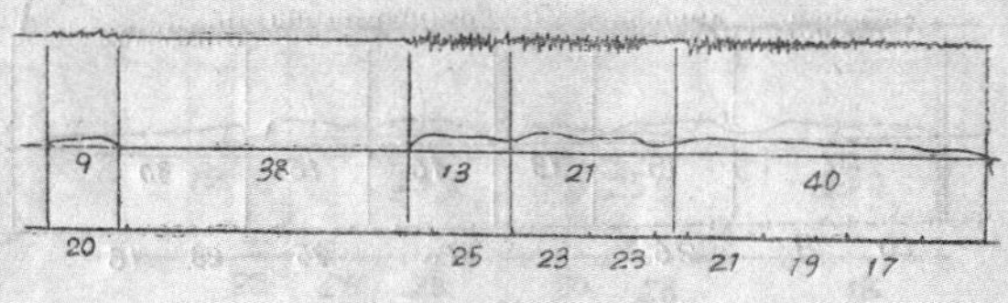

리 극로

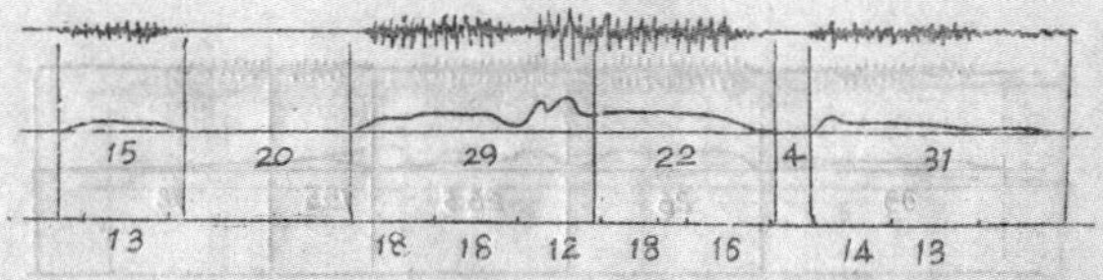

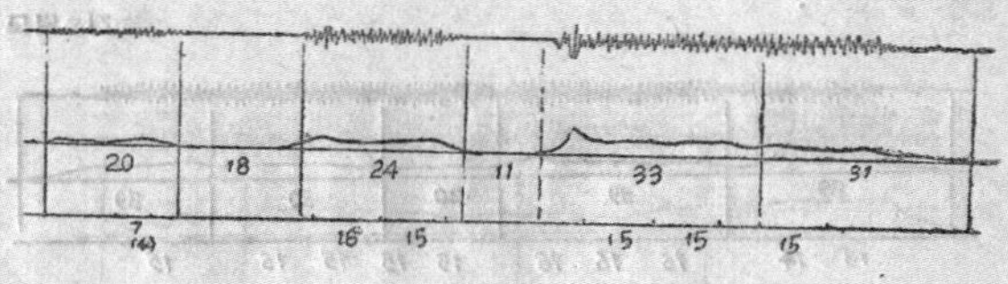

정 열모

정 용호

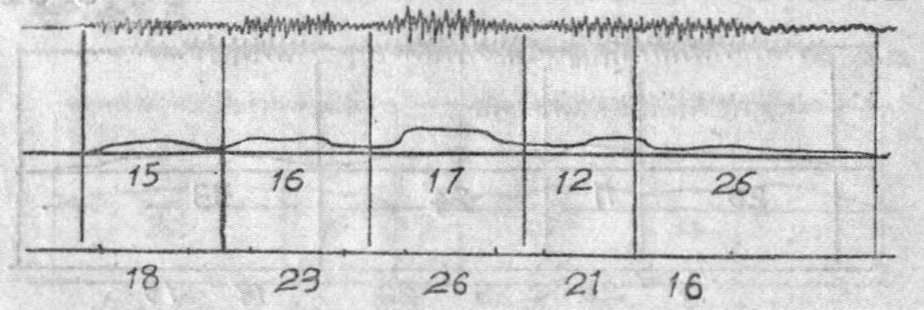

271

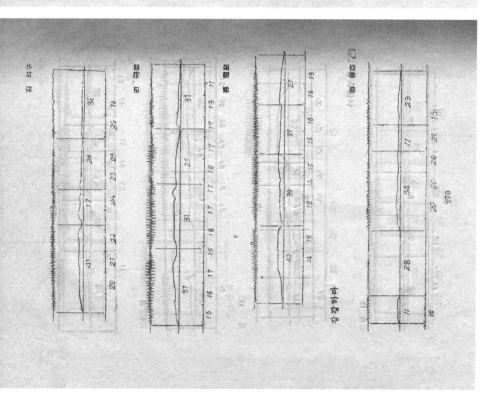

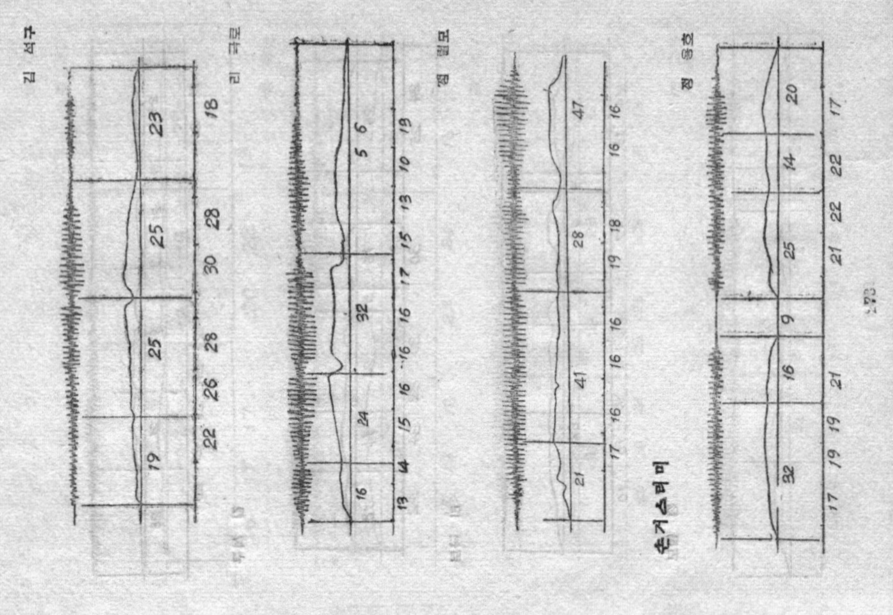

조무래기

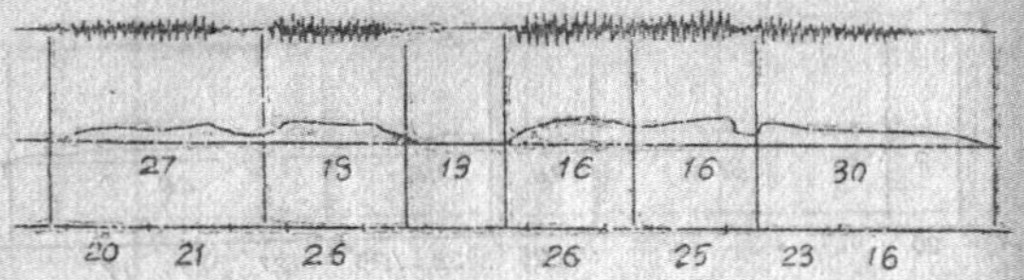

김 석구

리 극로

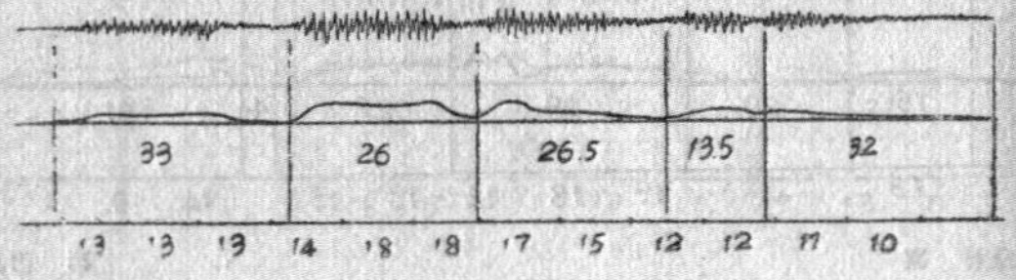

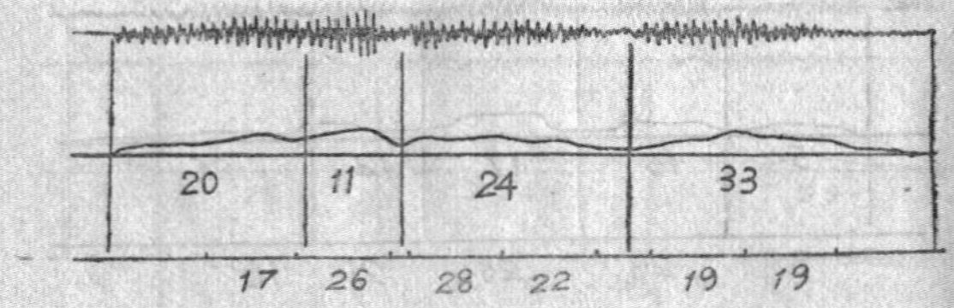

정 렬모

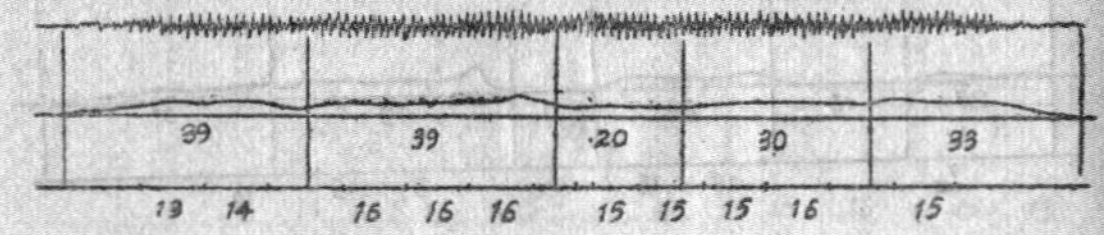

정 용호

272

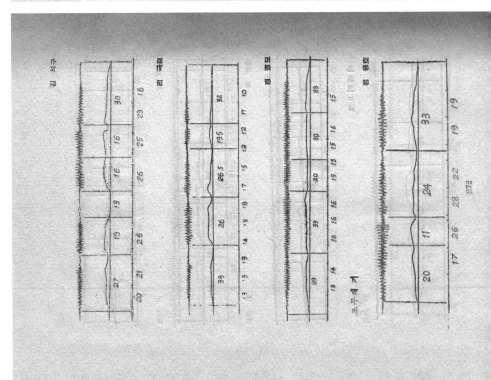

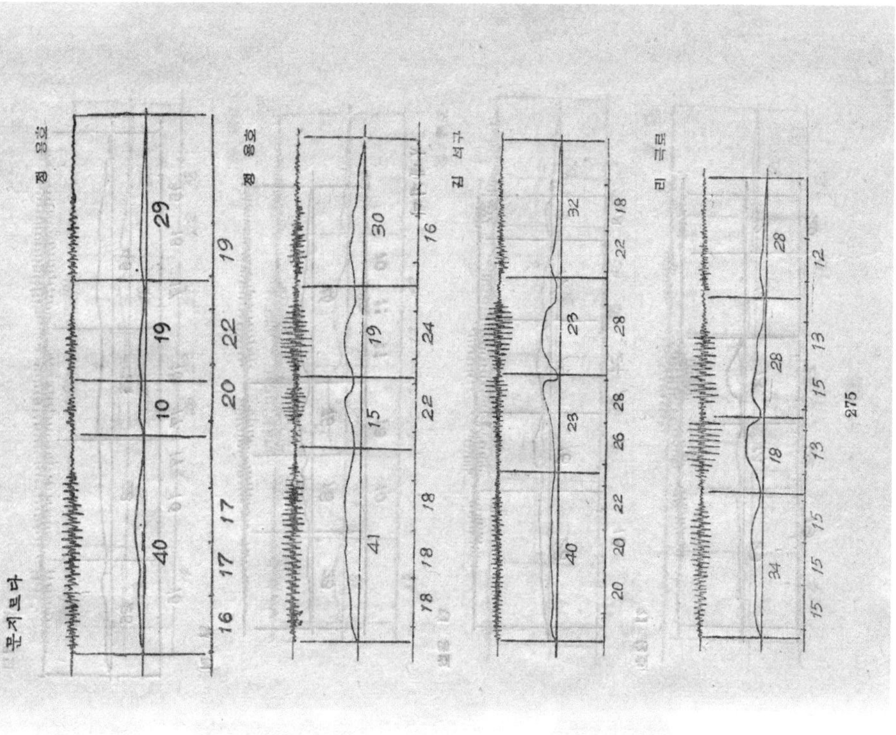

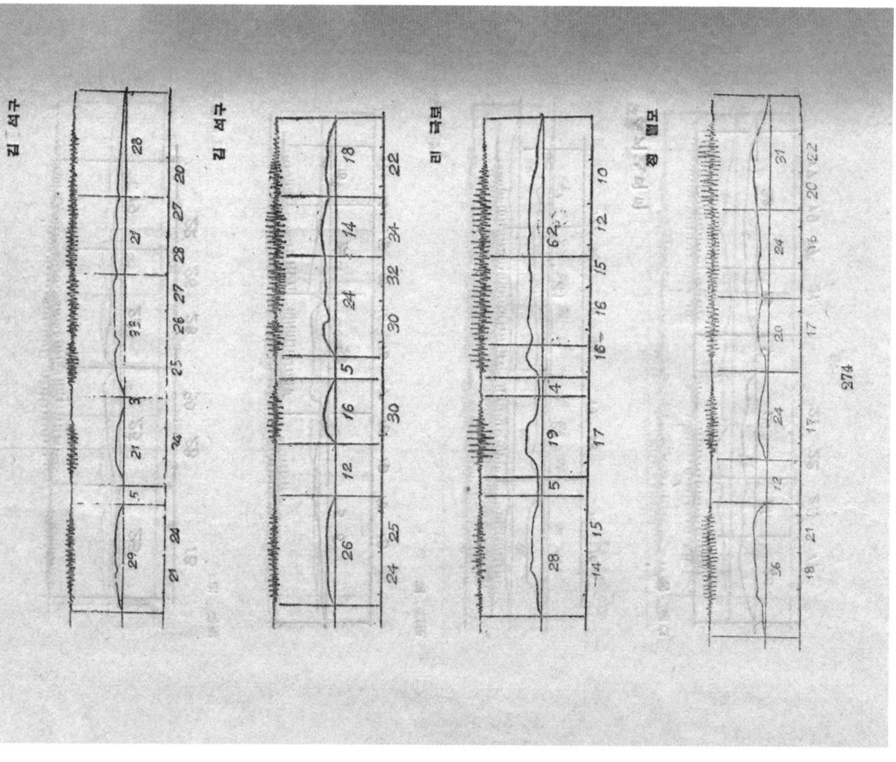

김 석구

김 석구

리 극로

정 렬모

문지르다

정 용호

정 용호

김 석구

리 극로

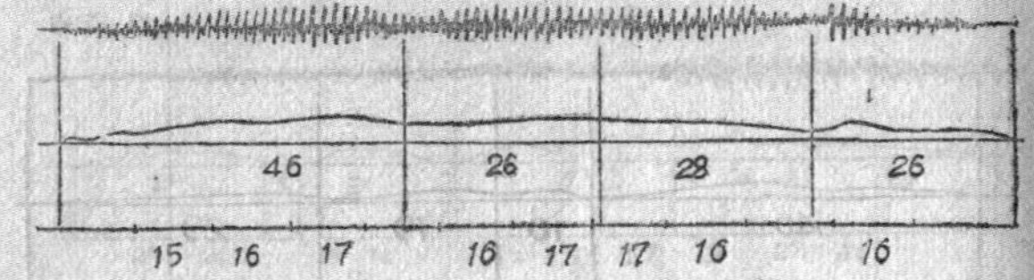

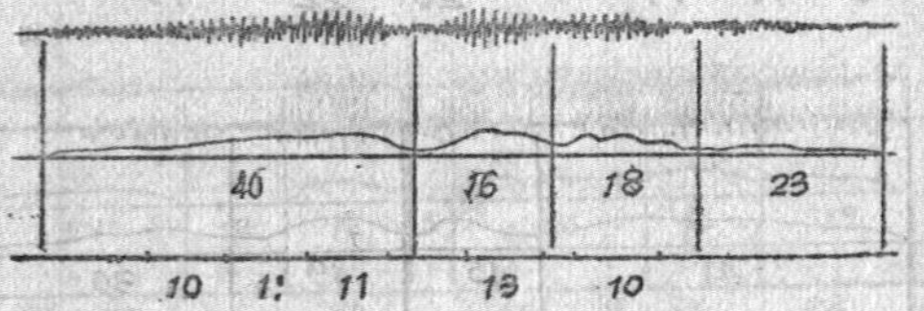

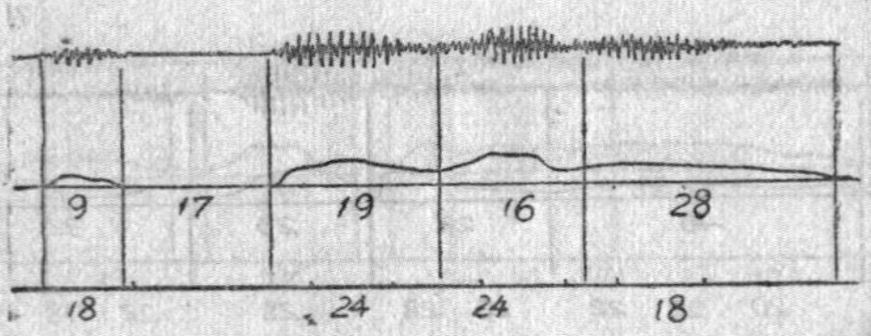

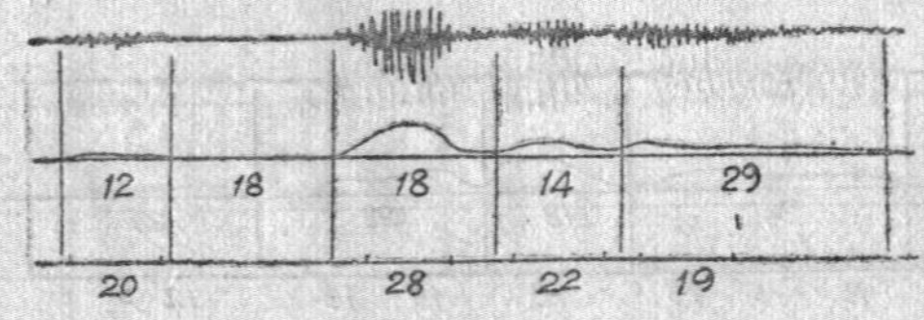

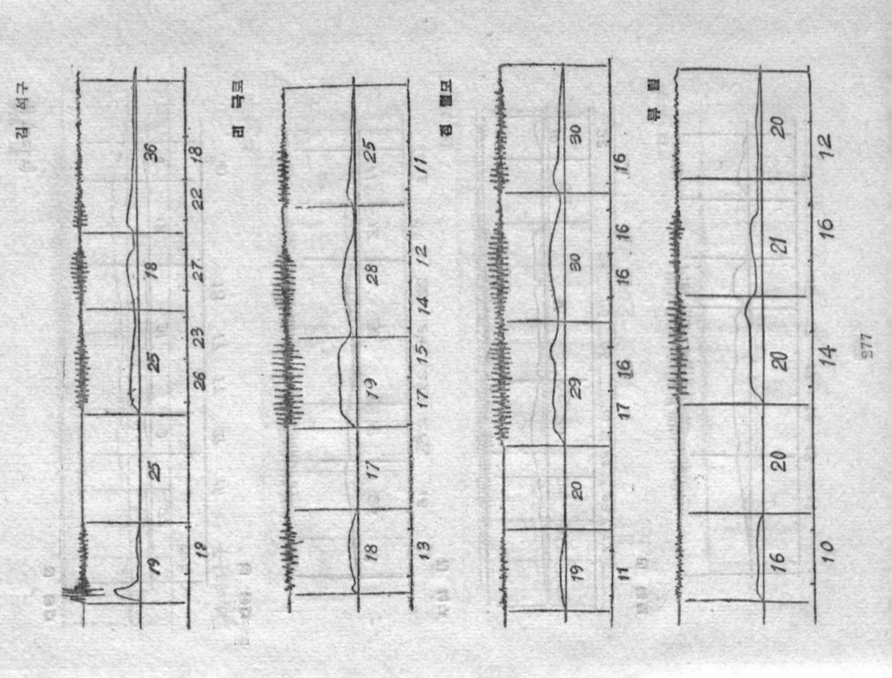

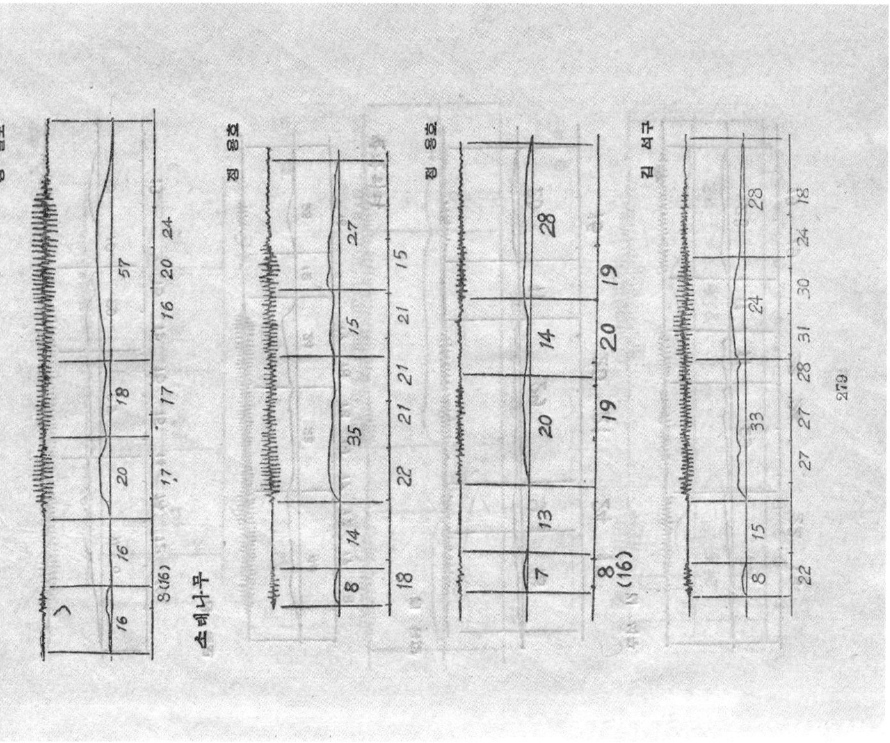

귀뚜라미

정 용호

8 18 31 9 27

8 (16) 18 17 17 21 16

정 용호

11 12 30 12 25

18 22 23 23 27 16

김 석구

10 15 37 23 30

22 26 26 26 30 30 23 17

리 극로

13 15 17 17 16 13 11

278

정 렬모

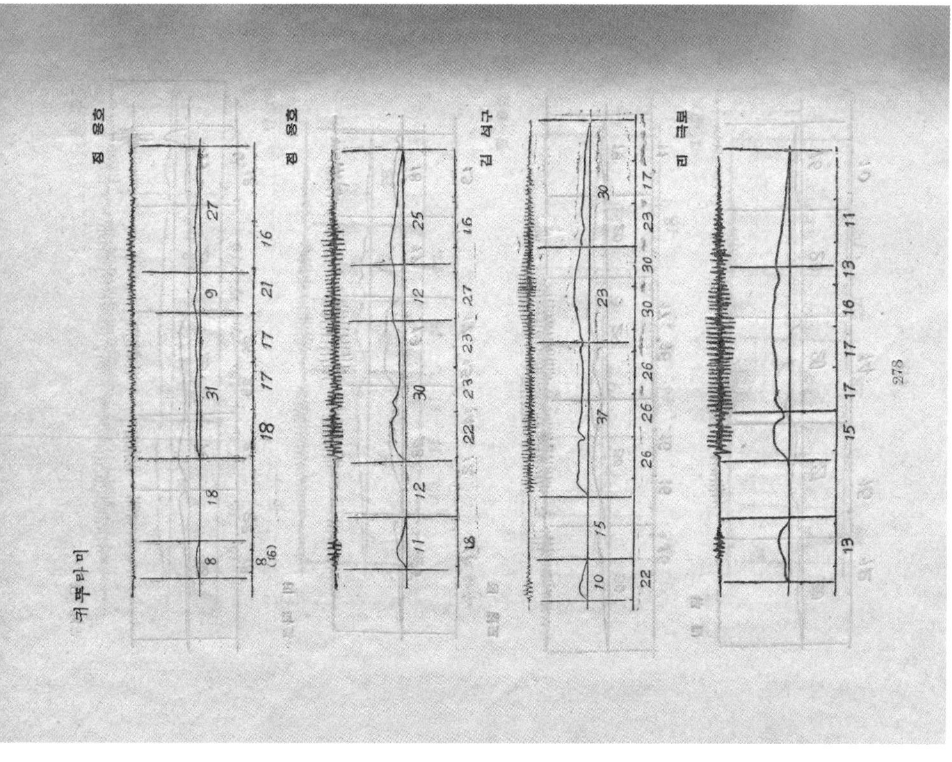

16 16 20 18 57

8(16) 17 17 16 20 24

소테나무

정 용호

8 14 35 15 27

18 22 21 21 21 15

정 용호

7 13 20 14 28

8 (16) 19 20 19

김 석구

8 15 33 24 28

22 27 27 28 31 30 24 18

279

리 극로

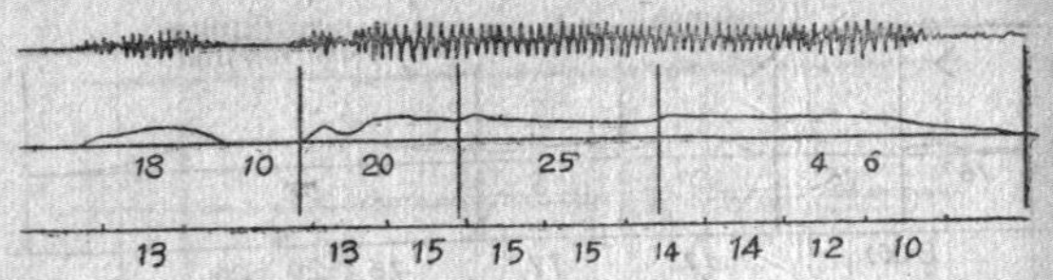

18 10 20 25 4 6

13 13 15 15 15 14 14 12 10

정 렬모

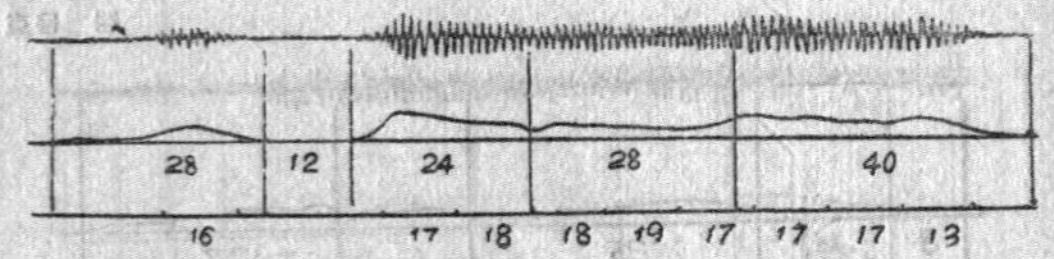

28 12 24 28 40

16 17 18 18 19 17 17 17 13

깔깔하다

정 용호

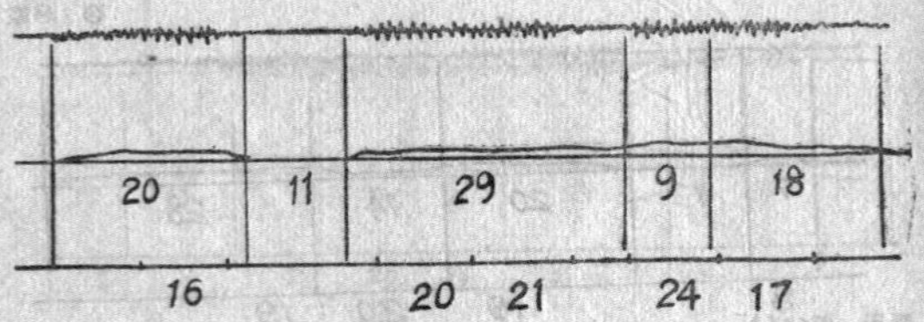

20 11 29 9 18

16 20 21 24 17

김 석구

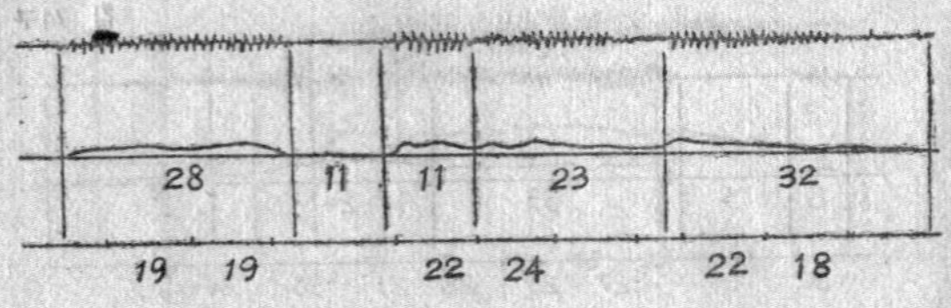

28 11 11 23 32

19 19 22 24 22 18

280

층층이

정 용호

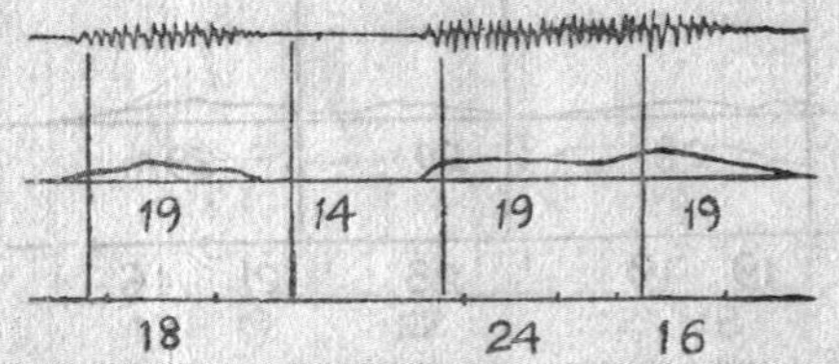

19 14 19 19

18 24 16

김 석구

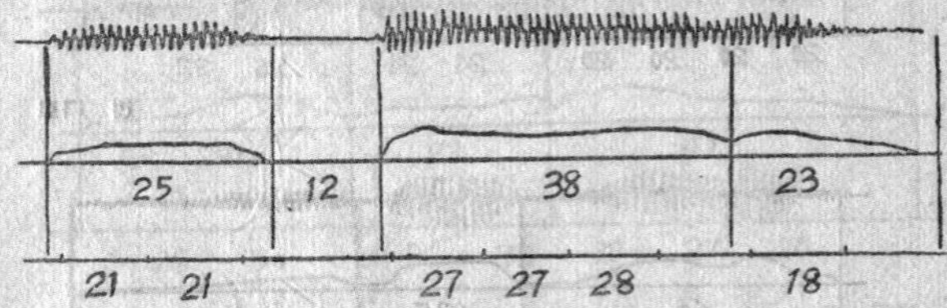

25 12 38 23

21 21 27 27 28 18

리 극로

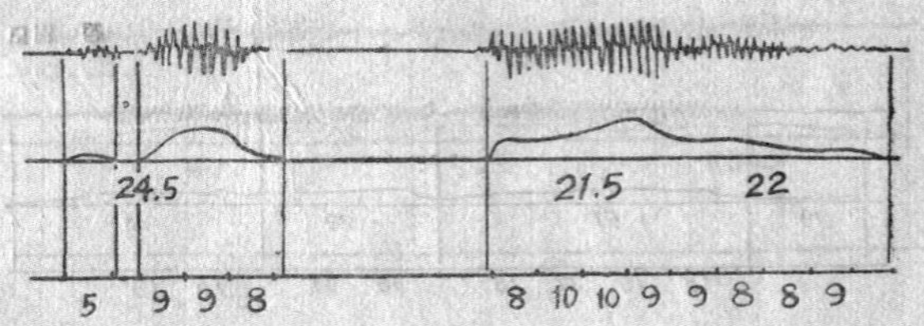

24.5 21.5 22

5 9 9 8 8 10 10 9 9 8 8 9

281

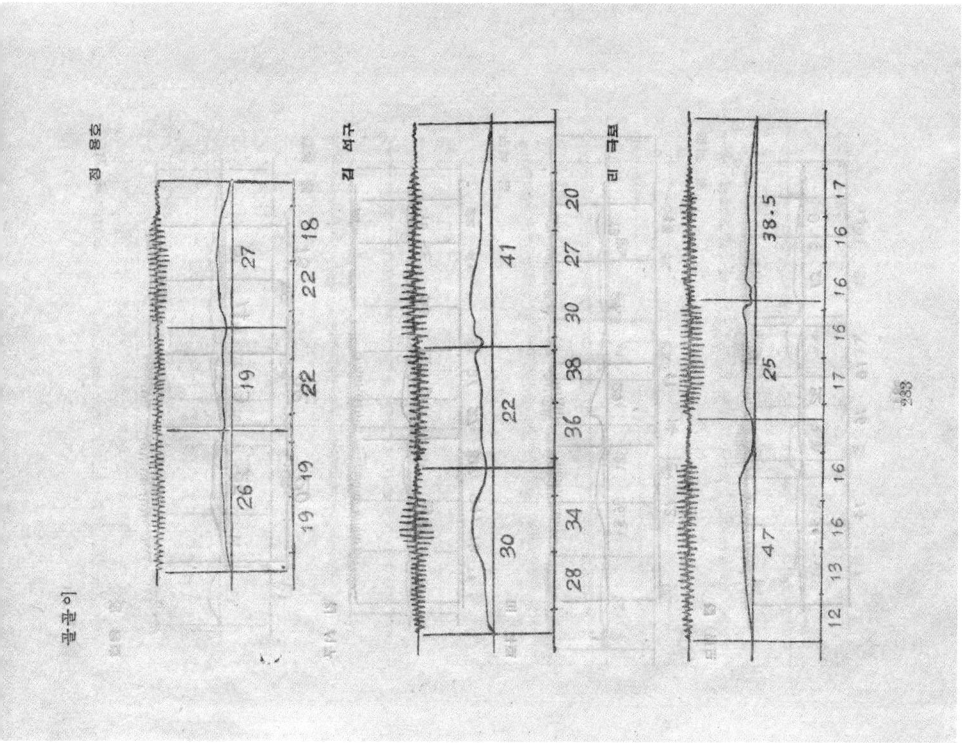
정 용호
김 석구
리 극로
283

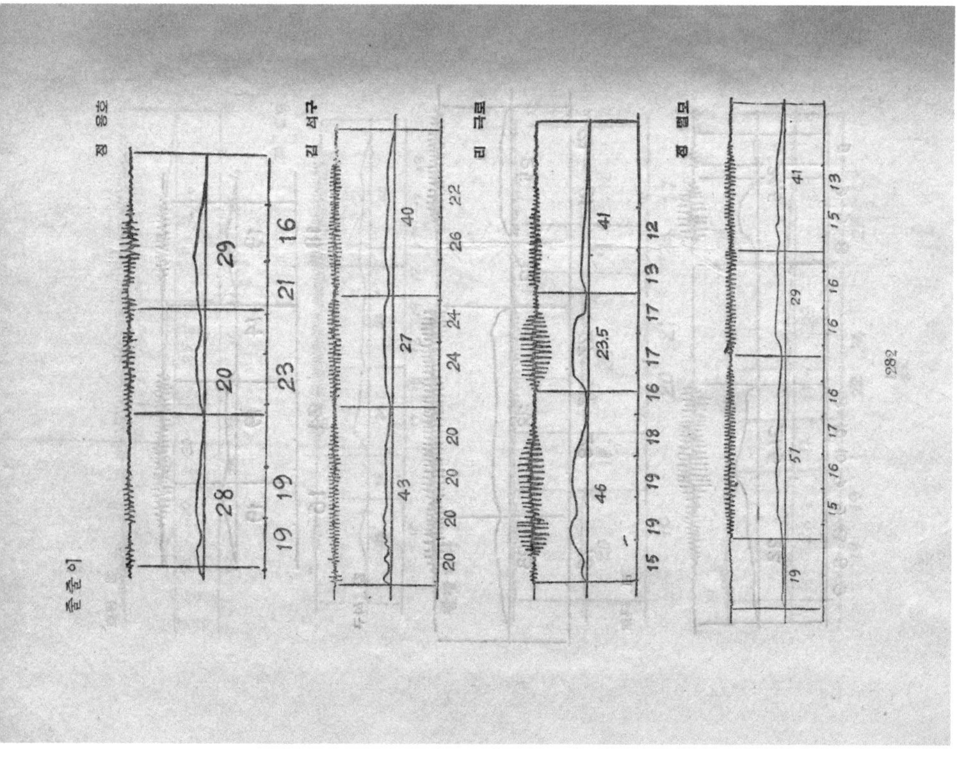
정 용호
김 석구
리 극로
정 열모
282

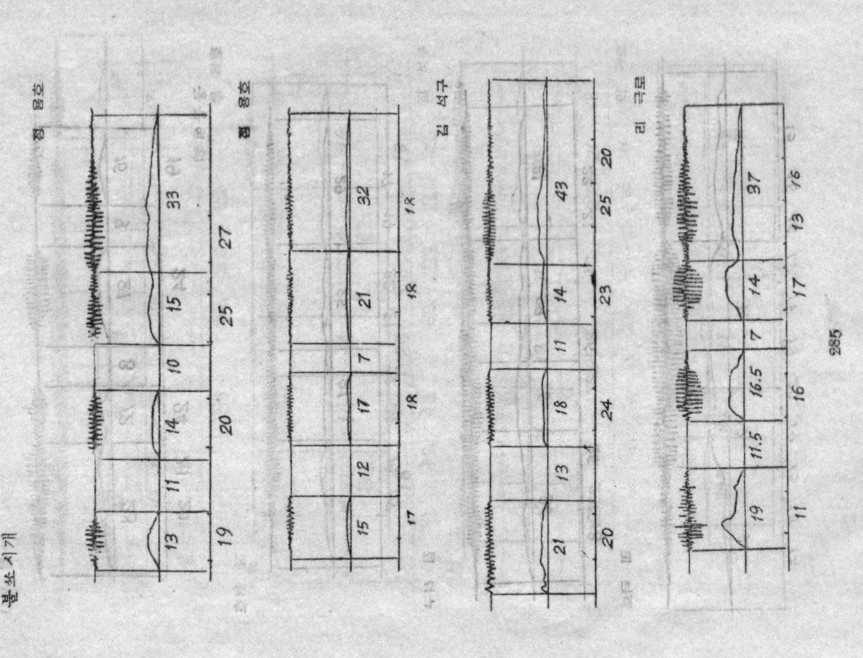

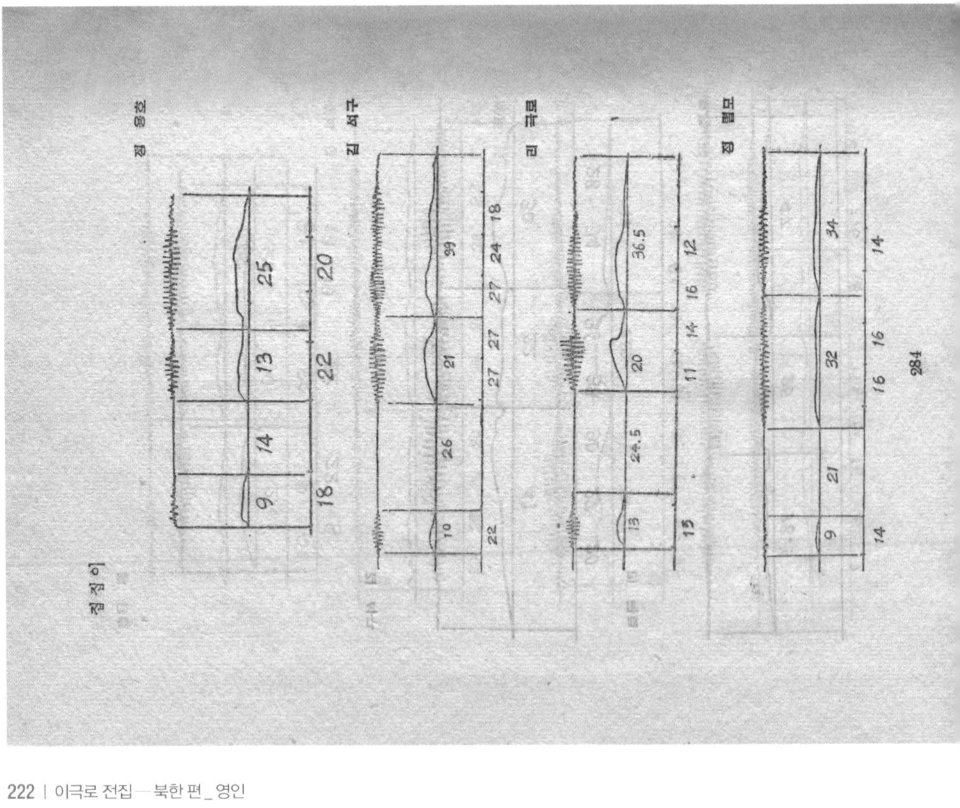

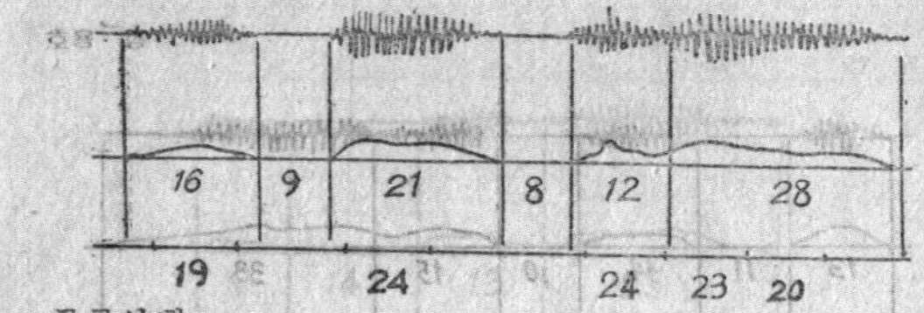

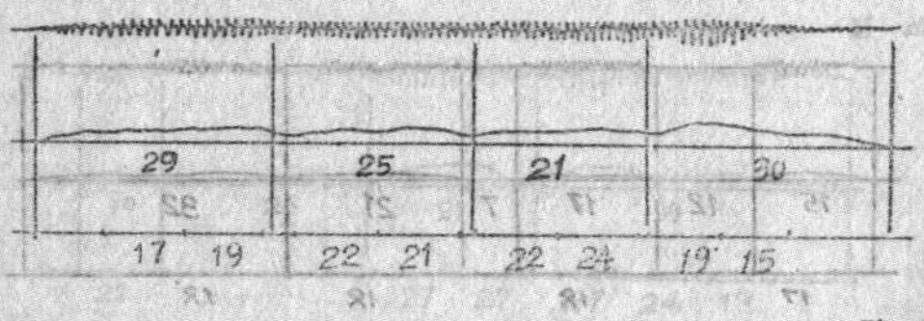

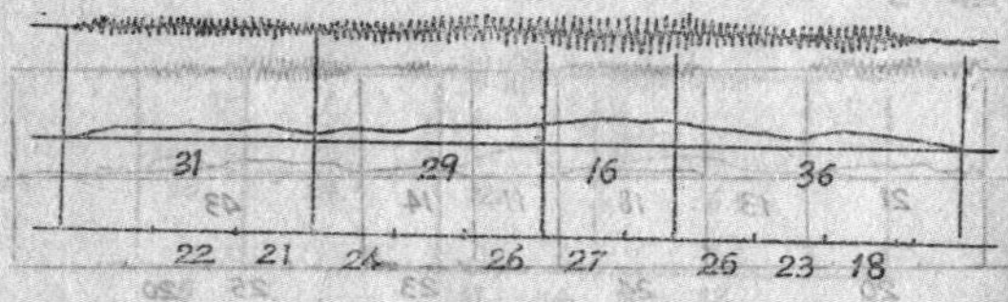

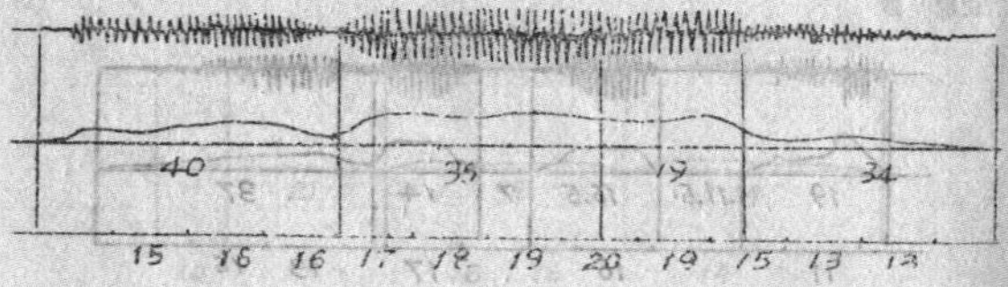

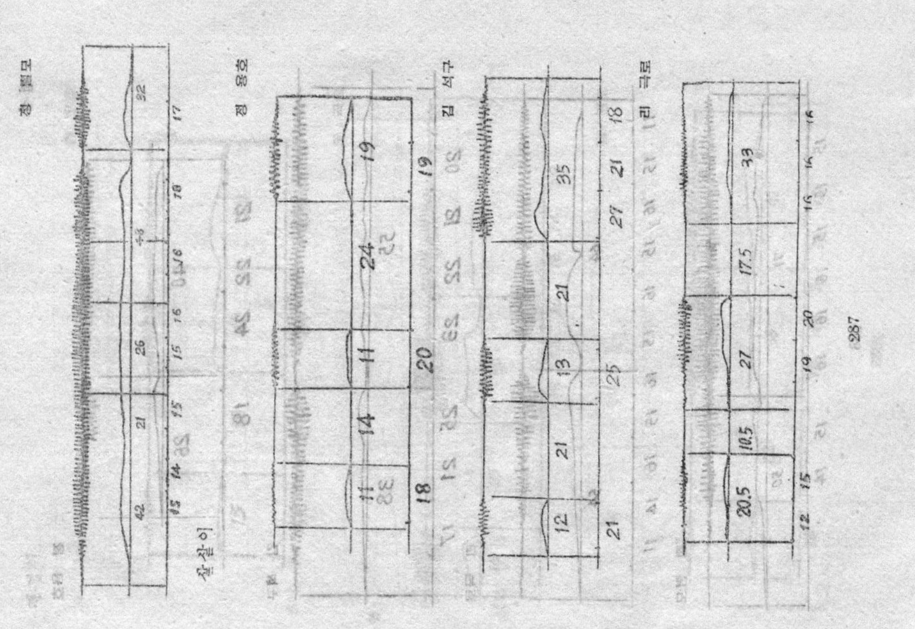

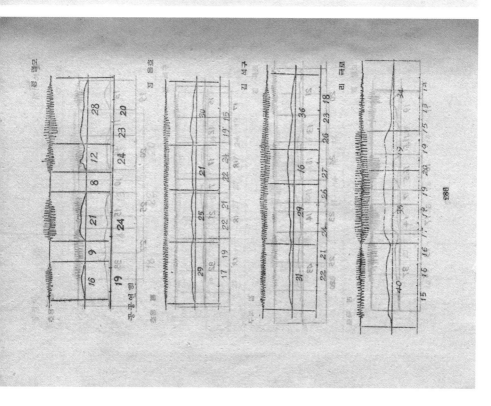

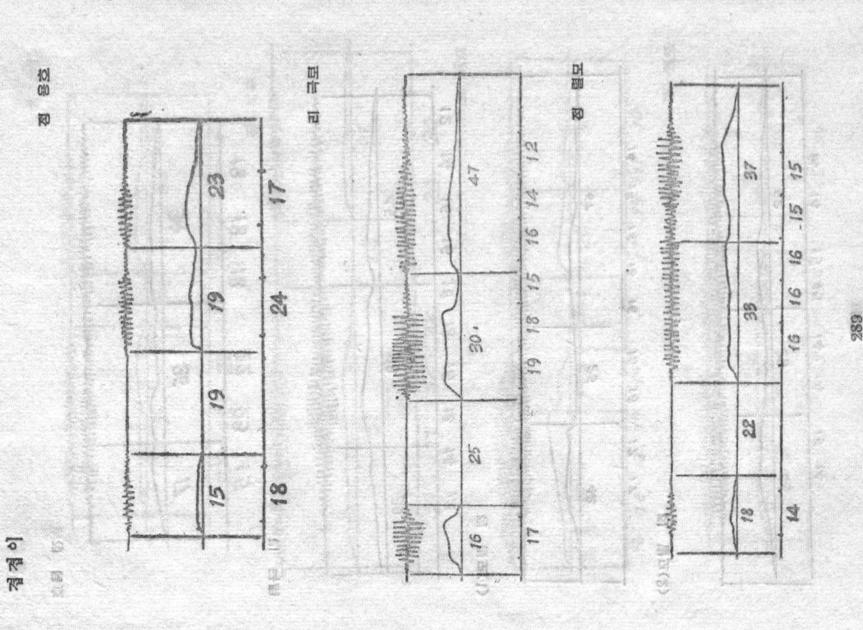

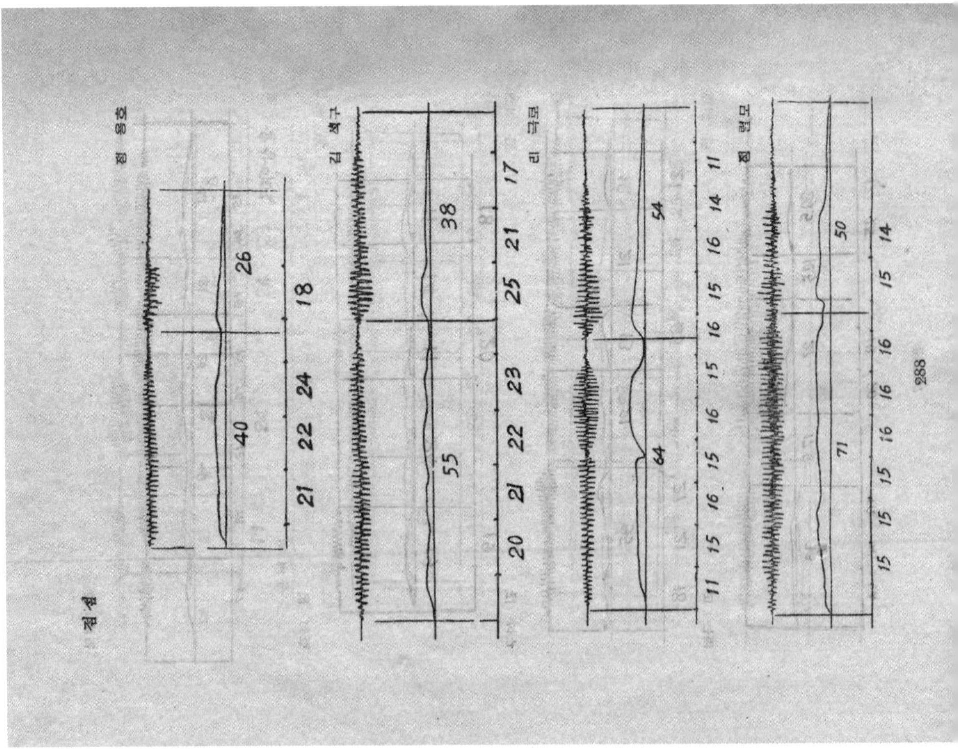

간간이

정 용호

34 26 17

18 18 18, 22 23 15

리 극로

45 38 30

12 14 16 16 16 18 18 18 14 12

정 렬모(1)

67 26 42

14 15 15 16 16 16 16 17 17

정 렬모(2)

62 28 45

14 14 15 15 14 14 15 14

290

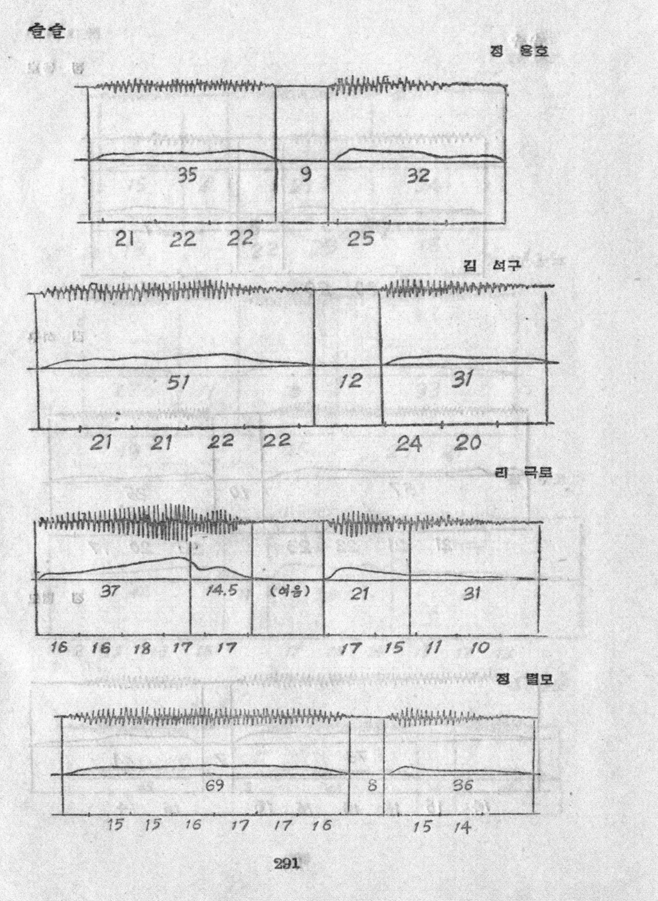

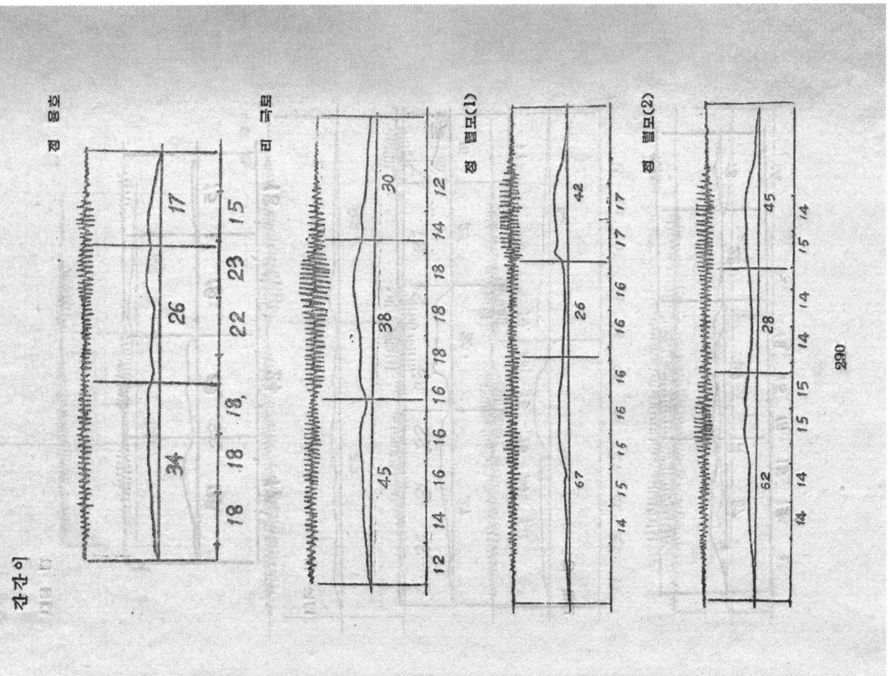

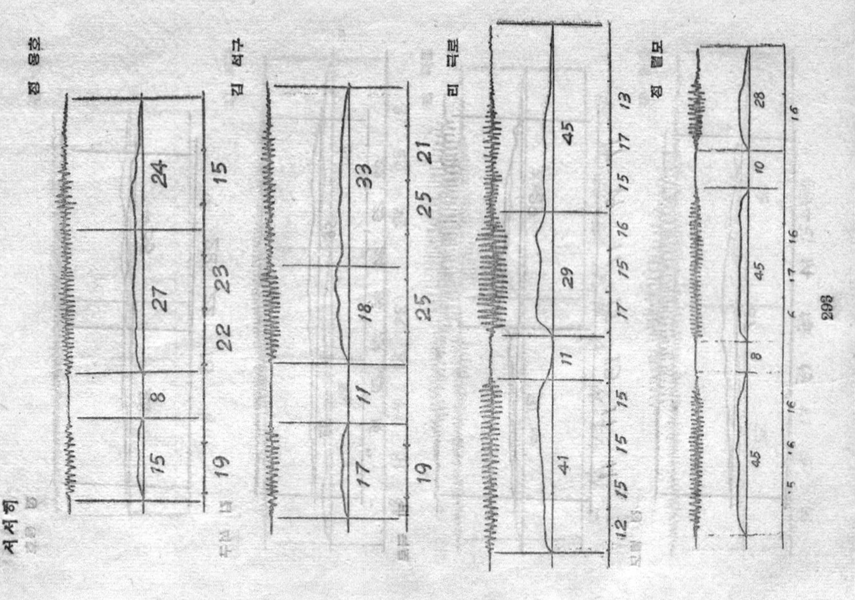

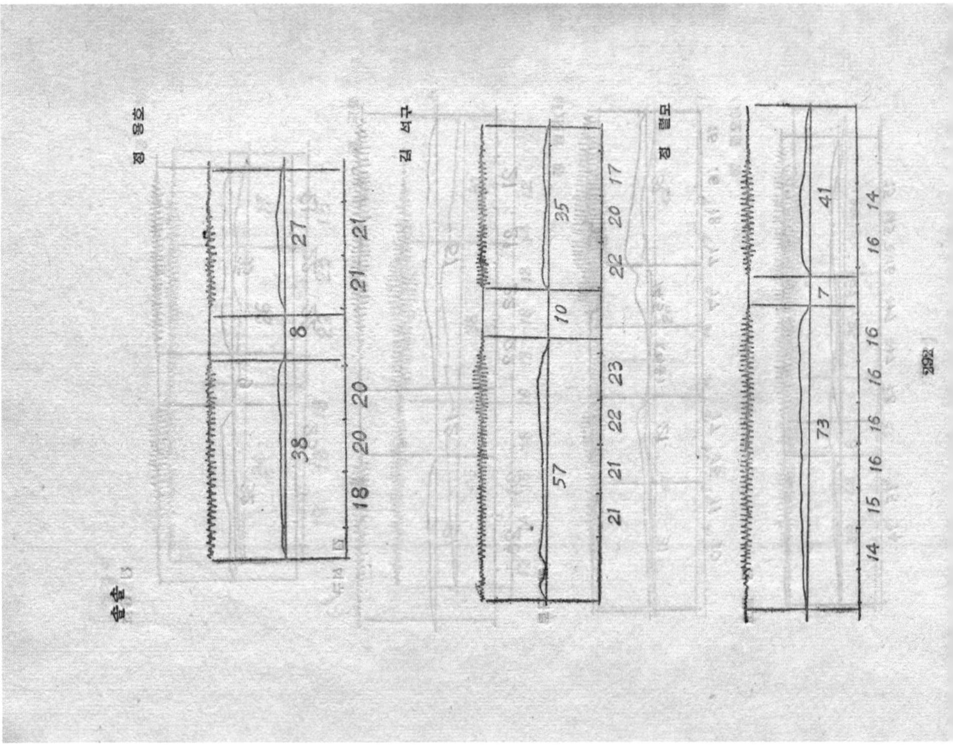

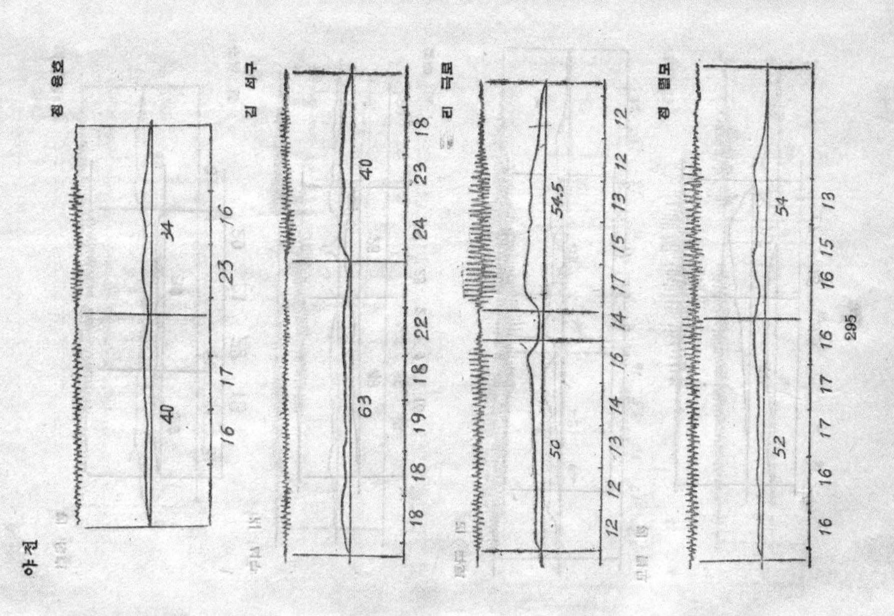
정 용호
김 석구
리 극로
정 열모
295

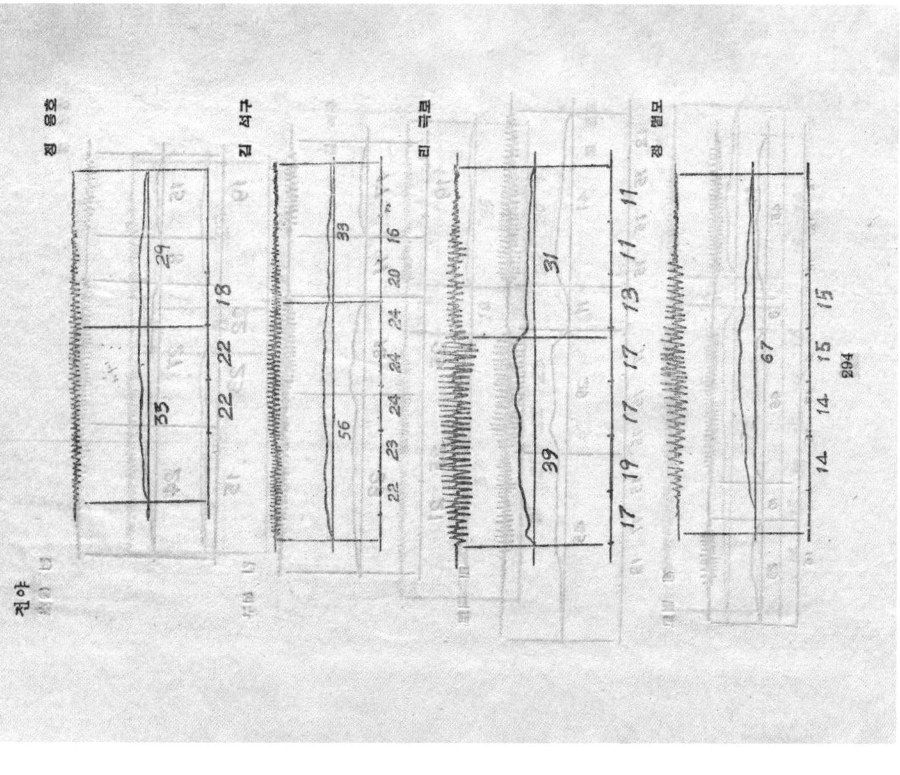

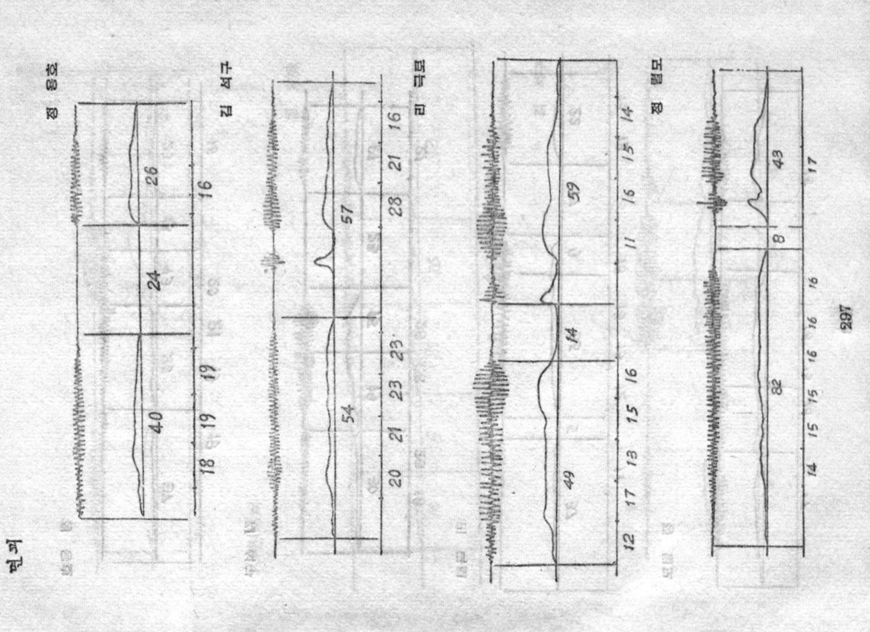

괴펀

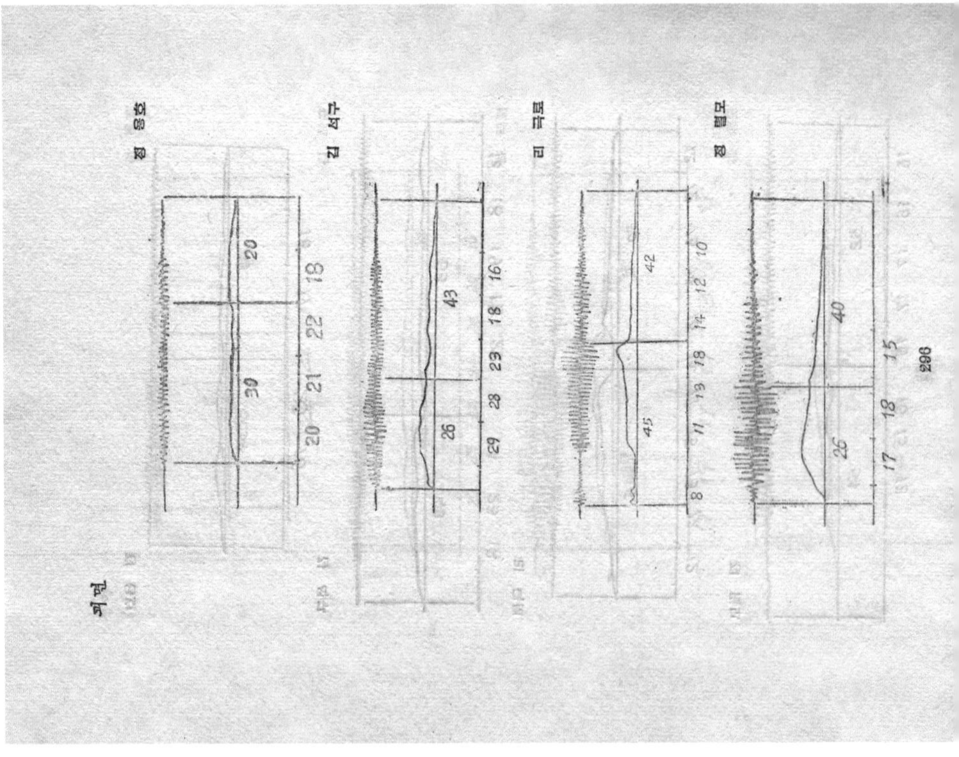

정 용호

김 석구

리 극로

정 렬모

296

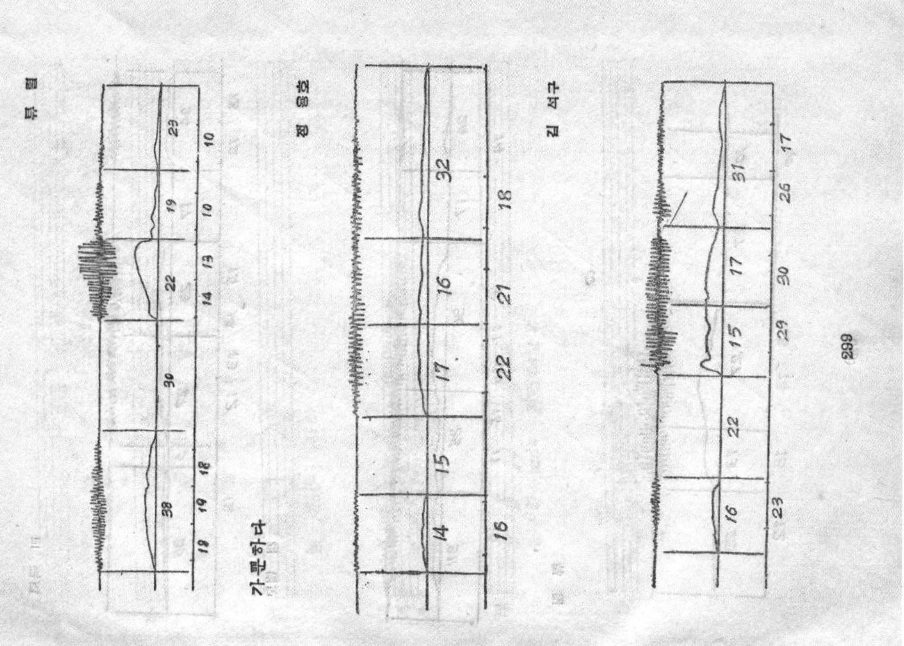

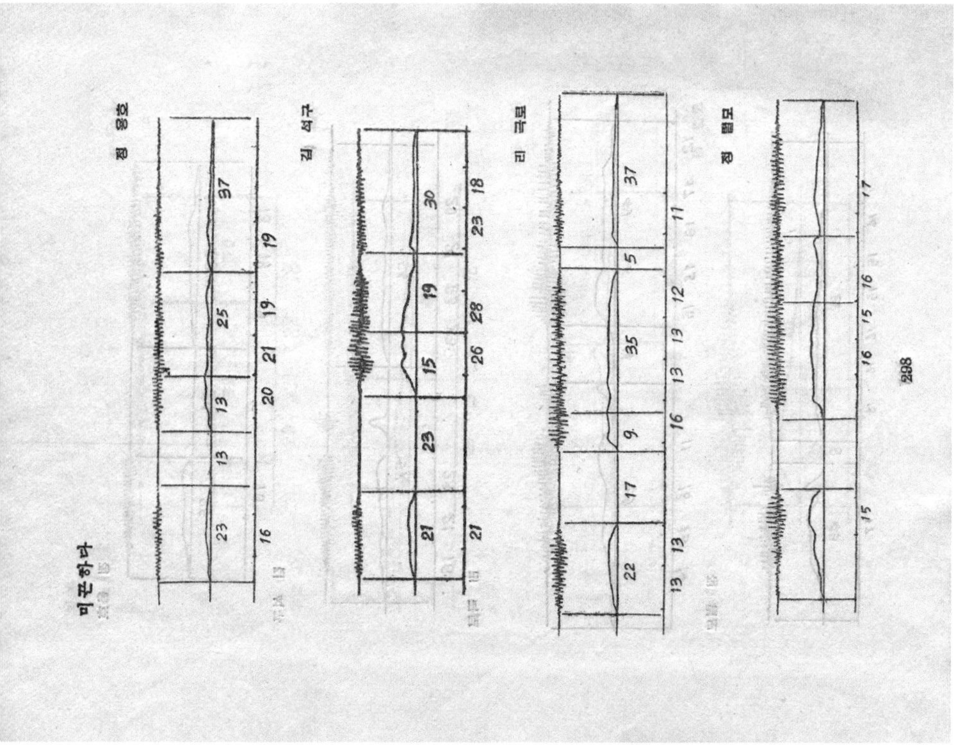

미끈하다

정 용호

김 석구

리 극로

정 렬모

298

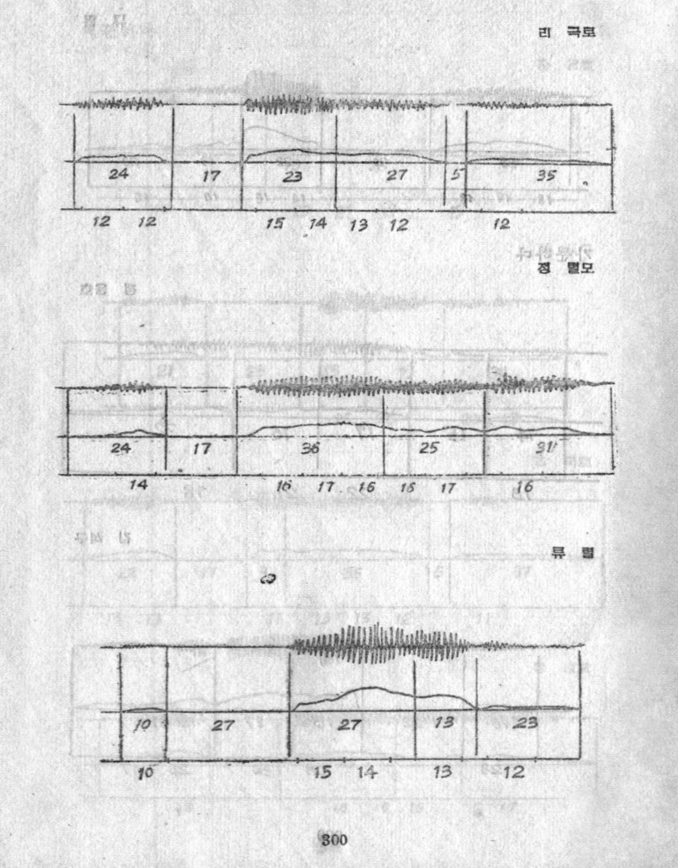
리 극로
24
17
23
27
5
35
12 12
15 14 13 12
12
정 렬모
24
17
36
25
31
14
16 17 16 16 17
16
류 렬
10
27
27
13
23
10
15 14
13
12
300

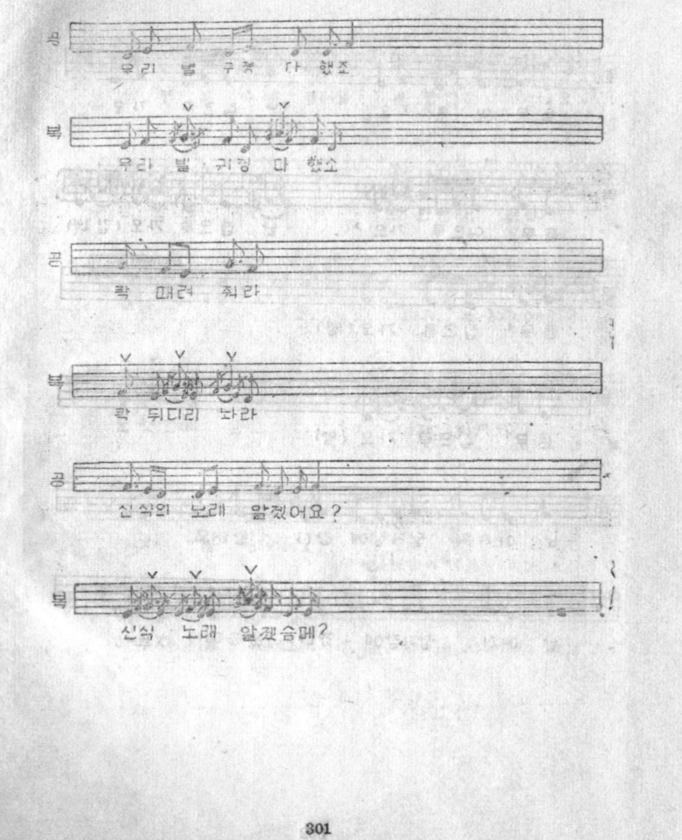
우리 볼 구경 다 했조
우리 볼 귀경 다 했소
콱 때려 쥐라
콱 뒤디리 보라
신식의 노래 알겠어요?
신식 노래 알겠습메?
301

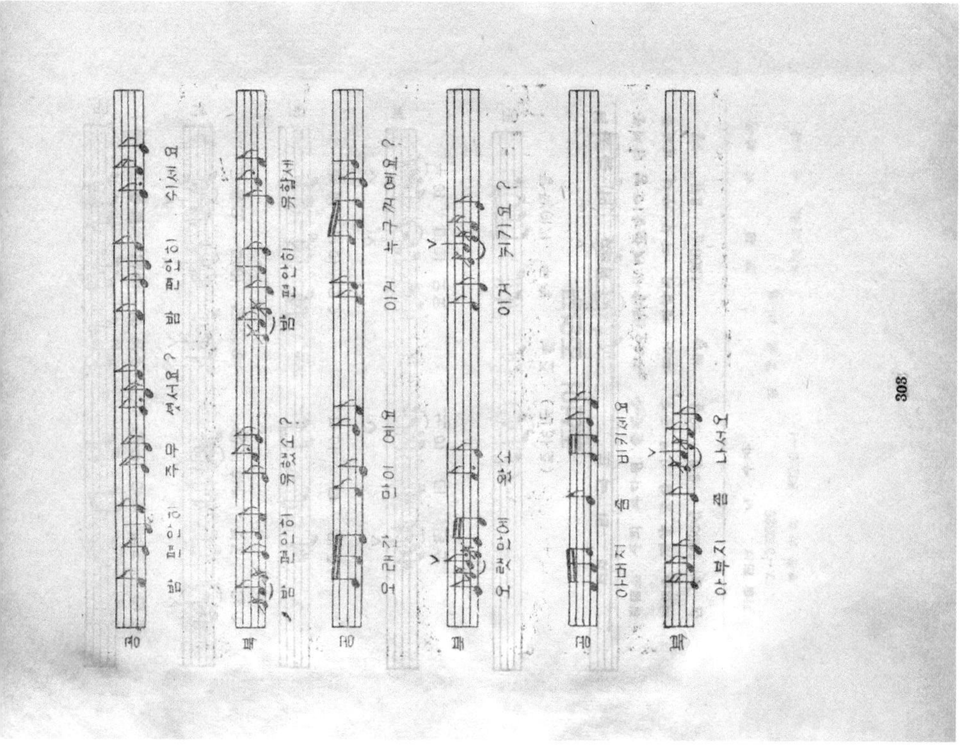

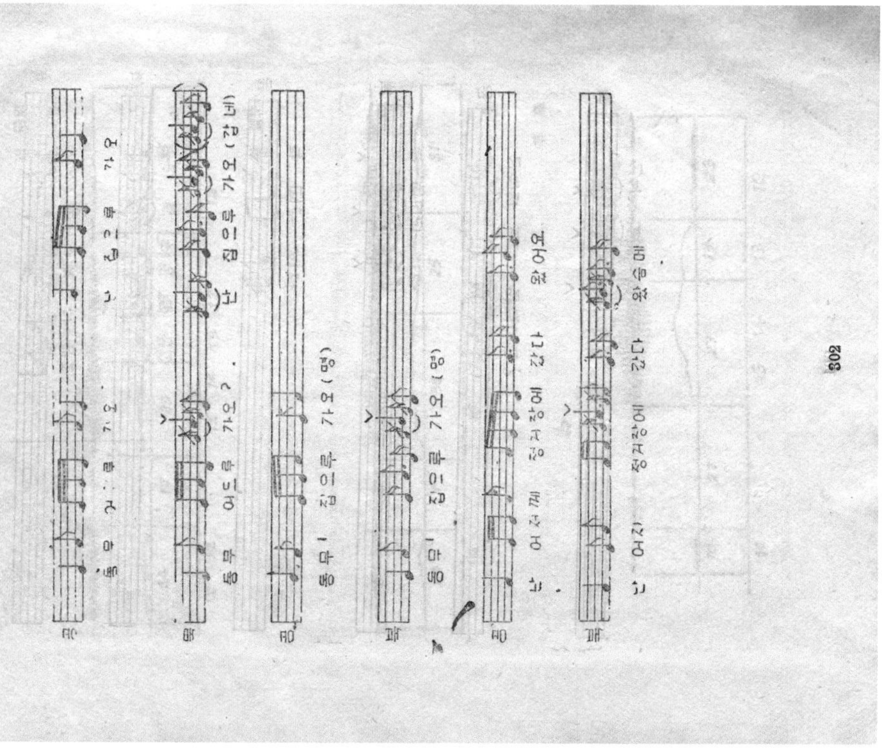

공 동무 거 : 루 가오 난 집으루 가오

북 동무 어드루 가오? . 난 집으루 가오 (갑네)

공 동무! 집으루 가오 (명)

북 동무! 집으루 가오 (명)

공 난 어저께 정거장에 갔다 왔어요

북 난 어지 정거장에 갔다 왔습메

302

공 밤 편안히 주무셨어요? 밤 편안히 쉬세요

북 밤 편안히 유했소? 밤 편안히 유합세

공 오래간 만이 예요 이거 누구꺼 예요?

북 오랫만에 왔소 이거 뉘기요? -

공 아버지 좀 비키세요

북 아부지 좀 나서오

303

304

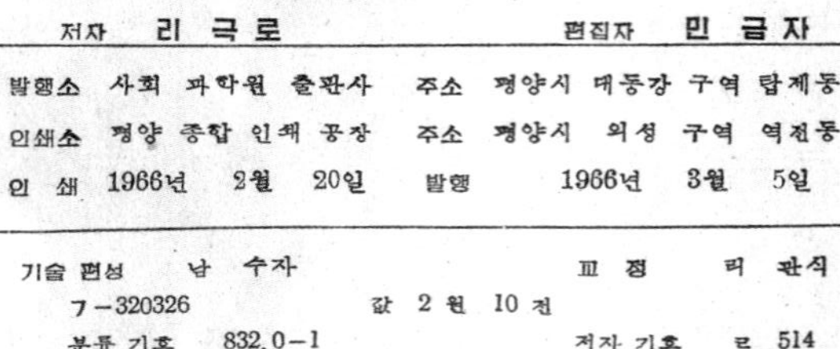

조선어 조연구

저자 리 극 로　　편집자 민 금 자

발행소 사회 과학원 출판사　주소 평양시 대동강 구역 탑제동
인쇄소 평양 종합 인쇄 공장　주소 평양시 외성 구역 역전동
인 쇄 1966년 2월 20일　발행 1966년 3월 5일

기술 편성 남 수자　교 정 리 관식
7－320326　값 2 원 10 전
분류 기호 832.0－1　저자 기호 ㄹ 514

Замечание

△ Стр 47 ↓5 и Стр 65 ↑7
« Хон Ко » ——→ исправить на « Ли Колу (Ли Кык Ро) »

△ Стр 47 ↑12
« в ноябре 1921 г. » ——→ « В октябре 1921 г. »

Материал

1. В июне 1921 г Ли Донхви дал телеграмму Син Чхе Хо в Пекине о том, чтобы Ли Колу (Ли Кык Ро) немедленно приехал в Шанхай. Син Чхе Хо был одним из соратников его. Син Чхе-хо — знаменитый историк-писатель, бывший главный редактор газеты императорского двора — Хван Сон Синмун. (皇城新聞)

Когда Ли Донхви должен был поехать в Москву на III конгресс Коминтерна, Син Чхе Хо рекомендовал Ли Колу как переводчик и телохранитель. Так как Ли Колу прекрасно овладел немецким, китайским языками и знал английский, японский языки. К тому же Ли Колу был молодым (20 лет моложе Ли Донхви), физически подготовленным на боях против японцев.

上 : 「마뜨베이 김의 '이동휘'에 대한 수정과 보완글」 ☞ 본문 280쪽

Он же боевал в отряде Нбен Ли ДинРён (Ли Сок Тхе) и затем Хон Бомдо.

2. Делегация Ли Донхви из Шанхая выехала в июне через Сингапур, индийский океан, Суэцкий канал Александр, Италию, Австрию, Германию, Эстонию, Петроград в Москву.

3 По пути к Москву все время преследовали японские агенты. Когда делегация прибыла в Бомбей (Индия) она вынуждена высадиться у корабля (она была французская) Но при помощи английского пастора с которым дружили на корабле, который долгое время жил в Китае, и английского консула о Бомбее они могли ускользнуться от японских спецслужб

4. На корабле Ли Донхви угостил пивом. Мой отец Ли Колу впервые попробовал такую напитку. Ему не нравился вкус пива, но он проглотил только глоза. В то время Пак Динсуну тоже не нравился вкус, а тогда он всё выплюнул на пол. Ли Донхви это не нравилось и он ему читал нотацию

5 Интересная случайность случилась на корабле. Оказывается тогда вместе с ними ехали Юн Бо Сон (он в одновремя занимался пост ~~премьер министра~~ президента Республики Корея) Он ехал в Англию на учебу, купил каюту III-го класса. В то время делегация занимала каюту I-го класса, т.к. надо было маскировать себя.

6. По круизном пути они просматривали в Египте древние культуры — Пирамиды и Сфинкс

7. Когда они прибыли в Германию, делегация связывалась с компартией Германии, чтобы делегация Ли Донхви поехали вместе с делегацией Германии. В то время молодая Советская власть ещё не имела дипломатических отношений с Германией и пришлось нелегальным путём ехать в Россию.

8 Главой делегации компартии Германии был тов. Вильгельм Пик. Корейская делегация во главе Ли Донхви вместе Вальтелмом приехали в Петроград через Эстонию,

а там ночевав одну ночь, сразу выехали в Москву. На этот путь сопутствовал тов Киров.

9. В Москве они останавливались в гостинице „Люкс". Там же Висогейм Пик, Сен Катаяма и друг делегации.

В гостинице питанием было очень плохо. В то время в России было страшное голодание. Поэтому даже в гостинице „Люкс", где остановились делегации, не могли дать хлеб хорошего качества. Там дали хлеб черный, приготовленный из помолоченного вместе кожурой... Так было очень тяжелое время после революции в России. И во время заседания даже многие от не свой воли пукнули. Но никто не смутились и не обращали на это.

Мой отец привёз кусочек этого хлеба в Корею и в моем детстве показывал мне этого куска хлеба воспитывал в духе пролетариата. Но к сожалению этот исторический памятный хлеб исчез в 1944 году. Японские жандармы арестовали моего отца, а серые крысы грызнули этого хлеба!

10. Во время пребывания в Москве члены делегации участвовали на „Субботник", на котором всегда участвовал также тов. Ленин.

Однажды день был дождливый. На субботник участвовал мой отец вместе с Ли Донхви. Было холодно. Не было у них рабочего костюма. Поэтому пришлось надеть верхний костюм повернутым изнанки. Но как-то в этот день Пак Динсун не участвовал, за что тов Ли Донхви сильно поругал его. Видимо у него было какое-то очень серьезное дело.

11. Долгачи присутствовали на парад в случаю III-ей годовщины Великой Октябрьской революции на Красной площади. На этот день были вместе с Лениным, Троцким и др.

12. В один прекрасный день мой отец Ли Колу зашёл в номер Пака. К удивлению он был совсем кровавым! Так как он младше моего отца, он спрашивал его. Пак ответил, что у него был Хон До. Они спорили по какому-то вопросу и в конце концов дошли до драки. Они обе остались кровавыми, а Хон До не выносив отступил куда-то.

13 В конце 1921 года, мой отец по рекомендации Вильгельма Тика поехал учиться в Германию, в Берлинском университете. 30-го декабря Вильгельм Тик вместе с моим отцом пошёл к тов. Ленину и попрощались и поехал в Германию.

Уважаемый учитель Ли Донхви очень жалел расстаться с ним. Ли Донхви уходя с моим отцом на память подарил свои фотоаппарат и бинокль. Мой отец обещал ему до конца жизни бороться с японцами.

14 Краткая автобиография Ли Колу (Ли КыкРо)

- Родился в 28-го августа 1893 г (Провинция Ёнсан Намдо)
- 1911 ~ 1915 : Участвует в Революционной Армии Сон Мун (в Нанцзине Китая), вбён Ли ЗинРён, а затем ХонБомДо.
- 1915 – 1920 : Учиться в Шанхае (Немец колледж) и участвует в движении против предателя ЛиСынМана вместе с СанЧхеХо.
- 1921 : Поездка в Москву (вместе с делегацией ЛиДонХви)
- 1922 – 1927 : Преподавание корейским и китайским языком в берлинском университете, учёба экономической науки, философии.
- 1927. 7 : Участвует головой делегации на 1-ом конгрессе центральных слаборазвитых наций в Брюсселе.
- 1927. 8 : Доктор экономических наук (проф. Шмакель)
- 1928 : Учёба в Кэмбридж (Англия), Сорбон. ун. (Франция)
- 1930 ~ 1942 : Антияпонская подпольная работа.
  - 1930 — связь с линией великого вождя тов. КимИрСена
  - 1931 — создание научного ин-та корейского языка
  - 1936 — создание подпольная под-орг-и «ЗёКук Квангбок Хое» в Сеуле
  - 1937 — (4 подпольных организаций) расширение орг. и подпольн. работ
- 1942 – 1945 : Тюремное заключение (Хамхын)
- 1945 ~ 1976 : министр КНДР, зампредседатель верх. народн. соб-я КНДР

7

* Ли Донхви во время путешествия от Шанхая в Москву много рассказывал о своей прошедшей жизни. Мой отец Ли Колу (это имя по китайски) мне рассказывал про жизни уважаемого Ли Донхви. Протекло с того времени много лет, почти века, а поэтому уже из памяти вышли те деньки рассказы. Среди этих я помню один такой рассказ:

Когда Ли Донхви служил в императорской гвардии ему пришлось часто докладывать со строю войска гвардии. У Ли Донхви был очень хороший мужский голос. Император Кодён (?) очень любил когда Ли Донхви докладует. И поэтому всегда Кодён попросил Ли Донхви повторить докладывать. Не только императору (Ван или Хвандэ) понравился, а всем высоко поставленным чиновникам и придворным Рян-банам. Слух распространился среди жильцов столицы-Сеула. И люди приходили смотреть на парад Ли Донхви.

이극로 전집

북한 편 IV

THE COMPLETE WORKS OF YI GEUGNO
VOL.IV : NORTH KOREA

조준희 엮음

발간사

13년간 홀로 『이극로 전집』 집필과 정본화 작업에 매진하면서 이극로 박사와 다른 듯 닮아 감을 느꼈다.

박사는 경남 출신으로 평남 태생 부인을 만난 뒤 월북했고, 경제학 전공자이면서 한글연구와 민족운동으로 마침내 뜻을 이루고 명성을 얻었다. 반대로 편자는 평북 정주 출신 부친과 평양 출신 모친의 월남 실향민 2세로서 경남 태생 아내를 만났고, 자연과학 전공자이면서 인문학을 연구하고 있다. 박사와 편자는 '민족어'와 '민족사'와 '민족종교'라는 공통분모로써 시공을 넘어 만났다. 개인적으로 대종교에 귀의하고 교단 반주자로서 활동하던 시절에 박사께서 작사한 한얼노래를 매주 연주하기도 했기에 출간을 앞둔 감회가 남다르다.

본 『이극로전집』 Ⅳ는 북한 편으로, 1948년 4월 19일 55세의 나이로 남북연석회의 참석차 월북 직후 평양에 잔류하여 85세로 생을 마감할 때까지 '민족어학자'로서 박사의 말년 행적을 살필 수 있는 자료를 한데 모은 것이다. 제1장은 조선어연구, 제2장은 정치 논설, 제3장은 시 · 수필 및 기타 자료로 구성했다.

유럽 자료보다 북한 자료 입수가 배로 어려웠는데, 국내의 북한 자료 통제로 인해 러시아로 눈을 돌릴 수 밖에 없었다. 우선 모스크바 동방학연구소의 박벨라 박사께서는 내한 시에 「조선 말 력점 연구」 사본을 전달해주셨다. 이 논문은 국내 대학도서관에 소장되어 있으나, 국정원 특수 자료 취급 지침 탓에 자료를 확보했어도 출판이 불가해 부득이 해외 소장본으로 교체하게 된 것이다.

수원대 사학과 박환 교수께서는, 그간 찾지 못했던 마지막 저술 — 『조선어 조연구』(1966)가 러시아국립도서관에 소장된 사실을 알려주셨다. 미국 UCLA에서 박사 과정 중인 사학 전공자 우동현 선생께서 현지 도서관 정보에 관해 상세히 알려주셨고, 동방문헌중심의 안 나탈랴 사서께서 저작권과 복사 문제에 관해 조

언해 주셨다. 이에 편자는 오직 『조선어 조 연구』를 눈으로 직접 보기 위한 일념으로 모스크바 행 비행기에 몸을 실었다. 러시아는 이극로 행적을 좇으면서 답사했던 여러 국가 중 가장 인상깊었던 나라였으며, 다시 오니 감회가 새롭다. 2018년 11월 21일, 우동현 선생의 소개를 받아 현지에서 유학 중인 러시아어 전공자 이병윤 선생의 통역을 통해 『조선어 조 연구』를 열람・복사하는 데 성공했다. 특히 본 『전집』의 화룡점정 격으로 우동현・이병윤 선생 두 분의 정보 공유와 적극적인 도움이 지대했음을 밝혀둔다. 안 나탈랴 사서께서는 편자를 환대해 주었고, 직원들은 완벽한 작업이 될 수 있도록 협조해주었다. 이외 『로동신문』・『천리마』 등 원사료를 열람하면서 국내 북한자료센터의 마이크로필름에서 보이지 않던 글자를 대다수 찾았다.

다음 문제로, 입수된 자료의 해상도가 좋지 않아 전산 입력을 했다. 남한과 다른 북한의 맞춤법, 띄어쓰기, 문장부호도 최대한 살렸다. 단 제1장 「조선 말 력점 연구」와 더불어 평양판 『실험도해 조선어 음성학』(1949)은 영인을 했는데, 후자 북한자료센터 소장본은 참담하게도 본문 4페이지와 판권지가 낙장되고 낙서 등으로 인해 표지와 본문의 훼손 정도가 심했다. 고민 끝에 평양판의 중요성을 강조했던 일본 간사이대학교 구마타니 아키야스(熊谷明泰) 교수에게 도움을 요청했는데 흔쾌히 자료를 제공해 주시어 온전히 복원할 수 있게 된 점 깊이 감사하는 마음이다.

국내에 김두봉 관련 북한 정보가 부족한데, 1956년에 그가 반당 종파 분자로 낙인찍혔던 사실, 이극로와 이론 충돌이 크게 일어났던 사건을 「소위 《6자모》의 비과학성」(1958) 논문을 통해서 알 수 있을 것이다.

제2장 북한 최고인민회의 토론문은 일본어 번역본으로 처음 접했었는데 국토통일원에서 발간한 자료집을 뒤늦게 확인해서 덧붙였다. 한편 친소반미 내용은 문제 없을지라도 체제 선전 내용이 담긴 경우 이곳 남한에서 국가보안법을 준수해야 하는 입장 때문에 일부 싣지 못한 글이 있음을 언급해 둔다. 훗날 누락된 글도 개정판에 모두 담을 수 있는 시대가 오기를 바란다.

제3장에서 시와 수필(신채호・주시경), 장남 리억세 선생 등의 기록을 참고자료로 포함했다. 비록 완전무결하진 않아도 본 『이극로 전집』으로서 박사의 민족어

공헌과 애국애족 정신을 살피는 데는 충분할 것이다.

끝으로, 모스크바 답사 경비를 지원해 주셨으나 본서의 완간을 못 보시고 3년 전 귀천하신 평양 태생 모친 김은옥, 북녘에 계시는 이극로 박사 유족, 그리고 본 북한 편이 완성되도록 적극 도움 주신 한국·일본·러시아 기관 및 학자들께 본서를 헌정한다. 아울러 언젠가 평양 애국렬사릉 리극로 선생 묘소에도 참배할 날이 오기를 희망한다.

한반도의 비핵화와 평화와 번영의 새시대를 맞아, 주시경의 한글 사업을 완수하고 민족어를 지키고자 앞장섰던 이극로 박사의 업적이 남과 북에서 선양되고, 『이극로 전집』의 가치가 국내뿐만 아니라 한국학을 연구하는 해외 학계에서도 필독서로 조명되고 평가받을 날이 오리라 확신한다. 『전집』 완간에 완벽을 기해 주신 소명출판 박성모 사장님과 공홍 부장님, 정필모 선생님 외 임직원 여러분의 정성도 잊지 않을 것이다.

2019년 9월 25일

조준희

목차

제3부 | 시 · 수필/기타 자료

제1장 시 · 수필

제2장 기타 자료

이극로 전집 총목차

I—유럽 편

제1부 | 항일 투쟁 자료

제2부 | 조선어 관계 자료

제3부 | 유학 관계 자료

제4부 | 칼럼

Ⅱ—남한 편

제1부 | 단행본

제1장 **한얼노래(神歌)**

제2장 **實驗圖解 朝鮮語 音聲學**

제3장 **國語學論叢**

제2부 | 기고글

제1장 **한글 관계 논설**

제1절 국어사

朝鮮民族과 한글
조선어학회의 발전
한글 發達에 對한 回顧와 및 新展望－確乎한 그의 進展을 必期함(上)
한글 發達에 對한 回顧와 및 新展望－確乎한 그의 進展을 必期함(下)
言語의 起源說
(朝鮮學界總動員 夏期特別論文(16)) 한글發達史
한글날을 맞으며
한글에 바친 一生－桓山, 曉蒼을 悼함
朝鮮語學會의 苦鬪史
한글 頒布 五百周年 記念日을 마즈며
이미 세상을 떠난 朝鮮語學者들
어문운동의 회고

제2절 음운론

한글整理는 어떻게 할가(十三)－斯界專門家의 意見
조선말소리갈(朝鮮語音聲學)
말소리는 어디서 어떠케 나는가
조선말의 홋소리(朝鮮語의 單音)
소리들이 만나면 어찌 되나－音의 互相關係
二講－조선말소리(朝鮮語聲音)
한글 바루 쓰고 바루 읽는 법(一)
한글 바루 쓰고 바루 읽는 법(二)
한글 바루 쓰고 바루 읽는 법(三)
한글 바루 쓰고 바루 읽는 법(四)
한글 바루 쓰고 바루 읽는 법(五)
한글 바루 쓰고 바루 읽는 법(完)
課外講義(二) 한글通俗講座
課外講義(三) 한글通俗講座
한글 바루 아는 법
한글 바루 아는 법(二)
한글 바루 아는 법(三)

제3절 문법론

課外講義(四) 한글通俗講座

새해를 맞으면서 우리의 抱負
(나의 스승 – 各界 諸氏의 스승 禮讚記) 剛毅의 人, 尹檀崖 先生
西間島 時代의 申采浩先生
學生들은 어떠한 書籍과 雜志가 必要한가?
나의 警句
(어린이 相互間에 敬語를 쓸가) 너무 形式的이 된다
戀愛·結婚·新婚
仁川 海水浴行
잊이 못할 그 山과 그 江
知名人士의 避暑플랜
잘 때에는 전등을 끄라
가을의 探勝處
혼례식은 구식, 다시 차질 민요와 가사, 버릴 것은 경제적 페해 잇는 것
文化問答
趣味問答
渡世問答
生活問答
유모어問答
心境設問
유모어設問
讀書設問
人生設問
空想設問
生活設問
演藝設問
유모–어設問
旅行設問
(종아리 맞은 이야기) 문쥐노름한다고
鄕愁設問
日記設問
유모어設問
(새少年讀本 – 다섯째課) 제자리
(나의 一年總決算) 나는 언제나 成功뿐
나의 十年計劃
(生活의 文化化, 科學化, 經濟化) 舊慣陋習打破 – 社會各界人士의 高見
舊慣陋習打破(中) – 各界人士의 高見
舊慣陋習打破(下) – 各界人士의 高見
(꿈의 巡禮) 아부지 棺 앞에서, 그러나 깨니 一場春夢
(制服을 벗는 智識女性에게 – 社會 各方面 先輩들의 懇篤한 訓托) 家庭으로 드러가는 女性들에게
資源으로 開發되는 金剛山 – 金剛山을 資源으로 開發해도 좋은가
(나의 困境時代의 안해를 말함) 金비녀 金반지가 流質이 돼도
設問
(나 사는 곳) 꽃농사를 짓는 북바위 동네
講演(廿六日後八,○○) – 씨름이야기
(一家言) 씨름의 体育的 價値

士道三素
藝術과 道德
教育의 機會均等要求, 民族의 한 權利다
民衆의 소리를 들으라! 獨立 아니어든 죽음으로, 피로써 擊碎
(새조선의 문화는 어떠케－獨自的의「얼」을 찾자) 國民의 質的向上－國語, 李克魯氏 談
國家·民族·生活·言語
(庭訓巡禮) 우리 집의 庭訓, 朝鮮語學會 李克魯氏 宅
卑俗한 洋風逐出, 朝鮮語學會 李克魯氏 談
文化統一에 支障, 朝鮮語學會 李克魯氏 談
(美蘇 援助 업시 獨立 不能, 兩國 輿論 能動的으로 誘導하자) 續開될 줄 민는다, 朝鮮語學會 李克魯氏
全的 廢止 要望 朝鮮健民會 李克魯氏談
그들만의 것, 朝鮮健民會 李克魯氏 談
民主主義 精神에 矛盾, 朝鮮語學會長 李克魯氏 談
歷史的 事實로 보아 自主獨立할 能力잇다, 朝鮮語學會 李克魯氏 聲名
(먼저 政府를 세우자, 비록 記念塔이 億千이라도 無用) 八·一五記念行事에 擧族的으로 해야할 일이 무엇인가?
(開學期를 압두고 浮浸하는 國大案) 人民의 反對, 李克魯氏 談
左右合作原則批判…諸氏－設問
左右合作은 可能한가?
前進하는 民族
民族 將來를 爲하야
三頭政治論
美蘇共委 促開와 나의 提言(五) 急務는 障壁撤廢, 民族叛逆者排除도 絶對條件
(要路者에게 보내는 忠告의 말슴) 政治道德 높이고 三頭政治로 臨政 세우라－朝鮮健民會 李克魯氏 談
(民族的 大反省과 奮鬪) 爲公忘私로서 經國의 道를 踐實, 李克魯氏 談
設問
航海大王「申性模」
民族將來를 憂慮, 李克魯氏 談
『人道와 正義를 確信』, 金元鳳氏 等 軍裁에 李克魯氏 談
非公開裁判은 不當, 朝鮮健民會 李克魯氏 談
共委續開와 左右輿論
美蘇公約을 實踐, 美쏘共委 促成, 李克魯 談
故 李允宰氏 長男 等 極刑求刑, 李克로博士 特別辯論
反託 除外는 當然, 健民會 李克魯氏 談
(幽靈反託團體除外, 本報 設問에 中間及右側主張) 反託鬪委系列 除外, 健民會 李克魯氏 談
合委와 共協意見, 團體整理當然, 共協主席 李克魯博士 談
單政은 亡國을 意味, 美蘇共委는 期必코 成功, 愛國者 投獄·親日派執權은 곧 顚覆, 來釜한 李克魯氏 記者에 所信披瀝
朝鮮國民運動의 理念과 靑年運動의 指針(一) 健民主義
民聯 發足에 關하야, 宣傳局長 李克魯氏 談
(祖國의 運命은 어데로, 朝鮮問題의 兩個提案, 各界輿論은 이렇다) 南北會合同時 撤兵하라, 民聯 李克魯氏
兩軍撤兵을 要求, 單政前提의 總選擧는 反對, 民聯 李克魯氏 談
軍政의 延長建議는 浪說, 民聯 李克魯氏 談話

제3장 **여행기**

제3부 | 기타 자료(타인글)

[編輯部] (家庭太平記) 한글을 硏究하시는 李克魯氏 家庭-妻子를 위해서는 犧牲치 않겠다고 宣言

[崔鉉培] 朝鮮語辭典完成論-各國辭典編纂엔 國家援助가 莫大❻

[一記者] 한글學者 李克魯氏 住宅, 石造山과 蓮못과 花壇 닭소리조차 閑暇한 田園味!

國防獻金 · 慰問金

[記者] (우리 團体의 新年計劃) 한글運動과 朝鮮語辭典-朝鮮語學會의 飛躍的 事業

[K記者] 朝鮮語辭典編纂과 그 經過報告書

[韓洛奎] 李克魯 先生의 講演-『科學化한 朝鮮語文의 쌜리 아는 法』을 듣고서

[一記者] 동키호-테, 朝鮮의 騎士 李克魯氏, 悠然見南山, 世界遍歷 奇談도 가지가지

[南水月] 路傍人物評-李克魯

朝鮮文人協會創立-朝鮮文人協會 發起人氏名

[沙雲山人] 長安名士訪問印象記-朝鮮語學界의 先驅者 李克魯

[金恭淳] 令夫人層 藝術 愛玩記

[金恭淳] 李克魯氏-孤高한 學者生活, 靑春과 戀愛도 모르시는 듯

[金恭淳] 脫線된 매무새

[金恭淳] (나의 初産記) 냉면 食傷

[金恭淳] 우리집의 새生活

二千萬이 愛國戰士로 銃後奉公을 義勇化, 臨戰對策協議會서 實踐決議

二千萬 總力의 愛國運動 實踐에 歷史的 發足 昨日, 빗나는 臨戰報國團 結成

[高等法院刑事部] 李克魯 外 3人 高等法院 判決文

[金鍾範 · 金東雲] 李克魯氏

한글普及講演, 李博士 嶺南巡廻

大倧教 第七回 總本司職員會(1946.3.26)

大倧教 第十回 總本司職員會(1946.4.11)

大倧教 倧理硏究室 會議(1946.4.6) 참석 기록

教諭 第四三號-倧理硏究室 職員 發佈(1946.4.8)

[유열] 고루 이극로 박사를 모시고

朝鮮健民會 發足 李克魯氏 等 中心 昨日 結成

[大倧教倧經倧史編修委員會] 國學講座

[金丞植] 政界要人錄-李克魯

[CIC生] 人物短評【第十二回】朝鮮語學會會長 李克魯論

新刊紹介-苦鬪四十年(李克魯 著)

[金丞植] 政界人名錄-李克魯

[조선어학회 편집부] 회원소식 · 광고

李克魯氏 平壤着

洪命熹氏와 李克魯氏 殘留

[李耘盧] 回顧錄

Ⅲ— 고투사십년

제1부 | 번역문

제2부 | 원문

제1부
조선어 연구

창간사

『조선어 연구』 창간호, 평양 : 조선 어문 연구회, 1949.3.31, 2~3쪽

위대한 쏘련 군대의 승리는 민주주의 새 세계를 세우는 힘과 빛을 온 세계에 널리 주었다. 이에 따라 우리 조선도 그 혜택을 입게 된 바, 8·15 해방이란 커다란 력사적 사실이 나타났다. 일본 제국 주의가 팽창할대로 팽창한 그때에 그들의 정신병적 식민지 동화정책은 무엇보다도 먼저 조선 말을 못 쓰게 한 것이였다. 그리하여 그들은 일본 말을 늘 쓰라는 것으로 "국어 상용"이니 하는 표어를 곳곳에 내여걸고 너무도 무리한 정책을 섰다. 례를 들면 어떤 소학교에서는 소학생들에게 한 마디 조선 말을 쓰는데 대하여 얼마씩 벌금을 받았다. 어머니의 젖꼭지를 빨면서 배운 그 정다운 말을 못 쓰게 하던 그 때 일을 생각하면 이제도 치가 떨린다. 이러한 폭풍우 암흑 시대도 위대한 해방군인 쏘련 군대의 은혜로 다 지나가고 이제는 찬란한 아침 해'빛이 동녘 하늘에 떠오르는 밝고 맑은 느낌을 주는 새로운 세계가 왔다.

우리는 해방된 뒤에 정치, 경제, 문화 모든 방면에 건설을 힘쓰고 있다. 그런 가운데 특히 문화의 기초이요, 2 근본인 말과 글에 대하여 관심이 큰 것이다. 우리의 국어 생활이 다시 활발하여지는 이 때에, 무엇보다도 먼저 말과 글에 대한 지도적 역할을 할만한 잡지가 절대로 필요하다. 이 잡지는 누구에게 보다도 직접으로 국어 교육을 맡은 교육자에게 긴급히 요구 될 것이다. 어찌 이뿐이리요? 또 한 쪽으로는 우리 말과 글을 연구하는 분에게, 그 연구 발표의 기회를 드리여서 닫는말에 채찍을 더하는 격으로 더욱 그 연구에 힘을 내게 하며, 다른 한 쪽으로는 일반으로 문필에 종사하는 분들에게 애독물이 되어, 우리 말과 글이 하루 빨리 통일 되어 만반 과학을 적는, 이 말과 글이 먼저 과학적 뿌리를 박아야 될 것이다.

우리는 허다한 잡지를 다 읽을 수는 없다. 그러나 적어도 자기 전문 방면의 잡지와 이 한글에 대한 잡지만은 읽어야 된다. 우리는 거의 다 우리의 국어 교육을

제대로 받지 못하였으니, 제 스스로 보충 교육을 받아서 바른 말과 글을 써야 되며, 또 자녀 국어 교육에 협조하여야 될 것이다. 학부형으로서 지식이 안만 많다고 하여도 어린 자녀의 국어 교육에 대하여서는 어떠한 도움도 못 주는 것이 우리의 현실이다.

이러한 형편에 있는 우리에게 이 잡지가 나오는 것은 진실로 그 사명이 크다고 생각하는 바이다.

(1949 · 3 · 1)

조선 언문 연구회

위원장 **리 극 로** [3]

실험도해 조선어 음성학[1]

평양 : 조선 어문 연구회, 1949.11.25.

2. 소리의 생리(生理)

음성의 생리적 관계와 물리적 관계와를 연구하는 학문이 곧 음성학이다. 이 자연 과학은 어학(語學), 악학(樂學), 또는 의학(醫學)에서 많이 응용하고 있다. 어학을 연구하려면 먼저 음성학의 기초를 가지지 아니하고는, 그 목적을 완전히 이루기가 어려울 것이다. (…후략…)

영인 10쪽

1 [편주] 원본 8쪽(영인 10쪽)의 흐린 글씨만 실었음.

1950년을 맞이하면서

『조선어 연구』 2-1, 평양 : 조선 어문 연구회, 1950.2.25, 2~7쪽.

우리는 조국의 민주화와 통일적 자주독립 국가를 평화적으로 쟁취하기 위한 장엄한 투쟁 속에서 1950년을 맞이하게 된다.

새해를 맞이하는 조선 인민은 우리 력사상에서 처음으로 되는 초등 의무 교육제를 실시하게 될 것이며, 인민 경제의 전분야를 통하여 해방전 최고 생산수준을 초과달성할 공화국 2개년 인민경제계획을 완수하게 될 것이다. 그리고 공화국 남반부를 강점하고 있는 미 제국주의자들의 침략정책과 민족 반역자들의 소굴인 매국적 괴뢰 정부를 타도분쇄하고 멀지않은 장래에 국토의 완정과 자주 독립 국가를 쟁취하리라는 것을 확신하게 된다.

1949년, 조선 인민은 우리 민족의 력사상에 있어서 거대한 업적을 남겨놓았다.

즉 공화국 북반부에 있어서는 지방 주권 강화를 위한 선거사업을 승리적으로 완수하고 이미 실시한 민주 개혁의 성과들을 공고 발전시켰으며, 1949년도 인민경제 계획을 초과 달성함으로써 조국의 정치, 경제, 문화적 토대를 튼튼히 하였으며, 멀지 않은 장래에 전 조선 인민이 갈망하[2]는 통일적 자주 독립 국가를 쟁취할 수 있는 충분한 기초를 닦아 놓았다.

그리고 1949년 6월 25일, 전 조선의 애국적 정당 사회 단체들의 대표자 련석회의를 개최하고 조국의 평화적 통일을 위한 조국 통일 민주주의 전선을 결성하였으며, 조선 인민은 조국 전선 주위에 굳게 뭉쳐 미 제국주의자들의 침략정책과 리승만 매국 도당들을 타도 분쇄하기에 애국적 력량을 총 집결하여 투쟁을 계속하여 왔으며, 승리에 길로 매진하고 있다.

조국의 이러한 정치적 환경 속에서 "조선 어문 연구회"는 공화국 중앙 정부의 올바른 지도와 여러 학자들의 집체적인 희생적 노력으로 써 자기가 맡은 바 과업을 완수하는 과정에서 역시 찬연한 업적을 남기였다.

우리는 무었보다도 조선 민주주의 인민 공화국 내각 결정 제 10호로 써 위임

받은 과업을 완수하기 위하여 꾸준히 노력하였다.

그리하여 우리는 조국의 민족 문화 발전을 가일층 촉진시킬 수 있는 조선 민족 공통어의 최후의 완성을 위하여 즉 다시말하면 조선 어문의 진정한 통일과 발전을 위하여 멀지않은 장래에 반드시 예견되는 한'자 페지와 문'자개혁을 전제로 하는 "조선어 신철자법"을 제정 발표하였으며, 일부 실천에 옮기고 있는 것이다. [3]이 신철자법은 진정한 과학적 세계관에 기초를 둔 언어 리론으로부터 출발하여 조선어의 특수성을 옳게 인식하고 형태주의원칙에 립각한 가장 과학적인 철자법인 동시에 조선어문을 무한히 발전시킬 수 있는 법칙인 것이다.

그리고 또 우리는 맑쓰·레닌 주의적 세계관에 의거하여 주석된 "조선어 사전" 편찬이란 방대한 사업을 완수하고 이미 인쇄에 회부하였으며, 새로운 언어 리론에 립각하여, 조선어 신철자법을 기초로 하는 "조선어 문법"의 편수 사업을 완수하고, 우리 어문 연구회 내에 있는 문법 편수 분과 위원회 및 전문 연구 위원회에서 신중히 토의한 결과 이것을 채택하여, 공간하였다. 그리고 이미 김일성 대학을 위시로 하여, 기타 각처에서 종전의 문법과 비교하여 교수하면서 그 과학성을 실증하고 있는 것이다.

우리들은 과거에 철자법과 사전과, 문법을 가지지 못하였던 것은 아니다. 그러나 이와 같이 인민이 주권을 장악한 립장에서, 또는 맑쓰·레닌주의적 세계관에 립각하여 주석된 사전과, 선진언어 리론에 기초한 철자법과 문법을 가져 보기는 유사이래에 처음인 것이다.

이 "조선어 신철자법"과 "조선어 사전"과 "조선어 문법"의 완성이야말로 공화국 내각결정이 제시하는 조선 어문의 통일을 위한 튼튼한 기초가 될것이며 우리 어문 연구사상에 있어서 가장 빛나는 획기적인 성과라고 말할 수 있다. [4]

그러나 우리들은 아직도 민족 공통어의 최후적 완성, 즉 조선 언문의 진정한 통일을 쟁취하기 까지에는 우리들 앞에 허다한 난관과, 수많은 과업들이 가로 농[1]여 있다는 것을 알아야 할 것이다.

그러므로 1950년을 맞이하는 우리 어문 학도들의 과업은 첫째로 자기들이 가

---

1 [편주] 농: '놓'의 오식.

지고 있는 모든 정력과 재력을 발휘하여 이미 이루어진 업적을 토대로 조선 어문의 질적 개조를 위한 연구 사업을 백방으로 강화하여야 한다.

그러기 위해서는 무엇보다도, 우리들은 우리들의 사상을 진정한 맑쓰·레닌주의의 기본 명제에 의거한 새로운 언어 리론에 립각하여 조선 어문을 연구하여야 한다.

따라서 문법 연구, 철자법 연구, 어사 연구, 방언 연구, 고어 연구, 음성학 연구, 언어학 연구, 표준어 사정, 등등의 여러 가지 과제들을 연구함에 있어서 변증법적 유물론을 기본으로 삼아, 조선 어문의 진정한 통일과, 금후 발전을 위하여, 창조적 역할을 놀아야 한다.

둘째, 우리들은 예리한 비판 사업들을 강화함으로써 형식주의, 무사상성, 몰정치성과 철저하고도, 용서없는 투쟁을 전개하여야 한다. 즉 언어 리론에 있어서, 비과학적인 개념과 관념론적 경향을 결정적으로 폭로하는 사업들이[5] 전개되어야 한다.

세째, 우리들이 이미 얻은, 과학적인 법칙과 유물론적 체계를 실천을 통하여, 검열하고 이를 공고 발전시킴으로써, 조선 어문 통일을 촉진시켜야 한다.

넷째, 오늘날 인민들이 절실히 요구하고 있는, 조선 어문에 관한 교양, 연구 자료 등의 서적을 출판하여야 하겠다.

따라서, 우리들은 1950년도 백과 사전의 편수 사업에 착수하여야 하며, 각 가정에서 필요한 가정 백과 사전, 또는 각 중학교 학생들에게 필요한 소사전 등을 출판하여야 하겠다. 그리고 각급학교용 문법 교과서를 편수하고, 신철자법의 해설서, 기타 단행본 및 조선어 연구 잡지 등을 출판함으로 써 인민들이 올바른 국어를 쓰도록 국어에 대한 지식을 널리 보급시키여야 하며, 광범한 선전 사업, 강연 사업들을 조직하여야 하겠다.

이것이 1950년을 맞이하는 우리들의 중요한 과업이다.

우리는 어떤 곤란이 있더라도 이를 극복하고, 우리들의 재력을 발휘하여, 이 과업을 완수하여야 한다.

오늘날 조국의 남반부를 강점하고 있는 미 제국주의자들은 세계 제패의 탐욕적 목적을 추구하고 있으며, 조선을 분할하고 식민지화 하려고 가진 음모와 책동을 하고 있으며, 우리의 경제와 우리의 문화를 계속 유린하고 있다.

그리고 그들은 자기의 침략적 도구인 리승만 매국 도당[6]을 사수하여 동족 상쟁의 내란을 도발하기에 광분하고 있는 한편, 조선 어문의 통일을 파괴하기 위하여 조선어 철자법의 폐지를 운운하게 하였다.

따라서, 조국의 이러한 정세하에서 새해를 맞이하는 우리 어문 학도들은 공화국 정부 주위에 일층 굳게 단결하여 자기가 맡은 바 과업을 완수함으로 써 미 제국주의자들의 침략적 책동을 분쇄하고 리승만 괴뢰정부를 타도하여 조국의 완전 통일과 조선 어문의 최후적 승리를 쟁취하기 위한 투쟁에 총 매진 하자!

1950년 1월 1일

조 선 어 문 연 구 회

위원장 리 극 로[7]

중국의 "새글자운동"

『조선어 연구』 2-2, 평양 : 조선 어문 연구회, 1950.5.15, 2~11쪽.

1. 반 만년 문화 생활의 모든 기록을 남기고 있으며, 또 이제 전 인류의 4분지 1이란 엄청나게 많은 사람의 수 곧 5억 인구가 서로 뜻을 통하는 글, 한문 글'자는 현대 문화 생활에 부적당함을 인정받고, 그 대신에 새 글'자로서 로마자를 그대로 받아들이며, 그 보급 운동이 지금 중국에서 활발히 전개되고 있다. 이것은 결코 우연한 일이 아니라, 그 까닭이 많다.

한'자라는 것은 원시인(原始人)이 쓰던 그림글씨, 곧 상형문'자(象形文字)가 발달하여서 된, 뜻을 나타내는 글, 곧 표의문'자(表意文字)라는 것을 우리는 잘 알고 있다. 이 표의문 '자란 것은 제 본질 그대로, 문화의 발전과 사물의 발달을 따라 새것이 자꾸 나오는 대로 거기에 따라 새말과 새 글'자도 또한 생기지 아니하면 아니될 것이다. 례를 들면 수소(水素)를 화학 원소의 가벼운 기운이라 하여, 기운기 몸 아래에 가벼울경'자 몸을 붙이여서 그 읽는 음은 중국 발음으로 "輕"자의 음인 "칭"이라고 한다. 같은 방법으로 "헬리움"은 "氦"라고 쓰고 "하이"라고 읽으며, 탄소(炭素)는 "碳"으로 쓰고 "탄"으로, "셀레늄"은 "硒"로 쓰고 "시"로, "알미늄"은 "鋁"로 쓰고 "뤼"로, "나트리움"은 "鈉"로 쓰고 "나"로 읽는다. 2

그러니까 이와 같이 끊임 없이 새 글'자가 생기게 된 것이다. 한정이 있는 생명을 가진 인간이 어찌 한정이 없는 문'자교육에만 세월을 보내겠는가? 한 평생에 글만 읽는 봉건 귀족의 글'자는 혹 될는지 모르나, 근로 대중의 글'자로는 도저히 될 수 없다.

한'자가 현대적 문'자로 될 수 없다는 것은 전보(電報)의 기호를 붙일 수 없다는 한가지 사실로 미루어서도 넉넉히 짐작할 수 있을 것이다. 전보를 치는 한가지의 가능한 방법이라는 것이 곧 상용(常用) 글'자에 번호를 붙이여 놓은 것이다. 그리하여 전보를 번호 수'자로만 치는 것이다. 전보를 발표도 곧 글을 아는 것이 아니라, 전보에 쓰는 글'자의 번호책에서 그 글'자들을 찾아 내여야 비로소 글을 알게 된다. 그리고야 어찌 현대의 글을 행사를 할 수 있겠는가?

2. 시대의 변천을 따라 중국에도 새 글'자 운동의 싹이 트지는 이미 오래다. 1912년 중국 제1차 혁명 후에, 교육부에서 독음통일회(讀音統一會)를 소집하여 주음 자모(主音字母)를 만들었다. 그것은 북방음 곧 북경음을 표준하여 정한 것이니, 21개의 성모(聲母) 곧 자음과, 3개의 개모(介母) 곧 다른 소리 사이에 들어서 한 음절을 이루는 모음과, 42개의 운모(韻母)와, 1개의 성화 운모(聲化韻母)로 되여 있다. 이 운모란 것은 곧 한 음절을 이루는데 끝에 달리는 소리로서, 단모음도 있고, 복모음도 있고, 또는 한 음절도 있다. 3

이 주음 자모는 아래와 같다.

1. 성모(24)

ㄅㄆㄇㄈㄪ

b P m f w

ㄉㄊㄋㄌ

d t n l

ㄍㄎㄫㄏ

g k ng x

ㄐㄑㄬㄒ

gi ki ni xi

ㄓㄔㄕㄖ

zh ch sh rh

ㄗㄘㄙ

z c s

2. 개모(3)

ㄧ ㄨ ㄩ

i u y

3. 운모(12)

ㄚ ㄛ ㄜ ㄝ

a o e ie

ㄞ ㄟ ㄠ ㄡ

ai ei ao ou

ㄢ ㄣ ㄤ ㄥ

an en ang eng

4. 성화 운모(1)

ㄦ

r

3. 중국의 새 글'자인 "로마자"

위에 말한 새 글'자라는 주음 자모는 다만 한자의 음을 통일적으로 읽게 하는 하나의 보조 도구에 지나지 아니한다. 그것은 마치 일본의 "가나"와 같이 한'자의 변을 떼여서 만든 것으로, 표음 문자로서는 불완전하기가 짝이 없다. 그런데 1928년에 와서 비로소 실제로 중국의 문'자개혁 운동이 시작되였다. 그 원인은 1927년 중국 대 혁명이 실패된 뒤에 중국 공산당원이 모쓰[4]크바에 모여 들어서 정치 운동과 결부된 선전 사업을 하는 데 있어서, 중국 문'자의 근본적 개조 공작이 필요하게 된데 있다. 그리하여 몇 차례나 새 글'자 초안이 발표되었던 것이다.

1931년 9월 26일에 중국 로동자 대표 2,000여명이 해삼위에서 대회를 열고, 중국의 새 글'자 제정에 대한 토의를 하게 되였다. 그 때에 오 옥장(吳玉章), 림 백거

(林伯渠), 소 삼(蕭三), 왕 상보(王相寶) 제씨가 새 글'자 제정 기초 위원으로 뽑히였다. 이들의 로력으로 안을 이루었는데, 그것은 아래와 같다.

(1) 자음 22개

자모 소리나는 자리	세자모	주음 자모	한글로 대조하면
두 입술 소리 (雙脣音)	b p m	ㄅ ㄆ ㄇ	ㅂ ㅍ ㅁ
위'이와 아래'입술'소리 (脣齒音)	f w	ㄈ 万	ㅍ° ㅂ°
혀끝소리(舌尖音)	d t n l	ㄉ ㄊ ㄋ ㄌ	ㄷ ㅌ ㄹ
혀끝 걷어 미는 소리(捲舌音)	r	ㄦ	ㄹ
혀뿌리 소리 (舌根音)	g k ng x	ㄍ ㄎ ㄫ ㄏ	ㄱ ㅋ ㅇ ㅎ
	각 관계된 자음에 반모음 1(j)를 합하여 씀	ㄐ ㄑ ㄬ ㄒ	기[1] 키[2] 니 °시
혀끝과 센입 천장 소리 (翹舌音)	zh ch sh rh	ㄓ ㄔ ㄕ ㄖ	°ㅈ °ㅊ °ㅅ °ㄹ
혀끝과 위'이 안면의 소리 (舌齒音)	z c s	ㄗ ㄘ ㄙ	ㅈ° ㅊ° ㅅ°
센입천장 소리 (硬口蓋音)	j		1

5

6

1 [편주] 기 : '지'의 오류.

2 [편주] 키 : '치'의 오류.

(2) 모음

ㄱ. 단모음 6개

새자모	주음 자모	한글로 대조하면
a	ㄚ	ㅏ
o	ㄛ	ㅓ
e	ㄜ	ㅔ
i	ㄧ	ㅣ
u	ㄨ	ㅜ
y	ㄩ	ㄲ

주 : y는 j, ch, sh, r에만 쓰임.

ㄴ. 복합 모음 15개

새자모	주음 자모	한글로 대조하면
ia		ㅑ
ie	ㄝ	ㅖ
iu		ㅠ
ua		ㅘ
uo		ㅝ
ui		ㄲ
ai	ㄞ	ㅏㅣ
ei	ㄟ	ㅔㅣ
ao	ㄠ	ㅏㅗ
ou	ㄡ	ㅗㅜ
ye		ㄲㅔ
yo		ㄲㅗ
iao		ㅕㅗ
uai		ㅜㅏㅣ
iou		ㅛㅜ

주 : iou는 有자에만 씀.

ㄷ. 코'소리 받침을 가진 모음 15개

an	ㄢ	ㅏㄴ
ang	ㄤ	ㅏㅇ
en	ㄣ	ㅓㄴ
eng	ㄥ	ㅓㅇ
in		ㅣㄴ
ing		ㅣㅇ
un		ㅜㄴ
ung		ㅜㅇ
ian		1ㅑㄴ
iang		1ㅑㅇ
uau		ㅜㅏㅣ.
uang		ㅜㅏㅇ

yn		ㄱㅣㄴ	
yng		ㄱㅣㅇ	
yan		ㄱㅣㅏㄴ	8

4. 한'자는 하나하나가 뜻을 가지고 있다. 그러나 그것들이 기본 글'자는 되지마는 허다한 사물을 다 한 글'자씩 만들어 쓰지는 못하며 또 하지 않는다. 그래서 종합어는 물론이고, 복잡한 개념도 여러 글'자를 모아서 복합어로 낱말을 만들게 된다.

이제 로마자로써 표기한 낱글'자나 낱말을 대조하여 례를 들면 아래와 같다.

성모(聲母) / 운모(韻母)	b 勃	P 潑	m 墨	f 佛	
a 啊	ba 巴	Pa 怕	ma 媽	fa 發	
e 扼					
o	bo 玻	Po 潑	mo 墨	fo 佛	
a 愛	bai 拜	Pai 派	mai 賣		
ao 奥	bao 包	Pao 抛	mao 貓		
ei 欸	bei 卑	Pei 坯[3]	mei 每	fei 非	
on 鷗		Pou 剖	mou 謀	fou 浮	
an 安	ban 班	Pan 磐	man 曼	fan 帆	
ang 肮	bang 幫	Pang 旁	mang 忙	fang 方	
en 恩	ben 奔	Pen 噴	men 門	fen 分	
eng 鞥					9

baofa(爆發) feipao(飛跑) fangbei(防備)

meimao(眉毛) mofang(模倣) paoma(跑馬)

fang ai(妨礙) laotou(老頭) xeiand(黑暗的)

xanlengd(寒冷的) xangxai(航海) gaigo(改革)

baozh(報紙) zazh(雜誌) chezhan(車站)

zenma(怎麽) san-pen Cat(三盆菜) s-zh gou(四隻狗)

3 [편주] '坯'의 발음은 [Pi]라서, '胚'의 오기로 사료됨.

ba-go rhen(八個人) sh-ceng lou(十層樓)

sin wnez xao dongsi!(新文字 好東西)

(새 문'자는 좋은 것이다).

LU SIN SIANSHENG DE GIU-SH
(魯迅先生的舊詩)

Ⅰ. Ti, "Pangxuang"	1. 題 "徬徨"
Sin Wenji de yandi bingbu rhenao,	新文籍的園地並不熱鬧,
Giu wenz de zhanChang rhenggiu piang'an;	舊文字的戰場仍舊平安;
Sin-giu zhunggian liuxia igo siaobing,	新舊中間留下一個小兵,
Kang i ai po-ciang, sin li meijouula daasuan!	抗一桿破◯, 心裏沒有了打算!

(新聞字週刊 2호-上海-에서)

5. 중국에서 이 로마자 운동이 활발히 전개되는 것은 이제 중화 인민 공화국의 정치가 모 택동 주석의 지도 밑에 모든 방법이 바로 잡히어 가는 까닭이다. 한'자를 가르치여서 문맹을 없앤다는 것은 생각할 수도 없는 일이다. 중국 공산당은 로마자를 자기들의 다년간의 혁명 운동에 선전 도구로 실용한 지 이미 오래다고 한다. 이미 실천을 통한 경험으로 자신만만하게 장래를 전망하면서 전국적으로, 조직적으로 이 로마자를 보급시키고 있다.

이제는 외국 사람이 중국말을 배우는 데도 썩 편리하게 되었다.[4] 누구나 중국말을 배워본 사람이라면, 그 발음에 많은 고통을 당하였을 것이다. 그러나 이제는 그런 고통은 없을 것이다. 이제 소개하는 이 간단한 글로도 중국 어음의 체계만은 잘 알 수 있으리라고 믿는 바이다. [11]

4 [편주] 북한 표기는 '되였다'인데 여기만 '었'자로 적혀 있음.

이・웨・쓰딸린의 로작《맑쓰주의와 언어학의 제 문제》에 비추어 본 공화국 언어학의 정형과 그 당면 과업

『조선민주주의인민공화국과학원 학보』 2, 평양 : 조선민주주의인민공화국과학원, 1953.12, 19~38쪽.

1
이・웨・쓰딸린의 로작《맑쓰주의와 언어학의 제 문제》가 맑쓰주의 언어 과학의 발전에 있어 가지는 력사적 의의

오늘 우리들의 미, 영 무력 침범자들을 반대하는 정의의 조국 해방 전쟁의 가렬한 전투 환경 속에서 맑쓰주의 언어 과학의 발전에 있어 획기적 전환 점을 이루는 이.웨.쓰딸린의 천재적 로작《맑쓰주의와 언어학의 제 문제》발표 3주년을 맞이하게 된다.

이 로작은 또한 미제 침략자들의 우리 조국에 대한 무력 침공이 개시되기 바로 며칠 전[1]에 발표되여, 미, 영 제국주의자들을 반대하여 궐기한 조선 인민을 맑쓰-레닌주의의 불패의 력량으로써 더 한층 무장시킴으로써 조국의 자유와 독립과 영예를 고수하며, 조국의 민족 문화를 발전시키기 위한 조선 인민의 영웅적 투쟁에서 무한한 힘의 원천으로 되였다. 이러한 의미에서 이 로작은 조선 인민의 민족 해방 투쟁의 력사에 있어서도 길이 빛나는 의의를 가진다.

이.웨.쓰딸린의 로작《맑쓰주의와 언어학의 제 문제》는 엔.야.마르의 언어 리론의 반 맑쓰주의적, 비 과학적 본질을 폭로하고, 사회적 현상으로서의 언어의 특성을 엄정하게 분석하여 맑쓰주의 언어 과학의 천재적 강령과 정연하고, 심오한 리론을 제시하였으며, 동시에 맑쓰주의 철학과 사회 력사의 가장 복잡한 일련의 문제들을 해결함으로써 이데올로기야 전선과 과학 사업에 종사하는 모든 일'

1 [편주] 스탈린(И. Сталин), "Относительно Марксизма в языкознании(언어학에서의 마르크스주의에 대하여)", Правда(프라우다), 1950.6.20.

군들을 창조적 맑쓰주의의 새로[19]운 사상, 새로운 결론, 새로운 명제들로써 무장시키였다.

게. 엠. 말렌꼬브[2]는 쏘웨트 동맹 공산당 제19차 대회에서 진술한 자기의 종결 보고에서 맑쓰-레닌주의 리론의 발전에 있어 이 로작이 가지는 의의를 다음과 같이 지적하였다:

《쓰딸린 동지의 고전적 로작《맑쓰주의와 언어학의 제 문제》에서는 사회 발전의 합법칙적 성격에 관한 맑쓰주의 리론의 근본적 명제들이 새로운, 보다 높은 계단으로 제고되였으며, 경제적 토대와 사회의 상부 구조, 생산 력과 생산 관계에 관한 문제들이 전면적으로 연구되였다. 공산주의의 리론적 기초로서의 변증법과 력사적 유물론의 학설이 일층 발전되였다. 스딸린 동지는 사회 발전의 도구로서의 언어의 역할을 해명하였으며, 민족 문화와 언어의 금후 발전의 전망을 지적하였다. 이 로작에서 스딸린 동지는 새로운 명제들로써 맑쓰-레닌주의 과학을 풍부히 만들므로써 전체 지식 분야의 진보를 위한 새로운 전망을 열어주었다》.

이 로작으로 말미암아 언어학은 기본적 문제들에 대하여, 더할 바 없이 정밀한 맑쓰주의적 규정을 얻게 되였다.

무엇 보다도 먼저, 사회 존재의 전 시기를 통하여 작용하는 특수한 사회적 현상으로서 언어가 규정되였다. 언어는 사회의 탄생 및 함께 탄생하며, 발달한다. 사회의 밖에 언어는 없다. 때문에 언어와 그 발달의 법칙은 그가 사회의 력사와 그리고 이 언어의 창조자이며, 보유자인 인민의 력사와 끊을 수 없는 련계 속에서 연구되는, 오직 그러한 경우에 만 리해될 수 있다.

언어는, 이. 웨. 쓰딸린의 정의에 의하면, 그 도움을 얻어 사람들이 서로 교제하며, 사상을 교환하며, 상호 리해를 달성하는 수단이며, 도구이다. 이. 웨. 쓰딸린은 가르치기를—《사상의 교환은 항구하고, 절실하게 필요한 것이다. 왜냐 하면, 그것 없이는, 자연의 힘과의 투쟁에서, 필요한 물질적 부의 생산을 위한 투쟁에서, 사람들의 협동적인 행동을 조절할 수 없으며, 사회의 생산 활동에서 성과를 거둘 수 없으며, 따라서 사회적 생산의 존재 자체도 불가능하게 되기 때문이다. 따라

2 [편주] 게. 엠. 말렌꼬브 : 게오르기 막시밀리아노비치 말렌코프(Г. М. Маленко́в, 1902～1988).

서 사회에 대하여, 리해되고, 그 성원들에 대하여, 공통적인 언어 없이는, 사회는 생산을 중지하며, 붕괴하며, 사회로서 존재하기를 그만둔다》라고 하였다. 사회 발전에 있어 언어와 그가 노는 역할에 대한 이와 같이 전면적이고도, 엄밀한 규정이 주어진 일은 과학의 력사 우에 일찌기 없다.

이. 웨. 쓰딸린은 또한, 언어를 상부 구조로 보는 마르 파의 반 맑쓰주의적인 견해를 폭로하고서, 언어의 독특한 특성에 대하여 남김 없이 성격을 규정하였다. 만약에 토대가 경제적으로 사회에 복무하며, 상부 구조가 정치적, 법률적, 미학적 및 기타의 사상으로써 사회에 복무하[20]고, 사회를 위하여, 상응하는 정치적, 법률적 및 기타의 기관들을 창건한다면, 언어의 독특한 특성은 그가 사람들의 교제 수단으로서, 사회에 있어서의 사상 교환의 수단으로서, 생산으로부터 토대에 이르기까지, 토대로 부터 상부 구조에 이르기 까지 인간 활동의 모든 면에서 사람들에게 상호 리해하며, 공동적 사업을 조절할 수 있는 가능성을 주는 수단으로서 사회에 복무하는 점에 있다. 따라서 언어의 행동 범위는 상부 구조의 행동 범위 보다 훨씬 넓고 다면적이며, 뿐만 아니라, 그 범위는 거의 무제한 하다.

언어 과학의 발전에 있어서 극히 중요한 의의를 가지는 것은 언어의 구조, 그 구성 요소에 관한 이. 웨. 쓰딸린의 명제이다. 언어에서 주되는 것은 그 문법 구조와 기본 어휘며, 언어의 문법 구조와 기본 어휘는 언어의 기초, 그 특성의 본질을 이룬다. 이. 웨. 쓰딸린은 언어의 건설 자료로서의 어휘 구성에서 핵심으로 되는 기본 어휘의 견인성과 인민성을 지적하고 있으며, 《인간 사유의 장구한 추상 작업의 결과이며, 사유의 거대한 성과의 지표》인 문법의 거대한 인식적 및 교양적 의의를 강조하고 있다. 수 세기에 걸쳐 창조되였으며, 언어의 기초를 이루는 문법 구조와 기본 어휘는 식민주의자들의 강제적 언어 동화에 대한 거대한 견인성과 비상한 저항성을 언어에 부여하는 기본 고리로 된다.

사회에 있어서의 사람들의 교제 수단으로서의 언어를 고찰하면서, 이. 웨. 쓰딸린은 언어의 《계급성》에 관한 마르의 그릇된, 비 맑쓰주의적 리론을 배격하고 있다. 씨족적 언어로 부터 종족적 언어에로의, 종족적 언어로 부터 준민족적 언어에로의, 준 민족적 언어로 부터 민족적 언어에로의 발달의 모든 계단에 있어서 언어는 항상 사회에 대하여, 공통적이고 단일적이며, 사회적 지위에는 관계 없이, 사회의 성원들에게 평등하게 복무한다. 언어의 공통성은 민족의 가장 중요한 표식 중의 하나이며, 《민족 어는 민족의 성원들에 대하여, 공통적이며, 민족에 대하여, 단일적인, 비 계급적, 전 인민적 언어라고 력사는 말하고 있다》라고 이. 웨. 쓰딸린은 가르치고 있다.

언어의 교차에 관한 엠. 야. 마르와 그 신봉자들의 비과학적 리론에 섬멸적 비판을 주고, 민족 문제에 관한 맑쓰-레닌주의 리론을 더 한층 발전시키면서, 이. 웨. 쓰딸린은 전 세계적 규모에서의 사회주의 승리 이전의 시기에 있어서의 언어의 교차와 세계적 규모에서의 사회주의 승리 이후의 시기에 있어서의 언어의 합류의 진정한 과정에 대하여, 심오한 과학적 분석을 가하였다. 착취 계급들이 지배적 력량으로 되고있고, 민족적 및 식민지적 압박이 여전히 계속되고 있고, 민족적 평등이 아직 없는 그러한 계급 사회에서는 언어의 교차는 그중, 한 언어의 지배를 위한 투쟁의 절[21]차에서 진행된다. 이러한 조건 밑에서는 《말하자면, 두 언어의 교차가 결과에 있어 새로운 언어의 형성을 가져 오지 않고, 그중, 한 언어의 승리와 다른 언어의 패배를 가져오는 것》은 당연한 일이다.

전 세계에서 사회주의가 승리한 조건 밑에서의 민족어의 발달에 관한 문제는 다르게 제기된다. 모든 나라에서 자본주의가 소탕되고, 착취 계급들이 전복되고, 민족적 및 식민지적 압박이 청산되고, 민족들의 상호 불신임이 민족들의 상호 신임과 접근으로써 교체되고, 민족 어들이 협조의 절차에서 서로 풍부히 될 가능성을 얻게 되는—그러한 조건 밑에서는 어떤 언어들의 억압 및 패배와 다른 언어들의 승리에 대하여, 말 조차 할 수 없으며, 《이곳에서 우리들은 하나가 패배하고, 다른 하나가 투쟁에서 승리자로 되여 나오는 그러한 두 개의 언어를 문제 삼게 될 것이 아니라 수백의 민족 어를 문제 삼게 될것인 바, 민족들의 장구한 경제적, 정치적 및 문화적 협조의 결과 이 수백의 민족 어들로부터 처음에는 가장 풍부히 된 단일한 지대적 언어들이 나오게 되고, 그 다음에 지대적 언어들이 하나의 공통적인 국제 어로 합류될 것이며, 이 국제 어는, 물론 독일어도 로씨야이도 영어도 아니고, 민족 어 및 지대적 언어들의 훌륭한 요소들을 자체 내에 섭취한 새 언어일 것이다》라고 이. 웨. 스딸린은 가르치고 있다.

저작 《맑쓰주의와 언어학의 제 문제》에서 이. 웨. 스딸린은 유물론적 언어 리론을 전면적으로 작성하고, 언어 발달의 객관적 법칙성을 해명하면서, 언어학에 있어서의 관념론과 형이상학을 철저하게 폭로하였다. 마르 파는 의미론을 람용하면서, 사유를 그 물질적, 언어적 기초로 부터 유리시킴으로써 관렴론에 빠져버렸다. 마르는 사람들의 교제는 언어 없이, 언어의 《자연적 물질》로 부터 해방된 사유 하나 만의 힘으로써도 실현될 수 있다고 론증하였다. 이 그릇된 명제는 현재 부르쇼아 철학자들의 반동적, 관념론적 리론과 야합되는 것이다.

관렴론자들과 맑쓰주의를 비속화하는 자들을 폭로하고서, 이.웨.스딸린은 사유와 언어와의 상호 관계에 관한 맑쓰주의의 가장 중요한 명제 중의 하나를 유물론적으로 해명하였다. 언어는 사상의 직접적인 실재이며 언어 없는 사상이란 존재하지도 않고, 존재할 수도 없으며, 언어 우에 사유의 작업의 결과 인간의 인식 활동의 성과가 고착된다. 언어적 물질로 부터 해방된, 언어의 《자연적 물질》로 부터 해방된 벌거벗은 사상이란 존재하지 않는다. 유성 언어 또는 단어의 언어는 언제가 사람들의 교제의 완전한 수단으로 될 수 있는 인간 사회의 유일한 언어로서 그는 몸짓 언어 또는 다른 어떠한 부호에 의하여서도 교체될 수 없다.

이와 같이, 언어학에 있어서의 관렴론과 형이상학을 분쇄하고, 언어에 관한 완벽한 유물론적 리론을 창조하면서, 이.웨.스딸린은 사회 생활의[22] 모든 분야의 연구에 맑쓰주의를 적용하는 고전적 실례를 보여주었으며, 사회 과학의 가장 복잡한 문제들을 창조적으로 해결하는, 빛나는 모범을 제시하였다.

《맑쓰주의와 언어학의 제 문제》와 더불어 맑쓰-레닌주의 리론의 보물고에 대한 또 하나의 탁월한 기여로 되는 이.웨.스딸린의 마지막 로작 《쏘웨트 동맹에서의 사회주의의 경제 제 문제》는 우리들의 온갖 실천적 활동과 모든 선진적 과학의 발전에 있어 실로 거대한 의의를 가지며 맑쓰주의 언어학의 새롭고도, 중요한 일련의 근본적 문제들을 해명하고 있다. 이 로작에는 사회주의 사회에 있어서의 사회적 생산과 물질적 부의 분배 법칙이 전면적으로 연구되여 있으며, 현대 자본주의의 기본 경제 법칙과 사회주의의 기본 경제 법칙이 발견되고, 사회주의로 부터 공산주의에로의 점차적 이행의 로선이 지시되여 있다.

이.웨.스딸린의 고전적 로작 《맑쓰주의와 언어학의 제 문제》에 의하여 생기발랄한 과학적 생활로 재생된 모든 진보적 언어학자들은 위대한 과학의 스승이

금번의 새로운 로작에서 보여준 경제적 법칙의 객관적 성격의 분석, 사회주의와 자본주의의 기본 경제 법칙의 규정, 사회주의 조건에서의 경제 발전 진행의 절차에 대한 지시들을 자기의 연구 사업에서 창조적으로 리용할 수 있게 되였다.

사회주의 경제와 언어학의 문제들에 관한 이. 웨. 스딸린의 천재적 로작들은 언어 과학에 맑쓰주의를 도입하는 구체적 방도를 제시하여주고 있다. 실로 게. 엠. 말렌꼬브 동지가 지적한 바와 같이, 《스딸린 동지의 리론적 로작들이 가지는 거대한 의의는 그 로작들이 피상적인 것에 흐르지 않도록 경계하며, 현상들 속에, 사회 발전 과정의 본질 속에 깊이 파고들며, 사건의 행정을 결정하게 될 싹트고 있는 현상들을 관찰하도록 가르치며, 맑쓰주의적 예견을 할 수 있는 가능성을 주는 데》 있다.

또한, 《우리의 위대한 스승인 레닌과 스딸린의 력사적 역할은 그들이 맑쓰주의의 리론적 기초에 깊이 침투하고, 변증법적 방법을 완전히 체득함으로써 맑쓰주의를 온갖 외곡으로 부터 고수하고 옹호하였으며, 맑쓰주의 리론을 천재적으로 발전시킨 데》 있으며, 《레닌과 스딸린은 력사의 매개의 새로운 시기 마다 맑쓰주의를 그 시대의 일정한 실천적 과업과 결부시킴으로써 맑쓰주의가 죽은 도그마가 아니라, 행동에의 생기있는 지침이라는 것을 맑쓰-엔겔쓰의 학설에 대한 자기들의 창조적인 태도로써 중시하였다》.

오늘, 이. 웨. 스딸린의 력사적 로작 《맑쓰주의와 언어학의 제 문제》 발표 3주년을 맞이하여, 공화국의 언어학도들이 스딸린적 리론을 학습하며, 맑쓰주의 언어 과학의 리론적 기초 우에서 자기들의 사업을 개편하여 23 온 정형을 평가하며, 앞으로 조국의 언어 과학을 비약적으로 발전시키기 위한 당면 과업을 토의하는 것은 우리의 경애하는 수령 김 일성 원수께서 조선 로동 당 중앙 위원회 제 5차 전원회의에서 지적하신 바 《우리는 아직 까지도 맑쓰-레닌주의를 우리 나라 현실에 결부하여 연구하는 사업들을 대단히 부족하게 진행하고 있습니다……우리는 앞으로 이 엄중한 결점들을 시정하여야 하겠습니다》라고 말씀하신 교시에 비추어 특히 긴절하게 요구된다고 생각 된다.

2
언어학의 관한 이.웨.스딸린의 로작 발표 이후의 공화국 언어학의 정형

미, 영 제국주의자들을 반대하는 위대한 조국 해방 전쟁에 한 사람 같이 궐기한 영웅적 조선 인민의 단일한 민족어이며, 모국어인 조선 어는 조선 인민과 조선 사회의 발전과 더불어 유구한 자기의 력사를 가지고 있으며, 그 형성과 발달의 과정에서 자기의 민족적 자주성을 고수하면서, 독자적인 로정을 걸어왔다. 물론, 봉건 시기에 있어서 중국 문화의 영향으로 한자 어휘가 대량적으로 조선어 가운데 들어와 조선 어의 어휘 구성은 한사 어휘로써 부단히 보충되였다. 그러나 이것은 대 부분 변화성과 침투성이 가장 많은 언어의 어휘 구성에 속하는 것들이며, 언어의 기초로 되는 기본 어휘 중, 가장 견인성 있는 부분은 거의 전부가 고유 조선어이다. 따라서 한자 어휘에 의한 조선어 어휘 구성의 보충은 조선어를 약화하지 않았을 뿐만 아니라, 반대로, 조선어를 풍부하게 만들었으며, 이를 강화하였다. 조선어는 자기의 문법 구조와 기본 어휘를 보존하면서, 자기 발달의 내적 법칙에 따라 계속 전진하고, 완성화되였기 때문에 조선어의 민족적 자주성은 한자 어휘로 말미암아 아무런 손실도 받지 않았다.

또한 일본 제국주의자들은 반 세기에 걸친 식민지 통치의 기간을 통하여 조선 인민의 언어를《파괴하고, 파멸시키고, 소탕하려고 노력》하였다. 그러나 조선어는 자기의 문법 구조와 기본 어휘를 고수함으로써 일제의 조선어 말살 정책을 능히《견디여내고, 살아 나왔으며》, 일본 제국주의자들의《강제적 동화에 대한 거대한 견인성과 비상한 저항성을 보여주었다》.

이와 같이, 조선 인민은 자기의 모국 어의 기본 요소들을 발현, 완성화하며, 자기의 언어의 민족적 자주성을 고수하기 위한 줄기찬 투쟁의 빛나는 력사를 가지고있다. 그럼에도 불구하고, 부패한 봉건 통치 계급들은[24] 인민의 자유로운 모국 어 연구 사업을 방해하였으며, 일본 식민지 강탈자들은 조선 인민의 우수한 민족 문화의 말살을 시도하여 조선의 언어와 문자의 사용조차도 야만적으로 금지하였다. 그러나 조선 인민은 일제 36년간의 포학한 압정 밑에서도 자기의 조국과 자기의 언어를 잊지 않았으며 선진적 언어학자들의 애국적 투쟁은 일제의 강제적 동화 정책에 항거하는 고난의 길에서 자기의 우수한 전통을 끝끝내 고수하여, 일제와 타협하지 않고, 조국의 과학, 문화 발전을 위한 잠재력의 배양에 인민을 불러 일으켰다. 그러나 세계에서 가장 횡포한 일제의 테로 정책 밑에서는 우리의 과학적 력량은 자라날 수 없었으며, 그것도 자연 발생적인 분산된 형태로서 바께 존재할 수 없었다.

자기 조국의 언어와 문화를 자유로이 발전시키며, 선진적인 과학을 성취, 연구하려는 조선 인민의 오랜 념원은 오직 쏘웨트 군대에 의하여, 조선이 일본 제국주의 식민지 기반에서 해방되고, 공화국 북 반부에 인민민주주의 제도가 수립된 뒤에야 비로소 달성하게 되였다.

우리 조국 북 반부에서는 위대한 쏘웨트 동맹의 성의있는 형제적 원조와 조선 인민의 경애하는 수령 김 일성 원수의 옳바른 령도로 말미암아 문맹은 기본적으로 퇴치되고, 광범한 인민 대중의 문화, 교육 수준은 비상히 향상되였으며, 민족 문화와 민족 예술은 급속이 발전되였다.

모국 어에 의한 교수 사업의 전반적 실시와 모국어로 되는 각종 교과서 편찬 사업의 비약적인 전개와 아울러 신문, 잡지를 비롯한 모든 출판물에서 한자 사용이 거의 전폐 또는 제한된 결과는 광범한 인민 대중으로 하여금 세계 과학 문화의 달성을 자유로이 섭취하며, 그들의 정치, 사상 리론 수준을 부단히 제고시킬 가능성을 열어주었다.

오늘날 조선어는 그 국제적 지위와 위신이 급격히 제고되여, 당당한 국제적 언어의 하나로서 확고한 자기의 지위를 확보하게 되였으며, 특히 정의의 조국 해방 전쟁 발발 이후, 영웅적 조선 인민의 모국 어로서 거대한 력사적 의의와 고도의 문화적 가치를 가지게 되였다.

이렇듯 8, 15 해방 이후, 공화국 북 반부에서의 인민 민주주의적 건설의 실천과 조국의 민족 문화의 비약적 발전은 사람들의 교세와 사상 교환의 도구로서의 언어에 관한, 사회 발전에 있어서의 언어의 의의에 관한 저명한 쓰딸린적 명제에 내포된, 심오한 력사적 진리를 확증하여준다.

조선 인민의 과학, 문화 발전을 항상 고무, 추진시키는 조선 로동 당과 공화국

정부와 특히 김 일성 원수의 심심한 관심에 의하여, 이미 1947년에 조국의 언어와 문자의 과학적 연구를 위한 학술 단체인 《조선 어문 연구 회》가 창설되였으며, 이 기관에 조직, 망라된 전체 언어학도들은 조국의 언어와 문자의 통일, 발전을 기하는 거대한 문화 창조 사업에 자기 [25] 들의 모든 력량을 기울이였다.

전체 언어학도들은 자기 자신을 맑쓰-레닌주의적 세계관으로 무장함과 동시에, 쏘웨트 동맹의 선진적 언어 리론의 탐구와 이 리론에 기초한 조선어의 리론적, 실천적 문제들의 성과적 해결을 자기들의 당면 과업으로 삼았다. 그들의 헌시적 투쟁의 결과 《조선어 신 철자 법》, 《조선어 문법》, 《조선어 음성학》, 《훈민정음 연구》 등이 공간되고, 학술잡지 《조선어 연구》가 간행되였으며, 《조선어 사전》 편찬 사업이 진행되였다.

그러나 쏘웨트 동맹의 언어 리론을 시급히 습득하려는 욕망으로 부터 그곳에서 발표되는 과학적 업적들을 무비판적으로 섭취한 결과 우리의 적지않은 언어학도들은 엔. 야. 마르의 제자들이 선진적 쏘웨트 언어학의 빛나는 달성이며, 진정한 맑쓰주의 언어 리론의 성과라고 사칭한 엔. 야. 마르의 《신 언어 리론》에 사로잡히게 되였다. 우리의 언어학도들은 언어의 상부 구조적 성격과 계급성을 인정하고, 언어와 문화를 혼동하며, 문장론이 형태론에 대하여, 우위성을 가져야 한다는 반 맑쓰주의적 리론에 물젖게 되였다. 물론, 엔. 야. 마르의 《신 언어 리론》은 청소한 조선 언어학에 커다란 영향을 끼칠 수는 없었다. 그러나 우리의 언어학도들이 엔. 야. 마르의 반맑쓰주의적 리론의 진창으로 부터 구출되여 나와, 정확한 방법론의 기초 우에서 자기의 사업을 추진시킬 수 있었던 것은 오직 언어학 제 문제에 관한 이. 웨. 스딸린의 천재적 로작 발표 이후의 일이였다.

저작 《맑쓰주의와 언어학의 제 문제》에 수록된 이. 웨. 스딸린의 론문 《언어학에 있어서의 맑쓰주의에 관하여》가 언어학 제 문제에 관한 자유 토론 행정에서 《쁘라우다》 지상에 발표된 바로 닷새 후인 1950년 6월 25일, 미, 영 제국주의자들은 우리 조국 강토에 야수적 무력 침공을 개시하였다. 그 결과 우리 공화국의 평화적 건설 사업은 중단되고, 우리의 언어학도들은 이 력사적 로작을 안온하게 연구할 가능성을 빼앗겼다. 그럼에도 불구하고, 우리의 언어 학도들은 원쑤들의 야만적 폭격과 포격 밑에서 위대한 과학의 스승의 고전적 로작을 창조적으로 체득하기에 노력하였으며, 과거의 리론적 혼란으로 부터 벗어나와 자기의 사업을 쓰딸린적 언어 리론의 기초 우에서 재건하기에 착수하였다.

언어학에 관한 이.웨.쓰딸린의 로작에 비추어 대학과 연구 기관들에서의 언어학도들의 과학 연구 사업 계획은 근본적으로 개편되여, 스딸린적 언어 리론의 원칙에 근거하여 언어 연구 사업의 기본 과업이 규정되였다. 조선어 발달의 내적 법칙의 문제, 조선어의 문법 구조, 기본 어휘 및 어휘구성의 연구, 조선 민족 어의 형성 발달의 과정과 해방 후, 조선 민족의 언어 발달의 법칙의 탐구, 전 인민적 언어와 방언과의 상호 관계 등이 새[26]로운 연구 과제로서 제기되였다.

우리의 언어학의 리론적 기초가 근본적으로 개편된 결과는 대학과 중등 학교들에서 언어학 관계 학과목의 교수 내용을 혁신하는 것이 필요하게 되였으며, 언어학에 맑쓰주의의 도입은 당연히 모국어와 외국어의 교수 사업을 쓰딸린적 언어 리론의 토대 우에서 개편할 것을 요구하게 되였다.

각급 학교들에서의 언어학 관계 학과목의 새로운 교수 요강 작성 사업에서 각 대학 교원들의 집체적 노력이 컷으며, 그들의 꾸준한 투쟁의 결과 대학용 교수 요강, 《언어학 개론》, 《일반 언어학》, 《현대 조선어》, 《조선어 표준어 사》, 《조선어 력사 문법》, 《조선어 방언학》, 《고대 조선어》, 《조선어 연구 사》 등과 인민 학교 및 초급 중 학교용 《조선어 문법》 교수 요강이 작성되여 이에 근거한 교수 사업이 진행되고, 교과서 교재의 집필, 편찬 사업이 활발히 전개되고 있다.

우리의 언어학도들은 쓰딸린적 언어 리론을 자체 학습함과 동시에 이를 대중적으로 보급시키는 사업에도 적지않은 관심을 돌리여 언어학에 관한 쓰딸린의 로작과 관련된 학술 토론회, 보고회, 강연회 등을 공화국 각지에서 광범히 조직하였다. 그중에도 1952년 6월 로작 발표 2주년을 기념하여 조-쏘 문화 협회 주최로 조직된 3일 간에 걸친 학술 보고회와 기념 문헌집의 발간을 이.웨.쓰딸린의 영명한 리론적 명제들에 지도되면서, 우리 공화국의 과학, 문화가 앞으로 무한히 발전함에 있어 적지 않은 기여로 되었나.

쓰딸린적 언어 리론을 연구하며, 그 리론을 조선어의 구체적 문제들에 적용함에 있어 쏘웨트 동맹의 언어학자들의 눈부신 조직적, 창조적 사업은 우리의 언어학도들에게 빛나는 모범으로 되였으며, 고귀한 방조로 되였다. 특히 론문집 《이.

웨.쓰딸린의 로작에 비추어 본 언어학의 제문제》,《언어학에 있어서의 맑쓰주의의 비속화와 외곡을 반대하여》,《언어학에 관한 이.웨.쓰딸린의 로작에 비추어 본 언어의 리론과 력사의 제문제》,《언어학에 관한 이.웨.쓰딸린의 로작과 관련된 합동 과학회의 자료집》 등과 쏘웨트 동맹 과학원편찬 단행본《로씨야어 문법》,《로씨야어 사전》,《언어학 개론》 및 잡지《언어학의 제문제》,《쏘웨트 동맹 과학원 언어학 문학 분과 통보》 등과 모쓰크와 종합대학 편찬 각종 언어학 관계 학과목의 교수 요강은 우리의 과학 연구 및 교수 사업을 새로운 궤도에서 조직, 운영함에 커다란 도움을 주었다.

언어학에 관한 이.웨.쓰딸린의 로작으로 말미암아 우리의 언어학도들의 방법론이 내부적으로 통일된 조긴 밑에서는 우리의 모든 언어학 력량을 조직적으로 집결시키며, 언어 연구 기관들 사이의 긴밀한 관계를 설정하는 것이 필요하게 되였다. 이 과업을 담당하게 된 것이 조선 민주주의 27 인민 공화국 과학 원의 창설과 더불어 과거의《조선 어문 연구회》를 모태로 하여 조직된 조선 어 및 조선 문학 연구소이며, 이 연구소에서는 현재 조선어 사전과 과학적 조선어 문법의 편찬, 철자 법과 표기 법의 통일 등 공화국의 언어 건설 사업과 관련된 당면 문제들의 해결에 종사하고 있다.

이와 같이, 온갖 애로와 곤난에도 불구하고, 우리의 언어학도들은 전체 과학 일'군들과 함께 조국 전쟁에 총 궐기하여 쓰딸린적 언어 리론으로 무장되여 맑쓰주의적 조선 언어학을 건설하고, 조국의 과학의 우수한 전통을 천명하여 조선 인민의 애국심과 긍지를 제고시킴으로써 일체 력량을 전쟁의 종국적 승리를 위하여, 바치기 위한 긴장되고도, 완강한 사업에 동원되여 왔다.

그러나 지금 까지 우리의 언어학도들이 달성한 성과는 조국과 인민이 요구하는 수준에 도달하기에는 아직도 거리가 멀다고 아니 할 수 없다.

우리의 일부 언어학도들은 아직도 과거의 낡은 사업 작풍에서 벗어나지 못하고, 수공업적이며, 독선적인 연구를 진행하고 있으며, 오늘날 현실이 절실이 요구한 연구 과제를 적극적으로 설정하며, 이를 계획적으로 또한 조직적으로 추진시키기 위한 노력이 부족하다.

더욱이 가장 선진적인 쏘웨트의 언어 과학의 성과와 경험들을 적극적으로 연구, 섭취하기 위한 노력이 부족하며, 상호 집체적인 연구 사업과 건설적인 비판과 자기 비판들이 극히 미약하다.

그 결과 우리의 언어학도들은 이. 웨. 쓰딸린에 의하여, 제기된 언어학의 기본적 문제들의 리론적 탐구—사회적 현상으로서의 언어의 본질, 언어의 기원, 언어와 사유, 언어의 기본 어휘와 어휘 구성, 문법 구조, 문법적 범주와 사유의 범주, 언어의 력사적 발달의 기본적 과정, 언어의 력사와 인민의 력사, 언어 발달의 내적 법칙, 민족 어의 형성, 비교—력사적 방법 등 언어학 계에서 광범한 토의의 대상으로 되고 있으며, 앞으로 더욱 심오한 연구를 필요로 하는 일련의 문제들에 대한 리론적 고찰이 거의 결여되고 있다.

또한 조선어의 구체적, 현실적 문제들에 대한 일반 언어 리론의 창조적 적용의 부면에서도 이제 겨우 그 연구 진행의 설계가 작성되였을 뿐, 선진적 쏘웨트 언어 리론의 토대 우에 대담하고도, 혁신적으로 자기 사업을 본격적 궤도에서 추진시키지 못하고있다.

그 결과 각급 학교에서의 언어학 관계 학과목의 교수 사업이 아직도 낡은 방식에서 벗어나지못하고, 체계를 그대로 답습하고 있는 형편이며, 쓰딸린적 언어 리론에 기초한 각종 교과서 교재에 대한 절실한 요구가 불만족스럽게 충족되고 있다. 28

언어학에 관한 이. 웨. 스딸린의 로작을 언어학도들이 자체 학습하며, 이를 대중적으로 해설, 보급시키는 사업이 미약하게 전개된 결과는 1951년 교육 성 간행 인민학교용 《국어 문법》이 과학성과 사상성의 점에서 허다한 결함을 가지게 만들었으며, 1953년 학술 용어 사정 위원회에서 인쇄, 반포한 언어학 관계 학술 용어 초안이 언어학에 관한 쓰딸린의 로작을 전연 고려에 넣지 않았을 뿐더러, 조선어의 현실에 맞지 않는 《학술용어들》을 조작하여 내게 만들었다.

우리들의 언어학도들 사이에 부르쇼아 언어 리론을 반대하는 투쟁이 미약하게 전개된 결과는 아직도 각급 학교에서 남 반부의 반동적 《언어학자들》의 《리론》과 《권위》가 여전히 승인되여 있으며, 언어학도들의 집체적 사업 작풍이 미약하게 수립된 결과는 표준 말 문제, 철자 법 문제, 문법 문제 등등 허다한 협의에 의하여, 통일되였어야 할 문제들이 아직 해결되지 못하고 있다. 그러나 이러한 사정들은 전 인민적으로 기대되는 《조선어 사전》이 아직 결실을 보지 못하고 있는 사정과 아울러 악독한 미제의 침략 전쟁으로 말미암아 입혀진 전화의 하나가 됨도 또한 사실이다.

이러한 모든 결함은 한 마디로 말하여 우리의 언어학도들이 공화국 과학 전선의 영예로운 선구자로서의 책임을 인식함이 부족하였으며, 해방된 조선의 자주 독립과 민주 발전의 길을 과학 전선에서 개척함에 있어 국가의 주인다운 자부심이 부족한 데 그 원인이 있다.

따라서 우리의 언어학도들은 조국과 인민 앞에 진실하게 복무하는 일'군답게 앞으로 용감하고, 자신 있게 자기 사업을 추진시켜야 하겠다.

조국의 엄숙한 시기에 처하여, 지금까지의 언어 연구 분야에서의 결함을 시급히 퇴치하고, 아직도 낮은 수준에 있는 우리의 언어 연구 사업을 비약적으로 발전시키기 위하여, 전체 언어학도들의 정력적인 투쟁이 어느 때 보다도 절실히 요구되는 것은 다시 말할 필요도 없다.

3
공과국의 언어학을 비약적으로 발전시키기 위한 조선 언어학도들의 당연 과업

이.웨.쓰딸린의 로작《맑쓰주의와 언어학의 제 문제》는 개별적 언어 연구의 부면에서 언어학도들 앞에 실로 커다란 과업들을 제시하였다.

그중에도 가장 기본적인 문제 중의 하나는 문법 구조와 그 발달의 법칙에 관한 문제이다. 언어 연구의 어떤 분야에 있어서도 문법 구조의 분[29]야에서와 같이, 앞으로의 해결을 기다리는 토론 중의 문제가 허다히 있는 곳은 없다. 조선어에 있어서도 품사의 수효와 그 본질, 매개 품사의 문법적 범주, 문장 성분의 구분, 문장의 종류의 규정 등 문법의 중요한 측면들이 아직 까지도 충분히 연구되여 있지 못하며, 일반적으로 승인된 견해가 없다.

문법에서의 이러한 문제들은 더욱이 학교에서의 교수 사업 및 교과서 편찬 사업과 직접적으로 관련되여 있는 만큼, 시급한 해결을 요구하고 있다. 이러한 모든 문제들의 신중한 리론적 해결은 오직 문법 구조에 대한 심오한 력사적 연구를 거쳐서 만 가능한 것이며, 조선어에서 뿐만 아니라 조선 어와 류사한 구조를 가진 언어들의 문법적 현상들도 광범히 인입하여 고찰하는 경우에 만 가능할 것이다.

언어의 문법 구조와 더불어 전 인민적 언어의 특성의 본질, 그 기초를 이루는 기본 어휘가 또한 중요한 연구의 대상으로 된다. 기본 어휘와 어휘 구성의 연구와 관련된 어휘론의 문제들은 이.웨.쓰딸린의 로작 발표 이전에 있어서는 거의 주의의 대상으로 되지 않았던 것이며, 쓰딸린의 로작 출현 이후에 와서야 이와 관련된 일련의 복잡한 문제들이 언어학도들 앞에 새로이 제기되게 되였다. 인간의 온갖 활동 분야와 직접적으로 련관되여 언어 사에 있어 가장 혹심한 변화를 입는 언어의 어휘 구성 발달의 과정, 언어 발달의 각종 시기에 있어서의 기본 어휘와 어휘 구성의 관계와 범위, 어휘론과 문법의 상호 작용, 기본 어휘 발달의 내적 법칙, 단어 조성의 합법칙성, 어휘 구성의 력사, 단어의 차용과 그 원인 및 그 소화의 수법, 단어의 의미의 발달과 변화의 과정, 동음 이의어와 동의어, 단어의 어원—이러한 어휘론의 리론적 문제들이 조선어의 구체적 자료에 비추어 해결을 기다리고 있다.

문법 구조와 기본 어휘 및 언어의 어휘 구성의 연구 이외에 력사적 어휘론과 문법의 문제들을 해명함에 있어 언어의 어음 조직과 그 법칙의 천명이 또한 커다란 의의를 가진다. 이 연구는 어음론 및 음운론의 일반적, 리론적 문제들의 해결과 반드시 련결되여야 하며, 이 분야에 있어서의 기본적 개념들은 쓰딸린적 언어 리론의 립장에서 근본적인 재검토를 필요로 하고있다. 특히 조선어의 어음 구조의 연구가 종래 극히 낮은 리론적 수준에 처하여 있었던 만큼, 현재 쏘웨트 언어학 계에서 진행되고 있는 어음론에 관한 학술 토론은 우리들에게 리론적 면에서 교시하여 주는 바가 크리라고 믿는다. 더욱이 언어의 어음 구조 연구의 문제는 언어학의 실천적 문제들—자모와 철자법의 개선과 정밀화, 정칙 발음법의 규범 제정, 어음 전사 법의 작성 등의 문제 해결과 극히 긴밀히 련결되여있다.

맑쓰주의 언어학의 일반적 원칙—구체적 언어를 그 창조자이며, 보유 30 자인 인민의 력사와 관련시켜 연구할 요청은 언어의 력사와 방언의 연구를 인민의 력사와의 긴밀한 련계 밑에 연구하는 문제를 언어학도들 앞에 제기한다.

종래의 조선어의 력사와 방언에 관한 로작들은 대체로 경험주의적 성격을 띤 것 뿐이였다. 방언에 관한 연구는 그 대 부분이 력사적 면에서 응당 있어야 할 일반화와 결론 없이, 방언적 사실의 단순한 기록에 지나지 않았다. 방언은 언어 사 연구의 가장 중요한 자료 중의 하나인만큼, 력사적 방언학 건설의 확고한 토대로 되는 언어학에 관한 이.웨.쓰딸린의 로작에 근거하여 언어—지리학의 방법과 방언 연구의 원칙을 완성하며, 발전시키는 것이 절실이 요구된다.

언어의 력사와 방언의 리론적 문제들은 극히 중요한 실천적 의의를 가진다. 이들 문제의 연구는 언어 사와 방언학에 관한 교재 작성을 위하여, 필요할 뿐만 아니라, 현대 표준 어의 규범화와 완성화의 과정과도 직접적으로 련결되여 있다. 표준어와 방언과의 관게, 방언에 의한 표준 어의 풍부화, 성칙 발음 법과 철자 법의 규법 작성 등의 문제들은 민족 어 발달 문제의 심오한 리론적 문제와 긴밀히 련결되여 있는 까닭이다.

우리 조선의 언어학도들 앞에는 조선 민족어의 형성과 발달이 어떻게 진행되였는가를 구체적, 력사적 자료에 근거하여 증시할 과업이 나서고있다. 여기에 있어 로씨야 민족어의 기초로서의 꾸르쓰크—오률[3] 방언과 우크라이나 민족어의 기초로서의 뽈따와-키예보 방언에 대한 이.웨.쓰딸린의 지시는 우리에게 극히 귀중한 시사를 주고있으며, 조선 민족어의 형성과 발달을 탐구함에 있어 조선 사회의 정치, 경제적 발전의 특수성을 반드시 고려하여야 할 것은 다시 말할 필요도 없다.

조선 민족어 발달의 현 계단에 있어서는 인민 정권이 수립되여 광범한 대중이 조국 건설에 적극적으로 참여하고, 구두 또는 출판물에서의 대중적 출연의 의의가 비상히 제고, 확대된 조건 밑에서 언어 배양의 문제가 전 인민적 성격을 띠게 되였다.

언어의 명석성, 정확성 및 순수성을 위한 투쟁, 언어의 표현 수단의 극히 복잡하고도 풍부한 체계를 소유하기 위한 투쟁은 광범한 인민 대중의 절실한 관심을 끌고있으며, 민족어의 고상한 배양을 위한 투쟁은 민족적 자각의 장성과 인민 민

---

3 [편주] 오률 : 오룔(Opёл).

주주의적 민족 문화의 개화의 자연스럽고도 직접적인 표현이다. 실로 민족어의 배양을 위한 투쟁은 민족의 정치-도덕적 통일을 위한 전 인민적 투쟁의 한 부분으로된다.

언어는 부단한 운동과 발달 가운데에 있으며, 이러한 언어의 발달로 말미암아 언어에 모든 측면에—어휘, 단어 조성 발음, 때로는 문법에 있어 까지 형태상에 동요와 병존형이 출현하게 된다. 긴장될 사회 생활과[31] 혁명적 변혁의 시기, 조국 해방을 위한 위대한 투쟁의 시기인 우리들의 시대는 또한 언어에서 가장 변화에 민감한 어휘 구성의 부문에서 커다란 변화를 일으켰다. 표준 어의 한계의 확대, 표준 어와 방언과의 종전의 상호 관계의 변화, 문체의 체계의 개조와 풍부화, 언어 규범화의 과정의 특성, 사회-정치적, 과학적 및 직업적 전문 술어들의 대중의 언어에의 침투—이 모든 것은 8,15 해방 이후, 조선, 표준 어의 발달에 일정한 영향을 끼쳤으며 또한 계속 끼치고있다.

규범적 문법과 사전의 편찬, 문자 체계와 철자 법 규범의 제정, 표준어와 그 인민-방언적 토대와의 련계의 해명, 전문 술어의 통일, 번역의 문제—이 모든 것이 우리 언어학도들의 긴장된 로력을 요구하는 부면들이며, 이 분야에서 리론적, 실천적으로 우리들이 하여놓은 사업은 극히 미약하다. 이 모든 복잡하고도 다양한 문제들은 언어학에 관한 이. 웨. 쓰탈린의 로작이 발표된 오늘날, 언어와 그 민족적 독자성에 관한, 언어 발달의 내적 법칙에 관한, 점차적인 언어의 질적 변화에 관한 쓰딸린의 리론에 비추어 새로운 검토와 보다 깊은 연구를 요구하고있다.

조선어 표준어는 복잡한 문체론적 구조를 가지고 있어 풍부한 문체론적 변종들과 비슷한 의미를 표현함에 있어서의 다양한 병존적 형태들을 보여주고 있다.

서로 다른 문체론적 뉴안쓰[4]를 가진 병존적 형태의 존재는 언어의 보유자들에 의하여, 서로 다르게 평가된다. 어떤 사람들은 새로운 변종의 출현을 언어의 훼손, 타락이라 간주하고, 재래의 전통 만이 정당한 것이라고 고집하며 또 어떤 사람들은 반대로, 새로운 형태 가운데에 언어 발달의 생생한 경향이 반영된 것으로 보면서, 이것에 손쉽게 표준 어로서의 권리를 부여한다. 언어적 규범의 개념 자

---

4 [편주] 뉴안쓰: 뉘앙스.

체는 언어 현상의 력사적 교체와 력사적 변환성을 고려함이 없이는, 규정될 수 없는 것이며 따라서 개념은 력사적으로 해명되지 않으면 안된다. 조선어에 있어 과거에는 표준어적 사용이라고 간주되던 것이 오늘날에 와서는 고어 투로 인정되며 또는 반대로, 과거에는 속어 또는 방언으로 간주되던 것이 표준어로 인정되는 경우들이 적지 않다. 새로운 것의 채택 여부, 낡은 것의 포기 여부는 언어 발달의 일반적 경향과 내적 법칙에 의하여, 규정되지 않을 수 없다.

이와 관련하여 단어와 형태, 성구와 문장 또는 발음에 있어서의 소위 《옳지 못한 사용》에 대한 처리 문제가 새롭게 제기된다. 언어 발달에 있어서의 새로운 것에 대한 감각을 상실한 보수 파의 일면적이고, 언어 순정론적인 경향이나 또는 언어 가운데에 새로운 것을 인공적으로 부식하며, 낡은 것을 강제로 파괴하려는 초《혁명적》인 시도나, 다 같이 우32리의 사회와 우리의 언어 과학을 만족시킬 수 없다. 언어에 있어서의 《옳은 사용》과 《옳지 못한 사용》을 평가하고, 규정함에 있어서는, 맑쓰주의 언어학의 기본 명제들로 부터 출발하지 않으면안된다. 언어 발달의 내적 법칙에 의하여, 정당화되고 언어의 구조에 상응하며, 인민 창작의 생기있는 경향과 문법, 의미론, 어휘론 등의 분야의 적극적인 과정에 부합되는 모든 새로운 것, 발달하여가는 것은 《옳지 않은 사용》이라고 간주될 수 없으며, 개인적 취미나 습관의 견지에서 배격될 수 없다. 이러한 현상은 개인적 취미와는 무관계하게 언어 안에 들어오며 또한 들어올 수 있다.

반대로, 표준어 발달의 생생한 규범과 경향에 역행하여 인공적으로 창조되였으며, 통용어 또는 방언으로 부터 기계적으로 옮겨진 모든 것은 글자 그대로 《옳지 못한 사용》이며, 언어를 훼손하고, 오손하는 것이다. 이러한 옳지 못한 사용과는 완강하고도 긴장된 투쟁—언어의 배양을 위한 투쟁을 진행하지 않으면 안된다.

이 투쟁에 표준 어의 세련과 가공에 누구 보다도 작가, 과학자, 평론가, 사회 활동가들이 적극적으로 참여하게되는 것은 당연한 일이다. 여기에 있어 표준 어이 순결성을 위하여, 엠.고리끼가 바친 완강한 투쟁은 오늘날 우리들에게 빛나는 모범으로 된다. 그는—

《언어의 순결성을 위한 의미상의 정확성을 위한, 그의 예리성을 위한 투쟁은 문화의 무기를 위한 투쟁이다. 이 무기가 날카로울 쑤록, 정확하게 목표에 겨누어질 쑤록—그것은 더욱 승리를 가져온다》.

《힘으로써 작용하는 언어의 진정한 미는 소설의 화폭, 성격, 사상들을 꾸미는 단어들의 정확성, 명석성, 음향성으로써 창조된다. 《예술가》인 작가에게는 가장 풍부한 우리의 어휘의 단어들의 모든 축적에 대한 광범한 지식이 필요하며, 그 속에서 가장 정확하고, 뚜렷하고, 힘찬 단어들을 골라내는 능력이 필요하다》라고 강조하면서, 문학의 제일차적 요소인 언어에 대한 지식이 없이는, 진정한 문필가로 될 수 없음을 지적하였다. 문필가의 작품 가운데에 전 인민적 언어의 규범화의 일반적 원칙이 구체적으로 체현되며, 민족어의 금후 발달의 로선이 규정되는 점에서 조선 민족어의 앞으로의 무한한 발달이 약속되는 현 계단에 언어의 배양을 위한 투쟁에서 우리들의 문필가의 사명은 실로 거대하다. 특히 오늘날 신문 잡지의 언어와 번역의 언어에서 부분적으로 나타나고있는 조선어 표준 어의 순결성을 오손하는, 옳지 못한 사용의 현상들과는 전 인민적 투쟁이 절실히 요구된다.

이와 관련하여 해방 후, 조선어 어휘 구성의 풍부화의 일반적 경향과 법칙성 탐구의 문제가 첨예하게 제기되지 않을 수 없다. 공화국의 정치,[33] 경제, 과학, 기술, 문화의 각 분야에 걸친 비약적인 발전은 조선어 어휘 구성의 풍부화와 부단한 변화를 가져왔으며, 이러한 사정은 언어학도들 앞에 현재 조선어의 단어의 조성과 단어의 사용에 관한 특별한 연구를 요구하고있다.

따라서 사전 편찬의 문제가 사회적, 국가적으로 중요한 의의를 띠고 나서게 되며, 현대 조선어의 주석 사전, 철자 법 사전, 발음 사전, 외국어 대조 사전 등의 편찬이 조선어 표준어 규범화의 과업과 관련하여 그 완성이 시급히 요구된다. 사전 편찬에 있어서는 조선어 어휘의 능동적인 부분을 가장 완전히 반영하도록 단어의 선택과 주석에 특별한 주의를 돌려야 할 것이며, 쏘웨트 학계에서의 장구한 사전 편찬 사업의 풍부한 경험과 리론이 적극적으로 도입되여야 하겠다.

사전 편찬에 못지 않게 현실적이며, 시급한 해결을 요구하는 문제로서 과학 술어 제정의 문제가 있다. 성공적으로 작성된 과학 술어는 그 언어의 풍부성과 다변성을 보여주는 지표로 되며, 그 나라의 과학 수준을 측정하는 척도로 된다. 성공적으로 작성된 과학 술어는 그 언어의 풍부성과 다면성을 보여주는 지표로 되며, 그 나라의 과학 수준을 측정하는 척도로 된다. 오늘날 과학 술어에 있어 매개의 민족 어의 어휘 구성 및 그 언어의 국제적 요소와의 관계의 문제는 이. 웨,쓰딸린의 지도적 명제에 비추어 특별한 중요성을 띠고 있다. 한편에 있어 인민에 복무하는 진정한 과학은 그 표현 형식에 있어서나, 술어에 있어서나 민족적 언어의 토대로 부터, 전 인민적 언어로 부터 유리될 수 없다. 또 한편, 인류의 새로운 사회주의적 문화의 발전과 공고화를 촉진시킬 맑쓰주의 철학과 이에 의거하는 자연 과학 및 사회 과학에 있어서는 단일한 인류 언어의 기본 어휘에 들어갈 미래의 지대적(地帶的) 및 국제적 술어의 맹아가 이미 싹트고있다. 이러한 관점에서 과학 술어 제정의 원칙과 규범 그 통일화와 조정의 문제는 특별한 관심과 의의를 띠게 되며, 우리들로써 오늘날 특히 주의를 돌려야 할 점은 언어의 전 인민적 성격을 옳지 못하게 해석한 결과《언어의 민주화》라는 그릇된 구호로써 술어 제정의 분야에서 브루쇼아 민족주의를 로골적으로 선전하는 경향이다. 그러한 위험한 경향이 최근 발표된 언어학 관계 학술 용어 초안에 나타나 있음은 이이 우에서 언급한 바와 같다.

이와 관련하여 언어학의 분야에서도 부르쇼아 이데올로기야와의 결정적 투쟁을 강화할 것이 어느 때 보다도 요구된다. 우리의 경애하는 수령 김 일성 원수께서는 조선 로동 당 중앙 위원회 제 5차 전원 회의에서 진루하신 자기의 보고에서 우리의 모든 사업 분야에서 사상 사업을 강화할 것을 다음과 같이 호소하셨다:

《우리의 원쑤들은 우리 인민들의 의식에 아직 강하게 남아 있는 낡은 사상 잔재, 즉 일본 략탈자들이 자기들의 통치 시대에 우리 인민들에[34]게 배양시켜 놓은 노예적 사상 잔재를 리용하려고 노력하고 있습니다. 제국주의 무력 침범자들은 그들과의 투쟁에 있어서 우리의 힘을 미약케 하며, 우리의 단결과 에네르기야를 파탄시키기 위하여 사상 사업에 있는 우리의 조그마한 결함이나, 약점들을 다 리용하려고합니다.

그렇기 때문에 사상 사업에서 우리가 가지고 있는 결점들을 퇴치하고, 그를 정세가 요구하는 임무의 수준에 까지 제고시켜야 하겠습니다》.

《우리는 사상 사업을 과소 평가하는 현상을 근절하며, 사상적 오유에 대한 무관심과 자유주의적 경향들과 결정적 투쟁을 전개하며, 우리 일꾼 들의 사상—정

치적 수준을 계속 향상시켜야 하겠습니다》

우리 언어학도들은 김 일성 원수의 교시를 높이 받들어 언어 연구의 분야에서 나타난 비 맑스주의적 관점과 견해, 엔.야.마르의 소위 《신 언어 리론》의 잔재, 구조주의 학파, 비속 사회학파, 의미론 학파 등 서 구라파의 부르쇼아—관렴론적 리론들과의 결정적 투쟁을 진행하는 동시에 특히 미 제국주의의 조선 침략에 복무하고있는 남 반부의 반동적 《언어학자들》의 해독적인 반 과학적 리론에 섬멸적 비판을 주는 것이 극히 현실적으로 요구된다.

이를 위하여는, 오늘날 까지 우리의 언어학도들 사이에 거의 사용되지 않고 있는 비판과 자기 비판의 무기를 광범히 리용하며, 이에 근거하여 언어학의 중요한 문제들에 대한 창조적 토론을 널리 전개하여야 하겠다. 김 일성 원수께서는 《우리는 이 비판과 자기 비판이란 무기로써 사업에서 당성과 리탈되는 모든 경향들과 비타협적으로 투쟁하며, 우리의 사업상 결점과 오유들을 폭로하고, 시정함으로써 우리 사업을 부단히 전진시켜야 하겠습니다》라고 가르치시고 또한《비판과 자기비판이 광대한 근로 인민들의 창조적 적극성과 결합될 때에는 우리 나라의 정치, 경제, 문화 발전의 커다란 원동력으로 될 것입니다》라고 교시하셨다.

자유스러운 비판과 의견의 투쟁이 없이는, 과학의 발전은 생각할 수 없으며, 과학적 토론은 반드시 고상한 사상—리론적 수준에서 진행되여야 한다. 과학에서 가장 성숙된 문제를 중심적으로 제기하여 의견상의 모순이 철저하게 폭로되고, 그릇된 견해가 극복되여 금후의 과학 발전을 위한 정당한 로선이 제시될 경우에 창조적 토론은 높은 성과를 쟁취할 수 있다.

조선어 표법 체계, 조선어 발달의 내적 법칙, 조선어 사의 시대 구분 등 리론적 문제로부터 조선어 자모, 철자법, 외래 어 표기 법 등 실천적 문제에 이르기 까지 활발한 과학적 토론이 조직되여야 하며, 여기에는 과학 일'군의 광범한 층이 적극적으로 동원되여야 하겠다. 35

여기에 있어 언어 연구의 분야에서의 새로운 창조직 력량의 광범한 인입, 새로운 간부의 대량적인 양성과 등용이 절실히 요구된다. 우리의 과학의 수준은 간부의 량과 질에 의존하는 만큼, 앞으로 우리의 언어 과하을 비약적으로 발전시키기 위하여, 인내성있게 젊은 세대를 육성하는 것이 무엇 보다도 필요하다. 김 일성

원수께서는 이에 관하여《우리의 과업은 로력과 시간을 아끼지 않고, 청년 간부들을 교양하며, 대담하게 그들을 등용하며, 그들의 장래를 막지 말아야 하겠습니다》라고 가르치셨다. 청신한[5] 과학적 력량을 위하여, 우리의 과학 연구 기관이 광범히 열려져야 하며, 과학적 재능을 자유로이 발휘할 수 있도록 그들에게 연구 성과를 발표할 기회를 주어야 할 것이다.

젊은 세대의 육성을 위하여, 특별히 중요한 것은 각급 학교에서의 언어학 관계 교수 내용의 질적 제고를 위한 우리의 언어학도들의 보다 광범하고, 정력적인 방조 사업이 요구된다.

물론, 각급 학교 교원들은 쓰딸린적 언어 리론에 고무되여 자기들의 사업을 개편하고 있으며, 과정 안, 교수 요강, 교재의 작성 사업에서 이미 적지 않은 성과를 거두었다. 그러나 이 모든 것은 각급 학교에서의 언어학 관계 학과목 교수 내용의 결정적 개편을 위한 도정에서의 첫 걸음일 따름이다. 너무도 시급히 작성된 새로운 교수 요강들은 신중한 재 검토를 필요로 하고 있으며, 표준 어 사, 력사 문법, 학설 사 등의 강의 구성에 새로운 원칙을 설정하기 위하여, 활발한 토론이 요구된다. 가장 긴급한 과업은 언어학 관계 모든 학과목에 내용이 풍부하며, 질적으로 보장된 교과서들을 편찬하는 문제이다. 아직까지도 우리에게는 현대 조선어, 조선어 표준어 사, 조선어 력사 문법, 언어학 개론 등의 교과서가 없으며, 인민 학교와 중등 학교용 조선어 문법 교과서가 새로운 언어 리론 우에서 재편찬되지 못하고있다.

현재 각급 학교 교원들은 전문적인 언어학도들로 부터 리론상의 방조를 요구하고있으며, 그것도 리론적 문제들을 교수 요강에 포함된 구체적 쩨마[6]들에 근거하여 친절히 해명하여 줄 것을 요망하고있다. 그들은 자기들이 학습한 맑쓰주의 언어학의 일반적, 원칙적 명제들을 구체화하며, 실천적으로 적용하는 데 커다란 곤난을 느끼고있으며, 이 점에서 교수 지도서와 참고 자료의 간행, 강습회의 조직 등이 필요하게된다. 언어 과학의 리론적 및 실천적 문제들을 조직적으로 탐구하며, 그 성과를 대중적으로 보급하기 위하여, 언어학 관계 학술 잡지의 간행이

---

5 [편주] 청신한 : 맑고 산뜻한.

6 [편주] 쩨마 : '테마'의 북한말.

절실히 요구되며, 이러한 기관을 통하여 현재 까지 존재하고있는 리론적 탐구와 실천적 교수 사업과의 사이의 불필요한 거리가 급속히 제거되도록 하여야 한다.

학교 교육에서 또한 우리의 관심을 끄는 문제는 로씨야어 교육의 문[36]제이다. 위대한 레닌, 쓰딸린의 언어이며, 우리의 과학을 무한히 발전시키기 위한 담보로 되는 로씨야어 교육이 우리 나라의 중등 학교와 대학들에서 아직도 리론적 및 방법론적 면에서 저조한 수준에 있다. 조선의 구체적 실정에 알맞으며, 학생들의 모국 어인 조선어의 특징을 충분히 고려한 로씨야어 교과서의 편찬과 이에 근거한 교수 방법의 개편은 우리 나라의 과학, 문화를 앞으로 비약적으로 전진시키기 위한 전제적 조건으로서 커다란 의의를 가진다. 아울러 질적으로 내용이 보장된《로—조 사전》의 간행이 대중적으로 긴급히 요구되고 있음은 다시 말할 필요도 없다.

끝으로, 우리의 언어 리론 연구 사업의 토대를 더욱 공고화하기 위하여, 언어 연구의 부면에서 선구자들이 이루어 놓은 성과를 충분히 소유하는 문제가 중요하게 제기된다. 일반 언어학과 조선어 연구의 력사는 루이의 언어 연구 사업을 앞으로 추진시킴에 있어 생기있는 원천으로 될 것이며, 과거의 력사를 신중하고, 심오하게 연구함이 없이는, 우리의 과학을 앞으로 발전시킬 수 없다.

엔.야.마르와 그《제자들》은 자기들의《신 리론》을 빈 터에 건설할 수 있다고 망상하고, 과학적 유산이 가져다주는 유용성을 거부하였다. 이에 대하여 이.웨. 쓰딸린은 맑쓰주의 언어학의 발전을 위하여, 선행하는 언어 과학이 남겨놓은 모든 귀중하고, 교훈적인 것을 리용할 필요성을 강조하였다. 마르와 그 학파의 과학적 유산에 대한 거만하고, 야단스러운 허무주의적 태도에 언급하면서, 이.웨. 스딸린은

《맑쓰와 엔겔쓰는 훨씬 겸손하였다. 그들은 자기들의 변증법적 유물론이 선행 시기의 철학도 포함한 과학 발전의 소산이라고 생각하였다》고 지적하였다.

과학적 유선의 정당한 리용에 관하여는 김 일성 원수께서도

《우리에게는 아직까지도 우리의 선조들이 써놓은 력사나, 지리나, 기타 군사, 정치, 경제, 문화 분야의 고귀한 유산들을 맑쓰-레닌주의적 견지로 연구, 분석하고, 그를 섭취하여 발전시키려하는 것이 아니라, 그 고귀한 유산들을 집어치우는

아주 용서 못할 엄중한 결함을 가지고 있습니다.

지어[7] 심한 경우에 있어서는 예˙말이나, 노래도 남의 것은 다 좋고, 자기 것은 다 못쓰겠다고 하는 현상들 까지도 있습니다.

우리는 자기의 고귀한 과학, 문화의 유산에 대한 이러한 참을 수 없는 현상들과 앞으로 견결히[8] 투쟁하여야 하겠습니다.

우리는 자기의 고귀한 과학, 문화의 유산을 옳게 섭취하며, 그를 발전시키는 기초 우에서 만이 타국의 선진 과학 문화들을 급히 또는 옳게 섭취할 수 있다는 것을 반드시 알아야 하겠습니다》라고 강조하셨다. (37)

이리하여 우리의 언어학도들 앞에는 조국의 언어 과학 발전의 선행 시기에 획득되고, 발견된 모든 귀중한 사실과 결론들을 쓰딸린적 언어 리론의 립장에서, 창조적 맑쓰주의의 립장에서 섭취하고, 리용할 과업이 나선다.

× × ×

오늘날과 같이, 거대하고도 책임성 있는 과업이 우리의 언어학도들 앞에 제기된 일은 없다. 우리의 전체 언어학도들은 맑쓰주의 언어학의 더한층의 발전을 위하여, 선진적 언어 과학을 받아들이며, 우리의 온갖 전투적 력량을 집결하여야 하겠다. 조선 로동 당과 공화국 정부와 특히 우리의 경애하는 수령 김 일성 원수께서 우리들에게 끊임 없이 주시는 배려와 기대에 보답할 수 있는 빛나는 성과를 시급히 달성하여야 하겠다.

《맑쓰주의와 언어학의 제 문제》 발표
3주년 기념 보고—1953, 6, 20 (38)

---

7 [편주] 지어 : 심지어.

8 [편주] 견결히 : 굳센 의지나 태도로.

조선 인민의 문자-훈민정음 창제 五一〇주년을 맞이하여

『민주조선』, 1954.1.15, 2쪽.

오늘은 조선 인민의 위대한 창조적 활동의 결과이며 고귀한 문화 유산의 하나인 조선 고유의 문자-훈민 정음이 창제된지 五一〇주년되는 날이다.

주지하는바 조선 인민의 고유 문자-훈민 정음은 이제로부터 五一〇주년전(一四四四년 一월-음력 一四四三년 十二월)에 창제되였으며 그의 창제는 세종의 이름과 련결되여 있다.

조선 인민의 오랜 력사의 발전 과정에서 창조된 훈민정음은 리조의 세종과 성삼문, 신숙주, 정린지 등 그 당시의 우수한 학자들의 참가에 의하여 제작되였는바 그것은 물론 일조일석에 이루어진 것은 아니다. 이 문자가 창조되기까지에는 실로 다방면에 걸친 고귀한 노력과 인내성 있는 고심이 중첩되였다.

이와같이 하여 완성된 훈민정음은 一四四六년 十월에 훈민정음이라는 이름을 가진 하나의 책으로 세상에 나오게 되였다.

세종은 이책의 서문에 쓰기를 나라말이 중국과 달라서 문자로 서로 통하지 아니함으로 어리석은 백성이 말하지 아니함으로 어리석은 백성이 말하고저 하는바 있어도 마침내 그뜻을 펴지못하는자가 많기때문에 내가 이를 딱하게 여기여 새로 스물여덟글자를 반드시 사람마다 쉽게 익히여 날로 쓰기에 편하게 할따름이니라라고 하였다.

이 서문에서도 볼수있는바와 같이 훈민정음은 한문글자와는 달라서 짧은시일에 쉽게 배울수 있으며 일상생활에 곧 편리하게 리용할수 있는 특점을 가지고 있다.

훈민 정음은 조선어의 어음 조직과 문법 구조에 가장 잘 들어맞는 동시에 그의 과학성과 체계 정연성에 있어서 우수한 문자의 하나다.

김일성 원수가 『유구한 력사와 문화를 가진 우리 민족은 오랜 옛날부터 인류 문화의 공동적 보고에 기여할만한 적지 않은 과학적 창조와 발명의 전통을 가지고 있습니다』라고 말씀하신 것은 무엇보다도 조선 인민의 고유문자-훈민 정음에도 해당되는 것이다.

훈민 정음의 창제는 커다란 국가적 사건이였을 뿐만 아니라 또한 조선 인민의 문화적 발달에 있어서도 극히 중대한 의의를 가지는 것이며 훈민 정음의 창제는 조선 문화의 비약적인 발달을 예상 약속하였던 것이다.

그러나 어데까지나 인민대중을 증오하며 그로부터 리탈하고 인민 대중을 항상 봉건적 착취 제도 밑에 결박시켜놓으려고 노력하던 몽매하고도 로고한 봉건 지배 계급은 인민적 성격을 가진 훈민 정음의 발달을 억제하며 인민 대중을 훈민 정음으로부터 멀리하게 함으로써 그들로 하여금 맹목적으로 봉건적 착취 제도를 감수게 해보려고 하였다.

훈민정음이 하나의 책으로 발표되던 초기에 벌써 집현전의 부제학으로 있던 최만리와같은 사대주의적, 보수 주의적 관념에 사로잡힌 관료배들은 어려운 한문으로써 자기들의 지식을 독점하기 위하여 또 다른 한편으로는 광범한 인민대중이 문자를 해득하는 것을 무엇보다도 두려워한 나머지 훈민정음의 발전 보급을 위한 사업을 극력 반대하여 나섰던 것이다.

그러나 이럼에도 불구하고 훈민 정음이 갑오 경장 이후 비로소 국가 공용 문자로 등용되게 될 때까지 훈민 정음은 인민 대중속에서 보존되여 발전되여 왔다.

훈민정음은 그가 창제된 그 시기에 있어서는 전체 인민들에게 깊이 뿌리를 박지못하고 또 널리 사용되지 못하고 오이려 봉건 량반들의 상부층에 의하여 리용되였었다. 그러나 그후 훈민정음은 차차 조선의 고유문자로서의 위치를 공고히 하며 대중적 친근성을 가지게 되였다.

갑오 경장 이후 일제에 의한 조선의 강점 시기까지 리조 봉건 제도의 억압과 외래 제국주의의 침입을 반대하는 애국적 구국 투쟁과 결부된 어문일치 운동, 조선 어문의 통일, 조선어의 문학적 규범화를 위한 투쟁의 선두에는 조선 인민이 낳은 우수한 과학자 주시경 선생과 그 문하생들이 서있었다.

일본 제국주의에 의한 조선의 강점은 조선 인민의 정치-경제적 생활만이 아니라 그의 문화-언어적 생활도 혹심하게 파괴하였다. 일본 제국주의자들은 조선 인민이 자기의 모국어로 글을 배우며 사회적 국가적 및 기타 기관에서 모국어로 말하는 것을 거의 다 금지하였다.

그러나 일본 제국주의자들이 자유와 독립에 대한 조선 인민의 지망을 억압하는데 성공하지 못한 것처럼 조선 인민으로부터 그의 모국어를 빼앗아 버리지 못하였다.

실로 조선어는 일본 제국주의의 야만적 탄압에도 불구하고 견디여 내였으며 살아 나왔다. 이것은 조선어와 조선 인민의 민족적 자주성이 견고함을 증시하여 준다.

위대한 쏘베트 군대에 의하여 장구한 일제 통치로부터 조선인민이 해방된것은 비단 조선 인민의 정치-경제 생활에서 뿐만 아니라 또한 그의 문화-언어 생활에서도 새로운 전망과 급속한 전진의 길을 열어 놓았다.

경애하는 수령 김일성 원수와 조선로동당의 옳바른 지도밑에 조선어와 조선 문자는 전폭적으로 발전될 가능성을 얻게 되였다.

실로 오늘 인민 민주 제도하에서 조선어와 조선문자는 자기의 력사를 통하여 일찌기 찾아볼수 없었던 그런 중대한 력사적 사명을 지니게 되였으며 영웅적 조선 인민의 민족 문화 발전에 거대한 의의를 가지게 되였다. 만일 우리나라의 고유한 문자인 훈민정음이 없었더라면 오늘 우리의 가장 고귀한 사상적 무기인 맑스-레닌주의 사상이 그렇게 빠른 속도로 우리 인민 대중속에 침투되기 어려웠을 것이며 우리의 민족문화와 과학 지식의 발전도 오늘의 수준에 도달하지 못하였을 것이다.

그렇기 때문에 조선어와 조선 문자로 하여금 그가 담당한 이와같은 중대한 책임을 영예롭게 수행할수 있게 하기 위해서는 조선어와 조선 문자에 관한 과학적 연구를 보다 심오하게 보다 계획적으로 진행해야 만 되였다.

공화국 내각 결정에 의하여 조직된 『조선 어문 연구회』가 바로 이 과업을 담당하게 되었으며 이에 망라된 저명한 언어학자들은 시급히 제기되는 일련의 문제들의 해결에 착수하였다.

『조선 어문 연구회』에서 발표한 『조선어 신철자법』, 『조선어문법』 등은 이 과정에서 거둔 빛나는 성과들이다.

우리 조선 어학자들이 일련의 시급히 재기되는 문제를 해결함에 있어서 선진 쏘베트 언어학의 성과로부터 방조[1] 받은바가 실로 크다는 것을 말하지 않을수 없다. 만일 조선 어학자들이 맑스-레닌주의적 언어 리론에 의하여 지도됨이 없었다면 이와같은 극히 중요한 문제들의 해결에 있어서 이처럼 빛나는 성과들을 거두지 못하였을 것이다.

언어학의 문제들에 관한 이·브·쓰딸린의 로작의 출현은 조선어 연구에 있어서도 새로운 단계를 열어놓았으며 조선어와 조선 문자에 관해서 시급히 제기되는 문제들의 과학적 해결에 대하여 옳은 지침들을 제공하였다. 그러나 미 제국주의자들과 그의 주구 리승만 도당에 의하여 조국땅에 전란의 불길이 오르게 됨에 조선 인민의 평화적 건설은 중단되였으며 동시에 전체 조선어학자들은 조국의 자유와 독립과 영예를 위한 투쟁에로 궐기하였다.

미 제국주의자들은 공화국 북반부에 무력침공을 개시하면서 조선 인민을 쉽게 정복하며 노예화할수 있다고 타산하였다.

그러나 그들은 자기들의 략탈적 계획을 실현하지 못하였으며 또 우리 인민을 정복하지 못하였다.

전체 조선 인민들은 三년간에 걸친 간고한 투쟁을 통해서 우리의 영광스러운 조국-조선 민주주의 인민 공화국을 적의 침해로부터 수호하였을 뿐만 아니라 또한 조선 인민의 빛나는 문화, 그의 형식인 조선어와 조선 문자도 미 영 무력 침범자들의 마수로부터 구원하였다.

이와 같이 조선어와 조선 문자는 영광스러운 길을 걸어 왔다. 이 길은 조선어와 조선 문자, 그 중에서도 조선 문자가 항상 인민 대중을 위하여 복무하여 왔으며 또 인민 대중에 의하여 보존 발달되여 왔다는 것을 증시하여 준다.

오늘 조선 인민의 고유의 문자-훈민 정음 창제 五一〇주년을 기념하면서 우리들은 조선 인민의 고귀한 문화 유산의 하나인 이 훈민 정음 창제의 력사적 의의를 깊이 인식해야만 할 것이다.

우리의 경애하는 수령 김일성 원수께서 교시하신 바와 같이 『우리는 자기의 고귀한 과학 문화의 유산을 옳게 섭취하며 그를 발전시키는 기초위에서만이 타

---

1 [편주] 방조: 곁에서 도와줌.

국의 선진 과학, 문학들을 급히 또는 옳게 섭취할수 있다는 것을 반드시 알아야 한다』

우리들은 오늘 의의 깊은 훈민 정음 창제 五一〇주년을 기념하면서 우리 수령의 교시를 가슴 깊이 간직하고 우리 민족의 고귀한 문화 유산의 하나인 훈민 정음을 더욱더 사랑하며 연구하며 발선시키기에 노력해야 할것이다.

조선어 연구의 탁월한 선각자인 주시경 서거 四○주년

『민주조선』, 1954.7.28, 3쪽.

조선 인민이 낳은 우수한 과학자이[1]—조선어 연구의 탁월한 선각자인 주시경이 서거한지 四○주년이 된다.

주시경은 一八七六년 한 빈농가에서 탄생하였으며 一九一四년 七월 二十七일 三九세를 일기로 하여 일생을 끝마치였다.

그는 어렸을 적부터 학문 연구의 길에 들어섰다.

당시 아직도 봉건적 체제가 지배하고 있었던 관계로 주시경도 일반과 마찬가지로 한문의 연구로부터 그의 과학 사업을 시작하였다.

그러나 그는 조선인민이 일률적으로 사용하는 모국어와 시사적 수단으로서 당시 지배적으로 사용되고 있던 한문과의 사이에 존재하는 어문 불일치 현상을 인식하고 이로부터 조선 어문의 과학적 연구를 위하여 자기 일생을 바칠 것을 결심하였다.

주시경은 일찍이 "글이란 말을 적는 도구에 지나지 않는 것이다. 그런데 말을 적는 방법이 저 한문 글자와 같이 거북하고 어렵고야 학식을 얻기가 과연 어려우니 만일 우리 조선 글로 이를 대신 한다면 참으로 노력은 적게 들이고도 배 이상의 효과를 걷을 수 있는 것이다"라고 간파하였다.

열여덟살 되는 해 그는 "배재 학당"에 입학하여 연구 사업을 진행하는 과정에 조선 어문의 연구를 위하여 "협성회"를 조직하였고 뒤에 신문 기자로서 사업하는 한편 "국문 동식회"를 조직하고 실질적으로 어문의 통일, 어문 일치를 위한 투쟁에 적극 참가하였다.

一九○四년 서울에 "청년 학원"이 설립되자 그는 조선어 문법 교수로서 밤낮을 가리지 않고 어문 일치의 사상, 어문의 통일을 위한 사상을 광범한 대중 속에 보급하기에 열중하였다.

---

1 [편주] 이 : '인'의 오식으로 보임.

一九〇七년 당시의 정부 교육 지도기관이였던 "학부" 안에 "국문 연구소"가 설치되자 그는 그 연구소의 핵심이 되어 조선어에 대한 과학적 연구를 일층 심오화하였다.

一九一〇년 "조선 광문회"가 설치되자 그는 조선 어문에 관한 문서 교정과 더불어 조선어 사전 편찬을 지도하였으며 일방으로는 조선어 연구의 전문 학원인 "조선어 강습원"을 설립하여 후진들을 수다히 양성하였다.

그는 이렇게 자기 희생적 사업을 진행해 가는 과정에 있어서 헤아릴 수 없이 많은 난관들과 용감하게 투쟁하였을 뿐만 아니라 당시 사대 사상에 사로잡히고 있던 몽매 완고한 봉건 지배 계급들의 멸시와 천대와 조소를 극복하면서 오직 조선 인민을 위하여 또 민족 문화의 발전을 위하여 모든 정열을 바치였다.

그는 무엇보다도 민족의 중요한 표식의 하나이며 투쟁과 사회 발전의 도구로서의 언어가 사회에서 노는 역할, 그의 민족적 자주성을 과학적으로 천명하고 전체 조선 인민들로 하여금 조선어의 민족적 자주성을 위하여 투생할 것을 호소하였다.

"한 나라에 특별한 말과 글이 있는 것은…그 말과 글을 쓰는 인민은 곧 그 나라에 속하여 한 단체로 되는 표라. 그러므로 남의 나라를 빼앗고자 하는 자는 그 말과 글을 없이 하고 제 말과 제 글을 가르키려하며 그 나라를 지키고자 하는 자는 제 말과 제 글을 유지하여 발달시키고자 하는 것은 고금 천지의 사기에 많이 나타난 바다. 그러한 즉 내 나라 글을 숭상하고 잘 고려 좋은 글이 되게 할 것이다."

이렇게 그는 모국어를 위한 투쟁의 의의를 강조하고 있다.

애국적 사상과 자기의 과학 연구 사업을 밀접히 련결시키고 있던 주시경은 당시의 국제 국내 정세로 미루어 외래 침략 세력 특히 일제에 의한 조선 인민의 노예화, 따라서 조언 어문의 민족적 자주성의 상실의 위험성을 예견하고 조선어의 민족적 자주성을 위하여 투쟁해야 한다는 경종을 높이 울리였다.

그의 과학석 예견은 력사의 진전에 의하여 확증되였으며 그의 현실적 의의는 더욱더 높아지고 있다.

다 아는 바와 같이 조선을 강점하고 노예화하려던 일제는 자기들의 략탈적 침략을 충족시키기 위하여 조선 인민으로부터 그의 언어와 문자를 박탈하려고 발광하였다.

그러나 전체 조선 인민들은 이에 굴하지 않고 주시경의 말과 같이 자기의 모국어와 문자를 수호해 내였을 뿐만 아니라 일제의 갖은 야만적 박해에도 불구하고 주시경에 의하여 확립된 조선어 연구를 그의 후진들이 가일층 발전시켰다.

× × ×

그는 二○여년간의 과학 사업을 통해서 "국어와 국문의 필요"라는 론문을 비롯하여 "국문 연구소"의 연구 보고서 "국어 문전 음학" "국어 문법" "말의 소리" 등 여러 로작을 남겨 놓았다.

그는 이들 로작에서 특히 조선어의 어음론적 구성에 대한 전면적인 연구와 심오한 과학적 분석을 제공하였다. 그 결과 조선어 가운데서 의미 분화를 위해서 사용되는 음운 체계가 확립되였는 바 이것은 조선어 형태론에서 가장 중요한 문제로 되는 단어의 어음론적 구성을 확립하는 것을 의미한다.

이렇게 해서 조선어 철자법이 처음으로 과학적인 토대를 얻었을 뿐만 아니라 실로 조선어 형태론을 과학적 토대 우에 확립하였다.

조선어의 단어의 어음론적 구성을 과학적으로 확립한 것은 특히 조선어 받침에 대한 과학적 분석을 낳게 하였다.

이 결과 조선 언어학에서 처음으로 과학적인 전반적 받침 체계가 확립되였는 바 이에는 "ㄱ, ㄴ, ㄷ, ㄹ, ㅁ, ㅂ, ㅅ, ㅇ, ㅈ, ㅊ, ㅋ, ㅌ, ㅍ, ㅎ, ㄲ, ㄾ, ㅀ, ㅄ, ㄵ, ㄻ, ㄳ" 등이 속하고 있다.

받침의 과학적인 확립과 관련해서 조선어 철자법에 있어서 가장 과학적인 형태주의 원칙이 확립되였다.

철자법의 형태주의 원칙은 무의미한 어음만을 무질서하게 표기할 것이 아니라 일정한 의미를 가지는 어음 덩어리를 시각적으로, 통일적으로 파악하게 하는데 있으며 이것이 바로 형태 주의인 것이다.

조선어 철자법은 주시경의 필생의 노력에 의하여 비로소 형태주의 원칙에 튼튼히 립각하게 되였다.

주시경의 철자법 원칙은 그후 주시경의 문하생들이 핵심이 되어 간행한 "한글 맞춤법 통일안", 공화국에서 선진 쏘베트 언어학 리론에 의하여 지도 되면서 발표한 "조선어 신 철자법 통일안"에서 가일층 발전되였다.

그는 또한 "인간 사유의 장구한 추상 활동의 소산이며 사유의 거대한 성과의 지표인"단어의 어휘-문법론적 부류로서의 품사에 대한 과학적 분석도 시도하였으며 특히 조선어의 문법적 관계를 나타내는 지배적 수단인 "토"에 대한 전면적 연구는 오늘날의 언어학적 리론에 비추어 볼적에도 높이 평가해야 할 것이다.

뿐만 아니라 단어 조성론에 관하여서도 흥미 있는 문제들을 제공하고 있으며 단어 조성의 수법으로서 일반 인민들의 생생한 언어 현실을 기초로 할 것을 호소하고 있다.

조선 어문의 연구에 있어서 그가 남긴 또 하나의 업적으로 되는것은 조선 글을 가로 풀어 쓸 데 대한 문제다.

이것은 그가 현재와 같은 조선 자모의 음절식 용법이 가지는 불합리성과 알파베트식 체계에로 넘어가야 할 필연성을 과학적으로 통찰한 결과이다.

× × ×

오늘 주시경 서거 四〇주년을 기념하는 조선 언어 학도들 앞에는 실로 거대한 과업들이 제기되고 있다.

조선 인민의 문화 전통을 존중히 여기며 문화 유산을 옳게 계승 발전시키라는 경애하는 수령의 명철한 교시에 따라 조선 언어학 부문에 이룩해 놓은 선진 언어학자들의 과학적 성과들을 수집 정리하는 한편 그것들을 옳게 계승 발전 시키기 위하여 선진 쏘베트 언어학의 전반적 체계에 대한 전면적 연구를 심오화해야 할 것이다.

조선어 표준어의 확립을 위하여 지대한 의의를 가지는 조선어 사전, 조선어 규범 문법, 조선어 철자법 규정, 조선어 외래어 표기법 규정, 조선어 정칙 발음법, 조선어 구두법, 조선어 표준어 사정, 문자 개혁을 위한 각종의 준비적 연구 등 수다한 문제들이 조선 언어학자들의 시급한 해결을 기다리고 있다.

끝으로 전체 소선 인민들 앞에는 조신어의 민족적 자주성을 위한 전 인민적 투쟁을 전개할 데 대한 필요성이 제기되고 있다.

오늘 미 제국주의자들과 그의 주구 리승만 도당들은 소위 『한글 간소화 방안』 등을 날조해 내면서 조선 인민의 고귀한 민족 문화와 문화 유산을 파괴 말살하며 전통적인 민족어와 고귀한 문화적 전통을 마비시킴으로써 조선 인민을 우매화시키며 침략을 용이케 하려고 광분하고 있다.

그러나 일본 침략자들의 식민지 문화 정책이 조선 인민으로부터 그들의 피와 살로 되어 있는 언어와 문자를 빼앗아 가지 못한 것처럼 미제와 리승만 도당이 어떠한 흉계도 우리의 언어를 말살시키지 못할 것이다.

미개한 언어 폭력

"ВАРВАРСКОЕ НАСИЛИЕ НАД ЯЗЫКОМ", *Новая Корея*(새조선) 9, ПХЕНЬЯН : ИЗДАТЕЛЬСТВО НОВАЯ КОРЕЯ(새조선사), 1954.9, pp.16~17.

미개한 언어 폭력

조선민주주의인민공화국 과학원 언어문학연구소장

조선민주주의인민공화국 후보원사

리극로

반 리승만 정부인 미 제국주의자들과 그들의 앞잡이들은 조선 민족들을 순종적인 노예로 만들기 위해, 또 조선을 미래 세계 전쟁의 교두보로 만들기 위해 온갖 방법을 다 써서 노력했다.

그들은 제네바 회의에서 휴전 위반의 불명예스러운 목적을 가지고 조선 문제의 평화적 협상을 무산시켰고, 조선에서는 도발적인 범죄 행위를 지속적이고 공개적으로 저지했다.

때문에 오늘날 미 제국주의자들과 그들의 리승만 정권 앞잡이들은 조선 민족의 문화적 전통을 더욱 강력히 교살의 야만적인 정책으로 이끌어 갔다.

미 제국주의자들과 리승만 정권의 반역자들이 조선 민족 문화를 파괴시키지 위해 저지른 모든 불명예스러운 범죄 행위 중 조선 민족 전체의 분노를 일으킨 가장 사악한 범죄는 조선인 모국어에 대한 미개한 언어폭력이다.

리승만 정부에 반대하는 미 제국주의자들의 지시에 따라 «한글 간소화 방안»이 최근 위조되었고, 조선어의 반대중적 왜곡 정책으로써 가장 파렴치한 현상으로 여겨진다.

미 제국주의자들의 계략에는 조선인들에게 모국어에 대한 자유를 박탈시키는 것을 포함하고 있었다.

일본 군국주의자들의 참패 이후, 모든 사람들이 알고 있듯 미 제국주의자들은 남한에서 영어를 공식 언어로 도입시켰다. 이러한 모욕적인 행위는 식민지 약탈

정책 및 작은 나라의 주권을 인정하지 않는다는 명백한 표현이다.

남조선을 점령한 미 제국주의자들은 남조선 인민의 숙원을 앗아가려 노력했으며 세계주의 반동사상을 퍼뜨리는 데 모든 방법을 동원하여 반민족적 인종차별주의 이론에 의해 조선인으로써의 자주심을 독살시키려 했다. 또한 '의미론적 이론'에 찬성하며 '세계 공용어'의 역할 주도를 위해 남조선 인민들에게 영어 사용을 강요하였다.

미국인들의 이러한 정책의 결과로 오늘날 남조선에서는 미국인의 삶의 방식 및 잘못된 인간 사상이 전파되어 남조선 인민들의 모국어는 영어의 영향을 받아 왜곡이 되었다.

미 제국주의자들에 의한 조선어 몰살의 식민지 정책은 반 리승만 정부 세력들에 의해 전반적으로 수행되었다.

오늘날 남조선은 민족들로부터 고립되었고 리승만 정부의 반역자들은 조선어가 아닌 영어로 생각하는 것에 도취되었으며 영어 속어에서 가져온 야만적인 표현과 단어들로 미개하게도 조선어를 더럽혔다. 더욱이 리승만 정부 반역자들은 조선 민족과 언어와는 아무런 관련이 없다는 것을 보여주려 했다.

하지만 리승만 정부에 대한 반역자들이 이끄는 조선어에 대한 정책에는 제한이 없었다. 이 정책은 조선어에 대한 혼란을 일으키는 것을 포함하여 광범위하게 야심 찬 목표를 추구하고 있으며, 국가 통일의 분열과 화합을 야기해 통일성을 위반한다. 이러한 미 제국주의자들은 언어로써 국가 분열을 야기하는 등 남조선에서 조선인의 사상을 파괴하여 현재 조선의 분단 상태를 영구화하려는 의도를 가지고 있다.

미 제국주의자들은 쓰기부터 조선어에 대한 언어폭력을 시작하였다. 미 제국주의자들의 직접적인 지시 하에 기존의 철자법 규칙부터 폐지하는 것을 목표로 '한글 간소화 방안'을 날조하였다.

이것은 의심할 여지없이 기존의 조선어 문학을 파괴하려는 목표를 추구하고 있다.

'방안'에 동의하며 남조선 인민들이 여태까지 사용하던 조선 문어의 많은 단어들을 '문학적이지 않은 것'이라고 공포하며, 그 대신 리승만 지지자들이 임의로 지방 방언 및 미국 속어들로 섞인 불순한 어구와 퇴폐적인 생활 방식 및 미국식 풍습의 잘못된 인간 정신을 강제로 도입시키게 된다.

이러한 조선 문어에 대한 언어폭력은 남조선과 북조선 사람들이 함께 사용하는 우리 언어의 어휘 공동체를 파괴하고자 하는 목적을 담고 있다.

뿐만 아니라 '방안'은 칠자법의 과학적이고 형태론적인 원리를 부인하고 있다. 이 «방안»은 글을 쓰는 데 있어서 16 같은 의미와 같은 발음 표기, 같은 어근에서 파생된 단어들의 각각의 특정한 맞춤법을 준수하지 않고 있다.

이러한 철자법 혼돈은 과학적인 것과는 아무런 관련이 없다. 맞춤법과 관련된 불규칙한 발음법은 미 제국주의자들의 공격적인 정책과 매우 밀접한 관련이 있다. 미 제국주의자들처럼 최소한 다른 민족의 문화적 전통과 독립성을 인정하지 않는 외국인들에게 훨씬 더 편리하도록 한 것이다. 리승만 정부에 대한 반역자들은 '미국인들에게 어려운 조선어 철자'가 '그들에게 더 쉽도록'하려는 목적을 가지고 이 '방안'을 삶에 끌어들이고 있다고 냉소적으로 공포했다.

이는 '방안' 주변에서 남조선 인민들의 반발과 타인의 말에 따라 움직이는 사람들을 통해 더욱 더 능변하게 소동을 일으켜 모든 불명예스러운 내막을 들추어냈다.

일제 시대에 미 제국주의자들은 조선 인민들에게 강요하려 노력했던 이 '방안'을 지시한 '상태'에 주목할 가치가 있는데, 마치 리승만 시대 말에 억지로 만들어 낸 맞춤법 규칙 같다.

'방안'은 맞춤법 분야 및 과거뿐 아니라 현시대의 언어학자들에게 최고의 작품을 안겨준 가장 훌륭한 학자들의 모든 문화적, 과학적 업적을 지우려 노력하고 있다. 조선어 맞춤법은 역사적 경험과 조선 인민들의 모든 문화적 삶과 밀접한 관련이 있다.

조선어 맞춤법은 조선어 채택 및 최초의 조선 언어로써 명예스럽게 여겨지는 '훈민정음'으로 단어 조합이 된 이후로 수백 년에 거쳐 창조된 것이다.

따라서 미 제국주의자들과 반 리승만 정부 세력들은 조선인의 뛰어난 문화적, 과학적 전통을 멸시한 채 조선어에 대한 언어폭력을 행사하였다. 미국인 인간 증오자들은 갖은 방법으로 조선인이 마치 국가로써 부족한 민족이며 미국의 식민지 노예일 뿐이라는 사실에 '합당함'을 증명하려고 노력했다.

미국인들은 세계주의와 적절치 못한 국가적 니힐리즘이라는 독으로 독살시키려는 자신들의 열망을 이루기 전에 멈추지 않는다.

이 '방안'에 의해서 우리 국가의 적들은 조선 민족의 혁명적인 정신 억압 및 역사적인 발전을 멈추려, 그리고 진보를 위한 싸움을 무장해제 하려고 노력한다.

하지만 조선의 현실은 미 제국주의자들과 리승만 정부의 반역자들의 미친 꿈과 전혀 맞지 않았다.

압도적인 맑스-레닌주의 사상에 기초한 조선 노동당의 지도하에 개발된 북조선의 미 제국주의자들과 리승만 정부의 반역자들의 조선어 파괴를 위한 불명예스러운 행위와 같이 지속적으로 힘을 키운 조건에서는 오늘날은 아무런 결과도 없이 붕괴될 것이다. 이는 남조선의 미 제국주의자들과 리승만 정부의 반역자들의 공격적인 정책의 피할 수 없는 패배가 불가피하다.

조선 인민들은 조선어로 연합되어 있다. 어떤 침략자들 및 고용자들에 의해 '언어 간소화 방안'의 모국어 단결 파괴에 대항하여 조국 통일을 위한 영웅적 투쟁을 강요하지 않는 등 조선어와 기록된 조선의 국보와 인민을 약탈하지 않았다.

미 제국 주의자들은 역사의 교훈을 잊으려 안간힘을 다 했다. 미 제국주의자들의 선구자이자 일본 군국주의자들은 언제든 조선어를 파괴하려 수단이나 방법을 가리지 않고 미친 듯이 애를 썼다. 하지만 이는 모두가 아는 대로 무산되었다. 인종 차별 주의자만이 미 제국주의자들의 생각처럼 어떤 나라의 언어를 파괴하거나 '편의'에 의해 수정할 수 있다고 생각했다. 역사의 교훈을 무시한 채 망상에 빠진 사람들의 운명에 대해 우리는 너무 잘 알고 있다.

영웅적 투쟁을 벌인 피 묻은 전쟁 3년 동안 조선 인민들은 용감하게 무장한 미 제국주의자들 및 추종자들인 침략 세력들을 격퇴하고 오늘날 문화의 이데올로기를 앞두고 승리를 차지하는 데 합당한 기초가 되었다.

원수 김일성은 "예로부터 긴 역사와 문화를 가진 우리 인민들은 인류 문화의 값진 보물로써 공헌 된 과학적 창의력과 독창성의 많은 전통을 가지고 있다"고 말했다.

국가 문화와 영광스러운 역사의 찬란한 전통을 가진 조선 인민은 반드시 조국의 평화 통일을 달성할 것이며 미 제국주의자들과 리승만 정부의 반대 세력들이

주도하는 불명예스러운 계획에서 벗어나 우리의 모국어와 훌륭한 문화적 전통을 구해낼 것이다. 17

ВАРВАРСКОЕ НАСИЛИЕ НАД ЯЗЫКОМ

Директор института корейского языка и литературы академии наук КНДР

Член-корреспондент ан КНДР

Ли Гык Но

Американские империалисты и их прислужники – предательская клика Ли Сын Мана всячески стремятся к тому, чтобы превратить корейский народ в своих послушных рабов, а Корею в военный плацдарм для развязывания будущей мировой войны.

Они погло сорвали мирное урегулирования корейского вопроса на Женевском совещании и с гнусной целью нарушения перемирия в Корее продолжают открыто совершать преступные провокационные действия.

В связи с этим сегодня американские империалисты и их лисынмановские приспешники еще усерднее проводят варварскую политику удушения кнльтурных традиций корейского народа.

Из всех гнусных преступных действтй, совершенных американскими империалистами и предательской кликой Ли Сын Мана для разрушения культуры корейского народа, самым преступным актом, вызывающим возмущение всего корейского народа, является их варнарское насилие над родным языком корейского народа.

Сфабрикованный недавно по указке американских империалистов предательской кликой Ли Сын Мана так называемый «проект упощени я корейского языка» является самым циничным проявлением антинародной политики уродования корейского языка.

Замысел американских империалистов заключается в том, чтобы лишить корейский народ его родного языка.

Всем известно, что после разгрома японских милитаристов американские империалисты в Южной Корее ввели официальным языком английский язык. Этот оскорбительный акт является ярким выражением колониальной грабительской политики, не признающей суверенитета малых народов.

Американские империалисты, оккупировавшие Южную Корею, стремясь задушить национальные чаяния корейского народа, всеми способами распространяют реакционные идеи космополитизма, отравляют сознание корейских людей антинародными расистскими теориями и согласно их «семантической теории» пытаются заставить корейцев пользоваться английским языком, выдвигаемом ими на роль «мирового языка».

В результате подобной политики американцев сегодня в южной части республики родной язык корейского народа уродуется и искажается под влиянием англиского языка, на котором проповедуется американский образ жизни и целовеконенавистнические идеи.

В проведении этой колонизаторской политики уничтожения корейского языка американским империалистам все услуги оказывает предательская клика Ли Сын Мана.

Сегодня в южной части республики изолированные от народа и ненавидимые им предатели народа из клики Ли Сын Мана кичатся тем, что они думают не на корейском, а на английском языке и беззастенчиво засоряют корейский язык дикарскими словами и выражениями, заимствованными из американского жаргона. Даже в языке предательская клика Ли Сын Мана показала, что она не имеет ничего общего со всем корейским народом.

Однако этим не ограничивается политика в отношении корейского я зыка, проводимая предательской кликой Ли Сын Мана. Она преследу т далеко идущие цели, заключающиеся в создании хаоса в корейском языке, в нарушении его целостности, чтобы вызвать его дезинтеграц ию и разрушение национального единства. Этим американские импер иалисты намереваются и в языке увековечить нынешнее расчленени е Кореи, вызвать национальный раскол и уничтожить в Южной Корее корейскую нацию.

Насилие над корейским языком американские империалисты начал и с уничтожения его письменности. Сфабрикованный по прямой указе американских империалистов так называемый «проект упрощения ко рейского языка» направлен в первую очередь на отмену существовав ших норм правописания.

Это бесспорно преследует цель уничтожить общепринятый литера турный корейский язык.

Согласно «проекту» многие слова корейского литературного языка, употреблявшиеся до сих пор корейским народом, объявляются «не лит ературными» и вместо них насильно вводятся произвольно отобранны е лисынмановцами варваризмы, слова местных диалектов и американ изированные жаргоные словечки, отражающие упадочнический образ жизни и человеконенавистнический дух американского пошиба.

Ясно, что такое насилие над корейским литературным языком име ют целью уничтожить лексическую общность нашего языка, на которо м говорят корейцы юга и севера нашей страны.

Кроме того, «проект» отрицает научный морфологический принцип правописания. Этот «проект» дает каждому волю не придерживаться о пределен－ 16 ной орфографии при написанни слов, имеющих одинаковый смысл и одинаковое фонетическое выражение, и производных слов от одинакового корня.

Такой хаос в орфографии не имеет ничего общего с научностью. Беспорядочный фонетический принцип в отношении орфографии имеет весьма тесную связь с агрессивно политикой американских империалистов. Для таких иностранцев, как американские империалисты, которые ни в малейшей мере не признают культурных традиций и независимости других народов, так гораздо удобнее. Недаром предательская клика Ли Сын Мана цинично заявила, что этот «проект» проводится в жизнь для того, чтобы «трудные для американцев корейские письменные знаки» сделать «более легким для них». Это более чем красноречиво разоблачает всю гнусную подоплеку шумихи, поднятой южнокорейскими марионетками вокруг своего «продекта».

Нелишне отметить, что «положения», предусмотренные этим «проектом», схожи с надуманными орфографическими правилами, которые в конце династии Ли и в период японского господства американские миссионеры пытались навязать корейскому народу.

«Проект» пытается перечеркнуть все культурные и научные достижения лучших ученых Кореи в области орфографии и свести на нет лучшие труды лингвистов прошлых лет и настоящего времени. Орфография корейского языка тесно связана с историческим опытом и всей культурной жизнью корейского народа. Она создавалась на протяжении сотен лет после принятия корейской азбуки и слогосочетания «Хунминдеными», являвшийся славным трудом передовых корейских языковедов.

Таким образом американские империалисты и предательская клика Ли Сын Мана совершают насилие над корейским языком, пренебрегая такими блестящими культурно-научными традициями корейского народа. Американские человеконенавистники всячески пытаются доказать корейцам, что они якобы неполноценны как нация, что они «достойны» быть только американскими колониальными рабами. Американцы не останавливаются ни перед чем в своем стремлении отравить людей ядом космополитизма и гиблого национального нигилизма.

Ясно, что посредством этого «проекта» враги нашего народа стремятся подавить революционный дух корейского народа, остановить его в историческом развитии, разоружить его в борьбе за прогресс.

Однако действительность Кореи совсем не соответствует бредовым мечтам американских империалистов и предательской клики Ли Сын Мана.

Сегодня в условиях, когда северная часть республики, развивающаяся под руководством Трудовой партии Кореи, основывающейся на всепобеждающей науке марксизма-ленинизма, беспрерывно укрепляет свою мощь, такие гнусные действия американских империалистов и предательской клики Ли Сын Мана, направленные на уничтожение корейского языка, будут сорваны и сведены на нет. Это также неизбежно, как неизбежно поражение агрессивной политики американских империалистов и предательской клики Ли Сын Мана в Корее.

Корейский народ един и, следовательно, также един и корейский язык. Корейский язык и письменность - национальное достояние Кореи и никаким агрессорам и их наймитам не лишить корейский народ его родного языка, не навязать ему, героически борющемуся за объединение родины, против разрушения единства его родного языка, гнусного «проекта упрощения языка».

Американские империалисты упрямо не желают помнить уроков истории. Предшественники американских империалистов - японские м илитаристы в свое время бешено пытались уничтожить корейский язык, не считаясь ни со средствами, ни способами. Однако всем известно, чем это кончилось. Только расистский маньяк может вообразить, что можно уничтожить язык любого народа или можно изменить его так, чтобы им было «удобнее», как воображают американские империалисты. Судьба же тех, кто предается бреду, игнорируя уроки истории, нам всем хорошо известна.

Сегодня корейский народ, который в ходе трехлетней кровопролитной войны своей героической борьбой мужественно отразил вооруженную агрессию американских империалистов и их сателлитов, имеет все основания рассчитывать на завоевание победы и на культурно-идеологическом фронте.

Как указал Маршал Ким Ир Сен: «Наш народ, имеющий длительную историю и культуру, с древних времен имеет немалые традиции научного творчества и изобретательства, которые могли бы быть вкладом в общую сокровищницу культуры человечества» (Ким Ир Сен).

Корейский народ, имеющий такие блестящие традиции национальной культуры и славную историю, непременно добьется мирного объединения своей родины и спасет свой родной язык и замечательные культурные традиции от гнусных замыслов американских империалистов и предательской клики Ли Сын Мана. [17]

조선 문'자의 창조적 계승 발전을 위하여

『조선어문』 1957.1, 평양: 조선민주주의인민공화국 과학원 언어문학 연구소, 1957.1, 1~8쪽.

1. 글이 없던 옛날의 우리 사회에서 한문을 가져다 쓴 뒤로 우리 말을 적는 밥은 혹은 소리를 취하고 또 혹은 뜻을 취하였다. 딴 어족인 조선 말을 한문으로만 적기는 썩 불편한 일이다. 그리하여 신라 때에 벌써 리두(吏讀) 문'자를 처음 만들었다. 이것은 한'자에서 온 것이다. 리두 문'자라고 통털어서 말하지마는 그 쓰는 방법이 결코 같은 것은 아니다.

첫째 향가(鄕歌)에서 보는 바와 같이 모든 어휘를 되도록 조선 말의 번역을 취하고, 그 벌리여 놓는 법도 조선 말의 순서를 좇는 것이며, 둘째 대명률 직해(大明律 直解)에서 보는 바와 같이 어휘는 대부분 한문을 쓰고, 오직 그 배치만 대체로 조선 말의 순서를 좇고 그를 덧붙이는 것이며, 세째 구결(口訣)이니 토(吐)니 하는 바와 같이 한문 그대로 두고서 토만을 붙이여 쓰는 것이다. 그런데 이 둘째의 형태는 훈민 정음이 창제된 뒤에도 그냥 그 세력이 남아서 관공 문서에는 리조 말기까지 씌여졌다.

조선 문'자인 훈민 정음을 창제함에는 이웃에 있는 각 종족의 문'자로부터의 영향이 있을 것은 물론이다. 오늘날과 같은 교통이 아닐지라도 이웃 종족들과 서로 사괴는 때에야 어찌 문화 교류가 아니 되었겠는가! 말과 글에 대한 지식이 없을 리가 없다. 더구나 불교와 함께 범자(梵字)가 예로부터 알려졌을 것은 물론이어니와 고려와 몽고의 관계, 고려 말의 왜구와의 관계, 또 고려 리조를 통하여 조선 안에 많이 살고 있은 녀진족과의 관계들을 종합해서 볼 때 그들의 글을 모르지 아니하였을 것이다. 또 더구나 리조 초기로부터 사역원(司譯院)을 두고 사학(四學)을 장려하였으니, 사학이란 곧 한학(漢學), 몽고학(蒙古學), 녀진학(女眞學), 왜학(倭學)들이다. 이것을 보아도 훈민 정음이 다른 문'자로부터 영향을 받은 것은 사실이다.

이상에 말한 여러 문'자 가운데 한'자를 내여 놓고는 모두 소리를 적는 글이다.

이 표음 문'자들 중에는 일본 문'자와 같은 음렬 문'자도 있지마는 그 밖에는 1 분석하면 자모 문'자들이다. 그리고 음운 체계로 보아서는 한'자 음운의 영향을 받은 것도 사실이다. 그러나 모든 사물이 고립적으로 되지 않는 것이니 훈민 정음을 만드는 일인들 어찌 아무 관계도 없이 그 하나만 갑자기 튀여 나왔겠는가? 이것 저것을 참고하여 조선 말 소리를 적기 위한 창안에서 나온 새 체계인 것은 틀림 없다.

2. 훈민 정음 창제와 그 실용을 위한 여러 가지 정책.

세종 실록에 기록 하기를 세종 25년(1443년) 12월에 《이달에 임금이 친히 언문 28자를 지으니, 그 글'자는 고전(古篆)을 모방하고 나누어 첫소리, 가운데 소리, 끝소리를 만들어 이것들을 합한 뒤에 글'자가 되는데 한'자 음이나 조선 말 소리를 모두 쓸 수가 있다. 글'자는 비록 간단하고 쉬워도 바꾸어 맞추어 쓰면 끝이 없으니 이 이른바 훈민 정음》이라고 하였다. 그러나 이 창제에 대하여는 세종이 혼자 지었다고 말할 수 없다. 왜냐하면 언문청(諺文廳)을 설치하고 신 숙주(申叔舟), 성 삼문(成三問)에게 명령하여 언문을 만들었다 하였으니, 이것은 곧 국가의 기구를 따로 베풀어 두고 학자들을 망라하여 집체적으로 연구한 것이다. 물론 세종이 한 연구자로서 중심이 되셨을 것은 틀림 없다. 이 창제를 반대한 집현전(集賢殿) 부제학(副提學) 최 만리(崔 萬理)의 상소문 가운데에 세종이 언문의 창제에 밤낮으로 애쓰기 때문에 눈'병이 나서 이를 치료하기 위하여 청주(淸州), 초정(椒井)에 거동하실새, 특히 년사가 나쁜 것을 걱정하사 호종(扈從)이며 모든 절차를 많이 감하고 정무까지도 다 정부에 맡기여 버리게 되였는데, 언문의 연구만은 료양을 주로 하는 행재소(行在所)에까지 가지고 가서 쉬지 않고 연구에 골몰하심을 걱정한 것이다. 이런 여러 가지 사실을 보아서 세종이 과학 연구에 또는 창제 사업에 얼마나 지성을 다하였으며, 신중성을 다하였는가도 넉넉히 알 수 있다.

문'자의 창제가 이렇게 어려운 것만큼 그 실용도 어려웠다. 훈민 정음 창제를 반대한 최 만리, 신 석조(辛 碩祖), 김 문(金 汶), 정 창손(鄭 昌孫), 하 위지(河 緯地)등 여러 사람을 잡아 가두기까지 하면서 이 사업을 이루도록 꾀하였다. 세종은 반대론자를 억압함으로써 일이 다 되였다고 보지 아니하고 국가 기관인 언문청을 베풀어 정 린지(鄭 麟趾), 성 삼문(成 三問), 최 항(崔 恒), 신숙주(申 叔舟), 박

팽년(朴 彭年) 등으로 하여금 이 정음을 상세히 해석하여 뭇사람이 보고 선생 없이 혼자 깨닫도록 하였다. 세종 28년(1446) 12월에는 〈이 앞으로는 관리를 쓰는 데에 훈민 정음도 시험 과목으로 넣게 하라〉고 명령하였다. 그리고는 한'자 운서의 정리와 각종 서적의 편찬을 행하였다. 특히 세종 때에는 불경 번역 사업이 크게 벌어졌으며, 성종 때에는 한시(漢詩) 번역 사업이 많이 진행되였다. 이와 같이 새 문'자의 창조와 그 보급에 힘 쓴 기초 우에서 이 문'자 력사가 500 여년을 흘러왔다. 이 문'자가 조선 민족의 자랑꺼리의 하나로 된다.

3. 일부 민족이 쓰는 문'자들은 비과학적이며 불합리한 점이 많다. 그러나 조선 문'자만은 집체적 연구의 결과로 체계적이요 과학적인 문'자다. 다른 력사적인
2 문'자와 같이 단순한 약속인 한 개의 기호가 아니라 발음 기관을 상징하여 그리고 또는 체계적인 기호를 붙인 과학적으로 된 문'자다. 그러나 자모 그 자체만은 그렇게 훌륭하나 철자하는 방식은 그 당시에 한'자의 영향을 받아서 네모형의 덩어리 글'자로 쓰게 되였다. 곧 음절 문' 자로 사각형의 덩어리를 만들어서 쓰는 것이다. 그러하기 위하여는 한 자모가 그 길이와 넓이의 비례가 여러 가지로 복잡하게 된다. 그렇지 않고는 어울리지 아니하여 아주 보기 싫은 까닭이다.

각국 문'자의 벌려 쓰는 방식을 살피여 보면 우리 글까지 여섯 가지가 있다.

제 1 식은 가로 쓰되 글'자의 순서는 왼쪽에서 오른쪽으로 써 나가고, 글 줄의 순서는 우에서 아래로 써 내려 가는 것이다. 그 실례는 서양 각국에서 널리 통용하는 라틴 문'자와 또는 로씨야 문'자가 그것이다.

제 2 식은 가로 쓰되 글'자의 순서는 오른쪽에서 왼쪽으로 써 나가고 글 줄의 순서는 우에서 아래로 써 내려 가는 것이다. 그 실례는 아라비아 문'자와 헤브래 문'자이다.

제 3 식은, 내려 쓰되 글'자의 순서는 우에서 아래로 내려 쓰고 글 줄의 순서는 왼쪽에서 오른쪽으로 써 나가는 것이다. 그 실례는 만주 글과 몽고 글이다.

제 4 식은, 내려 쓰되 글'자의 순서는 우에서 아래로 내려 쓰고, 글 줄의 순서는 오른쪽에서 왼쪽으로 써 나가는 것이다. 그 실례는 세계 최초의 문'자인 애급 문'자와, 한'자와, 일본 문'자이다.

제 5 식은, 가로 쓰되 글'자의 순서는 먼저 오른쪽에서 왼쪽으로 써 나가고 다

음 줄에는 왼쪽에서 오른쪽으로 써 나가고, 또 그 다음 줄에서는 오른쪽에서 왼쪽으로 써 나간다. 그래서 좌 우로 왔다 갔다 하는 갈 지’자(之) 형으로 써서 글 줄은 우에서 아래로 향하여 내려 간다. 그 실례는 옛날 희랍 문’자이다(이 식은 오래지 않아 이제 서양 문’자식으로 고치고 말았다).

제 6 식은, 왼쪽에서 오른쪽으로 가로 쓰다가 내려 쓰다가 또 가로 쓰거나 가로만 쓰기도 하고, 내려만 쓰기도 하여 한 덩어리 철자를 만든다. 이런 덩어리를 우에서 아래로 내려 쓰고, 글 줄은 오른쪽에서 왼쪽으로 써 나간다. 그 실례는 독특한 조선 문’자이다.

이상에 말한 인류 문’자의 여러 가지 쓰는 방식을 분류하였다.

우리 조선 문’자는 가장 발달된 자모 문’자이다. 그러나 그 철자 방식이 한’자를 본떠서 사각형의 뜻 없는 소리 덩어리 글’자를 만들었다. 물론 이런 방식으로 만든 것은 한’자와 섞어서 쓰게 된 데서 온 것이다. 그런 점으로 보아서는 부득이한 사정이라고는 말 할 수 있다. 최근까지 쓰던 몽고 문’자나 또는 전에 쓰던 만주 문’자도 내려 쓰기는 하되 자모를 차례로 놓아 한 단어를 한 덩어리로 묶어 써서 뜻이 있는 말을 만들었다. 세계에 어느 자모 문’자를 물론하고 조선 글 같은 이런 불합리한 철자법은 없다.

4. 각국의 문’자 개혁 운동. 3

우에서 말한 바 여러 가지 문’자를 가지고 각 민족은 자기의 말을 쓴다. 그러나 그 자연 발생적 력사적인 문’자들이 불합리하고 비과학적인 줄을 알므로 새로 문’자를 이미 고친 나라도 있고, 또는 고칠 운동을 하는 나라도 있다. 곧 아라비아 문’자를 쓰던 토이기에서는 라틴 문’자를 쓰고, 고유한 몽고 문’자를 쓰던 몽고에서는 슬라브 문’자를 쓰고, 중국에서 들어간 한문’자와 월남에서 만든 한문’자를 쓰던 월남에서는 라틴 문’자를 쓰고, 한문’자와 자기들의 가나 문’자를 섞어서 쓰는 기형적인 문’자 생활을 하는 일본에서는 로마자 운동이 생긴지도 오래다. 그리고 어느 나라보다도 중국에서는 자기 나라의 수천년의 문화를 전달한 한문’자를 검토하고 문’자 개혁 운동을 시작한지 이미 60 여년이 되였다. 1892년에 로 당장(盧 戇章)이 창세한 질음 신자(切音 新字)가 나왔다. 이것은 라틴 문’자와 같이 가로 쓰는 자모 문’자로 되였다. 이것은 복건성(福建省) 하문(廈門)에서 발표되였다. 이것을 비롯하여 중국의 신문'자 운동은 절음자(切音字) 운동, 주음 자모(主音字母) 운동, 간체자(簡体字) 운동, 국어 로마자(國語 羅馬字) 운동, 라틴화 신문'자(拉丁化 新文字) 운동들로 5개 중요 항목을 들 수 있다. 그런데 국음 통일을 위하여 북경음을 표준하여 된 주음 자모는 문'자 개혁의 과도기적 형식으로 널리 교육에까지 쓴다. 1956년 2월에는 서양 문'자와 같이 가로 쓰는 30개의 표음 문'자를 제정하고 이를 한어 표음 방안(초안)으로 발표하고 광범한 토의에 붙이였다.

각국의 문'자 개혁 운동이란 것은 자기들이 쓰던 불합리한 문'자를 버리고 새 문'자를 쓴다는 것이다. 그러나 이 새 문'자란 것은 완전히 새로 창제한 과학적인 것이 아니라 대체로 서양 문'자 가운데에서 라틴 문'자나 슬라브 문'자를 가지고 여러 자를 어울러서 한 음을 적거나 또는 어떤 자의 우에나 아래에나 옆에다가 여러 가지 형의 기호를 붙이여서 자기 말 소리를 표기하는 것이다. 그러니 이는 역시 자연발생적인 문'자에 따라 가는 것이요, 발음 기완을 상징한 체계적인 창제는 아니다.

5. 조선의 문'자 창제와 그 개혁 운동.

(1), 사'적(史的) 개요

세종을 비롯한 우수한 학자들의 천재적인 창의적 연구로 말미암아 이루어진 훈민 정음은 조선 민족에게 문화의 보물로 된다. 우리가 세계 문'자사를 본다면 상형 문'자는 그만 두고라도 표음 문'자 그것도 상형 문'자에서 나갔으며 또는 그냥 기호로만 된 것이다. 소리를 적는 글이라고 하여 조음 기관을 본 떠서 상징적으로 만든 것은 오직 훈민 정음 곧 조선 문'자 뿐이다. 훈민 정음을 만든 기원에 대하여는 종래에 여러 가지 구구한 말이 많이 있었으나 근자에 훈민 정음 해례본(解例本)이 나옴으로써 이 문제는 풀리였다. 해례 제자해에서 말하기를《정음 28자는 각각 그 형상을 본 떠 상징하여 만들었다. 처음 소리는 무릇 17자이니 어금'이'소리 ㄱ는 혀뿌리가 목구멍을 막는 형상을 본뜨다. 혀'소리 ㄴ는 혀가 우'이'몸에 닿는 형상을 본뜨다. 입술 소리 ㅁ는 입 형상을 본뜨다. 앞'이'소리 ㅅ는 이 형상을 본뜨다. 목구멍 소리 ㅇ는 목구멍 형상을 본뜨다. ㅋ는 ㄱ에 견주어서 소
4 리남이 좀 세다. 그러므로 획을 더한 것이오; ㄴ에서 ㄷ, ㄷ에서 ㅌ; ㅁ에서 ㅂ, ㅂ에서 ㅍ; ㅅ에서 ㅈ, ㅈ에서 ㅊ; ㅇ에서 ㆆ, ㆆ에서 ㅎ는 그 소리로 인하여 획

을 더한 뜻이 모두 한가지이다. 오직 ㅇ만은 달리 하였다. 반설음(半舌音) ㄹ와 반치음(半齒音) ㅿ도, 또한 혀와 이의 형상을 본뜸이나, 그 형체를 달리 한 것은 획을 더할 까닭이 였음이라》고 하였다.

이 글'자를 만든 데 대한 설명으로서 정 린지의 서문에 상형이 자방 고전(象形而字倣古篆)이라는 뜻을 똑똑히 알 수 있다.

다음으로 모음 글'자는 어떻게 만들었는가? 훈민 정음 해례에서 설명하기를 《중성(中聲)은 무릇 11 자이니, ㆍ는 혀가 움츨어 들고 소리는 깊다. 하늘이 시간의 처음인 자(자)에서 열리니, 그 형상이 둥긂은 하늘을 본뜸이다. ㅡ는 혀가 조금 움츨어 들고 소리는 깊지도 얕지도 않다. 땅이 시간의 버금인 축(丑)에서 펴지니 그 형상이 평평함은 땅을 본뜸이다. ㅣ는 혀가 움츨어 들지 않고 소리가 얕다. 사람이 시간의 세째인 인(寅)에서 생기니, 그 형상을 세운 것은 사람을 본뜸이다. 이 아래의 8성(聲)은 하나가 ㅗ, ㅛ, ㅜ, ㅠ와 같이 오무러 드는 것이면(闔), 하나는 ㅏ, ㅑ, ㅓ, ㅕ와 같이 벌어지는 것이다(闢)……》라고 한 것으로써 모음 재자에서도 마치 자음에서 기본자를 둔 것처럼 음의 성질을 따라서 기본자를 둔 것을 알 수 있으니, 곧 ㆍㅡㅣ 세 자가 그것이다.

이를 해례 제자해에서는 천지인(天地人) 삼재(三才)에 비하여 ㆍ는 하늘의 둥긂을 상징함이오, ㅡ는 땅의 평평함을 상징함이오, ㅣ는 사람의 고추 섬을 상징함이라 한 것이다. 그러나 이것은 당시 관념론적 철학인 천지인 삼재를 붙인데 불과하다.

이 모음의 기본자를 이제 성음학적으로 본다면 역시 조음부의 형상을 본뜬 것이다. ㆍ는 뒤 ㅏ의 혀 위치보다 혀가 좀 더 올라가고 ㅗ의 입술보다 더 큰 원순형으로 내는 소리라, 움츠린 혀와 둥근 입술 모양을 그린 점이다. ㅡ는 그 조음부가 혀의 가운데가 올라 갈지라도 앞 뒤가 균형된 자리에 있기 때문에 혀의 수식형인 수직선을 그린 선이다.

이렇게 조선 문'자는 체계적으로 된 가장 발달된 문'자로서 민족적 긍지감을 금치 못한다. 그러나 네모형의 철자로 한 음절을 표시하는 법은 인쇄술로 보나 독서 능률로 보나 더 오래 쓸 수 없다. 그리므로 우리는 우리 문'자에 대하여 그 모양과 표기법에 대한 과학적 개선으로써 새 발전을 꾀하지 아니하면 아니 되겠다.

이제로부터 47~48년 전에 선각자 주 시경 선생이 우리 글의 본질을 밝히여서 풀어 가로 쓸 수 있는 우수한 자모 문'자인 것을 발견하고, 이를 음의 차례 대로 왼쪽에서 오른쪽으로 가로 벌려서 단어마다 각각 한 뭉치로 표시하였다. 이것이 조선 글을 풀어 가로 쓰는 시초이다. 1907, 1908년경에 그는 자기가 가르친 일요 한글 강습소 졸업 증서를 풀어 가로 썼고, 이어 그 때에 소년 잡지인《새 별》에 이를 소개하였다. 그러나 일제의 조선 강점으로 인하여 이 강습소도 문닫게 되고 5
지상 팔표도 이어 가지 못하다가, 1923년에 중국 상해에서 김 두봉 선생이 자기 로작《깁더 조선 말본》에 풀어서 가로 쓴 긴 글을 실어 이를 계승하였다.

이와 같이 진리를 밝히여 준 두 선생의 연구의 노력은 조선 말을 연구하는 사람들에게 큰 영향을 주었다. 그리고 또 구라파 말들을 배워 본 사람이라면 누구에게나 우리의 음절식 철자를 풀어 가로 쓸 생각이 나게 된다. 1930년에는 조선 어학회에서 회원들의 연구한 바의 횡서체를 모아서 여러 번 토론한 일도 있었다. 그러나 더 끝까지 추진하지 못한 것은 그 당시에 허다한 더 급한 일이 많았기 때문에 일시 중지된데 불과하다. 또 그러나 풀어서 가로 쓸 필요를 느끼어서 1936년에 조선 어학회에서 발행한《조선어 표준말 모음》의 어휘 색인에는 현용 철자 밑에 풀어 쓴 횡서를 넣었다. 그래서 어휘를 찾아 보는데 편리하게 하였다. 이상에 말한 실천에 옮긴 여러 가지 횡서체들은 그 자양이 본래의 자와 큰 차이가 없다. 네 모형의 덩어리 철자를 풀어서 가로 쓰는 것만큼 자획의 장단 비례가 다를 뿐이다. 이런 정도로 문'자 개혁에 대한 연구와 운동이 있었다. 그러나 근본적으로 우리 문'자 개혁을 위하여서 김 두봉 선생의 끊임 없는 연구와 노력의 결과가 가까운 장래에 세상에 나올 것을 아는 바이다.

(2), 새 문'자의 고안의 원리.

우리가 새로 문'자를 고안하는 것은 생판 시작하는 것과는 다르다. 세계 각국 문'자를 참고할 것이 많다. 이 문'자들이 력사적으로 어떻게 발달되여 왔거나 그 가운데에는 오랜 세월에 연마된 것으로 좋은 점이 많다. 우리는 먼저 각국 문'자를 비교 연구하는 데서 그 우렬을 알 수 있다. 이런 예비 지식을 가지고 여러 문'자를 살피여 보면 곧 느낄 것이 많다. 어떤 문'자는 아래 우로 오르내림이 없이 같은 구슬을 한 꿰미에 꿰어 놓은 듯이 외줄 우에 나라니 놓이여 있기 때문에 그런 글을 볼 때에는 눈이 사물거리여서 인차 피로하여 진다. 또 어떤 문'자는 기본 선 밖에 모래 알을 흩어 놓은 듯한 많은 잔 점들이 주위에 흩어져 있어서 시각을 어지럽게 만들며, 또 어떤 문'자는 뾰죽한 쇠못을 벌리여 놓은 듯하고, 또 어떤 문'자는 날카로운 톱'이가 있는 시퍼런 톱날을 세워 놓은 듯하여 모두 살풍경으로 보인다. 이런 특별한 문'자는 그만 두고라도 널리 퍼져 있는 라틴 문'자는 비교적 아름답다고 말한다. 그러나 이 문'자를 가져다가 쓰는 각 민족은 그 어음 체계가 각각 다르므로 써 놓으면 조화가 잘 아니 되는 것이 많으며, 또 부족한 자를 채우기 위하여는 여러 가지 기호를 덧붙인다. 그래서 지저분하기도 하다. 이 라틴 문'자나 슬라브 문'자를 물론하고 혹은 초서에서 혹은 정자에서 혼동이 되여서 식별하기 어려운 때가 많다. 례를 들면 라틴 문'자의 mnu, 슬라브 문'자의 ИНШТПЛ들이 그것이다. 초서로 둘러 써 놓으면 자양으로는 알아 볼 수 없는 것이 있다. 뜻이 있는 말은 문의로써 알아 내지마는, 뜻 없는 고유 명사는 알아낼 길이 없다. 일반 말도 독서할 때에 문리를 좇아 연구하면서 읽는 것은 쓸 데 없는 피로를 가져오며 시간을 랑비하는 것이다. 마땅히 기계적으로 그 자 그 대로 곧 바로 알아 내 6 여야 독서 능률이 오를 것이다.

우리가 새로운 문'자를 만들 때에는 직선, 곡선, 점, 각도, 선의 길이와 굵기 등등으로 조직 배치 할 때에 기하학적 원리보다도 심리학적 원리가 더 리용되여야 한다. 왜냐 하면 자료 재여서 비례에 맞은 그것보다는 눈으로 보아서 시각에 느끼는 조화는 아주 딴 판으로 되기 때문이다. 우리가 상식으로도 판단 할 수 있는 것은 일상 생활에서 볼 수 있다. 저울 눈이라 자의 눈금을 보면 누구나 알 일이다. 자에는 치수의 금을 긋되 밀리선(mm線)은 짜르고, 매 5밀리에 좀 긴 선을 긋고, 센찌선(cm線)은 더 긴 선을 긋고, 데치선(gm線) 우에는 동그람이를 치여서 각각 표함으로써 우리는 계산의 편리를 본다. 만일 밀리선만 그어 놓고 그 금을 세여서 매양 센찌나 데치나 메뜨르를 그 때 그 때 계산한다면 우리는 머리만 아플 뿐 아니라 일 능률을 낼 수 없다. 그런 것은 우리가 못 쓸 자로 내여 버리고 말 것이다. 저울 눈도 역시 이와 마찬가지다. 문'자도 이와 같다. 여러 자모를 모아서 한 단어를 적고 또 여러 단어로 한 문장을 써 놓고, 또 여러 문장으로 한 페지를 써 놓은 것을 볼 때에 그것이 매자의 식별하기 쉬운 특징을 가지고도 전체적 조화에서 아름답게 느끼여야 될 것이다. 그리하자면 우리말에 쓰이는 소리 수를 조사하여 우리가 이제 쓰고 있는 자모에만 국한할 것이 아니라 새로 더 늘리여서 합리적 철자법을 만들어야 된다. 이 문제에 대하여는 다음날 따로 한번 쓰기로 하고 여기에는 그만 둔다.

이제 네모형의 덩어리 철자를 풀어서 가로 쓸려면 그 자양이 달라질 것이 많을 것이다. 주로 단음을 좇아 자모를 만들려면 그 수도 불을 것이다.

우리가 서양 문'자식을 취할려고 하여서 그런 것이 아니라 그 식은 어느 점으로 보나 과학적이요 합리적이기 때문이다. 풀어서 가로 쓰되 한 단어를 한 묶음으로 소리 나는 순서를 좇아 왼쪽에서 오른쪽으로 자모를 외줄로 벌리여 놓아야 된다. 자양은 물론 석 줄을 잡아 쓰되 중심선인 가운데 줄에만 들 자도 있고, 중심선에 우로 올라 갈 자도 있고, 중심선에서 아래로 내려 갈 자도 있을 것이다. 그 체제에 있어서는 김 두봉 선생의 연구가 있어 앞으로 집체적 연구를 더 할 때가 올 것이다.

문'자 개혁은 인류의 문화 발전에 따라서 오는 필연적 일이다. 왜냐 하면 사람 사람이 글을 배우게 되며, 현대 문명의 리기인 활자, 타자기, 리노타이푸[1]를 리용하려면 과학적인 자모 문'자를 가져야 된다. 지금과 같이 네모형인 덩어리 철자식을 가지고는 한문'자의 다음 가는 번거러운 글로써 우리 어문 생활에 주는 손해가 너무도 크다.

(3), 새 문'자를 실시하는 방법.

쓰기 위하여 만든 문'자라면 곧 실천에 옮기여야 될 일이다. 우리가 새 문'자를 만들어 놓고 쓰지 아니한다면 그것은 어리석은 일이다. 조선에서 문'자 개혁을 실시할 시기는 바로 이제다. 이제가 적당한 시기라고 하기 보다는 오히려 늦은 느낌이 있다. 왜냐 하면 해방후에 문맹 퇴치가 빠르게 되어 가기 때문에 글을 7
모르는 사람에게는 처음부터 새 문'자를 배우는 것이 두벌 일을 하지 않게 되였을 것이기 때문이다. 다른 나라의 문'자 개혁이란 것은 우리보다는 썩 더 어렵다. 그것은 아무 인연이 없는 완전히 새로운 문'자를 남에게서 가져 왔거나, 또는 한문'

1 [편주] 리노타이푸 : 라이노타이프(Linotype).

자를 쓰는 나라에서 아주 생판으로 새 표음 문'자를 만들어 쓰는 것이기 때문이다. 그러나 우리는 비교적 쉽다는 말이지 힘이 들지 아니하고 절로 된다는 말은 아니다. 절로 될 리는 없다. 우리는 과거에 한글 맞춤법 통일안을 만들어 가지고 사회에 실시하게 할 때에 얻은 경험이 있다. 새 받침 18자를 더 쓰도록 하는 것이 그리 쉽지는 아니하였다. 이 신철자 운동에 대하여 우리는 가진 방법을 다 썼다. 첫째는 통일안을 단행본으로 낸 뒤에 신문 잡지에 해설을 련재하였다. 둘째는 강습회를 조직하고 대중을 교양하였으니 이에 강사로는 조선 어학회 회원은 물론이고 또 고등 보통 학교 및 전문 학교 학생들이 많이 동원되였다. 세째는 강습회 조직자로 조선 어학회가 직접 나서기도 하였지만 이보다도 큰 힘을 내기 위하여서는 신문사들의 본사와 그 시국들을 동원시키였고 또는 각종 종교 단체들이 많이 동원되였다. 네째는 조선 어학회 안에 한글 교정부를 두고 누구나 신철자로 교정할 것을 의뢰하면 응하였는데 여기서 특히 환산 리 윤재 선생의 봉사적 노력이 많았다.

한글 운동 시대라는 이 때는 일제의 압박이 더욱 심한 때였다. 그러니 무슨 일인들 뜻 대로 잘 될 리가 없다. 그러나 우리가 이제 당과 국가의 배려 밑에 하는 일이니 얼마든지 할 수 있을 것이다. 문제는 우리 어문 연구자들이 하루 빨리 개혁할 새 문'자를 내여 놓고 또 이 문'자를 리용할 표준 문법도 내여 놓아야 된다. 그러자면 안에 대한 집체적 토론을 거쳐서 결정을 짓고 시안으로 얼마 동안 써 보아야 된다. 그만 하면 좋다는 결론을 얻은 뒤에는 법령화하여야 된다. 따라서 교육화하면 이로써 실천은 활발하여 멀지 아니한 장래에 문화의 꽃이 필 것이다.

6. 모든 사물이 쇠퇴와 발전하는 즉 유물 사관적 립장에서 우리는 조선 문'자를 보아야 한다. 우리 글은 새 발전이 있어야 될 것이며 또 마땅히 있을 것이다. 세계 모든 나라 인민들이 자기의 불합리한 문'자들을 고치였고 또 고치는 운동을 하고 있다. 최고로 발달된 자모 문'자를 가지고도 철자 방식이 불합리하여서 현대 문명의 리기인 활자나 리노타이푸나 타자기를 간단하게 만들이서 마음 대로 편리하게 쓰지 못하니, 이것은 한문'자를 쓰는 것이나 큰 차이가 없는 일이다. 우리 글은 철자 방식만 뜯어 고치고 본래 제자 원칙을 가지고 다소의 변동으로써 개혁의 목적을 이룰 수 있는 일이다. 이만한 것도 못한다면 세상에 할 일이 별로 없을 것이

다. 속담에 《부뚜막에 있는 소금도 집어 넣어야 짜다》고 하는 말과 같이, 아무리 쉬운 일이라도 행동이 있어야 되는 것이다. 무기를 들고 미제와 싸워서 이기기도 하였거든 하물며 붓을 들어 글'자를 개혁하는 일이야 못하겠는가! 우리가 이 일을 조직하면 실천될 것이요, 인민의 힘은 큰 것이라, 우리가 부르짖으면 대중은 따를 것이다. 또한 속담에 《맞을 매는 먼저 맞는 것이 오히려 낫다》고 우리 문'자는 어느 때에나 고치고야 말 것인데, 고칠진대 빨리 고치는 것이 상책이다. 8

조선 말 력점 연구[1]

『(과학원 창립 5주년 기념) 론문집』, 평양 : 과학원 출판사, 1957.11, 183~258쪽.

정오표

페지	행	오	정
185	—8	표문 력점	표준 력점
186	7	형태로써 특출하다	형태로써 특출된다
189	15	강력 력점 방법의	음악적 력점 방법의
193	15	정적 표출을 적극화한다	정서적 표출을 적극화한다
195	8	Portamnto	Portamento
196	그림4 및 설명	길(丈), 길(丈);	길(長), 길(長);
〃	본문끝에서4	음정 설정이 낮으며	음정 설정이 낮으며
〃	[주 1]	악보로써 변환된	악보로써 번환된
199	4	끝에 가서 낮아지는 것을	끝에 가서 더욱 낮아지는 것을
200	끝에서3	실험 도표를 제시하기로 한다.	실험 도표를 제시하기로 한다. (도표1,2,3,4,5,6,7)
206	그림12 설명	달다	달다
〃	그림13 설명	갈다	갈다
207	그림14 설명	달다	달다
〃	그림15 설명	동복	동복
211	2	날름(舌論快動)	날름(舌端快動)
〃	—6	무늬(絞)	무늬(紋)
216	—3	《짧은 첫째소리》	《높고 짧은 첫째소리》
217	7	《높고 긴 첫소리》	《높고 긴 첫째 소리》
219	14	어조의 개념안에서 별로	어조의 개념안에서 별도
235	2	조사 단어의	조사의
237	10	인들,	인들,
〃	—5	눈(眠)등의	눈(眼)등의
238	12	오다	온다
〃	13	간다	간다
241	8	Sllgemeine	Allgemeine
〃	9	Skademie—	Akademie—
〃	10	〃	〃
241	12	Spra-chwissenschaft,	Sprachwissenschaft
242	《낮은 긴소리》란에서	길(丈)	길(長)
〃	《보통 긴소리》란에서	\	\
〃	11	눈(眠)	눈(眼)
251	—4	모조지	모조리
252	—3	痞身	病身
255	13	수서스럽다	수선스럽다
257	14	(急熱鎭)	(病熱鎭定)

영인 76쪽

1 [편주] 영인의 정오표만 실었음.

소위《6자모》의 비과학성

『조선어문』1958.4, 평양 : 과학원 언어 문학 연구소, 1958.6, 74~79쪽.

이 글은 1956년 7월 반당 종파 분자 김 두봉의 소위《학설》을 반대하여 그에게 주었던 것을 약간 손질한 것이다. 당시 김 두봉은 이 글이 발표되는 것을 백방으로 억압하였던 것이다. 언어 학계에 잠입했던 김 두봉의 정체가 조선 로동당의 직접적 지도 밑에 폭로되었고 그리하여 이 글이 오늘 세상에 발표되게 된 것을 무한한 기쁨으로 생각하며 우리 당 과학 정책의 정당성을 더욱 깊이 느끼는 바이다.—필자

우리 조선 문'자는 그를 만들 당시 여러 학자들의 진지한 노력과 과학적 리론에 의해 가장 선진적인 단음 문'자로 만들어졌다. 그러나 그 철자에 있어서는 자모식 철자로 할 수 있었음에도 불구하고 한'자식 표기를 모방한 탓으로 음절식 철자를 쓰게 된 것이다. 따라서 오늘날 이를 풀어서 가로 씀으로써 우리의 서사 생활을 가일층 편리하게 해야 할 과업의 해결은 매우 중요한 의의를 가진다.

반당 종파 분자 김 두봉은 자칭 조선어 학자인척하면서 대중의 이 요구를 자기의《공명과 출세》에 리용하기 위해 광분하였다.

그는 언제나 조선말과 글은 자기가 법을 찾으며 문'자를 개혁하여 조선 인민의 어문 생활의《새 길》을 열어 줄 것이라는 어리석은 야심을 품고 있었다. 그리하여 한 때에 당의 과학 정책을 유린하면서 자기의 공허한 소위《주장》을 실천에 옮기려고 온갖 책동을 다하였다. 심지어 이 방면에서 제마음 대로 하려고 과학원 안에 있었던 조선 문'자 개혁 연구위원회에서 독판치면서 이 위원회를 문'자 개혁을 위한 연구 기관으로 만들 대신에 자기의 소위《리론》을 구체화하는 기관으로 만들려고까지 로골적인 책동을 감행하였다. 그는 소위《6자모》를 쓰는 문제, 또는 횡서체《신자모》를 쓴다는 문제들을 들고 나서서 조선 로동당의 정책과 정반대로 빨리 이를 실천에 옮겨야 한다고 떠들었다. 그러나 과학의 진리를 외곡하여 그런 더러운 야욕에 복종시킬 수는 없으며 조선 로동당과 인민을 속일 수는 없다.

이 풀어서 가로 쓰는 문제는 일찍 주 시경 선생이 주장했으며, 또 여러 학자들이 벌써 많이 론한 일이다. 이제 우리 자모의 모양을 미'적 견지에서와 어음론 및 문법론적 원리에서 잘 다듬기만 한다면 매우 훌륭한 글이 될 것이다. 그런데 반

당 종파도당 김 두봉은 자기의 소위 《리론》에서 아무런 과학적 리론과 원리도 내놓지 못하고 생억지를 써 가면서 야욕을 충족시키려 하였다.

그의 소위 《6자모》에 대하여 주로 어음론적 면에서 얼마나 황당무계한 것인가를 살펴 보기로 하자.

1, 《ㄹ》, 소위 혀끝 반떠는 소리 《ㄹ》 음가는 따로 있을 수 없다.

이를 론증하기 위하여 우선 김 두봉이 주장하는 ㆆ, ㅎ 받침 밑에 결합 모음 《으》를 아니 쓴다는 것을 살펴 보자. 징나는 징으나와, 놓나는 놓으나와, 먹나는 먹으나와, 감나는 감으나와, 집나는 집으나와, 벗나는 벗으나와, 맞나는 맞으나와, 좇나는 좇으나와, 묶나는 묶으나와, 앉나는 앉으나와는 각각 딴 뜻을 가지였다. 곧 앞의 것은 묻는 뜻이요, 뒤의 것은 조건을 나타내는 뜻이다. 그러므로 ㆆ, ㅎ 받침 밑에도 결합 모음 《으》를 다 써야 된다. 그러나 ㄹ 받침 밑에는 결합 모음 《으》를 쓰지 아니한다. 그 까닭은 우리 ㄹ이 목청을 떨면서 혀끝을 떨어 우'이'몸에 몇 번 대였다가 떼는 소리(有聲 連長音)이므로 다른 어느 자음과도 아주 다르다. 곧 힘이 들고 내기가 불편한 음이다. ㅅ은 련장음이나 마찰음이므로 일정한 자리에서 혀를 움직이지 아니하고 그냥 두며, 또 무성음이므로 성대 진동이 없다. 그러나 ㄹ은 ㅅ과 같이 혀끝 우'이'몸이란 위치는 가지였으나 그 밖의 중요한 조건인 작용과 숨기류가 다르다. ㅅ은 무성음이므로 유성금인 모음과 다르나, ㄹ은 유성음이므로 유성음의 조건은 모음과 같으며, ㅅ은 마찰음이므로 혀끝 작용이 일정한 안정상태에 있으나, ㄹ은 혀끝 떠는 소리이므로 혀끝 작용이 불안정 상태에 있다. 그런 까닭으로 두 곳에서 떠는 동작 곧 복잡한 동작은 근육의 피로를 덜고저 하는 생리적 요구와 시간의 지리함을 덜고저 하는 심리적 요구에서 마침내 ㄹ음은 적당한 자리에서 죽어지고 만다. 그리하여 그 앞의 모음을 좀 느리게 발음하는 것이 보통이다. 다른 민족어의 어음에서도 이 ㄹ(r) 음이 경우에 따라서 아주 죽어지거나 퍽 약하여지거나 또는 모음의 성질로 변하기도 한다. 곧 《어》 음에 가깝게 된다. 례를 들면 영어의 warn(예고 하다)은 wɔ:n, warm(따뜻하다)은 wɔ:m, motor(발동기)은 moutə, mother(어머니)은 mʌðə, here(여기)는 hiə, monarchy(군주 정치)는 mɔnəri, circle(활동 범위)는 sə:kl, order(순서)는 'ɔ:də, 독일어의 hört(듣다)는 höat로, hart(굳다)는 ha:t로, wurst(순대) voast로,

불[74]어의 bouger(움직이다)는 buʒi, juger(심판하다)는 ʒy-ʒe, diner(점심하다)는 di-ne, neutraliser(중립을 선언하다)는 nø:tra-li-ze로 각각 발음한다.

kreish(gbaya)[1]에는 l, r, r(혀끝을 한 번 치는 음)는 각각 다른 소리로(음운) 구별하여 쓴다. 례를 들면, ere(콩), ere(암탉)—이 음들이 hausa에도 있는데, bara(빌어 먹다), bara(종-奴隷)는 각각 다른 소리(음운)이다. 국제 음성 기호에 나타난 r(ㄹ) 음의 종류는 그 위치와 작용에 있어서 복잡하다. 그런데 조선어음의 ㄹ 음가는 그 본질에 있어서 하나이다. 우리는 그 위치와 작용을 잘 알고 있다.

조선 어음 ㄹ(r)의 특징은 받침에서 설측음(l)으로 내는 것이다. 이것은 조선 어음 받침에서 특별히 많이 내파 법칙으로 발음하는 습관과 관련된 것이다. 파장음과 마찰음이 받침에서 다 내파되는 것과 같이 ㄹ도 받침에서 자기 본질 대로 혀를 떠는 것이 아니라 제자리에 그냥 혀끝을 붙이고 나니 내쉬는 숨은 절로 혀 옆으로 흘러 갈리여 나오는 수밖에 다른 길이 없다. 따라서 곧 설측음이 된다. 이것이 서양 말의 발음법과는 다른 것이다.

또 음편상 ㄴ, ㅅ, ㅂ, ㅗ 앞에서 ㄹ이 죽어진다. 그 실례는 아래와 같다.

ㄹ이 설측음으로 남	ㄹ이 죽어짐
갈다(耕) : -고, -러, -면, -자.	-나, -서, ㅂ니다, -오.
불다(吹) : -고, -러, -면, -자.	-나, -서, ㅂ니다, -오.
돌다(回) : -고, -러, -면, -자.	-나, -서, ㅂ니다, -오.
벌다(貯) : -고, -러, -면, -자.	-나, -서, ㅂ니다, -오.
살다(生) : -고, -러, -면, -자.	-나, -서, ㅂ니다, -오.

지방과 또는 사람을 따라 합성어에서 ㄹ을 내기도 하고 또는 아니 내기도 하는 말들이 있다. 례를 들면, 솔나무 또는 소나무, 버들나무 또는 버드나무, 불삽 또는 수삽, 물논 또는 무논, 바느질 또는 바느질, 쌀전 또는 싸전, 활살 또는 화살들이 그런 것이다.

ㄹ 받침을 가진 어간과 ㄹ을 첫소리로 한 토 앞에서 곧《로》나《러》앞에서는 결합 모음《으》를 요하지 아니한다. 례컨대 : 갈로, 길로, 굴로, 날로, 달로, 들로, 말러, 물러, 날러, 달러, 헐러, …등등.

만일 어간의 받침 ㄹ 밑에 결합 모음《으》를 쓰면,《-ㄹ으로》는《-르로》,《-ㄹ으

1 [편주] 아프리카 수단어인 Kresh(Gbaya)를 지칭하는 것으로 사료됨.

러》는《-르러》로 발음하게 된다. 이것은 너무나 불편한 발음이다. 그러므로 제자리에서 여러 번 떠는 대신에 그 자리에서 련장시키는 설측 마찰로 된 것이다. 그리하여 로력을 덜어 주며 동작의 불편을 없게 하는 일종의 음편이다.

죽는《ㄹ》이란 음가를 가진 소리가 따로 있는 것이 아니라, 다만 어법적 관계와 또는 다른 자음들의 발음 기관과 숨기류와 서로 작용 관계에서 생긴 발음 현상에 불과하다. 그러므로 발음 교육을 통하여 리해시키는 길이 있다. 이 ㄹ만 아니라 허다한 다른 음들도 개별적 발음과 서로 관계된 음운과의 설명을 요하게 된다.

물소(水牛)란《물》자의 받침인 ㄹ은 소(牛)자의 첫소리 ㅅ 앞에서 제대로 발음한다. 그러나 물(咬)소(토)란《물》자의 받침인 ㄹ은《소》(명령토)자의 첫소리 ㅅ 앞에서 발음을 아니 한다. 이것들은 다 까닭이 있다.《물소(水牛)》는 독립한 두 명사가 합성한 것이므로, 각자가 제소리를 보존하게 된 것이요,《물소(咬와 명령토)》는 동사의 어간인《물》에《소》란 명령토를 붙인 것이므로, 어간과 토와는 서로 터놓고 지내는 주종 관계를 가지여서 약음으로써 음편을 취한 것이다. 이 말들의 경우와 같이《불(火)》,《나니(起)》는《불》이란 명사와《나》라는 동사 어간이 합성한 것이라, 서로 대등적인 까닭에 각자가 제소리를 보존한 것이요,《불나니》의《불(吹)》은 동사의 어간이요,《나니》는 동사의 어간에 붙어서 쓰이는 토이므로 제소리를 꼭 보존한다는 각자의 고집이 없이 약음으로써 음편을 취한 것이다.

전설음 r(ㄹ)만 죽는 자리가 많은 것이 아니라 설측음 l(ㄹ)도 경우에 따라 죽어진다. 례를 들면 로어에 Солнце(태양)는 sóntʃə로, 영어에 walk(걷다)는 wɔ:k로 각각 발음한다.

2,《1》. 이 자를 반모음이라 하여 자모를 따로 설정할 필요가 없다. 이 반모음의 자모를 따로 만든 것은 모음 ㅣ로 끝난 용언에 쓴다는 것이다. 그런데 어간에나 보조 어간에 모음 ㅣ로 끝난 말들이 보조 어간《었》이나 토《어》로만 또는《어》를 첫소리로 한 그 경우를 만나면 ㅣ가 반모음《1》로 바뀌는 발음 현상이다. 독립한 어간들이 만나는 것과는 달라서 어간과 보조 어간과나 토와는 그 사이가 서로 밀접한 관계로 반모음으로써 한 음절을 이루는 것이다. 온모음 ㅣ가 본질이나 반모음《1》가 본질이냐 하는 문제에 걸린 리론을 풀어야 될 것이다. ㅣ가 어간의 끝소리로 된 말들은 아래와 같다.

기다, 갈기다, 섬기다, 다니다, 디디다, 더디다, 버리다, 가리다, 꺼리다, 나리다, 꾸미다, 제미다, 덤비다, 시다, 계시다, 부시다, 비기다, 가시다, 마시다, 이다, 지다, 던지다, 번지다, 치다, 끼치다, 비치다, 삐치다, 뭉키다, 삼키다, 버티다, 피다, 개피다, 홀리다, 달리다, 지지다, 다치다 등등.

이 밖에 ㅣ가 보조 어간의 끝소리로 된 말들은 아래와 같다.

~기다(감~, 굶~, 남~, 넘~, …)

~리다(갈~, 깔~, 골~, 굴~, …)

~이다(먹~, 깎~, 꺾~, 낚~, …)

~어(아)지다(가~, 골~, 닳~, 말~, …)

~히다(걷~, 닫~, 막~, 먹~, …)

~(으)시다(가~, 나~, 보~, 주~, …) 75

만일 우에 든 례들에 이 반모음이란《1》를 쓴다면 아래와 같은 말(ㅗ,ㅜ)들에는 반모음《ㅣ》를 써야 된다는 리론이 서야 된다.

고다(고아치다→과치다), 가꾸다(가꾸어라→가꿔라), 놓다(놓았다→놨다), 주다(주어라→줘라)…

우에 든 것은 약간의 례에 불과하다.

물론 ㅜ가 어간의 끝소리, 또는 보조 어간의 끝소리로 된 말은 많다. 들리는 소리 대로만 본다면 모두 반모음《ㅣ》로 써야만 반모음《1》를 써야 된다는 리론과 맞을 것이다. 그러나 사실인즉 이 ㅜ도 그 말들의 본질적인 음이 온모음 ㅜ인데, 다만 보조어간이나 트이나의《어》를 만날 때에 생긴 발음 현상이다.《온모음》ㅣ가 반모음《1》로 되는 성질이 있는 것과 꼭 같은 성질이 ㅜ에도 반모음 ㅣ가 있다. 어간 또는 보조 어간의 끝음인 뒤'모음 ㅗ,ㅜ가 다 반모음《ㅣ(w)》로 되어서 모음 조화 법칙에 의하여《아, 어》와 어울린다. 그래서 한 음절을 이루어서 노력과 시간을 줄인다.

참고 : ㅗ나 ㅜ가 반모음《ㅣ》로 변하여 나는 것은 발음 생리적 자연이라 다른 민족 어음에도 이 발음 법칙이 있다.

영어의 례 : oa-xa'ca는 wahá:ka로(멕시코 땅이름), Guam은 ɡwa:m으로(섬 이름), gua'no는 ɡwá:nou로(바다'새의 똥), gua'va는 ɡwa'və로(식물 이름), Guelf

는 gwelf로(중세기의 이태리법왕 당원). 불어의 례 : lingual은 lɛ:gwal로(혀의), ouate는 wata로(솜), couette는 kwɛtə로(새의 이름), oie는 wa로(암키러기), boite는 bwatə로(청량 음료수).

이 반모음《1》를 론하는 문제와 관련된 것으로《어, 어서, 어야, 어도, 어나, 어라, 었》을《여, 여서, 여야, 여도, 여나, 여라, 였》으로 쓴다는 것은 리론이 설 수 없다. 그 리유는, 앞 모음은 전체가 토나 보조 어간에 관한《어》음을 만나면 음편상 반모음《j》의 자리를 거쳐서 간다. 그래서 절로《j》소리 비슷한 느낌을 주는 데 불과하다. 이것을《소리의 건너지남(音의 過渡)》이라고 말한다.《여》가 그 음의 본질이 아닌 것은 약음 곧 소리가 줄어지는 경우에도 볼 수 있다.

례컨대 : 개었다→갰다, 내어서→내서, 대어라→대라, 매었다→맸다, 새었다→샜다, 채어도→채도, …

한 음절을 줄이기 위하여는 바로 모음이 줄어지는 것이다. 무엇 때문에 반모음《1》를 넣어서 새로 음절을 만들어 가지고 줄일 필요가 있겠는가.

음편상 앞 모음 ㅐ, ㅔ, ㅣ, 또는 앞 모음으로서 원순음인 ㅚ,ㅟ가 어간의 끝소리로 되어서 보조어간 또는 토의《어》음을 만나면 그것들이 다 반모음《j》자리를 가까이 지나서 건너가므로《어》가 반모음《j》를 가진《여》비슷하게 들리고, 뒤' 모음 ㅗ,ㅜ는 반모음《w》자리를 가까이 지나서 건너가므로《어》가 반모음《w》를 가진《워》비슷하게 들린다. 이 증명은 우에서 말한 실례들이 그것이다.

《하여》로 더불어 앞 모음 앞에는 다《여》를 쓴다고 불규칙이 없어지는 것은 아니다. 모음 조화법칙에 의하면《하다》어간의《아》밑에는 보조 어간이나 토도《아》가 와야 된다. 그렇지 아니하고《여》가 오는 것은 불규칙이다. 다른 규칙적인 례를 들면 : 가아서, 가았다; 나아서, 나았다; 따아서, 따았다; 사아도, 사았지; …

이 규칙에 맞지 아니한《하야》의《야》는 어데서 왔는가? 이것을 밝힐 필요가 있다.

《하다》는 본동사 밖에 또 대동사로서 널리 쓰이며 또 한'자이이나 의성의태어이나 그것들을 동사나 형용사를 만드는 데까지 써서 말에 나타나는 빈도수가 많으니, 이간과 토 또는 보조 어간이 각각 똑똑하여야 되겠으므로 줄어지기 쉬운 같은 모음 사이에 돕기 위한 목적으로 반모음《j》를 끼워서 소리를 각각 똑똑하게 만들었다고 본다. 어간《아》밑에 들어오는 보조 어간이나 토로서의《아》음은 줄어지는 것이 일반적이다. 그러나《하야, 하았》의《아》는 줄이기가 어려워서《j》를 넣어서 똑똑히 두 음절로 갈라 놓은 것으로 본다. 본질적으로 유성음 사이에서 ㅎ이 죽어지는 성질이 있는 것만큼 모음과 유성 자음 밑에서《하》는《아》로 들릴 것이다. 본래 법칙 대로만 한다면《하야》를《하아》로 쓸 것이오,《하아》는 유성음 밑에서《아아》로 들릴 것이다. 게다가 또 토《아》가 줄어지면 어간《하》의《아》만 남을 것이니 결과에 있어서 그 말은 잘 알아 듣지 못할 것이다. 그래서 우에 말한 바와 같이 반모음《j》가 모음의 분리 역할을 함으로써《하다》의 말을 똑똑히 하는 것이다.

훈민 정음에《ᄒᆞ야》로만 쓰인 것이 뒤에 와서《하야, 하여, 허여》로 이리저리 변한 것은 다 까닭이 있다. ·를 ㅏ로 읽은 데서《ᄒᆞ야》가《하야》로 되었고, ·가 ㅏ 음색이 많기 때문에 ·를《아래 ㅏ》라고 하였고, ·를 ㅏ 음으로 제일 가까이 들었기 때문에 모음 조화 법칙에 의하여《ᄒᆞ야》로 발음하였다. 그러나 ·를 또 ㅓ 음색으로도 들었다. 그렇기 때문에 모음 조화 법칙 대로《허여》로도 발음한다. 이《허여》의 영향을 받아서 또는 모음 조화 법칙이 깨여지면서《하여》라고 발음하게 되였다.

건너 지나는 소리(過渡音)로 반모음《j》음색이 온모음 ㅣ 뒤에 나는 것은 다른 민족어에도 있다. 그 실례로 체코슬로바키야 말에서 ia, io, iu, ie, ija, ijo, iju, ije로 각각 발음한다. 그러나 철자를 그렇게 하지는 아니한다. 그러므로 이것을 이철(異綴)의 발음이라고 한다(heterosyllabisch). 그 실례로, fiasko를 fijasko로, gymnasia를 gymnasija로, radio를 radijo로, stadion를 stadijon로, helios를 helijos로, stadium을 stadijum 76 으로, ovidius를 ovidijus로 각각 발음한다.

조선말에도 이런 발음 법칙이 본래부터 있다. 훈민 정음에 쓰인 것을 보면《에》토를《예》로,《에서》토를《예서》로,《에, 이》밑에는 썼다. 례컨대 :

御製예, 소리예, 머리예, 소리에서, …

물론 훈민 정음 창제 당시에 어법과 음운학에 대한 연구가 다 초보적인 것이였던만큼 입에서 나는 대로, 귀에 들리는 대로 쓴 것은 괴이한 일이 아니다. 그러나 모든 과학이 발전된 오늘에 와서 그런 철자법을 쓸 수 있겠는가? 곧 언어 음절로

가 아니라 발음 음절로 철자한 훈민 정음 철자식을 이제 되풀이하겠는가?

어간의 끝소리가《ㅣ》로 된 만들이 토나 보조어간이나의《어》를 만나면 그 온모음《ㅣ》가 반모음《j》로만 되거나 또는 반모음《j》를 더하여 발음하는 것이 원칙이 되어 있다. 어간《ㅣ》가《어》를 만나도 온모음처럼 발음하는 말이 몇 마디가 있다. 이것은 그 음에 력점을 둔 데 불과하다. 그 말들은 다음과 같다:

시다(酸) ['시어, '시었다], 미다(裂) ['미어, '미었다], 기다(爬) ['기어, '기었다], 아니다(否) [아'니어, 아'니었다]. 이 말들의 l를 소위 반모음이라고 보는《j》와 다른 온모음 ㅣ라고 하는 것은 이 말들의 력점을 살피지 못한 말이다.

간단히 생각하여도 알 수 있는 것은, 용언의 어간에나 보조 어간에 많이 쓰이는《ㅣ》가 그 본질이 반모음《j》라고 하면,《어》음 밖에 여러 가지 자음을 첫소리로 한 여러 가지 토나 보조 어간 앞에서는 이것이《전모음화》한다는 리론을 세워야 된다. 왜냐 하면, 사실이 그런 자리에는 온모음 ㅣ를 내는 까닭이다. 세상에 이런 모순된 학론이 있을 수 있는가?

이 용언의 어간에서 반모음《j》를 찾으려고 하는 것은 무식을 폭로하는 데 불과하다. 사실인즉 조선 어음에 반모음《j》가 많다. 이것은 곧 ㅑ, ㅕ, ㅛ, ㅠ, ㅒ, ㅖ 음절들에 들어 있는 그 앞서 나는 소리이다. 다만 한 자모로써 표기한 데 불과하다. 만일 우리가 이 자모들을 분해하여 ja, jə, jo, ju, jæ, je로 쓰는 식을 만든다면, ㅑ, ㅕ, ㅛ, ㅠ, ㅒ, ㅖ 6자모를 폐하고 반모음《j》를 따로 설정하여 새로 한 자모를 내고 보면, 사실은 5자모가 줄어지는 셈이다. 그러나 이것이 실용에는 더 불편하며 불경제인 것을 알아야 한다. 곧 손이 한 번 갈 대신에 두 번이나 가야 되는 까닭이다.

우리 말의 자모 체계와는 달라서 로어의 자모에는 я, ю, е, ё가 있고 또 반모음 й가 있다. 그것은 이 й가 실제 반모음이며 또 문법상 꼭 필요한 음으로 딴 자모를 두지 아니할 수 없게 되였다. 그러나 조선 어법을 푸는 데는 반모음《j》가 필요만 없는 것이 아니라 큰 모순이 있다.

3,《△》. 이 자모에 대하여 론한다면, 우리가 지금 소위 ㄷ 변격이라 하는 말들의 그 소리는 변격이 아니라 어음론적으로 보아 아주 규칙적인 음이다. 이것은 과학적으로 립증된다. 이제 걷다(步), 겯다(編), 긷다(汲), 깨닫다(覺), 눋다(焦),

…등등을 우리가 ㄷ 변격이라 함은 그 발음이 자음을 첫소리로 한 토 우에서는 ㄷ 받침으로 들리고, 모음을 첫소리로 한 토 우에서는 ㄹ 받침으로 들리는 까닭이다. 이 발음 현상을 가지고 우리 어음론자들은 여러 가지로 문제를 풀려고 힘썼다. 그러나 딴 도리가 없기 때문에 우리 철자법에는 ㄷ 변격으로 처리하였다. 그런데 김 두봉은 여기에 딴 자모—즉 △자를 쓰자고 주장하였다. 그러나 나는 이에 대하여 ㅀ 받침이라는 것을 인식하고 아래와 같이 쓰자는 것을 주장한다.

걿다(步), 겷다(編), 긿다(汲), 깨닳다(覺), 눓 낧 눓다(焦), 닳다(走), 다닳다(臨), 듫다(聞), 뭃다(問)…

이렇게 써야 될 과학적 근거는 ㄹ 음가와 ㆆ 음가를 각각 알고 그 서로 관계를 아는 데 있다. 이제 우리가 쓰는 ㄹ이든 둘 받침을 가진 단어의 철자와 그 발음을 살피면 잘 알게 된다.

ㄺ : 굵다(太), 굵나, 굵소, 굵지, 굵고, 굵기; 굵어(굴거), 굵으면(굴그면).
긁다(搔), 긁나, 긁소, 긁지, 긁고, 긁기; 긁어(글거), 긁으면(글그면).
늙다(老), 늙나, 늙소, 늙지, 늙고, 늙기; 늙어(늘거), 늙으면(늘그면).
닭(鷄), 닭까지, 닭도, 닭만, 닭조차; 닭을(달글), 닭이(달기).
흙(土), 흙까지, 흙도, 흙만, 흙조차; 흙을(흘글), 흙이(흘기).

ㄻ : 곪다(膿), 곪나, 곪소, 곪지, 곪고, 곪기; 곪아(골마), 곪으면(골므면),
굶다(餓), 굶나, 굶소, 굶지, 굶고, 굶기; 굶어(굴머), 굶으면(굴므면).
닮다(似), 닮나, 닮소, 닮지, 닮고, 닮기; 닮아(달마), 닮으면(달므면).

ㄼ : 넓다(廣), 넓나, 넓소, 넓지, 넓고, 넓기; 넓어(널버), 넓으면(널브면).
밟다(踏), 밟나, 밟소, 밟지, 밟고, 밟기; 밟아(발바), 밟으면(발브면).
얇다(薄), 얇나, 얇소, 얇지, 얇고, 얇기; 얇아(얄바), 얇으면(얄브면).

ㄿ : 읊다(詠), 읊나, 읊소, 읊지, 읊고, 읊기; 읊어(을퍼), 읊으면(을프면).

여기에서 알 수 있는 것은 자음을 첫소리로 내는 토 앞에 있는 어간의 받침으로 혀'뒤 터치는 소리 앞에서와 입술 소리 앞에서 ㄹ 소리가 아주 약하여지거나 또는 죽어진다. 그러니 모음을 첫소리로 내는 토 앞에서는 어간의 받침의 ㄹ은 그 어간에 그냥 받침으로 남아 있고, 그 뒤의 받침 자만 다음의 모음과 어울리여서 한 음절을 이룬다. 이 발음 사[77]실에 의하여 ㅀ 받침을 쓰는 만들을 시험하

면 그 법칙이 조금도 틀림 없다. 곧,

깨닳다(覺)→깨닿다→깨다따; 깨닳아→깨달하→깨달아→깨다라.

겛다(步)→겋다→거따; 겛어→걸허→걸어→거러.

곓다(編)→곃다→겨따; 곓→결허→결어→겨러.

깋다(汲)→깋다→기따; 깋→길허→길어→기러.

눓다(焦)→→누따, 눓나→눟나→누나, 눓소→눟소→누쏘; 눓어→눌허→눌어→누러;

지방적으로 또는 개인적으로 보면, ㅀ 받침을 잘 발음한다. ㄹ 음이 약화되는 정도가 달라서 어떤 것은 거의 죽어진 음으로 들린다. 그러나 그런 말들도 지방과 사람을 따라 똑똑히 낸다. 그 실례를 들면 함경도에서는 듫다(聞)와 뭃다(問)까지도 ㄹ 음을 잘 내고 있다. 이 사실을 보아서 ㄹ 음이 완전히 나거나 좀 약하게 나거나 또는 아주 죽어지거나 하는 것은 그 지방 또는 그 개인의 습관 차이에 지나지 아니한 것이다. ㄹ이 아주 죽어진다할지라도 발음 법칙에는 조금도 어기지 아니한 것이다. ㄹ 음에 관하여는 이 아래에 따로 쓸 것이니, 그것을 참고하는 것이 좋겠다. ㄷ 변격이 아닌 것은 우의 실례에서 증명되였다고 생각한다.

ㆆ 음가로써 문제를 풀어 온 것만큼 이에 대하여 좀 더 자세히 설명할 필요가 있다.

훈민 정음에 ㆆ, ㅎ, ㅇ는 다 목구멍 소리 곧 후음이다. 이제도 그 음가는 변함이 없다. ㅇ는 성대 진동음이라 곧 모음 음소이다. 그러므로 성대 마찰음인 ㅎ나 성대 파장음인 ㆆ를 만나면, 그것들을 약화시키는 힘을 가지였다. 곧 성대 진동 사이에 들어서 죽어지는 것이다. 이것은 다른 민족어에도 다 있는 발음 생리의 공통된 법칙이다. 조선말의 례를 들면, 놓아(放)는 노아로, 짛어(作)는 지어로, 옳아(可)는 올아로, 싫어(壓)는 실어로 발음한다.

ㅀ 받침이 ㄷ 받침 비슷하게 또는 같이 들리는 까닭은 ㄹ과 ㄷ과의 발음하는 자리가 같은 우'이'몸이요, 다만 다른 것은 ㄷ은 혀끝 터치는 소리요, ㄹ은 혀끝 떠는 소리라 몇 번 떨 것을 성대 터치는 소리 ㆆ로써 갑자기 막아 끊어 버린즉 떨려던 혀끝이 그 자리에 붙고 만다. 그 결과 ㄷ 소리와 비슷하거나 또는 같이 들린다. 그래서 ㅀ 받침을 가진 말들이 자음을 첫소리로 한 토 우에서는 ㄷ 받침 비슷하게

되고 만다.

또는 한'자음의 ㄹㆆ 받침의 변천을 보아도 한 증거가 된다. 이제 조선말에 쓰이는 한'자 음으로 ㄹ 받침은 훈민 정음을 만든 당시와 그 뒤에도 한동안 ㄹㆆ으로 썼다. 이 음이 순 조선말 소리를 닮아서 ㄹ만 내고 말게 되였다. 그러나 이런 한'자음의 중국 안에서 변천된 것을 보면, 북방에서는 아주 없어졌고, 남방(광동)에서는 ㄷ 받침으로 변하였다. 그 실례로 이제 광동음에 一(?)을 iɐt으로, 發(?)을 fāt으로 발음한다. 그리고 이제 월남의 한'자음의 례를 들면, 一을 nhâ't, 乙을 Â't, 八을 Bát, 七을 Thâ't, 佛을 Phâ't, 別을 Biêt, 卒을 Tô't으로 발음한다. 또 일본의 한'자 음을 보아도 조선의 한'자음에 ㄹ 받침은 チ나 ツ로 곧 ㄷ 받침으로 되였다. 이것은 곧 훈민 정음에 ㄹㆆ 받침의 변음이다. 그 실례로 一을 イチ 또는 イツ, 七을 シチ 또는 シツ, 達을 タチ 또는 タツ, 日을 ニチ 또는 ジツ, 月을 ゲツー, 八을 ハチ 또는 ハツ, 吉을 キチ 또는 キツ로 발음한다.

소위 ㄷ 변격이라고 하는 받침을 ㅿ자로 쓰는 것이 아주 부적당한 리유는 또 아래와 같다.

훈민 정음에 ㅅ, ㅈ, ㅊ을 치음 곧 이'소리라 하였고, ㅿ를 반치음 곧 반 이'소리라 하였으며, 또 이 자모로 쓴 옛말들이 대체로 ㅅ나 ㅇ(모음 소리인 성대 진동음)로 변하였다. 그러므로 ㅿ는 ㅅ의 유성음인 것을 알 수 있다. 이 자모를 다만 한'자이나 적기 위하여 만든 것은 아니다. 옛말의 실례를 들면, ᄀᆞᅀᆞᆯ(秋)은 가울, 가을이나 가슬, 가실로 변하였으며, 브ᅀᅥᆸ(竈)은 부엌, 부석으로 변하였으며, ᄀᆞᅀᅢ(剪)는 가위, 가새로, ᄆᆞᅀᆞᆯ(村)은 마을, 마슬, 마실로, 닛다(連)는(連을 니슬씨라) 잇다로, 또 이제 일반 표준 말로는 이어, 이으면을 경상도, 함경도 사투리에는 잇어, 잇으면으로 말한다.

ㅿ 자는 훈민 정음 28자 가운데 한 글'자로서 그 음가를 밝게 써 놓았다. 또 그 변천이 우에 례를 든 바와 같이 ㅅ와 ㅇ(성대 진동음)로 되였다. 이런 ㅅ의 유성음인 ㅿ를 소위 ㄷ 변격에 쓰면 고어음과 혼란이 생길 것이다.

ㄷ 변격을 인정하고 그것을 적기 위하여 세 자를 쓴다면 차라리 새 자모를 만들어서 쓰는 것이 더 합리적이다.

ㄹㆆ 받침을 가진 어간이 거센 소리로 될 순한 소리를 첫소리로 한 토를 만나면

ㅎ은 그 순한 소리를 거센 소리로 만들고 ㄹ은 제자리에서 받침 법칙대로 설측음이 된다. 례를 들면, 싫다(壓)는 《실타》로 발음한다. 이렇게 발음됨은 유성음인 ㄹ은 목청을 떠는 소리로 내다가 그 떨던 목청이 마찰음의 ㅎ 소리를 내게 된다. 이것은 진동이나 마찰이 다 연장음으로 발음이 자연스러운지라 ㄹ을 제대로 내여도 아무 불편이 없다. 그러나 이와는 반대로 ㅀ 받침은 제대로 다 발음하는 것이 ㅀ보다는 불편하다. 그 까닭은 ㆆ는 그 아래로 가서 만난 순한 소리를 된소리로 만들고저 목청을 갑자기 닫으면 ㄹ은 ㄷ처럼 발음되는 것이 편리하기 때문이다. 그러나 ㄹ을 제대로 발음하는 것이 그렇게 어려운 것은 아니다. ㄹ을 퍽 짧게 발음하고 곧 성문을 닫으[78]므로 ㄷ 소리에 썩 가까이 들리거나 또는 ㄷ 소리로 들린다.

△자는 중국 어음(북경음) 대조에 日字音으로 되였다. 北京語 只有 ㄕ(ʂ) 跟日(ʐ) 是 相對的 淸濁音 Retroflex 곧 後曲音으로 ʂ는 無聲, ʐ는 有聲이니, 淸擦音(ʂ) 如 北京《詩, 書, 熟》的 聲母ㄕ, 濁擦音(ʐ) 如 北京《讓, 日, 入》的 聲母 日, 注音 字母에 日는 日字音이니 半舌 半齒音이다. 若(ㅿ)자음을 로어음의 ж로 대조하였다. 례를 들면 人名에 郭沫若[2]을 ГО МО-ЖО로 쓴다. ожегов[3]를 奧日果夫로 쓴다. 곧 若과 日의 첫소리인 △를 ж로 대역한 것이다.

4, 《ᄙ》. 이 자는 설측음 《l》를 적기 위한 데서 필요하다고 한다. 조선말 소리 가운데 혀 옆을 갈아서 나오는 소리가 있다. 그러나 혀 끝을 떨어서 나오는 소리 곧 전설음과 같이 첫소리에는 내지 아니한다. 그래서 설측음을 모음 사이에서는 ㄹㄹ로 표기하고, 끝소리에는 ㄹ로 표기한다. 훈민 정음에 단 자모를 만들지 아니한 것은 ㄹ의 발음 법칙을 리용한 데 불과하다. 례컨대 : 걸레, 굴레, 달래, 진달래, 벌레, …

이렇게 쓰는 까닭은, 전설음 ㄹ을 받침에는 설측음으로 내는 법칙이 있으며, ㄹ을 첫소리로 한 례를 들어 《로》토가 있어서 이 토와 그 우의 말에 붙은 ㄹ 받침과 합하여 설측음으로 발음하게 된다. 이것은 조선말의 음리에 맞은 규칙적 발음법이다. 끝소리 곧 받침에는 례를 들면, 줄줄, 펄펄, 콸콸, 살살, 도글도글, 얼싸,

---

2 [편주] 郭沫若 : 궈모뤄(1892~1978), 중국 문학가 겸 정치인.

3 [편주] ожегов : 세르게이 오제고프(1900~1964), 러시아 언어학자, 러시아어 사전 편찬자.

얼씨구, 얼씬없다 등등, 이런 말들의 받침 ㄹ은 본래가 설측음이다. 그리고 보면 조선어음에 설측음이 없다고 말할 수 없다. 그러므로 이제 우리가 첫소리에도 설측음을 쓰는 것이 좋다고 생각한다. 이것은 ㄹ 첫소리를 본래 발음하는 습관이 없으면서도 이제 철자법에 쓰는 것과 마찬가지다. 다만 그 표기하는 자모는《ㄹㄹ》로 쓰는 것이 좋다고 생각한다. 그 까닭은, 우에 례를 든 바와 같이 ㄹ 둘이 한 때에 만나면 실제로 설측음을 내며, 또는 밀접한 관계의 음을 획 하나를 더하여 만드는 대중의 습관이 이미 자연 발생적으로 생기였다. 그것은 ㄲ을 ㄲ으로, ㄸ을 ㄸ으로, ㅃ을 ㅃ으로, ㅆ을 ㅆ으로. ㅉ을 ㅉ으로 필기에서 쓴다. 이것은 쓰기가 썩 편리하고, 자양이 두 자를 붙이어 쓴 것이나 거의 같기 때문이다.

김 두봉의 주장인 ㄹㄹ로 설측음의 자모를 만든 것은, 그 자양이 외형상 보아서 식별에 혼란을 일으킬 것이다. 마치 라틴 문'자의 n과 u와 섞갈리는 것과 같을 것이다. 자모가 잘거나 인쇄가 흐리면 시각의 직감으로는 ㄹ, ㄹㄹ을 가리여 보기가 힘들 것이다.

ㄹ과 ㄹㄹ을 이제까지 첫소리로 발음하는 습관이 없다고 그냥 내버려 둘 것이 아니라 익히여서 발전시킬 필요가 있다. 이 두 소리는 각 민족 어음에 널리 퍼지어 있는 까닭에 일반 외래어 보다도 외국 고유 명사를 적는 데 더 필요한 것이다. 그러나 조선말의 어음 체계에 그런 발음의 위치와 작용이 도모지 없는 데까지 어떤 외국어 음을 끌어 들일 필요는 없다. 예를 들면 센 입천장 마찰음 ʃ나 ʒ 또는 순치음 f나 v와 같은 것이다.

5,《ㅸ》. 이 자모의 음은 두 입술을 가볍게 마찰하는 소리이다. 이것은 훈민 정음에 입술 가벼운 소리라 하여《ㅸ》로 썼으며 한 동안 써 오던 자모이다. 이 소리가 경상도와 함경도와 또는 다른 지방에서도 변하여 두 입술 터치는 소리 ㅂ으로만 되였다. 그러나 대다수의 지방에서 대다수의 사람이 훈민 정음 당시 음을 그대로 내여 온다. 그 표기하는 법은 오래전부터《와, 워》의《오, 우》로써 표기한다. 받침에 쓸 자는 례를 들면, 덥다, 춥다, 맵다, 곱다, 밉다, …등》말들이다.

이 입술 가벼운 소리《ㅜ—ㅸ》곧 두 입술 약한 마찰음이라, 모음 앞에서는 제음가 대로 다 내고, 자음 앞에서는 내파음으로 낸다. 이것은 조선 어음의 받침에서 마찰음이나 파찰음이나 파장음이 자음 앞에서는 다 내파 법칙으로 내는 것과 같은 것이다. 곧 ㄷ, ㅌ, ㅅ, ㅆ, ㅈ, ㅊ음들이 받침에서 다 ㄷ과 같이 되는 것이다. 이와 같이 ㅂ, ㅍ, 《ㅸ》도 다 입술소리로서 받침에서는 내파 법칙으로 발음하기 때문에 다 ㅂ과 같이 된다.

6. 《ㆆ》. 이 자모의 음은 훈민 정음 제정 당시로부터 이제까지 조선말 소리에 살아 있는 것이다. 이제 조선 어음을 적는 데 마땅히 이 자모를 써야 음리에 대한 과학적 설명이 되며, 또 독서 능률을 낼 것이다. 그 음가는 닫은 목청을 터치는 소리이며, 또는 된소리를 만드는 음소가 되는 것이다. 그 실례로 : 례컨대 : 지ᇹ다(作), 저ᇹ다(攪), 부ᇹ다(注), 시ᇙ다(載), 드ᇙ다(聞).

이 자모는 첫소리에도 써야 된다. 이것은 감탄사에 쓰는 것이다.

례컨대 : 하야(되게 앓는 소리).

ᅙᅳᆼ(되게 힘쓰는 소리).

끝으로 말할 것은 아주 자기 학설이나 주장하는 것처럼 떠들던 김 두봉의 소위 《6 자모론》이란 것은 우습기가 짝이 없다. 첫째로, 앞에서 론한 바와 같이 △, ㅣ, ㄹ은 음성학과 음운학의 상식도 없는 주장이며, 둘째로, ㆆ, ㅂ, ㅌ은 이미 선진 학자들이 말한 바 있는 것을 마치도 자기의 창견이 되는 듯이 철면피하게 떠버린 것이다. ㆆ은 훈민 정음 28자가운데 하나로서 어음 체계에 후음이라고 밝히여 써 놓았으며, 성대 파장음이란 것은 과학적으로 밝힌지도 이미 30 년대에 《한글》잡지에 내가 쓴 론문에도 자세히 론한 바가 있다. 다음으로 훈민 정음에 순경음어라고 한 ㅸ은 그 때로부터 오늘까지 조선 어음에 그냥 쓰이고 있다. 다만 우에 말한 바와 같이 그 표기법이 달라진 것이다. 설측음을 훈민 정음 해례의 합자해에서 말하기를 반설 경음은 ㄹ 아래에 ㅇ을 쓰라고 하였다. 그러나 ᄛ과 ㅸ은 딴 자모를 만들어 쓰는 것이 좋겠다고 생각한다. 79

조선말의 악센트

『말과 글』 1960.8, 평양 : 과학원 출판사, 1960.8, 6~9쪽.

1. 조선말의 연구 사업에서 이모저모로 파고 들기 시작한 지도 적지 않은 세월이 흘러 갔다. 그러나, 악센트에 관한 연구만은 그 출발부터가 너무나 뒤떨어졌다. 그러다가 우리 당의 직접적 지도 밑에 과학원이 창설되자 이에 대한 관심이 점차 커지기 시작하였다.

필자 자신도 1952년에서 1957년까지 사이에 이 문제를 연구하여 《과학원 창립 5주년 기념 론문집》에 실은 일이 있다. 이 소론문은 지면상 관계로 표준 악센트만 서술하였다.

표준 악센트와 지방 악센트를 부별함은 앞뒤 것이 서로 다르며, 또 표준 악센트를 기준으로 해야만 지방 악센트의 특징들을 알 수 있기 때문이다.

악센트는 단어에나 구에나 문장에나 다 있다. 세상에 사람의 말치고 고저 강약 장단도 없이 한 구멍에 구슬을 꿴 듯이 똑같은 소리로 발음되는 것은 없다.

오늘 세상에는 라지오와 레코트[1]와 발성 영화가 고도로 발달되였으며, 인민 대중 속에 널리 퍼져 있다. 그래서 귀로 듣는 일이 더 많아졌다. 이와 관련하여 정확한 발음과 악센트를 내는 것은 매우 긴요한 문제로 나섰다. 그러나, 우리는 아직 말마다 표준 악센트를 다 찾지 못하였으며, 그런 것만큼 또 이에 대한 교육도 철저하게 실시하지 못하고 있다.

아무리 우리가 발음을 바로 내여 말을 잘 할지라도 지방 악센트와 어조를 쓴다면 서로 뜻이 잘 통하지 않는다. 그러니, 언어 생활에서 악센트의 역할이 얼마나 큰 것인가를 잘 알 수 있다.

2. 훈민정음에도 조선말에나 한'자 음에 4성을 표시하였다.

이 4성이란 것이 곧 악센트의 일종이다. 이 4성을 초기에는 룡비어천가와 불경

1 [편주] 라지오와 레코트 : 라디오와 레코드.

언해들에 많이 표시하였다.

조선말의 표준 악센트라 함은 지금 우리 사회에서 가장 널리 쓰이는 악센트를 말한다.

해방후 우리 나라에서 이룩된 위대한 변혁과 문화의 앙양으로 말6미암아 사람들은 각 방면으로 서로 사귀게 되어서 자기 지방의 악센트를 차차 잃게 되었으며, 순수한 제 지방 악센트를 쓰는 사람은 드물다.

그러면, 지금 우리는 어떤 악센트와 어조를 쓰고 있는가? 우리들은 대체로 경기도를 중심한 중부 조선의 악센트와 어조를 그의 기초로 하고 있다. 이것은 해방전 우리 나라의 문화의 중심이 서울이였던 까닭이다.

그러나, 해방 이후에는 민주 수도 평양이 정치, 경제, 문화 등 모든 분야의 중심으로 된 까닭에 중부 지방의 악센트와 어조가 북부 지방의 그것들과 섞여져서 새롭게 발전하고 있다.

우리가 표준 악센트의 본바탕을 똑똑히 알려면 그것을 방언 악센트와 대조하여 볼 필요가 있다.

조선말의 악센트의 가지 수를 잘게 가르자면 그 수가 퍽 많아질 것이다.

그러나, 그 중에서도 우리는 누가 들어도 뚜렷이 어느 지방의 악센트라고 가려낼 수 있는 다섯 가지를 지적할 수 있다.

평안도를 중심한 서북 지방 악센트, 함경도를 중심한 동북 지방 악센트, 경기도를 중심한 중부 지방 악센트, 전라도를 중심한 서남 지방 악센트, 경상도를 중심한 동남 지방 악센트들이 바로 그러하다. 이밖에 제주도에 또 하나의 독특한 악센트가 있다.

3. 조선말 악센트의 종류

여러 가지 단어에서 악센트가 어떤 자리에 놓이는가에 따라 악센트의 종류를 밝힐 수 있다.

이미 알려져 있는 바와 같이 조선말의 표준 악센트는 여러 가지 형태를 가지고 있으며, 그의 위치도 각각 다르다. 단어에 따라 첫 음절에 놓일 때도 있고, 중간 음절, 혹은 끝 음절에 놓일 때도 있다. 즉, 악센트의 위치가 한 곳에 고정되여 있지 않다.

음절 수가 같은 단어들에서도 단일한 형태로, 단일한 위치에, 혹은 어간에, 혹은 어미에 악센트가 고착되여 있거나 법칙적으로만 놓여 있는 것이 거의 없다. 악센트의 위치들이 법칙적으로 움직이는 것에는 매우 희소한 례들이 있다.

례를 들면, 일부 단어들에서 받침 소리의 음가를 미리 취하는 례로부터 받침 앞에 놓인 단어에 악센트가 붙기도 한다.

그러나, 이것은 어음론적 관계이지 문법적 관계는 아니다. 이와 같은 례는 악센트 위치를 더욱 복잡하게 할망정 위치의 고정화를 이루지는 못한다.

총괄적으로 볼 때, 조선말 악센트(지방 악센트까지도 포함하여)는 자유 악센트라고 말할 수 있다.

왜냐하면, 악센트가 단어의 임의의 위치에 놓일 수 있기 때문[7]이다.

이는 우리 말의 력사적인 발전 과정에서 어루어진 결과로서 악센트 위치의 복잡성과 풍부성을 가져 오면서 또한 형태상의 다양성을 가져 왔다.

조선말 악센트의 섬세하고도 복잡한 뉴안스는 이로부터 나타났으며, 그것은 우리 말에 풍부한 형상성을 주게 되였다. 바로 여기에 조선말 악센트의 특성이 있다.

4. 어조

말의 선율을 어조라 한다.

어조(억양이라고도 한다)는 악센트와 함께 음성 언어에서 매우 중요한 자리를 차지한다.

말을 할 때에 사람의 말'소리는 이러저러한 높이를 가지면서 매우 다양한 선율을 나타낸다.

이것이 바로 언어 행위의 률동-선률적 화폭이다.

우리는 어조를 여러 가지로 변화시키면서 말의 뜻을 바꿀 수 있다.

그 례를 들면 아래와 같다.

①그 학생은 가지 않았다(확인)

②그 학생은 가지 않았다?(의문)

③그 학생은 가지 않았다!(감탄)

④그 학생은 가지 않았다!(반박)

이 인용문 ①은 그 어떤 것을 확인하는 서술문이다. 이와 같은 확인의 어조는 매 단어의 악센트를 그대로 보존하면서 문장의 끝에서 음성을 낮춘다. ②는 의문문이다. 이 경우에는 단어의 악센트가 변화를 일으킨다. 이러한 변화는 오직《않았다》에서 수행되며, 특히, 끝 음절《다》가 높고 길게 발음된다.

③은 감탄문이다. 감탄의 어조는《않았다》에서 나타나며, 끝 음절《다》가 낮고 길게 발음된다. 이 경우에도 단어의 악센트가 변화된다.

④는 그 무엇을 반박하는 어조다. 이 어조의 도움으로 문장은《그는 가지 않았단 말이다.》, 즉《가지 아니하였는데, 무엇을 그렇게 야단질인가!》라는 뜻을 가지게 된다. 이 때에는《않았다》의 중간 소리《았》이 높고 길게 발음된다. 이 밖에도 명령문에서는 명령의 어조가 나타난다.

①당신은 나를 보오.(서술)

②당신은 나를 보오?(의문)

③당신은 나를 보오!(명령)

③의 명령의 어조에서는《보오》의《보》가 특별히 강조된다. 그러나 단어의 악센트는 변화하지 않는다.

우에서 말한 례들은 어조가 문장에 주는 영향을 보여준다. 이밖에도 어조는 단어에 섬세한 뉴안8스를 부여하기도 한다.

그렇기 때문에, 한 개, 한 개의 단어, 개개의 말'소리를 정확히 발음하는 경우라도 어조를 잘못 발음하면 그 말의 뜻을 그릇 리해하거나 호상 간에 오해를 가져올 수 있는 것이다.

어조는 말의 표현성을 높이며, 정서적 색채를 전달하는 중요한 수단이다.

즉, 사람들은 어조의 다양성을 통하여 자기의 정서, 감정을 전달하는 것이다.

몇 가지 실례를 들어 보면,

①이 사람 그게 무슨 일인가!(분노)

②이 사람 그게 무슨 일인가!(미움)

③이 사람 그게 무슨 일인가!(호령)

④이 사람 그게 무슨 일인가!(이[2]무)

⑤아이구, 이게 웬 말이요!(슬픔)

⑥아이구, 이게 웬 말이요!(기쁨)

⑦아이구, 이게 웬 말이요!(놀램)

⑧아이구, 이게 웬 말이요(반가움)

⑨아이구, 이게 웬 말이요!(당황)

어조가 말의 뜻을 변화시키는 례를 든다면,

①야, 그것 좋구나!(참말)

②야, 그것 좋구나!(비웃음)

등을 들 수 있다.

우의 례들에서 우리는 여러 가지로 오르내리는 선들의 기복선들과 속도상의 변화, 말의 률동, 악센트의 변화, 음절의 신축 등을 볼 수 있다.

이 모든 것은 어조의 다양성을 이룬다. 사람들은 이러한 어조의 도움으로써 자기의 다양한 정서를 나타내게 된다.

5. 끝으로 한 마디 강조하고 싶은 것은 통일적인 악센트와 함께 표준 어조를 지키는 것은 언어 생활에서 매우 중요한 의의를 가진다.

이는 표준 철자법, 통일적인 문법적 규칙 등과 마찬가지로 사람들의 교제 생활을 보장해 주는 중요한 수단의 하나다. 그렇기 때문에, 과학원 언어 문학 연구소 음성학 실험실에서는 이 문제를 깊이 연구하기 위하여 과학적 실험 자료를 모으고 있다.

이 실험을 통한 기초 우에서 조선어 표준 발음 사전이 편찬될 것이다.

앞으로는 이 사전을 통하여 조선말 표준 발음법이 더욱 규범화될 것이다. [9]

2 [편주] 원문 훼손되어 '이' 자인지 명확치 않으며, 문맥 상 '위무'로 판단됨.

북청 방언의 조(調) 연구

『조선어학』 1963.3, 평양 : 과학원 언어 문학 연구소, 1963.8, 13~18쪽.

자기의 사상을 상대방에게 정확히 전달하기 위해서는 언어의 정확한 발음과 조가 요구된다. 그것은 오늘 우리의 생활이 과거와는 달리 활동의 지역적 제한성이 적어졌고 교육이 일반화됨으로써 언어 교제가 그 어느 때보다도 긴밀하여 졌기 때문이다.

그런데 북청 방언에는 현대 조선어 공통 조와 얼마간 차이를 가지고 있으므로 이 조를 연구하는 것은 시급한 문제로 제기되고 있다.

본 론문에서는 북청 방언의 조를 더 분명히 하기 위하여 공통 조와 대비 연구하였다. 여기서 공통 조라고 한 것은 과거 오랜 세월을 걸쳐 정치, 경제, 문화의 중심지로서의 서울을 중심으로 한 중부 조선의 조로서, 오늘날 교육과 영화, 라지오에서 쓰이고 있는 조를 념두에 두고 있다.

이리 하여 이 론문에서는 고유 조선어와 한'자어의 측면에서 북청 방언의 조, 곧 단어의 음조와 문장의 어조를 해명하며, 나아가서 회화어의 조를 초보적으로나마 해명하려는 데 목적을 두었다.

1. 조의 체계도

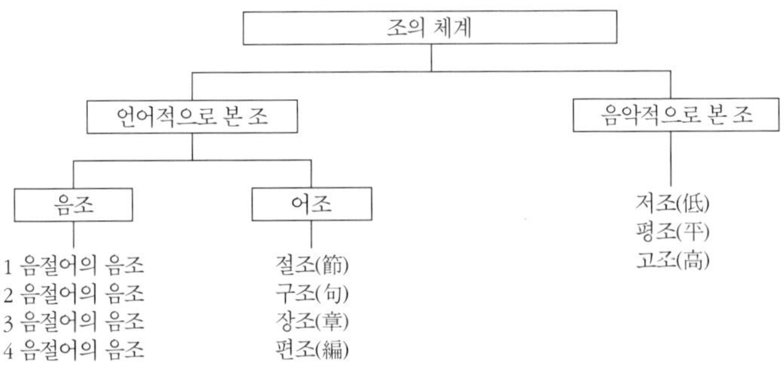

주 : 조는 소리의 진동수를 대비하는 고저 밖에 시간의 길이를 대비하는 장단

과, 진폭의 넓이를 대비하는 강약의 관계를 다 가진다.

2. 조의 처리 문제

단어나 문장에는 고저, 장단, 강약의 이러저러한 변화가 있다. 이에 있어서 각 언어마다 특성을 가지고 있다.

인구어에서는 악센트라고 하여 소리의 높이나 길이, 세기(강)의 적극 면만 들어서 그 음절만 부호로 나타낸다. 부호가 없는 음절들은 악센트가 없는 음절로 된다. 그러나 2음절어부터는 악센트 부호를 붙이며, 다음절어에는 흔히 제1악센트, 제2악센트, 또는 장음표를 붙이여서 음조의 정확성을 보장한다. 그런데 인구어에서는 대체로 강약 악센트로 되여 있다.

그러나 우리 말에서는 인구어식의 악센트로가 아니라 단어의 음조로 취급되여야 한다. 우리 말에서는 인구어식 표기법을 가지고는 절대로 음조 문제를 해결할 수가 없다. 그 실례로, 단음절어에 아무런 표기가 없다면, 어음은 같으나 음조가 달라서 뜻이 다른 말로, 즉 말(語) $\bar{1}$, 말(두) 2, 말(마) $\bar{3}$들이 같은 말로 들리게 될 것이다. 또한 《비리척지근하다》의 음조들은 1232$\bar{3}$21로 되었는데, 여기에 인구어식으로 주악센트와 부악센트를 찍는다면 3에 주악센트를 찍고, [13] 2에 부악센트를 찍어야 되겠는데, 《3》음정 둘에 주악센트를 찍고 《2》음정 셋에 모두 부악센트를 찍어야 되겠고, 나머지 《1》음정 둘에만 부호가 없게 된다. 흔히 하는 표기대로 본다면, 주악센트에는 굵은 점, 부악센트에는 가는 점을; 혹은 주악센트에는 한 점, 부악센트에는 두 점을 표기하여야 한다. 이 방식 대로 한다면, 점으로 장식되고 말 것이다. 그럴진대 차라리 음정 등급을 수'자로써 정하여 모든 음절에 다 표기하는 것이 더 구체적인 처리 방법이 될 것이다.

우리가 회화에 쓰는 단어 음조의 조치, 곧 음정을 더 세분할 수도 있다. 그러나 이것은 실용적 가치가 없기 때문에 이 3 계단의 고저 차이만으로도 충분한 것이다. 물론 단어의 음조를 떠나 문장의 어조에서는 때를 따라 3 단계보다 더 높은 음계들을 낼 단어도 있을 것이다. 그러나 이것은 단어의 음조를 규정하는 문제와는 다른 것이다.

언어에서 발음 음정에는 절대적 표준이 있는 것이 아니라 상대적 표준만이 설정된다. 사람에 따라, 또는 말하는 자리와 때에 따라 이 표준은 일정하지 않다. 그러므로 이 3 계단이란 것은 1 계단에서 3 계단까지 올라 가는 상대적 음계를 표시하는 조치(調値)이지 음악적 절대 음정은 아니다. 그러나 대체로 *do~fa* 4 음계의 음역을 가지고 있다. 이제 음계의 차이를 인식하기 위하여 몇 가지 실례를 아래에 보인다.

말이(語)[1 1], 말이(斗)[21], 말이(馬)[3 1]

배가(倍)[1 1], 배가(船)[21], 배가(梨)[3 1]

갈다(耕)[1 1], 갈다(磨)[21], 갈다(遞)[3 1]

되다(勞)[1 1], 되다(量)[21], 되다(化)[3 1]

살다(活)[1 1], 살다(燒)[3 1]

이 실례들에서 보는 바와 같이 수'자 1 우에는 장음표《-》로, 3 우에는 강음표《'》로 표기하였다. 이것은 음의 고저의 계단을 표시하는 수'자 1, 2, 3 외에 장단과 강약을 표기한 것이다. 그리 하여 같은 음'가에도 음조의 조치가 달라서 말의 뜻이 달라진 것을 보인 것이다.

3. 공통어의 동음 이조어와 북청 방언과의 대비

공통어의 음조에서는 주어진 단음절 단어(용언의 어간도 포함하여) 음절 내부에서 고저의 이동, 곧 활음적(滑音的) 요소 뿐만 아니라 시간의 장단도 크게 작용한다.

그러므로 이미 말한 음조의 3단계설이 이 단음절어에도 해당되여야 한다. 그러자면 어디에 표준점을 두고 조치를 정할 것인가?

주 : 부사, 감탄사, 관형사들은 다음에 따로 론하기로 하고 여기에는 문장의 주

어로 될 수 있는 명사, 대명사, 수사만 론하기로 한다.

단음절어들(곧 명사, 대명사, 수사)에는 주어 토《가/이》를 붙이여서 2음절 단어를 만들어 가지고 두 음절들의 음정을 대비하여야 그 각 음절의 음조의 조치가 제각기 똑똑히 나타난다. 여기에서 주어 토를 기음으로 붙이는 까닭은 그것이 가장 많이 쓰이는 주되는 말이므로 사람들의 말하는 습관이 확실하여 표준을 잡을 만 한 조건이 되기 때문이다. 또한 형용사나 동사의 어간에《다》토를 기음으로 붙였는 바, 그것은 변화된 형태가 아닌 원형, 곧 미정형의 발음이 중성적인 평조이므로 비교적 일정하기에 단어 음조의 표준을 잡을 만 한 조건이 되기 때문이다.

단어들의 어음은 같지만 그 음조가 다르므로 말의 뜻이 달라지고, 결국에는 다른 말이 된 북청 방언의 음조를 공통어의 음조들에 대비하여 그 차이점을 례로 보이면 다음과 같다. 14

단어		공통어의 조	북청 방언의 조
갈다	遞[타]	3 1	2 3
	磨[타]	2 1	3 1
	耕[타]	1 1	3 1
달다	甘(형)	3 1	2 3
	懸(타)	2 1	3 1
	灼(자)	1 1	3 1
발이	足[명]	3 1	3 1
	丈[명]	2 1	2 1
	簾[명]	1 1	2♭ 1
간이	間[명]	3 1	2 2(칸이)
	鹹[명]	2 1	3 1
	肝[명]	1 1	3♭ 1
새가	薪[명]	3 1	3 1
	間[명]	2 1	321[사이가]
	鳥[명]	1 1	3 1
섬이	藁袋[명]	3 1	3 1
	島[명]	1 1	2 1
사가	私[명]	3 1	3 1
	四[수]	1 1	2 1
장이	場[명]	3 1	2 3
	醬[명]	1 1	2 1

안이	安[명]	3 1	3 1
	內[명]	2 1	3 1
	案,眼[명]	1 1	3 1
일이	一[수]	3 1	3 1
	事[명]	1 1	3 1
차가	差[명]	3 1	2 2
	借[명]	1 1	2 2
호가	弧[명]	3 1	2 1
	號,戶[명]	1 1	3 1

4. 끝숙이는 조(♭)

조의 형태 가운데 끝숙이는 조는 북청 방언에서 많이 나타나는 주요한 특징의 하나이다. 그런데 이 조는 어떤 규칙성을 가지고 있는 것이 아니라 다만 습관에서 온 독특한 형태로 보인다.

이 조는 낮은 음계인 1 계단에는 없고 높은 음계인 3, 또는 2 계단에 있을 뿐이다. 이 조는 음정이 높을 뿐만 아니라 길고 강한 것으로 하여 조의 끝에 가서 갑자기 아래로 숙이여 떨어지게 된다. 즉, 처음에는 기음을 높이 설정하여 차차 낮추다가 다음에는 조금 채여 올리였다가 갑자기 방향을 바꾸어 아래로 떨어뜨리는 조이다.

이 조는 높고, 길고, 센 세 가지를 한 점에 집중시킨 것으로 보아서 본래는 특별히 강조할 어떤 말에서 그 때 그 때에 쓰이던 것이 차차 이러저러한 말에 고착되여 한 형태를 이룬 것이라고 생각된다.

이 형태들을 분석하여 보자.

1) 음절수에 의한 끝숙이는 조의 구분

ㄱ. 단음절어

단음절어에는 대개 3♭ 형태가 있는바 그 례들은 아래와 같다.

땅, 벵(병-病), 물,

범, 불, 질(길),

말, 성(형),　　　쌀,

소, 삼, 엿(飴)

책, 배(梨),　　　밭,

말, 거(《그것》의 준말), 난(《나는》의 준말).

ㄴ.2음절어

2음절어에는 끝숙이는 앞소리와 뒤'소리의 2가지가 있다.

① 끝숙이는 앞소리

끝숙이는 조가 첫 음절에 오는 말들은 3♭ 형태이다.

말씀,　많이,　　모기,

마얘(부사), 나래(우), 문이(문어),

겨울(거울), 다음, 조국,

아들,　칠년,　　가다.

②끝숙이는 뒤'소리

끝숙이는 조가 끝 음절에 있는 말들은 23♭ 형태이다.

나발(나팔), 다섯, 마눌,

다시(부사), 몸살, 핵교(학교),

뿌리,　허리,　　역냐(력량),

공자(공장), 할날, 벌기(벌레).

ㄷ.3음절어

① 끝숙이는 앞소리

끝숙이는 조가 첫 음절에 있는 말들은 3♭ 21 형태이다.

가늘다, 모시다, 우쁘다,

반하다, 몸뎅이

②끝숙이는 뒤'소리

끝숙이는 조가 끝 음절에 있는 말들은 232♭, 223♭, 233♭, 323♭ 네 가지의 형태가 있다.

232♭ 형태

소나모, 열하네(십일), 계집아.

223♭ 형태

아홉방(九放), 선스내(男兒), 15

233♭ 형태

복숭아, 랭상모.

323♭ 형태

하는거(作事), 박람회(博覽會)

ㄹ. 다음절어

4음절 이상의 여러 음절로 된 말의 조의 형태들은 아래와 같다.

오십륙년도 23323♭

최우등생 2323♭

2) 끝숙인 조의 토와 어간과의 관계에 따르는 끝숙이는 조의 구분

여기에는(문장의 어조에서) 구절법과 종결법의 2가지 법이 있다.

ㄱ. 구절법

①한 문장의 구절에서는 그 끝에 있는 토에 끝숙이는 조가 붙는다.

되지(化爲) 23♭ , 전에누(前에누) 323♭ ,

나만(惟我) 23♭ , 마사지구(破) 3223♭ .

②한 문장 구절에서 그 끝에 있는 토의 앞 말에 끝숙이는 조가 붙는다.

나두(我亦) 3♭ 1

ㄴ. 음절법

한 문장의 끝에서는 끝말의 어간에 끝숙이는 조가 붙는다.

날래들으(빨리 들어오시오) 313♭ 1

딱에(다릅니다) 3♭ 1

쇠'대 엽니다(開鎖) 32 3♭ 21

3) 같은 소리로 끝숙인 조와 그냥 높은 조와의 대비

3♭ 조	3조
회(會)	회(回)
회(膾)	회(◯)
띠(帶)	띠(茅)
상(床)	상(相)
춤(舞)	춤(唾)
골(腦)	골(型)

5. 한'자 음의 고저와 동음이조어(同音異調語)

고유 조선말에만 조의 방언적 특징이 있는 것이 아니라 한'자어에도 조의 방언적 특징이 있다. 이러한 한'자음의 고저 장단을 잘 알아야 한'자어음의 음조를 표준 발음으로 바로 낼 수가 있다.

조선 사람이 한문을 읽을 때에는 글'자마다 조선말의 뜻을 먼저 새기고 다음에 한'자음을 붙이여서 읽되 한'자의 고저 장단에 맞도록 읽는다. 례컨대 魚는《고기[어](3)》로, 語는《말씀[어](1)》로 읽는다.

그런데 이러한 기본음의 고저 장단과 그 변칙을 모르면 한'자어의 음조도 틀린다. 따라서 이를 바로잡는 것은 대단히 중요하고도 긴급한 문제이다.

한'자 음조의 기본은 평성(平聲), 상성(上聲), 거성(去聲), 입성(入聲)의 사성이다. 이것을 조선어에서는 그 기본을 고유 조선어의 3 계단 음조에 의하여 낮은 것은 1 계단, 높은 것은 3 계단에 붙이여서 처리한다.

좀 낮고 긴 소리인 상성과, 더 낮고 긴 소리인 거성은 1 계단에 붙이고, 좀 높고 짧은 소리인 평성과 더 높고 짧은 소리인 ㄱ,ㅂ,ㄹ 받침을 가진 입성은 3 계단에 붙인다. 이 3계단과 1 계단이 곧 한'자음의 고저의 두 음계이다. 이 1 음계와 3 음계가 이러저러하게 서로 만나서 발음될 때에는 변조가 생기여서 2 계단인 음계가 나오게 된다. 그러므로 결국에는 한'자음에도 고저의 3 계단의 음계가 있다. 우리가 한'자음과 한'자어를 배울 때에는 마땅히 자음의 고저 장단과 또 그 변칙에 맞도록 발음하여야 말이 바로 된다. 만일 한'자어의 음조가 틀린다면 그 말의 뜻을 바로 알지 못할 것도 많을 뿐만 아니라 듣기에도 거북할 것이다.

공통어의 동음 이조어와 그 말에 대한 북청 방언의 음조를 대조하여 나타난 차이를 살피여 보면, 공통어 음조는 대체로 운고(韻考)에 표준되여 일반이 공통으로 쓰는 표준이 서 있다. 그러나 북청 방언의 그것은 아[16]주 문란하게 되였다. 이것은 첫째로는 지리력사적 조건에 기인된 것이오, 둘째로는 고유 조선어 단음절 말에 낮은 음계인 1 계단이 없는 데에도 기인된 것으로 보인다. 이 말들의 실례는 아래에 보인 체계적 대비에서 잘 알 수 있다.

ㄱ. 한'자 단음절어의 동음 이조어의 대비

단어		공통어	북청 방언
간	間	3	2
	肝	1	3♭
금	金	3	2
	禁	1	2
주	株	3	2
	註	1	2
상	床	3	3♭
	上	1	3
장	場	3	2
	醬	1	2
사	私	3	3
	四	1	2
회	灰	3	2
	會	1	3♭
동	東	3	2
	洞	1	2
차	差	3	2
	借	1	2
군	軍	3	3
	郡	1	2

ㄴ. 한'자 2 음절어에서 동음 이조어의 등차적 형태를 공통어와 북청 방언과의 대비

공통어에서 기음을 생각하지 아니 하고 인구어식으로 다만 한 단어 안에서 서로 음정 대비만 하여 그 중의 높은 음절에만 악센트 점을 찍는 것으로는 음조의 표시가 되지 못 한다. 그러므로 다만 뒤 음질이 높다는 그것만으로는 그 말들의 음조를 바로 전달하여 그 말의 뜻을 알아 낼 수가 없다. 왜냐하면 그 말들의 기음이 서로 다르기 때문이다.

한'자	한'자음	한'자음의 고저	공통어의 음조	북청 방언의 음조
庭園	정원	3, 3	2 3	2 3
定員	정원	1, 3	1 2	3 1
安全	안전	3, 3	2 3	2 3
眼前	안전	1, 3	1 2	2 3
朝鮮	조선	3, 3	2 3	2 3
造船	조선	1, 3	1 2	2 3
肝腸	간장	1, 3	2 3	2 3
肝臟	간장	1, 3	1 2	2 3
功名	공명	3, 3	2 3	2 3
共鳴	공명	1, 3	1 2	2 3
軍醫	군의	3, 3	2 3	2 3
郡醫	군의	1, 3	1 2	2 3
開城	개성	3, 3	2 3	2 3
個性	개성	1, 1	1 2	2 3
詐欺	사기	3, 3	2 3	2 3
士氣	사기	1, 3	1 2	3 1
聲明	성명	3, 3	2 3	3 1
姓名	성명	1, 3	1 2	3 1

조가 전도되는 2 음절어의 한'자어들이 공통어에서는 그 음절들이 같은 것도 있고 다른 것도 있으나, 음조의 전도만은 다 같은 것이다.

그러나 이런 한'자어들이 북청 방언의 음조에서는 아주 달리 되였다.

한'자	한'자어	한'자의 음조	공통어의 음조	북청 방언의 음조
前後	전후	3, 1	3 1	2 3
戰後	전후	1, 1	1 2	3 1
朝會	조회	3, 1	3 1	2 3
照會	조회	1, 1	1 2	2 3
無期	무기	3, 3	3 1	3 1
武器	무기	1, 3	1 2	3 1
睡眠	수면	3, 3	3 1	3 1
水面	수면	3, 1	2 3	3 1
湖水	호수	3, 3	3 1	2 3
戶數	호수	1, 1	1 2	3 1
苦待	고대	3, 1	3 1	3 1
古代	고대	1, 1	1 2	3 1

6. 음조와 어조와의 차이

우리가 말할 때에는 다 일정한 사상 감정과 일정한 언어의 환경이 있다. 따라서 어조는 단순히 단어의 음조를 모아 놓은 그 대로가 아니라 각이한 고저, 장단, 강약으로 조직된 말 소리의 진행 형태이다. 그러나 이것은 언제나 각 단어의 음조에 기초하고 있다.

어조는 벌써 단어로 조직된 문장 성분으로부터 출발하게 된다. 례를 들면, 《물》이란 단순한 개념의 말은 그 음조가 비교적 평탄한 조로서 3단계이다. 그러나 이 말의 문'자의 형식은 그 대로 두고라도 어조로써 여러 가지의 문장 역할을 한다.

ㄱ. 물—이것은 서술문의 어조인데 높게, 또 음조보다는 좀 길게 나가다가 끝에서 낮아진다. 그 형식 표식은 $\overset{\frown}{31}$이다.

ㄴ. 물?—이는 묻는 어조인데, 좀 낮게 내다가 차차 세고 높아진다. 그 형태의 표시[17] 은 $\overset{\frown}{23}$이다.

ㄷ. 물!—이것은 물을 달라고 요구하는 어조로서 $\overset{\frown}{31}$로 표시한다.

ㄹ. 물!—이것은 명령의 어조로서, 높고 짧고 세다. 그 형태는 $\bar{3}$으로 표시된다.

ㅁ. 물!!—이것은(망망한 바다를 보고 《야! 그것 참 호호탕탕하구나》하고) 감

탄하는 느낌을 나타내는 어조로서, 높고 강하게 시작하여 어조가 오르내리면서 길게 끄는 조인데, 그 표식은 3 2 1 2이다.

이러한 개념만 나타내는 단어인 물이 그 어조의 여러 가지 형태로 말미암아 여러 가지의 문장, 곧 ㄱ은 서술문, ㄴ은 의문문, ㄷ의 권유문, ㄹ은 명령문, ㅁ은 감탄문으로 나타난다.

언어 행위에서 어조를 문장 구성론적으로 보아서 절, 구, 장, 편으로 나누어서 문절조(文節調), 문구조(文句調), 문장조(文章調), 문편조(文編調)로 나눈다.

ㄱ. 문절조는 문장의 한 성분의 조로써 어조의 최저 단위이다. 형태로 보아서 한 단어 그 대로도 될 수 있고, 또는 체언에 토만 단 것으로도 될 수 있다.

음조	어조
○불꽃 3 1 ○소나무 1 3 2 ○국시 2 3	불꽃튀는 3 2 3 1 소나무가 섰다. 1 2 3 2 3 1 국시가 맛 있다. 1 3 2 2 3 1

ㄴ. 문구조는 문장 성분을 갖추고도 끝맺는 토가 없을 대에나 또는 규정어나 상황어를 갖추는 등등의 말들로 조직되는 때에 진행되는 어조이다.

○신문 같은 거 하다가 나 이…

2 3 3 2♭ 2 2 3 2 2 3♭

ㄷ. 문장조는 완전한 문장의 끝에서 설정되는, 력점이 붙는 어조이다.

○그게 좋습메. 내 간다.

2 2 3 2 1 2 3 1

○잘 됐다 그립디다.

2♭ 2 1 2 3 2 1

ㄹ. 문편조는 곧 여러 가지의 문절로, 문구조, 문장조로써 이러저러하게 복잡하게 조직된 회화 어조나 담화 어조이다. 여기에는 마치 판소리와 같이 변화가 많은 사상과 감정의 표현이 있다. 그러므로 어조는 고저, 장단, 강약의 음역과 음

폭의 차이가 크다.

○동무 집으루 가시오.

2 3 1 2 1 4 3 2

○푸시시한 이얘기지 이얘기두 온처나게 좋은 이얘기납세…

1 3 2 2 3 2 2 1 3 2 2 1 3 2 1 1 1 2 3 2 2 2 1

○눈이 많이 오오.

3 1 4 2 3 1

○…모란봉에두 올라 가 보구…

2 3 4 3 1 2 1 3 2 1

북청 방언의 조와 공통어의 조와의 대비는 다음의 례문과 같다.

주 : 아래의 례에서—문장의 우에 있는 수'자 중에서 첫째 것은 공통어의 음조이며, 둘째 것은 북청 방언의 음조이다. 문장의 아래에 있는 수'자 중에서 첫째 것은 북청 방언의 어조이며 둘째 것은 공통어의 어조이다.

3 1 3,2 2 3 1 3, 2 1 3 3 3 2

3 1 3,2 2 3 1 3, 3 1 3 3 3 2

불꽃 튀는 용광로 앞에서 땀 흘리는

3 2 3 1 2 3 2 2 3 1 3 3 2 1

3 2 3 1 2 3 2 2 3 1 3 3 2 1

3 2 1 2, 2 3 2 1,2 3 1, 2 3 1, 2

2 3 1 2, 2 2 3 1,2 3 1, 2 2 3, 2

로동자들은 천리마의 기 세로 오늘도

2 3 1 2 1 2 3 2 3 3 2 1 2 3 2

3 2 1 2 1 3 2 2 3 3 2 1 3 2 1

3 1, 2 3 2 1

$\bar{3}$ 1, 2 3♭ 2 1
쇠'물을 뽑는다.

$\bar{3}$ 2 1 3♭ 2 1

2 3 1 3 2 1 [18]

체언에 붙는 접미사《이》의 본질—용언형 접사설을 다시 제기함

『조선어학』 1964.3, 평양 : 사회 과학원 출판사, 1964.5, 57~60쪽.

1. 단어 조성에서 본《이》

30년대에 조선어 학회에서 조선어 문법을 토론하던 때에 나는《이》를 체언에 붙는 접미사로 용언형을 이루는 것이라고 주장하였다. 그러나 그 때에 그렇게 풀려고 생각하는 사람은 없었다. 이 문제가 날 때마다 나는 늘 그렇게 주장했다. 과학원이 창립된 뒤에도 나는 이 주장을 수차에 걸쳐 론한 바 있다. 그러나 이 문제는 오늘까지도 그냥 론의'거리로 남아 있다.

이《이》에 대하여 세 가지 견해가 있는데 그것들은 아래와 같다.

1. 결합 모음이라는 설

이 견해는 다음과 같이 요약할 수 있다.

어간에 토가 붙어서 한 단어를 이룰 때에 아무 뜻도 없이 다만 발음의 편리를 위하여 어간과 토나 또는 접사 사이에 끼여 들어서 잘 어울리게 하는 모음이 있다. 이것을 우리가 결합 모음이라고 부른다.

이 결합 모음은《이》와《으》 두 가지가 있는데,《이》는 체언 곧 명사, 수사, 대명사 밑에 쓰이고《으》는 용언 곧 형용사, 동사 밑에 쓰인다. 끝의 음절에 받침이 없는 체언에는 토가 바로 붙고 받침이 있는 체언에는 결합 모음《이》가 들어 가야 된다. 그 례들은 아래와 같다.

받침이 있는 체언들 :

쌀이다, 감이다, 산이다, 옷이다, 꽃이다, 팥이다, 저녁이다, 구슬이다, 구름이다, 송곳이다, 부엌이다, 셋이다, 둘이다, 일곱이다, 당신이다, 무엇이다, 몇이다.

받침이 없는 체언들 :

소다, 개다, 쥐다, 매다, 비다, 나무다, 고기다, 다래다, 앵도다, 감자다, 하나다, 너희다, 우리다, 자네다, 여기다.

2. 잡음씨(지정사) 《이다》의 어간이라는 설

《이다》를 독립한 품사로 설정한바 《이》를 그 어간이라고 말한 것이다.

《잡음씨(지정사)란 것은 무엇이 무엇이라고 잡는(정하는) 풀이씨를 이름이니라》고 정의를 내렸다.

3. 《이》가 체언에 붙는 접미사라는 설

체언이 용언적인 기능을 취하기 위하여서는 먼저 체언에 용언적 성격을 주는 접미사 《이》로써 형태를 가진다.

이 우에서 말한 세 가지 견해를 더 자세히 풀어 보면, 아래와 같다.

1) 결합 모음이라면 자음과 모음이 결합하는 경우에만 그것이 쓰이여야 된다. 따라서 모음으로 끝난 체언 밑에도 붙는다면 그것은 결합 모음 리론의 본질 상 모순이다.

효자이며 충신이며 전략가이며 발명가인 리 순신은 임진 조국 전쟁 때에 영웅적으로 싸운 명장이였다.

백과 전서적 대학자인 정 다산은 당시에 정부의 압박을 받던 큰 학자이였다.

옛날 언해들에 쓰인 것을 보아도 《이》 57 가 결합 모음이 아닌 것은 증명된다. 그런데 《이》가 체언의 용언형으로 쓰이되 모음 밑에서는 그 앞에 있는 모음과 더불어 겹모음으로 되는 것이 뒤에 차차 앞모음인 홑모음으로 되였다. 마치 《가이》가 《개》로, 《사이》가 《새》로, 《오이》가 《외》로, 《주인》이 《쥔》으로 겹모음이 홑모음으로 된 것과 같은 것이다. 이 겹모음 표시로 언해들에서는 《이》를 《ㅣ》로 쓴 것이다. 이 겹모음들이 홑모음으로 되였다. 곧 《아ㅣ》는 《ㅐ》로, 《어ㅣ》는 《ㅔ》로 《오ㅣ》는 《ㅚ》로 《우ㅣ》는 《ㅟ》로 되였다.

또 언해들에는 주어 토 《가》를 쓰지 아니 하고 그 대신에 《ㅣ》를 썼다. 곧 모음으로 끝난 체언 아래에는 이《ㅣ》를 다른 모음 밑에서 겹모음의 끝 성분으로 쓴 것이다. 물론《ㅣ》는 자음 밑에 쓰이는 주어 토《이》와 같은 것으로서 다만 겹모음으로 되는 것이기 때문에 자음적 자모인《ㅇ》을 쓰지 않고《ㅣ》만을 쓰게 된 것이다. 이 겹모음이 나중에는 홑모음으로 된 것이다.

옛 문헌의 례를 보이면 아래와 같다.

《론어 언해》:

子ㅣ曰…勇者ᄂᆞᆫ不懼ㅣ니라.

子ㅣ曰工欲善其事ㅣ딘…

學則不固ㅣ니라 不憂不懼ㅣ면…

必不得乙而去ㅣ딘…

…古之道也ㅣ니라(녯道ㅣ니라).

子ㅣ聞之ᄒᆞ시고曰成事ㅣ라不說ᄒᆞ며 遂事ㅣ라不諫ᄒᆞ며旣往이라不咎ㅣ로다.

子ㅣ曰管仲之器ㅣ小哉라.

《맹자 언해》에서:

孟子ㅣ…. 叟ㅣ…. 大夫ㅣ…. 上下ㅣ….

必千乘之家ㅣ오. 必百乘之家ㅣ니….

遺其親者也ㅣ며…. 後其君者也ㅣ니이다.

樂此ㅣ니…. 雖有此ㅣ나 不樂也ㅣ니이다.

何也ㅣ닛고. 五十者ㅣ…. 父母ㅣ…. 妻子ㅣ…. 士ㅣ….

《시전 언해》에서:

窈窕淑女ㅣ君子好逑ㅣ로다. 宜其室家ㅣ로다. 公庭萬舞ㅣ로다. 揚之水ㅣ여.

生于道左 ㅣ로다. 王于興師ㅣ어시든….

明星晢晢ㅣ로다. 七月流火ㅣ어든…. 動股ㅣ오.

《금강경 언해》에서:

妙利無窮이시니라. 從此經出也ㅣ시니라.

各爲入流ㅣ로ᄃᆡ…. 斯陁含者ᄂᆞᆫ梵語ㅣ니….

然燈佛은是釋迦佛人授記之師ㅣ시니(스승이시니). 此ㅣ非淸淨心也ㅣ오. 如來ㅣ說ᄒᆞ샤ᄃᆡ亦名大般若ㅣ니(또일후미大땡밝般若샹ㅣ니)

2) 《이다》를 실질이 없는 형식적 말이라고 하면서 독립적 품사로 설정한 것은 로어의 быть나 영어의 be나 독일어의 seim이나 불어의 étre에 대한 어법적 처리와 같은 것으로 이것은 조선말에서의 《이》의 본질을 바로 파악하지 못 한 데 기인한다.

인도 구라파어의 이 조동사들은 문장에서 론리학적 계사 노릇을 하는 것이오, 무슨 주어의 동작이나 상태를 나타내는 말은 아니다.

3) 이 문제를 풀기 위하여는 조선말의 어법적 본질을 살펴야 한다. 조선말에는 어법적으로 체언과 용언과의 형태 조성에 전반적이며 규칙적인 각각 한 가지의 뚜렷한 큰 법칙이 있다. 그 하나는 모든 용언(동사, 형용사)의 어간 끝에 접미사 《ㅁ》과 《기》가 붙어서 체언형을 이룬다. 다른 하나는 모든 체언(명사, 수사, 대명사)의 어간에 접미사 《이》가 붙어서 용언형(형용사형)을 이룬다. 왜 이런 어법적 형태 조성법이 생기였는가?

그것은 말의 뜻, 곧 개념의 내용은 꼭같다고 할지라도 말의 구절이나 문장을 만들기 위한 어떤 어법적 기능을 가져야 그 성분의 구실을 할 수 있기 때문이다. 그래서 형용사에는 개별적이며 특수적인 성질과 상태를 나타내는 본래의 형용사가 있다. 《희다, 붉다, 크다, 적다, 굳다, 무르다, 빠르다, 더디다, 밝다, 어둡다, 더럽다, 어질다》들이 그러한 례이다. 이 밖에 접미사 《이》를 붙여서 된 체언적 용언형 곧 형용사형이 있다. 《소이다, 개이다, 닭이다, 들이다, 학교이다, 학생이다, 로동자이다, 농민이다, 인민 군대이다, 동무이다, 쇠이다, 우리이다, 너희이다, 당신이다》 등이 그러한 례이다.

한 명사는 곧 그 속성들의 총괄적 대명사이다. 그래서 우리가 말할 때에 그 말하는 물건의 명칭을 모르면, 그 물건의 속성들을 모조리 주어 대여서 알린다. 례를 들면 《댕가지》라는 방언만 알고 있는 그 지방 사람에게 표준말 《고추》를 알리기 위하여 말하기를 《일년생 풀인 농작물인데, 그 열매는 둥글고 길죽하고 익으면 빛이 붉고 맛이 맵고 속에든 씨는 작고 둥글고 납작하고 빛이 흰 것이다. 이 멸매 가루는 양념에 쓰는 물건으로 김치를 담그는 데 많이 쓰고 또 장도 담그는 58
데 쓴다》라고 하였다. 그래서 서로 뜻을 통하여 고추장을 얻어 먹은 일이 있다.

우에서 이미 말한 바, 형태 조성의 큰 법칙인 접미사 《ㅁ》, 《기》를 본 문제를 해명하는 데 도움이 되게 대조하여 볼 필요가 있다.

본래 명사 밖에 또 용언 어간에 접미사《ㅁ》이나《기》를 붙여서 만든 용언적 체언형 곧 명사형이 있다.《흼, 희기, 검음, 검기, 굳음, 굳기, 무름, 무르기, 빠름, 빠르기, 더딤, 더디기, 고움, 곱기, 넓음, 넓기, 다림, 다리기, 만짐, 만지기, 웃음, 웃기》들이 그러한 례이다.

2. 시칭에서 본《이》

조선어의 형용사의 어간에 시칭이 바로 붙는 것을 보고서 흔히 말하기를 조선어에는 형용사와 동사와의 구별이 없다고 한다. 이것은 인도 구라파어에서 동사나 조동사에만 시칭이 있는 것을 보고 하는 말이다. 인도 구라파어에서 조동사는 용언이라 체언의 시칭 관계를 나타내는 데 쓴다. 조선말의 시칭의 체계는 언어리론에서 달리 나타낸다.

시칭《었(았), 었었(았었), 겠, 었겠(았겠)》과 같은 보조 어간이거나《는, ㄴ(은), ㄹ(을), 던》과 같은 시칭의 내용을 가진 토를 막론하고 그 형태는 동사에나 형용사에나 꼭 같이 쓴다. 그러나 그 내용의 차이가 있는 점이다. 각 언어의 동사의 시칭은 여러 가지로 되였다. 이것은 각각 그 발달의 력사와 언어를 통한 사고방식이 다른 까닭이다.

조선말의 용언의 시칭은 다음과 같은 론리로 되였다. 곧 담화자의 말하는 그 시간을 표준하여 시간을 나타내되 형용사로 된 규정어의 시칭토의 현재형은 동사의 과거형의 토를 쓴다. 그 까닭은 현재 한 사물의 형태나 성질은 이미 이루어진 사실로 보기 때문이다. 가령《흰 종이》는《이미 희어진 종이》를 말하는 것이요, 이제 희어지는 종이를 말하는 것은 아니다.

형용사의 어간에 시칭을 나타내는 보조어간을 바로 붙여서 쓰는 례를 들면, 다음과 같다.

이 종이 빛이 작년까지도 희었다. 그러나 지금은 누르다, 또 래년에는 검겠다.

이 김치 맛이 어제도 좀 시었다, 그런데 오늘은 먹을 수 있을 정도 퍽 시다, 래

일은 아주 못 먹을 정도로 시겠다.

형용사와 같이 체언적 형용사형 곧 용언형의 어간에도 시칭 접미사를 바로 붙여서 쓴다. 그 례들은 다음과 같다.

다수확을 위한《내각 모범 협동 농장》의 칭호를 받은 조합이 1957년에는 강원도 금화군에 있는 근로 협동 농장이였으나, 그 칭호를 받을 농장이 1958년에는 황해 부도 금천군에 있는 친선 협동 농장이겠다.

조선말의 시칭은 형용사에나 또는 체언적 형용사에나 조동사라고 하는 형식적 말을 두어 가지고 거기에 시간을 표시하는 것이 아니라, 그 본말의 어간에 시칭을 나타내는 보조 어간으로 되는 접미사를 붙여서 표시한다. 조선어의 형용사에 시칭형이 있다는 것은 아주 론리적으로 된 것이다.

3. 긍정과 부정과의 표현 형식에서 본《이》

론리적 사유에서 개념은 각각 고립되여 있는 것이 아니라, 판단을 구성하는 다른 개념들과 관련되여 있는 것이다. 그러므로 판단의 구성을 분석하면서 우리는 판단에 들어가는 개념을 분리하기 시작한다.

1. 주사, 곧 어떤 대상에 관한 개념,

2. 빈사, 곧 우리가 이 판단에서 관찰하는 부분에 관한 개념,

3. 대상과 그 속에 들어 있는 것의 분리된 부분 사이의 관계에 관한 개념이 계사이다.

이 모든 사유가 판단의 부분들인데, 이것들을 우리가 개념이라고 한다. 어떤 사물은 어떤 속성을 가지고 있지 아니 할 수도 있다. 이런 경우에는 우리가 그 사물에 관하여 부정하게 된다. 례를 들면,

이 종이는 희지 아니 하다

　　　· ·　· · · ·

그 말은 옳지 아니 하다

　　　· · · · · ·

개념에 어떤 속성이 있는가 또는 없는가 하는 것은 우리 사유에 반영되여서 각각 긍정적 판단 또는 부정적 판단으로 된다. 그래서 판단은 항상 그 무엇을 긍정 혹은 부정한다. 론리적 사유는 이러하다. 이것을 언어로 표현하는 데에는 언어에 따라 여러 가지 형식이 있다. 이제 조선어 문장에서는 긍정과 부정을 어떤 형식으로 표현하는가, 그 실례들은 다음과 같다. [59]

긍정문	부정문
이 학생은 간다	저 학생은 아니(안) 간다 가지 아니(안) 한다 가지 못 한다
이 꽃은 곱다	저 꽃은 아니(안) 곱다 곱지 아니(안) 하다 곱지 못 하다
이 로동자는 작업반장이다	저 로동자는 작업반장이 아니다

우에서 보는 바와 같이 긍정문에는 실질이 있는 개념의 용언에 종결토가 붙고 부정문에는 용언의 부정에는 부정을 나타내는《아니(안)》,《못》을 해당 용언 앞에 놓고, 체언의 부정에는 긍정의《이》에 대립하는 부정의《아니》에 바로 토를 붙인다.

4. 발음에서 본《이》

앞 모음《ㅐ, ㅔ, ㅚ, ㅢ, ㅟ, ㅣ》들의 영향을 받아 그 다음에 오는 가운데 모음《어》나 뒤'모음《오》에 과도음적 현상으로 반모음《이》에 가까운 소리가 더하여 한 음절을 이룬다.

1. 용언의 시칭형 접미사인《었》이《였》으로, 토《어》가《여》로 된다.

ㄱ. 시칭형《었》→《였》

용언의		체언의	용언형의
어법적 본말	회화적 준말	어법적 본말	회화적 준말
개었다—갰다		개이었다—개였다	
내었다—냈다		내이었다—내였다	
대었다—댔다		대이었다—대였다	
매었다—맸다		매이었다—매였다	
배었다—뱄다		배이었다—배였다	
새었다—샜다		새이었다—새였다	
재었다—쟀다		재이었다—재였다	
채었다—챘다		채이었다—채였다	
캐었다—캤다		캐이었다—캐였다	
되었다—됬다(*)		되이었다—되였다	
쇠었다—쇘다		쇠이었다—쇠였다	
쥐었다—줬다		쥐이었다—쥐였다	
배었다—뱄다		배이었다—배였다	
시었다—셨다		시이었다—시였다	
재었다—쟀다		재이었다—재였다	

ㄴ. 토《어》

용언의	
어법적 본말	회화적 준말
개어 보다—	개 보다
내어 주다—	내 주다
대어 놓다—	대 놓다
매어 두다—	매 두다
새어 가다—	새 가다(물이 새다)
메어 내다—	메 내다
베어 쓰다—	베 쓰다
헤어 가다—	헤 가다
쇠어 보다—	쇠 보다
외어 내다—	외 내다
피어 가다—	펴 가다
비어 가다—	벼 가다

2. 문장의 종결로《오》는 어간이 모음으로 끝난 모든 용언 밑에서 제 음 대로 난다. 그러나 체언의 용언형《이》밑에는 그《이》가 반모음처럼 되면서《이오》는《요》로 된다. 그 례들은 다음과 같다.

* 《됬다》를《됐다》로 함은 력사적 현상으로서《되았다—됐다》로 설명할 수 있다.

용언의 어법적 및 회화적 말	체언의 어법적 본말	용언형의 회화적 준말
개오	개이오—개요	
내오	내이오—내요	
대오	대이오—대요	
매오	매이오—매요	
새오	새이오—새요	
채오	채이오—채요	
깨오	깨이오—깨요	
베오	베이오—베요	
쥐오	쥐이오—쥐요	
피오	피이오—피요	
비오	비이오—비요	
시오	시이오—시요	
기오	기이오—기요	

이상의 네 가지 관점에서 이야기한 것으로 이 문제의 해명은 초보적으로나마 되였다고 본다. 60

제2부
정치 논설

최고인민회의 제1기 제1차회의 토론(1948.9.2.~9.10)

토 론 (요지)

리 극 로

김두봉선생의 헌법에 관한 보고를 전적으로 지지하면서 나는 우리헌법의 제31조에 대하여 토론하려고 합니다.

이 조문에 말하기를 「조선민주주의 인민공화국의 공민권을 가진 소수민족은 조선공민과 동등한 권리를 가진다. 그들은 자기모국어를 사용할 자유를 가지며 자기의 민족문화를 발전시킬 수 있다」 이렇게 명시된 민족정책이 얼마나 진보적이며 인류행복과 세계평화의 복음입니까. 한민족의 문화는 하루아침에 이루어진것이 아니라 여러 천년의 력사를 지니어 이루어진 것입니다. 이 문화발전에 있어서 자국언어의 사용은 중요한 관계가 있습니다. 그러므로 이 언어정책은 곧 문화정책의 중요한 부분이 되는 것입니다. 사람은 누구나 자기어머니의 젖꼭지를 빨면서부터 배운말이 있습니다. 이렇게 친하고 익숙한 말을 못쓴다면 사람에게 그런 불행이 없을 것입니다.

그런데 일본식민지 통치자의 악독한 정치는 우리가 다같이 체험 한 바와같이 국어의 사용을 억압하였습니다. 놈들은 지금도 일본안에서 조선 민족에게 조선인 학교에 제 조선어를 쓰지 말라는 것입니다. 일본놈들이 오늘날 또 이런 정책을 쓰게된 것은 단순히 일본놈들의 어리석은 생각만이 아니라 미제국주의 정책이 들어있다는 사실을 잊어서는 안될 것입니다.

제국주의의 마수가 미치는 곳에는 곳마다 이와같은 언어정책이 강요되는 것입니다. 이와같이 같은 미제국주의가 조종하는 소위 그 남조선매국 「국회」도 역시 옳바른 언어정책이란 념두에도 두지 않습니다.

그런데 우리헌법은 민족적 평등원측에 서서 옳바른 언어정책을 완전히 표시하였습니다.

우리헌법의 선진적이며 민주적인 성격은 이러한 비교적 사소한 부분에까지 확실히 나타났습니다. 그러므로 나는 여러 대의원의 중요부분에 대한 것은 토론하였기 때문에 그 토론에서의 의견을 찬동하면서 회의가 이같이 옳게 치밀하게 규정된 이 헌법을 만장일치로 채택할것을 제의합니다.(박수)

최고인민회의 제1기 제2차회의 토론(1949.1.31)

리 극 로 대의원

대의원 여러분,

나는 외무상 박헌영선생의 조선민주주의 인민공화국 대외정책에 대한 보고를 전적으로 지지하면서 나의 토론을 전개하려고 합니다.

이제 박헌영선생의 보고에도 구체적으로 나타난바와 같이 우리 조선민주주의 인민공화국정부는 그사이 우리민족의 해방의 은인이며 통일과 독립의 진정한 원조자인 쏘련을 위시하여 여러 신민주주의국가들과 외교 및 경제관계를 맺었습니다.

도리켜 보건데 1945년 8월 15일 영웅적인 쏘련군대의 진격으로 말미암아 우리 조선은 악독한 일본제 국주의 통치에서 해방되었습니다.

제2차세계대전에 있어서 쏘련은 그 위대한 승리로서 동서에서 여러 약소민족들을 해방하여 그들의 운명을 그들자신이 해결할 수 있는 가능성을 주었습니다.

위대한 쏘련의 약소민족에 대한 해방적력할은 민주와 자유를 위한 세계민주진영의 선두에 서서 새로운 침략자를 반대하여 침략적 본질을 폭로분쇄하는 결정적 투쟁을 전개하고 있는 것입니다.

다 아시는바와같이 미국인들은 제국주의적 반민주진영의 선두에 서서 새로운 전쟁을 꿈꾸고 그것을 세계적으로 전파시키며 가는곳마다 인민들의 자유와 독립을 빼앗으며 또는 민족분렬과 내란을 일으키고 있습니다.

그러나 이와는 반대로 위대한 쓰딸린대원수가 몸소 령도하시는 쏘련은 전세계평화애호인민의 초소에 굳게서서 인민들의 항구적 평화와 자유를 보존하기 위하여 전력을 다하며 약소민족의 독립과 자유를 존중하며 미영불력의 침략을 반대하여 언제나 끊임없이 싸워오는 것입니다. 그렇기 때문에 전세계인민은 쏘련만이 인류의 항구적평화를 보장하는 유일한 나라인것을 굳게 믿으며 세계의 민주진영은 그 주위에 굳게 뭉치어 오는 것입니다.

그리하여 오늘날 세계민주진영의 선두에서 자유와 평화를 옹호하여 싸우는 쏘련은 36년동안이나 일본제국주의 밑에서 신음하던 조선을 해방시키여 주었을 뿐만 아니라 3년동안이나 조선의 자주독립과 민주발전을 위하여 백방으로 원조를 한것입니다. 즉 조선인민들의 손으로된 인민정권기관인 인민위원회를 성의있게 도와서 북조선의 혁혁한 제반 민주개혁을 완수하여 인민공화국 중앙정부수립의 토대를 닦은것입니다.

이와는 정반대로 남조선에 진주한 미군은 어찌 합니까. 그들은 쏘련군대의 피로써 해방된 우리조국남반부에 피한방울 안흘리고 진주하자 인민의 정권기관인 인민위원회를 탄압하고 전체인민과 고립된 한줌도 못되는 친일파 민족반역자들을 부등켜 세워서 남조선을 다시금 미제자신의 식민지와 군제기지로 만들려고 가진 흉계를 거듭하고 있습니다. 다시말하면 그들은 조선문제를 해결하기 위한 유일한 국제적 협정인 모쓰크바 3상회의 결정을 실천하기 위한 2차에 걸친 쏘미공동위원회를 파탄시키고 유・엔내의 자기의 거수기계들을 리용하여『유・엔조선위원단』을 조작하여 인민들의 열화같은 반대에도 불구하고 기만적인『5・10단선』을 감행하여 남조선에 괴뢰『정부』를 빚어내었습니다.

대의원여러분! 앞서말한바와같이 위대한 쏘련은 우리조국 북반부에서의 모든 민주개혁을 방조하여 튼튼한 기초를 닦았을 뿐만 아니 라 쏘미공동위원회를 통하여 또는 그의 파탄직후에 쏘미 량군의 동시철거에 의한 외국간섭이 없는 독립을 제의하였으며 유・엔총회에서도 쏘련대표단은 조선에 대한 미제국주의 침략적본질을 전세계 인민들앞에 여지없이 폭로하면서 쏘련의 공정한 태도를 표명하였습니다. 그리고 쏘련정부는 조선인민의 리익과 의사를 존중하여 조선최고인민회의의 요청을 쾌락하였고 자기군대를 철거할것을 결정하였던 것입니다. 그리하여 3천만인의 감격에 넘치는 환송으로 작년 12월말까지 쏘군철퇴는 완료되었습니다. 이 력사적인 사실을 통하여 우리 조선인민은 위대한 쏘련은 우리 조국의 독립과 자유를 존중하며 옹호하여 주는 참다운 은인이 라는 것을 더욱 깊이 느낄뿐 아니라 민주와 반민주와의 량대진영의 대립이 더욱 첨예화한 금일에 있어서나 또는 닥쳐오는 장래에 있어서 조선의 독립을 완전히 보장하고 급속도로 민주발전을 수령하기 위하여는 쏘련과 조선과의 정치 경제 문화 모든 방면에 있어서 굳고도 영구불멸한 친선이 필요함을 우리는 명심하여 잊지 아니하여야 할 것입니다. 이는 또한 극동의 평화안전의 보장으로 될것입니다. 3천만 인민의 총의에 의하여 수립된 우리 공화국 중앙정부의 요청에 따라 우리민족의 은인인 위대한 쏘련은 솔선하여 외교 및 경제관계를 맺게되고 뒤이어서 몽고 파란[1] 기타 온세계 신민주주의국가들과 외교적 경제적 우호 관계를 맺게 되었던 것입니다. 우리는 여기에서 또다시 위대한 쏘련 인민과 그의 위대한 령도자 쓰딸린대원수에게 끝없는 감사를 드리지 아니할수 없습니다.

그러한 까닭으로 쏘련과 영구 불멸의 친선을 더욱 굳게 하는것을 자기의 외교정책의 가장 주요한 과업으로 내세운 우리내각의 외교정책은 가장 정당하다고 강조하면서 이것을 적극 지지합니다. 그러자면 먼저 미제국주의자와 그들의 주구인 리승만 김성수 리범석등 매국노 민족반역도당을 처물리어 국토를 완정하며 우리 조국의 민주주의적 통일독립국가를 완성시켜야 하겠습니다. 이 임무를 다하기 위하여 또는 조선민주주의 인민공화국의 장래의 융성을 위하여 우리는 조선민족의 영명한 령도자 김일성수상의 주위에 굳게 뭉치며 우리 공화국 정강을 철저히 실천하여야겠습니다. 우리는 정의를 위하여 힘차게 싸웁시다. 또 맹서 합시다. 승리는 이미 우리편에 섰으며 가까운 장래에 국토는 완정될것입니다. 나는 우리 인민공화국의 외교방침이 정당하며 그 방향으로 나아가야 되겠다는것을 말하면서 나의 토론을 그칩니다.

---

1 [편주] 파란: 폴란드.

최고인민회의 제1기 제3차회의 토론(1949.4.22)

리 극 로 대의원

대의원 여러분!

나는 우리 민족의 영명한 지도자이시며 절세의 애국자이신 김일성 수상의 이번 조쏘 두나라 사이에 맺은 경제 및 문화 협조에 관한 력사적인 협정의 보고를 만감의 성의를 가지고 들었습니다. 이 협정은 우리 민주주의 인민공화국의 향상 발전에 절대적인 뜻을 가지는 것으로 확신하면서 이를 전폭적으로 지지찬동하는 바입니다.

이 협정은 참으로 우리민족의 력사상에서 일찌기 보지못한 획기적인 계기로 되는 것이며 앞으로 조쏘량국 인민의 공고한 친선에 큰 공훈이 될것이며 조선 민족의 안전과 극동평화에 보장이 될것이며 우리민족의 물질문화생활의 향상과 민족문화 발전에 큰 리익을 가져올 것입니다.

과거 우리민족이 가지었던 모든 외국과의 조약을 돌이켜 생각하여 볼때 진정한 친선과 절대평등적 립장에서 량국의 리익에 부합되는 대등한 조건으로 체결된 조약이라고는 하나도 없었던 것입니다.

1876년 강도 일본과의 「수호조약」을 비롯하여 1905년 「을사망국보호조약」에 이르는 동안 미국, 불란서, 이태리, 오지리[1] 등 자본주의 침략국가들과의 조약들은 어느것을 물론하고 무력의 강압에 의한 일방적이며 피동적인 차별적 굴욕의 조약이 아닌 것은 없었습니다.

특히 미국 침략주의자들은 1866년 미국 배 샤만호가 대동강에 불법 침입하여 죄 없는 주민들을 학살 약탈하다가 드디어 격퇴를 당한 후 1883년에는 소위 「한미통상조약」을 체결하여 위신적 인도주의와 종교적 가장하에 락후된 인민중에

1 [편주] 오지리 : 오스트리아.

숭미사상을 고취시키어 동방침략의 토대를 닦는 마수를 뻗치다가 극동에 있어서 자기네의 앞잡이로 만들어내는 기도하에 강도 일본의 불법적인 조선합병을 지지 승인하여서 한미조약을 스스로 배신하고 말았습니다.

이와 같은 조약으로써 조선의 봉건 지배층과 련결하여 그들을 침략도구로 리용하던 미제국주의자들은 그 야망을 버리지 않고 오늘 조국의 남반부에서 허수아비 리승만이 따위같은 매국배족의 무리들을 조종하여 갖은 기만과 술책으로 「한미경제원조협정」이니 「한미군사원조협정」이니 하는 일방적 강압적 침략적 매국 「조약」들을 제멋대로 맺게하여 조선인민을 착취하고 조선민족을 예속시키려 하고 있습니다. 오늘날 미제국주의자들이 그 주구 매국노들을 지지원조하여 갖은 야만적 수단으로써 재예속화를 반대하여 투쟁하는 민주주의적 애국적 인민들을 학살하고 있는것은 결코 우연한 사실이 아닙니다.

위대한 쏘련군대의 영웅적 역할로 말미암아 일본제국주의 악독한 식민지 노예생활에서 자유와 광명을 찾은 오늘 우리 조선민족은 그들의 그러한 음모에는 결코 속지 아니할 것입니다. 그뿐만 아니라 또한 민주주의 인민공화국의 창건과 아울러 세계의 진정한 자유와 평화를 위하여 민주진영의 선두에서 싸우고 있는 강대한 국가 쏘련과 경제 및 문화의 협조조약을 체결한 오늘의 우리 민족은 앞으로 더욱더 전 인민의 력량을 강화하여 미제국주의 침략정책을 한사코 반대투쟁함으로써 리승만 허수아비 「정부」를 타도하는 동시에 미제국주의자들의 발광적인 침략을 기어코 우리 조국에서 분쇄 격퇴하고야 말것입니다.

대의원 여러분!

우리는 쏘련이 위대한 사회주의 10월혁명에 성공한 이후 오늘에 이르기까지 레닌 쓰딸린의 대외정책의 원칙에 립각하여 약소민족의 참다운 독립과 자유를 원조 보장하며 제국주의의 강도적 침략으로부터 언제나 그들을 옹호하는 정책을 한결같이 실천하여 온것을 똑똑히 보아왔고 그 참다운 약소민족의 옹호자인 위대한 쏘련이 과거에도 시종일관 그러하였거니와 이번 협정에 있어서 아낌없이 성심성의로 우리를 도와준것을 철저히 알게 되었습니다.

우리조국을 해방시켜 주었을 뿐만 아니라 우리민족의 자주적 발전을 백방으로 원조하여 주었으며 이로 말미암아 우리는 우리의 자유의사에 의하여 력사적인 조선 민주주의 인민공화국을 창건하였던 것입니다.

우리 공화국이 창건되자 누구보다도 먼저 이를 승인하고 외교관계를 설정하여 대사를 교환하였으며 이번에 또 두나라 사이에는 평등적 립장에서 진정한 친선과 경제 및 문화의 원조협정을 체결하였습니다.

이 협정은 우리와 국경을 같이한 세계에서 가장 강대하고 진보적인 쏘련과의 산업 및 농업부문에 풍부한 경험을 교환하여 직접 물질적 원조를 받아서 공화국의 부강발전과 륭성을 더욱더 촉진시키는 물질적 토대가 될것이며 우리의 당면과업인 2개년 경제계획을 승리적으로 완수하는데 확고한 담보로 되어 조국의 인민경제를 보다더 높은 단계로 발전시키고 인민의 물질문화생활을 급격히 향상시켜 줄 것입니다. 이는 우리의 영명한 지도자 김일성 수상을 수반으로 모신 중앙정부 주위에 전인민을 더욱 굳게 단결시켜 국토완정의 위업을 급속히 완수하는데 큰 기여를 할것입니다. 또 오늘날 전세계의 자유와 평화를 갈망하는 인민들의 민족문화발전에 있어 동경의 목표가 되는 쏘련문화는 우리의 민족문화를 민주주의적 발전에로 이끌어 나아가는데 결정적 공헌을 할것입니다.

쏘련문화는 여러분이 이미 잘 아시는 바와같이 맑쓰—레닌주의의 세계관에 립각하여 고상한 도덕성과 진보적 상상성으로 억압과 착취가 없는 인민들의 형제적 친목과 동지적 협조를 반영하고 있습니다.

그러므로 전세계 인민들은 쏘련을 평화와 민주와 진보의 튼튼한 성벽으로 바라볼 뿐만 아니라 인류를 또다시 그 참혹한 전쟁의 불속으로 끌어넣으려 하며 고귀한 인류문화를 영원한 멸망의 구렁으로 몰아넣으려는 새전쟁방화자들의 도전을 강력히 막아내는 거대한 방파제로 되고 있습니다.

오랫동안의 일제의 야만적 식민지적 통치로 말미암아 여지없이 짓밟히고 뒤떨어진 우리의 민족문화가 선진국가 쏘련의 고상한 문화를 적극적으로 섭취함으로써 급속히 향상되고 그리하여 인민대중의 문화로 발전시켜 세계 민주주의 진영의 모든 인민들에게 우리의 훌륭한 문화를 자랑할 날도 멀지 아니할 것입니다. 뿐만 아니라 우리는 이번에 체결된 이 량국간의 협정을 통하여 우리나라가 평화와 자유를 사랑하는 나라임을 전세계에 널리 보이어 주었으며 또한 조선 민주주의 인민공화국이 고립되어 있지않고 전세계 민주진영의 당당한 성원으로서 민주주의 여러 나라와 자유를 사랑하는 진보적 인민 대중의 지지와 성원속에서 굳세게 전진하고 있다는 것을 훌륭히 보이어 주었습니다.

우리는 제국주의 국가가 언제나 또 어디에서나 사용하는 위선과 기만은 반드시 패망한다는 것을 력사에서 보았습니다. 우리는 또 침략을 반대하고 평화와 자유를 사랑하며 신의를 지키는 진실과 정의는 언제나 인민대중의 열렬한 지지를 받으며 반드시 승리한다는 것도 력사에서 보았습니다.

대의원 여러분!

그러므로 나는 조쏘 량국간에 맺어진 이번의 경제 및 문화협정을 절대 지지하며 이 위대하고 고귀한 사업에 공적을 이루고 오신 김일성 수상을 비롯한 대표단 일행에게 거듭 감사를 드립니다.(박수)

동시에 진실하고 신의있는 위대한 쏘련과의 형제적 우호관계에 있는 우리공화국 전체 인민은 조국의 남반부를 예속화시키려는 미제국주의자들의 위선과 기만을 철저히 폭로 분쇄하여 놈들을 우리 조국 강토에서 말끔히 물러가게 하고 하루속히 국토완정과 민주주의 자주독립을 쟁취하기 위하여 전민족적 투쟁을 한층 더 강화합시다.(박수)

최고인민회의 제1기 제4차회의 토론(1949.9.10)

리 극 로 대의원

대의원 여러분!

밥을 굶주려 보지 못한 사람은 진정한 밥맛을 모르는 법입니다. 이와같이 배움에 굶주려 보지 못한 사람은 교육을 자유로 받을수 있는 처지가 얼마나 고맙고 행복한 일인가를 참으로 리해하지 못합니다.

여러분이 이미 다 아시는바와 같이 우리민족이 얼마나 장구한 기간을 통하여 문맹의 쓰라린 경험을 맛보아 왔습니까. 문자는 특권계급의 한개에 전용물이 되었고 인민은 무지와 맹종만을 강요당하여 오지 않았습니까. 이로인하여 천시받고 학대당한 인민은 자자 손손이 치욕의 복종을 너무도 오래동안 맛보아 왔습니다.

봉건왕조의 전체군주제도밑에서 우리민족은 이를 맛보아 왔었고 근반세기간의 악독한 강도 일본제국주의의 식민지 노예 교육에서 우리는 골수에 사모치게 교육의 쓰림을 다하여 왔습니다.

이땅의 아들 딸들은 배움의 굶주림에서 해방되려고 정든 내고향을 등지고 이역의 학원을 찾았으나 그곳 역시 곤란과 랭대가 기다릴뿐이고 기대했던 불붙는 향학심은 여지없이 유린당하며 왔습니다. 학비를 내지못하여 학원에서 쫓겨나고 식비를 내지못하여 하숙에서 추방을 당한자가 과연 얼마나 많았습니까. 아마 여기에 모이신 대의원 여러분들 가운데도 이러한 경험을 가진분이 대다수일줄 생각합니다.

이와같은 생생한 경험을 가진 우리로서 이제 우리인민공화국이 전반적인 초등 의무교육을 실시하게 됨은 실로 전민족적으로 경하할일이 아닐수 없고 우리 민족 력사상에 특기할 사실이 아닐수 없습니다.

해방이후 우리가 쟁취한 모든 민주개혁중에서 교육면의 놀랄만한성과는 실로 거대합니다. 어제 홍명희 부수상의 보고에도 지적된 바와 같이 인민학교로부터 중학 전문 대학 및 성인교육에 이르기까지의 장족적 발전은 일제의 가혹한 식민지적 노예 교육의 질곡에서 벗어나서 진정한 민주주의적인 인민 교육의 궤도에 올라 매진하여 왔습니다. 이 결과 각급학교에 있어 그 학교수에 있어서나 그 학생수에 있어서나 비약적인 발전을 보게된 것은 우리민족의 양양한 전도를 축복하는것이 아니고 무엇이겠으며 또한 이는 인민의 손으로 된 인민정권이 없이는 절대로 불가능한 일이란 것을 나는 강조하고 싶습니다. 인민이 자기의 손으로 정권을 틀어잡고 조국과 인민을 위하여 일하지 않는 곳에서는 진정한 의무 교육의 실시는 볼수 없을 것입니다.

미제의 괴뢰 매국노 리승만을 보십시오. 의무교육은 고사하고 신성한 학원은 모리배의 돈벌이터로 화하여 한사람을 입학시키는데도 금전으로 매매하여 돈없는 사람의 자녀는 아무리 유능한 인재라고 학교문전에도 가지못하며 학원의 자유란 것은 찾을래야 찾을수도 없고 미제의 퇴폐한 교육제도를 모방하여 학교는 일종의 유흥장으로 화하고 있지 않습니까.

뿐만아니라 일제 시대의 치욕적 노예교육도 그대로 답습하여 학생들로 하여금 민주주의 사상으로부터 완강히 격리시키고 선진문화를 섭취하려는 학생들을 여지없이 학원에서 추방하며 심지어 검거 투옥학살을 서슴치 않고 감행하고 있습니다.

대의원 여러분!

조국의 평화적통일독립의 거족적 과업을 앞에두고 남반부의 망국 멸족적 교육시책을 똑똑히 보면서 이제 우리 공화국정부가 실시하려는 전반적 초등 의무교육제실시는 참으로 그 의의가 큽니다.

조국과 인민의 복리를 위하여 투쟁하는 우리 공화국정부를 전체인민이 열렬히 지지하는것이 어찌 우연한 일이며 남반부의 인민들이 리승만 괴뢰 「정부」를 반대하며 학살 암흑속에서 영용한 투쟁을 하여 공화국을 높이 받들고 공화국 중앙정부의 주위에 단결함이 어찌 우연한 일이겠습니까.

이는 우리 공화국의 시책이 언제나 인민의 리익을 대표하며 인민의 의사에 부합함을 의미하는 것입니다.

인민의 의사에 의하여 인민의 손으로 창건된 공화국은 이제 그 빛나는 창건 1주년을 맞이하였습니다. 1년이란 시일이 비록 짧으나 그러나 그동안 공화국정부의 업적은 우리민족력사상 일찌기 보지 못하던 거대한 성과들을 쟁취하였습니다.

여기서 또한개의 거대한 성과를 얻고저 우리는 지금 토론하고 있습니다. 의무교육제 실시에 관한 법령의 채택이야말로 바로 이 거대한 성과가 아니고 무엇이겠습니까. 우리민족의 전도는 참으로 빛나고 있습니다. 암흑한 문맹에서 광명한 문명의 천지에로 큰 길은 열리었습니다. 돈이 없어 배우지 못하고 자기의 재능을 초야에서 묵혀오던 우리동포는 이제 마음껏 힘껏 배울수 있는 처지가 되었습니다. 배우려는 사람을 배우지 못하게 반대하는 특권계급의 악독한자들도 없어졌으며 돈이 없다 하여 학원에서 쫓겨날 우려도 없어졌읍니다. 이것은 공화국의 빛나는 업적의 하나로서 높이 찬양해야할 것이며 공화국 내각수상 김일성 장군의 올바른 지도밑에서만 이것이 가능하였으므로 나는 전체 인민과 더부러 우리민족의 지도자 김일성수상에게 뜨거운 감사를 드리는 바입니다.(박수)

또한 우리민족을 악독한 일제의 기반에서 해방을 시켜주었으며 민주발전의 모든조건을 지어준 쏘련의 형제적 방조와 그의 수령이신 쓰딸린대원수에게 전민족적인 감사를 드립니다.(박수)

대의원 여러분!

우리조국이 부강한 민주국가로서 한걸음 한걸음 자기의 앞길을 개척하고 있는 이때 조국의 남반부에서는 미제의 괴뢰 매국노 도당은 우리의 정당한 평화적 조국통일의 제안을 거부하고 망국 민족의 배족적 방향으로 다름질 치고 있습니다. 그는 평화적조국통일의 대신에 38선을 영구화하며 민족상쟁을 일으켜 내란을 도발하고 통일독립을 갈망하는 인민을 투옥 학살함으로써 조국의 남반부를 미제의 식민지 군사기지화 시키고 있습니다.

리승만의 이같은 죄상은 우리민족천추에 잊지못할 범쇠행위이며 조국을 사랑하는 인민의 굳센 투쟁 앞에 멸망되고야 말것입니다. 나는 뜻깊은 의무교육제가 불행한 처지에 빠져 있는 남반부에도 하루속히 시행되어 파멸에 처한 남반부 교육을 구출하기 위하여서라도 리승만 괴뢰 「정부」를 타도하는데 전 민족적 력량

을 경주할것을 강조하면서 나의 토론을 끄칩니다.(박수)

토론

『로동신문』, 1950.3.6, 3면

친애하는 대의원여러분!

여러분이 다아시는바와같이 전쟁상인 미제국주의자들은 인류력사에서 가장 참혹하였던 제二차세계대전의 검은연기가 채사라지지도 않고 대포소리가 아직도 세계인민들의 귀에 쟁쟁하게 남아있는 이때에 히틀러의 뒤를이여 세계제패를 꿈꾸고 제三차 대전도발에 미쳐 날뛰고 있습니다.

전쟁후 국제무대에서 민주와 반동간의 력량배◯[1]가 민주진영에게 더욱더 유리하게 전개되고있는 환경속에서 그들 전쟁상인들은 갈팡질팡하여 세계의 평화와 인류의 진보를 반대하는 전쟁준비에 더욱 날뛰며 그들의 세계침략의 야망을 한층 로골화하고있습니다.

오늘 미제국주의자들은 전세계를 자기들에게 예속시키려고 망상하고있습니다. 세계의 모든국가를 저의들의 지방출장소로 만들고 세계의 모든인민과 민족을 저의들의 노예로 만들며 독점자본의 리윤감소를 군비경쟁과 새전쟁으로써 보충하고있는 것입니다. 그렇기때문에 미제국주의자들이 가는곳에는 어디나 불행의 씨가 뿌려지지않는 곳이라고는 한군데도 없으며 재난의 홍수가 범람하지않는 곳이라고는 한군데도 없습니다.

그들이 발을 드디는 곳에 빈궁과 기아와 실업과 학살이 없는곳이 없으며 그들의 손이 뻐◯[2]는곳에 인민들의 정치적 경제적 독립이 유린되지않는곳이 있습니까?

이것은 오늘 우리공화국 남반부에 벌어진 모든 사태들이 그를 똑똑히 증명하여주고 있지 않습니까?

친애하는 대의원여러분!

---

1 [편주] '치'자로 보임.

2 [편주] 탈자되었으나 문맥 상 '치'.

미제국주의군대가 조국남반부에 진주하여 四년동안에 그들은 총검에의한 인민학살로써 우리국토를 량단하여 민족을 분렬하고 민족의 자주권과 인민의 생활을 파괴유린한외에도 대체 무엇을 하였습니까?

자유와 독립과 빵을 요구하는 인민들의 十월봉기에 기계화부대를 출동시켜 대중학살을 감행한자는 누구였으며 우리조국에 내란을 도발하려고 三八선침공을 지도하고있는자는 누구이며 제주도를 초토화하고 기타 수많은 지역에서 소위 진압을 지도하였고 또 지도하고있는자는 그누구입니까?

이들이 바로 미제국주의 침략자들이며 그들의 군대라는것은 우리가 너무나 똑똑히 잘알고있는 사실입니다.

뿐만아니라 놈들은 리승만 괴뢰도당에게 무기를 대량으로 원조하여 남조선을 일제통치시대이상으로 야수적인 팟쇼경찰제도의 인민도살장으로 만들어 놓았습니다. 놈들은 매국역적들을 무장시켜 내란도발을 조작하며 군항과 비행장을 도처에 설치하고 인민들의 일체 재산과 로력을 무법하게도 강탈착취하고 있습니다.

또 그들은 이러한 모든 음흉 무도한 소행을 합법화 시키기위하여 소위『유·엔조선위원단』이라는 허수아비들을 또다시 우리조국땅에 끌어들였으며 이번에는 여기에다가『군사감시원』이라는것까지 덧붙여서 끌어들이려하고있습니다.

그들은 우리조국 남반부를 자기네의 식민지로 예속시키며 쏘련과 민주주의진영을 침공하기위한 전략기지로 만들기에 갖은 수단을 다하여 날뛰고있습니다.

미제국주의자들은 지금 우리나라 남반부의 인민들을 학살과 기아의 구멍으로 몰아넣어 생활의 권리는커녕 생존의 권리까지 빼앗고 있으며 농민들의 피땀으로 지은 귀중한 쌀을 강탈하여 우리의 불구대천의 원쑤인 일제의 군량으로 대여주고있습니다.

리완용의 후손인 매국역도 리승만이 일제와 더욱 야합결탁하기위하여 이번에 맥아더에 불리여 일본에 갔다돌아온 사실을 우리는 잘알고있습니다.

그 러나 三十六年동안의 일제의 지긋지긋한 식민지 노예생활을 맛본 조선인민들은 다시는 그 어느나라의 식민지로도 예속됨을 결단코 용서하지 않을것입니다.

미제국주의자들은 포츠담선언에의한 일본의 비군국화 민주화에대한 여러가지 협약을 하나도 실천하지않을뿐만아니라 그들은 갖은수단으로 일본제국주의와 재생과 일본침략군대의 재건을꾀하고있습니다.

대의원여러분!

세계제패를 꿈꾸는 미제국주의자들의 새전쟁도발음모는 이렇도록 날이갈수록 로골화하고있습니다.

그러나 미제국주의자들의 그어떠한 전쟁도발음모도 그들의 선배인 히틀러가 그리되였던것과 꼭마찬가지로 반드시 세계인민들의 ◯[3]의로운 투쟁에의하여 기어코 분쇄되고야 말것입니다.

쏘련을 선두로한 전세계 평화애호인민들의 력량은 전쟁도발자들의 그것보다 한없이 커가고있으며 그것은 또한 강철같이 단결되고있는것입니다.

평화를 위한 백절불굴의 전인민적 운동이 오늘과같이 강대해본적은 인류력사상에 일찌기없었습니다.

각민족각국가에있어서의평화옹호운동은세계평화운동과의유기적련결성을가지고있는것입니다.[4]

그렇기때문에 미영제국주의자들의 전쟁방화를 위한 어떠한 흉책도 이를 매걸음마다 좌절시킬것이며 또한 그를좌절시키기위한 력량은 날이갈수록 한없이 장성강화되고있습니다.

특히 조선민주주의인민공화국의 창건은 우리 조국에대한 미제국주의자들의 음흉한 식민지예속화정책에 결정적타격을 주었으며 중화인민공화국의 창건과 독일민주주의공화국의 수단립은 아세아및 구라파에대한 미영 제국주의자들의 침략정책에 결정적 타격을주었습니다.

이와함께 이러한 사실은 아세아및 구라파의 여러예속국가인민들에게 자기조국을 완전한 민주국가로 만들수있다는 자신을 더욱굳게하여주었으며 전체평화애호인민들에게 평화옹호투쟁의 ◯◯◯ 우리에대한 ◯◯운[5] ◯◯[6]을 가지게하여 주고있는 것입니다.

---

3 [편주] 문맥 상 '정'.

4 [편주] 원문에 띄어쓰기가 안 되어 있음. 교정하면, "각 민족 각 국가에 있어서의 평화옹호운동은 세계평화운동과의 유기적 련결성을 가지고 있는 것입니다".

5 [편주] '새로운'으로 보임.

6 [편주] '신념'으로 보임.

그러므로 三천만 전체조선인민은 우리민족의 절세의 애국자이시고 수령이시며 공화국내각수상이신 김일성장군의 주위에 굳게 뭉치어 전쟁도발자들의 모든 음모를 철저히 ○○[7]분쇄하고 하루바삐 『유・엔조선위원단』을 조국강토로부터 쓸어내며 리승만괴뢰정부를 타도하고 조국의 완전자주독립을 쟁취하는 투쟁에도 총진군하여야 하겠습니다.

대의원 여러분!

우리의 빛나는 승리는 머지않았습니다. 전세계 평화애호인민들은 굳게 단결되였으며 그 힘은 나날이 커가고 있으며 전세계 평화애호국가의 선두에는 위대한 쓰딸린대원수가 령도하시는 위대한 쏘련이 서있지않습니까?

끝으로 나는 평화옹호세계위원회의 평화제의호소문을 지지하며 평화옹호운동을 전국적 전인민적 운동으로 전개하여 소기의 성과를 거두기위하여 최고인민회의에서 평화옹호운동을 전인민적 운동으로 전개하도록 이에 대한 결정을 할것을 제의합니다.

---

7 [편주] '폭로'로 보임.

매국노들은 또다시 흉계를 꾸미고있다!

『로동신문』, 1950.4.26, 1면

매국역도 리승만괴뢰집단은 그들의 상전 미제의 긴급명령에 의하여 오는 五월三十일에 다시금 망국적 소위 『국회의원 선거』를 테로와 학살로써 인민을 위협하며 허위와 기만으로써 이를 조작하려고 흉책하고 있다.

조국의 평화적 통일독립을 쟁취하기위한 조선인민들의 영용한 투쟁앞에 그잔명이 머지않은 매국노들은 자기의 가련한 생명을 연장하기 위하여서는 어떠한 수단방법도 가리지않고 발광하고있다. 금번의 『선거』 흉계도 이 발광의 한표현인것이다.

그러나 이와같은 매국노들의 망국민족적 흉계는 조선인민들의 불타는 애국심에 의하여 여지없이 파탄되고야말것이며 또한 매국역도들의 잔명유지책은 도리여 놈들의 최후○[1]망의 길을 촉진하게 될것이다.

왜그러냐하면 우리는 二년전 매국노들이 조작한 소위 五・十망국단선[2]이 전체 조선인민의 반대에 봉착하여 완전히 파탄된 사실을 력력히 기억하고있으며 허위와 기만으로 조작한 망국적 소위 『국회』가 二년간 무엇을하였는가도 조선인민들은 너무도 똑똑히 알고있기 때문이다.

조국과 인민을 미제에 팔아먹기 위하여 매국역도들은 인민을 도살하고 통일을 방해하기 위하여 동족상쟁의 내란을 도발하여 남반부로 하여금 팟쇼경찰의 무법천지로 만들었다. 민주주의적 자유의 초보적 권리까지도 박탈하여 버리고 인민생활을 기아와 죽엄으로 몰아넣는 암흑천지로 전변시키고 말았다. 뿐만 아니라 강도일제와 미군정시의 악법을 모주리 계승하여 인민을 억압착취하여온 놈들도 바로 이 매국역도들인 것이다.

---

1 [편주] '민'자처럼 보이나 문맥 상 '멸'.

2 [편주] 1948년 5월 10일 대한민국 제헌 국회의원 선거.

그러므로 우리민족의 천추만대의원쑤들인 이 매국노들이 조작하는『선거』가 그본질에있어 五·十망국단선보다더 흉악한책동임을 잘알고있다. 또한 인민들은 놈들의 二년간의 잔인무도한 매국적 만행을 잘알고있는 오늘에 있어서는 二년전 망국단선시의 반대투쟁에 비할수없을만큼 인민들의 애국적분노는 더크다. 리승만역도들의 생명이 하루라도 더연장하면 그만큼 조국의 통일독립에 해독을 끼칠것을 인민들은 잘알고 있다.

그러므로 인민들은 절대로 놈들의 금번『선거』흉책을 용허하지않을 것이며 더욱 치렬한 구국투쟁을 전개하여 놈들의 기도를 완전히 파탄시키고야 말것이다.

도살자 리승만도당은 피의대가를 갚아야한다! – 김삼룡 리주하 량선생 체포에 항의하여

『로동신문』, 1950.5.26, 2면

【평양이십오일발 조선중앙통신】 리승만역도들이 조선인민의 우수한 애국자이며 용감한투사들인 김삼룡[1] 리주하[2] 량선생을 체포구금하고 야수적 고문과 박해를 가하고있음에 항의하여 조선건민회 위원장 리극로씨는 이십사일저녁 조선중앙방송국 마이크를 통하여 요지 다음과 같이 방송하였다.

리승만 매국역도들은 지난 三월 二十七일에 진정한 애국자이며 우수한 인민의 지도자인 김삼룡 리주하두선생을 불법체포하고 야수적 방법으로 고문과 박해를 가하고 있다.

리승만역도들은 어찌하여 김삼룡 리주하두선생을 체포하였는가.

동포여러분!

리승만 매국역도들은 조국과인민을 미제에게 팔아먹기위하여 또한 자기들의 사리사욕을 충족시키기위하여서는 가장 큰 장애가 곧 진정한 애국자들의 존재인 것이다.

인민을 도탄에 몰아넣고 민족경제를 파탄시키고 일제와 야합하며 멸망에 직면한 놈들의 잔명을 유지하기 위하여 또다시 五・三十망국단선을 조각하려는 놈들은 이일련의 매족적죄악을 반대하여나선 인민들과 이 인민의 선두에선 우수한 인민의 지도자를 피로써 학살하려고 흉책하고있으며 또 학살하고있는것이다.

해방후 조국남반부에는 얼마나많은 애국적 인민들이 원쑤놈들의 흉탄에 쓰러졌으며 또한 얼마나 많은 우수한 인민의 지도자들이 놈들의 잔인한 마수에 희생

1 [편주] 김삼룡(1908~1950) : 충북 충주 출신 남로당 남한총책. 1950년 3월 28일 체포되어, 6월 26일 서대문형무소에서 사형이 집행되었다.

2 [편주] 이주하(1905~1950) : 함북 북청 출신 남로당 정치국원. 남한단독총선거 시 활동을 하다 1950년 3월 27일 체포되어 김삼룡과 같이 사형이 집행되었다.

되었는가?

매국도당들은 놈들의 매국행위를 마음껏 제멋대로 하기위하여 인민의피를 요구하고있다.

애국자들의피로써 놈들은 조국을 팔아먹으려는것이다. 그러나 안될것이다.

조선인민들의 조국을 사랑하는 애국심과 조직된 인민의 력량은 무진장으로솟아나고있다.

테로와 투옥학살로써 어찌 이 조선인민들의 애국심을 꺾을수있겠는가?

물론 그럴수 없는것이다.

남반부의동포들이여!

주지하는바와같이 김삼룡 리주하 두선생은 일찍부터 조국과인민의 자유로운 생활을 위하여 싸워왔다.

일제시에 우리민족이 식민지적 노예생활을 강요당하던 그때부터 오늘에 이르기까지 二十여○○[3] 투쟁하여왔으며 일신의 안일과 개인의 모든 생활을 희생하면서 오로지 일편단심 조국과 인민을위하여 그전부를 바쳐온 분들이다.

쏘련군의 진정적역할에의하여 조국이 해방된 후에 있어서도 조국의통일과 완전자주독립을위하여 두선생은 남조선인민의 선두에서서 남조선에 대한 미제의 침략정책과 매국도당들의 음흉한 매족적 흉책을 반대하면서 언제나 용감히 싸워온 애국투사들이다. 그렇기 때문에 미제와 리승만 망국도당은 두선생의 정상적 활동의 자유를 박탈하기위하여 일찍부터 체포투옥하려 광분하였던 것이다.

두선생은 지하로 깊이들어갔다.

二중三중의 놈들의 총검의 포위망속에서 갖은 악조건들을 극복하면서 두선생은 강철같은 투지를가지고 조국과 인민을 원쑤놈들의 박해에서 해방시키기위하여 오늘에 이르기까지 용감한투쟁을 계속하여왔던 것이다.

미제와 그의주구 리승만역도들은 이렇듯 진정한 애국자인 두선생을 불법체포하여 인민의사랑을 받고있는 이 애국자들에게 갖은 악형과 고문을 가하고 있다.

남반부의 전체애국적 인민들이여!

3 [편주] 문맥 상 '년간'.

남반부의 영용무쌍한 우리의 빨찌산들이여!

조선인민은 이러한 야수적만행을 수수방관할수있겠는가? 단연코 일어서서 김삼룡 리주하 량선생을 야수같은 놈들의 손에서 구출하기 위하여 더욱 과감한 구국투쟁을 전개하라!

남반부동포들이여!

모든힘과 방법을다하여 김삼룡 리주하 두선생을 위시한 애국자들을 놈들의 야수적 박해에서 구출하자!

이리하여 매국역도들의 여하한 망국멸족적 흉책도 이를 타도분쇄하고 조국의 평화적통일독립을 쟁취하자!

승리는 우리의것이며 또한 우리의 목전에 가까이 있는것이다.

제二차망국선거의 시도를 걸음마다 폭로하며 온갖 수단방법을 다하여 그것을 철저히 파탄시키자

『로동신문』, 1950.5.28, 2면

리승만역도들은 그들의 상전 미제국주의침략자의 지시에 의하여 아무 자신도 없으면서 오는 五월三十일에 또다시 소위 망국선거를 실시하려하고 있다.

금번 소위 선거를 강제 실시함으로써 리승만역도들은 조선민족앞에 또하나의 커다란 죄악을 범하여 영원히 씻지못할 민족적 범죄를 지는 것이다. 뿐만아니라 리승만 역도들은 그들이 미제의 완전한 괴뢰적 존재이라는 것을 전체 인민들앞에 또다시 자체폭로하는 것이다. 리승만도당의 존재가 철두철미 미제의 침략적 의도에 의하여 움지기고[1]있으므로 그들의 소위 모든 정책은 어데까지나 반인민적인 것이다. 조국의 부강한 자주적 통일독립과 인민생활의 행복과 자유를 위한 투쟁에있어 미제의 침략적 흉계는 커다란 장애로되며 극심한 해독만을 끼친다.

전체 조선인민은 조국의 평화적 통일독립을 한결같이 지망하고 있다. 이것은 조선민족의 가장 정당하고 절실한 요구인 것이다. 그러므로 이를 실현하기위한 전체 조선인민들의 과감한 구국투쟁은 지금 조국남북반부에서 치렬히 전개되고 있는 것이다. 그러나 아직도 우리는 삼팔선의 장벽이 우리의 통일독립을 방해하고 있지않는가. 이는 누구의 죄인가. 더말할것도없이 이는 미제국주의자들이 우리조국의 분렬을 영구화하여 그들의 침략정책을 수행하려는데 있는 것이다. 리승만역도는 또한 미제의 이 침략 정책을 충직하게 실행하고있다. 해방후 미제와 리승만도당은 수많은 조선의 애국자를 학살하였고 체포 투옥된 애국인민의 수는 무려 十만여에 달하며 무고한 인민의 주택을 소각한수가 놈들의 축소한 발표에만 의하여도 一九四八년 十월부터 一九四九년 十二월사이에 十五만五천여호에 달한다. 뿐만 아니라 산야를 불지르고 농지를 황무지로 만들며 농민들을 그 주택에서 추방하여 거리고 방황케하며 기아선상에서 신음케하고있다.

---

1 [편주] 움지기고 : 움직이고.

리승만도당의 이와같은 망국민족적만행이 심하면 심할수록 인민들의 구국투쟁은 또한 더욱 치렬화하는 것이다. 조선인민은 언제가 현명하며 언제나 애국적이다.

인민들은 역도들의 소위 五・十망국단선후 오늘에 이르기까지 二년동안에 놈들의 가지가지의 매국적 흉책을 결음마다 폭로하며 파탄시켜왔다.

인민을 억압하고 탄압하기 위하여 역도들은 민주주의적 자유를 여지없이 말살하고 민주주의적 제정당 사회단체들을 지하로 몰아넣고 언론 출판의 자유를 완전히 박탈하였다. 그러나 조선인민들은 놈들의 갖은 박해를 물리치고 전체 애국적 력량을 총집결한 조국통일민주주의 전선을 진성하여 민주진영의 거대한 애국적 력량을 시위하였다. 조국통일민주주의전선의 평화적 조국통일에대한 지향은 전체조선인민들의 구국투쟁의 지향으로 되고 있다.

동족상쟁의 내란을 도발하기위하여 또한 조선의 청년들을 미제의 침략정책의 대포밥으로 만들기 위한 소위 『병역법』을 애국적 인민들의 반대투쟁으로 인하여 파탄되면서있다.

애국인민을 도살하기위한 비용으로써 빚어낸 갖은 가렴잡세[2]와 소위 『국채』도 또한 인민들의 거부에 봉착하여 놈들이 소기하였던 아무런소득도얻지못하였다.

일제의 재생을위하여 농민을 기아로 몰아넣으면서까지 강탈하던 ◯[3]의 강제공출은 농민들의 대규모적 폭동에 봉착하여 성공을 보지못하였다.

역도들의 생명보장책으로 유일한 방패로 삼고있는 소위 『국방군』에서까지 놈들의 매국적 흉책을 반대하고 조국의 평화적통일독립을 원하는 피끓는 청년들은 의거를 일으키고 있다. 그들의 일부는 공화국의 자유롭고 행복한 기지로 향하여 륙지로 비행기로 또는 함선 선박을타고 속속 입북하였다.

이와같이 리승만역도들은 인민으로부터 완전히 고립되고 그흉책이 전면적으로 파탄의 길에 들어서며 그잔명이 위기에 봉작하게되였다.

이에 당황망조[4]하기시작한자는 다름아닌 미제국주의자이다. 미제는 그들의

---

2 [편주] 가혹하게 억지로 거둬들이는 세금.

3 [편주] 문맥 상 '쌀'.

주구 리승만역도들의 잔명이 풍전등화로 위급하여짐에 놀라지 않을수없게되였다. 리승만도당의 멸망은 미제의 조국남반부에대한 침략정책의 완전한 파탄을 의미하는것이다.

또한 월가전쟁상인들이 허수아비 리승만에게 던진 도발적이며 투기적인 투자는 그림자조차 앉지못할 운명에 봉착하게되는 것이다. 략탈적 리윤추궁을 위하여서는 수단 방법을 가리지않는 미제가 리승만도당의 멸망상을 보고 당황망조하기 시작한 것은 실로 우연한 일이아니다.

파멸되어가는 소위 『국회』와 리승만괴뢰정부에 더욱 극악한 친일파 민족반역자들을 등용함으로써 역도들로하여금 최후의 발악이라도 시켜보아야할 궁지에 빠진 이제는 도리어 금번 또다시 소위 五·三十망국선거를 명령하였다. 미제는 자신없는 리승만에게 『유·엔조선위원단』이 선거의 합법성을 인정할것이며 미국제비행기와 함선과 총탄을 아낌없이 대줄터이니 안심하고 五월에 선거를 실시하라고 『위무』하였다.

상전의 명령을 실천하기위하여 매국노리승만은 선거에관한 수차의 공개성명을 헌신짝같이 버리고 다만 놈들의 상전 미제만을 믿고 아무런 자신도없이 전전긍긍하면서 망국적인 五·三十선거를 실시하려고 하는 것이다.

그러면 역도들은 이 五·三十망국선거를 통하여 무엇을 흉책하며 무엇을 기대하고있는가. 인민으로부터 완전히 고립되었을 뿐만 아니라 전체인민들의 억센 구국투쟁안에 그잔명이 얼마남지않은 역도들은 금번 소위 선거를 통하여 붕괴되어가는 그들의 반동정권을 보장 유지하여보려고하며 이를 위하여 민족반역자 친일파들을 더많이 선출 등용함으로써 반인민적괴뢰정권을 강화하며 우리조국 남반부를 미제국주의자들의 완전한 식민지로 만들어 보려는데 있는것이며 또한 매국노들은 금번 선거를 통하여 민족반역자 친일파들을 더욱 광범히 선발등용함으로써 그들을통하여 반동정권으로하여금 패망 일제와의 접근을 더욱 긴밀히하려는데있다. 주지하는바와같이 미제는 자기의 침략계획을 실현함에있어 서방에서는 서부독일의 팟쑈잔당을 리용하며 동방에서는 일본군국주의를 재무장시키고

4 [편주] 당황망조: 당황하여 어떤 조치를 취해야 할지 모름.

패망한 군벌을 광범히 리용하고 있다. 그렇기 때문에 리승만역도들은 상선 미제의 지시에 의하여 벌써부터 각방으로 일본제국주의자들과 접근하면서 친일정책을 공공연히 실행하여왔던것이다. 역도 리승만은 두 번이나 일본을 방문하였고 그◯[5]도들을 여러번씩 일본에 파견하여 무기구입과 군사훈련을 위한 장교를 초빙하였다. 그러면서 일번 일본에 쌀과 지하자원을 공급하고 있다. 잔명을 유지하기위하여서는 우리민족불구대천의 원쑤인 일제와도 이와같이 야합하고 있다. 어찌 민족적 분노를 참을수있으랴. 금번 놈들의 소위 선거에 입후보한 자들의 구성을 보더라도 거의 친일파와 민족반역자로써 충만되여있다.

이와같은 사실들은 무엇을 말하는것인가. 또『선거』의 결과가 무엇을 가져올것인가. 매국노들은 인민을 기만하며 학살하여 놈들의 매국직책을 용이케 실천하기위하여 민족반역자 친일파를 괴뢰정권의 주인으로 맞아들이려는 것이 명백하다.

리승만역도들은 또한 금번 선거를 통하여 놈들에게 더욱 순종하는 소위『국회』를 조작하고 일제 강점기 조선에 존재하였던 그러한 통치제도를 유지하며 우리조국의 분렬을 영구화하며 동족상쟁의 내란을 도발하려는 흉책이 내포되여있다.

매국역도들이 준비하고있는 소위 五・三十망국선거는 이와같이 철두철미 매족적이며 망국적이다. 인민들을 기만하며 세계의 이목을 속이려고 놈들은『민주주의』를 가장하여『자유분위기』를 운운하며 미제의 침략도구인 소위『유・엔조선위원단』이『감시』한다고 떠버리고있다.

그러나 조국의 평화적 통일독립과 민주화를위하여 총궐기한 조선인민은 매국노들의 망국정책을 언제나 걸음마다 파탄시킨 풍부한 경험을 가지고 있다. 매국도당의 여하한 간계 음모에도 절대로 속지않는다. 또한 매국노들이 조작한 소위 망국『국회』가 지난二년간에 무엇을 하였는가도 잘 알고 있다. 그들은 조국와 인민을 팔아먹는 망국적 법령들만을 만들어 내었다.

그러므로 조선인민들은 이 소위『국회』에서 만든 모든법령을 결단코 인정하지않는다.

---

5 [편주] 문맥 상 '졸'. 졸도 = 부하 군사.

총검의 비호밑에 허위와 날조로써 조작한 리승만역도들의 괴뢰집단은 二년동안에 인민대중으로부터 더욱 고립되고 더욱 붕괴에직면하고 있다. 그러므로 매국노들이 제아무리 五·三十망국선거를 감행하려고 온갖발악을 다하더라도 애국적조선인민들은 이를 철저히 파탄시키고야 말 것이다.

전체 인민들은 조국의 평화적 통일을 쟁취하기위하여 더욱 용감히 구국투쟁에 참가하여야하다. 조선인민들의 치렬한 구국투쟁으로써 리승만역도들의 五·三十망국선거는 완전히 파탄될것이며 조국의평화적통일독립은 가까운 앞날에 쟁취되고야 말 것이다.

민족적 량심있는 인사들이라면 모두다 평화적 조국통일의 편에 가담하여 일어서라!

『로동신문』, 1950.6.5, 1면

나는 조국통일민주주의전선에서 제의한 조국의 평화적 통일방책을 다시한번 추진시킬 것을 남북조선의 애국적 정당사회단체 지도자들과 그 성원들과 애국적 인사들앞에 제의한 금번 리영선생의 제의를 적극지지찬동한다.

주지하는바와같이 우리는 一년전에 전체조선인민들의 열렬한 지지와 환호밑에서 조국통일 민주주의 전선을 결성하고 조국의 평화적 통일 방책을 채택하였다. 이는 조국남반부를 미제의 식민지적 노예의 멍에에서 해방시키고 국토를 완정하며 민주주의적 자유와 부강한 자주독립을 쟁취하기위한 조선인민의 정당하고 절실한 의사를 대변한것이였다.

인공적 三八선으로 인하여 국토가 량단되고 미제의 조종에 의하여 리승만역도들이 동족상쟁의 내란을 도발하려하는 것을 조선인민은 용허할 수가없다.

조국남반부가 황폐하여가며 인민생활이 기아와 죽엄에로 전락하여감을 조선인민은 방치할 수없다.

그러므로 남북전체애국적 력량을 총집결한 조국통일 민주주의전선은 조선인민의 의사를 대표하여 통일독립의 가장 정당한 길이며 첩경인 조국의 평화적통일안을 제의하였던것이다.

그러나 세계제패의 야욕에 충혈이된 미제와 그의 주구『유・엔조선위원단』과 리승만매국역도들은 평화적 통일안을 반대방해하여 갖은 발악을 다하였다.

매국역도들은 인민을 학살하며 애국투사를 잔인무도한 갖은 야만적 방법으로 투옥 고문살륙하고있다.

감옥에는 일제강압때보다 三배이상이나 더많이 애국자들이 감금되여 감옥과 유치장에 수용된수는 수십만명에 달하고 십수만의 애국자들은 학살당하였다.

이와같이 오늘의 조국남반부는 암흑천지로 변하였으며 생지옥을 연출하고있다. 도시에서 농촌에서 감옥에서 하루속히 구원의 손이 뻗치기를 학수고대하고있다. 비참한 함정속에서 자유와 평화와 통일을 절규하는 남반부동포들의 비참한 부르짖음은 우리들의 가슴을 찢어낸다. 이 비참한 자태를 어찌 방치할수있으랴.

이 긴박한 참경을 어찌 유예할수있으랴! 조국과 인민의 행복을 념원하는 애국자라면 한줌도 못되는 리승만역도들의 탄압이 심하다하여 이시기 이처지에서 어찌 침묵을 지키고 있을수있을것인가. 四월련석회의에 참석하였던 모모 인사들이여!

우리들은 一九四八년 四월에 력사적 남북련석회의를 열고 조국의 통일독립에 대하여 상의한바있었다.

이때로부터 오늘에 이르기까지 二년간의 세월은 무엇을 가르치고있는가. 그때 우리의 예견이 정확하였다는 것을 오늘 조국남반부에서 당신들은 똑똑히 보고있지않는가. 아무리 리승만역도들의 탄압과 박해가 엄하다하더라도 조국의 자주적 통일독립의 위기를 보고 인민의 비참한 생활과 생명의 박해를 보고 그래도 우국지사라고 자처하면서 그대로 함구부동하고 있을것인가?

이것이 우국지사의 취할 태도인가? 우리들은 조국의 평화적 통일을 반드시 실현하여야한다. 이는 조국과 인민이 갈망하는 정당한 방책이라. 우리들은 평화적으로 조국을 통일하기위하여 또한번 전력을 기울여 추진시켜보려고한다.

모두다 평화적 조국통일을 위하여 결연히 일어서서 투쟁하자!

六월十九일에 소집되는 남조선 「국회」에서 조국전선의 평화적 통일추진제의가 상정채택되여야한다

『로동신문』, 1950.6.14, 1면

미제국주의자들의 강압에의하여 리승만등 매국노들이 소위 선거를통하여 자기들에게 더욱순종하는 『국회』를 조작하고 우리조국의 분렬을 영구화하며 동족상쟁의 내란을 더욱 촉진시키려는 목적을 가지고 실시한 五·三十망국선거로써 성립된 『국회』는 오는 六월十九일에 소집된다고한다.

이미 누구나 다아는바와같이 리승만도배들은 五·三十 제二차망국선거를 강행하기위한 삼엄한 폭압적 분위기를 조심할 필요를 깨닫고 남조선 전역에걸쳐 『초비상경계령』을 선포하였고 남조선 주요해안 지대들에 대하여서는 해상봉쇄령을 발포하였던 것이다.

리승만역도들은 전시계엄령과 별차이가없는 이와같은 삼엄한 경계망을 펼쳐놓고 괴뢰군경과 암살테로단원 검찰진까지 총동원하여 망국선거를 반대하는 애국적 인민들에게는 물론이요 리승만의마음에들지않는 많은 『선거』 입후보자들에게까지 혹심한 탄압 학살투옥의 마수를 뻗쳤다.

『선거』 당시에 남반부에 횡행하고있던 위협 기만 테로 학살에도 불구하고 리승만역도의 소기의 목적은 달성되지못하였다.

그것은 리승만 김성수반동계결의 립후보자들중 『유력한 자들』이 많이 락선된 것에서 명백히 나타났다.

그례로는 윤치영 조병옥을 비롯하여 백남훈 김도연 김동원 김효석 신홍우 서상일등이 락선되였다.

그와반대로 비리승만파에 속하는 소위 중간파에서 조소앙 장건상 안재홍 윤기선 원세훈 려운홍등이 많이 당선되였다.

이사건은 무엇을 말하여주는가?

五・三十망국단선의 결과로 리승만괴뢰정권이 조작된지 二년동안에 다만 기아와 실업과 무권리와 학살과 초토의불행밖에 체험하지못한 남반부 인민들은 리승만역도들이 흉책하는 제二차망국선거가 자기들에게 과거보다 다른 불행과 멸망을 가져올 것을 잘알고 있다는것이다.

그렇기 때문에 조국의 통일과 독립과 자유를 위하여 투쟁하는 전체인민들은 五・三十망국선거를 견결히 반대하여 투쟁하였다.

그러나 강압과 테로로써 선거를강요당한 일부 남반부 주민들은 할수없이 투표할바에야 리승만 김성수계렬의 극악한 매국노들에게 투표하느니보다는 리승만 김성수파의 비위에 맞지않는 『중간파』에게 투표하는 것이 낫다고 보고 이 비리승만파에게 투표할 것이다. 이사실은 리승만역도들이 인민으로부터 더일층 고립되였다는 것을 명백히증명하는 것이다. 이것은 또한 리승만의 충실한 충복들인 이들 『국회』의원 재출마 一七五명중 겨우 三十一명만이 당선되였다는 것으로써도 증명되는것이다.

그렇기 때문에 『선거』 결과가 발표되자 리승만은 『섭섭한 것은 제一차 국회의원중 재선된 의원수효가 불과三十一명으로…』[1]라고 한탄하면서 매국노자신의앞날이 캄캄해진것에 대하여 비명을 올리였다.

이렇게 인민들로부터 일층고립된 리승만역도들은 우리력사상 일찍이없던 혹심한 경찰제도를 수립하고 조국의통일과 민주를위한 투사들을 탄압학살하고있다.

우리조국 남반부에서는 실로 인민의 민주주의적 자유란 그림자조차도 찾아볼수없다.

자유는 오직 리승만역도들이 의지하고있는 한줌도못되는 극소수의 친일파 민족반역자들에게만 있는것이다.

남반부에서는 리승만매국노들에게 복종하는 대한국민당 민주국민당(한민당)과같은 반동정당들에게만 자유가 보장되고 그 외의 모든민주주의적 애국적 정당 사회단체들에게 대하여서는 극악한 탄압이 감행되고있다.

이에 조국의 통일과 독립과 장래발전을 근심하는 전체조선인민들의 요망에의

1 「再選者적음은 遺憾」, 『경향신문』, 1950.6.8 참조.

하여 지난 七일 조국통일민주주의전선은 조국의 평화적 통일추진방책을 다시제의하였다.

이제의는 조국의통일과독립을 일일천추[2]로 갈망하는 전조선인민들의 열화같은 지지와 환영을 받고있다.

이에대하여 당황망조하는 리승만역도들은 이 평화적 통일추진을 극력방해하려고 더한층 발악적으로 날뛰고있다.

지난十일 리승만괴뢰정권의 공보처장[3]은 『조국전선의 제의에 발맞추어 소위 남북대표자회의에 참가하는자가 있다면 이러한 분자는 매국노로 인정할것이다』라고 애국적 인민들과 인사들을 공갈협박하고 매국노의 본색을 또한번 더 드러내고있다.

이와함께 조국의 평화적 통일독립을위한 인민들의 애국적 투지가 날로높아가는데 당황한 리승만역도들은 三八연선을 비롯한 남조선 각지방에 삼엄한 경계망을 펼쳐놓고 평화통일추진자들을 방해하기에 광분하고있다.

뿐만아니라 지난十일 조국전선호소문을 남반부제정당 사회단체들과 제인사들에게 전달하기위하여 三八연선 려현역지점에서 대기하고있던 조국전선파견원에 대하여 괴뢰군경은 장시간에걸친 집중사격으로써 一만여발에 달하는 포탄총탄을 퍼부었다. 이러한 야만적 폭거는 리승만역도들에 의하여 감행되였으며 또한 이것은 조국의 평화적 통일을 두려워하는 매국노들이 조국전선 호소문을 인민들속에 들여보내지 않기 위하여서이며 조국의 평화적 통일을 념원하는 인민들의 애국적 열의와 투지를 억압하기 위하여서이다.

미제의 지시에 따라 작년六월 조국전선이 호소한 평화통일 제의를 갖은 흉계와 만행으로써 반대 방해하였으며 조선인민을 영구히 미제의 식민지 노예로 예속시키기를 원하며 일층 이기도를 로골적으로 감행하고있는 리승만 역도들은 오늘에와서 또다시 조국의 평화통일 추진제의를 반대 방해하여 나섰다.

나아가 소위 『국방장관』 신성모는 앞으로 『국가 총농원령』을 발표할것을 고려중이라고 말하면서 동족상쟁의 내란도발에 광분하고 있다.

2 [편주] 일일천추: 몹시 애태우며 기다림.

3 [편주] 이철원(李哲源, 1900~1979).

금번 새로 당선된 남조선『국회』의원 여러분!

조국은 평화적으로 통일할데 대한 두차례에 걸친 조국전선의 호소는 동족상쟁의 유린적 불행을 초래하지않고 조국의 평화적 통일을 달성하려는 우리조국과 인민의 진실한 요구인 것이다.

이호소문의 구구절절에서 맥맥히[4] 흘러나오는 애국지성의 부르짖음에 민족적 량심을가진사람이라면 어찌 호응하지않을수있겠는가?

당신들에게 민족적량심이 있다면 당신들에게 우국지성이 조금이라도 있다면 당신들이 조국의 통일과 민족의발전을 조금이라도 념원한다면 어찌 이 호소에 호응하지않을수있겠는가?

조국전선의 재차의 공명정대한 이호소는 평화적 통일을 갈망하는 조선인민의 목소리이며 조국과 민족의 진실한 부름이다.

조국과 민족에 대하여 복무하느냐…리승만역도의 매국의 길을 따라가느냐…이두길이외에[5] 중간의 길은 다시없는것이다.

당신들이 민족의 양심을 가지고 조국과 민족의 장래를 근심한다면 자손만대의 장래를 생각한다면 그리고 인민의 리익과 의사를대표하는 대의원으로서 당신들이 진실로 나라의 주인노릇을 하려면 리승만 역도의 탄압학살 공갈이 있다한들 그것이 무엇이 두려울것인가? 정의는 언제든지 승리한다. 단결된 인민의 힘은 불패인것이다. 당신들이 정의와 조국과 동족을 위중히 생각하는 우국지사들이라면 용감히 나서야할것이다. 오는 十九일에 새로 소집되는『국회』에 조국전선의 평화적 통일추진제의를 반드시 상정하여 조국의 부름에 호응하여야할것이다.

만일에 조국과 인민의 이 진실한 부름에 궐기치않는다면 조국과 민족에대한 반역의 죄악을 천추에 씻을수없을것이다.

닥쳐오는 八・一五해방 五주년을 조국의통일로써 기념할 것을 조국과 인민은 당신들에게 절실히 호소한다.

八・一五해방 五주년 기념일에 최고립법기관회의를 서울에서 개최할 것을 추진시키기위하여 조국전선의 제의를 용감히『국회』에 내놓고 토의할것이다. 그

4 [편주] 맥맥히 : '맥맥이(끊임없이 줄기차게)'의 북한말.

5 [편주] 이 두 길 이외에.

의실현을 위하여 당신들은 모든 노력을 다할것이며 모든 곤난과 방해를 물리치고 용감히 나갈것이다.

아직까지 원쑤의 편에남아있는자들이여 시기를 놓치지말고 인민의편으로 넘어오라!

『로동신문』, 1950.7.22, 2면

조국의 영예와 통일독립을위한 정의의해방전쟁에 총궐기한 전체조선인민과 그의 강력한 무장력인 인민군대는 원쑤를 용감히 무찌르며 계속 전진하고 있다.

우리의 종국적 승리는 가까워왔으며 리승만도당은 결정적으로 멸망되고있다.

인민군대의 승리적진격에 의하여 멸망되여가는 리승만역도들을 구원하며 조선인민을 식민지노예로 만들려는 강도 미제국주의자들은 우리조선에대한 무력적 침공을 개시하고 계속 야만적 만행을 감행하고있다.

놈들은 민족적통일과 자유독립을 위한 정의의 전쟁에 궐기한 조선인민을 자기들의 식민지 노예로 만들어세계제패의 야망달성에 리용하려고 로골적으로 발악하고 있는것이다.

만일 미제국주의자들이 우리의 민족적자주권을 존중시하고 무력침범을 개시하지않았더라면 벌써 오래전에 우리조국은 통일되였을것이며 리승만역도들이 일으킨 동족상쟁의 내란은벌써종식되였을것이다.

그러나 뻔뻔스럽게도 우리조선내정에 군사적 간섭을 감생하여 우리인민을살륙하며 우리의아름다운강토를 피로써 물들이고있는 살인강도 미제국주의자들은 날이갈쑤록 더욱 횡포무도하게 야만적 만행을 다하고있다.

실로 우리인민의 앞에는 원수들을 무찔러 승리하느냐 그렇지않으면 놈들에게 짓밟히는가하는 위기가 닥쳐온것이다. 그러므로 오늘 우리조선인민들앞에는 리승만역도들과 강도 미제국주의 자들의 침공을 철저히 소탕하여야할 영예롭고 엄중한 전민족적임무가 부과되고있는것이다.

이 임무를 고상하게 실천하는 영용한 우리 인민군대와 단결된 조선인민은 날마다 빛나는 전투적 성과와 승리를 쟁취하고있다.

인민군대의 승리적진격에 의하여 미제국주의자들이 조작하고 양육한 리승만

괴뢰정부는 붕괴되였으며 소위 남조선국회는 와해되였다.

미제국주의자들의 침략군대의 륙상부대들은 도처에서 섬멸 포로 되고있으며 동시에 그의 해군과 공군도 커다란 타격을받고있다.

이와같은 현시기에있어서 조국은 전인민에게 더욱 불타는 애국사상과 영용성을 발휘하여 원쑤들을 최종적으로 박멸할 것을 요구하고 있다.

조국과 인민은 아직까지 원쑤의 편에서 자기동족과 자기들의 부모형제에게 총뿌리를대고 헛된반항을 계속하고있는 자들에게 시기를 놓치지말고 미제국주의자들의 침략군대를 반대하여 궐기할것을 요구한다.

인민군대의 승리적진격에의하여 리승만역도들이 패망의 파국에들어서게되자 이전 괴뢰정부에 종속되였던 제인사들과 다수『국회』의원들을 비롯하여 수많은『국방군』장병들은 이미 매국노리승만을 반대하고 조국의 통일독립을 위한 사업에 적극참가할 것을 결의하고 인민의편으로 넘어오고있다.

지난七월四일서울방송국마이크를 통하여 조국과 인민에게 복무할것을성명한 남조선『호국군』총사령 송호성씨를 비롯한 제인사들과『국방군』장병들이 인민의편에서 싸울 것을 성명하였다.

공화국정부와 인민군대는 자기의 과오를 뉘우치고 인민의 편으로 넘어와 조국과 인민에게 복무하며 정의의해방전쟁에 적극 참가할 것을 결의하고 나선 제인사들을 관대하게 맞이하여 주고있다.

아직까지 원쑤의편에 남아있는 자들에게도 조국의 통일독립과 인민의 리익을 위하여 복무할 수 있는 기회가 있으며 과거의 죄과를깨끗이 청산하고 재생할수 있는길이 남아있다.

조금이라도 민족애와 조국애를 가진 사람이라면 미제국주의략탈자들이 우리 동포 형제자매들을 무차별적으로 살육하며 평화적도시와 농촌들을 폭격하는 략탈전쟁의 도구로되지말고 조국과인민의 편으로 넘어와서 놈들에게 총부리를 돌려야할것이다.

조국과 인민은 리승만역도들과 미제국주의침략군대를 반대하여 인민의 편으로 넘어오는 사람들을 환영하며 그의과거를 용서하여줄것이다.

아직도 원쑤의 편에 남아있는 자들이여!

인민군대에 의하여 해방된 지구들에서 당신들의 부모 형제 자매들은 인민군대를 적극지지하며 인민정권을 받들어 정의의전쟁에 총궐기하고있으며 하루속히 당신들이 미침략자들의 도구로서 반역자의 값없는 죽임을 할것이 아니라 조국과 인민의 편으로 넘어올 것을 고대하고있다.

력사에 씻지못할 오명을 남길 것을 바라지않거든 또 자기자신의생명과 부모형제자매들의 행복과 조국의 통일독립과 자유를 원하거든 응당 인민의 편으로 넘어와야할것이다.

미제와 리승만역도들은 원쑤의 편에남아있는 자들에게 공갈하며 온갖 기만과 회유의 방법으로 자기와 같은 길을밟도록 하려고 시도할 것이다.

그러나 아직까지 원쑤의편에 남아있는 사람들은 반드시 승리는 조국의 통일독립과 자유를위한 전쟁에 총궐기한 조선인민의 편에있다는 것을 알아야할것이다.

이 이상더 주저하며 우유부단한 태도를 취한다면 당신들은 영영 재생의길을 놓치고 만다는 것을알아야한다.

우리의 정당한 해방전쟁은 전세계자유애호인민들의 열렬한 성원을 받고있으며 조선인민을 반대하는 미국침략자들의 비법적무력간섭은 세계각국의 수억만 평화애호인민들의 격렬한 항의와 배격을받고있다.

미제국주의자들의 어떠한 무력침공도 야만적만행도 조국통일을위한 정의의 전쟁에 궐기한 조선인민의 투쟁을 막아내지는 못한다.

영용무쌍한 우리의인민군대는 미제국주의자들을 반드시 우리조국강토로부터 물리칠것이며 그의 주구 리승만도당의 마지막 한놈까지 소탕하고야말것이다.

대구에서 광주에서 목포에서 려수에서 그리고 제주도끝까지 인민군대는 진격하여나아가며 승리의 기빨을 휘날릴것이다.

원쑤의편에 아직 남아있는 자들이여!

시기를 놓치지말고 인민의편에 넘어와서 미제와 리승만잔당을 물리치는 해방전쟁에 애국적 충성을 바치라!

총부리를 미제와 리승만 망국역도와 지휘관들에게로 돌려 진정한 재생의 길을 찾으라!

그리하여 우리조국과 민족의영광을 위하여 자유스러운 독립조선을 위하여 앞으로 용감히 나아가라!

미제의 략탈적군대를 마지막 한놈까지 우리조국강토에서 구축소탕하기위한 전인민적구국투쟁에 다같이 총궐기하라!

(안보리사회에서의 조선문제에 대한 쏘련제안을 열렬히 지지한다) 쏘련대표의 제안을 즉시 채택하라

『로동신문』, 1950.9.1, 1면

방금 진행되고있는 안보리사회에서의 조선문제에 관한 쏘련대표단의 제안은 조선문제의 평화적 해결의 정당한 방책이며 조선인민과 평화와 자유를 애호하는 전세계인민들의 일치한 의사와 요구를 반영하고있는것이다.

그러므로 나는 쏘련대표의 제안을 절대지지하면서 안보리사회는 반드시 이를 채택할 것을 강경히 요구하는바이다. 안보리사회가 진실로 조선문제를 평화적으로 해결하기위하여는 조선에 대한 미제국주의자들의 비법적 무력침공을 즉시 중지시켜야할것이며 조선으로부터 외래침략군대를 철거시키고 남북조선 쌍방의 대표의 의견을 청취하여 조선문제를 토의해결하여야할 것이다. 조선인민의 대표의 참가없이 조선문제를 토의할수없다. 또한 조선문제를 토의할때에는 극동의 평화와 안전에 직접적관심과 리해관계를 가지고있는 중국인민대표인 중화인민공화국대표를 반드시 참가시켜야 할 것이다.

안보리사회에서 쏘련대표단의 제안과 루차에걸친 만리크[1]씨의 연설은 미제국주의자들의 간악무비한 침략행위와 범죄적 사실들을 온세계에 더욱 적라라하게 폭로규탄하면서 평화와 안전과 모든인민들의 자주권을 존중히하는 확고부동한 쏘련의 평화옹호적 외교정책을 다시금 세계에 명시한것이다. 평화와 민주의 란포한[2] 유린자인 미제국주의자들은 그의주구 리승만역도들을 사수하여 동족상쟁의 내란을 도발시키고 오래전부터 준비되였던 침략계획에의하여 직접적인 무력침공을 감행하여 평화로운 조선인민들에게 야수적만행을 감행하면서도 이것을 조선인민에 대한 『선행』이라고 떠버리며 자기들의 천인공노할 만행과 죄상을

---

1 [편주] 만리크 : 야코프 말릭(1906~1980).

2 [편주] 란포한 : 난폭한.

유・엔의 기지로 엄폐하려고 시도하고 있다.

그러나 엄연한 사실들은 모두가 미제는 조선에서 내란을 도발시키였으며 미국군대는 지금 우리조선에서 침략을 감행하고있다는 것을 너무나 명백히 온세계에 밝혀주었다.

그렇기 때문에 전세계 평화애호인민들의『미국은 조선에서 손을떼라!』라는 웨침은 날로 더욱 높아가고 있는것이다.

안보리사회는 세계평화와 안전을보장하는 것을 원칙으로하고있는 유・엔헌장에 ○○[3]하며 전세계평화애호인민들의 공통된 요구와 공정한여론에 귀를 기울여 미제국주의자들의 세계제패를위한 침략도구의 역할로부터 침략자를 반대하고 평화와 안전을 보장하는데 기여할수있는 고상하고 진실한 자기의 본래의 사명으로 돌아가야할것이다.

만일 그렇지않고 안보리사회가 계속 미제국주의자들의 조종하에서 그들의 침략을 방조하기위하여 쏘련대표단의 정당한 제안을 거부하고 유・엔헌장을 위반하여 조선문제에관한 비법적인『결정』을 또다시 채택한다할지라도 구애되지않을것이며 더무자비하고 더결정적인 공격으로써 매국노 리승만 패잔병들을 완전히 소탕하며 흉악한 침략자 미군의 마지막한놈까지 우리조국강토에서 몰아낼때까지 목숨을바쳐 싸울것이다.

3　[편주]'립각'으로 보임.

조선전쟁의 정전 및 화평담판 교섭에 대한 각계의 반향

『민주조선』, 1951.7.11, 1면

조선인민군 최고사령관 김일성 장군과 중국지원군 사령원 팽덕회장군이 릿치웨이의 정전 및 화평담판제의를 수락한 것은 조국의 평화적 통일독립과 평화를 위하여 불요불굴의 투쟁을 계속해온 조선인민들과 중국인민들의 시종일관한 진의를 다시한번 선시하는 것이다.

다 잘 알려져있는바와같이 조선인민들은 조선문제의 평화적해결을위하여 미제국주의자들과 리승만도당들의 온갖 간계와 흉책에도 불구하고 인내있는 로력을 기울여왔던것이다.

그러나 미제와 리승만매국역도들은 과대한 망상에 사로잡혀 야수적 전쟁도발로써 조선인민의념원을 유린하여 조선인민을 전쟁의 참화속에 밀어넣고 세계평화에대한 위협을 조성시켰다.

이로부터 조선인민들은 미제무력침범자들을 반대하여 자기조국의 독립과 자유와 영예를위하여 정의의 검을잡고 분연 궐기하였으며 적들의 인간성을 잃어버린 온갖 만행에도 불구하고 모든 조선인민의 고귀한 것을 고수하는데 불패의 력량과 위력을 과시하였다.

그러면서도 조선인민들은 조국의 평화적 해결에대한 념원을 변함없이 견지하였고 기회있을때마다 이의 실현을 주장하여왔다.

조선인민은 조선에서 전쟁의참화가 사라지고 외국군대들이 철퇴한후 조선문제를 조선인민 자체의손으로 평화적으로 해결할 것을 시종일관 주장하여왔다. 이것은 조선문제 해결의 가장 적절한 길이였던 것이다.

그러나 탐욕한 미제는 발광적 모험을 그대로 계속하여왔다. 이러한 미제가 오늘 무엇 때문에 정전과 화평담판을 먼저 제의하여왔는가?

그것은 그들이 망상하였던 침략전쟁이 패배의 길로 달리고 있으며 또한 수치스러운 패배로 끝나리라는 것을 깨닫게되였기 때문인 것이다.

그들은 전쟁과정을 통하여 더욱 단결되고 강대하여가는 영웅적 조선인민의 불패의 력량에 부닥쳤으며 쏘련 중국을 비롯한 세계 평화애호인민들의 위엄있는 항의의 목소리에 공포를 느끼였던것이다.

그리고 미제 자체내부에 있어서나 그의 고용국가들 사이에있어서의 모순은 실패를 거듭함에따라 심각의도를 가하여◯[1]고 있다.

미제는 이러한 환경아래서 할수없이 정전을 제의하여온 것이다. 평화를 사랑하는 조선인민은 평화를 위하여 이제의에 응하였다. 이것은 조선문제의 평화적 해결의 길일뿐아니라 극동의 평화유지의 길이기도 한것이다.

때문에 우리는 정전 및 화평담판을 크게기대하는것이다.

그러나 이담판의 성공여부는 앞으로 남은 문제이다. 이것이 성공하느냐 못하느냐 그 여부는 철두철미하게 평화를 고수하며 ◯의로써 정전제의에 응하는 조선인민의 의사를 접수하고 평화애호 세계인민들의 지향에 바로는 정의가 미국지배층에 정말있느냐 여부에 달려있는 것이다.

만일 정전 및 화평담판의 간판뒤에 숨어서 적들이 어떠한 음모와 흉책을 꾸미는 일이있다면 항의의 복쑤에 불타는 조선인민들은 이를 용허하지 않을것이며 조선인민군과 중국인민지원군들은 미제 무력침략 고용◯들을 더욱 맹렬한 타격으로써 끝까지 소탕하고야 말 것이다.

우리는 우리의 무력인 조선인민군대의 무력을 백방으로 강화원호하고 후방을 철석같이 공고화함으로써 간악하고 교활한 미제의 술책을 제때에 적극적으로 또 무자비하게 봉쇄하고파쇄하도록 항상 준비되여있어야할 것이다.

---

1 [편주] '가' 또는 '지'.

조선 인민은 위대한 중국 인민의 피의 원조를 잊을 수 없다

『로동신문』, 1952.6.23, 2면

위대한 중국 인민들은 『항미 원조 보가 위국』의 기치를 높이 들고 자기의 우수한 아들 딸로 조직된 중국 인민 지원군 부대를 조선에 보내어 조선 인민 군대와 긴밀한 협동 작전 하에 미제 침략 군대에게 계속 심대한 패배를 주고 있다.

주지하는 바와 같이 항미 원조 운동은 우리 인민 군대가 전략적 후퇴를 하던 가장 곤난한 시기에 중국 인민들이 신개한 국제주의적 애국적 운동이며 정의의 운동이다.

위대한 중국 인민들은 지원군 부대를 우리 전선에 파견하여 피로써 우리를 원조하여 줄 뿐만 아니라 『중국 인민 항미 원조 총회』를 조직하고 막대한 의연금과 원조 물자를 모집하여 우리 조선에 보내어 주고 있다.

이 항미 원조 운동은 벌써 중국 인민들의 모든 투쟁의 원동력으로 되고 있다.

중국 인민들은 우리 조국에 대한 미제의 침략이 개시된 첫날부터 미 제국주의 략탈자들의 일거 일동을 극도의 분격으로써 살피였으며 중국 방방 곡곡에서 미제의 조선 침공을 반대 항의하는 운동을 전개하였다.

미 제국주의자들은 중화인민공화국의 수차에 걸친 정당한 경고와 항의에도 불구하고 자기의 비행기를 중국 령공에 불법적으로 침입케 하였다.

미제 하늘의 날강도들은 중국의 평화적 인민들에게 야수적 폭격과 기총 소사를 란포하게 감행하였다.

그리고 미제 침략자들은 우리 조국의 북쪽 땅 청천강을 넘어 압록강 연안까지 진출하여 중국의 국경을 위협하기에 이르렀다.

이와 같은 엄중한 형편에 처하였을 때에 전중국 각 민주주의 정당 사회 단체는 『항미 원조 보가 위국』의 신성한 투쟁을 공동 선언하였다. 이 선언은 四억 七천 五백만 중국 인민의 굳은 의지와 정의에 대한 일치한 요구를 반영한 것이며 중국 인민들의 애국주의와 국제주의 정신의 집중적인 표현인 것이다.

중국의 애국적인 청년 남녀들은 이 선언을 받들고 미제 침략자들을 반대하는 조선 전선에 한사람처럼 참가할 것을 서로 다투어 지원하고 나섰다.

항미 원조 운동은 공장에서, 농촌에서, 학교에서, 기타 각 직장에서 불꽃처럼 솟았으며 대중적, 사회적 운동으로 전개되였다.

이와 같은 중국 인민들의『항미 원조 보가 위국』운동은 결코 우연히 일어난 것이 아니다.

조선과 중국은 지리적으로 인접되어 있을 뿐만 아니라 과거 반세기 동안이나 직접 손에 무기를 들고 공동의 원쑤 일제를 반대하는 피어린 투쟁을 전개하였다.

중국 인민의 수령 모택동 주석은 일제의 침략을 반대하는 八년간의 항일 무장 투쟁에서와 장개석 반동을 타도하는 중국 국내 혁명에 참가하여 피흘려 싸운 많은 조선 혁명 렬사들을 찬양하여『우리 중화 인민 공화국의 찬란한 붉은 오성기에는 조선 혁명 렬사들의 붉은 피가 물들어 있다』라고 하시였다.

위대한 중국 인민들은 세계 평화를 위하여, 또 자기 조국을 보위하며 조선 인민들을 원조하기 위하여 자기의 아들 딸로 조직된 인민 지원군 부대를 조선 전선에 파견하였다.

조선 인민들은 열렬한 환호와 감사로써 중국 인민 지원군을 환영하였다.

조 중 량국 인민의 뜨거운 형제적 손길은 미 제국주의 침략자들을 격멸하는 정의의 포화 속에서 더욱 굳게 맺어졌다.

조선 인민군 부대들과 중국 인민 지원군 부대들은 긴밀한 협동 작전 밑에 미제 침략자들을 반격하여 단시일 내에 멀리 三八선 이남까지 구축하였으며 도처에서 놈들을 포위 섬멸하였다.

조선 인민군 부대는 영용한[1] 중국 인민 지원군 부대와의 긴밀한 협동 작전 하에서 첫 三개월 간에는 월 평균 二一, 二五八명, 그후 四개월 간에는 월 평균 三一, 二九○명, 그 후 四개월 간에는 월 평균 四○, 六九三명의 적들을 살상 포로하였다.

오늘 조선 인민군 부대와 중국 인민 지원군 부내는 공격진에서나 방어전에서 항상 주도권을 장악하고 적에게 계속적으로 큰 타격을 주고 있다.

---

1 [편주] 영용한 : 영특하고 용감한.

미 제국주의자들은 지나간 전쟁 기간중 조선 전선에 모든『최신식』무기와 기술을 동원하였으며 놀랄만큼 많은 재정을 소모하였다.

놈들의 발표에 의하더라도 조선 전쟁 개시후 놈들은 조선 전선에서 이미 一,四五○만톤의 군사 물자를 투입하였으며 五○○억딸라에 달하는 군사비를 지출하였다.

이와 같이 거대한 병기, 기술과 막대한 물자를 투입하여 일거에 조선을 강점하려고 발악하던 미제의 침략적 야망은 완전히 좌절되고 말았다.

오늘 조선 전선에 참가한 중국 인민 지원군 부대 장병들은 조선의 전쟁을 자기 조국의 전쟁과 같이 생각하며 조선 인민의 승리를 곧 자기의 승리로 보며 조선의 땅을 자기 조국의 땅과 같이 사랑하면서 최후의 피 한방울까지 바쳐 싸우고 있다.

중국 인민 지원군 총사령원 팽덕회 장군은 다음과 같이 말씀하셨다.

『지원군 부대의 지휘관들과 병사들은 령하 三○도 이하라도 높은 산에 무릎까지 빠지는 눈속에서도 밤낮을 가리지 않고 전투하였다.

적의 포화를 뚫고 그들은 적의 방위 진지를 공격하고 점령하기 위하여 겨울의 얼음 있는 물을 건너 전진하였다.

자기의 전투 임무를 완수하려고 노력하면서 그들은 굶주림과 추위를 용감하게 참았다』

중국 인민 지원군 부대들은 단기 전선에 있어서 뿐만 아니라 그들의 주둔 지역들에서 조선 인민을 배방으로 애호하여 주고 있다.

중국 인민 지원군 용사들은 원쑤들의 폭탄이 우박처럼 떨어질 때 자기의 생명을 아끼지 않고 조선 인민들을 구호하여 주며 로력이 부족한 군무자 가족과 애국렬사 농가의 영농을 자기의 일과 같이 원조하여 주고 있다.

그들은 식량을 절약하여 조선의 새해 농민과 건재민들에게 그를 나누어 주고 있다.

그렇기 때문에 조선 인민들은 그들을 자기의 친근한 벗으로 생각하며 존경하고 있다.

중국 인민들의 항미 원조 운동은 새 전쟁을 도발하려는 전쟁 방화자들의 음모를 파탄시키고 세계의 항구한 평화를 유지함에 있어서 실로 세계사적 의의를 가진다. 중국에서의 항미 원조 운동은 전인민적 운동으로써 광범히 전개되고 있다.

로동 계급은 생산 경쟁 운동을 통하여 생산 능률을 제고하고 자기의 계획을 기한 전에 초과 달성한 분으로써 농민들은 식량 증산 투쟁과 애국미 헌납 운동으로써, 학생 청년들은 군사 간부 학교 지원 운동과 아울러 항미 원조 선전대를 조직하며 시위 운동 및 군중 대회를 개최함과 동시에 연별한 위문운동을 전개하고 있다.

이와 같이 항미 원조 운동의 결과는 작년 六월 一일부터 一二월 말까지만 하여도 군기 헌납 기금으로 총액 五만 二백 四二억 八천 七백 七九만 六천 五백 二一원(중국 인민 화폐로)에 달하는 거액이 수집되었는바 이는 전투기 三천 三백대 분에 해당한다.

그리고 조선 인민들을 원호하기 위하여 작년 一년간 한 하여도 三六만 여착[2]의 솜옷과 북조선 중앙 은행권으로 四천 四백 여 만원의 위문금을 보내여 왔으며 一九二차량의 량곡, 一二七만 九천여 상자의 기타 물자를 보내여 왔다.

중국 인민 항미 원조 총회의 통계에 의하면 一九五〇년 一一월 二〇일부터 一九五二년 一월 二一일까지에 전중국 인민들이 전방 위문으로 보낸 위문금은 一, 八二八억 五천 七백 二四만 여원에 달한다.

오늘 중국 인민에게 있어서의 항미 원조 운동은 생활의 원동력으로 되고 있다.

중국 인민의 수령 모택동 주석은 『우리는 항미 원조의 공작을 계속 강화하며 생산을 증강하고 절약을 리행하며 중국 인민 지원군을 지지하여야 합니다. 이것은 오늘 중국 인민의 중심 임무입니다』라고 말씀하였다.

증산과 절약으로써 항미 원조 운동을 더욱 강화할 것을 호소한 자기들의 위대한 수령의 말씀을 높이 받들고 지금 중국 전체 인민들은 불꽃 튀는 증산 절약 투쟁을 전개하고 있다.

최근 미 제국주의자들이 조선 인민과 중국 인민의 대량적 살육을 목적으로 조선과 중국 령토에 세균 무기를 사용하기 시작하자 중국 인민들은 국제 법규를 란포하게 위반하는 천인 공노할 만행을 전세계 인민들 앞에 폭로하면서 그를 분쇄하기 위하여 항미 원조 운동을 더욱 힘차게 걷게하고 있다.

---

2 [편주] 착 : '벌'의 잘못.

전체 조선 인민들은 피로써 원조하여 주는 전체 중국 인민들과 영광스러운 중국 공산당에 의하여 령도되는 중국 인민들의 아들 딸들이 우리 조국 강토의 방방 곡곡에서 흘린 고귀한 피의 그 어느 한방울도 천추 만대에 잊지 않을 것이며 그들이 피로써 세운 불멸의 위훈은 조선 인민의 가슴 속에 영원토록 남아 있을 것이다.

전체 조선 인민은 위대한 쏘련을 수위로 하는 전세계 평화 애호 인민들의 열렬한 지지 성원과 영용한 중국 인민들의 강력한 직접적인 원조를 받으면서 승리의 신심을 굳게 가지고 승리를 향하여 힘차게 전진하고 있다.

온 세계 평화애호 인민들의 미제 교형리에 대한 격분의 목소리

『로동신문』, 1952.7.18, 2면

온 세계의 모든 선량한 사람들은 히틀러 악당의 뒤를 따라 온갖 만행과 류형적 략탈의 길에 들어선 미국 흡혈귀들이 조선에서 감행하고 있는 천인 공노할 전대 미문의 만행에 대하여 참을 수 없는 분격을 표시하고 있다.

미 제국주의자들은 二년이 넘는 동안이나 평화를 사랑하고 자기 조국의 독립과 자유를 위하여 투쟁하는 조선 인민들을 반대하여 략탈적인 전쟁을 계속하고 있으며 대량적 인간 살육을 위한 온갖 범죄적 수단을 다 쓰고 있다. 실로 과거 반 세기의 전체 력사는 제국주의가 폭행과 략탈, 총검과 살육이 없이는 살 수 없음을 뵈여주었다. 미 제국주의자들은 제二차 세계 대전 후 국제 평화의 교란자로서 등장하였으며 침략을 준비하는 정책으로부터 직접적 침략 책동으로 넘어갔으며 조선에 대한 무력 침공의 길에 들어섰다.

놈들은 조선 인민으로부터 민족적 독립을 빼앗으며 민주주의적 국가 건설을 반대하며 또한 조선을 자기의 식민지로 전환시키며 그 령토를 극동에 있어서의 놈들의 군사 기지로 전환시키려 하고 있다.

이리하여 미 제국주의자들은 유·엔의 탈을 쓰고 가장 비인도적이고 야수적인 전쟁 방법을 쓰고 있다. 인류 문명의 극악한 원쑤 미제 강도들이 야수적 무력 침공의 길에 들어선 첫날부터 그의 공중 비적들은 우리의 평화적 도시, 농촌, 어촌 심지어는 산간 벽지에 이르기까지 무차별적 맹폭을 감행하였다. 원쑤들의 이와 같은 맹폭은 수다한 공장, 기업소, 학교, 병원, 주택들과 수 많은 명승 고적들을 파괴하였다.

인간의 도덕과 량심의 마지막 한토막까지 완전히 잃어버린 미제 야만들은 그들의 피묻은 발톱이 닿는 곳마다에서 닥치는대로 무고한 인민들을 대량적으로 학살하였다.

인간 백장[1] 미제 식인종들의 조선 인민에 대한 무차별적 폭격, 포식, 강제적 살육, 야만적 고문, 그밖의 가지가지의 범죄적 만행은 낱낱이 다 헤아릴 수 없다. 그러나 이미 자유의 기쁨을 몸소 체험하였고 조국의 통일 독립을 위하여 일어선 영웅적 조선 인민들을 정복할 수는 없었다.

놈들은 정전 담판의 막 뒤에서 국제적 협정과 인류의 량심을 무시하고 조선 인민과 중국 인민들의 대량적으로 살육하기 위한 세균전을 감행하는 데까지 이르렀다.

원쑤들은 一九五二년 一월 二八일부터 그해 三월 二五일까지만 하여도 공화국 북반부 지역 八五개시 군에 대하여 四一〇회에 걸쳐 코레라균, 티브스균, 적리균, 그밖에 악질 전염병균을 가진 파리, 벼룩, 빈대, 모기, 개미 따위 三〇여종에 미치는 벌레들을 뿌리였다.

뿐만 아니라 미제 야만들은 우리 쪽 포로들을 학살하는 더욱 엄중한 죄악적 만행을 감행하였다.

망국노의 생활을 원하지 않으며 미제 침략자들의 대포밥으로 되기를 단호히 거절하고 제네바 협정에 기초하여 정전 후 곧 놓이어 자기 집에 도라가 평화로이 살려는 우리 북 포로들을 평화의 원쑤들은 무심히 죽이고 있다.

미제 살인귀들은 발톱까지 무장한 대부대를 거제도에 집결시키고 대포, 기관총, 탕크, 화염 방사기 심지어는 독까스로서 빈주먹인 우리 북포로들을 잇따라 학살하였다.

천추에 저주 받을 원쑤놈들의 이같은 만행은 조선 인민들 뿐만 아니라 온 세계 사람들을 몸서리치게 하고 있다.

오늘 二〇세기의 문명한 인간들의 리성은 침략 전쟁을 미워하며 그들 계획, 준비, 전쟁하는 자들을 범죄자로 단죄하는 동시에 이를 엄격히 처단할 것을 요구하고 있다. 그리하여 미 제국주의자를 무서운 전쟁 범죄자로서 락인하고 그를 처단하라는 드높은 목소리가 세계 방방 곡곡에서 울리고 있다.

그러나 월가의 전쟁 상인들은 조선 전쟁의 계속 및 확대를 흉책하고 있으며 도발적인 만행을 계속 감행하고 있다. 왜냐하면 그들은 조선 전쟁의 불길이 미국의

---

1 [편주] 백장 : 백정.

자본주의 세계를 무장하며 군수품 제조업자들에게 많은 리륜을 가져다 주는 발광적인 군비 경쟁을 파탄시킨 것을 두려워 하고 있기 때문이다.

그리하여 놈들이 정전 담판을 진행하고 있는 배후에는 커다란 근심 걱정이 있으며 이로 말미암아 조선 정전 담판을 지연 파탄시키려고 온갖 배신적이며 비인도적 만행을 감행하고 있는 것이다.

만약 미제 침략자들이 조선 문제의 평화적 해결을 진실로 요구한다면 정전 담판에서 마지막으로 남아 있는 단 한가지 문제, 곧 포로 교환 문제에 있어서 우리들의 합리적이고 공평한 방안을 받아들이였을 것이며 따라서 조선 정전 담판은 합의에 이르렀을 것이다.

그러나 조선에서 정전을 원하지 않으며 전쟁의 계속 확대를 추구하고 있는 미제는 부당한 고집을 주장함으로써 담판을 밀우어 나가고 있을 뿐만 아니라 이 고집이 실패에 다다르자 놈들은 한걸음 나아가서 새로운 도발적 만행을 감행함으로써 담판을 파탄시키며 조선 전쟁을 더욱 확대하려는 기도를 똑똑히 뵈여 주고 있다.

다 아는 바와 같이 조선 인민들의 일상적 생활과 복리를 위한 순진한 평화적 시설인 여러 발전소를 폭격하였으며 더욱 발광적인 만행을 강화함으로써 우리에게 어떤 『효과적』인 군사적 『압력』으로써 조선 인민을 놀래우며 정전 담판 회장에서 그들의 부당한 주장을 관철시켜 보려 하고 있다.

그 뿐만 아니라 미국 살인귀들은 지난 一一일 아침부터 一二일 미명에 이르는 사이에 평양 지구에 무차별 폭격을 감행하여 또 다시 수많은 평화적 주민을 무차별 살상하였다.

이와 같이 교만 무도하고 흉악한 야만적 행동은 일찌기 인류 사회 력사의 어느 페지에서도 찾아볼 수 없는 극악 무도한 범죄적 행동이다.

중세기의 어떠한 폭군의 만행도, 미개인들의 어떠한 살육 행위도, 미 제국주의자들의 실시하고 있는 독까스실과 세균전을 이루는 대량학살의 흉악질에 비교하면 아무 것도 아니다.

그러나 과거 인류 력사가 증명하고 가르치는 바와 같이 정의를 위하여 일어선 인민들을 정복할 수 없다.

전쟁의 운명이 하나의 군사적 모험으로나 정전 담판에서의 비렬한 행위로써 해결되는 것은 아니다. 조국 해방 전쟁에서 단련되고 더욱 ◯[2]성된 조선 인민들은 미제의 어떠한 위협과 압력에도 절대로 굴복하지 않는다. 미제 침략자들의 어떠한 도발적 행동도 조선 전쟁에서 그들이 행한 참해는 결코 만회할 수 없는 것이며 조선 인민들의 투지를 꺾지 못할 것은 아주 환한 일이다.

미제 야만들의 만행이 드러날 때마다 이를 폭로 규탄하는 조선 인민들과 온 세계 인민들의 우렁찬 항의의 목소리가 노도와 같이 지구 위의 방방 곡곡에 우렁차게 벌어지고 있다.

우리 발전소 폭격[3]에 대한 온 세계 인민들의 분노에 찬 항의의 목소리는 세균 무기 사용과 우리 쪽 포로 학살을 반대 규탄하는 항의의 목소리와 합류되여 더욱 힘차게 울리고 있다.

지금 공화국 각지에서는 미제의 우리 쪽 포로에 대한 잔인 무도한 학살 고문 행위와 범죄적 세균 무기의 계속적 사용에 뒤이어 감행된 원쑤들의 새로운 죄악에 대하여 전체 조선 인민들은 참을 수 없는 분노와 적개심을 폭발시키고 있으며 이를 항의 규탄하는 군중 집회가 널리 벌어지고 있다.

리종윤 동무가 지도하는 직장의 전체 종업원들은 미제의 여러 가지 만행과 아울러 우리 발전소 폭격에 대하여 끓어오르는 격분을 참지 못하여 우렁찬 항의의 목소리를 울리고 있다. 장창옥 동무와 김영승 동무는 미제 살인귀들이 조선에서 감행한 몸서리치는 만행을 낱낱이 드러내면서 『정전 회담의 파탄과 전쟁 확대에 미쳐 날뛰는 미제 침략자들의 새로운 죄악은 멸망하는 그들의 운명을 더욱 채찍질할 뿐이다』라고 말하였다. 그는 계속하여 『원쑤들의 더 덮치는 만행과 발악은 자기들에게 억누를 수 없는 적개심을 불러일으키게 한다』라고 말하였다.

미제를 반대하여 항의 규탄하는 목소리는 조선 인민뿐만 아니라 온 세계 인민들에게서도 울려 오고 있다.

만약 미제 침략자들의 새전쟁 도발 흉모를 파탄시키기 않는다면 오늘 조선 인민이 당하고 있는 것과 같은 전쟁의 참화와 고통을 온 세계 선량한 인민들이 또

---

2 [편주] '장'으로 보임.

3 [편주] 1952년 6월 23일부터 미 공군이 감행한 압록강변 수풍댐 및 10개 발전소 폭격을 지칭함.

다시 겪게 되겠기 때문이다.

그러기에 온 세계 선량한 인민들은 공동의 적 미제를 반대하여 투쟁한다.

아세아 및 태평양 지역 평화 옹호 대회 준비 회의 선언서에 지적된 바와 같이 『평화에 대한 이 공동한 의지를 평화 옹호를 위한 통일적인 력량으로 전환시킴으로써 그들은 완전한 민족적 있는 독립을 확보하며 그들이 받고 있는 군사 준비의 처참한 결과들에 종말을 가져다 줄 평화의 제 조건들을 쟁취할 수 있』기 때문이다.

평화의 성새인 위대한 쏘련 인민과 우리의 이웃나라 중국 인민들을 비롯하여 중앙 및 동남 구라파 인민 민주주의 국가 인민들은 미제의 만행에 련이은 우리 쪽 발전소 폭격 만행에 대하여 크게 격분하고 있으며 자본주의 국가내 진보적 인민들도 미제의 우리 발전소 폭격을 항의 규탄하고 있다.

중국의 여러 민주주의 정당들은 압록강 우리 발전소에 대한 미국 침략자들의 폭격을 규탄하는 성명서를 발표하였다. 중국 민주 촉진회가 발표한 성명서에는 『비인도적 세균전과 더불어 미 제국주의자들은 이 란포한 폭격의 결과에 대하여 전적인 책임을 져야 할 뿐만 아니라 또한 조선과 중국, 그리고 온 세계 인민들의 손으로 이에 대한 엄벌을 받을 것이다』라고 지적되어 있다.

미 제국주의자들의 동맹국으로 직접 조선에 군대를 파견하고 있는 처칠 독재하의 영국에 있어서도 광범한 평화 애호 인민들은 영국 평화 옹호 위원회와 영국 공화당을 통하여 세균 만행의 즉시 중지와 영국 군대를 즉시 철거할 것을 요구하고 있다.

지난 六월 二五일 런던에서는 조선에 파견된 영국 병사들의 어머니와 안해와 친척들이 전국 방방 곡곡으로부터 뫼여 들었다. 그들은 처칠에게 『우리들은 조선 전쟁의 즉시 중지를 요구하며 전국 인민을 총궐기시킬 것이다』라고 지적하였다.

불란서에서는 대다수 불란서 프로레타리아트를 단결시키고 있는 로동 총동맹이 콤뮤니케를 발표하였다. 로동 총동맹은 이 콤뮤니케에서 불란서 로동자들의 명의로써 최근 미국 군대가 조선에서 도발적 목적을 가지고 감행한 야만적 발전소 폭격을 반대하여 항의하였다. 동 콤뮤니케에서는 『불란서 근로자들은 자유와 독립을 위하여 싸우는 영웅적 조선 인민들과 굳게 단결되여 있다. 불란서 근로자들은 조선 전쟁의 중지와 조선에 파견된 불란서 군대의 철거를 요구한다』라고 지지하였으며 인도에 있어서도 사회 여론이 끓어오르고 있다. 뱅갈의 진보적 신문 스와지 나타지는 『조선』이라고 제목한 사설에서 미제는 『인민들이 로력에 의하여 건설된 압록강 발전소를 파렴치하게 파괴하였다. 범죄자들의 행동은 온 세계 인민의 격분을 자아내고 있다. 우리는 미국 정부와 미국 대통령에 대하여 인도 인민이 전쟁 범죄자들의 편에 서지 않을 것이라고 선언한다』라고 하였다.

오늘 온 세계 인민들은 평화를 위하여 투쟁한다는 것을 새로운 생활 제도를 위하여 투쟁한다는 것을 의미함을 똑똑히 알고 있으며 만일 인민들이 『평화 유지 사업을 자기 수중에 틀어쥐며 이를 끝까지 고수한다면 평화는 유지될 것이며 공고화될 것입니다』라고 가르치신 쓰딸린 대원수의 말씀을 더욱 새롭게 명심하고 있다.

세계 수억만 인민들의 의사를 대표한 세계 평화 리사회 특별회의에서는 조선 전쟁의 즉시 종결과 세계의 공고한 평화를 쟁취하기 위한 제반 대책들을 토의하였다.

수 많은 평화 옹호 투사들이 미제의 전율할 범죄적 만행에 대하여 격분하여 이를 폭로하고 있으며 그를 규탄하고 있다. 토이기의 저명한 시인 나짐 히크메트는 『…조선으로 파송되기를 거부한 사람들 또한 해로운 선전을 하는, 즉 조선에 대한 미제의 간섭에 대하여 진실을 말하는 귀환병들이 검거되였다는 보도가 매일같이 토이기 신문들이 실려지고 있다.

조선 전쟁에 대한 증오와 같이 전쟁에 대하여 그렇게 심각한 증오를 표시한 적은 력사 상에 없었다』라고 말하였다.

온 세계 평화 옹호자들은 자기들의 통일적인 행동에 의하여 미 제국주의자들의 비렬한 세균 작전을 규탄하고 세균 범죄자들의 처벌을 요구하는 견결한 투쟁을 전개하고 있다.

사회 제도와 이데올로기가 서로 다름에도 불구하고 온 세계 인민들은 미국의 갖은 야만적 행동에 항의하고 있으며 조중 인민들뿐만 아니라 전체 인민들에게 도전하고 있는 미국 악당들에게 준엄한 처벌을 요구하고 있다.

각국 근로자들과 전체 진보적 인류들은 미국 야만들의 만행에 대한 대답으로 전쟁 방화자들의 식인종적 계획을 반대하는 정의의 국제적 투쟁을 강화함으로써 조선 인민들의 조국 해방 전쟁의 승리를 고무 격려하고 있다.

조선 민주주의 인민 공화국 최고 인민회의 상임 위원회 정령

『로동신문』, 1953.12.20, 1면

리극로 동지를 조선 민주주의 인민 공화국 무임소상 직책으로부터 해임함에 관하여

조선 민주주의 인민 공화국 최고 인민 회의 상임 위원회는 다음과 같이 결정한다.

조선 민주주의 인민 공화국 무임소상 리극로 동지가 다른 직으로 이동되게 됨과 관하여 그 직책으로부터 해임한다.

조선 민주주의 인민 공화국
최고 인민회의 상임 위원회
위원장 **김 두 봉**
조선 민주주의 인민 공화국
최고 인민회의 상임 위원회
서기장 **강 량 욱**
一九五三년 一二월 十九일
평양 시

김응기 동지와 리극로 동지를 조선 민주주의 인민 공화국 최고 인민 회의 상임 위원회 부위원장으로 선출함에 관하여

『로동신문』, 1953.12.23, 1면

김응기 동지와 리극로 동지를 조선 민주주의 인민 공화국 최고 인민 회의 상임 위원회 부위원장으로 선출함에 관하여

조선 민주주의 인민 공화국 최고 인민 회의는 다음과 같이 결정한다.

김응기 동지와 리극로 동지를 조선 최고 인민 회의 상임 위원회 부위원장으로 선출한다.

조선 민주주의 인민 공화국
최고 인민회의 상임 위원회
위원장 **김 두 봉**
조선 민주주의 인민 공화국
최고 인민회의 상임 위원회
서기장 **강 량 욱**
一九五三년 一二월 二二일 평양 시

제네바 회의에서 조선 민주주의 인민 공화국 정부 대표단이 제출한 조선 문제의 평화적 조정에 대한 방안을 지지하는 평양시 군중 대회에서 한 연설들—조선 건민회 대표

『민주조선』, 1954.5.6, 4면

조선 건민회 대표

조선 건민회 위원장 리 극 로

친애하는 여러분!

오늘 제네바에서는 위대한 쏘련을 위시하여 중화 인민 공화국, 불란서, 영국, 미국의 五대 강국을 비롯한 기타 관계 각국 외상들이 모여 현하의 가장 중요한 문제의 하나인 조선 문제를 토의하고 있습니다.

제네바 회의 제二일 회의에서 우리공화국 정부 수석 대표 남일 외무상은 조선 문제의 평화적 조성을 위한 가장 합리적이고 구체적인 방안을 제출하였습니다.

즉 남일 외무상이 제출한 방안에는 조선으로부터 六개월 내에 모든 외국 군대가 철거하고 조선 인민의 자유로운 의사 표현의 기초 위에서 조선의 통일 정부를 형성할 국회 총 선거를 실시 할 것과 이를 준비하기 위하여 남 북 조선대표들로써 전 조선 위원회를 구성할 것이 명시되여 있습니다. 전 조선 위원회는 남 북 쏘련 간의 경제 및 문화 교류 즉 통상, 재정, 회계, 운수, 경계선 관계, 주민의 통행 및 서신의 자유, 문화 및 과학 교류 등을 설정 발전시킬 대책들을 즉시 취할 것을 예견하고 있습니다. 이는 전체 조선 인민의 진정한 념원과 지향을 반영한 것이며 국제 국제 긴장 상태 완화를 위하여 노력하고 있는 전세계 평화 애호 인민들의 희망과 부합되는 것입니다. 그렇기 때문에 제네바 회의에서 쏘련과 중화 인민 공화국 정부 대표는 조선 민주주의 인민 공화국 정부 대표단이 제출한 우리 조국의 평화적 통일 방안을 조선문제의 평화적 해결을 위한 가장 공정하고 구체적인 방안이라고 인정하고 이를 적극 지지하고 있습니다.

그럼에도 불구하고 우리 민족의 철천지 원쑤 미제 침략자들과 리승만 도당들은 이 정당한 방안을 반대하고 여전히 우리 조국을 식민지화 하려는 침략적 기도를 되풀이 하고 있습니다.

악명 높은 전쟁 광신자 덜레스는 제네바 회의에서 우리측의 방안을 거부하고 미국 군대의 철거를 반대하면서 소위 유・엔의 간섭을 정당화 하려고 하며 그 간판하에서 북 조선에서만 선거를 실시하려는 황당 무계한 주◯[1]을 내놓았습니다.

조선 인민들은 미제와 리승만 력도들이 주장하는 유・엔 감시하의 선거가 무엇을 의미하는 가를 똑똑히 알고 있습니다.

미제와 리승만 도당들이 一九四八년 五월 十일에 소위 유・엔 조선 림시 위원단의 감시하에 남조선에서 감행한 단독 『선거』는 국토 량단, 민족 분렬을 더욱 조장 시켰으며 이로써 남조선 인민들을 더욱 혹심한 기아와 빈궁, 테로와 학살의 생지옥에서 헤매게 하였습니다.

미제에의한 국토 량단, 민족 분렬 정책의 결과 오늘 남조선의 대부분의 공장, ◯◯[2]소들은 페쇄되고 농촌 경리는 여지없이 령락되였으며 물가는 천정 모르게 ◯[3]위되고 실업자의 수는 백만 이상을 초과하며 수백만의 전재민들과 五◯여 만의 전재 고아들이 거리에서 방황하고 있습니다.

뿐만 아니라 미 제국주의자들은 미국동군 사령관 직속하의 소위 한국 민사처를 통하여 남조선의 정치, 경제, 문화, 군사 부문에 걸친 전권을 직접 장악하고 남조선 땅에서 『주인』 행세를 거리낌 없이 감행하고 있으며 『한미 합동 경제 위원회』와 『한국 재건단』의 명목하에 우리 민족 경제를 파산에 몰아 넣으며 민족의 우수한 계보와 문화 유물을 마음대로 략탈 파괴하고 있습니다.

소위 유・엔 감시하의 『선거』란 매국을 의미하며 민족의 멸망과 분렬을 의미하며 미제에 의한 식민지 예속화를 의미 합니다.

이러한 모든 사실들은 미국 군대가 남조선에 주둔하고 있는 한 조국의 진정한 평화적 통일은 달성될 수 없으며 암흑의 도탄속에서 신음하고 있는 남반부 인민

1 [편주] 문맥 상 '장'.
2 [편주] '제조'로 보임.
3 [편주] '등'자로 보임.

들을 구원할 수 없다는 것을 실증하여 주고 있습니다.

오늘 조선 문제의 평화적 해결은 오직 조선으로부터 미국 군대를 비롯한 모든 외국 구대를 철거하고 남 북 조선 인민들의 자유스러운 선거에 기초하여 통일적 조선 정부를 수립함으로써만이 가능한 것입니다.

만일에 제네바 회의가 평화적 방법에 의한 조선 문제의 종국적 해결을 원한다면 반드시 조선 인민의 이와 같은 절실한 념원을 반영한 남일 외무상의 정당한 제의를 진지하게 심의하며 긍정적 결정들을 채택하여야 할 것입니다.

친애하는 여러분!

우리 조국이 처한 이 엄숙한 시기에 나는 제네바 회의에서의 남일 외무상의 조선 문제의 평화적 조정에 대한 정당한 방안을 전적으로 지지하며 그를 관철시키기 위한 투쟁에 모든 힘을 다할 것을 결의하는 바입니다.

또한 미제와 리승만 도당들의 침략적 죄상을 걸음마다 폭로 분쇄하며 조선의 각 당, 각계 각층 민주 인사들과 사회 활동가들과 전체 인민들을 조국의 평화적 통일을 위한 투쟁에로 불러 일으킨 조국 통일 민주주의 전선 중앙 위원회 호소에 호응하면서 그의 실행을 위하여 모든 힘을 다할 것을 결의하는 바입니다.

조국의 평화적 통일을 위한 우리의 정당한 주장을 관철시키기 위하여 더 힘차게 나아갑시다.

(제네바회의 총화에 관한 남일 외무상의 성명을 각계에서 열렬히지지)

평화적 조국 통일을 위한 우리의 투쟁은 반드시 승리할 것이다

『민주조선』, 1954.7.16, 1면

조선 사람은 물론 전아세아 사람들과 전세계 사람들이 커다란 기대를 걸고 있던 제네바 회의에서의 조선 문제 토의는 탐욕스러운 미국 지배층과 매국 역도 리승만 도당의 파렴치한 술책으로 말미암아 파탄되고 말았다.

그러나 조선 문제의 평화적 해결책이 막혀 버린 것은 아니며 그 가능성은 앞으로 계속 남아 있다.

조선 문제의 평화적 조정을 위한 제네바 회의 총화에 관한 남일 외무상의 성명은 이 가능성에 대한 론증을 주었으며 이를 실현시키기 위한 조선 인민들의 굳은 지향을 정당히 반영하고 있다.

남일 외무상의 성명에 지적된 바와 같이 오늘 우리들 앞에 제기되고 있는 가장 중대한 과업은 조국을 평화적으로 하루 속히 통일시키며 조선 인민이 한 가정 속에서 민주주의적 새 생활을 창조할 수 있는 길로 계속 우리들의 단결된 력량을 기울이는 데 있다.

조선 인민을 식민지 노예로 화하며 아세아를 침략하기 위한 발판으로 남조선을 영구히 강점하려는 미 제국주의자들에게 있어서는 무엇보다도 조선의 분할이 요구되며 평화적 통일이 두려울 것이다. 그러나 조선 인민에게 있어서는 무엇보다도 조국의 통일과 평화가 요구되며 이는 가장 절실한 민족적 념원이다.

다 아는 바와 같이 미제와 리승만 역도들은 남조선에 미국 군대의 장기주둔을 획책하면서 그들 외국 무력에 의거하여 인민들에 대한 경찰, 테로 학정을 더욱 강화하면서 혹독한 경제적 략탈과 아울러 고귀한 문화 유산을 파괴 말살하고 있으며 부패하고 예속적인 양캐 『문화』를 조선 인민에게 강요하고 있다. 최근 『한글 간소화』라는 명목밑에 우리 국문 한글이 가지는 우수성과 과학성을 말살하고 아주 락후한 비과학적인 문자로 악변[1]시킬 것을 소위 『법』으로써 강요하고 있는 사실들은 미제와 리승만 역도들이 조선의 분할과 예속화 정책을 위하여 정치, 경제면에서 뿐만 아니라 문화면으로도 계속 광분하고 있다는 것을 또 다시 증명하는 것이다.

조선 인민은 이러한 사태를 참을 수 없으며 용허할 수 없다. 우리 조선 인민은 미제 침략자들과 리승만 매국 도당의 어떠한 흉책도 이를 폭로 분쇄하며 조국을 민주주의적 기초 우에서 평화적으로 통일하기 위한 이 절실한 념원을 실현시키기 위한 노력을 한시도 멈추지 않고 계속 투쟁할 것이다.

쏘련과 중화 인민 공화국 및 형제적 제국가 인민들의 적극적인 원조와 지지에 의거하면서 오늘 북반부 인민들이 진행하고 있는 전후 인민 경제 三개년 계획 실행을 위한 도덕적 투쟁은 공화국의 민주 기지 강화를 위한 투쟁이며 이것은 곧 조국의 평화적 통일의 물질적 토대를 구축하는 유일한 길이다.

조선은 조선 인민의 것이며 조선 문제는 조선 인민 자신에 의하여 해결지여야 한다는 원칙은 누구도 부인할 수 없다.

우리들은 조선 문제의 평화적 조정을 위한 제네바 회의 총화에 관한 남일 외무상의 성명을 절대 지지하며 평화와 민주 진영의 편에 더욱 튼튼히 서서 조국의 평화적 통일 실현을 위한 투쟁에 한 사람같이 궐기하여 끝까지 싸울 것이다.

---

1 [편주] 악변 : 사태가 나쁜 방향으로 바뀜.

「유・엔 한국 통일 부흥 위원단」은 즉시 해체되여야 한다

『민주조선』, 1954.12.8, 2면

방금 유・엔 총회 정치 위원회에서는 조선 문제에 관한 토의가 진행되고 있다.

조선 문제의 조속한 평화적 해결은 비단 조선 인민의 한결 같은 념원일뿐만 아니라 국제 긴장 상태를 완화하며 전반적 평화의 공고화를 지향하고 있는 세계 인민들의 절실한 관심사의 하나로 되고 있다.

조선 문제의 평화적 해결을 위하여 시종 일관한 노력을 경주하고 있는 쏘련 정부의 립장을 밝히면서 유・엔 쏘련 대표 말리크는 지난 十二월 一일 회의에서 조선 문제의 평화적 해결을 촉진하기 위한 조치로서 두 개의 결의안을 제출하였는바 그의 하나는 미 제국주의자들의 조선 침략 정책의 엄페물로 되어 있는『유・엔 한국 통일 부흥 위원단』을 해체할 것을 제의하였다.

소위『유・엔 한국 통일 부흥 위원단』의 정체를 똑똑히 알고 있는 전체 조선 인민은 말리크의 이 제의를 전폭적으로 지지하면서 유・엔이 즉시 이 악명높은 죄악적『위원단』을 즉시 해체하는 조치를 취할 것을 강력히 요구한다.

소위『유・엔 한국 통일 부흥 위원단』은 一九四七년 十一월 이래 조선에 대한 미 제국주의자들의 침략을 엄페하기위한 수단으로 되어 있던『유・엔 한국 통일 부흥 위원단』의 후신으로서 一九五〇년 十월 七일 유・엔 총회에서 미제와 그 추종자들에 의하여 비법적으로 조직된 것이다.

주지하는 바와 같이 미 제국주의자들은 조선의 평화적 통일 독립과 민주주의적 발전을 예견하는 모쓰크바 三 상 회의 결정에 기초한 쏘 미 공동 위원회를 파탄시킨 다음 비법적으로 조선 문제를 유・엔 총회에 상정하였으며 유・엔 총회에서 자기들의 거수기를 발동하여 소위『유・엔 조선 위원단』을 조직할 데 대한『결의』를 비법 채택하였다.

一九四八년 五월 十일에는 이『위원단』의『감시』밑에 남조선에서 망국단선을 감행하여 리승만 괴뢰 정권을 조작함으로써 조선의 평화적 통일을 방해하며 남조선을 자기들의 식민지 및 군사 기지로 전변시키는 길에 공공연히 들어섰다.

이와 같이 『유・엔 위원단』은 미제의 조선 침략을 엄폐하며 그를 『합법화』하는 구실을 조작하기 위한 수단으로서 미제에 의하여 비법적으로 조직되였던 것이다. 一九四八년 十二월 十二일 및 一九四九년 十월 二十일부 유・엔 총회 『결의안』들이 자체 폭로하고 있는 바와 같이 미 제국주의자들은 유・엔과 이 『위원단』을 조선에 대한 자기들의 침략 계획에 전적으로 복무시켜 왔던 것이다.

『유・엔 조선 위원단』을 엄페물로 삼아가지고 남 조선을 자기들의 식민지 및 군사 기지로 전변시킨 미 제국주의자들은 우리 공화국 북반부에 까지 자기들의 식민지 통치를 확대할 것을 기대하면서 一九五○년 六월 무모하게도 공화국 북반부에 대한 전면적 무장 공격을 감행하였다.

조선 전쟁을 도발한 후 三년여 동안 미제는 유・엔의 기치를 자기들이 도발한 침략 전쟁의 엄페물로 리용하였다.

조선 전쟁이 시작된 후 평화와 정의를 사랑하는 전세계 수억만 보통 사람들은 조선에 대한 미제의 범죄적 행동을 견결히 규탄하면서 조선 문제의 시급한 해결을 요구하여 나섰다.

이러한 정세 하에서 미 제국주의자들에게는 전쟁의 연장과 침략의 확대를 비호하기 위한 더욱 효과적인 수단이 필요하게 되였다. 그리하여 그들은 一九五○년 十월七일 유・엔에서 군사행동의 중지, 외국 군대의 철거, 전조선 자유 선거의 실시 등 조선 문제의 평화적이며 합리적인 해결을 예견하는 쏘련을 비롯한 五개국의 제안을 거부하였을 뿐만 아니라 종래의 『유・엔 조선 위원단』 대신 『유・엔 한국 통일 부흥 위원단』을 조직할 것 등을 예견하는 호주, 비률빈,[1] 영국 등의 八개국 『결의안』을 비법적으로 채택하였다.

동 『결의안』은 미제의 식민지 통치 제도를 공화국 북반부에까지 확대하려는 미제의 침략 야욕을 합법화하기 위하여 유・엔의 『보호』 밑에 선거를 실시하여 『통일과 독립과 민주주의적 정부를 수립하며 조선의 경제 부흥을 원조한다.』고 하면서 『현 유・엔 위원단의 직능을 감당』하여 가지고 상술한 목적을 달성함에

1 [편주] 비률빈 : 필리핀.

있어서 『유·엔을 대표』하는 기구로서 호주, 칠리,[2] 화란,[3] 파키스탄, 비률빈, 타이[4] 및 토이기[5] 등 七개국으로써 『한국 통일 부흥 위원단』을 조직 파견할 것을 규정하였던 것이다.

『결의안』에는 또한 동 『위원단』이 조선에서의 『구제』 및 『부흥』 사업을 담당할 것이라고 언급되여 있다.

유·엔을 자기들의 침략적 목적에 리용하려는 미제의 기만적 목적은 구성 국가만 보아도 넉넉히 알 수 있다. 즉 칠리와 파키스탄을 제외한 五개국이 모두 당시 미제 침략자들의 편에서 직접 자기들의 군대를 조선 전선에 파견하여 싸운 국가들이다.

침략 전쟁에 직접 참가한 자들을 시켜 『자유』 선거를 『감시』케 하자는 미제의 파렴치한 주장은 세계 수억만의 보통 상식을 가진 사람들의 일치한 반대를 받았다.

조선 문제는 무엇보다도 먼저 조선 사람들 자신의 일이다. 조선 인민은 자기 조국의 통일 독립과 민주주의적 발전에 대한 합법적 권리를 가지고 있으며 또한 이 민족적 권리를 원만히 행사할 충분한 력량을 가지고 있다.

모든 관계국들의 의무는 조선 인민이 자기 자신의 민족적 민주주의 국가를 창건할 평화적 방도를 발견하는 것을 방조하는 데 있다.

지난 四월 二十七일 제네바 회의에서 조선 민주주의 인민 공화국 대표단이 제출한 조선 문제의 평화적 해결을 위한 방안은 바로 이것을 구체적으로 실증하고 있다. 전체 조선 인민의 자유로운 의사 표시에 기초하여 전조선 선거를 실시하며 선거 실시 전으로 조선 령토로부터 모든 외국 군대를 철퇴시키며 극동에서의 평화에 가장 직접적인 관심을 가지는 나라들로 하여금 조선의 평화적 발전을 보장할 데 대한 책임을 지게 할 것을 예견하고 있는 이 방안은 민주주의적 로선에 립각하여 조선의 통일 독립을 회복하며 외국으로부터의 온갖 압력을 배제하며 조선 내정에 대한 어떠한 나라의 어떠한 간섭도 이를 제지할 것을 보장케 하고 있

2 [편주] 칠리 : 칠레.
3 [편주] 화란 : 네덜란드.
4 [편주] 타이 : 태국.
5 [편주] 토이기 : 터키.

다. 동시에 이 방안은 공고하고 믿음직한 평화의 분위기 속에서 조선을 단일한 민주주의적 독립 국가로 통일하는 것을 확보할 조건을 보장케 하고 있다.

그렇기에 쏘련 및 중화 인민 공화국 대표단은 제네바 회의에서 조선 민주주의 인민 공화국 대표단이 제출한 가장 정당하고 합리적인 이 방안을 전폭적으로 지지하였으며 조선 문제의 평화적 해결을 념원하는 전 세계 평화 애호 인민들은 이 방안에 의하여 조선 문제가 하루 속히 해결될 것을 절실히 기대하였다.

그러나 미제와 그를 추종한 서방 측 대표단들은 우리 측의 온갖 합리적 방안과 제의를 거부하고 이 선거의 감시를 미국에 가담하여 조선 전쟁에 참가하였던 五개국을 포함한 七개국으로 구성된 소위 『유・엔 한국 통일 부흥 위원단』에 사실상 일임할 것을 고집함으로써 조선 문제의 평화적 해결의 길을 가로 막았다.

이 『위원단』의 감시 하에서만 조선 선거를 진행할 수 있다는 미 제국주의자들의 주장이 얼마나 황당한 것인가는 지난 四년 나머지 동안의 동 『위원단』의 력사가 이를 웅변으로 반박하고 있다.

이 『위원단』은 지난 四년 나머지 동안에 『한국』의 『통일』과 『부흥』을 위하여 무엇을 하여 왔는가?

오래전 이야기는 그만 둔다 치고 우선 이번 유・엔 총회에 제출된 동 『위원단』의 년간 사업 보고를 보기로 하자.

지난 九월 二十五일에 제출된 동 보고는 『위원단』이 예견된 『통일』 『부흥』을 위한 어떠한 사업도 하지 못하였으며 오직 조선 문제의 평화적 해결을 반대하는 미국 침략 층에 의한 리승만 괴뢰군 확장 계획을 엄폐하는 도구로 리용되고 있을 따름이라는 것을 똑똑히 뵈여 준다.

동 보고는 『조선 통일에 관하여 아무런 일도 자기는 할 수 없었다.』고 고백하지 않을 수 없었을 뿐만 아니라 또한 『한국 경제의 부흥』을 위하여서도 전연 무능력하였다는 사실을 반박할 여지 없이 뵈여 주고 있다.

오늘 남조선에서의 경제적 혼돈과 파괴, 인플레의 급격한 장성, 주민들의 증대되는 빈궁, 기아 및 실업의 계속적인 장성은 그의 남조선 『부흥 계획』의 『역할』을 충분히 설명하여 준다.

뿐만 아니라 지난 五월 二十일 남조선에서 경찰 테로의 삼엄한 분위기 속에서 진행된 괴뢰 국회 『선거』는 동 『위원단』의 『감시』의 정체를 전세계 여론 앞에 똑똑히 뵈여 주었다.

또한 동 『위원단』은 조선의 민족적 통일 회복을 위한 조선 인민의 투쟁에 털끝만한 긍정적 역할도 놀지 못하였으며 놀 수도 없었다.

모든 사실들이 실증하고 있는 바와 같이 동 『위원단』은 『한국』의 『부흥』이나 조선의 통일을 위하여 털끝만한 역할도 놀지 못하고 있을 뿐만 아니라 조선 문제의 평화적 해결을 반대하는 미 제국주의자들의 온갖 책동을 엄폐하며 그것을 『합법화』시키는데 리용 당하고 있으며 조선 문제의 평화적 해결을 위한 엄중한 장해물로 되고 있다.

따라서 유・엔 총회는 동 『위원단』을 해체할 데 대한 쏘련 대표 말리크의 제의를 접수하여 동 『위원단』을 즉시 해체함으로써 조선 문제의 평화적 해결을 위한 로상에 가로 놓여 있는 장애를 제거하고 관계국들의 합의에 의한 조선 문제의 해결을 방조 및 촉진하여야 할 것이다. 이렇게 함으로써만 유・엔은 추락된 자기의 위신을 회복하고 평화의 기구로서의 사명을 완수할 수 있다.

최고인민회의 제1기 제9차회의 토론(1955.3.9~3.11).

대의원 **리 극 로**(조선 건민회 위원장)

오늘 미 제국주의자들과 서부 렬강의 침략계층은 원자탄 및 수소탄 등 대량 살륙 무기를 사용하는 새 전쟁 준비를 발광적으로 진행함으로써 국제 긴장 상태를 더욱 격화시키고 있습니다. 국제 긴장 상태의 격화로부터 오는 정치는 모든 나라 인민들로 하여금 전쟁을 반대하며 평화를 유지 공고화하기 위한 성스러운 투쟁을 일층 강화할 것을 절실히 요구하고 있습니다.

이러한 시기에 발표된 쏘련 최고 쏘베트의 선언은 평화를 위한 전 세계 진보적 인류의 일치한 념원의 반영이며 평화 위업에 궐기한 인민들에게 승리에 대한 확고한 신심을 주는 것입니다. 그렇기 때문에 나는 조선 민주주의 인민공화국 최고인민회의가 쏘련 최고 쏘베트의 선언을 전적으로 지지 환영하면서 세계 평화의 유지 공고화와 우리 조국의 평화적 통일위업 달성을 위한 문제를 토의하게 된 것을 가장 적절한 조치라고 생각합니다.

위대한 쏘련 정부가 세계 평화와 특히 우리 조선의 민주주의 통일 독립과 부강 발전을 위하여 돌린 노력과 방조는 실로 거대합니다. 조선 인민은 위대한 쏘련의 적극적인 지지와 방조에 고무되면서 자기 조국의 평화적 통일 독립을 위하여 싸워 왔으며 계속 싸우고 있습니다.

다 아는 바와 같이 공화국 정부는 과거에 있어서도 전체 조선 인민의 한결같은 념원인 조국의 평화적 통일을 달성하기 위하여 가장 합리적이고 정당한 조치들을 수차나 남조선측에 제의하였으며 이의 실현을 위하여 성의 있는 노력을 계속 하였습니다.

그러나 미 제국주의자들과 리승만 미국 력도는 우리의 정당한 제의에 대하여 동족상쟁의 내란 도발로써 대답하였습니다. 정전후에도 그들은 평화적 통일 대신에 전쟁을 준비하면서 지난번 최고인민회의 제 8차회의의 평화적 조국 통일

촉진에 대한 제의를 『북진 통일』의 발광증으로 대답하였습니다.

오늘 미 제국주의자들과 리승만 매국 력도들은 전쟁의 상처가 가시기도 전에 조선 인민을 또 다시 새 전쟁의 참화 속에 몰아 넣으려고 갖은 음모와 발악을 다 하고 있습니다.

우리는 인류 력사에서 외국의 침략 군대가 주둔하는 조건하에서 그 나라의 독립이나 평화가 유지되었다는 실례를 보지 못하고 있습니다.

때문에 나는 조선 건민회 전체 회원들의 이름으로 조선에서 미국 군대의 철거를 예견하는 남일 대의원의 토론을 적극 지지합니다.

나는 민족적 독립과 자유와 영예를 위한 정당한 위업에 궐기한 조선인민의 투쟁은 반드시 승리할 것이라는 신념을 더욱 확고히 하면서 앞으로도 외국의 간섭이 없이 우리 조국을 평화적으로 통일시킬데 대한 조선 최고 인민회의의 호소 실현을 위한 투쟁을 더욱 완강하게 전개할 결의를 굳게 다짐합니다.

평화적 조국 통일달성은 조선 인민의 숙망

『로동신문』, 1955.11.15, 3면

오늘 우리 조선 인민에게 있어서 조국의 평화적 통일보다 더 긴박한 념원은 없으며 신성하고 위대한 이 민족적 숙망을 하루 속히 이루는 것보다 더 큰 과업은 없다. 조국과 민족의 운명은 매개 조선 사람들에게 정치적 견해와 신앙의 여하와 재산의 유무를 불문하고 누구나 우리 인민의 민족적 단결과 조국의 평화적 통일을 원하여 더욱 적극적으로 나설 것을 요구하고 있으며 우리의 모든 사업과 행동을 이 숭고하고 위대한 목적에 전적으로 복종시킬 것을 요구하고 있다.

해방후 一○년이 지나도록 외연히 계속되고 있는 국토의 량단과 민족의 분렬은 조선 인민이 겪었으며 또 겪고 있는 비할 바 없는 온갖 손실과 재난이 근원으로 되고 있다.

남북 조선을 격리시키는 인공적인 장벽에 의하여 우리 나라의 풍부한 자원들이 통일적, 계획적으로 리용되지 못하게 됨으로써 조선의 ○[1]반적 지역에서의 경제 발전이 방해 당하고 있으며 유구한 력사를 통하여 형성된 찬란한 우리 나라 문화 예술의 계승 발전과 새로운 선진적 문화의 보급 발전이 저해 당하고 있다. 국토의 량단으로 말미암아 조선 동포들은 한 집안 육친들인 부모, 형제, 처자들이 남북으로 갈라져 서신 거래조차 하지 못하는 고통을 당하고 있다. 국토의 량단은 단일한 우리 나라의 정치, 경제, 문화의 전반적 발전에 지장을 주고 있을 뿐만 아니라 조선 사람들의 매개 가정생활에도 커다란 불행으로 되고 있다.

남조선에서는 미제 강점자들의 가혹한 식민지 략탈 정책과 리승만 『정부』의 반인민적 정책으로 말미암아 민족 산업은 거의 페쇄되고 실업자는 늘어 가고 있으며 농촌은 황폐화되고 물가는 폭등하고 있다. 과중한 세금과 미국 및 일본의 잉여 상품의 범람과 자금난 등으로 인하여 민족 자본가, 상인, 수공업자들까지도 파산, 몰락하고 있다. 리승만은 『북진 통일』의 소동을 계속 일으키면서 남조선

1 [편주] '전'자로 보임.

군대의 무장을 강화하며 청년들을 강제 징발하여 새로운 사람들을 편성하고 있으며 표현적 동족 상쟁의 내란 재도발을 목적으로 막대한 자금을 지출하고 있다. 남조선에서는 또한 언론, 출판, 집회시 같은 인민들의 초보적인 권리와 자유까지도 란포하게 유린 당하고 있으며 따라서 남반부 동포들은 말할 수 없는 고통과 무권리 상태에 놓여 있다.

국토의 량단으로 하여 조선 인민이 체험하고 있는 막대한 불행과 고통과 재난은 조국의 평화적 통일이 늦어지면 늦어질수록 더욱 우심한 것이며 특히 남반부 동포들은 더욱 더 비참한 운명에 처하게 된 것이다.

조국의 평화적 통일을 달성하는 것은 전체 조선 인민의 가장 절박한 민족적 요청이며 ○○[2]의 당면 임무이다.

남북을 막론하고 전체 우리 조선 동포들이 조국의 평화적 통일을 원하여 단합되며 이 위업을 완수한다면 우리는 조국의 부강한 륭성발전과 후손들의 영원한 행복을 튼튼히 보장할 수 있는 것이다.

때문에 해방후 우리의 모든 투쟁은 실로 조국의 통일 독립을 위한 불요 불굴한 투쟁으로써 일관되여 있다.

조선의 평화적 통일을 위한 우리의 방책은 극히 명백한 바 그것은 외국의 간섭이 없이 남북 조선 인민들의 자유로운 의사 표시에 기초한 남북 총선거에 의하여 통일 중앙 정부를 수립하며 국가 제도의 ○○도 조선 인민의 의사에 의하여 결정되여야 한다는 것이다.

조국의 평화적 통일을 위한 우리의 이 정당한 주장은, 조선 문제는 조선 사람 자체로써 평화적으로 능히 해결될 수 있으며 응당 해결되여야 한다는 전체 조선 인민의 확고한 신념에 기초하고 있다.

우리의 정당한 이 주장은 언제나 공정한 세계 여론의 전폭적인 지지와 찬동을 받고 있다.

조국의 평화적 통일을 촉진시키기 위하여 공화국 정부는 정전후에도 ○차에 걸쳐 구체적이고 현실적인 제안들을 제출하였다.

---

2 [편주] '최대'로 보임.

즉 그것은 남북 조선 정권 당국이 남북간에 현존하는 불신임과 긴장 상태를 제기하기 위하여 상대방을 반대하는 어떠한 무력 행사도 하지 않고 조선 통일에 관한 일체 문제를 오직 평화적 방법으로 해결할 의무를 진 데 대하여 선포할 것, 남북 조선 대표자 회의를 가급적 속히 소집하여 조선 통일에 관한 문제를 토의할 것, 아세아의 국가들이 광범하게 참가하는 유관 국가들의 극동 회의를 소집하고 조선이 평화적 통일 대책을 강구하고 전쟁 재발의 방지를 보장한 의무를 부담케 할 것, 조선으로부터 외국 군대를 철거시킬 것, 남북이 각각 그 군대 수호를 최소한도로 축소시킬 것, 남북 조선 인민의 호상 접촉과 경제, 문화, ○○, 예술 등의 교류를 촉진시킬 것 등의 방안들이였다.

조선의 평화적 통일 문제는 조선 인민 자체의 일이다.

그러므로 우리는 일체 외국 군대가 우리 조국강토에서 하루 속히 철거하고 자기 운명에 관한 문제를 자체가 해결할 온갖 가능성을 가지게 될 것을 요구하고 있다.

그러나 미제 강점자들과 리승만은 조선의 평화적 통일을 반대하며, 미제 침략군이 남조선에 무기한으로 주둔하여 남조선 내정에 대한 간섭을 더욱 적극화할 것을 목적으로 하는 일련의 조약과 협정들을 체결하였으며 평화에 대한 인민들의 념원을 억누르면서 『북진 전쟁』의 준비에 광분하고 있다.

우리 인민들은 이러한 사태를 결코 용허할 수 없다. 민족적 량심이 있다면 그 누가 오늘 조국이 처한 운명을 남의 일처럼 방관시킬 수 있겠는가! 모든 량심 있는 애국자들은 그들의 과거 활동 여하와 정견, 신앙의 차이를 불문하고 오늘 조국이 평화적 통일을 위한 남북간의 협상의 길을 개척하며 남북 조선 인민들 간의 접촉의 실천을 위하여 모두 다 힘차게 궐기하여야 할 것이다. 조선 인민들의 이 열화 같은 지향과 념원을 가로 막을 그 어떠한 ○○도 있을 수 없으며 소수 반동분자들이 인민들의 념원을 방해하기 위하여 끝끝내 범죄적 시도를 계속한다면 그는 인민의 더욱 커다란 분노와 저주를 면치 놋할 것이다.

오늘 국제 정세는 조선 인민의 애국적 투쟁에 고무적인 전망을 주고 있다. 전세계 평화애호 럭량의 꾸준한 노력과 특히 쏘련이 시종일관한 평화 애호 정책으로 말미암아 국가들 간에는 분쟁 문제들을 협상의 방법으로써 해결하려는 분위기가 증대되고 있으며 또한 조선 문제의 조속한 평화적 조정을 요구하는 여론은 드높아 가고 있다.

조선 문제의 평화적 조정은 국제 국내적으로 성숙된 문제로 되였다.

이 사업의 조속한 실현 여부는 우리 인민이 그를 위하여 얼마나 굳게 단결하며 노력하는 가에 전적으로 달려 있다.

조선 인민은 정당하고 위대한 투쟁에서 승리를 쟁취할 모든 ○○[3]들을 가지고 있으며 이에 대한 진심에 충만되어 있다.

---

3 [편주] '조건'으로 보임.

최고 인민 회의 상임 위원회 리 극로 부위원장 일본 국회 의원단을 위하여 환영연 배설

『로동신문』, 1956.10.14, 2면

【평양 10월 13일 밤 조선 중앙 통신】

최고 인민 회의 상임 위원회 리 극로 부위원장은 래조한 일본 국회 의원단을 위하여 12일 밤 환영 연회를 배설하였다.

연회에는 최고 인민 회의 상임 위원회 위원들, 조국 전선 중앙 위원회 김 천해 의장, 조선 국제 무역 촉진 위원회 김 교영 위원장, 평화 옹호 전국 민족 위원회 최 원택, 윤 근량 부위원장, 대외 문화 련락 협회 윤 성복 부위원장, 외무성 리봉계 참사와 리 성모 부장, 최고 인민 회의 대의원들, 사회 단체 간부들, 수산 및 무역계 인사들, 교육 및 출판계 일'군들이 참석하였다.

석상에서 리 극로 부위원장과 일본 국회 의원들 간에 연설이 교환되였다.

리 극로 부위원장은 유구한 력사를 통하여 경제, 문화적으로 관계를 가졌으며 많은 공통한 점들을 가지고 있으며 또한 지리적으로도 가까운 거리에 있는 조 일 량국 인민들 간에 아직도 정상적인 관계가 실정되지 못하고 있는 사실에 유감의 뜻을 표하면서 앞으로 평화 애호적인 조 일 량국 인민간의 굳은 친선과 나아가서는 량국간의 관계의 정상화를 위하여 호상 노력하자고 말하였다.

일본 국회 의원들은 조선 인민에 대한 일본인민의 깊은 관심을 전하고 자기들은 어업이나 무역 부면에서의 접촉을 통하여 량국간의 관계를 발전시킬 것을 절실히 희망하며 조선의 평화적 통일 위업의 실현과 조 일 량국간의 친선 관계의 조속한 ○○[1]을 념원한다고 말하였다.

1 [편주] '회합' 또는 '화합'으로 보임.

그날은 다가 오고 있다

『천리마』 1961-9, 1961.9, 91~93쪽.

천리마의 대 진군 속에서 력사적인 조선 로동당 제4차 대회를 맞이한 오늘 공화국 북반부에서 보람차고 행복한 나날을 즐기고 있는 나의 감격과 기쁨은 더욱 새로워만진다.

이 기쁨, 이 행복이 크면 클수록 미제와 《군사 정권》의 파쑈적 폭압하에서 신음하고 있는 혈육들을 그리는 마음 또한 더욱 간절해진다.

배고파 애처롭게 우는 어린 것들을 보다 못해 저주로운 남조선 사회를 저주하며 목숨을 끊은 어머니에 대한 슬픈 소식들이며 학비를 마련할 길 없어 나어린[1] 목숨을 스스로 끊고 말았다는 비통한 신문 기사들을 읽을 때마다 나의 가슴은 메여질 것만 같다.

한날 한시에 일제 통치 기반에서 해방된 슬기롭고 용감한 우리 겨레들이 국경 아닌 분계선을 사이에 두고 16년간이나 분렬되여 인민의 락원 북반부와 인간 《생지옥》 남조선 이 판이한 두 현실 속에서 살게 되었으니 이 얼마나 가슴 아픈 일인가!

지금 나는 10여년 전 미제 강점하의 남조선에서 겪은 가지가지의 고통스러운 일들을 회상하게 된다.

나는 이때에 미제국주의자들이 그 얼마나 교활하고 악랄하게 우리 민족의 아름다운 것, 슬기로운 모든 것들을 모독 유린하고 있는가를 똑똑히 보았다.

모든 백성들이 공락할 수 있는 사회를 건설하며 모든 사람들이 자기 재능을 발휘할 수 있도록 정사를 펴야 한다는 것은 민주주의의 초보적인 리념이며 우리 인민의 일치한 요구이다.

그런데 미제국주의자들은 남조선에 기여드는 첫날부터 우리 조국의 통일적 발전을 저애했고 드디여는 국토를 동강내고 민족을 분렬시켰다. 놈들은 남조선 인민의 재능과 창조적 정력을 미국식 생활 양식으로 질식시켜 버리려고 발광하

1 [편주] 나어린 : 나이 어린.

였다.

민족적 량심과 지조를 견지하려는 사람들에게 가해지는 것은 탄압뿐이요 우리 민족을 팔고 고혈을 짜 먹던 기생충들에게는《자유》의《멸류관》[2]이 차례졌다. 91
이 타기할 현실 앞에서 더는 살 수 없었다.

이리하여 나는 1948년 4월 우리 인민의 경애하는 수령 김 일성 원수의 자애롭고 너그러운 품을 그리며 민족 번영의 대경륜이 이루어지고 있는 북반부에 찾아 들어 왔다.

나는 여기서 우리 민족의 광명한 앞날을 환히 내다 볼 수 있었고 내가 그리고 바라던 모든 것들을 마음껏 향유할 수 있었다.

이것은 결코 나 혼자뿐이 아니다. 오늘 북반부에서 생을 누리고 있는 모든 근로자들, 모든 인민들이 이 행복, 이 기쁨을 향유하고 있다. 진정 어머니 조국-조선 민주주의 인민 공화국은 인민의 행복의 보금자리이다!

해바라기는 태양을 따른다.

태양을 따르는 해바라기처럼 오늘 남조선의 모든 사람들의 맑은 눈'동자들이 북쪽을 바라보고 있으며 그들의 뜨거운 심장이 고동치고 있다.

김 일성 원수의 자애로운 손'길을 더듬으며 3.8선을 넘던 나의 그 심정이 바로 오늘 모든 남반부 겨레들의 심정이기도 함을 나는 잘 알고 있다.

그들은 조선 로동당과 김 일성 원수를 행복의 상징으로, 우리 민족의 구성으로 우러러 보며 통일의 한 길로 줄달음치고 있다!

오늘 조선 인민의 심장 속에서 고동치고 있는 통일에 대한 지향-이것은 공화국 기치하에 3천리 금수 강산에 인민의 행복을 창조하려는 념원이며 결의이다. 이 념원은 달이 가고 해가 바뀌일수록 더욱 거세차게 끓어 번지고 있다. 억제할 수 없는 이 거류는 인간 쓰레기들을 모조리 쓸어 버리고 조국의 통일을 기필코 이룩하리라.

나는 오늘 혁명의 요람 공화국 북반부 가는 곳마다에서 청춘의 정열과 희렬이 약동하고 있으며 조국 통일을 앞당기려는 증산의 불'길이 낮에 밤을 이어 타번지

2 [편주] 멸류관: '면류관'의 잘못. 제왕의 정복에 갖추어 쓰던 관.

고 있음을 본다. 이 거세찬 투쟁 대렬에 나도 서 있음을 무한한 자랑으로 영광으로 생각한다.

우리는 미국 양키들이 북반부를 재'더미로 만들어 놓고는 영영 일떠서지 못하리라고 지꺼렸던 바로 그 곳에 더욱 웅대하고 화려한 지상 락원을 건설해놓았다.

이 투쟁의 선두에는 천리마 기수들이 서 있다. 《하나는 전체를 위하여, 전체는 하나를 위하여》라는 구호하에 천리마 기수들이 서로 밀며 이끌며 나아가는 이 거세찬 운동은 바로 도탄 속에서 신음하는 남반부 겨레들을 구원하며 조국 통일을 앞당기는 강력한 추동력으로 된다.

우리 인민들은 조선 로동당에 자기의 미래를 전'적으로 의탁하였다!

당의 현명한 령도밑에 오늘 우리의 영웅적 근로자들에 의하여 북반부에 이룩된 모든 성과들은 비단 북반부 인민들만을 잘 살게 하는 데 복무하는 것이 아니다. 이것은 《4천년 래의 민생고》에서 신음하고 있는 남반부 혈육들에게 보다 훌륭한 생활을 보장하여 줄 것이다.

남북의 장벽이 무너지는 날 우리 이 공장들에서 만든 뜨락또르, 자동차 기타 모든 현대적 기계와 자재들이 통일렬차를 타고 서울, 대전, 대구, 부산으로 달려가 파괴된 공장을 일궈[3] 세울 것이며 매마른[4] 땅을 옥토로 전변시켜 오곡백과 무르익는 락원으로 전변시킬 것이다. 그날에는 헐벗고 굶주린 나날에 등곬이 휘고 주름'살이 깊어진 나의 혈육들과 친우들이 해방의 기쁨을 노래하며 고향을 찾아간 나를 반길 것이니 나를 키워준 7백리 락동강인들 어찌 두둥실 춤추지 않겠는가!

모든 사람들에게 일자리를 주고 젊은 이들에게 배움의 길을 열어 주며 로인들에게 안락한 생활을 주는 공영동락의 사회를 이룩할 것이니 그 기쁨 무엇에 비기랴!

그날은 다가 오고야 말 것이며 또 다가 오고 있다.

제아무리 미제가 남조선 인민에게 악랄한 파쑈 테로를 강요한다고 해도 이미 송장 냄새가 풍기는 자기들의 처지를 더는 오래'동안 지탱해 낼 수는 없다. [92]

작년 4월 리 승만이가 꺼꾸러진 것은 결코 총검이나 교형리가 부족해서가 아니다.

---

3 [편주] 일궈 : '일으켜'의 강원 방언.

4 [편주] 매마른 : '메마른'의 경남 또는 평북 방언.

격노한 인민들의 거세찬 힘 앞에 미국제 총검도, 대포도 엿방맹이처럼 볼꼴 없이 휘여 들었다.

4월의 피의 교훈은 민주주의적 권리와 생존의 권리를 위하여 조국의 평화적 통일을 위하여 인민들이 하나로 뭉쳐 나설 때 그야말로 만능당의 힘을 발휘한다는 것을 보여 주었다.

비록 남북으로 갈라져 있지만 조선인민은 하나의 심장 하나의 의지로 숨쉬며 움직이고 있다.

북반부에서의 천리마의 우렁찬 발굽소리는 남반부 인민들을 미제와 그 주구들을 반대하는 투쟁에로 더욱 힘 있게 고무하고 있다.

북반부의 사회주의 력량과 남반부의 모든 애국적 민주 력량이 하나로 뭉쳐 나아갈 때 이 힘은 태산도 헐고 바다도 가를 수 있다.

광명이 암흑을 이기는 것은 움직일 수 없는 법칙이다. 번영과 빈궁, 삶과 죽음에서 사람들이 삶과 번영을 택하는 것은 명백한 진리이다.

통일의 날은 반드시 올 것인바 이는 력사 발전의 합법칙적이며 필연적인 과정이다.

우리 민족은 일체 통치의 암담한 처지에서 신음하고 있을 때 백두 밀림에서 비쳐오는 붉은 서광을 우러러 보며 조국 광복을 위하여 싸워 승리하였다.

오늘 동녘 하늘의 아침 해'살처럼 민족 번영의 위대한 태양이 북반부에 거연히 솟아 오르고 있는 이 때에 우리 조국 남반부에도 광명의 날이 오리라는 것은 자명하다.

미국 승냥이들은 제굴로 돌아가라! 철부지 망나니들은 분별 없이 날뛰지 말라!

조선 로동당의 기치를 높이 들고 민족 번영의 길-조국 통일의 길로 힘차게 앞으로 나아가는 통일 단결된 우리 인민은 필승 불패이다! (93)

천만 번 죽여도 죄가 남을 놈들!

『문학신문』, 1962.9.18, 4면

미제야! 어느 한 밤에라도
맑은 하늘을 바라보라!
우주의 송송한 별들도 너를 ○[1]어 볼 것이다.

네가 저지른 그 숫한 죄행들을
하나 하나 헤아리기라도 하듯

너는 이 지구 우에 얼마나 많이
더러운 발'자국들을 찍어 놨느냐!
우리 남녘 땅에 기여 들어
살인, 강간, 폭행, 기만을
함부로 하고 있는 네놈들은!

국제 공법이 대포 한 문만 못 하다는
그런 반동 철학《힘의 정책》을
오늘에도 휘두를 수 있는가!
아니다, 그것은 오산이다.
정신 병자의 잠꼬대다
쏘베트 로케트가 사람을 태우고
우주를 돌아 다니고 있다.
딸라 만능 시대는 지나 갔다.

---

1 [편주] '뚫' 자처럼 보이지만 확실치 않음.

지금은 맑스-레닌주의 시대
진리의 시대, 인민의 시대!
미제야! 너희 나라에 살 땅이 없어서
남의 나라에 기여 들어 왔느냐!
남조선에 기여 들어
17년 동안 한 일이 무엇인가!

전쟁을 일으켰고 세균 무기를 썼고
사람의 눈을 ◯[2]고, 귀를 베고, 코를 꿰고
여자의 젖가슴을 도리고
어린애, 로인, 병든 사람까지
한구덩이에 쓸어 넣고 죽인놈!
남자의 머리를 깎아 몸에 빵기를 칠하고
사냥'개를 놓아 사람을 물어 뜯게 하고
산 나무'군을 꿩이라고 쏘며
세 살 난 어린애를 도적으로 모는 놈!

천만 번 죽여도 죄가 남을 놈들!

네놈들이 우리 조선에서
저지른 죄악을
조선 인민은 낱낱이 알고 있다.
◯[3]에 사무치도록

미제야, 똑똑히 세계를 바라보라!
네놈들이 저지른 죄악을 기록한

2 [편주] 문맥 상 '뽑'.
3 [편주] 문맥 상 '뼈'.

그 문서와 회의의 변수를 기억하라!
그 번호도 한정이 있을 것이다.
하나로 움직이는 사회주의 진영 따라
아프리카 인민들도 주먹을 들었다.

미제야, 똑똑히 조선을 보라!
위력한 공화국 기치 밑에
남북 조선 인민들이 산악처럼 일어섰다.

파도도 길길이 솟아 울부짖으며
네놈들을 족치러 모두 일떠섰다.

천만 번 죽여도 죄가 남을 놈들!
미제야! 망상을 버리고
당장 남조선에서 나가라!

전 민족의 숙원을 해결 하는 길

『천리마』 1964-1, 편집위원회, 1964.1.23, 27~29쪽.

1964년—나라의 사회주의 건설에서 새로운 대고조를 이룩하며 7개년 계호기 수행에서 결정적 전진을 달성함으로써 조국 통일의 위업을 성취함에 있어서 새로운 국면을 열어 놓게 될 새해가 밝았다. 해가 가고 세월이 흐를수록 우리 조선 겨레들의 가슴을 더욱 아프게 하는 것은 국토가 량단되고 민족이 분렬된 채 참을 수 없는 재난을 겪고 있는 사실이다.

조선 인민의 기나 긴 력사에서 수난의 시기는 한두 번이 아니였다. 그러나 인공적인 국토의 분렬로 하여 오늘과 같이 형언키 어려운 불행과 고통을 겪은 그러한 시기는 일찌기 없었다.

이미 스무 해째나 재난의 시기는 계속되고 있다. 10년이면 강산이 변한다는데 이 기간 우리 민족의 유대는 끊어지고 있다. 부모형제, 친척, 친우들이 서로 지척에 있으면서도 안부조차 전할 길 없고 생사 여부조차 알 길이 없다.

한 강토 안에서 우리 인민은 광명과 암흑의 두 길을 걷고 있다. 북반부에서는 지상락원이 펼쳐지고 있는데 남쪽 절반 땅에서는 인간 생지옥의 참상을 이루고 있다. 우리는 남북 조선에 풍부한 자원과 경제 발전의 제반 가능성을 가지고 있으면서도 그것을 합리적으로 리용하지 못 하고 있으며 남조선 경제는 계속 파탄의 일로를 줄달음 치고 있다. 민족 문화도 개화와 쇠퇴의 각이한 길을 걷고 있다.

오늘 우리 인민에게 이보다 더 가슴 아프고 통분한 일은 없다. 조국의 통일을 실현하는 것보다 더 숭고한 민족적 과업은 없으며 남녘 절반 땅에서 력사상 최악의 민생고를 겪고 있는 부모 형제들을 구원하는 것보다 더 절박한 민족적 요구는 없다.

바로 그렇기 때문에 조선 로동당과 공화국 정부는 분렬된 조국의 통일을 위하여 시종일관 온갖 성의 있는 노력을 다하여 왔다.

조선 로동당과 공화국 정부는 남북 간의 인공적 장벽을 제거하고 민족적 협조와 교류를 실현하며 전 민족적 숙원을 해결하기 위하여 쌍방이 접수될 수 있는 가장 합리적인 일련의 방안들을 제의하였으며 그의 실현을 위하여 꾸준하게 힘써 왔다. 이것은 이미 세상에 잘 알려져 있으며 전체 조선 인민과[27] 세계 선량한 사람들의 열렬한 지지를 받아왔다.

그러나 조국에 대한 끝없는 사랑과 숭고한 동포애로부터 나온 우리의 정당한 제의들은 남조선의 력대 위정자들로부터 응당한 지지를 받지 못 하였으며 그 어느 하나도 실현되지 못 하였다. 그들은 우리의 제의를 접수하고 우리 민족의 힘으로 분렬의 비극을 가지고 통일의 길을 개척하기 위하여 함께 노력할 대신에 계속 외세에 의존하여 미제의 민족 분렬 정책을 추종하여 왔다.

오늘 남조선은 미제의 식민적 략탈 정책으로 말미암아 정치, 경제, 문화 모든 면에서 극도의 위기와 불안, 류례 없는 파탄과 몰락의 길 우에 놓여 있다.

인민들의 자유와 민주주의는 여지 없이 짓밟히고 민족의 자주권은 완전히 말살 당하고 있다. 산업 경제와 농촌 경리는 날과 함께 파괴, 몰락되여 수백만의 실업자와 절량[1] 농민들이 일'자리를 찾아 헤매고 있으며 기아선상에서 허덕이고 있다. 살'길을 잃은 남조선 인민들 속에서는 몸서리 치는 자살 참극이 련'이어 일어나고 있다. 유구한 력사를 가진 아름다운 우리의 민족 문화는 병 들고《미국식 생활 양식》과《깽 문화》가 판을 쳐 패덕과 패륜이 만연되고 조상 전래의 미풍량속은 찾아 볼 수 없게 되고 있다.

미제 침략군의 야수적 만행과 참을 수 없는 민족적 멸시와 천대는 날이 갈수록 우심하여지고 인민들에게 재앙이 가실 날이 없다.

외세 의존과 민족 분렬 정책이 가져다 준 후과는 바로 이렇다.

력사적 경험이 가르쳐 주고 오늘의 현실이 보여 주는 바와 같이 미제나 일제에 의거하여 가지고서는 식민지 예속과 노예의 운명밖에 가져 올 것이란 아무 것도 없다.

자주 자립과 외세 의존은 량립할 수 없는 것이다. 엄연한 현실은 자주, 자립, 자생, 자결하지 않고서는 나라의 독립도, 민족 경제의 건설도 기할 수 없으며 인

1 [편주] 절량: 재해나 흉작 등으로 양식이 떨어짐.

민들을 참담한 처지에서 벗어나게 할 수도 없다는 것을 립증하고 있다.

조국의 장래를 우려하며 민족의 운명을 생각하는 사람이라면 이 엄연한 사실에서 심각한 교훈을 찾아야 하며 조성된 난국을 타개할 현실적인 방도를 찾는 길에 서슴 없이 나서야 한다. 그러한 길은 바로 남북의 협상과 합작을 통하여 조국의 자주 통일을 실현하는 길이다.

그러므로 지난 해 말에 조선 민주주의 인민 공화국 최고 인민 회의 상임 위원회와 조국 통일 민주주의 전선 중앙 위원회 및 조국 평화 통일 위원회의 공동 련석 회의는 남조선 인민들과 정계 인사들 및 사회 활동가들에게 남북 협상과 합작을 실현할 데 대하여 거듭 제의하였으며 이를 뜨겁게 호소하였다.

남북의 협상과 합작을 실현하는 것은 민주적 화목과 단합의 분위기를 조성하고 조국통일의 앞길에 가로 놓인 장애를 점차 제거하며 한 걸음 더 나아가 남북 련방제를 비롯한 일련의 합리적인 통일 방도를 찾아 완전한 통일을 달성하는 넓은 길을 열어 줄 것이다.

그것은 또한 우리 민족 자체의 힘으로 남조선에 조성된 난국을 타개할 수 있게 할 것이며 남조선 인민들을 도탄 속에서 구출하고 그들이 재생의 기틀을 누릴 수 있도록 할 것이다.

만일 진정으로 국토 량단과 민족 분렬의 비극을 통탄하고 우리 민족의 운명을 우려하며 남조선에 조성된 난국을 수습하기를 원하는 사람이라면 지체하지 말고 이 길에 나서야 한다.

통일에 앞서 미제 침략군을 철거시키는 조건 하에서 남북이 서로 상대방을 공격하지 않은 데 대한 평화 협정을 체결하고 남북 조선의 군대를 축소하며 남북간의 서신 거래와 인사 왕래를 실현하며, 경제적 련계를 회복할 데 대한 우리의 동포애적 제의에 응당한 관심을 돌려야 한다. 말로써가 아니라 행동으로써 우국지성을 표현하여야 한다.

지난날 남조선의 력대 위성자들은 외세의존의 밍국 사조에 물젖어 나라와 민족의 운명은 어떻게 되든 개인의 영달과 사리 사욕에 눈이 어두워 추잡한 정권 다툼에 날을 보내다가 인민들로부터 버림을 받고 말았다. 남조선 정계 인사들은 이 엄연한 사실에서 [28] 교훈을 찾아야 한다. 더는 선행자들의 전철을 밟지 말아야 한다.

남북의 접촉을 실현하며 통일 도상에 놓인 난관을 타개하기 위하여 우선 남북조선 대표들이 한 자리에 모여 앉아 무릎을 맞대고 진지하게 협의하자는 우리의 제의에 지체 없이 응해야 한다.

오늘 남조선 인민들은 우국지성에 넘친 우리의 동포애적 제의를 한결 같이 지지하고 있으며 남북의 협조와 교류를 요구하는 목소리를 높이고 있다. 인민들은 외세를 배격하고 자주 자립하며 민족 주체적 력량으로 조국 통일의 길을 개척할 것을 절절하게 념원하고 있다.

그 누구든지 인민의 긴박한 이 요구를 귀담아 듣지 않으며 전 민족의 절절한 념원을 저버릴 때 그는 반드시 인민들의 동정과지지 대신에 증오와 저주를 받을 것이며 배격을 당하고 말 것이다.

사회 제도와 사상의 차이는 민족의 사활적 문제를 토의하는 데 장애로 될 수는 없다. 한 조상의 피'줄을 이은 조선 사람끼리 모여앉아 협의를 못 할 아무런 리유도 있을 수 없다. 우선 만나 보아야 한다. 만나 보지도 않고 덮어 놓고 안 된다고 하는 것은 문제를 해결하려는 태도가 아니다.

더욱이 《반공》을 구실로 통일을 반대하거나 《승공》의 구호 하에 먼저 건설하고 실력을 배양한 후에 통일하자고 하는 것은 민족분렬을 영구화하고 남조선을 영원히 미제의 식민지로 남겨 두려는 것 밖에 다른 아무 것도 아니다.

《반공》이요, 《승공》이요 하는 것은 례의없이 조국의 통일을 반대하는 것이며 미제의 손아귀에 조국의 운명을 맡기려는 것이다.

조선에서 공산주의자들을 젖혀 놓고는 민족의 통일이란 상상조차 할 수 없으며 공산주의자들과 협상하지 않고서는 조선 문제를 해결할 수 없다.

조선의 공산주의자들은 일제 통치 시기에는 민족의 해방을 위하여 피 흘려 싸웠으며 오늘은 조국의 통일 독립과 민족의 번영을 위하여 모든 힘을 다하여 투쟁하고 있는 진정한 애국자들이다.

바로 조선 공산주의자들의 지도 하에 오늘 우리 조국 북반부에서는 력사상 일찍이 없었던 위대한 변혁이 일어 났으며 자립적 민족 경제의 반석 같은 토대가 이룩되었고 민족문화가 찬란히 꽃피고 있다.

남조선 정계 인사들과 사회 활동가들은 눈앞의 현실에서 외면하지 말고 다시 한 번 심사 숙고해야 하며 남북의 장벽을 깨뜨리기 위한 애국 운동에 함께 나서야 한다.

지금은 과거를 론할 때가 아니며 정견을 다툴 때가 아니다.

조국 통일은 우리 민족이 해결하여야 할 최대, 최고의 숭고한 과업이다. 정견과 신앙, 직업과 과거 여하를 불문하고 조국의 평화적 통일과 남북의 협상과 교류를 지지하는 모든 사람들과 우리는 함께 손잡고 나갈 것이다.

조선의 주인은 조선 인민이며 우리의 운명은 우리 자신의 손으로 해결하여야 한다.

조선 인민은 용감하고 재능 있는 민족이다. 우리의 힘을 합쳐서 못 해 낼 그 어떠한 일도 없다.

남조선에 조성된 긴박한 사태를 해결하며 인민들을 도탄에서 구원하는 유일한 길은 조국의 자주적 평화 통일을 성취하는 데 있으며 이것을 실현하기 위한 선결 조건은 미군을 남조선에서 철거시키는 것이다.

미제 침략군의 남조선 강점은 남조선 인민들이 겪고 있는 모든 불행과 고통의 화근이며 조국의 평화적 통일을 저애하는 기본 장애물이다. 타국에 대한 침략을 그 본성으로 하는 제국주의, 그 중에서도 가장 흉악한 미 제국주의 침략 군대를 나라 안에 두고는 민족의 자주권과 나라의 평화 통일에 대하여 말할 수조차 없다.

슬기롭고 용감한 우리 인민이, 찬란한 문화와 유구한 력사를 가진 우리 민족이 어찌 양키 제국주의자들로부터 계속 모욕을 받으면서 놈들의 군화 밑에 짓밟혀 살아 가겠는가.

남조선의 모든 애국적 인민들과 량심 있는 인사들은 우리의 호소에 호응하여 남북 협상과 합작을 실현하며 나라의 통일 위업을 이룩하기 위하여 반미 구국 투쟁에 더욱 과감히 떨쳐 나서야 한다.

빛나는 애국 전통과 불굴의 민족 정신을 가진 우리 민족이 모든 력량을 단합하여 투쟁한다면 조선 인민의 민족적 숙원은 반드시 성취되고야 말 것이다.

민족적 재난을 극복하는 데 거국 일치하여 총력을 기울이자! 29

남조선에서 미일 침략자들을 몰아 내고 박 정희 매국 도당의 파쑈 테로 통치를 분쇄하며 조국의 자주적 통일을 촉진하기 위하여 더욱 완강히 투쟁하자!

『로동신문』, 1966.6.10, 2면

동지들!

오늘 우리는 남조선에서 미 제국주의자들과 박 정희 도당의 파쑈적 폭압이 더욱 악랄해지고 있으며 생존과 민주주의적 권리를 위한 인민들의 투쟁이 계속 전개되고 있는 환경 속에서 조선 인민의 애국적 반열 6.10만세 시위 투쟁 40주년을 기념합니다.

우리는 이 뜻깊은 날을 맞이하면서 미 제국주의자들과 그 주구들을 반대하여 줄기차게 투쟁하고 있는 전체 남조선 인민들에게 고무와 열렬한 지지성원을 보내는바입니다.

동지들!

주지하는바와 같이 지금으로부터 40년전, 1926년 6월 10일에 조선 인민은 일본 제국주의 식민지 통치를 반대하여 대중적인 시위 투쟁을 전개하였습니다.

조선 인민의 반일 6.10만세 시위투쟁은 간악한 일제 식민지 통치에 대한 우리 인민의 쌓이고 쌓인 원한과 반감의 폭발이였으며 조선 공산당의 직접적 지도하에 전개된 애국적인 대중 투쟁이였습니다.

20세기초 미제의 적극적인 지지와 비호를 받으며 조선을 강점한 일본 제국주의 침략자들은 강점 첫날부터 몸서리치는 무단 통치를 실시하였으며 우리나라를 군대와 헌병, 경찰과 감옥으로 뒤덮고 조선 인민에게 전대미문의 야수적 폭압을 가하였습니다.

일제 강점자들은 우리 나라의 모든 자원과 재부를 강도적으로 략탈해갔으며 흡혈귀와 같이 조선 인민의 고혈을 짜냈습니다.

우리 인민의 거족적 반일 투쟁이였던 3.1봉기에 의하여 심대한 타격을 받은 일제 강점자들은 무단 통치로부터 소위 문화 통치로 간판을 바꾸어놓고 교활한 방법으로 식민지 통치를 실시하여왔습니다.

그러나 일본 제국주의자들의 조선에 대한 식민지 군사 기지화 정책은 더욱 강화되였으며 우리 인민은 초보적인 민주주의적 권리마저 박탈 당하고 망국노의 쓰라린 생활을 계속 강요 당하였습니다.

특히 1920년대 초기의 경제 공황으로 만성적인 불경기를 겪고 있던 일본 군국주의자들은 그 위기로부터 벗어나기 위하여 조선에 대한 식민지적 폭압과 략탈에 광분하면서 악명 높은《치안유지법》을 비롯한 수많은 악법들을 조작하여 압제와 질곡 속에 우리 인민을 몰아넣었습니다.

일본 제국주의 침략자들의 파쑈적 폭압과 략탈과 참을수 없는 민족적 멸시는 전체 조선 인민의 가슴마다에 일제에 대한 반감과 적개심을 더욱 세차게 불러일으켰습니다.

당시 이러한 사회 력사적 환경 속에서 로동자들의 동맹 파업을 비롯한 농민들의 소작쟁의, 학생들의 동맹 휴학등 대중 투쟁이 국내 각지에서 광범히 전개되였으며 인민들의 반일 진출은 더욱 적극화되였습니다.

서울을 비롯한 중요 도시들과 농촌들에서 반일 집회들이 진행되였으며 애국청년들은 일제의 악질 관료들과 친일주구들을 습격 처단하였습니다.

로동 계급을 비롯한 인민 대중의 이와 같은 반일 투쟁의 장성 강화에 기초하여 1925년에 창건된 조선 공산당은 당시 분산적으로 전개되는 대중 투쟁을 단합된 투쟁에로 조직 동원할 목적 밑에 1926년 6월 10일 리조의 마지막 왕이였던 순종의 장례일을 계기로 전국적인 일대 반일 시위 투쟁을 단행할 것을 계획하였습니다.

조선 공산당은 반일 시위 투쟁을 위한《지도 위원회》를 구성하고 그 지도밑에 공청원들을 중심으로 시위 준비를 진행하였으며 비밀리에 수만 매의 격문과 삐라를 인쇄하고 각 지방과의 련계를 취하기 위한 대책도 강구하였습니다.

이러한 준비 과정에서 일제 경찰의 대대적인 검거 선풍으로 발미암아 사전에 투쟁 지도부의 많은 성원들이 체포되였으며 지방과의 련계가 끊어졌습니다.

그러나 조선 인민들은 이에 굴하지 않고 시위 준비를 계속하였으며 드디여 예정대로 6월 10일 서울에서는 대중적인 반일 시위 투쟁이 폭발하였습니다.

이 날 40여만의 시위자들은《조선 독립 만세!》,《일제를 몰아내라!》는 등의 구호를 웨치면서 투쟁에 떨쳐나섰으며 서울 거리에는《조선은 조선의것이다!》,《총독 정치를 철페하라!》,《투옥된 혁명 투사들을 석방하라!》는 등의 각종 격문과 삐라들이 살포되였습니다.

순식간에 시위 행렬은 대집단을 이루었으며 일제의 무장 경찰대와 시위 군중들 사이에는 일대 충돌과 격투가 벌어졌습니다.

시위 군중들은 맨주먹으로 일제와 용감히 싸웠으며 무장 경찰대와의 충돌에서 수많은 적들을 쓸어눕혔습니다.

일제는 이와 같은 사태에 크게 당황하여 수많은 군대와 경찰을 풀어 닥치는대로 인민들을 현장에서 체포하였습니다.

그러나 일제의 그 어떤 발광도 애국적 인민들의 혁명적 진출을 막아낼수는 없었습니다.

분격에 찬 인민들은 공산주의자들의 지도 밑에 더욱 조직적으로 만세를 웨치며 피어린 투쟁을 전개하였습니다.

6.10만세 시위 투쟁은 서울에서만 일어난 것이 아니였습니다. 이 날 인천을 비롯한 적지 않은 지방들에서도 인민들은 일제의 삼엄한 경계를 뚫고 각종 형태로 반일 투쟁을 전개하였습니다.

일제를 반대하여 궐기한 인민들은 한결같이 독립에 대한 꺾을수 없는 지향과 사회적 해방을 위하여 싸웠으며《조선 독립 만세!》를 고창하면서 자기들의 정당한 요구를 주장하였습니다.

이와 같이 인민들은 용감하게 투쟁하였으나 일제의 야수적 탄압과 이 투쟁을 지도한 공산당이 가지고 있던 조직사상적 약점들로 하여 전국적인 범위에서의 대규모적인 투쟁으로 확대 발전되지 못하고 실패하고 말았습니다.

6.10만세 시위 투쟁은 비록 실패하였으나 그 투쟁은 자유와 독립을 위한 우리 인민의 민족 해방 투쟁 력사에서 실로 거대한 의의를 가지고 있습니다.

6.10만세 시위 투쟁은 조선 인민이 일제 강점자들 앞에서 결코 굴하지 않았다는 것을 보여주었으며 조국의 자유와 독립을 위한 조선 인민의 혁명적 지향과 꺾을수 없는 의지를 다시한번은 세상에 과시하였습니다.

또한 이 투쟁을 통하여 일본 제국주의자들의 침략적 본성과 야수성을 백일하에 폭로하였으며 일제 식민지 통치에 심대한 타격을 주었습니다.

일본 제국주의 침략자들을 반대하는 우리 인민의 민족 해방 투쟁은 그후 1930년대에 와서 김 일성 동지를 선두로 한 공산주의자들에 의하여 새로운 불온 단계에 들어섰으며 맑스-레닌주의 전략 전술에 기초한 조직적인 무장 투쟁의 단계에로 발전하였습니다.

조선 공산주의자들은 로동 계급의 령도하에 로농 동맹에 기초한 민족 통일전선체인 조국 광복회를 창건하고 모든 력량을 반일 투쟁에로 조직 동원하였습니다.

일제 식민지 통치의 가장 암담한 시기에 조선 인민은 바로 백두의 련봉에 타오르는 항일 무장 투쟁의 홰'불 속에서 민족적 독립과 해방의 참된 길을 찾았으며 승리의 신심을 안고 그 서광을 따라 힘차게 전진하였습니다.

동지들!

제2차 세계 대전에서 일본 군국주의자들의 패망과 함께 조선 인민 앞에는 새로운 력사가 펼쳐졌습니다.

인민들이 나라의 진정한 주인으로 된 공화국 북반부에서는 항일 무장 투쟁의 영광스러운 혁명 전통을 계승한 조선로동당의 현명한 령도하에 우리 인민의 세기적 숙망이였던 민족적 독립과 자유를 성취하였습니다.

오늘 공화국 북반부는 자립적 민족경제를 가진 강유력한 사회주의 공업, 농업 국가로 전변되였으며 우리 인민은 사회주의 높은 봉우리를 향하여 계속 전진하고 있습니다.

그러나 미 제국주의 침략 세력에 의하여 또다시 강점 당한 공화국 남반부에서는 이와는 판이한 사태가 벌어지고 있습니다.

일본 군국주의가 패망한지 20여 년의 세월이 지났으며 남조선은 여전히 식민지 반봉건 사회로 남아 있습니다.

미 제국주의자들은 일제를 대신하여 남조선을 자기의 완전한 식민지로 예속시켰을뿐만 아니라 전 조선을 강점하기 위한 군사 기지로, 극동과 아세아 침략을 위한 교두보로 전변시켰습니다.

8.15 이후 남조선에서 달라진 것이 있다면 일제의 총독 정치 대신에 괴뢰 정권

을 통한 미제의 신식민주의적 통치로 그 지배 형태가 바뀌였을뿐 식민지 통치의 본질은 마찬가지입니다.

미제는 자기의 주구들을 내세워 괴뢰정권을 조작하고《독립 국가》의 외피를 씌우고 있으나 남조선의 소위《정부》란 미제의 식민지 통치에 충실히 복무하는 도구에 불과합니다. 8.15 이후 리승만으로부터 오늘의 박 정희에 이르는 력대《위정자》들은 남조선에 대한 미제의 식민지 통치를 철저히 집행하는 하수인에 지나지 않습니다.

미 제국주의자들은 남조선 괴뢰 정권을 통하여 정치, 경제, 군사, 문화 등 모든 부문을 지배하고 있으며 남조선 인민들의 머리 우에 군림하면서 파쑈적 폭압과 가혹한 식민지적 착취를 감행하고 있습니다. 미 제국주의자들의 식민지 통치가 실시되고 있는 남조선에서 민족의 자주권은 완전히 박탈 당하였으며 민족 경제는 혹심하게 파괴되고 민족 문화는 여지없이 말살되고 있습니다.

오늘 남조선에서 활개치는 것은 오직 외래 침략자들과 매국노들의 파쑈적 폭압과 전횡뿐입니다.

진보적이며 애국적이며 민족적인 모든 것들이 여지없이 짓눌리고 있으며 인민들은 초보적인 민주주의적 자유와 권리마저 박탈 당하고 있습니다.

생존을 위한 로동자들의 진출도, 학원의 자유를 위한 학생들의 투쟁도, 조국의 통일을 위한 인민들의 념원도 모두 가혹한 파쑈적 탄압의 대상으로 되고 있습니다.

특히 괴뢰 대통령 선거를 앞둔 오늘의 남조선 전역에는 삼엄한 공포의 분위기가 조성되고 있습니다.

지금 남조선에서는 학원의 자유를 요구하였다 하여 학생들이 무리로 교정에서 쫓겨나고 있으며 수많은 인민들과 정계 인사들이 남부 웰남에의《국군》파병을 중지할 것을 요구하며 남북간의 접촉과 서신 교류를 주장하였다하여 체포 투옥되고 있습니다.

오늘《반공법》이라는 악몽에서 헤매고 있는 남조선 인민들은 보고 듣고 말하는 일체의 권리가 박탈되고 있습니다.

미 제국주의자들과 박 정희 도당을 반대하는 어떠한 언어 행동도《반공법》과《국가 보안법》의 적용 대상으로 되고 있으며 어마어마한 중형이 들씌워지고 있습니다.

인민들은 수천년래의 민생고를 겪고 있으며 거리와 마을들에는 일'자리를 잃은 700만의 실업자, 반실업자들과 농량이 떨어진 수백만의 농민들과 버림받은 수십만의 류랑 고아들로 차고 넘치고 있습니다.

미 제국주의 침략자들과 그 주구들의 가혹한 식민지 통치로 말미암아 오늘 남조선에서는 지난날 일제의 식민지 통치하에서 고향 산천을 등지고 북간도와 일본 혹가이도로 쫓겨가던 바로 그와 같은 참상이 또다시 되풀이되고 있습니다.

오늘 수많은 남조선 동포 형제들이 그리운 고국을 떠나 수륙만리 브라질의 농장과 서부 독일의 탄광 막장에서 고향 산천을 그리며 외국 략탈자들에게 노예 로동을 강요 당하다가 결국 낯설은 이국땅에서 무참히 쓰러져가고 있습니다.

남조선을 이러한 처지에 몰아넣은 미제국주의자들은 조선 인민의 철천지 원쑤 일본 군국주의자들까지 끌어들여 남조선을 더욱 암담한 식민지로 전락시키고 있습니다.

미 제국주의자들은 소위《한일 협정》을 조작하여 박 정희 도당과 일본 군국주의자들의 결탁을《합법화》함으로써 남조선에 대한 일본 군국주의자들의 재침의 길을 열어주었습니다.

그리하여 근 반세기에 결쳐 조선 인민에게 노예적 굴종과 피눈물나는 생활을 강요하던 그 일본 군국주의자들이 오늘 또다시 우리 조국 남반부에 물밀 듯이 기여들고 있습니다.

벌써 서울 한복판에는 지난날《통감부》를 련상케 하는 침략 기관들이 들어앉고 있으며 우리 인민의 고혈로 비대해졌던 일본 독점 재벌들과 그 사환'군들이 남조선의 중요 경제 명맥에 뿌리를 박고 있습니다.

왜색과 왜풍은 양풍과 함께 우리 민족의 미풍량속을 더럽히고 고유한 민족 문화를 질식시키고 있습니다.

그러나 매국 역적 박 정희 도당은 두 상전의 지시에 따라 남조선을 미일 제국주의자들에게 2중으로 떠맡기고 그들로부터 몇 푼의 정치 자금을 받아 저들의 더러운 잔명을 이어가려고 발악하고 있습니다.

박 정희 도당이야말로 을사 오적을 릉가하는 추악한 매국노들이며 천추 만대를 두고 용납 못할 반역의 무리입니다.

그러나 그들의 반역 행위는 결코 여기에만 그치지 않고 있습니다. 그들은 미제 상전의 지시대로 남조선 청장년들을 남부 웰남 전쟁터로 내모는 극악무도한 범죄 행위까지 서슴지 않고 감행하고 있습니다.

미 제국주의자들의 지시에 따라 이미 수만 명의 남조선 청장년들을 남부 웰남의 죽음터로 내몬 박 정희 도당은 가까운 시일내에 1개 사단의 전투 병력을 증파하려고 서두르고 있으며 이러한 파병을 앞으로 《계단식》으로 계속 확대하려고 악랄하게 책동하고 있습니다.

박 정희 도당은 남조선 청장년들을 남부 웰남 침략 전쟁의 죽음터에 내몲으로써 우리 민족을 반역하는 원쑤로서 뿐만 아니라 웰남 인민과 세계 피압박 인민들의 해방 투쟁에 도전해나서는 흉악한 원쑤로 등장하였습니다.

미제와 그 주구들에 의하여 남부 웰남에 끌려간 《국군》 장병들은 양키들의 총알받이로 이미 수천 명이나 값없는 죽음을 당하였으며 또 계속 수치스럽게 죽어가고 있습니다.

오늘 김포 비행장에서는 양키들을 대신하여 이국땅에서 무리로 죽어 돌아온 아들과 남편의 유해를 붙안고 가슴치며 통곡하는 어머니들과 안해들의 피타는 원성이 그치지 않고 있습니다.

남부 웰남에 끌려간 남조선 괴뢰군은 미 제국주의 침략자들의 강요에 의하여 남부 웰남 주민들을 야수적으로 학살하며 촌락들을 습격 파괴하는 등의 씻을수 없는 범죄 행위에 동원되고 있습니다.

남부 웰남에 파병된 《국군》 장병들의 운명이란 오직 치욕스러운 범죄와 값없는 죽음뿐입니다.

그럼에도 불구하고 미제와 박 정희 도당은 남조선 《국군》의 파병이 그 무슨 《공동 방위》를 위한 《대의 명분》으로 된다고 떠벌리고 있으며 하루 아침에 《일확천금》할수 있다고 요란스럽게 떠들고 있습니다.

그러나 과연 웰남 인민을 반대하는 양키들의 침략 전쟁에 수치스러운 고용병으로 끌려가는 것이 어떻게 《공동 방위》를 위한 《대의 명분》으로 될수 있으며 더욱이 청춘의 고귀한 생명을 어떻게 몇 푼의 딸라와 바꿀수 있다는 것입니까?

《공동 방위》니 《일확 천금》이니 하는 말들은 철두철미 남조선 인민들을 속이기 위한 선전에 불과합니다.

남부 웰남 파병에서 《일확 천금》하는 것은 《국군》 병사나 그의 가족들이 아니라 오직 값눅은 대포'밥을 얻게 되는 미국 전쟁 상인들뿐이며 《정부 전쟁》을 하는 매국 역적 박 정희 도당뿐입니다.

미 제국주의자들과 그 주구들이 남조선을 인간 생지옥으로 전변시키고 인민들에게 온갖 불행과 고통을 들씌우면서 제아무리 발악한다 하더라도 남조선에서 날로 무너져가는 식민지 통치 위기를 수습할수 없으며 남조선 인민들의 투쟁을 결코 가로막을수 없습니다.

일찍이 외래 침략자들을 반대하여 싸운 선렬들의 애국 전통을 이어받은 남조선 인민들은 지난 20여 년간 생존과 민주주의와 조국의 통일 독립을 위하여 대중적인 애국 투쟁을 힘차게 전개하여 왔습니다.

10월 인민 항쟁으로부터 2.7 구국 투쟁, 제주도 인민 봉기, 5.10 단선 반대 투쟁, 려수, 순천 폭동, 4월 인민 봉기 등을 거쳐 3.24와 6.3 그리고 작년 8월 투쟁에 이르기까지 남조선 인민들은 어느 한때도 자기들의 애국적 투쟁을 멈추지 않았습니다.

특히 남조선 인민들은 1960년 4월 새 정치, 새 생활, 새 제도를 요구하는 영웅적 항쟁에 궐기함으로써 리 승만 괴뢰 정권을 타도하였으며 미제의 식민지 통치에 심대한 타격을 주었습니다.

그리고 일본 군국주의자들의 재침 책동을 반대하는 1964년의 3.24, 6.3 투쟁과 작년 8월 투쟁을 통하여 남조선 인민들은 미일 제국주의자들과 박 정희 도당에게 또하나의 커다란 타격을 주었습니다.

오늘도 로동자들을 비롯한 남조선 인민들은 생존의 권리와 사회 정치, 생활의 민주화를 위하여 용감히 싸우고 있으며 미 제국주의자들과 박 정희 도당의 남부 웰남 파병 책들을 반대하여 항의의 목소리를 더욱 높이고 있습니다.

우리는 생존과 민주주의적 권리와 조국의 자주적 통일을 위한 남조선 인민들의 애국적 투쟁이 전체 조선 인민의 열렬한 지지와 성원하에서 반드시 종국적인 승리를 달성하리라는 것을 확신합니다.

동지들!

40년전 6.10만세 시위 투쟁 경험과 8.15후 20여 년간에 걸친 남조선 인민들의 투쟁 경험은 로동자, 농민, 청년 학생, 지식인들을 비롯한 모든 반제 애국 력량이 하나로 굳데 뭉쳐 외래 제국주의자들과 그의 앞잡이들을 반대하는 투쟁을 철저히 진행하지 않고서는 자유와 해방과 독립을 달성할수 없다는 것을 보여주고 있습니다.

그러므로 남조선 인민들은 오늘과 같은 불행과 고통에서 벗어나기 위하여서는 각계 각층 군중이 일치 단합하여 미제와 그 주구들의 식민지 파쑈 통치를 철폐하고 조국의 자주적 통일을 이룩하기 위한 투쟁을 더욱 적극적으로 전개하여야 할것입니다.

력사가 똑똑히 보여주는 바와 같이 자기 령토내에 외래 제국주의 침략자들을 두어두고서는 민족적 독립이란 상상할수도 없으며 인민들은 한시도 평안히 살수 없습니다.

오늘 우리 조국의 분렬과 남조선 인민들의 모든 불행과 고통의 화근은 미제의 남조선 강점에 있으며 그의 침략 정책에 있습니다.

전체 남조선 인민들은 우리 조국 남녘땅에서 미 제국주의 침략자들을 철거시키기 위하여 적극 투쟁하여야 할것입니다.

남조선 인민들은 미 제국주의 침략자들을 반대하는 투쟁과 함께 미제를 등에 업고 또다시 남조선에 기여들고 있는 일본 군국주의자들을 반대하여 투쟁하여야 할것입니다.

일본 제국주의의 남조선 재침은 남반부 동포들을 2중의 식민지 노예로 전락시킬뿐만 아니라 우리 조국의 통일 위업에 엄중한 장애를 조성하고 있습니다.

근 반세기에 걸친 일제의 식민지 통치 기반에서 신음한 조선 인민은 일본 군국주의자들의 재침이 우리 조국과 인민에게 어떠한 결과를 가져다준다는 것을 너무도 잘 알고 있습니다.

반일 애국의 기개를 시위하며 일제의 총검을 맞받아 투쟁한 6.10만세 시위 투쟁을 기념하는 오늘 우리들은 남조선 재침에 혈안이 되어 날뛰는 일본 군국주의자들에 대하여 치솟는 증오와 민족적 분노를 금할수 없습니다.

남조선의 전체 애국적 인민들은 일본 군국주의자들의 재침 책동을 걸음마다 분쇄 파탄시켜야 하며 이미 침략과 략탈의 지반을 닦고 들어앉은 일제 독점 재벌들을 모조리 쫓아버려야 할것입니다.

외래 제국주의 침략자들을 반대하는 남조선 인민들의 투쟁은 반드시 국내외 주구들을 반대하는 투쟁과 밀접히 결부되여야 합니다.

일생을 외래 제국주의자들의 충실한 주구로 복무하고 있는 박 정희 괴뢰 도당을 그대로 두어두고서는 남조선에서 미일 제국주의 침략자들을 반대하는 투쟁을 승리적으로 진행할수 없습니다.

그러므로 남조선 인민들은 박 정희 도당들과 그의 파쑈 통치를 반대하여 적극 투쟁하여야 할것입니다.

오늘 남조선에서 식민지 통치를 철폐하기 위한 투쟁에서 가장 선차적인 파업은 미제와 박 정희 도당의 파쑈 테로 통치를 분쇄하고 사회 정치 생활의 민주주의적 자유와 권리를 쟁취하기 위하여 투쟁하는것입니다.

오늘 남조선에서 실시되고 있는 가혹한 파쑈 테로 통치는 남조선 인ㅁ니들에게 초보적인 자유와 민주주의적 권리마저 허용하지 않고 있으며 그들의 모든 정당한 투쟁을 가로막고 있습니다.

그렇기 때문에 파쑈적 폭압을 짓부시고 사회 정치 생활을 민주화하는 것—이것은 오늘 남조선 인민들에게 있어서 사활적인 문제로 되고 있습니다.

모든 사람들이 자유롭게 사회 정치생활에 참가하며 마음대로 자기 의사를 발표하고 글을 쓰며 집회와 결사, 시위와 사상 선택의 자유를 누리는 것은 누구도 침해할수 없는 기본 권리입니다.

그러므로 남조선 인민들은 자신의 민주주의적 권리를 침해하는 미 제국주의자들과 박 정희 도당의 파쑈적 폭압과 테로 특무 통치를 반대하며 민주주의적 자유와 권리를 쟁취하기 위하여 적극 투쟁하여야 할것입니다.

언론, 출판, 집회, 결사, 시위의 자유와 모든 진보적 정당, 사회 난제들의 사유로운 활동을 위하여, 온갖 선진적 사상과 학술 연구의 자유를 위하여 투쟁하여야 할것입니다.

《반공법》을 비롯한 일체 악법들을 철폐하며 부당하게 체포 구금된 모든 애국자들과 인민들을 무조건 즉시 석방시키기 위하여 완강하게 싸워야 할것입니다.

남조선의 로동 계급과 농민을 비롯한 각계 각층 인민들은 계급적 련대성을 더욱 강화하여 가혹한 식민지적 착취와 강도적 수탈을 반대하며 생존의 권리와 생활 조건의 개선을 위하여 적극 투쟁하여야 할것입니다.

오늘 남조선 로동자들을 비롯한 인민들의 생활 형편은 투쟁하지 않고서는 살아갈수 없는 막다른 지경에 처하여 있습니다.

투쟁이 없이는 결코 생존의 권리와 생활 조건의 개선을 기대할수 없습니다.

오늘 남조선 인민들 앞에 제기된 가장 초미의 과업은 미 제국주의자들과 박 정희 도당의 남부 웰남 파병 책동을 반대하여 투쟁하는것입니다. 미 제국주의자들과 박 정희 도당이 감행하고 있는 남부 웰남 파병 책동은 남조선 인민들에게 헤아릴수 없는 불행과 고통을 가져다주고 있습니다.

만일 원쑤들의 파병 책동을 단연코 분쇄하지 않는다면 수많은 남조선 청장년들이 양키들의 총알받이로 되어 수치스럽게 죽어가는 것을 면할수 없으며 아들과 남편을 빼앗기도 피눈물나는 나날을 보내게 될 비극적 운명에서 결코 벗어날수 없습니다.

그러므로 남조선 인민들은 미제와 그 주구들의 남부 웰남 파병 책동을 반대하는데 투쟁 력량을 집중하여야 할것입니다.

남반부의 전체 애국적 인민들은 한사람같이 궐기하여 원쑤들의 파병 책동을 단호히 분쇄하여야 하며 단 하나의 혈육도 양키 침략자들의 대포'밥으로 빼앗기지 않기 위하여 견결히 투쟁하여야 할것입니다.

이미 남부 웰남에 끌려가 죽음의 불안과 공포 속에 떨고 있는 남조선 청장년들을 하루속히 돌아오게 하기 위하여 완강한 투쟁을 전개하여야 할것입니다.

남조선 《국군》 장병들은 남부 웰남의 죽음터로 끌려가는 것을 단연 거부하고 남부 웰남에 끌려갈것이 아니라 남조선에서 미제와 그 주구들을 반대하여 투쟁하여야 할것입니다.

남부 웰남에 끌려간 《국군》 장병들은 수치스러운 양키들의 고용병살이를 박차고 보람찬 삶을 위하여 싸워야 할것이며 남부 웰남 인민들을 학살하는데 동원되지 말고 그리운 고향으로 돌아오기 위하여 대중적인 운동을 일으켜야 할것입니다.

미 제국주의자들과 그 주구들에 의하여 20여 년 동안이라 국토 량단의 비극을 겪고 있는 우리 인민은 더는 이대로 살아갈수 없으며 분렬된 조국을 또한 후대들에게 넘겨줄 수 없습니다.

조국을 통일하는것—이것은 삼천만 조선 인민의 절절한 념원이며 민족 지상의 과업입니다.

지난날에도 6.10만세 시위자들을 포함한 반일의 애국 선열들은 외래 제국주의 침략자들을 내몰고 자주적인 독립국가에서 단란하게 살기를 원하여 그처럼 피흘리며 용감하게 싸웠던것입니다.

애국 선렬들의 유골이 묻혀 있는 조국강산을 사랑하고 자손들의 행복을 진심으로 원하는 사람이라면 조국을 자주적으로 통일하기 위하여 전 민족적인 투쟁에 한사람같이 떨쳐나서야 할것입니다.

외래 제국주의자들과 매국노들을 반대하는 투쟁에서 승리하기 위하여서는 맑스-레닌주의당의 령도하에 각계 각층 애국적 인민들이 굳게 단결하여 싸워야 합니다.

남조선의 일체 애국적 력량이 반미, 반일 구국 통일 전선의 기치하에 굳게 뭉쳐 완강한 투쟁을 전개할 때 제국주의의 어떠한 아성도 능히 짓부시고 자유와 민주주의와 조국의 통일 독립을 달성할수 있을것입니다.

정의를 위하여 싸우는 남조선 인민들은 결코 외롭지 않습니다.

공화국 북반부에는 조선 인민의 경애하는 수령 김 일성 동지를 수반으로 하는 조선 로동당과 공화국 정부 주위에 철석 같이 뭉친 불패의 사회주의 력량이 있으며 우리 인민들은 대중적 혁신운동의 불'길을 더욱 높이여 싸우는 남반부 동포들을지지 성원하고 있습니다.

오늘 강력한 전체 사회주의 국가 인민들과 아세아, 아프리카, 라틴 아메리카 등 전 세계의 모든 반제 평화 애호력량도 싸우는 남조선 인민들의 편에 확고히 서 있습니다.

미제를 두목으로 하는 제국주의와 신식민주의자들을 반대하는 세계 각국 피압박 인민들의 민족 해방 투쟁은 남조선 인민들의 투쟁을 무한히 고무하여주고 있습니다.

오늘 제국주의의 원흉이며 국제 헌병인 미 제국주의 침략자들은 지구상의 이르는 곳마다에서 고립 배격 당하고 있습니다.

특히 웰남에서 침략 전쟁의 불을 지른 미 제국주의자들은 지금 전면적인 패배와 파멸의 운명에 직면하고 있습니다.

웰남의 영웅적인 전우들은 기술적 우세를 떠들며 허장성세하는 미제 침략자들에게 날로 더욱 치명적인 타격을 가하고 있습니다.

미 제국주의 침략자들은 불원간 남부 웰남에서 쫓겨날것이며 웰남 인민들은 반드시 최후의 승리를 달성하고야 말것입니다.

우리는 미 제국주의 침략자들을 반대하며 자유와 해방과 조국의 통일을 위하여 영웅적으로 싸워 빛나는 승리를 쟁취하고 있는 웰남 인민들에게 열렬한 축하를 보내며 앞으로도 계속 웰남 인민들에게 물심량면으로 되는 지지와 성원을 아끼지 않으리라는 것을 다시금 천명하는바입니다.

동지들!

오늘 우리 북반부 인민들 앞에는 남반부 인민들을 미 제국주의자들과 박 정희 도당의 식민지 통치에서 해방시키려 조국의 자주적 통일 위업을 달성하고 조선 혁명의 종국적 승리를 쟁취하여야할 력사적 과업이 제기되고 있습니다.

전체 인민들은 조국 통일을 위한 강력한 력량인 공화국 북반부를정치, 경제, 군사적으로 더욱 반석같이 다지며 앞으로 도래할 혁명적 대사변을 준비있게 맞이하기 위하여 사회주의 건설의 모든 초소에서 살림살이를 더욱 알뜰하게 꾸리며 계속 혁신, 계속 전진하여야 하겠습니다.

우리들은 남반부 동포들을 하루속히 구원하고 조국을 통일하기 위한 애국적 지원 운동의 불'길을 더욱 높이며 원쑤들의 어떠한 발악적 책동에도 대처할수 있도록 항상 긴장되고 동원된 태세를 견지하여야 하겠습니다.

나는 끝으로 전체 인민들이 김 일성 동지를 수반으로 하는 조선 로동당과 공화국 정부 주위에 철석같이 단결하여 우리 혁명의 종국적 승시를 앞당기기 위하여 모든 것을 다하여 투쟁하리라는 것을 확신하는바입니다.

남북련석회의때를 회고하여

『인민들속에서』 6, 조선로동당출판사, 1967.12.30, 45~60쪽.

1948년은 나에게 있어서 잊지 못할 해이다.

그것은 이해에 처음으로 내가 우리 민족의 위대한 령도자이신 김일성장군님을 직접 만나뵙게 되였으며 그때로부터 나의 고난에 찼던 생활이 끝장나고 광명과 희망에 찬 새로운 생활의 길에 들어서기 시작했기때문이다.

1948년 4월 어느날이였다. 나는 뜻밖에도 남북조선 정당, 사회 단체 대표자련석회의에 참가하라는 초청을 평양으로부터 받았다.

북반부로 떠나기 전날 나는 종적을 감추기 위하여 가족을 견지동에서 화동으로 옮기게 하고 친구의 집에서 하루 묵은 다음 4월 19일 이른아침에 기차로 서울을 떠나 그날 밤으로 38선을 넘어 삼거리라고 하는곳에 도착한 때는 밤 11시경이였다.

삼엄한 38선을 무사히 넘어선 우리들의 기쁨이란 이루다 말할수 없었다.

나는 그때의 벅차던 감정을 일생을 두고 잊을수 없다. 45

우리의 도착을 안 경비대동무들은 우리들을 지정된 숙소까지 친절히 안내해주었다.

다음날 아침에 자동차로 떠나 저물어서야 남천에 도착한 우리들은 그곳에서부터 기차를 타고 평양으로 오게 되였다.

남천에서는 지방 당 및 정권기관 일군들과 인민들이 우리들을 환영하여 만찬회를 베풀어주었다. 만찬회는 참으로 감격적인 분위기속에서 진행되였다.

만찬회가 한창 진행될 때 한 동무가 《김일성장군님께서 선생님들이 도착하시면 모든 편의를 잘 돌봐드리라고 말씀하셨습니다.》라고 하는것이였다.

그 말을 듣고 우리는 김일성장군님의 세심한 배려에 더욱 감격하였다.

다음날인 4월 21일 이른아침에 우리 일행은 평양에 도착하였다.

우리는 려장을 풀기 바쁘게 남북조선 정당, 사회단체 대표자련석회의가 열리고있는 모란봉극장으로 갔다.

회의장소에 이른 우리들은 안내원의 안내를 받아 휴게실로 들어갔다. 그곳에는 이미 다른분들이 많이 와계셨는데 안내원은 그중에서 장대하고 위풍있는 한 젊은분에게 저를 소개하였다.

저는 곧 이분이 바로 백두산정기를 타고나신 조선민족의 절세의 애국자이시며 전설적인 영웅이신 김일성장군님이시라는것을 알아차렸다. 46

《아, 리극로선생이십니까! 오시느라고 수고 많이 하셨습니다. 얼마나 고생하셨습니까.》

제가 반가운 마음으로 인사를 하려고 하는데 장군님께서는 먼저 이렇게 말씀하시면서 저를 반겨맞아주시였다.

《장군님, 나라의 독립을 위하여 일제와 싸우시기에 얼마나 고생을 하셨습니까!》

제가 이렇게 말씀드리자 장군님께서는 오히려 《아닙니다. 국내에 계신 여러분들이 더 고생하셨습니다.》라고 하시면서 저의 손을 이끌어 의자에 앉으라고 권하였다.

잠시 생각에 잠기셨던 장군님께서는 미제국주의자들의 침략정책으로 지금 우리 조국앞에는 가장 엄중한 분렬의 위기가 닥쳐왔다고 하시면서 조성된 정치정세에 대하여 설명하여주시였다. 이윽고 장군님께서는 《자 시간이 되였으니 회의장으로 들어갑시다.》라고 하시면서 우리들을 이끄시고 회의장으로 들어가시였다.

조국에 조성된 국난을 타개할 원대한 지략을 가지신 탁월한 령도자이시며 우리 민족의 태양이신 김일성장군님의 뒤를 따라 회의장으로 들어가는 저의 온몸에서는 새힘이 솟구쳤다.

저녁에 려관으로 돌아온 나는 흥분된 심정으로 김일성장군님의 정치보고를 읽고 또 읽었다.

《1948년 5월 10일에 남조선에서 실시하려는 단독선거는 47 우리 조국을 영원히 갈라놓으며 남조선을 미제국주의자들의 완전한 식민지로, 군사기지로 만드는 결과를 가져올것입니다. 반만년의 력사를 가진 조선민족으로서 어찌 이러한 반동적, 반인민적 미국의 침략계획이 실현되는것을 그냥 둘수 있겠습니까?…

…

조국을 진정으로 사랑하는 사람이라면 누구를 막론하고 망국적단독선거를 단호히 거부하여야 합니다. 이 거족적투쟁에서 나라와 민족의 운명을 우려하는 모든 사람들은 당파와 종교의 소속, 정치적견해를 가리지 말고 반드시 단결하여야 하겠습니다.》

조성된 정세에 대한 김일성장군님의 명석한 분석과 정확한 투쟁대책은 실로 우리의 앞길을 밝혀주는 휘황한 등대와 같았다.

해방후 남조선정세는 미제의 침략정책으로 말미암아 착잡하기가 짝이 없었다.

일제대신 남조선에 기여든 미제는 상륙 첫날부터 조국의 완전자주독립을 위한 조선인민의 애국적 투쟁을 야수적으로 탄압하는 반면에 우익반동분자들을 극력 비호하였다.

그리하여 해방직후 인민대중의 혁명적기세에 기를 펴지 못하고있던 친일파, 민족반역자, 친미분자들은 미제를 등에 업고 다시 활개치며 온갖 행패를 다 부리기 시작하였다.

근 40년이나 미제의 품속에서 사환군으로 길들여진 리승만은 저의 상전이 시키는 일이라면 어떠한(48) 매국행위든 서슴없이 다 감행해나섰다.

이리하여 진보와 반동간의 투쟁은 날이 갈수록 첨예화되여갔다.

미제는 저들의 야욕을 실현하기 위하여 날마나 반동적인 정당을 조작해냈고 어중이떠중이들은 저마다 《지도자》로 자처해나섰다. 이러한 속에서 사람들은 대체 우리 나라가 어느 길로 나가야 하며 장차 무엇을 어떻게 하였으면 좋을지 갈피를 못잡고있었다.

그 당시 남조선의 민족적량심을 가진 많은 사람들은 진정한 민족의 령도자를 목마르게 기다리고있었고 정계에 나서려는 량심적인 사람들은 이 사람, 저 사람을 찾아다니며 조국의 장래를 걱정하였다. 그러나 모든것은 헛수고였다.

《지도자》로 자칭하는 사람들은 많았으나 참된 지도자로 될만한 사람은 없었다.

남조선에 조성된 정세에 환멸을 느낀 나는 북소선에 대한 동경과 희밍을 억누를수 없었다.

이미 나는 해방전에 김일성장군님께서 백두의 밀림과 만주의 광야를 주름잡아다니시며 조국의 광복을 위하여 헌신분투하신다는 말을 많이 들어왔다.

그리고 해방후 서울의 그 복잡한 환경속에서 나는 우리 민족의 태양이신 김일성장군님께서 조국에 개선하시여 민족의 진로를 밝혀주신다는것을 매일같이 듣고있었다. 49

비록 장군님을 한번도 뵈옵지는 못했고 또 해방후 북조선의 제반시책을 목격하지는 못하였으나 나의 머리속에는 조선을 옳바른 길로 이끌고나가실분은 김일성장군님외에는 아무도 없다는 생각이 점점 더 굳어져갔다.

바로 이러한 때 혁명의 위대한 수령 김일성장군님께서는 조성된 정세하에서 조선혁명의 간고성을 간파하시고 우리 혁명을 주동적으로 추진시키기 위해 북조선에 혁명의 근거지를 축성하기 위한 민주기지로선을 내놓으셨으며 전조선의 애국적민주력량을 민주주의적자주독립국가건설을 위한 투쟁대오에 묶어세우기 위한 옳바른 통일전선정책을 내놓으셨다.

1947년에 와서 쏘미공동위원회사업이 미제의 책동에 의하여 파탄되고 남조선에서 《단선》, 《단정》 조작음모가 로골화되여 우리 조국이 영구분렬의 위기에 처하게 되자 김일성장군님께서는 남북련석회의를 소집하여 국난을 타개할 구상을 세우시고 그 실현을 위한 사업을 조직지도하시였다.

그리하여 1948년 4월에 있은 남북련석회의에는 남조선의 리승만계렬과 같은 극반동우익단체들을 제외한 전국의 각계각층 대표들이 다 모였었다.

나는 그때 장군님의 정치보고를 연구하면서 조선인민의 참다운 수령은 바로 김일성장군님이시라는 것을 다시금 확신하게 되였다.

내가 회의에 참가한 다음날인 22일 오전회의는 50 10시 30분부터 시작하였다.

회의는 12시 20분경에 장군님의 제의에 의하여 잠시 휴회로 들어갔다.

이날 오후회의가 끝날무렵에 혁명가유자녀학원학생들의 축하단이 들어왔다.

350여명의 유자녀들은 련석회의참가자들을 열렬히 축하하면서 자기들의 부모가 다 이루지 못한 조국의 완전자주독립국가건립을 위하여 적극 투쟁하여 달라는 진심에서 우러나오는 부탁을 하였다.

심금을 울리는 그들의 절절한 부탁은 그 구절마다가 피맺힌 조선인민의 한결같은 부르짖음이였으며 민족지상의 념원이였다.

일생을 두고 잊을수 없는 그들의 부탁은 지금도 나의 폐부를 찌른다.

그것은 미제원쑤놈들에 의하여 량단된 조국이 아직도 통일되지 못했으며 혁명의 전국적승리를 위하여 자신이 한 일이 너무도 적기 때문이다.

회의는 23일과 24일에도 계속되였다.

24일에는 조선로동당의 발기에 의하여 남조선단독선거를 반대하여 투쟁할것을 일치하게 결정하였으며 쏘미량군을 동시에 철거시키고 외국의 간섭이 없이 조선사람자신의 의사에 의하여 조선 전지역에서 총선거를 실시하고 통일적인 민주주의자주독립국가를 건립할 가능성을 조선인민에게 부여할것을 쏘미량국정부에 요구하였다. [51]

남북련석회의는 전체 조선인민의 이목이 집중된 감격적인 분위기속에서 진행되였다.

회의에 참가한 많은 인사들은 비록 그 사회적 처지와 정견은 각이하였으나 회의과정을 통하여 김일성장군님의 현명한 령도와 조선인민이 나아가야할 방향을 비로소 똑똑히 인식하였으며 나라와 인민을 사랑하시는 그이의 애국지성과 조국건설의 위대한 구상에 감동되여 경탄의 정을 금치 못했다.

4월 25일에는 련석회의의 성과를 축하하는 평양시민들의 경축대회가 진행되였다.

이날 아침 일찍부터 광장으로 모여온 평양시민들은 민족분렬을 견결히 반대하며 통일적인 자주독립국가를 수립하자는 구호를 힘차게 불렀다.

주석단으로 설정된 북조선인민위원회청사의 로대[1]우에는《미제국주의침략자들을 반대하여 헌신투쟁하고있는 애국자들과 조선인민들에게 승리와 영광이 있으라!》라고 쓴 구호가 나붙어있었다.

오전 11시정각에 절세의 애국자이시며 민족적영웅이시며 위대한 수령이신 김일성장군님께서 주석단에 나오셨다.

영광스럽게 나도 주석단에 초대받았다.

립추의 여지없이 장내를 메운 군중들속에서는 열렬한 환호성이 일었다. 지축을 흔드는 만세소리는 그칠줄 몰랐으며 대회장 상공을 선회하는 비행기에서 뿌

---

1 [편주] 로대 : '노대'의 북한어.

리는 전조선동포에게 보내는 격문이 하늘 가득[52]히 날렸다.

이 감격적인 군중대회에서 모든 사람들은 김일성장군님의 발기에 의하여 소집된 력사적인 남북련석회의의 성과를 충심으로 기뻐하였다.

이것을 본 우리는 민족적 자부심과 긍지를 다시 한번 가슴 뿌듯이 느꼈다. 이와 함께 김일성장군님의 현명한 령도가 있는 한 조국의 통일독립은 반드시 성취되고야말리라는 신심을 우리는 굳게 하였다.

열광적인 시위가 끝난 다음 김일성장군님께서는 련석회의참가자들을 위하여 오찬회를 베푸시였다.

많은 남조선대표들은 모두 방금전에 있은 경축대회에서 받은 흥분으로 하여 아직 진정하지 못하고 있었다.

김일성장군님께서는 연회석상에서 많은 인사들의 건강을 축원해주시였다.

특히 남북련석회의에 참가한 남조선대표들에 대한 김일성장군님의 배려는 참으로 극진하시였다.

우리들은 북조선에서 이룩된 제반 민주개혁의 빛나는 성과들을 회의가 진행되는 기간과 회의가 끝난 후에도 계속 볼수 있었다.

나라의 진정한 주인으로 된 로동자들의 슬기로운 모습과 세기적숙망을 이루어 땅의 주인으로 된 농민들의 행복한 생활, 오랜 봉건유습에서 벗어나 민주건설에 떨쳐나선 녀성들의 씩씩한 투쟁모습들…우리의 상상을 초월하는 이 모든 약동하는 현실은[53] 북반부에 대한 우리의 인식을 새롭게 하였다.

병들어 썩어가는 남반부사회에서 멸시를 받으며 세기말적추악상만 보아온 우리들에게 있어서 슬기로운 우리 민족의 지혜와 재능이 꽃피는 자유롭고 행복한 북조선이야말로 진정 인민의 락원으로 느껴졌다.

특히 5.1절시위를 관람함 우리들은 해방된 자기 조국에서 생활이 약동하고 희열이 넘치는 인민들의 삶의 보람을 목격하였다.

로동자, 농민, 근로인테리들의 새 희망 나래치는 활기띤 시위행진이며 조선민족의 전설적영웅이시며 강철의 령장이시며 백전백승의 위대한 전략가이신 경애하는 수령 김일성장군님께서 항일무장투쟁의 혁명투사들을 골간으로 하여 창건하신 조선인민의 진정한 혁명적부장력인 조선인민군의 보무당당한 무력시위행렬을 보고 남조선에서 온 인사들은 모두가 깊은 감명을 받았다.

나는 그 당시 김구가 자기의 심정을 토로하여 이야기한 다음과 같은 말을 지금도 기억하고있다.

《김장군님과 같은분이 진정한 공산주의자라는 것을 나는 북조선에 와서 내 눈으로 모든것을 보고야 진심으로 느꼈습니다.

그런 공산주의자라면야 무엇때문에 공산주의자가 나쁘다고 하겠습니까.…》

이것은 김구만이 느낀 감명이 아니였다. [54]

나의 심정도 바로 그러하였고 남조선에서 온 모든 대표들이 받은 한결같은 인상이였다.

나도 원래는 공산주의자가 아니였다.

그러나 나는 혁명의 천재적수령이신 김일성장군님을 만나뵈온후 오직 공산주의자들만이 우리 조국과 겨레의 운명을 책임질수 있는 진정한 애국자라는 것을 절실히 깨닫게 되였으며 우리 조국과 인민의 휘황한 앞길을 내다볼수 있었다.

참다운 인민의 령도자이신 김일성장군님의 현명한 가르치심과 높은 덕성에 내가 접하던 그때 일들은 지금껏 생생하게 남아있다.

1948년 7월 2일, 우리는 김일성장군님과 함께 당시 건설중에 있던 김일성종합대학건설장으로 갔다.

장군님께서는 대학의 위용이 훤히 안겨오는 곳에 자동차를 멈추게 하시였다.

장군님께서는 반남아 일떠선 건물을 가리키시며 말씀하시였다.

《이 건물은 우리의 기술자가 설계하였고 우리의 힘으로 짓고있습니다.

여기서 우리의 민족간부가 양성될 것입니다.》

장군님께서는 만족한 심정으로 이렇게 말씀하시면서 건설장을 바라보시였다.

나는 그때 벌써 김일성장군님께서 조국의 장래를 두어깨에 떠메고나갈 새로운 세대들의 육성과 [55] 민족간부양성을 위하여 얼마나 깊은 관심을 돌리고 계시는가 하는것을 가슴 뜨겁게 느꼈다.

또한 지금도 특별히 기억되는 것은 그해 7월 11일에 있은 일이다.

이날은 일요일이였는데 김일성장군님께서 련석회의에 참가하였던 대표들을 초대하셨다. 저도 여기에 초대를 받았다.

우리는 발동선을 타고 대동강의 흐름을 따라 만경대로 내려가는 도중 두루섬에 들리였다.

배에서 내리신 장군님께서는 우리들을 한 포전으로 안내하시였다.

웬 손님들인가하여 일손을 멈추고 우리들을 바라보던 농민들가운데서 한 로인이 김일성장군님이심을 알아보고 달려나와 정중하게 인사를 하였다.

장군님께서는 웃음어린 얼굴로 가볍게 허리굽혀 《수고하십니다!》라고 인사하시면서 그 로인에게 악수를 청하셨다.

이때 그 로인은 엉거주춤하며 혼자말처럼 《이거 방금 거름을 주무르던 손이 돼나서…》하며 바지에다 손을 문지르는것이였다.

이를 보신 장군님께서는 한걸음 로인의 앞으로 다가서시며 《일없습니다.[2] 농민의 손이 그렇지요.》라고 하시면서 그 로인의 손을 덥석 잡아주시는것이였다.

이렇게 로인과 인사를 나누시고나서 장군님께서 56 는 우리를 돌아다보시며 《좀 앉아서 이야기나 하다가 가시지요.》라고 하시면서 풀섭에 그냥 앉으시는 것이였다.

로인은 발머리까지 찾아오신 장군님을 맨땅에 모시는것이 죄송스러워서인지 나무그들밑으로 가시자고 권하였지만 장군님께서는 괜찮다고 굳이 사양하시는 것이였다.

우리도 장군님의 뒤를 따라 풀섶에 앉았다.

장군님께서는 로인을 곁에 앉으라고 손수 자리를 내주시고나서 일년감이 잘 되였다고 하시면서 일년감밭이 몇평이나 되며 무슨 거름을 주었으며 순은 몇번이나 쳐주었는가를 세세히 물어보시였다. 로인은 자기들이 하고있는 일들을 기탄없이 신이 나서 설명했다.

장군님께서는 로인의 대답을 주의깊게 들으시였다.

로인의 말을 다 들으신 다음 장군님께서는 일년감재배에서 반드시 잊어서는 안될 몇가지 문제에 대하여 깨우쳐주시기도 하시였다.

나는 여기서 장군님의 소탈하고 겸허한 품성에 대해서도 느껴지는바가 많았

---

2 [편주] 일없습니다 : '괜찮습니다'의 북한어.

지만 더욱 탄복한 것은 언제 어디서나 인민들속에서 배우며 인민들을 가르쳐주시는 고상한 덕성, 그 작풍이였다.

나는 이렇게 장군님을 여러번 접하고 날이 감에 따라 김일성장군님이야말로 지, 인, 용을 겸비한 조[57]선인민의 탁월한 령도자이시라는 느낌이 더욱더 강렬해졌다.

의병투쟁시기로부터 시작하여 반세기도 넘는 나의 복잡한 지난 생애를 통하여 나는 아세아, 구라파 등 대소 여러 나라들을 돌아다니면서 이른바 《걸출한》 사람들, 수다한 《영웅호걸》들을 봤지만 아직 장군님과 같은 그렇듯 참다운 인민의 령도자를 만나본적은 없었다.

장군님께서는 정사에 바쁘신 가운데서도 저의 가정에 대해서까지 념려하여주시였고 크낙한[3] 배려를 돌려주시였다.

저는 이러한 장군님의 따뜻한 보살피심을 영원히 잊을수 없다.

조국이 해방되여 벌써 오랜 세월이 흘렀다. 그동안 우리 조국앞에는 많은 시련이 있었으나 그때마다 수상님께서는 우리들을 승리에로 인도하시였다.

지나간 70여년간의 나의 생활은 평탄하지도 않았으며 또 단순하지도 않았다. 내가 만일 김일성 수상님과 같은 위대한 령도자를 만나지 못했던들 어찌 오늘과 같은 행복이 차례졌겠는가!

나는 본래 조선어학연구에 뜻을 품은 한사람으로서 우리 말과 글을 바로잡기 위하여 해방전부터 조선어문운동에 종사해왔었다.

일제시기는 물론 남조선에 있을 때도 조선어문연구사업을 뜻대로 할수 없었다. [58]

나는 북반부에 들어와서야 비로소 마음놓고 동료들과 함께 어문연구사업에 정진할수 있었다.

수상님께서는 우리들 조선어학자들의 연구사업에 각별한 배려를 돌려주셨으며 조선어연구에서 지침으로 삼아야할 교시를 여러번 주시였다.

나는 그이의 가르치심 따라 조선어문연구에 다소나마 기여할수 있었으며 지

---

3 [편주] 크낙한 : '크고 넓은'의 북한어.

금도 힘자라는껏 노력하고 있다.

나는 오늘 내가 누리고있는 이 행복과 참다운 삶의 보람을 느낄 때마다 남녘땅에 두고 온 동료들을 생각하게 된다.

오늘 유구한 전통을 가진 우리의 민족문화가 세기말적인 양키문화에 여지없이 짓밟히고있는 남조선에서 조선어학계가 처한 실정이란 실로 참담하다. 조선어의 발전에 뜻을 품은 어학자들의 전도 역시 암담하다.

그들에게도 우리들처럼 휘황한 앞길을 반드시 열어주어야 한다.

그 길은 오직 량단된 국토와 분렬된 민족을 통일시키는것외에는 다른 길이 없다. 이것은 한시도 지체할수 없는 민족지상의 과업이다.

미 제국주의자들은 남녘땅을 제놈들의 완전한 식민지로, 군사기지로 전변시켰으며 우리 조국의 통일을 한사코 방해하면서 미제의 사촉하에 우리 인민의 불구대천의 원쑤인 일본군국주의자들까지 끌어들이 59 기에 미친 듯이 날뛰고 있다.

미제와 그 주구들이 제아무리 발악한다 해도 혁명의 위대한 수령 김일성동지를 수반으로 하는 조선로동당 중앙위원회와 공화국정부 주위에 철석같이 단결하여 조국통일의 위업달성에 떨쳐나선 조선인민의 정의의 투쟁을 도저히 가로막을수 없으며 기필코 놈들은 멸망하고야말것이다.

나는 비록 늙었지만 총잡은 전사의 마음으로 혁명대오에 굳건히 서서 미제침략자를 짓부시고 남반부형제들을 구원하며 조국통일의 혁명적대사변을 앞당기기 위하여 모든 힘을 다할 것을 굳게 다짐하고 있다. 60

일본 사또반동정부의《외국인학교제도법안》조작책동을 분쇄하자

『로동신문』, 1968.3.8, 3면

【평양 3월 7일발 조선중앙통신】 재일 조선공민들의 민주주의적민족교육을 탄압말살하려는 일본 사또반동정부의 범죄적책동을 규탄하여 조국전선중앙위원회 리극로의장은 7일 다음과 같은 담화를 발표하였다.

이미 보도된바와 같이 지난 3월 1일 일본 사또반동정부는 이른바《외국인학교제도법안》이란 것을 지금 진행중인 일본국회에 상정할 것을 각의에서 결정하였다.

일본 사또도당이 꾸며내려고 책동하는《외국인학교제도법안》에 대하여 말한다면 그것은 자주적인 조선인학교들과 교육일군들을 혹심하게 박해하고 탄압하며 재일동포들의 민주주의적민족교육을 말살하려는 내용으로 일관된 교육사상 류례없는 파쑈적악법이다.

일본 사또반동도당은 이러한 흉악한《법안》을 조작함으로써 사실상 재일 동포들의 민주주의적민족교육의 존재자체를 부인하고 자주적인 조선인학교들을 폐쇄하며 재일 동포자녀들에게 또다시《동화교육》을 강요하려 하고 있다.

이것은 국제법과 국제관례와 인도주의원칙에 대한 란폭한 유린행위이며 조선민주주의인민공화국에 대한 가장 로골적인 적대행위이다.

우리는 재일 동포들의 민주주의적민족교육을 탄압말살하려는 일본 사또반동도당의 책동이 오늘 날로 강화되고있는 미제침략자들과 그 주구 매국역적 박정희괴뢰도당의 새 전쟁 도발책동과 때를 같이하여 감행되고있는 사실을 절대로 간과할수 없다. 사또반동도당은 바로 미제침략자들의 무장간첩선《푸에블로》호가 우리 나라의 령해에 침입하여 악랄한 적대행동을 감행하던 그때에 재일 동포들의 귀국사업을 보장하기 위한 콜롬보조일적십자회담을 파탄시켰으며 최근 미제침략자들의 전쟁소동이 그 어느때보다 격화되고있는 시기에 또한 니이가다귀국자집결소를 폐쇄하였으며 지금 재일 동포들의 민주주의적민족교육의 권리를 말살하려고 흉악하게 책동하고 있다.

일본 사또반동정부가 바로 지난날 두 번이나 《국회》에 상정하려다가 내외여론의 강력한 규탄을 받고 철회하지 않으면 안되였던 《외국인학교제도법안》을 지금 부랴부랴 성사시키려고 발광하고있는 것은 결코 우연하지 않다.

그것은 일본 사또반동도당이 재일조선공민들의 민주주의적민족교육의 권리를 포함한 제반 민주주의적민족권리를 말살함으로써 막다른 궁지에 빠져있는 미제국주의자들의 침략과 전쟁 정책에 더욱 충실히 복무하며 매국역적 박정희괴뢰도당의 비위를 맞추어 남조선에 대한 재침략의 길을 더욱 넓혀보려는 음흉한 정치적목적으로부터 출발한것이다.

나는 전체 조선인민과 함께 재일동포들의 귀국의 권리와 민족교육의 권리를 포함한 제반 민주주의적민족권리를 유린하면서 그것을 자기들의 해외팽창야욕을 실현하기 위한 정치적흥정의 리용물로 삼으려는 일본 사또반동도당의 천인공노할 범죄행위를 치솟는 민족적분노로 준렬히 규탄한다.

일본 사또반동정부는 그 어떤 구실로써도 재일 동포들의 민주주의적민족교육을 말살할수 없으며 자기들의 범죄적책동을 합리화할수 없다.

독립국가공민들이 그 거주지 여하를 불문하고 자기 나라 말과 글에 의한 민족교육을 실시하는 것은 누구도 침해할수 없는 신성한 민족적권리이다.

더욱이 지난 시기 일제의 식민지통치하에서 자기 나라의 말과 글을 배우는것조차 가혹하게 탄압당하여온 재일 동포들에게 있어서 민족교육에 대한 문제는 더한층 절실한 것으로 되고 있다.

조선민주주의인민공화국의 당당한 해외공민인 재일 동포들은 오늘 자기 자녀들의 민주주의적민족교육의 발전을 위하여 돌려주시는 4천만조선인민의 경애하는 수령 김일성원수님의 육친적배려에 무한히 고무되면서 일본의 각처에 학교를 세우고 유치원으로부터 대학에 이르는 정연한 민주주의적민족교육체계를 수립하였으며 자녀들에게 모국어와 조국의 력사, 지리, 문화를 가르치면서 그들을 사회주의조국과 수령께 무한히 충실한 공화국의 훌륭한 일군으로 키우고있다.

이것은 그 무엇으로써도 빼앗을수 없는 재일 동포들의 민족적권리이다.

일본 사또반동정부는 오직 재일동포들의 이 민주주의적민족권리를 무조건 보장하여야 할 법적 및 도의적 의무만을 지니고있을뿐이다.

일본 사또반동정부는 재일 동포들의 민족교육에 대한 탄압책동과 귀국사업에 대한 온갖 파괴행위를 당장 걷어치워야 하며《외국인학교제도법안》조작책동을 당장 그만두고 민족교육권과 귀국의 권리를 비롯한 그들의 제반 민주주의적민족권리를 무조건 보장해야 한다.

오늘 60만 재일 조선공민들은 경애하는 수령 김일성원수님께서 령도하시는 사랑하는 조국—조선민주주의인민공화국의 공민된 한없는 명예를 간직하고 수령의 주위에 철석같이 뭉쳐 민주주의적민족권리를 옹호하여 힘차게 싸우고있다.

재일 동포들의 정당한 투쟁을 전체 조선인민과 일본인민들을 비롯한 전세계 인민의 적극적인 지지와 성원을 받고있다.

조선인민을 공화국정부의 위대한 10대정강에서 4천만조선인민의 경애하는 수령 김일성원수님께서 천명하신바와 같이 해외공민들의 민족권리를 침해하며 그들을 박해하고 멸시하는 모든 부당한 책동을 반대하여 계속 완강히 투쟁할것이며 해외동포들의 정당한 투쟁을 언제나 견결히 지지성원할 것이다.

일본 사또반동정부는 분별있게 행동해야 한다.

오늘의 조선인민은 어제날의 조선인민이 아니다.

우리 인민은 4천만조선인민의 경애하는 수령 김일성원수님의 현명한 령도에 의하여 자기의 수령에 주권을 튼튼히 많이쥐고 이땅 우에 선진적사회주의제도를 확고히 수립하였으며 전국을 난공불락의 요새로 만들고 전체 인민이 무장하고있으며 그 어떤 원쑤들의 침공도 일격에 물리칠수 있는 불패의 힘을 지닌 위대한 인민이다.

만약 일본 사또반동정부가 이 엄연한 현실을 똑바로 보려 하지 않고 우리 공화국에 대한 적대정책을 계속 감행하면서 재일 동포들의 민주주의적민족교육을 말살하기 위한《외국인학교제도법안》을 끝내 조작한다면 그로부터 초래되는 모든 후과에 대하여 전적인 책임을 지게 될것이며 력사와 인민의 순엄한 심판을 면치 못할 것이다.

진실을 외곡하여 제놈들의 추악한 정치적목적을 달성하려는 미제와 박정희파쑈악당의 범죄적인《반공》소동을 치솟는 민족적 분노로 규탄한다

『로동신문』, 1970.3.13, 4면

【평양 3월 12일발 조선중앙통신】 조국평화통일위원회 리극로부위원장은 미제와 그 주구 박정희괴뢰도당이 지난해 12월 11일 공화국북반부로 의거한 전남조선비행사들인 유병하, 최석만이 가지고 넘어온 비행기를 타고 들어왔던 승객들중 희망에 따라 공화국북반부에 남은 일부 승객들의 문제를 가지고 악랄한《반공》소동을 벌리고있는것과 관련하여 12일 다음과 같은 담화를 발표하였다.

지난해 12월 11일 전남조선비행사들인 유병하와 최석만이 비행기를 가지고 공화국북반부로 의거할 때 그 비행기에 탔던 승객들중 일부 사람들은 미제식민지통치하의 남조선으로 돌아가기를 단연 거부하고 희망에 따라 공화국북반부에 남아서 자유롭고 행복한 새 생활을 마음껏 누리고 있다.

공화국북반부에 남은 승객들이 지난 9월에 발표한 공동성명에서 명백히 지적한바와 같이 그들이 공화국북반부에 남게 된 것은 그 누구의 요구에 의한 것이 아니라 남북의 판이한 두 현실을 직접 보고 체험한데 기초한 그들자신의 신념에 의하여 그렇게 한것이다.

그들은 공화국북반부에 들어와 4천만 조선인민의 경애하는 수령 김일성원수님의 현명한 령도밑에 강력한 자립적민족경제와 금성철벽의 국방력과 찬란한 문화를 가진 사회주의강국으로 전변된 북반부의 위대한 현실과 착취와 압박이 없으며 일하기도 좋고 살기도 좋은 가장 선진적인 사회주의제도하에서 의식주에 대한 아무런 근심걱정없이 행복하게 살고있는 북반부인민들의 생활모습을 직접 목격하고 공화국북반부에 남을 것을 해당기관에 청원하였으며 공화국의 해당기관에서는 그들의 청원을 받아들여 북반부인민들과 함께 행복하게 살수 있도록 하여주었다.

일부 승객들이 미제와 그 주구 박정희괴뢰도당의 식민지파쑈테로 통치밑에서 신음하다가 로동자, 농민을 비롯한 근로인민의 지상락원이 바로 공화국북반부에 펼쳐져있는 것을 직접 목격하고 북반부를 자기들의 새 생활의 보금자리로 선택한 것은 너무나 당연한 일이며 그 누구도 침해할수 없는 그들의 당당한 권리이다.

다른 나라도 아닌 자기 나라 강토안에서 자기가 살곳을 자기 의사에 따라 선택하는 것을 감히 누가 막을수 있단말인가!.

공화국의 해당기관에서 그들의 청원을 쾌히 수락하고 그들을 공화국북반부에서 살도록 배려를 돌려준것은 인도주의와 동포애로부터 출발한 지극히 정당한 조치이다.

그럼에도 불구하고 미제와 그 주구 박정희괴뢰도당은 일부 승객들이 《억류》되였다는 당치 않은 거짓말을 꾸며가지고 악의에 찬 《반공》소동을 미친 듯이 벌리고있다.

놈들이 떠벌이는 《반공》소동은 결코 이번이 처음이 아니다.

《반공》을 상투적수법으로 삼고있는 미제와 박정희도당은 승객들이 공화국북반부에 들어온 첫날부터 이들을 지체없이 자기 고향으로 돌아갈수 있게 하기 위하여 남조선의 해당 민간단체대표들과 판문점에서 만나 협의하자는 우리측의 정당하고 합리적인 제의를 한사코 반대함으로써 승객들이 고향으로 돌아갈수 없게 하고서는 오히려 도적이 매를 드는격으로 우리가 승객들을 《억류》하였다는 터무니없는 허위날조를 일삼으면서 요란한 《반공》소동을 벌려왔다.

우리는 미제와 박정희도당의 이와 같은 책동으로 말미암아 승객들이 고향으로 돌아가지 못하는 조건에서 부득불 그들을 일방적으로 자기 집으로 돌려보내지 않을수 없었다.

그런데 놈들은 이번에는 또 희망에 따라 공화국북반부에 남은 승객들의 문제를 가지고 악랄한 《반공》소동을 벌리고있다.

도대체 일부 승객들이 자기의 희망에 따라 공화국북반부에 남게되였고 더욱이 그들이 다른 나라도 아닌 바로 자기의 유일하게 진정한 조국인 조선민주주의인민공화국에서 살기를 결심하고 남게 된 것이 어찌하여 《억류》로 된단말인가.

미제와 박정희도당이 벌리고있는 《반공》소동은 남조선의 반인민적식민지통치제도와 제놈들의 온갖 범죄적책동을 가리고 남조선 인민들과 세계인민들의 이목을 딴데로 돌리며 공화국북반부를 반대하여 미친 듯이 벌리고있는 새 전쟁 도발책동을 합리화하기 위한 비렬하고 음흉한 책동으로부터 출발하고있는것이다.

세상에 아무리 악랄한《반공》의 원흉이 있고 흉악한 인민의 원쑤가 있다한들 이보다 더한놈들이 또 어디에 있겠는가!

나는 진실을 외곡하여 제놈들의 추악한 정치적목적을 달성하려는 미제와 박정희파쑈악당의 범죄적인《반공》소동을 치솟는 민족적 분노로 단호히 규탄한다.

《반공》소동을 일삼는 것은 죽음에 직면한자들의 마지막발악에 지나지 않는다.

4천만 조선인민의 위대한 수령 김일성원수님께서는 다음과 같이 교시하시였다.

《…미제와 그 주구들은 이러한 〈반공〉 소동으로써 결코 자기들의 범죄행위를 가릴수 없으며 대중을 속일수 없습니다.》

남조선인민들은 놈들의 어떠한 기만책동에도 속지 말아야 하며 범죄적《반공》책동을 짓부시고 새 전쟁 도발책동과 파쑈적폭압소동을 걸음마다 저지파탄시켜야 할것이다.

남조선인민들이 미제의 악독한 식민지통치기반에서 벗어나 공화국북반부인민들과 같이 자유롭고 행복하게 살기 위해서는 남조선에서 미제를 몰아내고 박정희괴뢰도당을 때려부시며 나라의 자주적평화통일을 이룩하여야 한다.

나는 남조선의 로동자, 농민, 청년학생, 지식인 등 각계각층 인민들이 일치 단결하여 자유와 해방과 나라의 자주적평화통일을 위한 거족적인 반미구국투쟁을 더욱 힘차게 벌림으로써 최후승리를 쟁취하리라는것을 굳게 믿는다.

제3부
시 · 수필/기타 자료

—

(8.15와《조선문학 시편들》) 백두산에 올라서

『조선문학』 814, 주체104(2015), 평양 : 문학예술출판사, 2015.8.5, 10쪽.

백두산에 올라서

망망한 나무바다 이깔나무 배게 섰고
가문비 분비 황철 군데군데 섞였구나
꽃방석 펴놓은듯 각색 꽃이 피여나서
이때가 여름인데 여기에는 봄이라네

속돌밭 화산용암 그 틈에 흐르는 물
가다금 고인것이 목추기고 가라하니
갈 길은 멀어도 물걱정 어데 있으랴

산우에 바다인가 바다가에 산들인가
화산구로 이루어진 깊고깊은 천지
아찔한 층암절벽 천지물에 비꼈으니
보아라 공중경치 다시한번 수중경치

머리가 희다고서 백두산이 되였는가
속돌빛 희거니와 쌓인 눈이 더 희구나
백두산 안개구름 개였다가 모여드니
그 위풍 장하여라 백만대령 동원인듯

동방에 우뚝 솟아 태양같은 등대로다
김일성원수님의 빨찌산 전적지로

조국광복의 요람지로 빛나는 백두산
절하며 노래하는 정깊은 산이라네

(《조선문학》 주체54(1965)년 8호)

존경하는 벗 신채호를 회상하여

『문학신문』, 1966.2.22, 3면

단재 신 채호는 일제의 침략으로 조선에 암담한 민족적 비운이 닥친 20세기 상반기 초에 활동하던 인물이다.

그는 뛰어난 력사가이며 문장가이며 열렬한 애국자였다.

나는 일찌기 그와 젊었을 때 오래 사귀면서 그의 사람됨과 성격을 알았고 비상한 재능에 탄복하군 하였다. 그러므로 그의 서고 30주년을 맞이하여 숭고한 뜻을 못 이루고 억울하게 옥사한 동지를 기념하는 뜻으로 그를 추억하는 글을 쓰는 것은 지기지우이며 존경하는 선생에 대한 도리와 인정이라고 생각한다.

내가 단재를 첫 번 만난 것은 1914년, 곧 제1차 세계 대전이 일어난 해 11월초에 중국 동북 지방 환인현(전 회인현)에서였다. 내가 씨베리야 치따에서 돌아 오니 이 때에 신 채호는 이미 이 곳에 와 있었다. 한 일 합병 이후 일제를 반대하고 나라를 다시 찾으려는 량심적 조선의 애국자들은 해외에서도 많이 활동하기 시작하였다.

신 채호도 바로 그런 데서 이 곳에 온 것이였다. 그 때에 환인현에 있던 조선 독립 운동자들은 서로 자주 모여서 일을 의논하였다. 그 끝에 신 채호는 베이징으로 가서 조선 독립 운동에 관한 선전을 하는 임무를 맡아 활동하게 되였다. 이 일은 그의 인품으로나 여러 모로 봐서 적재하였지만 무엇보다도 그는 남보다 한문에 능한 까닭이였다.

나는 의병대장 리 진룡(일명 리 석대)과 그 참모장 조 맹선(이들은 13도 의군도 총재 의암 류린석 제자들이다)들과 함께 1915년 초겨울에 중국 동북 지방 무송현으로 들어 가느라고 그와 일시 헤여지게 되였다.

그 후 우리는 여러 해 동안 만날 기회가 없었다. 그러다가 3. 1 운동이 일어난 1919년 봄에 상해에서 감개무량한 심정으로 나는 신 채호를 만나게 되였다. 그가 오래 동안 베이징에서 활동하다가 상해로 온 것은 당시 이 곳에 조선 독립 운동자들이 국내외에서 많이 모여 들어 소위 림시 정부라고 하는 것을 만들어 놓았기에 거기에 온 것이였다. 그러나 그 때 상해에서의 독립 운동의 사정은 복잡하고 혼란한 상태에 빠져 있었다. 신 채호는 처음에 《신대한》이란 신문의 주필로 몇 달 동안 활동하다가 모든 일이 뜻 대로 되지 아니하므로 그 일을 그만두게 되였다.

상해 조선 사람 사회의 복잡성은 더구나 리 승만의 치욕스러운 위임통치 문제(조선을 미국에 맡기여서 다스리게 함)로 하여 더욱 심하게 되였다. 이것은 조선 독립 운동에서 일대 모독적 행위이다. 이 때 신 채호는 민족 운명의 위기가 닥친 것을 크게 분개하고 상해에 더는 머물러 있을 맛도 없고 필요도 없다고 하면서 1920년 여름에 베이징으로 다시 가고 말았다.

베이징은 신 채호가 여러 해 동안 자리잡고 활동하던 곳이라 또 여기에도 상해 못하지 않게 조선 동포가 많이 살았기 때문에 정치 활동과 독립 운동을 계속하기에 좋았다.

자! 먼저 급하게 할 일은 리 승만의 위임 통치 폭로 성토 문제이다. 그래서 우리는 1920년 봄에 리 승만 폭로 성토 대회를 베이징에서 열고 그 놈의 매국적 죄상을 낱낱이 폭로 토죄한 것이다.

이 날 모임에서 리 승만 폭로 성토문은 신 채호가 짓기로 결의하였다. 그 다음날에 글이 다 되였는데 이 성토문이야말로 신 채호의 솜씨에 춘추 필법으로 시퍼런 칼날이 서 있는 글이다.

우리는 이 글을 세상에 공포하여 더 널리 리 승만의 죄행을 폭로하기로 마음먹었다. 그리하여 그 다음날 이른 새벽 나는 신 채호의 부탁을 받고 그 원고를 가지고 베이징 정양문 밖에 있는 좌익 출판사(중국인이 경영)로 찾아 갔었다. 정문 어귀에까지 갔을 때 나는 의외에 그 출판사를 둘러 싸고 감시하고 있었던 사복경찰한테 붙들리여 끝내 원고를 빼앗기고 말았는데 그 글은 이렇게 되여 아깝게도 세상에 발표되지 못 하게 되였다.

신 채호의 조선 력사 연구 자료가 우리 인민에게 많은 력사 지식을 주고 있는 것은 이미 널리 알고 있는 바이다. 그런데 벌써 1917년 봄에 상해에 있던 조선 류학생회에서는 우리가 제기한 바 있어 그가 오래 동안 연구한 《조선 고대사 개요》 원고를 받아서 등사하여 학생들끼리 나누어 보자고 한 일이 있다. 그래서 조선

고대사에 대한 새로운 지식을 많이 얻었다.

신 채호는 자기의 글이 완성되였다고 생각하고 남의 앞에 자기 손으로 내여 놓기 전에 초고를 누가 본다며는 야단을 낸다. 어느 날 나는 베이징에서 신 채호의 집에 갔던 일이 있다. 그 때에 그는 조선 상고사를 쓰는 중에 있었다.

나는 책상 옆에 앉았다가 책상 우에 집필 중인 원고를 좀 들여다 보았다. 남의 초고를 중간에 본다고 화를 바짝 내여 나는 사과한 일이 있다.

글은 세상 사람이 널리 보는 것이라 신 채호는 문장 대가로 세상에 알려졌다. 그리고 좌담도 청산류수로 듣는 사람으로 하여금 밤이 새는 줄도 모르게 하며 끼니를 잊게 한다.

신 채호의 사생활은 곤난하였다. 누울 자리 하나 변변한 곳이 없어 이 집, 저 집, 이 방 저 방 돌아 다니는 안정되지 못 한 생활을 하였다. 상'밥 생활과 되쌀로 그날 그날 살아 갔으니 그 물질 생활의 고통이란 말할 수 없었다. 그러나 그는 조국을 위하여 웨치여 글 쓰는 것을 자기 사명으로 알고 불요불굴[1]의 노력을 하였다. 특히 조선 고대사 연구에 심혈을 기울여 위대한 업적을 세상에 남겨 놓았다. 그의 력사적 사상은 조선 민족의 국가 생활의 유구성을 밝히며 주체 사상을 고취하며 사대주의를 까부시는 데 크게 기여하였다. 그는 우선 애국자가 되려면 자기 나라의 력사를 알아야 된다고 늘 불을 토하듯 말하였다.

나는 지금 번영하는 사회주의 조국 땅에서 경애하는 김 일성 수상의 령도 하에 행복을 누리고 있다. 단재 신 채호가 그토록 바라던 세상인 바로 오늘에 그와 같이 있지 못 하게 된 것이 못내 가슴 아프다.

---

1 [편주] 불요불굴 : 한번 먹은 마음이 흔들리거나 굽힘이 없음.

고향을 생각하는 마음

『문학신문』, 1966.6.17, 4면

누구나가 고향을 사랑한다. 그것은 특별히 정든 곳이기 때문이다. 인간의 사랑도 첫정이 깊다고 땅도 마찬가지다.

자기가 이 세상에 나서 자란 곳- 그 땅은 정이 더 깊다.

고향에 대한 사랑은 애국심과 결부되여 있다. 그러므로 고향과 조국은 서로 떨어지지 못 하게 되여 있다.

타국에서 살면 조국이 그립듯이 타향에서 살면 고향이 그리운 것이다. 이것은 사람이면 누구나 느끼는 감정일 것이다. 사람은 늙어 갈수록 고향 생각이 더 나는 법이다.

나의 정든 고향 경남 의령군 듬실은 어떤 곳인가. 좀 써서 회상하고저 한다. 먼저 지리적으로 보아서 특징이 많은 곳이다. 락동강과 남강과의 합류처인 것만큼 이 고장은 교통 중심지의 하나이다. 나의 청소년 시절에만 하여도 두 강의 합류처인 거릉강[1] 나루터에는 언제나 배들이 많이 대여 있었다.

부근의 농산물을 실어가는가 하면 수산물과 다른 화물을 풀어 농촌으로 보내는 곳이다. 이 곳은 경제적인 면에서만이 아니라 군사상으로도 매우 중요한 요충지인 것이다. 임진 조국 전쟁 때에도 격전지로 되었으며 위대한 조국 해방 전쟁 때에도 치열한 투쟁이 벌어진 곳이다.

나의 고향 마을을 중심한 이웃 지대의 산물로 말하면 과실로서는 감이 유명하고, 락동강역 오룡대 앞들의 무우는 배맛과 같고, 지산 앞들의 참외는 꿀맛과 같으며, 락동강의 잉어 또한 이곳의 산물로 되어 있다.

지산 마을 앞들에는 삼각형으로 된 삼정자가 서 있다. 봄과 여름에는 선비들의 시화가 열리는 곳이라 저마끔[2] 시를 짓고 읊는다. 시원한 강풍은 불어오고 백구

---

1 [편주] 거름강(岐江). 이극로는 『고투40년』에서도 거릉강으로 표기했음.

2 [편주] 저마끔 : '저마다'의 북한어.

는 강천에서 날며 종다리는 물 우에서 우짖는다.

거릉강 나루터에서 멀지 아니한 곳에 있는 비'집은 조국 전쟁 때에 제일 먼저 의병을 일으킨 곽재우의 전공을 기념하여 돌거북 우에 세운 것이다. 비의 전면에는《조선국 홍의 장군 곽재우 보덕 불망비》런 비문이 크게 새겨져 있고, 후면에는 전공이 큰 장병들의 공적이 새겨져 있다. 나는 열 여덟 살 때까지 이 비'집 앞 밭에서 농사'일을 하면서 ○[3]잠마다 비'집에 많이 가 비문을 읽군 하였다.

여기서 나는 선렬들의 불 같은 애국심을 배웠고 산 역사 교육을 받았다.

명승지는 애국심과 직접 관계되어 있다. 이것은 누구나 좋은 물건을 사랑하고 잘 보존하려는 마음이 있는 것과 같다.

거릉강 나루터 건너편 함안 땅에는 상당히 높은 태산인 용화산이 있다. 남강과 합쳐져 수량이 많아진 락동강을 바로 용화산 밑의 벼랑을 밑을 씻으면서 맞은편 창녕 땅의 지방 소도시 남지를 향하여 흘러 내린다. 이 용화산 기슭은 풍경이 아름답다.

의령 땅에는 거릉강에서 한 호리 남강역으로 올라 가면 돈지 나루터가 있다.

여기도 물이 깊고 맑다. 이 곳에 곽재우가 38세 때에 지은 돈지 강사가 있다.

간신들에게 몰려 3년 동안이라 이 강사에서 살다가 그는 41세 되던 해에 여기서 임진 조국 전쟁의 불'길 속에 뛰어 들게 되였다. 이 때에 그는 곧 의병을 일으켰다. 그는 한 번도 패전한 일이 없는 백전백승의 유일한 전략가로서 바다에는 리 순신, 뭍에는 곽 재우라는 력사가들의 평을 받았다. 이 두 장군의 인격, 충직성, 군사 지휘관으로서의 재능, 인민들의 역량을 오늘까지도 우리 인민들에게 잘 알려져 있다. 임진 조국 전쟁 대에는 전국적으로 인민들이 다 일어나서 의병을 조직하고 장기전을 하였기 때문에 8년 풍진을 겪고 마침내 조국을 구원하였다.

우리 고향만 해도 그랬다. 내가 자란 고장에는《아흐레'법》이라는 법이 있다. 이 법에서 우리 고향 사람들은 곽 재우의 지휘 밑에 왜군들을 반대하여 싸웠다.

사람들은 모두가 낮에는 밭'일을 하고 밤에는 구령을 치며 군사 훈련을 하였다. 손과 손에 창과 식칼을 들고 떨쳐나 주야 아흐레 동안이나 피 흘리며 싸워 마

3 [편주] '쉴'자로 보임. 문맥 상의 의미는 '쉬는 틈마다'.

침내 왜군들을 때려 눕히고 말았다. 그래서 우리 고향 사람들은《아흐레'법》이라 부르는 것이다. 당시 얼마나 치렬한 격전이 벌어졌는지 사람들은 이 벌에서 지금까지도 피비린내가 난다고 말하고 있다.

내 고향은 바로 이런 곳이며 고향 사람들 또한 이렇게 조국 수호에 몸 바친 사람들이다.

이러한 고향 사람들이 오늘의 그 모진 학정 아래서 어찌 가만히 앉아 있을 수 있겠는가. 임진 조국 전쟁 때 왜적을 두들겨 엎은 우리 고향 사람들이 어찌 미국 놈이라고 무서워 할 것이며 또 그들과 싸우지 않고 견뎌 배길 수 있겠는가.

나는 우리 고향 사람들의 성미를 잘 안다. 나는 그들이 원쑤들을 내몰기 위한 힘을 기르고 있다고 믿는다.

오늘 미제의 식민지로 되어 있는 남반부는 또다시 일제의 식민지로 즉 2중의 식민지로 떨어지고 있다. 이것을 어찌 보고만 있을 수 있겠는가. 게다가 박 정희 역적 놈은 남반부 청장년들을 미제의 대포'반으로 남부 월남에 떠밀어 보내고 있다.

참으로 분통이 터지는 일이다.

남반부 인민들은 더는 그냥 있을 수 없다. 성공의 비결은 단결하여 싸우는 데 있다. 일어나 미제 승냥이 떼와 박 정희 매국노 개떼를 때려 없애야 살'길이 온다. 조국 통일의 길이 나온다.

희생이 없는 곳에 발전이 없고, 희생이 있는 곳에 광명이 있다.[4]

---

4 [편주] 자신이 작사했던『한얼노래』15장「희생은 발전과 광명」의 한 구절.

제1장_ 시·수필 4 ▸

잊을수 없는 스승

『로동신문』, 1966.12.21, 6면

항상 존경하여 마지 않던 스승인 주시경선생이 세상을 떠났다는 소식을 멀리 타국에서 듣고 매우 서분한[1] 마음을 금치 못하던 때가 어제련듯하다.

나는 오늘 주시경선생 탄생 아흔돐을 맞으면서 그와 관련된 가지가지의 일들을 더듬으며 깊은 생각에 잠기게 된다. 그것은 지난날 나자신이 주시경선생의 저서들을 종료들과 함께 연구하고 후대들에게 가르쳤으며 또한 선생을 중심으로 하여 전개된 조선어문운동파도 일정한 인연을 맺고있었던 사정과도 관련될것이다.

1912년 중국 동북 환인현 동창학교(조선인학교)에서 교원 생활을 할무렵이다.

이때 나는 박은식, 김백주[2] 등이 조선에서 가지고 온 주시경선생의 저서들을 처음으로 얻어보았다.

그후 1916년에 상해에서 역시 주시경선생의 제자인 박건병[3]을 통하여 선생의 조선어에 대한 연구업적을 더욱 잘 알게 되였다.

그리고 나는 1923년부터 독일 베를린종합대학 동방어학부에서 몇해 동안 조선어를 강의한 일이 있는데 이때 주시경선생을 마음속으로 경모하며 그에게 감사를 드리던 일이 아직도 생생하다.

…만일 조선문자를 심오히 연구분석하고 발전시킨 선생의 과학적 업적이 없었더라면 내가 무슨 밑천으로 조선어를 강의했겠는가!? 나는 그때부터 우리 나라의 뛰여난 어학자 주시경선생에 대하여 민족적긍지와 자부심을 가지고 자랑하였으며 진심으로 존경하여왔었다.

그때 베를린에 와서 조선어를 연구하던 여러 나라의 학자들과 류학생들도 모두 주시경선생의 연구업적을 높이 평가하였었다.

---

1 [편주] 서분한 : '서운한'의 경남 방언.

2 [편주] 김백주 : 백주 김영숙(당시 이름은 김진).

3 [편주] 박건병 : 맹천 박건병(1892~1932). 강원도 철원 출신 애국지사 겸 번역가.

오늘도 지난날 일제경찰들의 눈을 피해가며 주시경선생의 저서들을 보며 감탄하던 대목들과 그의 제자들로부터 들은 이야기가 잊혀지지 않고 있다.

*　　　*

1876년 12월 22일 황해도 봉산군 무릉이란 시골에서 태여난 그는 어려서부터 고생스럽게 살았다.

선생이 어렸을 때 집살림은 말할 여지없이 곤난하였다. 그래서 그는 정월달에 잡히면 누이와 함께 들에 나가서 달래며 풀싹을 캐다가 끼니를 애우군[4]하였다.

이런 집에서 구차하게 자랐으나 주시경선생은 일찍부터 한마음 애국의 뜻을 품고《남의 나라와 어깨를 겯고 나가자면 무엇보다도 배워야 한다》는 일념에 불타고있었다.

그런데 그때에는 한문만을 숭상하던 사대주의자들이 많았고 책이란것은 모두 한문으로 되여있기때문에 조선말과 글을 배우기가 매우 어려웠다.

그러나 선생은 조선어를 연구하여 그 법을 세우고 글을 잘 다듬어서 훌륭한 글이 되게 하겠다는 큰 뜻을 굽히지 않았으며 일평생을 조선어연구와 그 발달에 바칠 굳은 결심을 다지였다.

그는《글이란것은 말을 적으면 족한것인데 한문 같이 거북하고 어려워서야 학식을 받아들이기에 어찌 장애가 되지 아니하랴. 만일 우리 글로 한문을 대신하여 쓸것 같으면 배우기 쉽고 쓰기에 편하여 다 좋을것이 아닌가? 그런데 사람들이 한문만을 숭상하는것은 우리 글이 잘 다듬어져있지 못하여 사람들의 문화의식을 만족시키지 못하는 까닭이니 애달픈 일이다》라고 생각하였다.

1894년 갑오농민전쟁이 일어난 해라고 짐작된다.

주시경선생은 국문운동을 발기한후 여러 동무들과 친지들에게 우리 말을 국문으로 써야 한다는데 대하여 거듭 타일렀다.

그는 다음해에 배재학당에 들어가 생활비와 학비가 없어서 온갖 고초를 다 겪으면서도 동창생들과 함께 국어연구를 계속하였다.

그는 20세기초에 들어와서 사립학교들에서 조선어와 그 문법을 후대들에게

4　[편주] 애우군 : '때우곤'의 경남 방언.

가르치는데 있는 힘을 다하였다. 또한 그는《서우학회》의 회원으로서 조선인민의 언어와 문자에 대한 해설, 언어발전의 필요성 및 모국어로서의 조선어의 개화발전을 위한 일련의 문제들을 회원들과 인민들속에 적극 선전하였다.

그는 당시 서울에서 유명하였던 보성중학교,휘문중학교, 기호중학교들을 찾아다니며 조선어를 필수적과목으로 넣으며 많은 시간을 배정한데 대하여 적극적으로 제기하였으며 또 그것을 관철하였다.

뿐만 아니라 대한의학교안에 국어연구소를 설치하고 운영하는 한편 서울의 상동을 비롯한 여러 곳에서 밤에는 야학강습소, 일요일에는 일요강습소를 조직하여 가지고 실로 침식을 잊고 조선어의 과학적연구와 그 선전에 온갖 정열을 퍼부었다.

그는 짬만 있으면 남대문장거리와 동대문장거리에 나가 장군들속에서 오가는 말을 들으며 조선말의 고유어휘를 찾기 위해 무척 애를 썼었다고 한다.

조선어에 대한 연구와 그 보급을 위한 주시경선생의 피타는 노력은 단순한 과학생활이 아니라 기울어져가는 나라를 바로잡기 위한 애국적정치문화활동이였다.

그는 항상 조선은 자는 범이다. 반드시 잠에서 깨여날 날이 있다고 후진들을 고무추동하였다.

그런데 그처럼 애국심과 향학열에 불타던 선생은 39살의 짧은 나이로 뜻하지 않게 일생을 끝마쳤었다.

나는 그때 멀리 외국에 있었으므로 그를 직접 추모하지 못하였으며 그렇게 된 것을 늘상 아쉽게 생각하고있다.

조국에 돌아온후 1932년에야 비로소 선생의 제자들 그리고 그의 가족들과 함께 산소에 찾아가보았다.

산소는 서울에서 멀지 않은 수색정거장에서 십리 남짓한 산중턱에 있었는데 안전한 지형도 못되거니와 거의 다 무너져가고있었다.

그래서 우리들은 다시 묘를 잘 고치고 비석도 해세워야겠다고들 말하였다. 그러나 모두 가난한 선비들이요, 그의 가족 역시 살림이 구차한 탓으로 실천하지 못하였다.

해방후에 그 문제가 해결되였어야 했겠는데 날강도미제가 남조선에 기여듦으로 해서 그것이 또 해결되지 못하고있다.

참된 조선어학도들의 가슴을 아프게 하는것은 물론 이것만이 아니다.

그보다 더욱 우리의 가슴을 아프게 하는것은 남조선에서 자랑스러운 민족어가 외래어의 침습을 받아 심한 상처를 입고있는것이다.

오늘 남조선에서는 한문을 써야 유식한 사람으로 되고있으며 미국식 영어와 일본말이 뒤범벅이 된 어느 나라말인지 분간할수 없는 말 아닌 말이 류행하고있다. 조선땅에서 조선말이 천대를 받고있으며 외국말이 우대를 받고있다.

사람들의 이름도 미국식으로 변해가고 있다. 거리풍경이나 언어생활을 보고서는 어느 나라인지 분간하기 어려운 것이 오늘의 남조선형편이다.

이런 조건에서 우리 언어학자들이 할 일은 태산같다. 우리는 조국의 통일을 위하여 우리 나라 말과 글을 더욱 아름답고 풍부하게 발전시키기 위하여 더 많은 일을 해야 할것이다.

리극로와 한 담화

김일성, 『김일성전집』 8, 조선로동당출판사, 1994.3.20, 405~411쪽.

1948년 10월 31일

리극로선생과 부인을 이렇게 만나니 대단히 기쁩니다.

선생이 평양에 온것이 어제 같은데 벌써 반년이 되였습니다. 나는 얼마전에 선생의 부인을 처음 만났을 때 선생부부를 집에 초청하겠다고 하였습니다. 그런데 오늘에야 그 약속을 지키게 되였습니다.

정숙동무가 선생부부를 위하여 저녁식사를 마련하였는데 별로 차린것은 없지만 제집처럼 생각하고 많이 들어야 하겠습니다.

선생이 공화국정부의 중요직책을 맡아 마음껏 일하며 자제들도 건강하여 학교에 잘 다니고있다니 기쁩니다. 이사한 새집이 마음에 들고 생활에서 아무런 불편이 없으면 되였습니다.

선생이 그동안 북반부의 여러곳을 참관하면서 거창한 민주건설의 모습과 인민들의 행복한 생활상을 보고 큰 감동을 받았다는데 남반부에서 들어온 각계 인사들이 다 그렇게 감탄하고있습니다. 선생이 내가 훌륭한 정사를 펴기때문에 공화국북반부에서 모든 일이 잘된다고 하는데 과분한 말씀입니다. 우리는 빼앗겼던 조국을 되찾은 감격과 기쁨을 안고 민주조국건설에 헌신하고있는 인민대중을 믿고 그들의 의사와 리익에 맞는 정치를 하기 위하여 노력하고있을뿐입니다.

선생이 내가 어린시절부터 혁명투쟁에 나서서 고생을 많이 405 하였겠다고 하는데 일제에게 빼앗긴 나라를 찾기 위하여 장구한 세월 풍찬로숙하며 싸운 사람이 어찌 나혼자뿐이겠습니까. 조국을 광복한 위대한 승리속에는 조선의 수많은 혁명가들과 인민들의 투쟁공로가 깃들어있습니다.

선생은 일찌기 애국애족의 큰뜻을 품고 반일독립군운동에 참가하였으며 조국의 광복을 위하여 변함없이 꿋꿋이 싸웠습니다.

선생이 반일독립군들이 일제와 견결히 싸우지 못하고 유야무야된데 대하여 매우 수치스럽게 생각한다고 하는데 우리 나라에서 반일독립군운동이 실패하게 된것은 그 상층에 있던 사람들이 민중의 힘에 의거하지 않고 대오의 단합을 이룩하지 못하였기때문입니다. 어떤 혁명운동이든지 인민들에게 의거하지 못하고 거기에 참가한 사람들이 단결을 이룩하지 못하면 패하기마련입니다. 이것은 우리가 혁명투쟁을 하면서 얻은 귀중한 교훈입니다.

우리 나라에서의 초기공산주의운동도 역시 대오의 통일단결을 이룩하지 못하고 지도층에 있던 사람들이 파벌싸움만 하다보니 실패하였습니다.

선생은 해방전에 중국에 가서 교편을 잡고 독립운동을 하였습니다. 선생이 한때 교편을 잡고 활동하던 환인현의 동창학교와 그 주변농촌에는 우리 동무들도 자주 나가 강연회를 비롯하여 청년학생들과 농민들을 혁명화하기 위한 여러가지 사업을 하였습니다.

선생이 교편을 잡았던 무송의 백산학교는 한동안 자금부족으로 운영되지 못하였습니다. 우리 아버님이 무송에서 한동안 활동하시였습니다. 아버님은 백산학교의 재개교를 발기하고 그 인가를 받기 위하여 애쓰시였으며 인가를 받은 다음에는 백 406 산학교의 명예교장으로 사업하시였습니다.

선생이 1930년 9월에 5.30폭동에서 피해를 본 조선동포들을 위문구제하기 위한 신간회대표단 성원으로 중국 동북지방에 가서 활동하면서 동포들을 위하여 훌륭한 일을 하였습니다. 5.30폭동은 공산주의대오내의 좌경분자들과 불순이색분자들이 저들의 정치적야욕을 실현하려고 일으킨 모험주의적폭동이였습니다. 5.30폭동이 있은 후 동만 각지에서 수많은 핵심들이 체포되고 숱한 혁명조직들이 파괴되였으며 조중인민간의 관계가 악화되였습니다. 우리는 5.30폭동의 후과를 수습하기 위하여 품을 많이 들였습니다.

선생이 중국에서 독립군운동을 하면서 만강에 갔댔다니 그곳을 잘 알것입니다. 우리는 1936년에 조선인민혁명군의 한 대오를 이끌고 백두산으로 진출하다가 만강에 들려 활동한적이 있습니다. 만강은 정숙동무가 잘 아는 곳입니다. 선생이 만강에 다닐 때에는 그 일대에 나무와 풀이 우거져 앞이 보이지 않았다고 하는데 그 후 만강일대는 많이 변하였습니다. 조선인민혁명군이 남호두회의의 방침에 따라 무송과 백두산일대에서 맹렬한 군사정치활동을 전개하자 일제는 우리 인민혁명군이 무서워 나무를 찍어내고 그 일대를 번번하게 만들어놓았습니다.

선생이 최일천과 련계를 가지면서부터 우리의 항일무장투쟁에 대하여 더 잘 알게 되였다고 하는데 우리는 1936년 5월에 상설적인 반일민족통일전선체인 조국광복회를 창건하고 그것을 확대강화하기 위하여 여러곳에 정치공작원들을 파견하였습니다. 최일천이 서울에서 살고있는 선생을 찾아간것이 1936년 가을과 1937년 여름이였다고 하는데 그때 우리가 그를 파견하였습니다. 최일천은 국내의 애국적인 인사들과 각계각층 인민들속에 들어가 항일무장투쟁의 전과를 소개선전하며 조국광복회407 국내조직을 꾸릴데 대한 우리의 과업을 훌륭히 수행하였습니다.

선생이 조선어학회를 조직하고 일제의 조선어말살정책을 반대하는 투쟁을 전개하는 한편 조국광복회10대강령을 실현하기 위하여 투쟁한것은 참으로 높이 평가할 애국적활동입니다.

1940년초에 최일천이 선생을 찾아가 나의 투쟁자료들을 후세에 전할수 있도록 보관해달라고 한것은 당시 그가 적들의 감시속에 있는 몸이여서 많은 자료들을 간수하기 어려웠기때문이였을것입니다. 선생이 보관하였던 그 자료에 기초하여 지금 좋은 글들이 나오고있습니다.

선생이 자신은 조국광복을 위한 투쟁에 별로 기여한것이 없다고 하는데 나는 그렇게 생각하지 않습니다. 1940년대에 들어서면서 일제의 폭압이 더욱 강화되자 애국자로 자처하던 많은 사람들이 일제와의 투쟁에서 물러서거나 일제에게 투항변절하였지만 선생은 굴하지 않고 끝까지 잘 싸웠습니다. 선생의 지도밑에 조선어학회는 일제의 민족문화말살정책을 반대하여 투쟁하였으며 애국적청년들과 인테리들을 결속하기 위한 투쟁도 잘하였습니다.

우리는 해방후 새 민주조선을 건설하기 위한 투쟁에서 민주주의민족통일전선을 이룩하기 위한 사업에 큰 힘을 넣었습니다. 민주주의 새 조선을 건설하느냐 못하느냐 하는것은 결국 전체 인민을 굳게 단결시키는가 못시키는가 하는데 달려있습니다. 우리 인민이 힘과 지혜를 합치고 하나와 같이 단결하면 건국사업에서 못해낼 일이 없습니다. 선생도 아시는바와 같이 민족의 단합된 힘으로 미제의 민족분렬책동을 짓부시고 나라의 통일을 실현하기 위한 구국대책을 세우기 위하여 지난 4월에 남북련석회의가 소집되였습니다. 남북련석회의는 정견과 신앙을 달리하는 남북조선의 모든 애국적정당, 사회단체들과 각계[408]각층 인민들이 얼마든지 단결하고 합작할수 있다는것을 보여준 력사적인 회합이였습니다.

지금 우리 나라의 정세는 매우 복잡합니다. 미제국주의자들은 리승만괴뢰정권을 내세워 남조선에 대한 식민지지배를 강화하는 한편 저들의 식민지통치에 장애로 되는 애국적민주력량에 대한 파쑈적탄압을 로골적으로 감행하고있습니다. 적들의 파쑈적탄압으로 말미암아 남조선로동당을 비롯한 민주주의적정당, 사회단체들이 지하에 들어가게 되고 애국적인민들의 민주주의적진출이 매우 어렵게 되였습니다.

그러나 선생이 조직한 건민회는 어학회, 한글문화보급회, 연무관, 씨름협회 같은 비정치단체들로 구성되여있는것만큼 합법적활동을 할수 있습니다. 남조선에서 지금의 조건에서는 건민회와 같은 합법적조직을 통하여 군중을 결속하며 조국의 평화적통일을 위한 사업을 진행하는것이 좋을것입니다.

이번에 공화국의 내각을 구성할 때 김책동무를 비롯한 여러 동무들이 선생에게 산업상의 중임을 맡기자고 제기하였지만 나는 선생을 무임소상으로 임명하였습니다. 그것은 무임소상의 직책을 가지면 선생이 남조선인민들을 조국통일의 기치하에 묶어세우기 위한 사업을 더 잘할수 있다고 생각하였기때문입니다. 선생이 조국통일을 위한 사업을 해낼수 있겠는지 걱정이 된다고 하는데 그렇게 생각할 필요는 없습니다. 선생은 남조선의 애국적민주인사들과 인민들 속에서 명망이 높고 또 군중과의 사업을 해본 경험이 있기때문에 조국통일을 위한 사업을 능히 해낼수 있다고 봅니다.

선생은 건민회를 강화발전시키기 위한 사업에 깊은 관심을 돌려야 하겠습니다.

건민회대렬을 튼튼히 꾸리는것이 무엇보다도 중요하다고[409] 봅니다. 건민회의 특성을 고려하여 애국적지식인들과 청년들로 핵심을 육성하고 그 대렬을 확대하도록 하여야 하겠습니다. 현재 건민회에 망라된 회원이 2만 5 000여명이라고 하는데 앞으로 건민회의 산하조직들을 튼튼히 꾸리고 거기에 더 많은 지식인들과 체육인, 청년학생들을 망라시키도록 하여야 하겠습니다.

건민회의 회원들을 정치적으로 각성시켜야 합니다. 요즘 건민회의 일부 회원들속에서 미제와 리승만괴뢰정권에 일정한 기대를 거는 현상이 나타나고있다는데 그들에게 미제의 식민지통치의 교활성과 리승만괴뢰정권의 반동성을 옳게 인식시켜야 합니다. 회원들에게 공화국북반부의 현실에 대하여서도 잘 알려주어야 합니다. 그리고 건민회 회원의 대부분이 지식층인것만큼 그들을 통하여 남조선인민들에게 공화국북반부에 대한 선전을 하는데 깊은 관심을 돌려야 합니다.

선생이 오래전부터 조선어를 연구해왔고 또 현재 조선어문연구회사업을 맡아보고있는것만큼 우리 말과 글을 발전시키는데서 선생에 대한 기대가 큽니다.

언어는 민족을 특징짓는 징표의 하나로서 민족문화를 발전시키는데서 중요한 역할을 합니다. 우리 인민은 예로부터 자기의 고유한 언어를 가지고있었기때문에 훌륭한 민족문화를 창조할수 있었습니다.

조선어를 발전시키는데서 우리 말의 고유한 민족적특성을 살리는것이 매우 중요합니다. 우리 말에는 한자말과 외래어가 많이 섞여있는데 어문연구회에서는 한자말과 외래어를 정리하기 위한 연구사업을 잘하여야 하겠습니다.

우리 말의 우수성을 옳게 살리도록 하여야 합니다. 선생이 아세아와 구라파의 여러 나라들을 돌아보고 언어학도 깊이 연구하여 잘 알고있겠지만 우리 말은 어느 나라, 어느 민족의 언410어보다도 우수합니다. 우리 말은 억양도 좋으며 표현이 매우 풍부하여 어떤 복잡하고 다양한 사상감정도 잘 나타낼수 있습니다. 자기의 우수한 언어를 가지고있는것은 우리 민족의 자랑입니다. 선생은 조선어에 대한 연구사업을 계속 진행하여 그 우수성을 옳게 살리고 더욱 발전시켜나가는데 적극 이바지하여야 하겠습니다.

지금 우리 나라에 똑똑한 《조선어사전》이 없습니다. 어문연구회에서는 앞으로《조선어사전》을 편찬하도록 하여야 하겠습니다.

선생이 오늘 공화국창건을 경축하여 조직한 남북조선 체육인들의 체육대회를 흥미있게 보았다고 하는데 이번 체육대회는 나라의 체육기술을 발전시키는데서뿐아니라 남북조선 체육인들의 뉴대를 긴밀히 하고 우리 민족의 단합을 강화하는데서 그 의의가 크다고 생각합니다. 선생도 아는바와 같이 해방직후에도 체육선수들이 평양과 서울을 오가면서 경평축구경기를 비롯한 여러 종목의 체육경기를 진행하였습니다.

남조선의 애국적인 체육인들은 리승만도당이 괴뢰정부를 조작하고 그것을 《경축》한다는 미명하에 지난 8월에 서울에서 체육경기대회를 벌렸지만 거기에 참가하지 않고 사선을 넘어 오늘 평양에서 개막된 체육대회에 참가하였습니다. 이것은 미제와 리승만괴뢰도당이 나라와 민족을 분렬시키려고 아무리 발악하여도 조선민족의 혈맥을 끊을수 없다는것을 보여주며 남조선의 애국적체육인들과 인민들이 우리 공화국을 절대적으로 지지하며 신뢰하고있다는것을 말해줍니다.

선생이 옥중에서 입은 상처로 신고한다는 말을 들었습니다. 치료를 잘 받아야 하겠습니다. 부인도 건강에 특별히 류의하여야 하겠습니다. 411

(제24장 거족적인 반일항전으로) 4. 민족의 얼[1]

김일성, 『세기와 더불어』(계승본) 8, 평양 : 조선로동당출판사, 1998.6.15, 400~402쪽.

(…전략…) 해방후 리극로가 4월남북련석회의에 참가하려고 평양에 들어왔길래 내가 말했습니다. 우리는 조선어학회사건을 깊은 관심을 가지고 지켜보았다, 왜놈경찰들이 매일같이 고문을 들이대고 매를 너무 맞아 죽어가는 사람까지 생긴다니 걱정이 많았다, 그런데 조선어학회 성원들은 감옥에 들어가서도 굴하지 않았다, 우리는 그 견결한 반일의지와 집단적인 애국심에 탄복하였다고 하였습니다.

리극로는 내 말을 다 듣고나서 그건 달래 그렇게 된게 아닙니다, 믿는데가 있으니까 그렇게 뻗친겁니다, 우리 배짱이라는게 어디서 나오겠습니까, 백두산에서밖에 나올데가 있었습니까라고 하였습니다. 그러면서 그는 보천보전투후에 어학회성원들이 주머니를 털어 소주 한병을 사다가 나누면서 눈물을 흘리던 이야기를 하였습니다.

리극로가 민족의 얼을 지키는데서 내세울수 있는 인물이고 400 또 공산주의자들한테서도 사랑을 받고 민족주의자들한테서도 사랑을 받는 사람이였기때문에 우리는 4월남북련석회의때 그를 주석단에도 앉히고 회의참가자들의 이름으로 전체 조선인민에게 보내는 《전조선동포에게 격함》이라는 문건도 랑독하게 하였습니다.

4월남북련석회의가 끝난 다음 리극로는 평양에 남아서 나와 함께 일하겠다고 했습니다. 그래서 서울에 있는 그의 가족들을 모두 평양에 데려왔습니다. 그는 여러해동안 내각에서 상으로 활동하였습니다. 그는 상하를 불문하고 반말을 모르는 겸허하고 례절바른 사람이였습니다.

언제인가 리극로가 쓴 리력문건을 보고 놀란 일이 있는데 안가본데가 없고 못

---

1 [편주] "여러해동안 내각에서 상(무임소상-편자 주)으로 활동" 구절로 미루어 1950년대 초의 대화로 추정.

만나본 사람들이 없었습니다. 중국, 일본, 쏘련, 독일, 프랑스, 영국, 미국 등 유명하다는곳은 다 가보았습니다. 그는 레닌도 만나본 사람입니다.

레닌을 만난 것은 모스크바에서 극동인민대표대회가 열렸을 때입니다. 그 무렵 상해에 있던 리극로는 리동휘, 박진순 등과 함께 모스크바에 머물고있었는데 크레믈리궁전에서 레닌을 2번이나 만나보았다고 합니다.

리극로는 민족운동자들가운데서도 한다하는 사람은 거의다 만나보았습니다. 그는 최일천, 변대우, 황백하를 비롯하여 동북지방에서 활동한 사람들도 많이 알고있었습니다.

리극로에게 독일류학을 부추긴 것은 모스크바에 체류중이던 윌헬름 피크였다고 합니다. 피크의 주선으로 베를린종합대학에 입학했습니다. 대학을 졸업할 때에는 철학박사학위를 받았습니다.

언제인가 나는 리극로에게 철학박사학위를 받았다는데 어떻게 되어 조선어연구를 전문으로 하게 되었는가, 선생이 조국[401]에 돌아왔을 때 실업계에 나서라고 권고한 사람도 있고 벼슬길에 나서서 두각을 나타내라고 권고하는 사람들도 있었다는데 무슨 연고로 언어학자가 되였는가라고 물었습니다.

그랬더니 리극로는 아일랜드에 갔을 때 그 나라 사람들이 모국어 대신 영어를 공용어로 사용하는 것, 간판과 도로표식을 비롯하여 모든 것이 영어로 표기된 것을 보고 조선 말과 글도 저런 신세가 되지 않겠는가, 조국에 돌아가면 모국어를 지키는 운동에 한생을 바치자고 결심했다고 말했습니다.

조선어학회사건이 우리에게 준 충격이 대단히 컸습니다. 총칼도 교수대도 두려워하지 않고 피로써 민족의 얼을 지켜낸 지성인들의 모습에서 우리는 살아있는 조국, 살아서 싸우는 내 나라를 보았습니다. (…후략…) [402]

이극로 인명 보고서(1954.3.15)[1]

미육군참모부, 「이극로(Yi Kuk-no) 인명 보고서(Who's Who Reports)」(1954.3.15.)

과거 경력 :

이극로는 독일에서 귀국 한 뒤 조선어학회를 조직하고 지도했다. 그는 일본 정권 말기에 체포되어 수년간 감옥에 투옥되었다. 8월 15일 해방 이후 그는 "건민회(굳센 사람들의 모임)"라고 하는 반(半) 정당을 결성하고 위원장을 역임했다. 이 씨는 평양에서 열린 '남북 제정당 사회단체 연석회의'에 참석 한 뒤 평양에 잔류했다.

북한 공화국이 수립되었을 때 그는 무임소상 직위에 임명되었고 지금도 그 직위를 유지하고 있다.

이 씨는 성실하고 정직한 사람으로 한국어에 대한 지식이 풍부하지만, 일관된 정치적 견해는 가지고 있지 않았다. 따라서 그는 정치적 · 지적 분야에서 시종 일관된 입장을 취하지 않는 경향이 있다. 무임소상인 그는 문화계와 접촉을 하고 있고, 종종 전체 인민 회의에 나타난다. 우리는 (그의 문화적 측면에 대한) 그 자신만이 관여하고 있는 문화적 사안에 대한 어떠한 논평도 하지 않지만 (없지만), 그는 공산주의 정책의 순종적 추종자다. 그는 문화인들에게 높은 인기를 누리고 있다.

그는 어느 정도의 선전 가치를 지니고 있기 때문에 당분간 그 현직을 유지하고 있다. 그는 박헌영(2613/2009/3057)이 이끄는 국내 진영과 아무 관련이 없다.

유영인 역

---

1 NARA 소장본(2008.11.5. 기밀해제), 국사편찬위원회 전자사료관에서 재인용.

Full Name : YI Kuk-no (2621/0344/7627)

Aliases, Nicknames, Variants : Unknown

Present Title : Minister without Portfolio

Branch of Service : None

Present Position : Minister without Portfolio

Date of Birth : 1897 or 1898

Place of Birth : Unknown

Nationality and Origin : Korean

Wife : Unknown

Children : Unknown

Education : Early education in Germany

Religion : Unknown

Politics : NK Labor Party

Past Career : Yi Kuk-no, after returning from Germany, organized and guided the Korean Language Study Society. During the latter years of the Japanese regime, he was arrested and served a prison term of several years. After the August 15 liberation. he formed a semi-political party called the "Kun Min Hoi(Strong People's Society). of which he was the chairman. Yi participated in the "joint conference of representatives of Korean political parties and social organizations in North and South Korea" [1] held in P'yongyang, and after the conference remained in P'yongyang.

When the North Korean Republic was established he was appointed a Minister without Portfolio, the post which he holds today.

Yi is a sincere and honest man and has a wide knowledge of the Korean language, but he had no steady political viewpoint. He is therefore apt to take a vacillating course in political and intellectual fields. As a Minister without Portfolio, he comes in contact with the cultural field and often appears at the meetings of man of entire. We has no viewpoint of his own regarding cultural matters but is an obedient follower of communist policy. He does enjoy high popularity with men of culture.

Since he possesses a certain amount of propaganda value, he retains his present post for the time being. He has no connection with the domestic faction headed by PAK HON-yong (2613/2009/3057). 2

제2장_ 기타 자료 4

마뜨베이 김[1]의 '이동휘'에 대한 수정과 보완글

리억세, 1994[2]

〔 **논평** 〕

△ 47페이지 위에서 5째줄, 65페이지 밑에서 7째줄

"홍도" → "리고루(리극로)"[3]

△ 47[4]페이지 밑에서 12째줄

"1921년 11월에" → "1921년 10월에"

〔 **자료** 〕

1. 1921년 6월 이동휘는 북경에 있는 신채호에게 전화를 했는데, 리고루(리극로)로 하여금 상해로 즉시 오라는 내용이었다. 신채호는 리고루의 가까운 동지의 한 사람이었다. 신채호는 저명한 역사학자 — 저술가로서 황성신문(皇城新聞)의 주필이었다.

이동휘가 국제공산당 3차대회 참가 차 모스크바로 가야 했을 때, 신채호는 통역과 경호원으로 리고루를 추천했다. 리고루는 독일어, 중국어를 완벽하게 구사했고 영어와 일본어를 알았다. 더욱이 리고루는 젊었고(이동휘보다 20세 연하) 신체적으로도 일본인과 맞서 싸울 준비가 되어 있었다. 그는 이진룡(이석대), 그

---

1 [편주] 마뜨베이 김 : Матвей Тимофеевич Ким(1901～?). 러시아의 한인학자로 *Корейские интернационалисты в борьбе за власть Советов на Дальнем Востоке*(1918～1922)(모스크바, 1979)를 출간했고, 한국에는 1990년 역사비평사에서 반병률 해제·이준형의 번역본이 나왔다. '[논평]'은 위 원서의 본문 중 「이동휘」 편과 「박진순」 편에 대한 리극로 장남 리억세의 교정사항이다.

2 [편주] 『성재이동휘전서』(1998)에 처음 자료와 번역이 공개되었으나 일부 오류와 오역이 보여 전문가의 도움을 받아 교정을 다시 보았다.

3 [편주] 원전 47쪽 "우리 일행은 모두 네 사람이었다. 이동휘, 홍도, 박진순, 그리고 나(김아파나시－편주)……"의 내용은 틀리지 않고, 리극로가 누락된 듯 보인다. 원전 65쪽 "1921년 말 박진순은 이동휘와 홍도와 더불어 모스크바에 도착했다"의 내용은 홍도가 아닌 리극로가 옳다.

4 [편주] '46'쪽의 오기.

다음에는(또한) 홍범도 의병부대에서 싸웠다.

2. 이동휘의 대표단은 6월에 상해를 떠났고 싱가포르, 인도양, 수에즈운하, 알렉산드리아, 이탈리아, 오스트리아, 독일, 에스토니아, 페테르부르크를 거쳐 모스크바에 갔다.

3. 모스크바에 가는 장도에는 언제나 일본인(정보)요원이 따라 다녔다. 대표단이 봄베이(인도)에 도착하였을 때, 배(프랑스 배)로부터 강제로 하선케 하였다. 그러나 중국에서 오래 거주했고 배 안에서 사귄 영국인 신부와 봄베이의 영국 영사의 도움으로 일본인 정보원의 손에서 벗어날 수 있었다.

4. 배에서 이동휘는 맥주를 마셨다. 나의 아버지 리고루는 처음으로 그러한 음료수를 마셔 보았다. 맥주 맛이 없었지만, 그는 눈을 딱 감고 마셨다. 그 때 박진순에게도 역시 맛이 없었는데, 그는 마루 위에 맥주를 게워 버렸다. 이동휘는 이를 좋지 않게 보아서 박진순으로 하여금 이를 원래대로 해 놓도록 훈계했다.

5. 재미있는 일은 배에서 우연히 그들과 함께 윤보선이 갔다는 사실이다(그는 한 때 대한민국의 대통령이었다). 그는 영국에 공부하러 가고 있었는데 3등실 표를 샀다. 그 때 대표단은 스스로 위장할 필요가 있었기 때문에 2등실 표를 갖고 있었다.

6. 여행 중에 그들은 이집트에서 고대문화 - 피라미드와 스핑크스 - 를 둘러보았다.

7. 그들이 독일에 도착하였을 때, 대표단은 독일공산당에게 이동휘의 대표단이 독일공산당의 대표단과 같이 갈 것을 알렸다. 그 때 신흥 소비에트정권은 독일과 아직 외교관계가 없었는데 러시아에 불법적으로 가는 길이 있었다.

8. 독일공산당 대표단 단장은 빌헬름 피크였다. 이동휘를 단장으로 하는 고려공산당 대표단은 빌헬름과 함께 에스토니아를 거쳐 페테르부르크로 갔다. 그리고 하룻밤을 달려 곧 모스크바로 떠났다. 모스크바행에는 키로프 동지가 동행하였다.

9. 모스크바에서 그들은 "륙스" 호텔에서 머물렀다. 거기에서 빌헬름 피크, 센가타야마와 다른 대표단이 머물렀다.

호텔에서는 음식이 매우 나빴다. 그 당시 러시아에는 대기근이 있었다. 때문에 대표단이 머물고 있는 "륙스" 호텔에 조차 질 좋은 빵을 줄 수 없었다. 그곳에서는 껍데기와 함께 갈아서 만든 검은 빵을 주었다.… 이처럼 러시아에서는 혁명 후 매우 어려운 시기였다. 또한 회의 때 조차 많은 사람들이 자기도 모르게 방귀를 뀌었다. 그렇지만 어느 누구도 이에 불편해 하지 않았고 또 신경 쓰지도 않았다.

나의 아버지는 이 빵의 조각을 조선으로 가져 와서 내 어린 시절에 이 빵조각을 보여 주며 프롤레타리아정신을 가르쳐 주었다. 그러나 유감스럽게도 이 역사적으로 기념할 만한 이 빵조각은 1944년에 없어졌다. 일본헌병들이 나의 아버지를 체포하였고 회색 쥐들이 이 빵을 갉아 먹어버렸다!

10. 모스크바에 머물고 있던 그 때 대표단의 대표들은 "수보트니끄"[5] 에 참여하였는데 레닌 동지도 또한 늘 참여 하였다.

비가 오는 어느 날이었다. 나의 아버지도 "수보트니크"에 이동휘와 함께 참여하였다. 매우 추웠다. 그들에게는 작업복이 없었다. 때문에 겉옷을 뒤집어서 꿰맨 옷을 입었다. 그러나 그날 어찌해서인지 박진순은 참여하지 않았는데, 이 일로 이동휘는 박진순을 대단히 야단쳤다. 분명히 이 일은 이동휘에게 매우 심각한 일이었다.

11. 대표단은 붉은 광장에서 개최된 제 3차 러시아 혁명 3주년 기념 퍼레이드

---

5 [편주] 토요노동 : 토요일 휴일인데도 급료 없이 자발적으로 참여해서 일하는 노동.

에 참석하였다. 이날 낮에는 레닌, 트로츠키 등이 함께 참석했다.

12. 어느 아름다운 날에 나의 아버지 리고루는 박(진순)의 방으로 갔다. 놀랍게도 박진순은 완전히 피로 범벅이 되어 있었다! 그는 아버지보다도 어렸기 때문에 (아버지가) 그에게 물어 보았다. 박은 홍도가 그와 함께 있었다고 대답했다. 그들은 무엇인가의 문제를 갖고 싸웠고 결국은 싸움에 이르렀던 것이다. 그들은 둘 다 피까지 흘리게 되었지만, 홍도는 어디론가 가버렸던 것이다.

13. 1921년 말 나의 아버지는 빌헬름 피크의 권유에 따라 독일에의 베를린대학에 공부하러 갔고, 12월 30일 빌헬름 피크는 나의 아버지와 레닌을 방문하여 이별의 인사를 하고 독일로 갔다.

존경하는 스승 이동휘는 헤어지는 것을 매우 섭섭해 하였다. 이동휘는 나의 아버지와 이별하면서 기념으로 자신의 사진기와 쌍안경을 주었다. 나의 아버지는 이동휘에게 일본인들과 끝까지 싸우겠다고 약속했다.

14. 리고루(리극로)의 약력

– 1893년 8월 28일 출생(경상남도)

– 1911 - 1915 : 손문의 혁명군(중국 남경에서), 이진룡 그 후에 홍범도의 의병에 참가하다.

– 1915-1920 : 상해(독일대학)에서 공부하고 신채호와 함께 반역자 리승만을 반대하는 활동에 참가하다.

– 1921 : 모스크바로 여행(이동휘 대표단과 함께)

– 1922-1927 : 베를린대학에서 조선어와 중국어를 가르치고 경제학과 철학을 공부하다.

– 1927.7 : 브뤼셀에서 개최된 1차 세계저개발국가회[6]에 대표단장으로 참가하다.

---

6 [편주] 국제피압박민족대회.

— 1927.8 : 경제학박사(슈마허 교수)

— 1928 : 캠브리지(영국), 소르본대학(프랑스)에서 수학

— 1930-1942 : 반일 지하 활동

· 1930 — 위대한 지도자 김일성 동지와 연락

· 1931 — 조선어학회 창립

· 1936 — 조국광복회의 지원 지하조직을 서울에 창설

· 1937 — (4 지원 조직) 조직을 확대하고 지원활동

— 1942-1945 : 투옥(함흥)

— 1945-1976 : 조선민주주의 인민공화국 장관, 조선민주주의 인민공화국 최고인민위원회 부의장, 조국평화통일위원회(조선민주주의 인민공화국) 위원장

— 1978.9.13 : 사망(85세)

※ 이동휘는 상해에서 모스크바로의 여행에서 자신의 지난 생활에 대하여 많은 것을 말했다. 나의 아버지 리고루(중국에서의 이름)는 존경하는 이동휘에 대하여 나에게 말하여 주었다. 그때로부터 여러 해가 지났고, 거의 100년이, 따라서 그 귀중한 이야기들을 잊어버리게 되었다. 이 가운데 나는 한 가지를 기억한다. :

이동휘가 친위대에서 근무할 때 그에게 엄격한 시위대와 함께 사열할 때가 보고하는 임무가 자주 있었다. 이동휘는 매우 좋은 사나이의 목소리를 갖고 있었다. 고종황제(?)는 이동휘가 보고하는 때를 매우 좋아했다. 그리고 이 때문에 항상 고종은 이동휘에게 보고를 되풀이 할 것을 요구했다. 황제(왕 또는 황제)만 좋아한 것이 아니라, 모든 고급관리들과 황실양반들이 다 좋아했다. 소문이 왕성—서울의 주민들 사이에 퍼졌다. 그리고 사람들이 이동휘의 퍼레이드를 보기 위하여 왔다.

영인 233쪽

출처

제1부 조선어 연구 자료

『조선어 연구』 : 미국 국립문서기록관리청(NARA)

『실험도해 조선어 음성학』(1949) : 일본 간사이대학 熊谷明泰 교수, 통일부 북한자료센터

『과학원학보』 : 러시아국립도서관(РГБ)

『민주조선』 : 통일부 북한자료센터

『새조선(Новая Корея)』 : 러시아한국학대학연합회(РАУК) 자료센터

『조선어문』 : 러시아국립도서관

『과학원 창립 5주년 기념 론문집』 : 위와 같음

『말과 글』 : 위와 같음

『조선어학』 : 위와 같음

『조선어 조 연구』 : 위와 같음

제2부 정치논설 자료

『북한최고인민회의자료집』 : 국립중앙도서관

『로동신문』 : 러시아국립도서관, 통일부 북한자료센터

『민주조선』 : 통일부 북한자료센터

『천리마』 : 러시아국립도서관

『문학신문』 : 통일부 북한자료센터

제3부 시·수필/기타 자료

『조선문학』 : 통일부 북한자료센터

『김일성전집』, 『세기와 더불어』 : 통일부 북한자료센터

「이극로 인명 보고서」 : 국사편찬위원회(미국 국립문서기록관리청(NARA))

「리억세 문서」 : 독립기념관

해제

이극로는 월북 10년 전인 1937년 한 설문에 한 곳에 오래 살고 싶은 영주지로 남한이 아닌 북한을 손꼽았었다(「空想設問」, 『조광』 3-3, 1937.3). 남한 내 정치 문제와 맞물려, 북측의 남북연석회의 초청 등 여러 가지 복합적 상황에 의해 이극로는 1948년 4월 남북연석회의 직후 평양 잔류를 결심했다.

이후 국내 소식은 암담하게도 1949년 11월 5일 제5회 국회임시회의 한자사용에 관한 건의안 토의 중에 모 의원이 10여 차례나 한글전용을 주장하는 사람은 '이극로주의'라고 외친 비난 일화가 있었다.[1]

세간에 잘 알려지지 않은 또 다른 일화로, 신성모 간첩설 조작 기도에 연루된 사건이다. 신성모는 1948년 11월에 귀국했고, 4월에 월북한 이극로와 서로 엇갈려 만나지 못했다. 그런데 한국전쟁 발발 직전인 1950년 5월경 신성모와 이북의 이극로가 비밀리에 연락을 취한다는 첩보를 육군 정경실장 고성훈 중위가 입수해 육군본부 정보국 차장 겸 HID 대장 계인주에게 보고하고 이를 다시 서울시장 이기붕에게 보고하고 동의 받은 뒤 가짜 서신으로써 이중첩자를 월북시키려는 공작을 하다 첩자가 38선 CIC(방첩대) 책임자에게 잡혀 탄로 난 사건이 발생했었다.[2] 이극로는 남한의 역사 속에서 점차 사라지기 시작했다.

북한에서는 조선어의 과학적 연구를 위해 1946년 김일성 종합대학을 비롯해 사범대학, 교원대학에 조선어문학과가 설치되었다. 1946년 7월 북조선인민위원회 교육국의 후원으로 조선어문연구회가 조직되었고, 1947년 2월 5일 북조선인민위원회 결정 제175호로써 개편되어 김일성대학에 본부를 두고 신구현이 위원장을 맡았다. 1948년 1월 15일 '조선어 신철자법'이 제정되었으며, 뒤에 논할 6자

---

1 최현배, 「국회에서 한자쓰자는 건의안토의를 듣고(中)」, 『경향신문』, 1949.11.17.

2 계인주, 『맥아더 장군과 계인주 대령』, 다인미디어, 1998, 142~145쪽.

모도 이때 만들어졌다.

이극로는 남북연석회의 참석차 1948년 4월 19일 38선을 넘어 21일 평양에 도착했다.[3] 그는 북한의 조선어연구 발전에 기여하고자 조선어문연구회에 합류해 1949년 3월 1일 『조선어 연구』를 창간해 북한의 언어 정책과 조선어 연구의 중심 기관으로 발전시키고자 노력했다. 그는 위원장으로서 창간호 「머리말」에서 첫째, 국어 교육을 맡은 교육자, 우리 말과 글 연구자, 셋째 문필에 종사자에게 잡지의 필요성을 밝혔다.

이극로는 같은 해 11월 5일 조선어문연구회 명의로 『실험도해 조선어 음성학』을 펴냈다. 북한 영화촬영소의 모체인 국립영화촬영소에서 녹음기를, 체신성에서 오실로그래프(oscillograph)를 빌리고, 조선어 악센트 실험에 작곡가 김순남(1917~1983?)이 도와주었다. 서울판과 비교해 「I.실험 음성학의 기초」 편에서 '오씰로그라프를 리용하는 법'의 설명과 그림, 그리고 '울대머리의 세로 벤 그림' 등이 보완되었다.[4]

이듬해 2월에 발표한 「1950년을 맞이하면서」(『조선어연구』 2-1)에서는 "마르크스-레닌주의 세계관에 의거한 새로운 언어 이론에 입각해 조선 어문을 연구해야 한다"고 강조하면서, 첫 번째로 변증법적 유물론을 근간으로 조선 어문의 진정한 통일을 이루어야 한다고 강변했다. 두 번째로 언어 이론 정립에 있어서 비과학적인 개념과 관념론적 경향을 비판하고 투쟁해야 한다고 했다. 세 번째로 과학적인 법칙과 유물론적 체계를 실천을 통해 조선 어문 통일을 촉진시키고, 네 번째로 조선 인민을 위해 백과사전 등 교양, 연구 자료 서적을 출판해야 한다고 했다. 조국 통일 조선 어문 사업을 이루기 위해 남조선을 향해 반미, 반이승만 정책 구호를 말미에 덧붙였다. 이극로의 반이승만 구호는 1960년 4·19 혁명 때까지 지속된다.

한편, 친중·친소 정책에 따라 우선 같은 해 5월 『조선어연구』 2-2에 「중국의 "새글자운동"」을 게재했다. 중국의 새글자 운동으로 주음자모(1912)를 언급하고

---

3 리극로, 「남북련석회의때를 회고하여」, 『인민들속에서』 6, 조선로동당출판사, 1967.12.30, 45~46쪽.

4 서울판과 평양판 간의 상세한 차이는 熊谷明泰, 「李克魯著 『實驗図解 朝鮮語音聲學』(1949年 11月, 平壤)に對する若干の考察」, 『外國語學部紀要』 8, 關西大學 外國語學部, 2013을 참조.

서 1931년 9월 26일 한자 라틴화 제1차 대표회의에서 통과된 라틴화 신문자 방안[5]에 대해 간략히 소개하고 있다.

그뒤 3년 뒤인 1953년 6월 20일 『맑쓰주의와 언어학의 제 문제』 발표 3주년 기념으로 「이·웨·쓰딸린의 로작 『맑쓰주의와 언어학의 제 문제』에 비추어 본 공화국 언어학의 정형과 그 당면 과업」 논문을 12월호 『과학원 학보』 2집에 게재했다.[6] 2차 세계대전 이전 소련 언어학계에서는 마르(1864~1934)의 야페트 이론이 절대적 지위에 있었으나 스탈린이 1950년에 마르주의를 결함 이론으로 비판하고 마르크스주의적 언어학이 아니라고 부정한 논문(「언어학에서의 마르크스주의에 관하여」[7])을 발표했고 이로서 스탈린의 언어학이 북한에 도입되는 계기가 되었다.[8]

1954년 9월 *Новая Корея*(새조선) 9호에 발표한 러시아어 논문 「미개한 언어 폭력(ВАРВАРСКОЕ НАСИЛИЕ НАД ЯЗЫКОМ)」은 이승만의 한글간소화 방안을 맹렬히 비판한 내용이라서 주목된다.

그런데 1956년 8월 연안파(최창익)와 소련파(박창옥)가 김일성에 반대하여 일으킨 '종파사건'으로 결국 연안파 지도자 김두봉도 실각되고 1958년 3월에 '반당 종파분자'로 낙인되는 중대 사건이 일어난다.

과학원 언어문학연구소의 이극로는 1957년 초까지만 해도 기관지 『조선어문』 1957-1, 「조선 문'자의 창조적 계승 발전을 위하여」에서 "근본적으로 우리 문'자 개혁을 위하여서 김 두봉 선생의 끊임 없는 연구와 노력의 결과가 가까운 장래에 세상에 나올 것을 아는 바이다"라고 지지했었다. 그러나 1958년 3월 김두봉이 정치계에서 완전히 몰락한 뒤부터 『조선어문』 1958년 제4집에서 김두봉의 6자모에 대해 「소위 《6자모》의 비과학성」으로 비판에 앞장섰다. 박상준도 「소위 《6자

5 「중국한자 랍정화의 원칙과 규칙(中國漢字拉丁化的原則和規則)」에 관해서는 김상원, 「'國語羅馬字'와 '拉丁化新文字'의 문자 체계 비교」, 『중국문학연구』 58, 한국중문학회, 2015 참조.

6 조선어문연구회는 과학원 언어문학연구소로 개편 발전되었고, 1953년 9월 15일에 『과학원 학보』가 창간되었다. 1957년 『조선과학원통보』, 1960년부터 『조선민주주의인민공화국 과학원통보』로 변경되었다.

7 요제프 스탈린, 정성균 역, 『변증법적 유물론과 사적 유물론·마르크스주의와 언어학』, 두레, 1989, 85~125쪽.

8 조의성, 「구소련 언어학과 김수경」, 『社會科學』 44-1, 同志社大學人文科學硏究所, 2014.5, 118~119쪽.

모》의 비인민성」으로 비판했는데, "김두봉이 정치 분야에서 반당적 행동을 했을 뿐만 아니라 어학 부문에서도 조선 로동당 정책에 반대되고, 개인 공명주의에 의한 반인민적 황당무계한 안이 《6자모》"라고 규정했다. 연이어 『조선어문』 1958년 제5집에서 리영은 「소위 《6자모》의 비과학성」으로 김두봉의 6자모를 통한 문자개혁안이 당과 조선문자개혁연구위원회[9]의 사업을 난폭하게 간섭했다면서 문제점을 낱낱이 지적했다. 사실 6자모에 대한 문제는 이미 1948년에 "국가적 심의를 거치지 않아 옳지 않다"고 제기되었었다.[10]

남북의 언어 분단을 막은 인물이 남한의 최현배, 북한의 김두봉 덕분이라는 남한 학계의 주장[11]은 일견 타당해 보이지만, 깊이 들어가면 위와 같이 복잡하다.[12] 남한에서 최현배와 이극로의 갈등,[13] 그리고 김두봉의 초대를 받아 월북했지만, 10년 뒤 김두봉 비판의 선봉에 나섰던 면은 다시 평가되어야 할 부분이다. 민족종교 대종교 시각에서 초대 교주 나철파인 김두봉과 3세 교주 윤세복파인 이극로 간의 충돌이 '비극'으로도 비쳐진다.

이극로는 김두봉 비판 논문 1편을 제외하면 60대인 1957년 『조선 말 력점연구』부터 약 10년간 주로 악센트, 함남 동부 지역인 북청의 방언과 조(음조) 등 언어학 연구에 집중한다. 1966년 그의 나이 74세 때 역작 『조선어 조 연구』를 출간했다.

1960년대부터 주체사상이 대두되어 언어정책의 변화가 생겼고 「조선어를 발전시키기 위한 몇 가지 문제」(1964.1.3), 「조선어의 민족적 특성을 옳게 살려 나갈 데 대하여」(1966.5.14)의 김일성 교시에 따라, 1966년을 기점으로 평양말을 중심으로 한 노동 계급 이상과 생활 감정에 맞도록 규범화한 표준어인 '문화어'가

---

9 조선 인민의 문자 생활에 대한 전망과 조선 문자가 가지고 있는 우수성 및 문자 개혁 관련 문제들을 연구하기 위해 1956년 10월에 창설되었다.

10 김일성, 「조선어문연구회 위원장과 한 담화(1948년 1월 14일)」, 『김일성전집』 7, 조선로동당출판사, 1993, 83~84쪽.

11 이준식, 「최현배와 김두봉-언어의 분단을 막은 두 한글학자」, 『역사비평』 82, 역사비평사, 2008.2 참조.

12 김두봉에 대한 당과 어문학계의 입장은 「공화국 창건 10주년을 맞이하는 조선 어문학」, 『조선 어문』 1958-5, 6~7쪽에 표명되어 있다.

13 최호연, 「'의선포악'의 사연」, 『조선어학회, 청진동 시절』 상, 진명문화사, 1992, 34쪽.

제정되고 주체언어사상이 확립되었다.

정치 면에서 이극로는 1948년부터 줄곧 반미·반이승만 발언을 일관했다. 반이승만 강경 발언은 월북 후 타의에 의한 행동이 아니라, 이미 1920년 신채호와 함께 이승만 성토문에 연서한 사실이 있었고, 그 연장선으로 보는 것이 타당하다. 또한 1960년까지 친소 정책을 지지하다가 주체사상이 대두되면서 그에 동조했다. 체제 찬양은 「남북련석회의때를 회고하여」(1967) 등 여러 글에서 드러난다. 이극로에 대해 그간 학계에서 언어 측면에만 관심을 보였는데, 빠짐없이 공개되는 정치 자료들을 통해 북한 정권 기반에도 일조한 인물로서 새로이 평가될 것으로 본다.

본 『이극로 전집』 IV-북한편의 미수록 기고글은 4편[14]인데 국가보안법에 저촉될 소지가 있어서 싣지 못했다. 이외 자료가 더 발견되고 있으며,[15] 북한에는 남한에 없는 개인 사진 여러 점과 유고가 존재한다. 1993년에 그의 생일 100돌을 기념해 '최근 새롭게 밝혀진 조선어학회의 성격과 그 반일애국활동' 학술토론회도 개최되었다.

민족어연구에 일생을 바쳐 북한에서 주체적인 조선어학 토대를 다지고 발전시키는 데 큰 공헌을 한 어학자이자 애국 지식인으로서 이극로에 대한 재평가가 남북에서 계속 이루어질 것으로 전망된다.

---

14 ① 로명준, 「수령님과 리극로」, 『금수강산』 64, 조선민주주의인민공화국 오늘의 조국사, 1994.12, 15~16쪽; ② 전병훈, 『태양의 품에 안기여 빛내인 삶』 2-리극로 편, 평양출판사, 1997.12.10; ③ 리종성, 「은혜로운 태양의 빛발이 있어 삶은 빛난다」, 『천리마』 1473, 천리마사, 1998.10; ④ 편집위원회, 「이름난 언어학자 리극로」, 『문화어학습』 213, 과학백과사전출판사, 2003.4.11, 59~60쪽.

15 N. 레베데프, 「조선민주주의인민공화국 무임소상 리극로 평정서(1948.12.25)」, 『러시아문서 번역집』 XXXII-러시아연방국방부중앙문서보관소(ЦАМО РФ)·러시아연방대외정책문서보관소, 선인, 2018, 382~383쪽; 리극로, 『조선어 어음 괘도 해설서』, 교육도서출판사, 1959 등.

이극로 연보

1898~1911 한학·신학문 수학

1893.8.28.(陰)	경남 의령군 지정면 두곡리 827번지에서 출생.
1898.	두남재에서 한학 수학.
1910.	마산 창신학교 입학.

1912~1921 중국·러시아 활동

1912.4.	서간도 행.
	회인현 동창학교 교원 재직.
1913.7.	윤세용과 상하이 행.
8.	고적답사대 인솔, 통화현 광개토대왕릉 참배.
1914.1.25.(1913.12.30.(陰))	유하현 행.
1.	유하현 신흥무관학교에서 이시영・윤기섭 만남.
1.28(1.3(陰))	강일수와 러시아 행. 치타 감자농장에서 7개월 간 일함.
10.	1차 세계대전 발발로 동창학교로 귀환. 신채호 만남.
1915.1.	동창학교 폐교 후 무송현 이주, 백산학교 교원 재직.
8.(6월 하순(陰))	마적 습격, 악형 받음.
겨울.	안동현 거쳐 상하이 이주.
1916.4.	상하이 동제대학 입학.
1919.	상하이 유학생회 총무. 김두봉과 한글 연구. 이범석 만남.
1920.2.	동제대학 예과 졸업.
4.	동제대학 공과 진학(자퇴).
가을	일시 귀국, 기미육영회 지원 받아 독일 유학 준비.
	상하이에서 김원봉 만남.
10.	베이징에서 이태준과 베를린 행(장가구에서 귀환).

1921~1928 유럽 유학

1921.4.19.	이승만 위임통치청원 성토문에 연서.
6.18.	이동휘와 박진순의 통역원(신채호 추천)으로 모스크바 행.
1922.1.	독일 베를린 행.
4.28.	독일 프리드리히-빌헬름대학 철학부 입학.
	유덕고려학우회 가입.
1923.10.12.	관동대지진 대(對)일본 「한인학살」 규탄서 작성(동참).
10.26.	재독한인대회 개최. 「한국 내 일본의 유혈 통치」(독어/영어/중국어) 전단지 배포.
10.	동양어학과에 조선어 강좌 개설, 3년간 강사 활동.
1924.	「중국의 농업 제도」(독어) 논문 기고.
1924.2.	『한국의 독립운동과 일본의 침략 정책』(독어) 출간.
1925.8.29.	포츠담 한인 국치기념식 참가.
1927.2.	벨기에 브뤼셀 국제피압박민족대회에 조선 대표단 단장으로 참가, 『한국의 문제』(독어/영어) 배포.
5.25.	「중국의 생사 공업」으로 박사 학위 취득, 학위수여식.
5.	『한국, 그리고 일본제국주의에 맞선 독립투쟁』(독어) 출간.
	한글 4호 활자 구비 및 「한 조선 지식인의 삶 한 장면」(독어) 기고.
6.6.	영국 런던 행(루드비히스하펜-메쓰-베르됭-파리 거쳐 6.15 도착).
11.23.	런던대학(LSE) 정치경제학부 입학.
1928.1.10.	독일 프리드리히-빌헬름대학 음성학실험실에서 음성학 연구.
3.	「미지의 한국」(독어) 기고.
5.	프랑스 파리에서 공진항의 조언 받고 '한글운동가'로 진로 결심.
5.	파리대학 음성학연구소 실험실에서 음성 실험(5.24 런던 행).
6.1.	영국-아일랜드-스코틀랜드 시찰(~6.12).
6.19.	미국 뉴욕 도착(6.13 런던 출발).
~10.2.	북미대륙 횡단(뉴욕→샌프란시스코)(8.29 하와이 행 →9.4 도착).
10.12.	일본 시찰(10.1 일본 행 →10.12 도착).

1929~1945 한글 운동

1929.1.	부산 도착.8개월 간 조선 13도와 북간도 시찰.
4.	조선어연구회 가입.
10.31.	조선어사전편찬회 위원장.
12.24.	김공순과 혼례. 서울시 성북구 종암동 40번지에 새살림.
1930.1.6.	조선어연구회 간사(~1931.1.10).
9.30~10.27.	길돈사건에 재만동포위문사 겸 만주당국교섭사로 파견.
12.13.	한글맞춤법통일안 제정 결의.
1931.	장남 억세 출생.
1.10.	조선어연구회를 '조선어학회'로 개명.
1.11.	조선어학회 초대 간사장(~1932.1.9).
1.24.	외래어 표기법 및 부수문제 협의회 책임위원.
9.	조선어학회 주최로 한글날 기념식 거행.
1932.1.10.	조선어학회 2~6대 간사(~1937.4).
5.1.	조선어학회 기관지 『한글』 복간.
1933.1.	조선연무관 이사.
3.	사전편찬비밀후원회 조직.
10.29.	『한글 맞춤법 통일안』 발표.
1934.	장녀 세영 출생.
7.	조선어 표준어 사정위원회 구성.
	조선과학지식보급회 이사.
1935.3.15.	조선기념도서출판관 이사.
4.24.	조선음성학회 창립 발기인.
1936.8.	옛 발해 수도 동경성 답사.
10.28.	『사정한 조선어 표준말 모음』 발표.
1937.1.9.	차남 대세 출생.
4.	조선어학회 7대 간사장.
9.	조선씨름협회 회장.
1939.3.	남 한세 출생.
1940.3.	사전 출판 허가 받음.

1941.1.15.	『외래어 표기법 통일안』 발간.
1942.6.10.	대종교 『한얼노래』 출간(37곡 중 27곡 작사).
8(陰)	대종교 「널리 펴는 말」 작성(※원문에는 (陰)9.5일자 덧붙여짐).
10.1.	조선어학회 사건으로 체포, 함흥형무소에서 복역.
1944.9.30.	예심 종결.
1945.1.16.	징역 6년 언도.
8.13.	상고 기각.
8.17.	출옥.
8.25.	조선어학회 간사장.
9.	국어 교과서 편찬위원회 위원.
	한자 폐지와 교과서 한글 전용안 관철.
	전국정치운동자후원회 교섭위원.
10.9.	「한글노래」 작사, 한글날 기념식 거행.
10.14.	조선국술협회 회장.
10.18.	조선독립운동사 편찬발기인회 발기인.
10.	조선어학회 국어강습회 사범부 참여.
11.7.	개천절 봉축식 겸 제1회 국술대회 대회장.
11.14.	조선교육심의회 분과위원회 위원.
12.30.	신탁통치반대 국민총동원위원회 중앙위원.

1946~1948 민족 운동

1946.	차녀 세덕 출생.
1.	통일정권촉성회 위원.
2.15(음력 1.14).	비상국민회의와 민주주의 민족전선 결성대회 탈퇴 성명.
	대종교 남도본사 선강
3.	조선정경학회 위원장.
3.31(음력 2.28).	대종교총본사 전강(~음력 4.24).
4.	조선국민체육장건설기성회 회장.
5.3.	국립도서관 옹호협의회 위원.
5.8.	인류학회 회장.

5.8(음력 4.8).	대종교 종리연구실 찬수.
5.24(음력 4.24).	대종교 경의원 참의.
6.16.	조선건민회 위원장.
7.28.	조선장학협회 회장.
9.14.	독일 유학생 간친회 발기인.
10.9.	한글반포2백주년기념식 준비위원장.
10.27.	대종교 개천절 경축식에서 축사.
12.15.	조선에스페란토학회 위원장.
1947.1.11.	조선문화학관 이사.
1.29.	조선민족독립전선 준비위원.
2.1.	『고투사십년』 출간(을유문화사).
2.2.	통일전선결성준비임시위원회 상임위원.
2.26.	민주주의독립전선 상무위원.
3.11.	서재필박사 환국환영준비위원회 부위원장.
3.25.	조선방언학회 위원.
5.28.	미소공동대책 각정당사회단체 협의회 부주석.
6.	좌우합작위원회 위원.
6.21.	국제철학회 발기인.
7.20.	몽양여운형선생 인민장장의위원회 위원.
10.8.	민족자주연맹 준비위원회 선전국장 .
10.9.	『조선말 큰사전』 1권 출간(을유문화사).
10.19.	민주독립당 결당대회 임시의장.
10.25.	민주독립당 상무위원.
11.	화태(사할린)재류동포구출위원회 회장.
11.15.	『실험도해 조선어 음성학』 출간(아문각).
11.23.	서울외국어대학기성회성립총회 감사.
12.	민족자주연맹 집행부 부의장.
1948.2.24.	대종교 중광절 경하식 특별강연.
3.	한글문화보급회 위원장.
4.	조선건민회 대표로 남북연석회의 참석차 평양 행, 잔류.

1948~1978 북한 활동

1948.8.	최고인민회의 제1기 대의원, 상임위원회 부위원장.
9.	제1차 내각 무임소상.
10.	조선어문화연구회 위원장.
11.30.	『국어학논총』 출간(정음사).
1949.3.31.	학술지 『조선어 연구』 발행.
6.	조국통일민주주의전선 중앙위원회 중앙상무위원.
11.	과학원 후보원사.
11.15.	『실험도해 조선어 음성학』(조선어문연구회) 출간.
1952.10.	조선어 및 조선문학연구소장.
1953.12.22.	최고인민회의 상임위원회 부위원장.
1955.5.	헬싱키 세계평화회의 참석.
1956.2.	『조선어 소사전』 출간.
1957.8.	최고인민회의 제2기 대의원.
12.	조국통일민주전선 중앙위원회 상무위원.
1958.1.	조·소 친선협회 중앙위원회 상무위원.
1959.	『조선어 어음 괘도 해설서』(교육도서출판사) 출간.
1961.3.	조국평화통일위원회 부위원장.
1962.7.	조선어 및 조선문학연구소 소장. 문화어 운동 주도.
10.	최고인민회의 제3기 대의원.
1964.12.	조국통일민주주의전선 의장.
1966.3.	『조선어 조 연구』 출간(사회과학원출판사).
6.	조국통일민주주의전선 중앙위원회 의장단.
1967.11.	최고인민회의 제4기 대의원.
1968.3.	조국전선 의장으로 재일 조선인 민족교육 관련 담화 발표.
1970.1.	조국평화통일위원회 위원장.
1971.1.	재북 가족들과 서신 왕래한 한국인 처벌 관련 담화 발표.
1972.12.	양강도 인민위원회 부위원장.
1973.	과학원 및 사회과학원 원사.
1978.9.13.	85세로 귀천. 평양 애국렬사릉에 안장.안장.